Schriften zur diachronen und synchronen Linguistik

Herausgegeben von Hanna Biaduń-Grabarek,
Sylwia Firyn und Anna Just

Begründet von Józef Grabarek (†)

Band 28

PETER LANG

Berlin · Bruxelles · Chennai · Lausanne · New York · Oxford

Textlinguistische und phonematisch-graphematische Untersuchung
der Achtvermerke im Schweidnitzer Proskriptionsbuch
aus dem 14. und 15. Jahrhundert

Piotr A. Owsiński

Textlinguistische und phonematisch-graphematische Untersuchung der Achtvermerke im Schweidnitzer Proskriptionsbuch aus dem 14. und 15. Jahrhundert

PETER LANG

Berlin · Bruxelles · Chennai · Lausanne · New York · Oxford

Bibliografische Information der Deutschen Nationalbibliothek
Die Deutsche Nationalbibliothek verzeichnet diese Publikation
in der Deutschen Nationalbibliografie; detaillierte bibliografische
Daten sind im Internet über http://dnb.d-nb.de abrufbar.

UNIVERSITAS JAGELLONICA
CRACOVIENSIS

Gedruckt mit finanzieller Unterstützung
der Fakultät für Philologie der Jagiellonen-Universität in Kraków

Gutachterinnen:
Univ.-Prof. Dr. Anna Just
(Universität Warschau, Polen)

Prof. Dr. Federica Masiero
(Universität Padua, Italien)

Textkorrektur:
Univ.-Prof. Dr. Andrzej S. Feret
(Jagiellonen-Universität in Krakau, Polen)

ISSN 2191-8856
ISBN 978-3-631-90615-6 (Print)
E-ISBN 978-3-631-91265-2 (E-PDF)
E-ISBN 978-3-631-91266-9 (EPUB)
DOI 10.3726/b21434

Inhaltsverzeichnis

Danksagung

Für die finanzielle Unterstützung der Veröffentlichung der vorliegenden Studie bedanke ich mich bei der Fakultät für Philologie der Jagiellonen-Universität in Krakau.

Dank gebührt aber vor allem dem ganzen Stab der Experten, meiner Freunde und meiner Arbeitskolleg/innen, die mir eine riesengroße Hilfe während der Arbeit an diesem Buch geleistet haben.

Für unschätzbare Hilfe, wertvolle Unterstützung, grenzlose Geduld sowie alle sachlichen und methodologischen Hinweise und Ratschläge sei Frau Dr. MAGDALENA ZOFIA FERET von der Jan-Kochanowski-Universität in Kielce und Herrn Univ.-Prof. Dr. ANDRZEJ S. FERET von der Jagiellonen-Universität in Krakau gedankt, die sich mit den Details der Forschung der historischen Textsorten vertraut machen wollten und sich auch damit einverstanden erklärten, die Sprachkorrektur der vorliegenden Studie vorzunehmen.

Für die konstruktiven Anmerkungen und Verbesserungshinweise gilt mein besonderer Dank für meine Gutachterinnen Frau Univ.-Prof. Dr. ANNA JUST von der Universität Warschau sowie Frau Prof.ssa FEDERICA MASIERO von der Universität Padua.

Für alle Worte der Ermunterung, jedwede Hilfe und Beratung in den Bereichen der Sprachgeschichte, Textlinguistik, (Sozial)Geschichte des Mittelalters und des Lateins möchte ich mich auch bei Herrn Prof. Dr. JÓZEF GRABAREK (†), Herrn Prof. Dr. MATEUSZ GOLIŃSKI von der Universität Breslau und Herrn Dr. habil. KRZYSZTOF PAWŁOWSKI von der Jagiellonen-Universität in Krakau bedanken.

Frau Dr. ANNA PALUCH will ich ein besonderes Dankeschön für ihre mit dem Recht zusammenhängenden Hinweise sowie für die zahlreichen, unendlichen und inspirierenden Diskussionen sowie Hunderte von E-Mails bzw. SMS aussprechen.

Für die Motivation und das positive Wort danke ich auch meinen Arbeitskolleginnen vom Institut für Germanische Philologie der Jagiellonen-Universität in Krakau: Frau Dr. AGNIESZKA VOGELGESANG-DONCER, Frau Dr. MAGDALENA DUŚ, Frau Dr. JOANNA JANICKA, Frau Mag. DOROTA PALUCH und Frau Mag. SABINE LIPIŃSKA.

Abkürzungsverzeichnis

ahd.	–	althochdeutsch
aind.	–	altindisch
anl.	–	altniederländisch
anord.	–	altnordisch
as.	–	altsächsisch
dial.	–	dialektal
dän.	–	dänisch
engl.	–	englisch
fnhd.	–	frühneuhochdeutsch
fries.	–	friesisch
germ.	–	germanisch
griech.	–	griechisch
hd.	–	hochdeutsch
ie.	–	indoeuropäisch
lat.	–	lateinisch
md.	–	mitteldeutsch
mhd.	–	mittelhochdeutsch
mnd.	–	mittelniederdeutsch
nd.	–	niederdeutsch
nhd.	–	neuhochdeutsch
nisl.	–	neuisländisch
nnl.	–	neuniederländisch
obd.	–	oberdeutsch
omd./omdt.	–	ostmitteldeutsch
oobd.	–	ostoberdeutsch
schles.	–	schlesisch

schw.	–	schwedisch
tschech.	–	tschechisch
wmd.	–	westmitteldeutsch
wobd.	–	westoberdeutsch

Einleitung

> *Wir – polnische Germanisten – können nicht warten,*
> *dass wieder ein finnischer Germanist nach Polen in die*
> *polnischen Archive kommt und uns zeigt, was es für*
> *wichtige sprachhistorische Quellen in den polnischen*
> *Archiven gibt, die einen interessanten Einblick in*
> *die Geschichte der deutschen Sprache im polnischen*
> *Raum geben.*
>
> Józef Wiktorowicz[1]

Eingangs ist unzweideutig in den Vordergrund zu schieben, dass die vorliegende Studie als Antwort auf den im oben angeführten Zitat aus einem der Beiträge von Wiktorowicz (2015: 163–164) enthaltenen Appell konzipiert wurde. Damit ist auch der Standpunkt von Just (2021: 144) übereinstimmend, die in einem ihrer Aufsätze zum Thema der sog. sichergestellten Sammlungen aus dem Bestand der Nationalbibliothek und der Universitätsbibliothek in Warschau auf das riesige Potenzial für die wissenschaftliche Untersuchung im handschriftlichen, in den Archiven verborgenen Material hinweist. Prompt gibt sie allerdings zu, dass das Suchen, Finden, Lesen, Ordnen und Interpretieren des archivalischen Schrifttums leider zu keinen einfachen Unterfangen gehören: „Die Auswertung des Materials bedeutet einen ungeheuren Arbeits- und Zeitaufwand, darüber hinaus die Fähigkeit handschriftliche – oft nur mühsam lesbare – Schriftstücke zu lesen. Auch die Menge des Materials stellt eine schwer überwindbare Hürde dar" (Just 2021: 144).

Im Nachfolgenden wurde vor allem der Versuch unternommen, zu zeigen, dass die Sprachgeschichte mit der Textsortengeschichte faktisch fest verkoppelt ist, was auch Schenker (1977: 141–148), Schank (1984: 761) und Steger (1998: 286) betonen, für die die Geschichte der Sprache mit der Sozialgeschichte miteinander vernetzt ist und die Textsorten bzw. Texttypen durch den Filter der

---

1   Hierbei handelt es sich um den finnischen Germanisten Prof. Dr. Dr. h.c. Ilpo Tapani Piirainen (1941–2012), dessen wissenschaftliche Interessen u. a. um die Geschichte des Fnhd. auf dem Gebiet Schlesiens/Śląsk und in der Slowakei kreisten, und der eine ganze Reihe von Publikationen zur fnhd. Sprache in den Breslauer oder Liegnitzer Archivalien veröffentlichte. Eine detaillierte Auflistung der Publikationen von Piirainen ist u. a. bei Meier (2015: 143–179) sowie auf der Internetseite der Slowakischen Zeitschrift für Germanistik https://wp.sung.sk/wp-content/uploads/2020/07/SZfG_2016_2-133.pdf (09.02.2023) erreichbar.
    Die heutigen polnischen Ortsbezeichnungen werden in der vorliegenden Arbeit nur bei ihrer ersten Erwähnung neben den deutschen Benennungen angegeben.

sprachgeschichtlichen Ausführungen beobachtet werden sollen. Ihre Betrachtungsweise des so angerissenen Problems rührt von der frühesten, nicht künstlich gesteuerten, in der Textsorte bzw. im Texttyp stattfindenden Konkretisierung der durch die Evolution determinierten, allgemeinen Sprechfähigkeit des Menschen und dessen Typisierungskraft unter den pragmatischen Bedingungen her, die mit der Zeit *in facto* als Keim der Kulturweiterentwicklungen, -veränderungen und -differenzierungen anzusehen sind. Der Sprachwechsel ist also nicht nur im Sinne des konkreten Zeichenwandels zu verstehen, sondern auch im Sinne der Veränderung eines pragmatischen Musters.

Im Einklang damit steht die Konstatierung von CZACHUR (2007a: 16), dass es sich bei den Analysen einzelner Textsorten einerseits um die Erfassung, Aufdeckung und Untersuchung der Kontinuität und des Wandels mit der Einbeziehung des extralingualen Kontextes, andererseits um die äußeren Faktoren handelt, die mit der Basis und dem Grund jener Prozesse zu assoziieren sind. Somit müssen die Sozialgeschichte und die Sprachgeschichte ineinander integriert werden, damit die wissenschaftliche Beschreibung eines Phänomens sowie dessen Erklärung an Präzision und Vollständigkeit gewinnen können. Solch ein Standpunkt stützt sich auf die Feststellung, dass die Textsorten als Kommunikationsschemata stets in den Kategorien der Antwort auf die konkreten gesellschaftlich-kommunikativen Bedürfnisse einer gegebenen Gesellschaft angesehen werden müssen. Aus diesem Grund soll die Textsortengeschichte auch den soziopragmatischen Aspekt mitberücksichtigen (CZACHUR 2007a: 16), weil sie die vergangenen Sprachentwicklungsstufen sowie deren Umgestaltungen mit der gleichzeitigen Rekonstruktion der Sprachgebrauchssituationen und des Sprachbewusstseins der Mitglieder eines Sprachkreises (LINKE 1989: 9–18) schildern soll. So kann man zum Schluss kommen, dass die textlinguistisch orientierten Untersuchungen vor dem Hintergrund der Sozialgeschichte und der Pragmatik durchgeführt werden sollen, was darauf zurückzuführen ist, dass die Texte als Mittel der Kommunikation zwecks der Erfüllung der kommunikativen Aufgaben in den Interaktionen zwischen den sich der Sprache in einem bestimmten kommunikativen Kontext bedienenden Sprachbenutzer entstehen und funktionieren. In den Textsortenanalysen historischer Orientierung lässt sich aber auch der kognitive Ansatz keineswegs stillschweigend übergehen, denn die konkreten, sich zu einem bestimmten Zeitpunkt im Gebrauch befindenden Texte führen zur Veränderung der Muster, nach denen sie gebildet werden (FIX 2000: 450).

> Konkret bedeutet dieser Anspruch die Notwendigkeit, die historischen und gesellschaftlichen Rahmenbedingungen in die Textsortenanalyse einzubeziehen, da sie kommunikative Möglichkeiten eröffnen oder auch verschließen und Kommunikationsbedürfnisse erzeugen und steuern. (CZACHUR 2007a: 15)

Wird die Geschichte der Textsorten als Widerspiegelung der Sozialgeschichte betrachtet, so muss schließlich die Perspektive von WIKTOROWICZ (2003: 70) miteinbezogen und angenommen werden, der behauptet, dass sich die Texte als Erzeugnisse und Resultate des sozialen Handelns anerkennen lassen. Im Lichte des kommunikativen Handlungsmusters der Textsorten werden also nicht nur die Entwicklung und die Struktur der Textsorten in den wissenschaftlichen Vordergrund gerückt, sondern auch die Umwandlungen in ihrer Form und Funktion oder sogar ihr Untergang und letztendlich ihr Verschwinden, das infolge deren Ersetzung durch andere Textsorten erfolgen kann (SCHANK 1984: 765).

1. Zielsetzung und Hauptthesen zu der vorliegenden Studie

Das vorliegende Buch versteht sich als Versuch der synchronen Untersuchung der historischen Textsorte PROSKRIPTION aus einer der nach dem Magdeburger Recht gegründeten Städte auf dem einstigen Kolonialboden, der infolge des langwierigen Prozesses des mittelalterlichen Landesausbaus zu einem der von der deutschsprachigen Bevölkerung bewohnten Gebiete Mitteleuropas wurde. Gleichzeitig wird darauf nicht verzichtet, die Veränderungen im Aufbau und in der Struktur der konkret realisierten, im Schweidnitzer Achtbuch schriftlich fixierten Proskriptionsaufzeichnungen im Hinblick auf ihre Evolution während der Zeit des Gebrauchs des unter die Lupe genommenen Stadtbuches zu erfassen. Bei solch einer Herangehensweise an die historischen Quellen kanzelarischen Schrifttums sowie bei der eventuellen späteren Ausdehnung des Untersuchungsumfangs durch die Einbeziehung der späteren Proskriptionseinträge aus Schweidnitz oder überhaupt der Proskriptionseintragungen aus Schlesien wird es endlich möglich, die diachrone Dimension der gewählten Fragestellung zu bestimmen, was zwangsläufig zur Antwort auf die Frage nach der ganzheitlichen Entwicklung solch einer Textsorte zu einem bestimmten Zeitpunkt oder auf einem geographischen Gebiet führen wird. Im Zusammenhang damit ist das Postulat von STEGER (1984: 191) nicht zu ignorieren, der mit Recht darauf beharrt, „[...] bei Texttypen, die über einen längeren Zeitraum verwendet werden und die in ihrem Verwendungszweck (Grundzweck) im Ganzen stabil bleiben [...], ihre Formgeschichte im Längsschnitt zu beschreiben". Sein Appell betrifft wiederum nicht nur die Mittel der Ausdrucksebene, wie etwa Morphologie, Syntax oder Lexik (STEGER 1984: 191), sondern auch „[...] deren Textkonstitution mit solchen Merkmalen wie Gesamtintention, reguläre intentionale und thematische Binnenablaufmuster und deren Steuerung, Begründungs- und Erklärungsverfahren sowie auf formal- und wirkungsästhetische Mittel und deren jeweilige Vertextungskonvention oder -normen" (CZACHUR 2007a: 16; vgl. auch STEGER 1984: 191).

Es ist unbestreitbar, dass die Thematik der Proskriptionen, der Proskriptionspraxis an sich sowie deren Entwicklung im Rahmen sowohl der sprachwissenschaftlichen Erforschung als auch der deutschen und polnischen Geschichtsschreibung nicht allzu häufig aufgegriffen wurde. Die Expansion der (spät)mittelalterlichen Proskription aus dem ausgehenden 13. und 14. Jahrhundert verbindet sich mit der bereits oben erwähnten deutschen Ostsiedlung, die zum einen die geographische Ausdehnung der Grenzen des deutschsprachigen Gebietes bedeutet, zum anderen sich auf die Verbreitung der okzidentalen wirtschaftlichen sowie gesellschaftlich-kulturellen Entwicklung bezieht. Darunter findet sich vor allem der Fortschritt in allen möglichen Bereichen des Lebens, d. h. in der Innenpolitik und Wirtschaft sowie im Rechtswesen und Alltagsleben, was den einschneidenden Einfluss auf die sich infolge der Integrationsprozesse unter den Siedlern aus den unterschiedlichen Teilen des deutschsprachigen Gebietes entwickelnde Sprache ausübte, die in der Graphie der diversen (nieder) geschriebenen Archivalien kanzelarischer Herkunft Widerhall fand. Aus diesem Grund lassen sich die Proskriptionen als Reflex des sich damals rasch entwickelnden Rechtswesens und generell der Justiz ansehen, die mit der Reaktion der Gesellschaft auf die (Gewalt)Kriminalität innerhalb der Stadtmauern sowie mit dem Ausbau der Stadtselbstverwaltung gleichzusetzen sind. Die Evolution der städtischen Selbstverwaltungsstrukturen drückt sich geradeso in der Entwicklung und im Ausbau des Wesens und der Bedeutung der Stadtkanzlei aus, in der das konkrete soziale Handeln (außer der Proskription auch u. a. Testamente oder differente Verträge) in Form von Stadtbuchvermerken verewigt und dauerhaft verwahrt wurde, damit es den künftigen Stadtgesellschaftsmitgliedern sowie der Stadtbehörden zur Verfügung stehen konnte.

Vor dem Hintergrund der oben skizzierten Entwicklung des Rechtswesens sowie der angedeuteten deutschen Ostkolonisation verfolgt die vorliegende Arbeit zwei Hauptforschungsziele. Das eine betrifft die Untersuchung der Evolution des Proskriptionstextes im verfügbaren archivalischen Material in seiner historischen Kontinuität. Hierfür werden die konkreten Proskriptionsvermerke sowohl der Makro- als auch Mikroanalyse unterzogen. Dadurch kann es wiederum möglich sein, zu prüfen und zu beurteilen, ob sich die (spät)mittelalterliche Proskription im Amtsbuch aus der nach dem Magdeburger Stadtrecht lokalisierten Stadt als Text ansehen lässt. Weiterhin wird jedoch der Versuch unternommen, den Grund der Entstehung einer Proskription aufzudecken, was mit der Funktion des entstehenden Textes im Zusammenhang steht. Gemeint ist an dieser Stelle das soziale Handeln der Exklusion eines vorher eine Straftat begehenden und der Justiz entkommenden Straftäters, die nach der gültigen und wirksamen Bekanntgabe im öffentlichen Raum der Stadt vor dem Publikum deren Bewohner ins Stadtbuch einzuschreiben war. Somit wird das relevante soziale Handeln in ein sprachliches Handeln transponiert, das als mit der Zeit etablierter Buchvermerk seine Funktionen und Kriterien zu erfüllen hat, damit er im ausgebauten kanzelarischen Diskurs funktionieren kann.

Im zweiten Schritt wird das Schwergewicht auf die Struktur und den Aufbau des Proskriptionseintrags verlagert, um erkunden zu können, welche von den einzelnen Bestandteilen der Proskriptionseintragung für die Entstehung solch eines Textes konstitutiv sind und welche nur als optionale Elemente erscheinen. Anhand der Analyse jeder einzelnen Achteintragung wird es möglich, eine alle Konstituenten enthaltende SUPERPROSKRIPTION rekonstruieren zu können. So entsteht also ein PROSKRITPION-Textem, im Spiegel dessen die konkreten, im Stadtbuch physisch realisierten Proskriptionseintragungen beobachtbar sind, wodurch die von der definierten angenommenen Norm abweichenden Realisierungen festgestellt werden können. Anschließend wird auf die Frage der Kriterien der Textualität eingegangen, wodurch die textinternen Merkmale hinterfragt werden, dank denen der Proskriptionstext als kohäsive, kohärente, informative, intentionale und akzeptable Satzfolge im situativen Kontext zu begreifen ist, die im intertextuellen Verhältnis zu anderen Texten steht. Aus diesem Grund stellt die vorliegende Publikation einen Hintergrund dar, im Rahmen dessen – nach der Zielsetzung der Studie im vorliegenden Kapitel – eingangs der theoretische Hintergrund der textlinguistischen Untersuchung vorgestellt wird, indem auf die Evolution der textlinguistischen Ideen sowie den Forschungsstand der textlinguistischen und sprachgeschichtlichen – mit besonderer Berücksichtigung der phonematisch-graphematischen – Untersuchung eingegangen wird, denen der Querschnitt durch die Fragen der Aufgaben und Ziele der Textlinguistik folgt. Endlich wird die Aufmerksamkeit auf die Definitionen des Textes und der Textsorte aus unterschiedlichen Blickwinkeln in Subkapitel 2.2 gelenkt. Im Zusammenhang mit den Ausführungen zu den Stadtbüchern unter den Amtsbüchern möge man vom Allgemeinen zum Besonderen übergehen, sodass das Wesen und die Merkmale der Amtsbücher zunächst ganz generell beschrieben werden. In Subkapitel 2.3 ist die Einteilung der Amtsbücher vorzufinden, wobei die Stadtbücher samt deren Beschreibung aus bibliologisch-kodikologischer Sicht, ihrer Klassifizierung im 19. und 20. Jahrhundert sowie Funktionen im Vordergrund stehen. In Subkapitel 2.4 werden die Proskription, die Proskriptionspraxis sowie der Prozess des Proskribierens selbst im Kontext einer die soziale Ordnung störenden und dadurch im Gegensatz zum in der Gesellschaft gültigen Gerechtigkeitssinn stehenden Straftat umrissen, die gleichzeitig der sich von der Proskription unterscheidenden Praxis der Verbannung gegenübergestellt werden. Kapitel 3 beinhaltet die Beschreibung des methodologischen Rahmens für die Konstruktion der Forschungsmatrix der Textsorte PROSKRIPTION. In den weiteren Passus des betreffenden Kapitels befinden sich die bibliologisch-kodikologischen Feststellungen, denen die historische Einbettung des Untersuchungsgegenstandes folgt.

Die empirische Analyse der archivalischen Quellen wurde in den drei nächsten Kapiteln durchgeführt, geschildert und beschrieben, wobei Kapitel 4 von den Ausführungen eröffnet wird, die mit der makrostrukturellen Durchforschung zusammenhängen. Im Fokus des Subkapitels 4.4 steht der Versuch, die Proskriptionsvermerke im Schweidnitzer Achtbuch nach den Textualitätskriterien zu prüfen, wodurch die textinternen und intertextuellen Relationen aufgedeckt werden konnten. Da man es mit einem (spät)mittelalterlichen Schriftdenkmal zu tun hat, verwundert es wenig, dass die sprachlichen Relikte im Bereich der Morphologie und Syntax sowie der Semantik im weitesten Sinne im Text der explorierten Proskriptionseintragungen vorzufinden waren, die in Kapitel 5 dargeboten und beschrieben wurden.

Kapitel 6 thematisiert ein anderes Hauptforschungsziel der Arbeit, und zwar es wird der phonematisch-graphematischen Untersuchung des Korpus gewidmet, die die Schlüsse zum Entwicklungsstand des Deutschen sowie zu den sprachgeographischen und dialektologischen Erscheinungen formulieren ließ. Dank solch einem Schritt und einer solchen Vorgehensweise wird es möglich, den Einblick in die Ausdrucksseite der Texte zu gewinnen. In erster Linie handelt es sich nämlich um die kleinsten, die Bestandteile jedes Textes bildenden Einheiten (Buchstaben bzw. Laute), was sich – im Fall der historischen Texte – in der Untersuchung ihrer phonematisch-graphematischen Ebene im Kontext der Beziehungen der graphischen Zeichen zu deren phonischen Entsprechungen manifestiert. Anhand der Analysen solcher Art können die Schlussfolgerungen zum bereits oben erwähnten Sprachevolutionsstand mit der Berücksichtigung der sprachgeographischen und mundartkundlichen Schattierung formuliert werden. Auf diese Art und Weise kann eine gewisse Klammer entstehen, innerhalb deren die ältesten und traditionellsten Untersuchungen der lautlichen Seite der Texte unter Beachtung deren schriftlicher Manifestationen mit den neuesten Trends in der linguistischen Forschung [= Text(sorten)linguistik] in Kapitel 4 zu konfrontieren sind. Dadurch kann wiederum ein vervollständigtes und komplexes Bild der auf Deutsch verfassten Proskriptionsvermerke skizziert werden.

Abschließend, in Kapitel 7, werden die Ergebnisse der Analyse im Lichte der unten formulierten Arbeitsthesen ausgewertet, wobei es sowohl auf die textlinguistische als auch phonematisch-graphematische Analyse eingegangen wird. Hierbei werden auch Schlussfolgerungen gezogen, die von der Auswertung der Analyseresultate herrühren. In Kapitel 8 krönt der Ausblick das Ende des Buches.

Von der obigen Zielsetzung rühren die Arbeitsthesen her, deren Fragen im Laufe der schrittweise fortschreitenden Erforschung des Schweidnitzer Proskriptionsbuches zu beantworten sind.

In der vorliegenden Untersuchung wird nämlich in erster Linie davon ausgegangen, dass die Proskriptionsvermerke Texte sind. Aus der makrostrukturellen Sicht könnte die Frage danach gestellt werden, welche von den einzelnen Bestandteilen eines ins Proskriptionsbuch aus Schweidnitz eingeschriebenen Eintrags absolut notwendig – d. h. textsortenkonstitutiv – sind und welche nur einen fakultativen Charakter aufweisen und somit ohne Schaden für den Text der Proskription weggelassen werden dürfen. Aufgrund dessen wird der Versuch unternommen, zu prüfen, ob es möglich ist, die erwähnten obligatorischen Textpassagen, ohne die der Proskriptionstext nicht entstehen kann, zu unterscheiden und zu nennen, weil sie als absolutes Minimum für dessen Entstehung bilden.

Daneben wird in der mikrostrukturellen Analyse nachgewiesen, dass sich die Proskriptionstexte nach den Textualitätskriterien bewerten lassen. Als Ausgangsposition dient hierfür also die Annahme, dass sie als kohäsive, kohärente, intentionale, akzeptable und im situativen Kontext eingetauchte Satzfolgen innerhalb des kanzlarischen Diskurses funktionieren. Dank solch einer Annahme wird es möglich, die oben erwähnte Gruppe von Aufzeichnungen im Schweidnitzer Proskriptionsbuch mit dem textlinguistischen Instrumentarium zu messen sowie die erbrachten Untersuchungsergebnisse mithilfe der terminologischen Nomenklatur aus dem Bereich der Kriterien der Textualität zu schildern und zu beschreiben, was zur Erreichung des ersten Hauptforschungsziels verhelfen soll. An dieser Stelle wird auch geprüft, welche Faktoren der außersprachlichen Realität darüber entscheiden, dass jedes konkrete Textualitätskriterium von jedem Achtvermerk erfüllt wird. Was die Makrostruktur des Textes der Schweidnitzer

Proskriptionsvermerke anbelangt, so wird geprüft, ob die konkreten Bestandteile der Proskriptionseintragungen als feste Elemente wahrzunehmen sind und ob sie irgendwelchen Umwandlungen in ihrer historischen Kontinuität unterliegen. Ferner werden Textthema, thematische Beschränkungen und Themenentfaltung analysiert. In Erwägung wird die Tatsache gezogen, ob die Schweidnitzer Proskriptionstexte als Informations- oder Deklarationstexte zu klassifizieren sind, was bestimmt mit der rechtlichen Regelung der Proskriptionspraxis selbst im Zusammenhang steht und von dem Recht abhängig ist, nach dem eine konkrete Stadt gegründet wurde.

Unter Berücksichtigung der Entstehungszeit und des Entstehungsortes des zu analysierenden Stadtbuches wird weiterhin angenommen, dass die in Schrift festgehaltene deutsche Sprache ihrem fnhd. Evolutionsstand entspricht, was als mit dem dritten Hauptziel korrespondierende Annahme der vorliegenden Studie zu betrachten ist. Um dieser Frage nachforschen zu können, soll nach den fnhd. Sprachinnovationen im Text der Stadtbucheintragungen gesucht werden. Im Nachhinein wird es möglich, deren Durchführungsgrad zu bestimmen, wozu auch die Sprachgeographie und die Verteilung bestimmter sprachlicher Neuerungen vor dem Hintergrund der dialektologischen Beobachtungen verhelfen können. Im Anschluss daran wird der Versuch unternommen, die mundartlichen Erscheinungen im (nieder)geschriebenen Text der Schweidnitzer Proskriptionen aufzuspüren, was dem Stand der Dinge im Fall der Krakauer Vogtbücher ähneln würde, in denen – im Unterschied zur dortigen städtischen Hauptkanzlei – die dialektalen Einflüsse feststellbar sind (WIKTOROWICZ 2011a: 66).

2. Theoretische Untersuchungsgrundlagen

Im vorliegenden Kapitel werden die theoretischen Untersuchungsgrundlagen zusammen mit dem Forschungstand der betreffenden Bereiche der Sprachwissenschaft gesammelt und präsentiert. Darauf folgen wiederum die für die Vollständigkeit des Umrisses des gesamten Forschungsstands unentbehrlichen Ausführungen aus dem Gebiet der Buchwissenschaft und Kodikologie, die mit den Amts-, Stadt- und Proskriptionsbüchern im Zusammenhang stehen.

2.1 Zum Forschungsstand

Bei der Darstellung des Forschungsstands werden die Forschungsergebnisse sowohl der textlinguistischen als auch der sprachhistorischen Analysen angeführt, mit besonderer Berücksichtigung der phonematisch-graphematischen Untersuchungen, wobei diese hauptsächlich aus der Feder der polnischen germanistischen Sprachforscher aus den unterschiedlichen akademischen Zentren Polens stammen. Der Grund solch einer Vorgehensweise liegt vor allem in der Tatsache, dass sich die textlinguistische Perspektive in den sprachhistorischen Untersuchungen polnischer Germanisten eher als Rarität darstellt. Im Nachfolgenden überwiegt deswegen die Darstellung der phonematisch-graphematischen Untersuchungen, auf die jedoch nicht ausführlich genug eingegangen werden konnte, weil ihre vollständige Beschreibung den Rahmen der vorliegenden Publikation sprengen würde.

2.1.1 Textlinguistische Untersuchungen und Entwicklung der textlinguistischen Untersuchungsperspektive

Die endgültige Verselbständigung der *Textlinguistik* als Wissenschaftsdisziplin war möglich, nachdem sich deren Gegenstand mehr oder weniger genau hatte bestimmen lassen. Zum Untersuchungsobjekt wurde der Text erstmals von den Prager Strukturalisten – u. a. von METHESIUS (1882–1945) mit seiner Thema-Rhema-Gliederung (1979: 90–98) und seinen Nachfolgern, die seine Ideen weiterentwickelten (DANEŠ 1968: 125–141; BENEŠ 1973: 42–62) – sowie von BACHTIN (1895–1975) erhoben, der die Notwendigkeit der Untersuchung des Textes als Ganzen betonte (BACHTIN 1986). Einen intensiveren Aufschwung nahmen die textlinguistischen Untersuchungen in den 1970er Jahren innerhalb der germanistischen Linguistik, was die folgenden Arbeiten der Pioniere und Hauptvertreter der „neueren" Sprachbetrachtungsweise bezeugen: HARTMANN (1968b, 1972), ISENBERG (1974, 1976, 1977), DRESSLER (1970, 1973), BRINKER (1971, 1973, 1979), SCHMIDT (1972), KALLMEYER/KLEIN/MEYER-HERMANN/NETZER/SIEBERT (1974), HARWEG (1968, 1974), GÜLICH/RAIBLE (1975a, 1975b), GROSSE (1976), GÜLICH/HEGER/RAIBLE (1979). Die 1980er und 1990er Jahre sowie die ersten Jahre des 21. Jahrhunderts lassen sich als Blütezeit der textlinguistisch orientierten Forschung in Deutschland ansehen, während deren auch die die bisherigen Leistungen der Textlinguisten resümierenden Publikationen sowie Abrisse und Kompendien erschienen, u. a. BEAUGRANDE/DRESSLER (1981), W. HEINEMANN/VIEHWEGER (1991), VATER (1992), BRINKER (2000, 2010), HOLLY (2001a, 2001b), W. HEINEMANN/M. HEINEMANN (2002), ADAMZIK (2004).

In diesem Kontext sind die Leistungen der polnischen Wissenschaftler keinesfalls zu verschweigen, deren Forschungsinteressen bereits in den 1970er Jahren eben um den Text kreisten. Dies steht wiederum im offensichtlichen Widerspruch zur Feststellung von MAZUR (2000: 153), dem zufolge es im slawischen Sprachraum außer der Prager Schule keine andere textlinguistische Schule im engeren Sinne gebe. In Bezug auf die Zeit der Formulierung seiner Schlussfolgerung lässt sich heute zweifelsfrei behaupten, dass sein Urteil zumindest einem starken Aktualitätsverlust unterlag.

> Die ersten textlinguistischen Forschungen wurden im Bereich der Polonistik betrieben. Den Anstoß dazu gaben die Forschungen von M. R. MAYENOWA [...]. Die von [...] [ihr] begründete Forschungsrichtung wurde später unter der Federführung von T. DOBRZYŃSKA weiterentwickelt [...]. Zur Konstituierung der Textlinguistik in Polen haben maßgeblich auch die pragmatisch ausgerichteten Forschungen von K. PISARKOWA [...] beigetragen. In den 80er Jahren trugen dazu die Forschungen von S. GAJDA [...] bei.

> Neben dem Institut für Literaturforschungen der Polnischen Akademie der Wissenschaften [Instytut Badań Literackich PAN], wurden (und werden) diese Forschungen sehr intensiv auch an dem Lehrstuhl für Textologie und Grammatik des Gegenwärtigen Polnisch [Zakład Tekstologii i Gramatyki Współczesnego Języka Polskiego] an der Maria-Curie-Skłodowska Universität in Lublin unter der von J. BARTMIŃSKI und B. BONIECKA betrieben. [...] Die ersten Forschungen zur Textlinguistik beschäftigten sich sehr stark mit Fragen der Textkohärenz und wurden im Rahmen des transphrastischen Ansatzes durchgeführt. Dieser Ansatz galt auch relativ lange als theoretischer Hintergrund für empirisch ausgerichtete Untersuchungen. Im Vordergrund der meisten Arbeiten stand die Frage nach der Textkohärenz. Im Vordergrund des Interesses polonistischer Textlinguistik standen auch sehr lange literarische Texte. Im Prinzip erst zu Beginn der 90er Jahre wurde die Aufmerksamkeit auf Gebrauchstexte gelenkt [...].[2] (GRUCZA 2008a: 12–13)

Die nächste Etappe in der Geschichte der polnischen Textlinguistik waren Übernahme, Aufnahme und intensive Weiterentwicklung der textlinguistisch geprägten Ideen von den polnischen Germanisten, unter denen WAWRZYNIAK

---

2 Kapitälchen von P.A.O.

(1975[3], 1978, 1980)[4], Bilut-Homplewicz (1990, 1993a, 1993b)[5] als Wegbereiter zu betrachten sind:

> In Polen ist das Jahr 1980 als „Stunde Null" der Textlinguistik anzunehmen. In diesem Jahr erschien die erste Monographie, die sich ausschließlich mit textlinguistischen Fragestellungen beschäftigte, nämlich die *Einführung in die Textwissenschaft. Probleme der Textbildung im Deutschen* von Zdzisław Wawrzyniak. Neun Jahre später publizierte ebenfalls Wawrzyniak einen Beitrag, in dem erstmals kontrastive textlinguistische Fragestellungen, v. a. die der Kohäsions- und Kohärenzbildung im Polnischen und Deutschen, zur Sprache kamen: Zum Vorverständnis einer konfrontativen Textlinguistik. (Smykała 2012: 72–73)[6]

Die weitere Phase wird wiederum durch die zahlreichen Publikationen unterschiedlicher, die verschiedenen wissenschaftlichen Zentren Polens vertretender Forscher bestimmt, in deren Forschungsspektrum sich nicht nur theoretische, sondern auch korpusbasierende Explorationen der literarischen Texte einerseits sowie der Gebrauchs- und Fachtexte andererseits befinden, u. a. Konzeption des Textes und Gegenstand der textlinguistischen Analysen: Wawrzyniak, Bilut-Homplewicz, Błachut (2018), Żmudzki (2019), Texttypologie: Bilut-Homplewicz (1998, 1999), Textsortenforschung: Bilut-Homplewicz (2004a), kontrastive Studien: Bilut-Homplewicz (2015, 2021), pragmatische Aspekte der Konstitution der Texte und deren Textualität: Żmudzki (1989, 1992, 1997), Textkonnexion und -kohäsion: Gaca (1997), Bartoszewicz (2009) oder Vernetzungen zwischen (Hyper-)Text und Bild: Żebrowska (2012, 2013). Parallel entstanden ebenfalls die Arbeiten aus dem genannten Bereich in Deutschland, die kaum zu verschweigen sind, u. a. Hoffman (1983, 1990, Fachtextlinguistik) oder Kalverkämper (1983, textuelle Fachsprachen-Linguistik). Die letztgenannte Disziplin, die auch als Subdisziplin der Textlinguistik angesehen werden darf, kristallisierte sich in Deutschland eigentlich gleichlaufend zu den Untersuchungen der Texte im Allgemeinen heraus. Wie S. Grucza (2013: 39–40) nahelegt, lässt sich die bis zu einem gewissen Maße autonome Fachtextlinguistik in Deutschland keinesfalls als total eigenständiges Forschungsfeld mit der Quelle in der Textlinguistik betrachten, weil sie ihre Wurzeln eher in der Fachsprachenuntersuchung hat. Dies ist wiederum der Grund, weshalb die fachtextlinguistischen Arbeiten häufiger unter die Publikationen aus dem Bereich der Fachsprachenforschung und nicht aus dem der Textlinguistik eingereiht werden. Die weitere Ursache

---

3   Im Fall der höheren Zahl der Veröffentlichungen eines gegebenen Autors / einer gegebenen Autorin werden nur drei Daten deren Publikation im Fließtext angegeben. Die anderen Erscheinungsdaten sind dann immer in den Anmerkungen vorfindbar.

4   1986, 1989, 1991, 2002, 2003, 2004, 2009.

5   1994, 1997, 2004b, 2005, 2009, 2021.

6   Kapitälchen von P.A.O.

solch eines Standes der Dinge ist der Fakt, dass die wissenschaftlichen Erwägungen fachtextlinguistischer Prägung ihre Grundlage in den innerhalb der Fachsprachenlinguistik herausgearbeiteten, theoretischen Konzeptionen haben. Dadurch kommt wiederum das Fehlen der allgemeinen, theoretisch fundierten Reflexionen über den Textbegriff zum Vorschein. In solchen Abhandlungen werden überdies die um die Theorie der Fachsprachen kreisenden Fragestellungen in den Mittelpunkt gestellt, während die Fragen der Theorie des Textes eher im Hintergrund auftauchen.

Im Rahmen der sich seit den 1990er Jahren entwickelnden polnischen, germanistischen Fachtextlinguistik lassen sich ebenfalls bestimmte Richtungen unterscheiden, die von verschiedenen Forschern vertreten werden: Während KACZMARKOWSKI (1987), GRUCZA (2006, 2007a, 2007b)[7], CZACHUR (2009), KAPUŚCIŃSKA (2013, 2015) oder OPIŁOWSKI (2019, 2020) Verdienste zuvorderst um die theoretischen Überlegungen erwerben, wurden deskriptiv und kontrastiv geprägten Explorationen u. a. von TOMICZEK (1972, 1996, 1997), GLIWIŃSKI/MARKOWICZ/WEIGT (1993), MIODEK (1994), TOMICZEK/KUCHARSKA (1995), GACA (1997), SOSIN (1999), FRĄCZEK (2001), KĄTNY (2001), SCHATTE (2001, 2002), SMYKAŁA (2003, 2005, 2006)[8], BERDYCHOWSKA (2006), LEWANDOWSKA (2008), MACIEJEWSKI (2009), ZIELIŃSKA (2013), PAWLIKOWSKA-ASENDRYCH (2014), MAC (2015, 2018), OPIŁOWSKI (2013, 2015) oder HANUS/SZWED (2019) betrieben. Im Rahmen der angewandten Linguistik sind die Arbeiten auf den Feldern der Übersetzungswissenschaft [u. a. BERDYCHOWSKA (1997), SZUBERT (2001), WEIGT (2001a, 2001b), ILUK/KUBACKI (2006), GRUCZA (2008d), WAWRZYNIAK (2009), OWSIŃSKI/PALUCH (2020), PALUCH/ OWSIŃSKI (2020)] sowie der Glottodidaktik [u. a. SKOWRONEK (1982, 1986, 2001), BERDYCHOWSKA (1982, 1987, 1990), ILUK/KUBACKI (2006), GRUCZA (2007b), CZACHUR (2009), DUŚ (2013)] zu nennen.

Hierbei sei auch anzumerken, dass die fachtextlinguistische Exploration der Texte als kein homogener Forschungsbereich anzusehen ist. Dies manifestiert sich nämlich in der Publikation zahlreicher, seit den 1990er Jahren erscheinender, synchroner und diachroner Untersuchungen aus der Feder der polnischen Germanisten, auf deren Forschungsergebnisse im Vorliegenden größtenteils gestützt wird, wobei jedoch auf die Publikationen der deutschsprachigen „Klassiker" keineswegs verzichtet wird. Bevor aber auf den Stand der diachronen Forschung eingegangen wird, soll betont werden, dass sich die synchron geprägten fachtextlinguistischen Explorationen in Polen dynamisch entwickeln, gern unternommen werden und auch ein breites Panorama von zu untersuchenden Texten bzw. Textsorten umfassen: BERDYCHOWSKA/JANICKA/VOGELGESANG-DONCER (2014); Texte des medizinischen und juristischen Bereiches: u. a. BERDYCHOWSKA (1989, 1993, 1994), ILUK (1992, 1998), WEIGT (2000), DUŚ (2003a, 2003b, 2010)[9], GRUCZA

---

7   2007c, 2008a, 2008b, 2008c, 2013.
8   2014.
9   2013.

(2003, 2006, 2013), KOŁODZIEJ (2014), KOŁODZIEJ/DUŚ (2016); Sprichwörter als lite-
rarische Gattung: LEWANDOWSKA (1999); Kurzgeschichten: MARKOWICZ (1999);
Sprichwörter in der Werbung SCHATTE (2002); wissenschaftliche Texte: OLSZEW-
SKA (2009); Radiotexte: DRUŻYCKI (1999); Wettervorhersagen, fernsehspezifische
Nachrichten: MAC (2015, 2018); Politiker-Weblogs als Hyper-Textsorte: CZA-
CHUR (2008a); katholische Beichte, mediale TV-Predigt (SIEDLANOWSKA 2006,
2008); Graffiti: SOSIN (1999); Witze und Aphorismen: SZCZEPANIAK (1999, 2002);
Geschäftsbriefe: SZWED (1999, 2001, 2003), Tourismuswerbung und Werbeanzei-
gen: SMYKAŁA (2003, 2005, 2006)[10], JANICKA (2020), Schulbücher: MAC/SMYKAŁA
(2020), Kochrezepte: SCHATTE (2020), Texte auf bedruckten T-Shirts: SZCZEPANIAK
(2020). Nicht weniger beliebt sind die Untersuchungen von zeitgenössischen (multimodalen und multikodalen) Kurztexten im öffentlichen und medialen Raum,
wie etwa politische Slogans, Demosprüche, Hashtags und Memes, Titelseiten,
Leads und Vorspanntexte, Werbetexte, Bildunterschriften und Filmplakate,
Stammbucheinträge und Haussprüche (BERDYCHOWSKA/LIEDTKE 2020a, 2020b;
KĘPA-FIGURA 2021), deutsch-polnische Pressewerbung (OPIŁOWSKI 2009, 2015),
Computertexte und Hypertexte (ŻEBROWSKA 2012), Comics (POCIASK 2015), Ver-
weiselemente auf den Einstiegsseiten polnischer Nachrichtenportale (MAKOWSKA
2015), Filmtitel (M. Z. FERET 2020) sowie Geldscheine, Bodenaufkleber, Kleidungs-
etiketten, Kassenzettel, Werbeplakate, Wegweiser-, Adressen-, Straßen- und Ver-
kehrsschilder, Gedenk- und Informationstafeln (CZACHUR 2020).
    Was den Stand der seit der sog. pragmatisch-kommunikativen Wende
(vgl. unten) immer häufiger unternommenen Forschung der historischen Texte
anbetrifft, in deren Spektrum sich auch die nachfolgende Analyse der (spät)mit-
telalterlichen, Schweidnitzer Proskriptionen exakt eintragen lässt, so gibt es auf
diesem Feld auch Einiges zu nennen.
    Bedauerlicherweise wird in diesem Bereich viel weniger Aufmerksamkeit
den theoretischen Problemen innerhalb der historischen Text(sorten)linguis-
tik gewidmet, was nicht zahlreiche Beiträge bezeugen lassen, u. a. BISZCZANIK
(2001), CZACHUR (2007b, 2008c), MEIER (2007), WIKTOROWICZ (2021b) oder SME-
REKA (2023). WIKTOROWICZ (2009a: 265) bemerkt in einem seiner Beiträge, dass
die Erforschung der historischen Textsorten in der deutschsprachigen sprachwissenschaftlichen Literatur bereits in der zweiten Hälfte des 20. Jahrhunderts
begann. Hierbei wird jedoch sofort die präzisierende Bemerkung hinzugefügt,
dass sich die Forscher vorrangig auf die synchrone Exploration der historischen
Dokumente – vor allem aus der Zeitspanne zwischen dem 12. und 18. Jahrhundert – fokussieren, um sie später hinsichtlich ihrer außersprachlichen Funktion
zu untersuchen und dann in größeren Gruppen (Textsorten) und Textsortenre-
pertoires zu klassifizieren. Bei der Bestimmung der Textsorte geht man meistens von der Art der sozialen Handlung aus, die mittels eines bestimmten Textes
oder mittels einer Gruppe von Texten ausgeführt wird, wodurch die Textsorte als

---

10 2014.

sprachliche Manifestation der ausgeführten sozialen Handlung definiert wird. Im Laufe der Zeit verbreiteten sich solche Untersuchungen, sodass sie gegenwärtig nicht nur in Deutschland, sondern auch in Österreich, Tschechien, Polen und in der Schweiz unternommen werden.

In einem derartigen Fall sind die Handschriften bzw. Frühdrucke immer Ausgangspunkte, anhand deren es versucht wird, die extrem heterogenen Textsammlungen zu klassifizieren und hinsichtlich der in Schrift festgehaltenen Sprache multidimensional zu analysieren.

> Seitdem Texte zunehmend zum Untersuchungsgegenstand linguistischer Beschreibung und Analyse [...] herangezogen werden, setzte auch eine textlinguistische Auseinandersetzung mit *historischen* Texten ein. Die Eigenart der historisch-textlinguistischen Untersuchungen besteht darin, dass sie ausschließlich auf schriftliche Überlieferungen angewiesen ist und im Gegensatz zu einer gegenwarts-orientierten und weitgehend ahistorischen Textlinguistik oftmals nicht mit deren methodologischen Instrumentarium arbeiten kann. (JUST 2014a: 128)

Durchaus angebracht scheint hier die zutreffende Bemerkung von BRALSKA und CZACHUR zu sein, die den Texten – in Anlehnung an ZIEGLER (2003a, 2003b, 2008) – eine besondere Stelle innerhalb der sprachgeschichtlichen Untersuchung zuweisen:

> Eine komplexe Sprachgeschichtsforschung ist ohne Auseinandersetzung mit den Texten nicht möglich. Unabhängig davon, ob wir die Sprachgeschichte als Kommunikationsgeschichte, als Kulturgeschichte, als Mentalitätsgeschichte, als Diskursgeschichte oder Textsortengeschichte [...] auffassen, kommen wir in den Analysen um den Text nicht herum. (BRALSKA/CZACHUR 2009: 223)

Innerhalb der diachronen Erforschung lassen sich die Texte ganz allgemein in literarische, religiöse Texte sowie in Gebrauchstexte einteilen. In der letzten Gruppe wären hingegen die Fachtexte zu verorten, die ein breites Spektrum verschiedener Textsorten abdecken, z. B. historiographische Texte oder auch Texte aus den juristischen oder medizinischen Bereichen.

> Die Frage nach dem Wesen der Fachsprache, darunter nach der Spezifik der Textsorten im Bereich der Verwaltung, des Rechts oder der Institutionen, war in der germanistischen wie auch der polonistischen Forschung oft Gegenstand linguistischer, synchroner, diachroner sowie kontrastiven Analysen. (CZACHUR/ZIMMER 2018: 36)

Zwar wird im Vorliegenden an die Denkweise und die wissenschaftlichen Postulate von WIKTOROWICZ und CZACHUR angeknüpft, aber man kann an dieser Stelle nicht umhin, die Veröffentlichungen der deutschsprachigen Textforscher zu verschweigen. Eben aus diesem Grund werden sie neben den Leistungen der polnischen Vertreter der Germanistik aufgelistet und kurz charakterisiert. Unter den Publikationen mit dem oben angerissenen Untersuchungsgegenstand im Brennpunkt sollen u. a. folgende Veröffentlichungen erwähnt werden: religiöse Texte: SCHUSTER (2001), SIMMLER (2002, 2007), PFEFFERKORN (2005), WIKTOROWICZ

(2019a), JUST (2014b, 2019a); juristische und amtliche Texte: HOFFMANN (1989); BECKER-MROTZEK (1999), BECKER-MROTZEK/SCHERNER (2000); Fachsprachen im Kontext des deutschen Sprachpurismus: CZYŻEWSKA-PARYS (2001); Stadtordnungen: WIKTOROWICZ (2011d, 2016b); Protokolle in den Stadtbüchern: LANGE (2008), BISZCZANIK (2016a), OWSIŃSKI (2022a); Rechnungsbücher: TOPHINKE (1999); Zunftsatzungen und Dekrete: WALIGÓRA (2002, 2007d, 2008a)[11]; Vereinssatzungen: CZACHUR (2007a, 2008b); Schuldbriefe und Ratgeber: WIKTOROWICZ (2010, 2011c, 2016b); Geschäftsbriefe: ŠILHÁNOVÁ (2011); (Privat)Briefe: GROLIMUND (1995), ZIEGLER (2003b), MEIER (2004), JUST (2012a, 2012b, 2013a, 2014a)[12]; Eintragungen in Kirchenbüchern: OWSIŃSKI (2021b, 2022b, 2022c), OWSIŃSKI/MORDAŃ (2021); Testamente: SPÁČILOVÁ (2000), KALETA (2001), BIEBERSTEDT (2007), WIKTOROWICZ (2011b, 2016b), CZACHUR/ZIMMER (2018), SMEREKA (2020a, 2020b, 2021b), OWSIŃSKI/PALUCH (2021); Stammbücher: DĄBROWSKA-BURKHARDT (2016a, 2017a, 2019)[13]; Hexenverhörprotokolle: TOPALOVIĆ (2003), DĄBROWSKA-BURKHARDT (2016b); Textsorten aus dem Bereich der Technik: FLESKES (1996), ZIRNGIBL (2003); Werbeanzeigen: BENDEL (1998); Pressetexte: BRANDT (2020), LENK (2021); Familienanzeigen: HÖLSCHER (2011); Grabinschriften: JAROSZ (2011, 2017); Sprachführer: NADOBNIK (2019) oder Steckbriefe sowie Dokumente der Handwerkerzünfte und Kaufmannsgilden: BOGACKI (2011b, 2014, 2020) (auch JANUS 2020: 72–81).

Die nicht nachlassende Aktualität der Besprechung von textlinguistischen Fragen sowie die Popularität der Beschreibung solcher Untersuchungen in Polen bezeugen nicht nur die einzelnen Beiträge in den wissenschaftlichen, in- und ausländischen Zeitschriften und Sammelbänden, sondern auch die unentwegt von polnischen Germanisten herausgegebenen Monographien und Sammelbände selbst (z. B. „Studia Germanica Gedanensia" 2013 [29]; BILUT-HOMPLEWICZ/ CZACHUR/SMYKAŁA 2009; BERDYCHOWSKA/LIEDTKE 2020a, 2020b; BUK/HANUS/ MAC/MILLER/SMYKAŁA/SZWED 2020). Außerdem sei anzumerken, dass die Ergebnisse der text- und diskurslinguistischen Forschung in ihren unterschiedlichsten Dimensionen auch in der seit 2008 existenten, am Institut für Germanistik der Universität Warschau sowie am Lehrstuhl für Angewandte Linguistik der Universität Rzeszów erarbeiteten Fachzeitschrift „tekst i dyskurs – text und diskurs" systematisch publiziert werden. Das auch von BOGACKI (2011a: 90–91, 92) gelobte Periodikum wird nämlich an diejenigen adressiert,

> die sich mit der Text- und Diskursanalyse auseinandersetzen. Ziel der neuen Fachzeitschrift ist es, eine interdisziplinäre und fachübergreifende Plattform für den Gedankenaustausch, für die modellhafte Lösungen im Bereich der Text- und Diskurslinguistik zu schaffen. Dieses Forum soll allen philologischen Fachrichtungen zugänglich sein. Die Beiträge können auf Deutsch, Polnisch oder Englisch

---

11 2008b.
12 2016, 2017.
13 2020a, 2021, 2022c.

veröffentlicht werden. Diese Öffnung für alle Fachrichtungen soll der vertieften Debatte über Text und Diskurs unter dem synchronen, diachronen, konfrontativen, interkulturellen und didaktischen Aspekt dienen. Die Zeitschrift setzt sich zum Ziel, Antworten auf Fragen nach unterschiedlichen Gebrauchsaspekten von Text und Diskurs in der sprachlichen, kulturellen sowie medialen Wirklichkeit zu suchen.[14]

Im Zusammenhang mit dem obigen Forschungsstand sei allerdings hinzuzufügen, dass die textologisch orientierten Explorationen ebenfalls in anderen Staaten und Sprachräumen in unterschiedlichem Maße präsent sind. THIELE (2000: 132) bemerkt beispielsweise, dass die textlinguistischen Untersuchungen in englischsprachigen Ländern entweder innerhalb der Diskurslinguistik oder der Diskursanalyse unternommen werden.

> Dies ist darin begründet, dass die Prozesse und Ergebnisse sprachlicher Kommunikation in der britischen und US-amerikanischen Linguistik [...] weitgehend in einen soziolinguistischen und funktionalen Rahmen gestellt werden. Daraus ergibt sich die Konsequenz, das Diskurshafte sprachlicher Kommunikation in den Vordergrund zu rücken und somit auch die schriftliche Kommunikation in diesen weiteren Zusammenhang einzuordnen. [...] Daher sind Zugänge zur Beschreibung schriftlicher Kommunikate häufig durch ein Theorie- und Methodeninventar gekennzeichnet, das für die mündliche Kommunikation entwickelt worden sind. (THIELE 2000: 132)

Auf dem skandinavischen Sprachgebiet sind ebenfalls die textlinguistischen Explorationen anzutreffen, die aber eher empirisch – und nicht theoretisch – orientiert sind. Darüber hinaus wird die allgemeine Richtung der Entwicklung von linguistischen Untersuchungen durch diverse akademische Traditionen Dänemarks, Schwedens, Norwegens und Finnlands nicht beeinflusst: Im nordischen Forschungsfokus befinden sich also die Bereiche von den Textualitätsparametern in der Syntax über Kohäsion bis hin zur Kohärenz, Pragmatik und Rhetorik. Nicht selten ist auch die Forschung der menschlichen Interaktionen (ENKVIST 2000: 140–143).

Was den romanischen Sprachraum anbelangt, so etablierte sich die selbstständige Textlinguistik hier überhaupt nicht, wessen Gründe in unterschiedlichen Tatsachen liegen können: Das seriöseste Problem betrifft nämlich die allgemeine und einheitliche Bezeichnung der textlinguistischen Untersuchungsrichtung, weil es doch viele Vorschläge[15] gibt, in denen unterschiedliche Ansichten und

---

14 Aus der Internetseite der Zeitschrift „tekst i dyskurs – text und diskurs", (online) http://tekst-dyskurs.eu/index.php/de/ (03.05.2021).

15 Beispielsweise: *grammaire du texte, linguistique du texte, linguistique textuelle, linguistica testuale, textologie, linguística textual, pragmatique textuelle, pragmática textual* oder sogar *Textlinguistik*.

Zielsetzungen implementiert sind. Deswegen werden die textlinguistischen Erwägungen häufig in andere Forschungsbereiche, wie etwa Stilistik, Soziolinguistik oder Diskursanalyse, eingeschaltet. Das andere Problem mit der Konstituierung der Textlinguistik in Romania verbindet sich wiederum mit dem unterschiedlichen Grad der Rezeption der grundlegenden Fachliteratur dazu in den einzelnen romanischen Ländern: Während die Schweizer wegen ihrer Mehrsprachigkeit imstande sind, sich mit dem Inhalt zahlreicher Fachpublikationen vertraut zu machen, haben die Franzosen wegen der Sprachbarriere und infolge der fehlenden französischen Übersetzungen der englisch- und deutschsprachigen Literatur keinen Zugang zu den textlinguistischen Fragestellungen. In Italien und Spanien sieht die Situation mit der Übertragung der Veröffentlichungen viel besser aus, was zur Folge hatte, dass sie in jenen Ländern rasch aufgenommen und weiterentwickelt wurden / werden (PÉRENNEC 2000: 145–146). Wie es scheint, entspricht die Konstatierung über die Forschung dieser Prägung in Frankreich der Realität nicht mehr. Für solch einen Schluss sprechen die immer häufiger in Druck gehenden, jedoch auf Deutsch aufgesetzten Publikationen französischsprachiger oder an den französischen Universitäten tätiger Forscher [z. B. Sammelband von BERDYCHOWSKA/JANICKA/VOGELGESANG-DONCER (2014)].

Ein ähnlicher Forschungsstand wird ebenfalls im russischsprachigen Raum angetroffen: Zwar erwähnt OSTASZEWSKA (1991) die Ergebnisse der textlinguistischen Explorationen im Rahmen der sowjetischen Sprachwissenschaft, aber es wäre sinnvoll, auch auf die die textlinguistischen Analysen innerhalb der bulgarischen Linguistik betreffende Publikation von DIMITROVA/KARSHAKOVA (1992) sowie auf die letzten russischsprachigen Arbeiten mit der Textlinguistik im Untersuchungszentrum hinzuweisen, u. a. KOMLEVA (2011), GAL'PERIN (2008), AKHMEROVA (2012), ČERNÂVSKAÂ (2018) oder OWSIŃSKI/MORDAŃ (2021).

Bei der Behandlung des Forschungsstands in Bezug auf die textlinguistischen Fragen werden in den meisten europäischen Publikationen die mit der Textlinguistik im Zusammenhang stehenden Veröffentlichungen aus der Feder der türkischen Sprachwissenschaftler stillschweigend übergangen. Die geographische Entfernung der Türkei, vielleicht ein gewisses, wegen der meistens auf Türkisch verfassten Arbeiten zum Vorschein kommendes Zurückziehen der türkischen Forscher trugen bestimmt dazu bei, dass ihre Untersuchungsergebnisse in West- und Mitteleuropa eher unbekannt bleiben, obwohl die textlinguistische, aus den Feststellungen der West- und Mitteleuropäer schöpfende Tradition in der Türkei auch eine ziemlich lange Geschichte hat. Ihre Wurzeln reichen nämlich bis in die 1970er Jahre zurück und beginnen mit den Analysen von BARKI (1978) und IŞIK (1979), die ihr Augenmerk zunächst auf die textkonstituierenden, strukturellen Merkmale der türkischen Pronomina sowie auf das Konzept der generativen Literaturwissenschaft richteten. Die Durchsetzung der germanistischen Publikationen aus dem textlinguistischen Bereich sowie die Erhöhung der Textlinguistik zum Rang eines akademischen Kurses an der Universität Istanbul sind wiederum OZIL zu verdanken, deren erste textlinguistische Abhandlung im Jahre 1988 erschien. Die textlinguistische Untersuchung, die die Mutter- und

Fremdsprachendidaktik, Übersetzungswissenschaft, Textsortenanalyse sowie den interkulturellen Textsortenvergleich umfasst, wird bis heute fortgesetzt, was die Publikationen u. a. von Durmuşoğlu (1987), Şenöz-Ayata (2005, 2006, 2008)[16], Şenöz-Ayata/Atasoy (2019) oder Topbaş/Yilmaz (2019) bezeugen lassen.

Das breite, sich in zahlreichen Veröffentlichungen widerspiegelnde Spektrum der textlinguistischen Untersuchungsperspektive hängt bestimmt mit den diversen Herangehensweisen an den Untersuchungsgegenstand – d. h. den Text – sowie mit den verschiedenen Aspekten zusammen, unter denen die Texte erforscht werden können. Aus diesem Grund kann man schlussfolgern, dass die gegenwärtige Gestalt der Textlinguistik als Ergebnis der früheren Phasen deren Entwicklung betrachtet werden darf, was eben von der Perspektive der Bestimmung des Textbegriffs herrührt. Wie Brinker (2010: 12–13) bemerkt, legte die Textlinguistik – bis heute – keine eindeutigen Definitionen des Textes vor, die durchgängig annehmbar sind. Dies hängt damit zusammen, dass die jedesmalige Bestimmung des Untersuchungsgegenstands eines Explorationsgebietes in erster Linie von den Forschungszielen der Wissenschaftler abhängt.

Generell lassen sich vier Forschungsströmungen mit ihrer gleichzeitigen Zuordnung zu den zwei Untersuchungshauptrichtungen unterscheiden, in deren Brennpunkt der Textbegriff steht:

– transphrastischer Ansatz – semantischer Ansatz	sprachsystematisch ausgerichtete Textlinguistik
– kommunikativ-pragmatischer Ansatz – kognitiv-prozeduraler Ansatz	kommunikationsorientierte Textlinguistik

Abb. 1: Forschungsströmungen und Untersuchungshauptrichtungen in der Textlinguistik (erarbeitet von P.A.O.)

Da hier die Schweidnitzer Proskriptionseintragungen vor dem Hintergrund des kommunikativ-pragmatischen Ansatzes analysiert werden, werden die drei übrigen zuerst nur kurz (auch wegen ihres historischen Wertes im Fall der zwei ersteren) dargestellt.

1) Die Anfangsphase der textlinguistischen Erörterungen bildet der Umbruch in der strukturalistischen und transformations-generativen Gleichsetzung des Satzes mit dem obersten sprachwissenschaftlichen Bezugselement.

---

16 2012.

Unbestritten klar wurde nämlich, dass die Sprecher nicht mithilfe der Sätze, sondern mittels der Einheiten des höheren Grades – d. h. mittels der Texte – kommunizieren (z. B. HARTMANN 1968a: 212–213; DRESSLER 1970: 64–71). Eines großen Interesses seitens der Forscher genossen hier sich mit der Kohärenz und Kohäsion verbindende Fragen (z. B. BEAUGRANDE/DRESSLER 1981; KALVERKÄMPER 1981), funktionale Satzperspektive (z. B. DANEŠ 1968; BENEŠ 1973), Textindikatoren und Textfunktionen der Personaldeixis (z. B. HARWEG 1968; WAWRZYNIAK 1980; BERDYCHOWSKA 2003) sowie textkonstituierende Sprachelemente und generative Textkompetenz (z. B. HEIDOLPH 1966).

2) Im semantischen Ansatz wurde das Schwergewicht der Analysen auf die Semantik dadurch verlagert, dass nun nicht nur die formalen Merkmale der textkonstituierenden Elemente im Zentrum der Forschung standen, sondern auch ihre semantischen Eigenschaften. Der erste Impuls zu solch einer Betrachtungsweise des Textes kam vom Isotopiekonzept (1971) von GREIMAS (1917–1992), dem zufolge die Verhältnisse der Äquivalenz zwischen den einzelnen Semen in unterschiedlichen lexikalischen Einheiten eines Textes für die Kohärenz dieses Textes verantwortlich sind (M. HEINEMANN 2002: 485; GRUCZA 2013: 43–44).

> Eine wortsemantische Textbeschreibung wurde in einer weiteren Entwicklungsphase um ein satzsemantisches Textmodell erweitert, dessen Hauptbegriff eine *Proposition* im Sinne eines Sachverhalts, eines Satzinhalts, bildete. Im Fokus des Interesses der Linguisten stehen nun verschiedenartige propositionale Verknüpfungen und Beziehungen zwischen den Propositionen. Unter den Beziehungen lassen sich einerseits allgemeine Relationen, wie additive, kausale, konditionale, finale, u.a., andererseits textspezifische Relationen, wie begründende, explizierende, bestätigende, korrigierende, u.a. beobachten. (OLSZEWSKA/ KĄTNY 2013: 10)

Auf dem im obigen Zitat umrissenen Untersuchungsfeld sind die Arbeiten u. a. von VAN DIJK (1972, 1977) oder PETÖFI (1971a, 1971b,1971c) zu nennen. Den erwähnten Publikationen fehlt aber schon an dem bevorstehenden kommunikativ-pragmatischen Element. Überdies wurde dieser Gedankengang auch deswegen verworfen, weil der Text als einfache Summe seiner Elemente keinesfalls betrachtet werden darf:

> [...] entscheidend für dieses Umdenken war offenkundig die Einsicht, daß mit Hilfe dieses Modells immer nur Sätze innerhalb von Texten generiert werden konnten, nicht aber ganzheitliche Texte mit den für sie relevanten Eigenschaften, da Texte nicht als bloße Summierung der Eigenschaften der in ihnen enthaltenen Konstituenten verstanden werden können. (W. HEINEMANN/VIEHWEGER 1991: 41)

Innerhalb dieses Forschungstrends sei auch auf die Publikationen u. a. von BRINKER (1973), DRESSLER (1973), AGRICOLA (1976, 1977, 1979), VAN DIJK (1980) oder METZELIN/JAKSCHE (1983) zu verweisen, in denen

> [...] das Textthema als einer der zentralen Aspekte, die zur Kohärenz des Textes bei-
> tragen, betrachtet [wird]. Das Textthema gilt als semantischer Kern des Textes, von
> dem aus der Text als Ganzes entfaltet wird. Dieser semantische Kern wird dabei als
> Teil einer impliziten Textbasis betrachtet. Verankert ist diese Sichtweise in der von
> den Vertretern der Generativen Grammatik vorgeschlagenen Unterscheidung von
> Oberflächen- und Tiefenstruktur, wobei das Konzept Thema der Texttiefenstruktur
> zugeordnet wird. METZELIN/JAKSCHE (1983) sowie VAN DIJK (1980) fassen das Text-
> thema in diesem Kontext als „Basisproposition" bzw. „Makroproposition" des Textes
> auf, als Proposition, die an der Spitze einer hierarchisch geordneten Zusammen-
> stellung der Propositionen des Textes steht. DRESSLER (1973) und AGRICOLA (1976,
> 1979) definieren das Textthema dagegen enger als Sachverhalt aus Prädikaten und
> Aktanten. Allen Ansätzen gemeinsam ist die Auffassung, dass ein Text auf sei-
> nen semantischen Kern, das Textthema, kondensiert werden könne und dass die-
> ser Kern durch ein auf dem Text operierendes Analyseverfahren extrahierbar sei.[17]
> (BÄRENFÄNGER 2011: 6–7)

Wie BRINKER (2010: 14) konstatiert, ist die sprachsystematisch orientierte
Textlinguistik als Konzeption der Betrachtung von Texten in lediglich rein
syntaktisch-semantischen Kategorien mit der zentralen, grammatisch geprägten Textkohärenz anzusehen, wessen Ziel in der systematischen Beschreibung
der allgemeinen Bedingungen und grammatischen Regeln der Textbildung sowie
in der Erklärung ihres Einflusses auf das Textrezipieren liegt (TOPBAŞ/YILMAZ
2019: 402).

3) Im kommunikativ-pragmatischen Ansatz innerhalb der kommunikationsorientierten Textlinguistik mit der linguistischen Pragmatik im Hintergrund
   handelt es sich dagegen in erster Linie um die von den Texten erfüllten Zwecke. Hierin werden die kommunikativen Funktionen der Texte erforscht.

> Die kommunikative Funktion legt den Handlungscharakter eines Textes fest; sie
> bezeichnet [...] die Art des kommunikativen Kontakts, die der E m i t t e n t (d. h.
> der Sprecher oder Schreiber) mit dem Text dem R e z i p i e n t e n gegenüber zum
> Ausdruck bringt (z. B. informierend oder appellierend); erst sie verleiht dem
> Text also einen bestimmten k o m m u n i k a t i v e n „S i n n".[18] (BRINKER 2010: 15)

Daraus folgt also, dass die inneren Merkmale der Texte nicht der einzige Untersuchungsgegenstand sind. Vielmehr handelt es sich auch um die Einbeziehung
der äußeren Realität, in der sie situativ entstehen, und des Verhältnisses zwischen ihnen und dieser Realität. So kam es eben zur sog. pragmatischen Wende,
die als Zäsur in den textlinguistischen Explorationen interpretiert werden darf.
Seit diesem Umdenken stehen die Texte als Sprachhandlungsinstrumente im
Zentrum des Interesses der Forscher, die nun sowohl nach den Texten selbst als

---

17 Kapitälchen von P.A.O.
18 Hervorhebung im Original.

auch nach deren Produzenten und Rezipienten mitsamt ihren Zielen und Intentionen in einer gegebenen kommunikativen Situation fragen. Da „[sich] ohne
kommunikative Funktion [...] kein Text [ergibt]" (OOMEN 1974: 55), zeigen sich die
Texte nicht mehr als Folgen der Sätze, sondern eher als Folgen der zielorientier-
ten, sprachlichen Handlungen mit den bestimmten zu erfüllenden Funktionen in
einem gegebenen situativen Kommunikationskontext:

> Jeder Text ist [...] die Nomination eines bestimmten Ereignisses, Prozesses, Sach-
> verhaltes, Zustandes oder einer bestimmten Situation der Wirklichkeit, er reprä-
> sentiert eine Äußerungsfolge, die Gegenstände und Situationen der Wirklichkeit
> und die zwischen diesen tatsächlich existierenden oder potentiellen Relationen
> widerspiegelt. Texte sind das Resultat der sprachlichen Tätigkeit des Menschen.
> (VIEHWEGER 1976: 197)

> Jeder Text erfüllt als Resultat zielgerichteter sprachlich-kommunikativer Handlun-
> gen eine erkennbare kommunikative Funktion, die den Ablauf des Textprozesses
> steuert. Nur durch die von einem Sprecher intendierte und von dem (den) Kom-
> munikationspartner(n) in einer bestimmten kommunikativen Situation erkennbare
> Funktion wird eine Menge sprachlicher Äußerungen, d. h. Sätze oder satzwertiger
> Einheiten, zu einem Text. (VIEHWEGER 1977: 156)

In der nächsten Entwicklungsphase des kommunikativ-pragmatischen Ansatzes wurden die Fragen nach den die Entstehung sowie das Rezipieren der Texte
begleitenden Faktoren gestellt, wobei die Texte als thematische Einheiten der
Kommunikation mit einer illokutiven Funktion einerseits und zugleich als von
der Kommunikation determinierte Elemente andererseits zu betrachten sind
(auch bei ROSENGREN 1980: 276). Die nächsten Schritte in der Evolution der Textlinguistik bilden die kommunikationsorientierte Grammatik von MORGENTHA-
LER (1980: 25), dem zufolge die Regeln der Textproduktion und das Verhältnis
zwischen dem Text und der sprachlichen Handlung den gleichen Rang in der
textlinguistischen Analyse besitzen sollen, sowie das unter dem Einfluss der
Modularität der kognitiven Prozesse entstandene Konzept der Sprachhandlung,
das sich eines großen Interesses und einer immensen Popularität unter den Forschern in den 1980er und 1990er Jahren erfreute (GRUCZA 2013: 48).

In Anlehnung an W. HEINEMANN und VIEHWEGER (1991) lassen sich alle
kommunikativ-pragmatischen Ansätze in Kontextmodelle und kommunikative
Textmodelle einteilen, wobei die Letzteren noch in handlungstheoretisch orientierte Modelle und Tätigkeitsmodelle gegliedert werden können. Während sich
die Kontextmodelle vordergründig auf die linguistischen Fragestellungen kon-
zentrieren, die mit den kommunikativ-pragmatischen Faktoren samt der gleichzeitigen Berücksichtigung der breiten Perspektive von Verhältnissen zwischen
dem Text und dem kommunikativ-situativen Kontext ergänzt werden, gehen
die kommunikativen Textmodelle eher von dem kommunikativ-pragmatischen
Faktor aus, bei dem die im Text enthaltenen, linguistischen Phänomene eine
sekundäre – d. h. instrumentale – Rolle im Rahmen der Kommunikation im

weitesten Sinne spielen. Sohin soll die Textanalyse eben auf die Funktion des Textes gestützt werden (GÜLICH/RAIBLE 1975a: 1–5).

4) Der sich intensiver seit den 1980er Jahren vor dem Hintergrund der Psychologie und Psycholinguistik entwickelnde kognitive Ansatz ist im Buch von KINTSCH (1974) und – bis zu einem gewissen Grade – bereits in der Arbeit VAN DIJKS (1972) sichtbar. Hier wurden die Begriffe der Mikro- und Makrostrukturen in die Textanalyse eingeführt,

> [...] die ständig verarbeitet werden und nach Auffassung der Autoren durch ‚Makroregeln' beschreibbar sind:
>
> – Verallgemeinerungsregeln, die die Ersetzung einer oder mehrerer Proposition/en durch eine generelle Proposition erlauben;
> – Konstitutionsregeln, die den Ersatz einer Propositionsfolge durch komplexe propositionale Einheiten, z. B. Frames, erlauben;
> – Tilgungsregeln zur Eliminierung irrelevanter Propositionen u. a.
>
> (M. HEINEMANN/W. HEINEMANN 2002: 93)

Das weitere Kapitel in der Geschichte der kognitiv fundierten Textlinguistik bestimmen BEAUGRANDE und DRESSLER (1981), die behaupten, dass

> [...] die Auffindung von Einheiten und strukturellen Mustern hier nicht das eigentliche Ziel [ist]. Vielmehr bemühen wir uns um die Operationen selbst, die Einheiten und Muster während der Verwendung von sprachlichen Systemen regeln: Das aktuelle Ergebnis dieser Operationen nennen wir TEXT. So betrachtet darf ein Text also nicht als eine Gestalt von Morphemen oder Sätzen erklärt werden: [...] Wir sind eher der Meinung, daß Morpheme und Sätze als operationale Einheiten und Muster zur Signalisierung von Bedeutungen und Absichten im Ablauf der Kommunikation wirken. Die Gründlichkeit, mit der Textproduzenten morphologisches und syntaktisches Material tatsächlich einordnen und gebrauchen, sollte ein unter realistischen Bedingungen zu untersuchendes Forschungsproblem und nicht eine aprioristische Annahme einer bestimmten Theorie sein. (BEAUGRANDE/DRESSLER 1981: 34)

Den beiden Autoren ist ebenfalls die Einführung der Begriffe *Kohärenz* und *Kohäsion* zu verdanken, die etwas anders von ihnen definiert wurden: Während sich die Kohäsion nur auf die grammatischen und syntaktischen Verhältnisse zwischen den Textelementen bezieht, hat man es mit der Kohärenz im Fall der wechselseitigen Beziehungen (Relationen) der Begriffe (Konzepte) innerhalb des Textes zu tun (BEAUGRANDE/DRESSLER 1981: 50, 88).

> Diese dem Text zugrunde liegende Konstellation ist die TEXTWELT, die mit der gewöhnlich angenommenen „realen Welt", d. h. mit der von einer Gesellschaft oder sozialen Gruppe als gültig angesehenen Auffassung der menschlichen Lage, nicht unbedingt übereinstimmen muß. (BEAUGRANDE/DRESSLER 1981: 88)

Wie GRUCZA (2013: 52) resümiert, kennzeichnen sich die kognitiv geprägten Text-
beschreibungen dadurch, dass

– sie die Texte als eigentliche sprachliche Zeichen im Kontext des Wissens,
  des Denkens, des Gedächtnisses und der Wahrnehmung zu analysieren haben;
– sie die Prozesse der Textproduktion sowie des Textverstehens als Informa-
  tionsverarbeitungsprozesse mitberücksichtigen sollen;
– sie eine interdisziplinäre Untersuchungsperspektive aufweisen sollen;
– sie sich auch auf die informatischen Konzepte stützen sollen.

Der Text vor dem Hintergrund des Kognitivismus zeigt sich somit als situations-
und kontextbedingte Informationseinheit, was auch STROHNER nachdrücklich
folgendermaßen betont:

> Er ist in kognitiver Hinsicht die Information und in kommunikativer Hinsicht die
> Nachricht, die es bei der Textverarbeitung zu verstehen gilt. Da bei der alltäglichen
> Textverarbeitung der Text selten allein, sondern meistens in einer situativen Ein-
> bettung wahrgenommen wird, muß auch diese bei der Textanalyse beachtet wer-
> den. Das gesamte Objekt des Textverstehens ist deshalb nicht nur der Text an sich,
> sondern der situierte Text. (STROHNER 1990: 66)

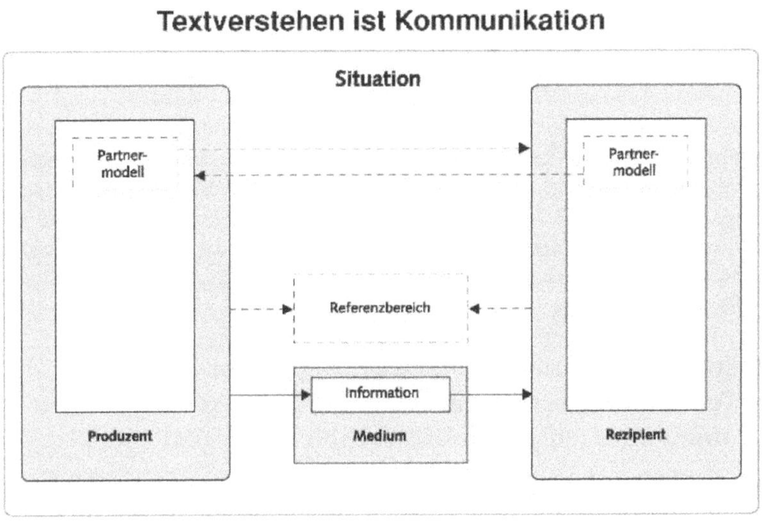

Abb. 2. Grundstruktur des Kommunikationssystems als Rahmen des Textverstehens (STROHNER 2006: 191)

Textverstehen ist Kognition

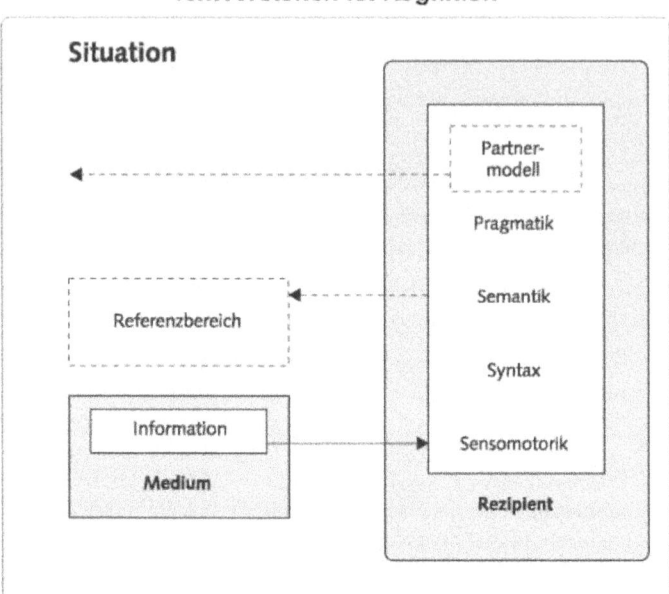

Abb. 3. Grundstruktur des kognitiven Systems des Rezipienten als Ort des Textverstehens (Strohner 2006: 192)

In Anlehnung an Brinker (2010: 16) wird aber dafür optiert, den sprachsystematisch ausgerichteten und den kommunikationsorientierten Ansatz als sich ergänzende und sich aufeinander beziehende Konzeptionen zu verstehen: Eine adäquate linguistische Textanalyse erfordert die Berücksichtigung beider Forschungsrichtungen, wobei der kommunikativ-pragmatische Ansatz [...] die theoretisch-methodische Bezugsgrundlage bilden muss. (Brinker 2010: 16)

2.1.2 Sprachhistorische Untersuchungen von Texten mit besonderer Beachtung deren phonematisch-graphematischen Analysen

Bevor auf die Ergebnisse der phonematisch-graphematischen Analysen der polnischen germanistischen Sprachhistoriker eingegangen wird, soll darauf verwiesen werden, dass die erwähnten Untersuchungen häufig im breiteren sprachhistorischen Explorationsspektrum zu verorten sind. Wiktorowicz (2015a: 159) bemerkt zwar, dass die germanistische Forschung in Polen eine ziemlich lange Geschichte hinter sich hat, aber er fügt sofort hinzu, die sprachhistorischen

Analysen würden letztens eher stiefmütterlich behandelt, was zu deren Vernach-
lässigung in der akademischen und wissenschaftlichen Welt führe.

Die ersten sprachhistorischen Untersuchungen in Polen beginnen nämlich
noch vor dem Zweiten Weltkrieg (1939–1945), als im Interessenkreis der in Polen
tätigen Germanisten hauptsächlich die Geschichte des Deutschen auf dem polnischen Sprachgebiet stand.

> Die polnischen Vorkriegsgermanisten orientierten sich an den Themen, die im Zen-
> trum der deutschen Germanistik standen. In den Dreißiger Jahren war die Erfor-
> schung der Kanzleisprachen eine der wichtigsten Aufgaben der deutschsprachigen
> Germanistik. (WIKTOROWICZ 2015: 160)

Einer der Vorreiter der Untersuchungen solcher Art war bestimmt zunächst
in Posen und dann in Krakau tätiger KLECZKOWSKI (1883–1949), dem vor allem
die sprachhistorischen und dialektologischen Beiträge und Bücher zur wil-
mesaurischen Sprache (1920, 1921) zu verdanken sind, obwohl er sich auch für
komparative Sprachwissenschaft, Sprachkontakt und Wechselbeziehungen der
slawischen und germanischen Sprachen im historischen Aspekt (1913 [1931],
1915, 1935, 1948) sowie Buchwissenschaft (1923, 1923–1926) interessierte. Auf die
Vorkriegszeit fällt auch die wissenschaftliche Tätigkeit von DOUBEK (1903–1969)
(1931a, 1931b, 1932, 1937) und ANDERS (1904–1941) (1938), die sich entweder mit den
dialektologischen Untersuchungen oder mit der Exploration der Kanzleisprachen
in den Amtsbüchern von Krzemienica, Markowa und Posen befassten. Aus der
ersten Hälfte des 20. Jahrhunderts stammt die wichtige, später auch ins Polnische
übersetzte und noch einmal veröffentlichte Arbeit von KUBICA (1904–1974) (1929,
1966), in der die deutsche Sprache des *Florianer Psalters* aus dem 14. Jahrhundert
analysiert wurde.

> Nach dem Zweiten Weltkrieg gab es zunächst auch nur sprachhistorische Arbei-
> ten; in diesem Zusammenhang sind die Arbeiten von Ludwik ZABROCKI [1907–1977]
> (1951)[19] zu nennen, der eine viel zitierte Arbeit über die Ursachen der germanischen
> Lautverschiebung geschrieben hat. Auf seine Anregung sind auch einige andere
> Arbeiten entstanden, die sprachhistorische Themen behandelten. (WIKTOROWICZ
> 2015a: 160)

Unter Berufung auf SZULC (1924–2012) (1998: 348) lässt sich ZABROCKI als theoretisch und methodisch allgemeiner Linguist mit Deutsch als Schwerpunkt
betrachten, in dessen Forschungsinteresse sich zahlreiche wissenschaftliche Problemstellungen befanden. Dabei war er auch auf dem Feld der deutschen Sprachgeschichte tätig, innerhalb deren er sich den Fragen der historischen Phonetik
sowie der Evolution des Deutschen widmete.

---

19 Gemeint ist hier seine Arbeit *Usilnienie i lenicja w językach indoeuropejskich i w
ugrofińskim* (≈ *Fortisierung und Lenisierung in den indoeuropäischen Sprachen und
im Finnougrischen*, 1951).

Nach ZABROCKI kommt schon die Ära von SZULC von der Jagiellonen-
Universität in Krakau, GACA (1931–2006) von der Adam-Mickiewicz-Universität
Posen und MORCINIEC von der Universität Breslau, „[...] die sich mit den gemeingermanischen Fragen oder mit rein germanistischen sprachhistorischen Themen
beschäftigten" (WIKTOROWICZ 2015a: 160). Im wissenschaftlichen Profil von SZULC
lassen sich die nachfolgenden Forschungsgebiete unterscheiden: historische Phonologie und Morphologie des Deutschen und der skandinavischen Sprachen (u. a.
1964, 1974, 1987), Kompendium der deutschen Sprachgeschichte (1991, 1993, 2002),
historische Phonologie und Graphematik (1984b, 1995) sowie dialektologische
Untersuchungen (1954). GACA befasste sich u. a. mit der historischen Grammatik
mit besonderem Nachdruck auf die Sprache des Kreuzritterordens (1964, 1965)
oder auf die Untersuchungen der deutschen Syntax in der Elbinger Kanzleisprache (1967, 1973). Die wissenschaftliche Arbeit von MORCINIEC umfasst wiederum
die dialektologisch geprägten sprachhistorischen Untersuchungen (1984, 1986,
1989)[20], Sprachgeschichte im Zusammenhang mit der Kulturwissenschaft und
der Geschichte des Niederländischen sowie Kompendium der deutschen Sprachgeschichte (1998, 2002b, 2015).

Das nächste Kapitel in der Untersuchung der deutschen Sprachgeschichte
in Polen bilden F. GRUCZA, CZARNECKI[21] und WIKTOROWICZ von der Universität
Warschau, DUDA von der Jagiellonen-Universität in Krakau und GRABAREK, der
an der Pädagogischen Hochschule in Rzeszów, an der Universität Danzig, der
Nikolaus-Kopernikus-Universität Toruń und der Kazimierz-Wielki-Universität
in Bydgoszcz tätig war. Alle fünf befass(t)en sich nicht nur mit den Phonem-
Graphem-Korrespondenzen, sondern auch mit den allgemeinen sprachgeschichtlichen und sprachwissenschaftlichen Themen: F. GRUCZA: Geschichte des Deutschen im Kontext des Sprachkontakts (2001, 2017) und DUDA: germanische Namen
(1989a), kanzelarisches Schrifttum (1989b, 2001), historische Lexikologie (2014,
2015, 2016)[22]. Während CZARNECKIs Arbeiten die um Etymologie, Entlehnungen
und Sprachkontakt kreisenden Fragen (z. B 1992, 1993a, 1993b)[23] thematisieren,
umfassen die Publikationen von WIKTOROWICZ ein imposant breites Spektrum von
phonematisch-graphematischen sowie sprachgeschichtlichen Explorationen im
weitesten Sinne und unter diversen Blickwinkeln: phonematisch-graphematische
Analysen (historische Phonologie) (1971, 1984, 1989)[24], Kanzleisprachen (1995,
1997, 2001a)[25], historische Morphologie und Syntax (1999a, 2001b, 2001c)[26], historische Semantik und Lexikologie (1993, 1998, 1999b)[27], historische Textlinguistik

---

20 1995, 1999a, 1999b, 2002a, 2008, 2018.
21 In den Jahren 1992–2005 auch am Institut für Germanische Philologie der Uni-
    versität Danzig tätig.
22 2017, 2022.
23 1995, 2001, 2003, 2006, 2007, 2009, 2010a, 2010b, 2010c, 2011, 2012a, 2012b, 2014a, 2014b.
24 1995, 1997, 2006, 2011a, 2011g, 2011i, 2017a, 2017b, 2021a.
25 2006, 2009c, 2011a, 2011g, 2016b, 2017a, 2017b, 2021a.
26 2008a, 2009b, 2011j, 2015b, 2015c.
27 2004, 2008b, 2022.

(2009a, 2009c, 2011b)[28] oder Sprachkontakt (2001b, 2016a). Was die wissenschaftliche Tätigkeit von GRABAREK (1948–2021) anbelangt, so

> [...] [setzte er] mit der graphematisch-phonematischen Untersuchung der Thorner
> Kanzleisprache[29] [...] die Arbeiten zur Geschichte der deutschen Sprache im pol-
> nischen Gebiet fort, die in den 1970er-Jahren in Warschau begannen und dann in
> den 1980er- und 1990er-Jahren in Krakau und Oppeln aufgenommen wurden. Damit
> fing in der polnischen Germanistik die Periode einer intensiven Beschäftigung mit
> den deutschen Kanzleisprachen in Polen an, die – bereits früher betrieben – durch
> den Zweiten Weltkrieg (1939–1945) unterbrochen wurde. (WIKTOROWICZ/JUST/A. S.
> FERET/OWSIŃSKI 2022: 11)

Seine wissenschaftlichen Interessen betrafen jedoch mehrere sprachgeschichtliche und sprachwissenschaftliche Forschungsbereiche, die unwiderlegbar beweisen, dass er viel von der Sprachgeschichte und der Laut-Buchstabe-Beziehung
verstand, was PAUL in seinen *Principien* aus dem ausgehenden 19. Jahrhundert
behauptet hatte:

> Ueber die abweichungen der sprachlichen zustände in der vergangenheit von denen
> in der gegenwart haben wir keinerlei kunde, die uns nicht durch das medium der
> schrift zukommen wäre. Es ist wichtig für jeden sprachforscher niemals aus den
> augen zu verlieren, dass das geschriebene nicht die sprache selbst ist, dass die in
> schrift umgesetzte sprache immer erst einer rückumsetzung bedarf, ehe man mit
> ihr rechnen kann. Diese rückumsetzung ist nur in unvollkommener weise möglich
> [...]; soweit sie aber überhaupt möglich ist, ist sie eine kunst, die gelernt sein will,
> wobei die unbefangene beobachtung des verhältnisses von schrift und aussprache,
> wie es gegenwärtig bei den verschiedenen völkern besteht, große dienste leistet.

> Die schrift ist aber nicht bloss wegen dieser vermittlerrolle object für den sprach-
> forscher, sie ist es auch als ein wichtiger factor in der sprachentwickelung selbst,
> [...]. (PAUL 1886: 320)[30]

Zu GRABAREKs Hauptwissenschaftsgebieten, die sehr häufig mit dem kanzelarischen Diskurs und der Kanzleisprachenforschung im Zusammenhang standen, gehörten: Geschichte des Deutschen im 20. Jahrhundert (2013), historische
Phonologie, Graphematik und Dialektologie (1974, 1984a, 1987)[31], historische
Morphologie und Syntax (1976b, 1977, 1984b)[32], historische Lexikographie (1976a),

---

28 2011c, 2011d, 2016b, 2019a, 2019b, 2020, 2021b.
29 Gemeint ist GRABAREKs Monographie *Die Sprache des Schöffenbuches der Alten
    Stadt Toruń (1984a)*, obwohl zu betonen sei, dass seine Untersuchungen im Bereich
    der deutschen Sprachgeschichte bereits im siebten Jahrzehnt des 20. Jahrhunderts
    anfingen.
30 In allen Zitaten wird die originale Rechtschreibung beibehalten.
31 1989a, 1997, 2012, 2017a, 2019.
32 1984c, 1989b, 1996, 1998, 1999a, 2001, 2003a, 2006a, 2010a, 2017b, 2017c.

Sprachkontakt (1999b, 2003b, 2006b)[33], Namenforschung (2007b) sowie theoretische Überlegungen zu den Sprachgeschichtsexplorationen im Kontext der philologischen Forschung und im Zusammenhang mit anderen Wissenschaftszweigen (1999c, 2004, 2009)[34].

Wie im obigen Zitat aus dem *Vorwort* von WIKTOROWICZ/JUST/A. S. FERET/ OWSIŃSKI (2022: 11) angedeutet wurde, initiierte u. a. GRABAREK die sprachhistorischen Forschungen der alten und älteren Texte des kanzelarischen Schrifttums auch in anderen polnischen akademischen Zentren. Sie wandelten sich dadurch in gewisse Schulen um, im Rahmen deren die Akademiker ihre Sprachgeschichtsforschungsarbeit betreiben konnten: In erster Linie handelt es sich hierbei um Warschau, Krakau, Danzig und Oppeln. An der Universität Warschau werden die sprachgeschichtlichen Untersuchungen von WIKTOROWICZ sowie seinen Schülern und Schülerinnen fortgesetzt, von denen JUST die wissenschaftliche Forschungsarbeit von WIKTOROWICZ direkt aufnahm und weiterführt. Ihre Leistungen umfassen aber auch eine ganze Reihe von den originellen sprachhistorischen Beiträgen, in denen sie die linguistische Untersuchung der alten und älteren Texte sowie die Kanzleisprachenforschung mit anderen Wissenschaftszweigen – wie etwa Kodikologie und Paläographie – verbindet: historische Phonologie und Graphematik (2015a, 2017a), historische Morphologie und Wortbildung (2009a, 2017b), historische Syntax (2009b, 2009c, 2010)[35], historische Semantik, Lexikologie und Fachwortschatz (2002, 2009d, 2012c)[36], historische Textlinguistik (2012a, 2013c, 2014a)[37], historische Lexikographie (2014b, 2018a), historische Stilistik (2015b), kanzelarischer Diskurs (2016d, 2017d, 2021), (historische) Pragmalinguistik (2011c, 2011d, 2016b)[38], buchwissenschaftliche, paläographische und kodikologische Untersuchungen (2012d, 2015c, 2015d)[39], Namenforschung (2018d) und Sprachkontakt (2019c). Zum Kreis der Warschauer Sprachwissenschaftler, auf deren Untersuchungsfeld die sprachhistorischen Untersuchungen, Kanzleisprachenforschung und historische Textlinguistik sowie historische Textsorten stehen, gehören ebenfalls CZACHUR, ZIMMER und JORROCH: CZACHUR: diachrone Textlinguistik und historische Textsorten (2007a, 2007b, 2008b)[40], Textsortenforschung (2008a, 2008d, 2011a)[41], theoretische Überlegungen zur (konfrontativen) Textlinguistik (2007d, 2011b, 2012), historische Wortbildung: (2007c), Ausdruckformen und Funktionen der deontischen Modalitäten (2016); CZACHUR/ZIMMER:

---

33 2007a, 2010b.
34 2014.
35 2011a, 2012a, 2012b, 2013a, 2017c.
36 2013b.
37 2016a, 2019a.
38 2016c.
39 2016d, 2018b, 2018c, 2019b, 2022.
40 2008c.
41 2020.

diachrone Textlinguistik und historische Textsorten (2018); ZIMMER: historische Phonologie und Graphematik (2013) sowie Kanzleisprachenforschung (2020); JORROCH: dialektologische Untersuchungen der Reste eines Dialekts in Nordostpolen mit der Sprachgeschichte im Hintergrund (2014a, 2015) und Sprachkontakt (2012, 2014b, 2014c)[42].

An der Krakauer Jagiellonen-Universität waren zunächst KALETA-WOJTASIK (1950–2016) und WALIGÓRA auf dem Gebiet der Sprachgeschichte tätig, denen sich nach einiger Zeit CHROMIK und OWSIŃSKI anschlossen. Alle vier konzentrier(t)en sich vor allem auf die Phonem-Graphem-Äquivalenzen in den aus den diversen Stadt- und Ordenskanzleien stammenden Texten, obgleich ihre Beiträge ebenfalls andere Sprachgeschichtsfelder sowie sprachwissenschaftliche Problematik betreffen: KALETA-WOJTASIK: Lautwandel, historische Phonologie und Graphematik der mhd. und fnhd. Texte (1979, 1985, 1988)[43], Entlehnungen und Sprachkontakt (1999), Kanzleisprachenforschung (2001, 2013, 2016), historische Lexikologie (2018); WALIGÓRA: historische Phonologie und Graphematik (1996a, 1997a, 1997b)[44], historische Syntax (2004a), historische Lexikologie (1996b), historische Textlinguistik (2002, 2007d, 2008a)[45], theoretische Überlegungen zum sprachgeschichtlichen Begriffsinstrumentarium (2001a, 2001b, 2004b) und zur Allianz der Philologie mit anderen Forschungsfeldern (2005b, 2006a, 2006b). CHROMIK und OWSIŃSKI gelten wiederum als KALETA-WOJTASIKS Schüler und Fortsetzer ihrer Arbeit auf dem Gebiet der Sprachgeschichte und Kanzleisprachenforschung. Im Profil von CHROMIK befinden sich: historische Phonologie, Graphematik und Dialektologie (2010a, 2013a, 2015a)[46], historische Syntax (2010b), Namenforschung (2008, 2016a, 2018a)[47], Kanzleisprachenforschung (2016b), sprachliche Verhältnisse und Sprachkontakt (2007, 2009, 2013b)[48], sowie historische Soziolinguistik (2018d), während im Blickfeld von OWSIŃSKI u. a. die Themenbereiche aus dem Gebiet der Kanzleisprachenforschung und Sprachgeschichte zu suchen sind: historische Phonologie, Graphematik und Dialektologie (2016, 2017a, 2017b)[49], historische Morphologie und Syntax (2020e, 2021e)[50], Sprachkontakt und fremdsprachliche Interferenzen (2020a, 2020d, 2021f), historische Textsorten (2021b, 2022a, 2022b)[51], Namenforschung (2015a), Übersetzung

---

42 2016.
43 1989, 1995, 1997, 2004, 2015, 2016, 2017.
44 1999a, 1999b, 2005a, 2007a, 2007b, 2007c, 2007e.
45 2008b.
46 2015b, 2017a, 2021a, 2022a, 2022b.
47 2018b, 2019a 2020.
48 2017b, 2018c, 2019b, 2019c, 2021b, 2021c.
49 2017c, 2017d, 2017e, 2018a, 2018b, 2018c, 2019b, 2019c, 2019d, 2019e, 2019f, 2020b, 2020c, 2021a, 2021c, 2021d, 2021f, 2022d, 2022e, 2022f; auch MOSKAŁA/OWSIŃSKI 2019.
50 Auch FIRYN/OWSIŃSKI 2020.
51 2022c; auch OWSIŃSKI/MORDAŃ 2021 und OWSIŃSKI/PALUCH 2021.

der historischen Texte (2011a, 2011b, 2015b)[52], sowie Sprachgeschichte im Fremd-sprachenunterricht (2019g). In diesem Punkt soll auch auf die Arbeit von A. S. FERET (2014) zum Thema des lexikalischen deutschen Lehnguts im Polnischen des 20. Jahrhunderts verwiesen werden, die zwar schon die jüngere Sprachgeschichte betrifft, aber bis zu einem gewissen Grad auch unter der Schirmherrschaft von KALETA-WOJTASIK und GRABAREK entstand.

Die weitere Schule der Sprachgeschichtsuntersuchung entwickelte sich um GRABAREK an der Universität Danzig, wo ŁOPUSZAŃSKA (1950–2021), BIADUŃ-GRABAREK[53] und FIRYN tätig waren. Die Erstere verstarb ein paar Monate nach dem Tod von GRABAREK und kurz vor seinem Ableben im Jahre 2021 trat BIADUŃ-GRABAREK in den Ruhestand. FIRYN wechselte wiederum ihre Universität, sodass sie nun ihre wissenschaftliche Arbeit an der Kazimierz-Wielki-Universität Byd-goszcz fortsetzt. Was die wissenschaftliche Tätigkeit von ŁOPUSZAŃSKA anbe-langt, so umfasste sie ein ziemlich breites Spektrum von linguistischen Fragen. Darunter sind aber auch die nachstehenden, mit der vorliegenden Publikation korrespondierenden Bereiche vorzufinden: Geschichte der deutschen Sprache und Dialektologie (auch im Kontext der Soziolinguistik) (1999a, 2001a, 2006a)[54], Sprachkontakt (1989, 1999b, 2001b)[55] und Kanzleisprachenforschung (2017b). Während sich die Arbeit von BIADUŃ-GRABAREK auf historische Phonologie und Dialektologie (2012, 2017a, 2019), historische Morphologie und Syntax (2013, 2015, 2016)[56], historische Lexikologie (2014) sowie historische Lexikographie (2011) fokussierte, konzentriert sich FIRYNs wissenschaftliche Tätigkeit u. a. auf die nachfolgenden Gebiete der sprachhistorischen Untersuchung sowie der Stadt- und Ordenskanzleisprachenforschung: jüngere und jüngste Geschichte des Deut-schen (2011), historische Phonologie (2012, 2017a), historische Morphologie und Syntax (2013, 2015, 2018)[57], Sprache im kanzelarischen Diskurs als Objekt der lin-guistischen Untersuchung (2014) sowie Entlehnungen und Sprachkontakt (2021).

Die Oppelner Schule der Sprachgeschichtsforschung bildete sich um LASA-TOWICZ heraus, die Sprachgeschichte, Dialektologie und Sprachkontakt (1992, 2001, 2007)[58], historische Phonologie und Graphematik (1979, 2017) sowie his-torische Morphologie und Syntax (2018c[59]) zu ihrem Forschungsobjekt machte.

---

52 2017f.
53 Hierbei sei jedoch zu bemerken, dass sowohl BIADUŃ-GRABAREK als auch ŁOPUSZAŃSKA vormals andere akademische Zentren Polens repräsentierten. Im Vorliegenden wird jedoch auf die Auflistung ihrer früheren Almae Matres ver-zichtet.
54 2008a, 2008b, 2009, 2012, 2013a, 2013b, 2015, 2017a, 2019.
55 2003, 2004a, 2004b, 2004c, 2006b, 2006c, 2006d, 2007a, 2007b, 2007c, 2008c, 2010a, 2010b, 2013c.
56 2017b, 2018.
57 2022; auch FIRYN/OWSIŃSKI 2020.
58 2010, 2018b, 2019a; 2018a, 2019b, 2022 zusammen mit TWOREK.
59 Zusammen mit TWOREK.

Um sie gruppierten sich wiederum PELKA, KSIĘŻYK und BOGACKI zu Beginn des 21. Jahrhunderts. Sie führen ihre sprachhistorischen Untersuchungen auf den unterschiedlichen Gebieten und in ihren verschiedenen Dimensionen: PELKA: u. a. Sprachkontakt, Kontaktlinguistik und Dialektologie (2003a, 2003b, 2004a)[60], Schriftlinguistik (2011b, 2012b, 2012c)[61]; KSIĘŻYK: Sprachkontakt und Dialektologie (2003, 2004, 2007a)[62]; BOGACKI: inhaltsbezogene korpusbasierte Sprachegeschichtsforschung (2001, 2002, 2009a)[63], historische Phonologie und Graphematik (2003a, 2004a, 2004b)[64], historische Syntax (2003b), historische Text(sorten)linguistik (2011b, 2014, 2016b)[65], Sprache als Element der Konstruktion des kollektiven Gedächtnisses und Namenforschung (2018a, 2018b) sowie Sprachverhältnisse und Sprachkontakt (2010).

Bei der Darstellung und Beschreibung der Leistungen der polnischen, sich mit der Geschichte der deutschen Sprache befassenden Sprachhistoriker sind die Publikationen der Grünberger Sprachgeschichtsschule an der Universität Zielona Góra nicht zu verfehlen. Innerhalb dieser Gruppe sind DĄBROWSKA-BURKHARDT und BISZCZANIK tätig, in deren Forschungsspektren sich ebenfalls die Fragen aus dem Bereich der Sprachgeschichte im Kontext des kanzlarischen Schrifttums und der Kanzleisprachenforschung befinden: DĄBROWSKA-BURKHARDT: historische Semantik (2014, 2016b, 2022a)[66], historische Text(sorten)linguistik (2016a, 2017a, 2019)[67], Kulturlinguistik (2020b), inhaltsbezogenes Studium zu historischen Texten (2002, 2004, 2016c)[68]; BISZCZANIK: historische Phonologie und Graphematik (2000, 2002a, 2002b)[69], historische Morphologie und Syntax (2007b, 2015a, 2017)[70], historische Lexikologie im interkonfessionellen Diskurs (2021b, 2022), historische Lexikologie und Fachwortschatz (2011c, 2014), Paläographie (2006b), Textkritik sowie historische Text- und Diskurslinguistik (2001, 2010a, 2012a)[71], Überlegungen zum Sprachwandel in den Kanzleisprachen (2008, 2010b, 2011d), philologisches Studium zum sprachlichen Bild einer Stadtgeschichte oder einer Nation (2011e, 2012e, 2021c), Parömiologie (2013b, 2015b), Geschichte des Deutschen vor dem Hintergrund des Sprachkontakts (2007c, 2012f) sowie theoretische

---

60 2004b, 2006, 2007, 2008, 2009, 2010, 2011a, 2012a, 2013, 2015a, 2020, 2021a; 2005 zusammen mit KSIĘŻYK.
61 2015b, 2015c, 2018.
62 2007b, 2007c, 2008a, 2008b, 2008c, 2008d, 2010, 2012, 2015, 2017, 2018; 2005 zusammen mit PELKA.
63 2013, 2016a.
64 2009b.
65 2020.
66 2022b.
67 2020a, 2021, 2022c.
68 2017b.
69 2003, 2004a, 2004b, 2006a, 2007a, 2011a, 2011b, 2013a, 2018.
70 2018, 2021a.
71 2012b, 2012c, 2012d, 2016a, 2016b.

Überlegungen zum Untersuchungsgegenstand der Sprachgeschichte und Didaktik der Sprachvergangenheit (2010c, 2011f, 2016c). Im Zusammenhang mit der Grünberger Sprachgeschichtsschule sind auch die Leistungen von KOTIN zu nennen, der zwar kein gebürtiger Pole ist, aber einen wesentlichen Beitrag zur polnischen Germanistik und zur sprachgeschichtlichen Forschung leistete: theoretische Überlegungen zum Untersuchungsobjekt und Wesen der Sprachgeschichte (2005a, 2007, 2013e)[72], Entwicklung der germ. Sprachen und Sprachwandel (2004, 2011a, 2012a)[73], historische Phonologie und Lautwandel (2010a, 2012c), historische Morphologie und Syntax (1995, 1998, 2000a)[74], historische Semantik und Bedeutungswandel (2010b, 2013c, 2014b)[75], historische Lexikologie und Phraseologieforschung (2014c, 2019b, 2021d) sowie Sprachkontakt (2013d, 2016, 2017d)[76].

Außer den oben besprochenen Schulen der historischen Sprachwissenschaft in Polen muss auch auf die Arbeiten der einzelnen polnischen Sprachgeschichtsforscherinnen hingewiesen werden, die das Bild der polnischen Sprachgeschichtsexploration vervollständigen lassen. Hierbei handelt es sich nämlich u. a. um ŻEBROWSKA (Warmia-und-Mazury-Universität in Olsztyn, Universität Warschau) sowie SMEREKA von der Jan Kochanowski Universität in Kielce, die erst vor einigen Jahren anfing, die sprachhistorischen Phänomene im kanzelarischen Schrifttum zu beschreiben und zu analysieren. Während sich ŻEBROWSKA auf die Dialektologie in Verbindung mit der historischen Morphologie (2000) sowie auf die historische Syntax (2005) konzentrierte, fokussiert SMEREKA ihre Aufmerksamkeit entweder auf die historische Syntax (2021a) oder auf die historische Text(sorten)linguistik (2020a, 2020b, 2021b).

Sollen die Geschichte der sprachhistorischen Explorationen sowie der Umriss der Kanzleisprachenforschung in Polen mit besonderer Berücksichtigung der phonematisch-graphematischen Analysen der kanzelarischen Archivalien vollständig dargeboten werden, muss die Forschungsarbeit von PIIRAINEN (1941–2012) aus Finnland miteinbezogen werden, dessen wissenschaftliche Interessen u. a. um die Geschichte des Fnhd. auf dem Gebiet Polens und der Slowakei kreisten. Auch ihm verdankt man nämlich die Initiierung der mühsamen Recherchen der abgrundtiefen Bestände der polnischen Archive, die zeigten, was darin zu suchen und zu finden ist. Es verwundert also wenig, dass seine Publikationen nicht selten die sprachhistorischen Untersuchungen der Kanzleitexte aus den u. a. auf dem schlesischen Raum lokalisierten Kanzleien mit der historischen

---

72 2014a, 2015a, 2017a, 2017e.
73 2012b, 2013a, 2020a, 2020b.
74 2000b, 2002, 2003, 2005b, 2008, 2009, 2011b, 2013b, 2015b, 2021a, 2021b, 2021c, 2019a.
75 2017b, 2017c.
76 2019c.

Phonologie und Graphematik sowie mit der textlinguistischen Prägung im Vordergrund thematisieren (z. B. 1968, 1983, 1988)[77].

2.2 Textlinguistik und deren Untersuchungsgegenstand

Um die Vollständigkeit der in den weiteren Teilen der vorliegenden Publikation enthaltenen textlinguistischen Analyse gewährleisten zu können, soll auf die theoretischen Erwägungen zur Textlinguistik sowie zum Text eingegangen werden. An dieser Stelle wollen wir aber den philologischen Status des Textes in den Vordergrund stellen.

Unter Berufung auf LABOCHA (2008: 183–184, 2009: 53) wird der in einem gegebenen Kommunikationsraum funktionierende Text auf zweierlei Weise verstanden, d. h. entweder als Äußerung, die einem konkreten Interaktionsereignis in einer weit definierten Kommunikationssituation gleichgestellt wird, oder als Diskurs, der mit einem kulturellen Typ einer Sammlung von Äußerungen sowie mit der Norm dessen Kreierung zu einem gegebenen Zeitpunkt in einer gegebenen Diskursgemeinschaft assoziiert wird. In Anknüpfung daran wird es für notwendig gehalten, das gleiche Sprach- und Kulturphänomen folgendermaßen zu begreifen:

1) als Text, d. h. als konkretes, für das Vorlesen oder für die Verarbeitung, Modifizierung bzw. Zusammenfassung bestimmtes Produkt, das das einzige und konkrete Untersuchungsobjekt eines Philologen ist;
2) als mit einem weit verstandenen Kommunikationsakthintergrund verkoppelte Äußerung, d. h. als konkretes Kommunikationsereignis mit einem interaktionalen Charakter, mit einer pragmatischen Funktion, die die Intention des Äußerungssenders oder die dem Sender von anderen Kommunikationsaktpartnern zugeschriebene Intention ausdrückt, und mit einer umrissenen Sender-Empfänger-Strategie, die aus den Erwartungen des Senders vom Empfänger hervorgeht;
3) als anhand der konkreten Realisierungen der Äußerungen und der Texte zu beschreibender Diskurs, d. h. als eine gewisse, das Sozial- und Sprachverhalten einer gegebenen Gesellschaft regelnde Norm, die ermöglicht, miteinander zu kommunizieren, zu interagieren sowie sich zu einem Thema auf eine bestimmte Art und Weise zu äußern.

---

77 1990, 1992, 1993, 1995, 1997, 1999, 2001a, 2001b, 2004a, 2004b, 2004/2005, 2005, 2006a, 2006b, 2007, 2010, 2013; 1996 zusammen mit WASSER, 2003 zusammen mit TEN VENNE, 2013 zusammen mit AGHAYEV.
    Eine detaillierte Auflistung der Publikationen von PIIRAINEN ist u. a. bei MEIER (Hg.) (2015: 143–179) sowie auf der Internetseite der Slowakischen Zeitschrift für Germanistik https://wp.sung.sk/wp-content/uploads/2020/07/SZfG_2016_2-133.pdf (09.02.2023) erreichbar.

Den oben genannten, zunächst einmal sehr allgemein skizzierten Definitionen lässt sich entnehmen, dass sowohl der Text als auch die Äußerung als Aktualisierungen des Diskurses zu betrachten sind und sich somit als eine Art Archiv interpretieren lassen, das abermals als Untersuchungskorpus eines Philologen dienen darf.

2.2.1 Aufgaben und Ziele der Textlinguistik

Die Wahl der angenommenen Untersuchungssichtweise erzwingt natürlicherweise den Versuch, den Rahmen zu umreißen, innerhalb dessen die vorgenommene Analyse durchgeführt wird. Sie ergibt sich nämlich aus der von HARTMANN (1968a: 212) formulierten Feststellung: „Es wird, wenn überhaupt gesprochen wird, nur in Texten gesprochen", in welcher der Standpunkt HARTMANNS enthalten ist, dem zufolge die Kommunikation immer mittels der kohärenten Texte und nicht mittels der einzelnen Worte und Sätze zustande kommt. So wird es klar, dass der Text in seiner Betrachtungsweise eindeutig und unbestrittenermaßen als primäres Sprachzeichen angesehen wurde (HARTMANN 1968a: 213), woran auch WAWRZYNIAK anknüpft:

> Kommunikation erfolgt durch Texte, die zwischen den Kontaktpartnern (Sprecher und Versteher, Schreiber und Leser) ausgetauscht werden. Unter Texten verstehen wir hier sowohl schriftliche als auch mündliche Äußerungen, die unterschiedlicher Länge sein können: von einem Ein-Wort-Text bis zum Gesamttext eines mehrbändigen Romans. (WAWRZYNIAK 1980: 7)

Damit die Perspektive der Forschung verbreitet wird, sollen also auch die geschriebenen Texte in den Explorationsfokus gerückt werden. Dies ist auf die Allgegenwart der Texte zurückzuführen, von denen die Sprachbenutzer immer und an jeder Stelle in den verschiedensten Alltagssituationen umgeben sind. In Anlehnung an PETERSON (2015: 12) muss festgestellt werden, dass die Sprache – und dadurch auch die Texte – ein soziales Phänomen sind, da sie immer in einem sozialen Kontext verwurzelt sind. Solch eine Konstatierung resultiert aus der Annahme, dass sie ständig mit einer Konversationssituation verkoppelt werden, in der verschiedene Kommunikationspartner interaktional agieren.

> Texte begleiten und prägen unser gesamtes Leben. Es vergeht kaum ein Tag, an dem wir nicht wenigstens einen Text gelesen oder geschrieben haben. Wir erhalten und versenden E-Mails oder SMS, lesen eine Zeitung oder Artikel im Internet, sehen Werbeplakate, Formulare, Informationszettel, schmökern in Büchern, konzentrieren uns auf wissenschaftliche Aufsätze oder suchen Informationen in Enzyklopädien. Wir zitieren Stellen aus Texten, die wie gelesen haben, erinnern uns an Kinderlieder und rezitieren Gedichte, berichten anderen von Romanen, die wir gerade lesen, verfassen Briefe oder Einkaufszettel, Protokolle oder Rechnungen, Hausarbeiten oder Tagebucheinträge. Texte informieren uns über die Welt, geben Gedanken und Meinungen an andere weiter, legen Gesetze und Normen fest,

geben Anleitungen, halten historisches Wissen fest. Manche der vielen Texte, die uns täglich begegnen, schauen wir nur flüchtig an, zum Teil registrieren wir sie kaum, andere dagegen werden sehr sorgfältig studiert oder sogar analysiert. [...] Wir finden Texte langweilig oder spannend, informativ, oder nichtssagend, schwer oder leicht verständlich, zusammenhängend und gut strukturiert oder konfus und inkohärent. (SCHWARZ-FRIESEL/CONSTEN 2014: 7)

Bevor die Definition, das Wesen, und die Merkmale des Textes besprochen werden, mit dessen Analysen sich die Textlinguistik befasst, gebietet zunächst diese relativ junge, d. h. sich seit den 1960er und 1970er Jahren in Deutschland entwickelnde Teildisziplin selbst eine Begriffserklärung. Den Hintergrund ihrer Entstehung bildet die sog. pragmatische Wende, die als allmählicher Übergang vom systembezogenen zum kommunikations- und funktionsorientierten Betrachtung der Sprache anzusehen ist.

Mit diesem Wechsel traten Fragen des Sprachgebrauchs und der Umstände sprachlich-kommunikativen Handelns, d. h. der Situationen des Gebrauchs, in den Vordergrund. Damit wurde der Text als die sprachliche Äußerungsform, in der sich Kommunikation vollzieht, zum zentralen Gegenstand. (FIX 2008: 15)

Wegen der zahlreichen Schwierigkeiten in der exakten Bestimmung des Untersuchungsobjektes der Textlinguistik schlägt COSERIU (1921–2002) vor, den Terminus *Textlinguistik* als Sammelbegriff für diverse Betrachtungsweisen des Textes, „[...] ja sogar für ganz verschiedene wissenschaftliche Disziplinen" (COSERIU 2007: 7) zu verwenden, wodurch es möglich ist, diesem Forschungsfeld eine interdisziplinäre Dimension zuzuschreiben, worauf auch FIX folgendermaßen verweist:

Die Etablierung der Textlinguistik – wie die der anderen „Bindestrichdisziplinen" auch – wurde befördert durch die Tendenz der Wissenschaftsentwicklung zur Interdisziplinarität, die die Fragestellungen über den Rahmen der eigenen Disziplin hinaus ausweitete und zugleich die Aufnahme von Anregungen von außen mit sich brachte. Disziplinen wie Kognitionsforschung, Kommunikationstheorie, Semiotik, Psychologie, Literaturwissenschaft und Ästhetik spielen hierbei eine Rolle. [...] Auch geisteswissenschaftliche Disziplinen, zu deren Gegenständen Texte weniger unter ihrem Formalen als unter ihrem inhaltlichen und funktionalen Aspekt gehören, wie z. B. Theologie, Geschichtswissenschaft, Kulturgeschichte, benötigen Wissen über den Text, vor allem über Textsorten. (FIX 2008: 16)

Wie DRESSLER (1978) und VÖLZING (1979) bemerken, beschäftigten sich schon HUMBOLDT (1767–1835) und PAUL (1846–1921) mit den textlinguistischen Fragestellungen im breitesten Sinne. GRUCZA (2013: 35) behauptet jedoch mit Recht, dass die Wurzeln der textlinguistischen Interessen bereits in grauer Vorzeit stecken, weil schon die altertümliche Philologie und später die Rhetorik und Stilistik die Texte – selbstverständlich nicht immer unter dem rein sprachwissenschaftlichen Blickwinkel – unter die Lupe nahmen. Auf die breite und unendliche Fülle der

Disziplinen, in deren Brennpunkt der Text steht, verweisen ebenfalls ŞENÖZ-AYATA (2006: 133)[78] oder BŁACHUT (2018: 89)[79].

Somit gelangt man zum Punkt, in dem wenigstens versucht werden soll, die so heterogene Textlinguistik zu definieren. Hierbei muss man jedoch im Klaren sein, dass eine definitive Bestimmung dieses Begriffs nicht ausgearbeitet wurde. Der gemeinsame Nenner aller vorgeschlagenen Definitionen ist aber der Text, der im Mittelpunkt des textlinguistischen Interesses steht bzw. stehen soll, obwohl in Anlehnung an die Warnung von BŁACHUT (2018: 90) zu betonen sei, dass nicht jede Exploration des Textes oder der Texte unbedingt textlinguistisch sein müsse.

Eine der ersten Definitionen dieser linguistischen Disziplin legt HARWEG (1934–2019) (1974: 88) vor, dem zufolge „die Textlinguistik [...] die jüngste Teildisziplin der Linguistik [ist]. Ihr Gegenstand ist das Phänomen der Textbildung, d. h. der Bildung von Einheiten einer hierarchischen Stufe in der Dimension des sprachlichen Nacheinanders, die oberhalb der Stufe des Satzes liegt".

Eine andere Definition wird beispielsweise im *Linguistischen Wörterbuch* von LEWANDOWSKI (1990) angetroffen, in dem dieser Wissenschaftszweig als

[...] eine relativ neue linguistische Teildisziplin [bezeichnet wird], die sprachliche Regeln und Organisationsformen untersucht, die über die Satzgrenze hinausreichen [...]; transphrastische oder die traditionelle Satzgrenze überschreitende Linguistik; textorientierte Linguistik, die sich als notwendige Konsequenz der modernen Erkenntnisse über Sprache und Kommunikation in dem Sinne begreift, dass Linguistik immer Textlinguistik zu sein habe. (LEWANDOWSKI 1990: 988)

Bei BUSSMANN (1990: 779) wird die Textlinguistik als „sprachwissenschaftliche Disziplin [erklärt], die sich mit der Analyse satzübergreifender sprachlicher Regularitäten beschäftigt und das Ziel hat, die konstitutiven Merkmale

---

78 „Die Texte sind zentrale Mittel unseres Lebens. [...] In allen Wissenschaftsdisziplinen, wie z. B. Mathematik, Physik, Chemie, Medizin, Geschichte, Ökonomie, Jura, Philologie, Theologie, Linguistik, Literaturwissenschaft beschäftigt man sich mit Texten. Texte werden in diesen Wissenschaftsdisziplinen nach verschiedenen Gesichtspunkten und Zielsetzungen untersucht und im Allgemeinen als Informationsquellen betrachtet".

79 „[...] Texte sind Ausgangs- und Zielpunkt rhetorischer, theologischer, stilistischer, literaturwissenschaftlicher, sprachgeschichtlicher, literaturgeschichtlicher, kulturanthropologischer und linguistischer bzw. sprachwissenschaftlicher Untersuchungen, schließlich auch textlinguistischer Untersuchungen (seit der Konstitution der Textlinguistik als Disziplin) und demnach auch textlinguistischer Untersuchungen mit soziologischen Aspekten (wie z. B. in der Diskursanalyse und Gesprächsanalyse). Diese Aufzählung der Disziplinen, die sich in ihrer jeweiligen zentralen Fragestellung mit Texten beschäftigen, ist natürlich nicht vollständig, [...]".

der sprachlichen Einheit ‚Text' zu bestimmen und damit eine Texttheorie zu begründen".

In der deutschsprachigen Fachliteratur letzter Zeit werden der Textlinguistik beispielsweise von BRINKER (2010) oder von SCHWARZ-FRIESEL und CONSTEN (2014) folgende Ziele und Aufgaben gesetzt:

> Die linguistische Textanalyse setzt sich zum Ziel, die Struktur, d. h. den grammatischen und thematischen Aufbau sowie die kommunikative Funktion konkreter Texte transparent zu machen und nachprüfbar darzustellen. Sie kann dadurch Einsichten in die Regelhaftigkeit von Textbildung (Textkonstitution) und Textverstehen (Textrezeption) vermitteln und dazu beitragen, die eigene Textkompetenz zu verbessern, d. h. die Fähigkeit zu fördern, fremde Texte zu verstehen und eigene Texte zu produzieren.[80] (BRINKER 2010: 9)

> Die Textlinguistik beschäftigt sich als wissenschaftliche Disziplin mit der Struktur, der Funktion und der Verarbeitung von Texten: Sie analysiert, nach welchen Prinzipien Texte gebildet sind und wie wir die komplexen Inhalte anordnen, die wir an andere weitergeben, und mit welchen sprachlichen Mitteln Information vermittelt wird. Sie beschreibt dabei, wie Form und Inhalt eines Textes zusammenhängen. Es geht aber auch um die Frage, inwiefern uns Typen von Texten oft ganz maßgeblich in unseren Entscheidungen, Meinungen, Stimmungen, Handlungen beeinflussen. Welche Merkmale von Texten sind besonders verantwortlich für dieses Persuasions- und Emotionspotenzial? Und was machen wir eigentlich geistig, wenn wir Texte schreiben oder lesen? Welche mentalen Prozesse laufen in unseren Köpfen ab, wenn wir Textinformationen verarbeiten? Worin genau besteht die Kompetenz zur Textproduktion und -rezeption? (SCHWARZ-FRIESEL/CONSTEN 2014: 9)

SZULC (1924–2012) und POLAŃSKI (1929–2009) wagten auch den Versuch, ihre Begriffsbestimmungen vorzuschlagen, in denen die Aufmerksamkeit eben auf die Struktur und Funktion der Texte als satzgrenzenübergreifende Einheiten gerichtet wird (SZULC 1984a: 238–239[81]; EJO 1999: 344[82]). Die anderen, explizit oder implizit formulierten Definitionen können in zahlreichen Veröffentlichungen vorgefunden werden, die sich mit dem Text sowie dessen Analysen aus den unterschiedlichsten Perspektiven befassen und eigentlich von der Betrachtungsweise des Textes selbst sowie von den Untersuchungszielen und Analysenmethoden abhängig sind, u. a. DRESSLER (1973), WAWRZYNIAK (1980), BEAUGRANDE/ DRESSLER (1981), COSERIU (2007).

---

80 Hervorhebung im Original.
81 „[...] dział językoznawstwa, zajmujący się budową i funkcją tekstu; stara się ustalić budowę i strukturę komunikatów większych niż zdanie [...], które traktowane jest jako część większego systemu relacji znaczeniowych".
82 „[...] kierunek w językoznawstwie, który w swoich badaniach nie ogranicza się do analizy pojedynczych zdań, lecz jako główne zadanie językoznawstwa traktuje opis budowy i funkcji tekstu [...]".

Einen an eine Art Forderung grenzenden Standpunkt vertritt GRUCZA (2009: 100–103), dem zufolge es unzureichend ist, nur bloß festzustellen, dass die Textlinguistik ja solch eine Linguistik ist, die sich mit dem Text beschäftigt. Vielmehr soll auf die diesen Gegenstand – d. h. den Text – konstituierenden, konkreten Objekte, auf ihre konkreten Eigentümlichkeiten sowie auf die zwischen ihnen auftretenden Verhältnisse hingewiesen werden. Als letztendliches Ziel der Textlinguistik dürfen die Analyse, die Beschreibung und die Explikation konkreter Texte als konkrete Ausdrucksfolgen auch keinesfalls angesehen werden. Jenes Ziel ist in der Rekonstruktion der mentalen Strukturen und Regeln zu suchen, mittels deren die Menschen die Texte als bedeutende Ausdrucksfolgen produzieren und rezipieren können. Ferner soll sich die Textlinguistik auf die Suche nach der Textualität sowie deren Rekonstruktion einzelner Textsorten fokussieren und nicht auf die Suche nach einer Textualität im Allgemeinen. Schließlich besteht das Ziel der Textlinguistik nicht in der Rekonstruktion der idiolektalen Sprach-, Text- oder/und Kommunikationskompetenzen, sondern eher in der Bestimmung der allen Mitgliedern einer Gemeinschaft eigenen polylektalen Kompetenzkombinationen.

Die Gründe der Geburt und der darauffolgenden intensiven Entwicklung der Textlinguistik können wiederum sowohl innerhalb als auch außerhalb der Linguistik gesucht werden: Zum einen geht es darum, dass sich die Sprachwissenschaftler über die Tatsache klar wurden, dass der Satz eine nur relativ geschlossene Einheit ist, dass er gewöhnlich in einer Folge homogener Einheiten vorkommt, und dass die Sätze dank unterschiedlicher sprachlicher Mechanismen (vor allem dank der Anapher, BÜHLER 1965: 385–395) eine qualitativ neue Einheit auf höherer Ebene bilden können, die keine Summe ihrer Bestandteile – d. h. der Sätze – ist. Zum anderen geht es um den bereits erwähnten Aufschwung der breit verstandenen Geisteswissenschaften, deren wissenschaftliche Interessen um den Text kreisen (KACZMARKOWSKI 1987: 107).

2.2.2 Texte und Textsorten als textlinguistische Hauptuntersuchungskorpora

Den obigen Passus lässt sich instinktiv entnehmen, dass den Hauptgegenstand der textlinguistischen Untersuchungen der Text bildet. An dieser Stelle wird jedoch auf das Problem der Angabe oder der Anführung einer einheitlichen Definition des Textes gestoßen, die von der Textlinguistik bisher nicht vorgeschlagen wurde.

> Grund dafür sind die unterschiedlichen Ansätze, die sich in der Textlinguistik etabliert haben und den Text entweder als ein Sprachzeichen, eine logische Verkettung von Sätzen, als sprachliches Handlungsmittel, als Produkt einer sozialen Handlung oder als Mittel der Wissensrepräsentation und Wissensarchivierung definiert haben. (CZACHUR 2007a: 24)

Diese diversen Schattierungen des Begriffs sind darauf zurückzuführen, was für eine Erforschungssicht innerhalb der Untersuchungshauptrichtung von einem Forscher gewählt wird. Dies hängt wiederum mit den Annahmen zusammen, von denen man ausgeht sowie von den sich gesetzten Zielen, die man in der Untersuchung erreichen will. Eine der vielen in Betracht kommenden Begriffserklärungen wird von Bussmann vorgebracht, die den Text als

> [...] sprachliche Äußerungsform einer kommunikativen Handlung [definiert], die im einzelnen bestimmt ist (a) nach den pragmatischen, «textexternen» Kriterien einer kommunikativen Intention, die situationsspezifisch ist und auf eine entsprechende Hörererwartung trifft [...], und (b) nach den sprachlichen »textinternen« Merkmalen einer konsistenten, in der Regel wort- und satzübergreifenden Struktur. [...] Die textinternen und textexternen Faktoren begründen zusammen die Textualität einer abstrakten Einheit «Text» [...], die den konkreten Texten der Parole [...] den «Vorkommen», konstitutiv zugrunde liegt. (Bussmann 1990: 776)

Die im oben angeführten Zitat ist also der Versuch einer integrativen Betrachtung des Textes sichtbar, die voraussetzt, dass als Text sowohl eine sprachliche als auch kommunikative Einheit wahrgenommen werden, was mit der Feststellung von Brinker in Einklang steht:

> Der Terminus «Text» bezeichnet eine begrenzte Folge von sprachlichen Zeichen, die in sich kohärent ist und die als Ganzes eine erkennbare kommunikative Funktion signalisiert. [...]
>
> In kommunikativer Hinsicht wird die Einheit «Text» durch das Konzept der kommunikativen Funktion charakterisiert, das am Begriff des illokutiven Akts der Sprechakttheorie (Austin, Searle, Wunderlich) orientiert ist. Der Begriff der kommunikativen Funktion (Textfunktion) restringiert den grammatisch orientierten Textbegriff (Text als kohärente Folge von Sätzen) der ersten Phase der Textlinguistik und ordnet ihn zugleich in die übergeordnete Konzeption von Sprache als Kommunikations- bzw. Handlungsinstrument ein. Dahinter steht die Auffassung, dass eine kohärente, d. h. grammatisch und thematisch zusammenhängende Satzfolge als solche noch nicht das Kriterium der Textualität erfüllt; das erfolgt erst durch die kommunikative Funktion, die diese Satzfolge innerhalb einer Kommunikationssituation erhält.[83] (Brinker 2010: 17–18)

Da der im Vorliegenden unternommene Analysenversuch als kommunikativpragmatisch geprägte Abhandlung konzipiert wurde, wird auf die detaillierte Anführung aller möglichen Textdefinitionen verzichtet, zumal deren repräsentative Auswahl bei Vater (1992: 20–21) oder Grucza (2013: 57–58) anzutreffen ist. Aus diesem Grund wird es lediglich bei den ausgewählten, im kommunikationsorientierten Geiste ausgearbeiteten Definitionen belassen:

---

83 Hervorhebung im Original.

[...] jeder geäußerte sprachliche Bestandteil eines Kommunikationsaktes in einem kommunikativen Handlungsspiel, der thematisch orientiert ist und eine erkennbare kommunikative Funktion erfüllt, d. h. ein erkennbares Illokutionspotential realisiert. (SCHMIDT 1973: 150)

Unter dem Text wollen wir ein sprachliches Zeichen verstehen, d. h. eine nach einem bestimmten Handlungsplan (Regel der Textkomposition oder Regel der Abwicklung eines Themas) erfolgte und durch die Regel des Sprachsystems realisierte Zuordnung von Bewußtseinsinhalten als Abbildern von Sachverhalten und Erscheinungen der Wirklichkeit und Laut bzw. Graphemfolgen. Jeder Text ist somit die Nomination eines bestimmten Ereignisses, Prozesses, Sachverhaltes, Zustandes oder einer bestimmten Situation der Wirklichkeit, er repräsentiert eine Äußerungsfolge, die Gegenstände und Situationen der Wirklichkeit und die zwischen diesen tatsächlich existierenden oder potentiellen Relationen widerspiegelt. Texte sind das Resultat der sprachlichen Tätigkeit des Menschen. (VIEHWEGER 1976: 197)[84]

Der Text ist [...] ein sprachliches Handlungsmittel, um die Gebundenheit dieses Handelns an die Unmittelbarkeit und die Vergänglichkeit ihres Vollzuges zu überwinden. (EHLICH 1984: 18)

Text wird [...] als Ergebnis von externalisierten Sprechhandlungen verstanden, die durch das Zusammenwirken verschiedener Wissenssysteme des Menschen produziert werden. Grundlegend dabei ist die Annahme, daß sprachliche Kommunikation (hier als Textproduktion und -rezeption verstanden) einem komplexen Zusammenwirken (einer Interaktion) von verschiedenen Wissenssystemen unterliegt. (W. HEINEMANN/VIEHWEGER 1991: 126)

Texte sind Mittel nicht nur der Wissensrepräsentation und Wissensarchivierung (sind also nicht bloß sprachliche „Realisate" von kognitiven Konzepten, Strukturen und Prozessen), sondern Texte sind [...] zentrale Mittel auch der individuellen wie sozialen Wissenskonstitution [...]. (ANTOS 1997: 45)

Zum Ausgangspunkt für die unten angenommene Exploration werden jedoch die Definitionen des Textes von BEAUGRANDE/DRESSLER (1981: 3–14) sowie von M. HEINEMANN/W. HEINEMANN (2002) gemacht. Die Ersteren definieren den Text als kommunikative Okkurrenz, die die nachfolgenden sieben, text-, produzenten- oder rezipientenzentrierten Kriterien der Textualität zu erfüllen hat: 1) Kohäsion, unter der die vielseitigen Verhältnisse zwischen grammatisch-lexikalischen Komponenten der Oberflächenstruktur verstanden werden; 2) Kohärenz, die die

---

84   Auch VIEHWEGER 1977: 156:
„Jeder Text erfüllt als Resultat zielgerichteter sprachlich-kommunikativer Handlungen eine erkennbare kommunikative Funktion, die den Ablauf des Textprozesses steuert. Nur durch die von einem Sprecher intendierte und von dem (den) Kommunikationspartner(n) in einer bestimmten kommunikativen Situation erkennbare Funktion wird eine Menge sprachlicher Äußerungen, d. h. Sätze oder satzwertige Einheiten, zu einem Text".

Verhältnisse von Konzepten (Begriffen) und Relationen (Begriffen) auf der Seite des inhaltlichen Sinns bzw. Zusammenhangs des Textes betreffen; 3) Intentionalität, die sich mit der Einstellung des einen kohäsiven und kohärenten Text bildenden Textproduzenten verbindet, der mit dem Text ein sich gesetztes Ziel erreichen will; 4) Akzeptabilität, die im Zusammenhang mit den Erwartungen des einen kohäsiven und kohärenten Text empfangenden Textrezipienten steht. Hier kommen auch die Beurteilungen vonseiten des Textrezipienten in Betracht, die die Relevanz oder die Nützlichkeit des Textes für ihn anbelangen; 5) Informativität, die mit dem Informationspotential des Textes verbunden ist: Hierbei handelt es sich um solche Informationen, die dem Textempfänger bekannt oder unbekannt sind. Im Fall der Letzteren benötigt der Rezipient eine Wiederholung oder eine Rekonstruktion des Wissens, das für das Textverstehen notwendig ist; 6) Situationalität, die den situativen Kontext der Produktion bzw. des Rezipierens eines Textes betrifft; 7) Intertextualität, die sich auf die Beziehung eines Textes zu anderen Texten bezieht. Das Kriterium bietet hingegen den späteren Anhaltspunkt für die Aussonderung der Textsorten.

Die HEINEMANNs definieren Texte wiederum als „[...] strukturierte Zeichenketten [...]", die

> [...] als Instrumente kommunikativen Handelns der Menschen bezeichnet werden können. Sie sind daher die Grundeinheiten der sprachlichen Kommunikation. Aber nur in Einzelfällen treten Texte isoliert auf; vielmehr sind sie in der Regel involviert in umfassendere kommunikative Komplexe/Diskurse, die wiederum [...] als Textbündel oder Textkonglomerate gekennzeichnet werden können. (M. HEINEMANN/W. HEINEMANN 2002: 2)

Erst aufgrund der oben angeführten Definitionen lässt sich der Text im Lichte der Pragmatik als thematisch und/oder funktionell kohärente und komplexe Struktur beobachten (GÖPFERICH 1995: 56–57), die eine gesellschaftliche und kulturelle Einbettung erfordert, wobei jedoch die kognitivistischen und kommunikativistischen Paradigmen der Textanalyse nicht zu vermeiden sind (CZACHUR 2009: 298).

Diese Kommunikations- und Funktionsgerichtetheit der Texte führt letztendlich zur Antwort auf die Frage nach dem Ziel und nach der Funktion der Texte, die in einer gegebenen Situation zu einem gegebenen Zeitpunkt, an einem gegebenen Ort und in einem gegebenen sozial-kulturellen Zusammenhang ausgeführt werden oder eventuell ausgeführt werden können[85]. Daraus lässt sich der Schluss ziehen, dass die Texte meistens – wenn auch nicht immer – in den tatsächlichen Kommunikationssituationen und -umständen produziert und empfangen werden, was den Grundstein zum pragmatischen Aspekt der Forschung legt. Hierbei handelt es sich somit um

---

85 Mehr dazu: MAZUR 1990: 81; LABOCHA 2009: 50; RZESZUTKO-IWAN 2009: 58; WIKTOROWICZ 2009a: 265; BRINKER 2010: 14–15; SCHWARZ-FRIESEL/CONSTEN 2014: 18; M. Z. FERET 2019: 104; TOPBAŞ/YILMAZ 2019: 402.

[...] die kommunikative Aufgabe des Textes im Rahmen einer konkreten sozialen Interaktion. Mit Hilfe von Texten ist es möglich, menschliche Tätigkeiten zu koordinieren, Handlungen und Tätigkeiten aller Art vorzubereiten und durchzuführen, Erfahrungen und Einstellungen zu vermitteln, soziales Verhalten zu steuern und nicht zuletzt zur begrifflichen Verallgemeinerung der Wirklichkeit beizutragen, d.h. geistige Prozesse wahrnehmbar, verfügbar und für andere fassbar zu machen. (W. Heinemann 2008: 136–137)

Unter diesem Blickwinkel zeigt sich der Text nicht nur als Grundeinheit der sprachlichen Kommunikation, sondern auch als Instrument des Sprachhandelns, mithilfe dessen die Kommunikationsbeteiligten in den multidimensionalen Gesellschaftsinteraktionen die sich gesetzten Ziele anstreben und erreichen. So ist der Text auf keinen Fall mit einem statischen Konstrukt zu assoziieren, sondern er wird vielmehr als dynamischer Prozess,

[...] d. h. als komplexe kommunikative Sprachhandlung (unabhängig von seiner materiellen Äußerungsform und Darbietung) aufgefasst, die durch funktional integrierte Äußerungskomplexe nach einem prototypischen Konzeptualisierungs- und Kompositionsmuster realisiert wird und die sich durch bestimmte illokutive Indikatoren charakterisiert, die die Zugehörigkeit zu einem bestimmten Handlungstyp signalisieren, mit welchem der Sprecher/Schreiber sein intendiertes kommunikatives Ziel situationsadäquat (im weitesten Sinne) erreichen will. (Żmudzki 2019: 235)

Zusätzlich schreibt Żmudzki (2019: 235) den Texten die Funktion der Gestaltung der Kommunikation zu, innerhalb deren sie als Instrumente aufgefasst werden, dank denen bestimmte Ziele in konkreten Gebrauchskontexten zu erreichen sind.

Auf diese Art und Weise kommt man zu einer der Hauptvoraussetzungen der kommunikationsorientierten Modelle, in denen

[...] Texte immer nur in bestimmten sozialen Zusammenhängen geäußert werden, d. h. dass ihnen immer nicht nur eine kommunikative, sondern auch eine bestimmte soziale Funktion zukommt, und dass Kommunikation als ‚kommunikative Tätigkeit' eingebettet ist in ein Geflecht von Tätigkeiten, die unter bestimmten gesellschaftlichen und sozialen Bedingungen vollzogen werden und so das praktische Leben der Individuen in der Gesellschaft weitgehend prägen. (M. Heinemann/W. Heinemann 2002: 86)

Die obige Feststellung trägt den Stempel der Theorie von Pike (1912–2000), dem zufolge die Textproduktion sowie -rezeption im Rahmen des menschlichen Verhaltens zu interpretieren sind: Die Sprache als Handeln des Menschen lässt sich nämlich von seinem nonverbalen Verhalten durchaus nicht absondern und soll stets im Spiegel der menschlichen Verhältnisse besehen und erforscht werden, was auf die Tatsache zurückgeführt wird, dass sowohl das verbale als auch das nonverbale Handeln gemeinsam ein Ganzes bilden, das sich separat keineswegs erörtern lässt (Pike 1971: 26).

Die Vielfalt sowie die unbegrenzte Anzahl von potenziellen, vom Menschen zu produzierenden und zu rezipierenden Texten verleiten zum Versuch, all diese Texte aufgrund eines gewissen Kriteriums irgendwie zu sortieren oder zu klassifizieren.

Es ist ein zutiefst menschliches Bedürfnis, Mengen zu verwalten, zu ordnen, zu benennen und ihnen damit einen Wiedererkennungswert zu geben, der für die Entwicklung jedweder Sache von außerordentlicher Bedeutung ist. (M. HEINEMANN 2011: 258)

Daran soll also nicht verwunderlich sein, dass die Texte als im obigen Zitat erwähnte „Mengen" ebenfalls gruppiert und eingeordnet werden, sodass die Textsorten entstehen[86], die von BRINKER folgendermaßen definiert werden:

---

86 An dieser Stelle ist beachtenswert, dass die Forderungen auf die Gruppierung von Texten und somit auf die Erstellung der Textsorten schon am Anfang der Entwicklung der Textlinguistik erhoben wurden, z. B. HARTMANN definiert die Textsorten als „[...] Mengen von Texten mit bestimmten gemeinsamen Eigenschaften [...]" (1964: 23) oder „[...] Teilmengen von Texten, die sich durch bestimmte relevante gemeinsame Merkmale beschreiben und von anderen Teilmengen abgrenzen lassen" (1971: 22). Andere Begriffserklärungsversuche wurden natürlicherweise auch später vorgeschlagen:
„Den Ausdruck Textsorte verwenden wir als bewußt vage gehaltene Bezeichnung für jede Erscheinungsform von Texten, die durch die Beschreibung bestimmter, nicht für alle Texte zutreffender Eigenschaften charakterisiert werden kann, unabhängig davon, ob und auf welche Weise diese Eigenschaften im Rahmen einer Texttypologie theoretisch erfaßbar sind, [...]" (ISENBERG 1978: 566);
„Eine Textsorte [...] ist formal als eine Klasse oder Mengen von virtuellen Texten zu bestimmen, die eine oder mehrere gemeinsame Eigenschaften haben. Mit Bildung von Textsorten wird hier der Vorgang der Textklassenbildung nach bestimmten Kriterien bezeichnet. Dazu gehört die Feststellung der Eigenschaften, die für die jeweilige Textsorte konstitutiv sein sollen, und die Zuweisung konkreter Textexemplare zu einer Textsorte aufgrund ihrer jeweils textsorten-spezifischen Eigenschaften" (EMERT: 1979: 50);
„Eine Textsorte kann allgemein als eine Klasse von Texten beschrieben werden, die einen komplexen Muster sprachlicher Handlungen zuzuordnen sind" (EMERT: 1979: 66);
„Eine Textsorte ist eine im Bereich der kohärenten verbalen Texte liegende kompetentiell anerkannte und relevante Textklasse, deren Konstitution, deren Variationsrahmen und deren Einsatz in Kontext und umgebenden Handlungstypen Regeln unterliegt. Ein Teil der Identität eines Textes besteht in seiner Textsortenzugehörigkeit. Formal läßt sich eine Textsorte beschreiben als Kombination von Merkmalen (deren Zahl für jede Textsorte einzeln festgelegt ist) aus Klassifikationsdimensionen, die nach drei semiotischen Grundaspekten des Textes (Abbildung von Welt, kommunikative Funktion, Eigenstruktur) gruppiert sind" (LUX 1981: 273);
„Die Textsorte ist ein historisch entstandenes, gesellschaftlich akzeptiertes, produktives und in der Regel empirisch beherrschtes, graphisch oder akustisch

> Textsorten [...] sollen zunächst ganz allgemein als komplexe Muster sprach-
> licher Kommunikation verstanden werden, die innerhalb der Sprachgemeinschaft
> im Laufe der historisch-gesellschaftlichen Entwicklung aufgrund kommunikati-
> ver Bedürfnisse entstanden sind. Der konkrete Text erscheint immer als Exemplar
> einer bestimmten Textsorte. [...] Den Textsorten kommt somit eine fundamentale
> Bedeutung für die kommunikative Praxis zu.[87] (BRINKER 2010: 120)

Eine besondere Betonung gebietet der in BRINKERS Definition enthaltene Verweis auf den historischen und sozialen Faktor der Herausbildung der konkreten
Textsorten,

> [...] die nur verständlich und erklärbar im Zusammenhang mit den Menschen
> [sind], die sie hervorbringen und nutzen. Veränderungen im zivilisatorischen Ent-
> wicklungsstand der Gesellschaft, politische und ideologische Umbrüche haben mit
> Notwendigkeit die Möglichkeiten und Formen der Kommunikation verändert. Die
> sich verändernden kommunikativen Bedürfnisse einer Gesellschaft bestimmen
> entscheidend das Inventar der notwendigen typischen Formen der Kommunika-
> tion. Textsorten sind somit eine zutiefst historische Kategorie. (KRAUSE 2000: 48)

In Anlehnung an KRAUSE (2000: 48–49) gehören zu diesen die Textsortenum-
wandlungen verursachenden Faktoren u. a. Zivilisationsentwicklung, aktuell
geltende politische Linien, momentan gültige ideologische Paradigmen, religiöse
Bedingtheiten, moralische Bedingungen oder ökonomische Einflüsse, worauf
auch SCHWARZ-FRIESEL und CONSTEN (2014: 45) hinweisen.

Von großer Relevanz scheint auch die Verknüpfung der im sozialen Kontext
eingebetteten, historischen Entwicklung der Textsorte mit der Textsortenkompe-
tenz der Kommunikationsteilhaber zu sein. Aufgrund ihres bewussten oder unbe-
wussten, von ihrer Bildung oder von ihren beruflichen und sozialen Kenntnissen
abhängigen Wissens über die charakteristischen Merkmale konkreter Texte sind
sie nämlich imstande, einen Text von einem anderen anhand bestimmter kultureller und kommunikativer, sich im Laufe der Zeit entwickelnder Gemeinsamkeiten (z. B. formale Struktur, Länge, Inhalt, Funktion, Medium, Situation des
Textgebrauchs) zu unterscheiden und im Anschluss daran die Texte den konkreten Textsorten zuzuordnen (KRAUSE 2000: 49–50; SCHWARZ-FRIESEL/CONSTEN
2014: 40). Hierbei soll jedoch die Tatsache in den Vordergrund gerückt werden,
dass die Kriterien der Zuordnung der Texte zu den konkreten Textsorten eher
flexibel und dadurch auch plausibel sind, denn

> Textsorten-Klassifikationen sind [...] immer nur Annäherungen. Texte stellen eher
> ein Kontinuum dar, aus dem nur bestimmte Exemplare als idealtypische Vertreter

---

materialisiertes Textbildungsmuster zur geistig-sprachlichen Verarbeitung eines
komplexen Sachverhalts" (GLÄSER 1990: 29).
87   Hervorhebung im Original.

einer Textsorte herausragen. Bei vielen Texten kommt es zu Überlappungen von
Funktionen und strukturellen Merkmalen. (Schwarz-Friesel/Consten 2014: 44)

Um die Verwirrung wegen der Vielfalt der textlinguistischen Fachtermini zu vermeiden, soll nun noch auf die Texttypen und Textmuster verwiesen werden, die in
der textlinguistischen – sowohl germanistischen als auch polonistischen – Fachliteratur sowie in den letztens immer beliebter werdenden empirischen Untersuchungen ebenfalls angeschnitten werden. Dieser terminologische Reichtum wird
beispielsweise von Czachur (2007a) vorgehalten, der diesen Tatbestand folgendermaßen umreißt und erklärt:

> Sowohl in der deutschen wie auch in der polnischen textlinguistischen Forschung
> trifft man eine große und zugleich verwirrende Vielfalt von Termini zur Bezeich-
> nung ein und derselben Einheit an. Neben der im Deutschen am häufigsten ver-
> breiteten Bezeichnung „Textsorte" werden folgende Termini verwendet: Texttyp
> [...], Textmuster [...], Textklasse [...], Textart [...] und Diskurstyp. Wie bereits ange-
> deutet, stiftet eine solche Vielzahl Verwirrung, weil zum Teil mit gleicher Termi-
> nologie verschiedene Sachverhalte bezeichnet werden und die Begriffe je nach
> Ansatz unterschiedlich weit oder eng definiert werden. Die Unschärfe der für die
> Textlinguistik grundlegenden Kategorie ist mit zwei Aspekten verbunden: Zum
> Einen widerspiegeln sie die unterschiedlichen theoretischen Ansätze, zum Ande-
> ren besteht in der postmodernen Geisteswissenschaft die Tendenz zur Integration
> unterschiedlicher Aspekte in ein holistisches Analysemodell. Deswegen wird in
> der textlinguistischen Fachliteratur öfters von der Dominanz des Relativismus
> gesprochen, [...]. Darüber hinaus hat das zur Folge, dass den ‚verschwommenen'
> Untersuchungsgegenständen auch unscharfe Termini zugeschrieben werden. (Cza-
> chur 2007a: 25–26)

Ferner stützt er (2007a: 26) sich auf die Standpunkte von Duszak (1998: 36–40) und
Bilut-Homplewicz (2004c: 104–105), die den Grund des reichen Begriffsinstru-
mentariums in der breiten, auch die situativen und funktionalen Aspekte umfassenden Untersuchungsperspektive einerseits, sowie in der Interdisziplinarität,
Komplexität und Multidimensionalität der Geisteswissenschaften andererseits
erkennen.

Unter Berufung auf Isenberg (1978: 566) oder Schwarz-Friesel und Consten
(2014: 44) wird unter dem Texttyp eher eine abstraktere, theoretische Bezeichnung verstanden, die mit einer im Rahmen einer Texttypologie beschriebene und
definierte Erscheinungsform von Texten gleichzusetzen ist.

> Schlussfolgernd kann man feststellen, dass die Textsorten unabhängig von einer
> bestimmten Texttheorie sind, während sich die Texttypen aus einer solchen Theorie
> ergeben. Anders ausgedrückt: Jeder Texttyp ist zwar eine Textsorte, nicht aber jede
> Textsorte ein Texttyp. (Czachur 2007a: 27)

Was das Textmuster anbelangt, so wird es mit den abstrakten, kognitiven, durch
den Stempel der Gesellschaft und der Institution – also ganz allgemein durch den

Stempel der Konvention – aufgedrückten Schemata, die mittels der konkreten Textsorten realisiert und repräsentiert werden (W. HEINEMANN 2000a: 507–523, 2000b: 523–546; M. HEINEMANN/W. HEINEMANN 2002: 138; BRALSKA/CZACHUR 2009: 227). Ihre theoretischen Erwägungen werden von CZACHUR (2012: 15) zusammengefasst: Während sich die Textmuster aus den Abstraktionsprozessen herausbilden und durch ihre protypischen Merkmale, wie etwa Repetitivität, Vagheit, Flexibilität und Variabilität, gekennzeichnet sind, lassen sich die Textsorten als Konkreta – auch mit atypischen Besonderheiten – wahrnehmen.[88]

Um den Rahmen der vorliegenden Arbeit nicht sprengen zu lassen, wird es hier nur bei der Angabe der gängigsten Definitionen belassen und auf das Wesen der obigen Begriffe nicht näher eingegangen. Solch ein Schritt orientiert sich wiederum auch an den Standpunkt von GÜLICH:

> Die Motivation für eine Beschäftigung mit Textsorten ergibt sich für mich nicht [...] in erster Linie aus Aspekten der linguistischen Theoriebildung, also etwa aus der Notwendigkeit zu klären, ob anhand von Texten gewonnene Regeln für alle Texte oder nur für bestimmte Textsorten gültig sind oder ob sich intuitiv unterschiedene, vorfindbare Textsorten oder Gattungen auch mit Hilfe systematischer linguistischer Kriterien unterscheiden lassen. [...] Vielmehr beschäftige ich mich mit Textsorten, weil ich annehme, daß die Unterscheidung zwischen Textsorten für die Kommunikationsteilnehmer relevant ist und daß das Wissen über Charakteristika verschiedener Textsorten Bestandteil ihres Alltagswissens ist. Damit schränke ich Isenbergs Textsortenbegriff auf Alltagskonzepte ein: ich beziehe mich lediglich auf solche „Erscheinungsformen von Texten", die die Kommunikationsteilnehmer aufgrund „bestimmter, nicht für alle Texte zutreffender Eigenschaften" als unterschiedlich oder unterscheidungsbedürftig definieren. (GÜLICH 1986: 18)

Das obige Zitat hängt mit dem früheren Gedankengang von GÜLICH und RAIBLE (1975b) zusammen, in dem sie danach streben, die grundsätzlichen, um die Textsortenforschung kreisenden Erkenntnisinteressen im Umrissen zu beschreiben.

> Zum einen wird sowohl im täglichen Sprachgebrauch als auch in der Praxis der einzelnen Textwissenschaften (Literaturwissenschaft, Theologie, Jurisprudenz, Geschichtswissenschaft, Philosophie) ein intuitiver, „prätheoretischer" Textsortenbegriff vorausgesetzt und verwendet [...]. Zum anderen hat die linguistische Texttheorie selbst ein elementares Interesse an der Definition von Textsorten [...]. Dies ergibt sich in erster Linie aus dem heuristischen Prozeß, der normalerweise zu Textmodellen führt. Er sieht zumeist so aus, daß die Regeln für die Analyse oder Generierung von Texten anhand von einzelnen konkret vorliegenden Texten

---

88 „Oder anders ausgedrückt: Textmuster bilden „allgemeine kognitive Rahmen-/ Verfahrensvorgaben, also kognitive Prozesse zur Generierung und zum Verstehen/ Verarbeiten konkreter Textexemplare" [...], wogegen Textsorten als „Ergebnisse kognitiver Operationen" [...] fungieren". (CZACHUR 2012: 15)

gewonnen werden. Da auch solche Ausgangstexte, wie man annehmen muß, einer Textsorte angehören, ergibt sich sogleich die Frage, ob die gewonnenen Regeln allgemeingültig oder textsortenspezifisch sind. (GÜLICH/RAIBLE 1975b: 1)

Die Versuche der Textsorteneinteilung entsprechen eigentlich den in einem bestimmten Entwicklungsstadium der Textlinguistik gültigen Ansätzen. Wie CZACHUR (2007a: 32–40) verweist, werden somit folgende Herangehensweisen an die Textsorte unterschieden:

1) strukturelle bzw. grammatische (transphrastische) Ansätze;
2) kontextuell-pragmatische Ansätze;
3) funktional-pragmatische Ansätze;
4) polydimensionale Ansätze.

In Anlehnung an KRON (2002: 22) machten sich zwei Haupttendenzen innerhalb des transphrastischen Rahmens geltend, die die den Umgang mit Texten und Textsorten bestimmen: Das Kriterium der Unterscheidung bilden hier die oberflächen- und tiefenstrukturalen Eigenschaften, die als Basis für die Aufgliederung von Textsorten unentbehrlich sind. Im Lichte der Ersteren, wo sich der Text als „[...] kohärente Folge von Sätzen [...]" (HELBIG 1975: 66) darstellt, wird die Aufmerksamkeit in erster Linie auf seine Form und Struktur gerichtet. Hierin sind hier u. a. Pronomina, Tempusindikatoren, Substitution, Topikalisierung oder Nomen-Quotient von besonderer Relevanz.

Eine zweite Gruppe, [...] baut auf der strukturellen Herangehensweise auf, aber nicht nur bezogen auf einzelne Signale und der Bündelungen, sondern auf der Grundlage komplexer Textstrukturen und der mit ihnen verknüpften Bedeutungskomplexe. (CZACHUR 2007a: 32–33)

Im kontextuell-pragmatisch fundierten, handlungsorientierten Ansatz erscheint der Text als sprachlich ausgedrückter Teil des Kommunikationsaktes im kommunikativen Geschehen (SCHMIDT 1973: 150). In den Vordergrund werden also hier folgende Faktoren gerückt: Handlungsbereich, Redekonstellationstyp, Tätigkeitssituation, Kommunikationsteilhaber, Medienspezifik, Kommunikationsrichtung und gesellschaftlich-kommunikative Rahmenstruktur, die den Kommunikationsbereich, Gesprächsbereich sowie Institutionen umfasst (CZACHUR 2007a: 33–34).

Innerhalb des funktional-pragmatisch geprägten Ansatzes werden die Textsorten anhand der Intention des Textproduzenten erforscht, sowie aufgrund dessen, wie sie in der Kommunikation funktionieren. Den Grundstein dieser Untersuchungsrichtung bildet also der Begriff FUNKTION, die ein Text erfüllt (vgl. Organon-Modell von BÜHLER oder Sprachakttheorie von SEARLE).

Texte werden nach der Basisthese immer nur dann produziert, wenn Sprecher bei Partnern etwas erreichen wollen.

Die funktionalen Textklassifizierungsansätze basieren nicht nur auf einem kommunikationsorientierten, sondern auf einen prozessualen und dynamischen

Textbegriff. Der funktionale Textbegriff umfasst sprachlich-strukturale, hand-
lungstheoretisch-kommunikationale   und   intentional-funktionale   Aspekte.
(Czachur 2007a: 34–35)

Die polydimensionalen Ansätze zeigen sich als Kombinationen unterschiedlicher Herangehensweisen an die Textsortenklassifizierung, wessen Grund
in der mangelnden eindimensionalen Beschreibung ihres Wesens liegt. „Sie
beziehen sich auf eine kleine Zahl von drei bis fünf Kriterien, die entweder
als gleichwertige Kriterien nebeneinander stehen oder hierarchisch geordnet
sind" (Czachur 2007a: 37). Einer der ersten Versuche solch einer Gliederung
der Textsorten stammt aus der Feder von Emert (1979), der folgende Dimensionen unterscheidet: Handlung und Intentionalität, Thematizität, Situationalität,
sprachliche Struktur und Form. Einer der späteren Vorschläge der mehrdi-
mensionalen Klassifizierung von Textsorten, die auch in der Feststellung von
W. Heinemann (2000a: 513) über die auf unterschiedlichen Ebenen verlaufen-
den, polydimensionalen Zuordnungen von prototypischen Repräsentationen
vorfindbar ist, entstammt dagegen der Arbeit von Heinemann und Viehweger
(1991: 144).

Dabei wird zwischen Textsorten/Textklassen als im Handlungswissen ver-
ankerten Textmustern, über die ein Sprecher einer Gesellschaft verfügt, und
Texttypen, als übergeordneten „theoriebezogene[n] Kategorie[n] von Texten" unterschieden. Im Klassifizierungsansatz werden demzufolge auch unterschiedliche
Parameter auf verschiedenen Ebenen integriert. Daraus ergeben sich folgende Text-
Typologisierungsebenen: Funktionalität, Situationalität, Thematizität und Struk-
turiertheit sowie Formulierungsadäquatheit. Jede Dimension unterliegt noch
einer weiteren Subdifferenzierung unter kategorialen Differenzierungsaspekten.
(Czachur 2007a: 38)

Unter Berufung auf Heinemann (2002: 163) muss jedoch eindeutig betont werden, dass die Wahl eines konkreten Kriteriums der Textsortendifferenzierung
sowie die Anpassung anderer zusätzlicher Unterscheidungskriterien eine autonome Entscheidung des Untersuchenden ist, die durch seine Zielsetzung determiniert wird.
    Zur Grundlage der vorliegenden Arbeit wurde der Textsortendifferenzie-
rungsvorschlag von Brinker (2010: 122–130) gemacht, dem zufolge der Begriff
Textsorte sowohl in der Alltagssprache als auch im linguistischen Gebrauch
seine Anwendung findet. In Anlehnung an Dimter (1981: 31–35) oder Schnell
(1998: 22–23) lassen sich die relevantesten Kriterien der Textsortenunterscheidung aus drei folgenden Kategorien ableiten:

1) Kommunikationssituation, die in erster Linie die zeitlichen Bedingungen
   und die räumlichen Verhältnisse umfasst. Innerhalb dieses Forschungsfel-
   des spielt aber auch das Medium, mittels dessen die Information übermittelt wird;

2) Textfunktion, bei der es sich darum handelt, was für eine Funktion ein konkreter Text erfüllt, d. h. was will der Textemittent beim Textrezipienten erreichen (z. B. ihn dazu bringen, etwas zu tun, ihn über etwas informieren oder ihm seine eigene Einstellung / Verpflichtung signalisieren)

3) Textinhalt, der einen gegebenen Lebensbereich thematisiert, wobei „[...] das Thema [...] lediglich zur Spezifizierung bzw. Untergliederung der durch die Textfunktion bestimmten Textsorte [dient] [...]." (BRINKER 2010: 123)

Daraus lässt sich der Schluss ziehen, dass die alltagsprachlichen Textsorten vor allem durch Situativität, Thematizität und Funktionalität bestimmt werden.

> Dabei kommt der Textfunktion insofern eine dominierende Rolle zu, als sie den Kommunikationsmodus festlegt. Die Thematik besitzt lediglich eine spezifizierende Bedeutung; die Situation gibt den Rahmen an, in dem sich der kommunikative Kontakt realisiert. (BRINKER 2010: 124)

BRINKERs Beschreibung der Textsortenunterscheidung innerhalb der Textlinguistik (2010: 124–126) entspricht ebenfalls den Entwicklungsstadien der Textlinguistik selbst, worauf bereits oben verwiesen wurde.

Da die Analyse an den kommunikationsorientierten, die situativen und kommunikativ-funktionalen Aspekte umfassenden Ansatz anknüpft, soll hervorgehoben werden, dass die Textsorten hier als sich aus der Konvention ergebende Muster für vielschichtige Sprachhandlungen zu betrachten sind. Mithin

> [...] lassen [sie] sich als jeweils typische Verbindungen von kontextuellen (situativen), kommunikativ-funktionalen und strukturellen (grammatischen und thematischen) Merkmalen beschreiben. Sie haben sich in der Sprachgemeinschaft entwickelt und gehören zum Alltagswissen der Sprachteilhaber; sie besitzen zwar eine normierende Wirkung, erleichtern aber zugleich den kommunikativen Umgang, indem sie den Kommunizierenden mehr oder weniger feste Orientierungen für die Produktion und Rezeption von Texten geben. (BRINKER 2010: 124)

Eben die Textfunktion und die kommunikative Aufgabe des Textes (ADAMZIK 2000: 91–112) innerhalb der oben in den Vordergrund gestellten Kommunikations- und Handlungsorientierung der Textsorten mögen zum Hauptkriterium des im Vorliegenden unternommenen Versuchs der Betrachtung einer Proskriptionseintragung als Textsorte gemacht werden.

Im Kontrast zu der oben formulierten These über die Relevanz der Textfunktion für die kommunikationsorientierte Textsortenforschung aus den situativen und kommunikativ-funktionalen Blickwinkeln ist auch der Standpunkt von WAWRZYNIAK (2004: 327) nicht zu übersehen, der die begriffliche Unterscheidung zwischen den als „[...] konkrete Wirkungen eines realisierten Einzeltextes [...]" zu definierenden Textfunktionen und den mit der Intentionalität der Textäußerungen im Zusammenhang stehenden Kommunikationszwecken trifft. Solch eine Denkart wird damit untermauert, dass die Funktionen der realisierten

Texte mit den Absichten deren Produzenten nicht unbedingt zusammenfallen müssen.[89]

Da die Situativität samt der Funktionalität und Intentionalität sowie der sich aus der Funktion des Proskriptionstextes abzuleitende Kommunikationszweck jedoch klar und unumstritten zu bestimmen sind, dürfen die beiden, von WAWRZYNIAK eingeführten Termini in dieser Arbeit synonymisch betrachtet werden.

Unter Berufung auf BRINKERS (2010: 126–130) fünf Textklassen lassen sich Informationstexte, Appelltexte, Obligationstexte, Kontakttexte und Deklarationstexte unterscheiden. Diese Einteilung kann jedoch noch weiter präzisiert werden, indem eine Subklassifizierung der Textsorten vorgenommen wird, wie dies beispielsweise bei BOGACKI (2020: 167) der Fall war, der die Subklasse *Aufnahmeprotokoll* innerhalb der Textsorte *Protokoll* differenzierte. Bei dieser Unterscheidung sind die situativen (kontextuellen), strukturellen und thematischen Eigentümlichkeiten von besonderer Bedeutung. Die Kontextualität der Texte ist nämlich darauf zurückzuführen, dass sie immer in den verschiedenen Kommunikationssituationen produziert bzw. realisiert werden, was den beträchtlichen Einfluss auf die Textstruktur ausübt. Hierbei handelt es sich doch in erster Linie um das den kommunikativen Kontakt bestimmende Medium, mittels dessen der Text übermittelt wird: Face-to-Face-Kommunikation, Telefon, Rundfunk, Fernsehen und Schrift. Daraus ergibt sich auch die Notwendigkeit, die kommunikativen Situationen dem gesellschaftlichen Rahmen für Textsorten zuzuordnen. Dadurch kommt man zu den Bereichen, in denen das Sprachereignis stattfindet, d. h. zum privaten, offiziellen und öffentlichen Bereich, durch die die Textstrukturen stark beeinflusst werden, was rasch anhand der Unterschiede in der Sprache und Themenauswahl zwischen der Privatkorrespondenz und dem öffentlichen Briefwechsel bemerkt werden kann.

Laut EMERT (1979: 81–82) spielen das Textthema einerseits und die Form der Themenentfaltung andererseits unter den strukturellen Kriterien eine große Rolle. Was das Textthema anbetrifft, so steht es mit einer temporalen Orientierung (d. h. zeitliche Fixierung des Themas zum Sprechzeitpunkt, BRINKER 2010: 131) sowie mit einer lokalen Orientierung (d. h. Verhältnis zwischen dem Textemittenten / -rezipienten und dem Textthema, BRINKER 2010: 131) im Zusammenhang. Die thematische Entfaltung kann hingegen deskriptiv (vor allem informative, instruktive, normative und teilweise auch appellative Texte), narrativ (vor allem

---

89 Eine ähnliche Distinktion lässt sich ebenfalls in anderen Wissenschaften vorzufinden, wie etwa in der Rechtstheorie. Hier werden die Zwecke und Funktionen der Rechtsnormen voneinander unterschieden: Während die Ersteren mit den zu erreichenden Zielen des Gesetzgebers (*ratio legis*) assoziiert werden, verbinden sich die Letzteren mit den wirklichen Folgen einer Rechtsnorm in einer konkreten sozialen Realität (LESZCZYŃSKI 2004: 134–137; GROCHOWSKI 2017: 35; PALUCH 2021: 41).

Erzählungen, Resümees), explikativ (mit der Erweiterung des Wissens verbundene Texte) und argumentativ (vor allem appellative, normative, informative Texte) sein (BRINKER 2010: 56–77).

Wie es bereits oben angedeutet wurde, werden die Textsorten in der historischen Linguistik immer häufiger in den Untersuchungsfokus gestellt. Wie WIKTOROWICZ (2003: 69–70, 2011e: 127–128) behauptet, eignen sich jedoch die meisten textlinguistisch-theoretischen Ansätze in der diachronen Perspektive nur selten, womit auch CZACHUR (2007a: 42) und JUST (2014a: 128) einverstanden sind. Solch eine Betrachtungsweise lässt sich von den sowohl von WIKTOROWICZ (2011e: 128) als auch von HERTEL (2008: 27) gestellten, richtigen Fragen nach dem Ziel, nach dem Adressaten und nach dem Muster der in der Vergangenheit produzierten Texte rechtfertigen und begründen:

> Warum produzieren die Menschen in älteren Epochen bestimmte Texte, wozu und für wen? (WIKTOROWICZ 2011e: 128)

> Schrieben die Autoren nach einem oder mehreren Mustern bzw. Mustertexten oder schufen sie mit ihren Texten erst einmal Vorbildhaftes, Muster, prototypische Texte, an denen sich die Nachfahren orientierten? (HERTEL 2008: 27)

Die oben gestellten Fragen zusammen mit der skizzierten Problematik unter ihrem diachronen Blickwinkel sollen deswegen damit verkoppelt werden, wozu und vor welchem Hintergrund die Texte entstehen und was dadurch erreicht wird. Somit müssen auch die außersprachlichen Faktoren mitberücksichtigt werden, weil sie die Entstehung der Texte bzw. der Textsorten innerhalb eines Sprachkreises bzw. einer Sprachgemeinschaft entscheidend beeinflussen:

> In sprachhistorischer Perspektive [...] werden die Texte primär nicht produziert, um jemand über etwas zu informieren. Zunächst wird eine soziale Handlung vollzogen, die für andere soziale Partner von großer Relevanz ist. Daher muss sie schriftlich fixiert werden, damit die zeitgenössischen und zukünftigen Mitglieder einer Sprachgemeinschaft die getroffenen Entscheidungen einer sozialen Gruppe oder eines sozialen Partners zur Kenntnis nehmen und dementsprechend handeln. Die Textsortenproblematik muss daher in den großen Rahmen sozialen Handelns eingebettet sein. (WIKTOROWICZ 2011e: 128)

Auf diese Art und Weise kommt man endlich zur Schlussfolgerung, dass die Texte und Textsorten, die als Ergebnisse des sozialen Handelns anzusehen sind,

> [...] sekundär die Form von konventionalisierten sprachlichen Handlungen [...] [annehmen] und sich damit durch eine enge textinterne Organisation [...] [auszeichnen]. [...] Aus einer sozialen Handlung resultiert eine Sprachhandlung, die in einer mittelalterlichen Stadtgemeinschaft vom Stadtschreiber im Stadtbuch schriftlich fixiert wird. Bestimmte sozial relevante Handlungen werden allmählich zu konventionellen sprachlichen Handlungen, die ihre spezifische interne Organisation aufweisen, welche den Gegenstand von sprachhistorischen Textuntersuchungen sein können. (WIKTOROWICZ 2011e: 129)

Solch einen Standpunkt repräsentiert ebenfalls Just (2014a: 128), die die Texte – mit dem Modell der Historischen Textlinguistik auf soziopragmatischer Grundlage im Hintergrund – als funktionale, im gesellschaftlichen Diskurs funktionierende Ganzheiten begreift.

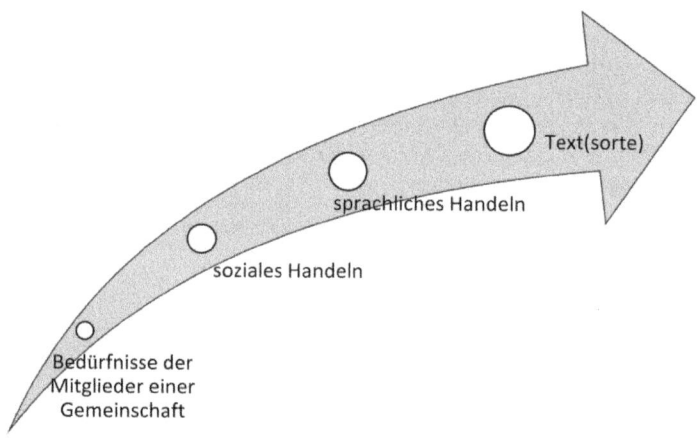

Abb. 4. Entstehung eines historischen Textes / einer historischen Textsorte (erarbeitet von P.A.O. in Anlehnung an Wiktorowicz 2011: 128–129)

Wiktorowicz (2011e: 130–131, 2011f: 139) plädiert also dafür, die soziale Handlung als konstitutives Merkmal eines historischen Schriftstückes anzuerkennen, was darauf zurückzuführen ist, dass „[...] die Geschichte der Textsorten in hohem Maße durch soziale Faktoren determiniert wird, [...]" (Wiktorowicz 2011b: 160). Bei der Beachtung mancher Elemente aus der polydimensionalen Analyse von Heinemann und Viehweger (1991) ist es möglich, die Ebene einer Sprachhandlung zu bestimmen,

> [...] auf der die schriftlich fixierte Handlung als differenzierendes Merkmal angenommen wird, die als Grundlage für die erste grobe Klassifizierung von Textsorten fungieren könnte. Man kann daher als Textsorten, die in den Stadtbüchern zum Vorschein kommen, z. B. Vollmacht, Testament, Privileg, Schuldbrief, Vertrag, usw., unterscheiden. Mit diesen Bezeichnungen sind unterschiedliche soziale Handlungen verbunden, die die sprachliche Form der betreffenden Textsorte in spezifischer Weise prägen. (Wiktorowicz 2011e: 130)

Da im Vorliegenden aber ein historisches – und dadurch geschriebenes – Schriftdenkmal im Untersuchungsspektrum positioniert wird, kommt noch ein wichtiges Merkmal der Texte zu: Mündlichkeit *vs.* Schriftlichkeit, das gegenwärtig jedoch nicht mehr entscheidend ist. Auf diese verschwommene Unterscheidung dazwischen – oder vielleicht auch auf die Kombinierbarkeit des Mediums und des Charakters des Sprachausdrucks – verweisen SCHWARZ-FRIESEL und CONSTEN (2014: 44–45), die die Schrift mit der Dialoghaftigkeit in Betracht ziehen, wodurch die genaue Grenze zwischen der Substanz und dem Ausdruck, der diese Substanz beeinflusst und auf eine gewisse Art und Weise determiniert, verwischt wird. Aus diesem Grund scheint die Differenzierung mündlich: schriftlich äußerst bedeutsam: „«Schriftlich» im Gegensatz zu «mündlich» schien das fundamentalste und deutlichste Kriterium zur Unterscheidung von Textsorten überhaupt zu sein." (SCHWARZ-FRIESEL/CONSTEN 2014: 46)

Dieses Problem könnte man aber auch anders anschneiden, weil der Mensch es nicht nur mit den geschriebenen und gesprochenen Texten zu tun hat. Diese Alternative kann doch zusätzlich um die niedergeschriebenen bzw. aufgeschriebenen vorzulesenden Texte erweitert werden. So kommt man wiederum zu den Kriterien der Textsortendifferenzierung von HELBIG (1975: 73), unter denen er das Merkmal gesprochen: geschrieben unterscheidet, was auch für WAWRZYNIAK (1980: 28) von großer Relevanz ist und von VATER (1992: 163) als richtig und treffend beurteilt wird. Von WAWRZYNIAK werden die gesprochenen Texte nämlich als Texte *in statu nascendi* begriffen,

> [...] d. h. als Textbildungsprozesse. Bei gesprochenen Texten [...] perzipiert der Empfänger gleichzeitig zwei Gegenstände: einen lebendigen Textbildungsprozeß und sein Resultat (= Text). Der zu bildende Text kann natürlich „gedanklich vorgeformt" oder völlig frei improvisiert sein, er muß aber erst in einer konkreten Situation formuliert werden. Der Empfänger eines gesprochenen Textes sieht einen deutlichen Zusammenhang zwischen dem Texthersteller (seinen Gesten, seiner Diktion und Intonation), dem Texterstellungsprozeß und dem Texterstellungsresultat. (WAWRZYNIAK 1980: 28)

Im Gegensatz dazu sind die geschriebenen Texte fertige Produkte eines gewissen Vorhabens und einer Konzipierung, die mithilfe eines Instruments und eines Mediums aufgeschrieben, dadurch vergegenständlicht bzw. materialisiert und schließlich verewigt wurden. Erst dann können solche Texte als Resultate eines Schreibaktes vorgelesen werden, aber trotzdem lassen sie sich als mündliche Texte keinesfalls betrachten.

> Geschriebene Texte sind objektivierte Gebilde, die eine intersubjektive Gültigkeit besitzen. Sie können von jedermann vorgelesen werden, der des Lesens kundig ist. Sie sind die nachvollzuziehenden Texte. Während gesprochene Texte in der Zeit ihrer Entstehung „Eigentum" des Textherstellers sind, sind bereits geschriebene Texte „Eigentum" aller möglichen Leser. Dadurch gewinnen die geschriebenen Texte eine gewisse Fremdheit gegenüber ihren Autoren. [...] Mit anderen Worten: für die gesprochenen Texte ist das subjektive (zeitliche) Nacheinander, für die geschriebenen Texte – das intersubjektive Nebeneinander charakteristisch. (WAWRZYNIAK 1980: 28)

Zusammenfassend lässt sich konstatieren, dass die Textsortenklassifizierung aufgrund dreier Gruppen von Merkmalen verlaufen kann:

1) aufgrund der formalen Eigenschaften, die die grammatische Sphäre der Sprache betreffen;
2) aufgrund der inhaltlich-semantischen Eigenschaften, die in erster Linie mit den im Text gebrauchten Wortfeldern verbunden sind;
3) aufgrund der funktionalen Eigenschaften, die mit den Intentionen, Absichten und Zielen des einen Text produzierenden Emittenten zusammenhängen (SCHWARZ-FRIESEL/CONSTEN 2014: 49).

Die obigen Erwägungen führen endlich zum Versuch, das endgültige und eigentliche Ziel der Textlinguistik zu bestimmen. In Anknüpfung an GRUCZA (2009: 100–102) handelt es sich hier nicht nur um eine simple Erforschung oder Darstellung gegebener Texte als konkrete Ausdrucksreihen. Vielmehr geht es hier um die Wiederherstellung intellektuellen Gefüges und mentaler Regeln, dank denen der Mensch imstande ist, sowohl Texte als mit einer Bedeutung versehene Ausdrucksreihen zu produzieren, wie auch tatsächliche Texte sowie die Regeln ihres kommunikativen Gebrauchs zu verstehen. Anhand der SAPIR-WHORF-Hypothese wird behauptet, dass die erste Aufgabe der Textlinguistik die Rekonstruktion der Textualität konkreter Texte bzw. Textsorten ist, und nicht die Rekonstruktion der allgemeinen Textualität. Die konkreten Texte samt ihren Sprechern/Hörern und Schreibern/Lesern stellen zunächst den Ansatzpunkt für die textlinguistisch schattierte Exploration dar.

Erst dann, wenn die Frage danach, was ein Text ist und was er nicht ist, genügend beantwortet wird – oder wenn es geringstenfalls präsupponiert wird, dass diese Tatsache bereits bekannt ist –, kann man versuchen, die Sammlung von als Text angesehenen Artefakten zu klassifizieren (KACZMARKOWSKI 1987: 118).

Somit wird angenommen, dass die konkreten Texte als Reflex und Realisierung eines gewissen, abstrakten Musters (Textems) anzusehen sind, innerhalb dessen sich wenigstens ein Minimum an relevanten Merkmalen vorfinden lässt, die gerade diese Textsorte konstituieren. In Anlehnung an MAZUR (vgl. 1990: 73–74) oder PAŁUSZYŃSKA (vgl. 2010: 160) darf jedoch nicht vergessen werden, dass die konkreten Texte nicht selten von ihrer Matrize abgehen können. Dann wird eben diese Matrize zur Orientierungsbasis und zur Quelle wahrscheinlicher Divergenzen für die unkonventionellen oder atypischen Realisierungen.

2.3 Stadtbücher unter Amtsbüchern

Im vorliegenden, die Position der Stadtbücher unter den Amtsbüchern thematisierenden Subkapitel soll die breitere Untersuchungsperspektive eröffnet werden, dank der es auf die Definition der bereits erwähnten Buchsorte näher eingegangen werden kann. Damit diese Begriffsbestimmung aber richtig skizziert wird, soll den Proskriptionsbüchern ihr fester Platz innerhalb der Stadtbücher und – noch breiter – in der Gruppe der Amtsbücher im weitesten Sinne zugewiesen werden.

Dank diesem Schritt wird es möglich, die richtige Stelle und den tatsächlichen Rang solch eines hier zu analysierenden Buches zu erkennen, sowie die Struktur und den Anwendungsbereich der innerhalb der städtischen Verwaltung entstehenden Dokumente zu bestimmen. Daher wird danach gestrebt, die Schnittstelle mannigfaltiger Wissenschaftsgebiete zu berühren, wie etwa: Geschichte, Recht, Verwaltungslehre, Archivalienkunde, Paläographie, Amtsbücherkunde oder Kodikologie.

2.3.1 Wesen und Sorten der Amtsbücher

Den Ausgangspunkt für die nachfolgenden Erörterungen bietet die allgemeine Erklärung des Begriffs Amtsbuch, unter dem ein sich im Kontext der Verwaltung herausbildendes, sich durch eine Buchform sowie einen Nacheinander-Charakter kennzeichnendes Verwaltungs- oder Geschäftsschriftgut in Form von innerhalb einer bestimmten Zeit vorgenommenen Eintragungen verstanden wird (RICHTER 1979: 24; FRANZ 1993: 55; HARTMANN 2004: 40; PÄTZOLD 2012: 9–10).

> Die Entwicklung des Amtsbuchs als eine bis heute gebräuchliche Form von Verwaltungs- bzw. Geschäftsschriftgut setzte bereits im Frühen Mittelalter ein und diente in besonderer Weise [...] der Sicherung und Wahrnehmung herrschaftlicher Rechte. [...] Wesentliche Funktionsbereiche für den Gebrauch des Amtsbuchs waren somit der Nachweis und die Sicherung von Rechten, die Wirtschaftsführung und das Rechnungswesen, die Dokumentation von Beratungen und Verhandlungen sowie die Steuerung von Abläufen. Angelegt wurden Amtsbücher dementsprechend in besonderem Maße, um Tätigkeiten der Verwaltung (im weitesten Sinne) und der Justiz zu unterstützen, aber auch im Kontext wirtschaftlicher Aktivitäten. (KRETZSCHMAR 2018)

Anzumerken sei jedoch, dass diese sich neben Akten und Urkunden als Haupttypen der historischen amtlichen Beweismittel für potenzielle Rechtsstreitigkeiten zu unterscheidenden und als „[...] interne Hilfsmittel der Verwaltung [...]" (BRENNEKE 1953: 9) anzusehenden Buchsorten – zeitlich gesehen – eine jahrhundertealte Tradition besitzen. Dies begünstigt die Annahme, dass sie einem dynamischen Prozess der kontinuierlichen und unaufhaltsamen Evolution unterlagen. In der Geschichte der Amtsbücher können demnach drei einschneidende Perioden differenziert werden, die sich im Lichte der Zahl der entstehenden Schriftstücke sowie deren Charakter und Funktion charakterisieren lassen, worauf PÄTZOLD (2012: 11–13) auch in Anlehnung an PATZE (1970: 27) und PETTER (2006: 27) verweist, indem er folgende Epochen vorschlägt:

1) in der Zeitspanne vom 8. bis zum 13. Jahrhundert handelt es sich vordergründig um die aus den großen Klöstern und Kirchen sowie der Kurie des fränkischen Reiches stammenden Amtsbücher, die meistens um den wirtschaftlichen Bereich kreisen, z. B. Traditionsbücher, Urbare, Texte der Gedenküberlieferung, weltliche und kirchliche Rechtssammlungen sowie – später auch – Kopiare und Register;

2) die klassische Zeit des Amtsbuchgebrauchs im Zeitraum zwischen dem 14. und 16. Jahrhundert, als

> die Zahl der angelegten Verwaltungsbücher [...] ebenso kräftig zu[nahm] wie ihre Typenvielfalt. Es waren in erster Linie die sich entwickelnden geistlichen wie weltlichen Landesherrschaften und die immer zahlreicher werdenden Städte im deutschen Teil des römischen Reiches, in denen buchförmiges Geschäftsschriftgut Verwendung fand. Gerade «in den spätmittelalterlichen Ratskanzleien» wurde «nahezu alles, was über den Tag hinaus dokumentiert werden sollte, in Bücher oder auf später zu Kodizes vereinigten Lagen geschrieben». So wurde »das Amtsbuch in seinen vielfältigen Spielarten [...] ein für das 14. Jahrhundert charakteristischer Verwaltungsbehelf«. Dem Bedürfnis, in den Sphären des Rechts, der Wirtschaft und der Finanzen wichtige Fakten längerfristig verfügbar zu halten, kam die relativ stabile Buchform (anstelle der Verwahrung von Einzelschriftstücken in Kästen, Laden oder Säcken) sehr entgegen. Diese Entwicklung wurde durch die während des 15. Jahrhunderts in Deutschland zunehmende Nutzung des im Vergleich zum teuren Pergament billigen Papiers sowie die verstärkte Verwendung kursiver Gebrauchsschriften, arabischer Zahlen und der deutschen Sprache erheblich begünstigt. (Pätzold 2012: 12–13)

3) die im Zeitabschnitt zwischen dem 17. und 19. Jahrhundert zustande kommende Reduktion der Bedeutung der Amtsbücher, die nun den immer wieder an Bedeutung gewinnenden Akten als Behelf zu dienen begannen.

4)

> Während Kopiare und Register dementsprechend an Bedeutung verloren, behielt buchförmiges Schriftgut seine Relevanz vor allem in den Bereichen des Finanz- und Gerichtswesens bis in die erste Hälfte des 19. Jahrhunderts hinein – und darüber hinaus als Grundbücher und Standesamtsregister noch bis zur Umstellung auf elektronische Registerverfahren. (Pätzold 2012: 13)

Es wäre aber auch nicht sinnlos, noch die vierte Epoche dazu hinzuzufügen, weil das 20. Jahrhundert für die Struktur und Nutzung der Amtsbücher auch nicht unwesentlich war. Wie Kretzschmar (2018) beweist, ist in dieser Zeit die häufigere Verwendung der Karteien beobachtbar. Die bahnbrechende Wende brachte aber das 21. Jahrhundert, das sich durch eine verstärkte und vor allem konsequente Digitalisierung der Informationen kennzeichnet, die aber bereits in der zweiten Hälfte des 20. Jahrhundert anfing[90].

---

90 Auch Keitel 2017:
>   „Frühe Formen können schon in den 1950er Jahren nachgewiesen werden. In den ersten Jahrzehnten handelte es sich dabei um Großrechenanlagen, die zumeist Datenbanken verwalteten. Mit dem seit 1980 einsetzenden Siegeszug des PC drangen die Computer auch in die Amtsstuben der Verwaltung vor. Seitdem können

Die Ursprünge und die Evolution der Amtsbücher rechtfertigen somit die eindeutige Feststellung: Die in Lagen gebundenen Amtsbücher mitsamt ihren Vor-
gängern in Form der Pergament- und später Papierrotuli[91] sind eine Art Antwort
auf die Bedürfnisse der sich rasch entwickelnden Gesellschaft und Zivilisation.
Sie können deswegen als von Menschenhand geschaffenes Artefakt angesehen
und – in der Folge – unter andere Ausdrücke der Kultur eingereiht werden,
die eigentlich alles ist, was der Natur nicht gehört[92]. In Anlehnung an TYLOR
(1832–1917) (1896: 15) lässt sich behaupten, dass die Kultur – in weitestem eth-
nographischem Sinne – Wissen, Glauben, Kunst, Moral, Recht, Sitten, Bräuche
sowie andere Fähigkeiten, Fertigkeiten und Gewohnheiten umfasst, die sich der
Mensch als Teil der Gesellschaft aneignet, was mit der nachfolgenden These von
EVERETT in Einklang steht:

> Eine Kultur ist ein schweigendes Wissen und eine offene Praktizierung der sozialen
> Rollen. Eine Kultur sind die Werte sowie die Wege des Teilens dieser Werte inner-
> halb einer gegebenen Gesellschaft. (EVERETT 2019: 367, übersetzt von P.A.O.)

Die Fragestellung des Amtsbuches soll jedoch immer vor dem Hintergrund
der Kanzleien unterschiedlicher Ebenen und verschiedener Institutionen (u. a.
Regent, Stadt, Gericht, Kirche) erforscht werden. Hierbei darf nicht außer Acht
gelassen werden, dass die Rolle der Kanzleien nicht nur auf die Tätigkeit der staat-
lichen, städtischen, gerichtlichen oder kirchlichen Behörden und deren Arbeit
in technischer Hinsicht (z. B. Vorbereitung der Dokumente oder Schriftverkehr)
beschränkt werden muss, sondern man soll auch ihre politische sowie kultur-
konstruierende Bedeutung in Erwägung ziehen (TANDECKI 2001: 213). Auf diese
Art und Weise fanden eine auf den Bedarf der konkreten Verwaltung ausgerich-
tete Professionalisierung und Profilierung der amtlichen, mittels der Eintragungen, Verzeichnisse und Listen auszuführenden Aufgaben und Problemstellungen
statt, wodurch eine mannigfache Typisierung der Amtsbücher ermöglicht wird,
z. B. Gerichtsbücher, Stadtbücher und Kirchenbücher.

Im Kontext einer zunehmenden Professionalisierung der Verwaltung und ihrer
Schriftlichkeit seit dem Spätmittelalter entstand eine Vielfalt unterschiedlichster

---

wir mit persönlichen Ablagen (Dateiverzeichnisse, Datenträgersammlungen oder
auch E-Mail-Konten) rechnen, die allerdings erst in den letzten Jahren ins Blickfeld der Archive kamen. Die PCs ermöglichten komplexere Client-Server-basierte
Anwendungen und den in Deutschland auf 1995 datierten Durchbruch des Inter-
nets. Mit diesen neuen technischen Möglichkeiten gingen jeweils neue Archi-
valiengattungen einher".

91 Auch *Rodel* ‚Urkunde, Liste, Register‘ < mhd. *rodel* < lat. *rotulus, rotula* ‚(Schrift)
    Rolle‘ [DUDEN 2007a: 1403; KLUGE 2011: 770; DUDEN 2021, (online) https://www.
    duden.de/rechtschreibung/Rodel_Aufstellung_Liste (01.01.2021)].
92 Mehr zur Dichotomie Kultur – Natur: KANIOWSKA 1985: 25–32; BURSZTA 1992: 26–28;
    KOTOWA 2016: 17–28.

Typen von Amtsbüchern, deren Ausgestaltung in der Frühen Neuzeit dann auch zunehmend in Verbindung mit der Einrichtung von Registraturen und Archiven und dem entstehenden Aktenwesen stand. Dieser Prozess vollzog sich in vergleichbarer Weise in den weltlichen und geistlichen Territorien, einschließlich der kleineren Herrschaften, wie auch in den Städten und im kirchlichen Bereich [...]. (KRETZSCHMAR 2018)

So wird schließlich das Problem der Einteilung der Amtsbücher berührt, wobei einerseits auf die ein gegebenes Buch führende Institution, andererseits auf den Zweck der Führung eines konkreten Buches Rucksicht zu nehmen ist.

Bei der Beachtung des Kriteriums des Zwecks der Führung eines Amtsbuches bekommt man eine ganze Reihe von Büchern, die in den verschiedenen, mit den Handlungen des Menschen verkoppelten Tätigkeitsbereichen einer Kanzlei ihren Gebrauch finden konnten, was darauf zurückzuführen ist, dass sie „inhaltlich [...] weiteste Bereiche politisch-administrativer Verwaltung als Spiegel menschlicher Lebenswirklichkeit ab[decken]" (KRETZSCHMAR 2018), u. a. Traditionsbücher (Kopialbücher), Urbare, Texte der Gedenküberlieferung, Rechtssammlungen, Kopiare, Register, Bürgerbücher, Grundbücher (Schreinbücher), Lagerbücher, Lehenbücher, Matrikeln, Protokollbücher, Schöffenbücher, Rechnungsbücher, Testamentsbücher, Urkundenregister, Taufbücher, Heiratsbücher, Sterbebücher, Kommunikantenregister, Konfirmandenbücher.

Wenn aber die die Bücher führende Einrichtung zum Kriterium ihrer Einteilung gemacht wird, sind die bereits erwähnten Gerichtsbücher (Gerichtsprotokolle), Stadtbücher und Kirchenbücher voneinander abzuheben, die aufgrund ihrer Spezialisierung einer weiteren Unterteilung unterliegen können.

2.3.2 Gerichtsbücher und Kirchenbücher

Was die bis ins 19. Jahrhundert hinein bei örtlichen Gerichten geführten Gerichtsbücher anbelangt, so enthielten sie die handschriftlichen Eintragungen mit Charakter und Beweiskraft von Urkunden und bezogen sich auf jede Art des mit der freiwilligen Gerichtsbarkeit im Zusammenhang stehenden Verfahrens vor Gericht (ISGV 2021).

Unter den Kirchenbüchern befinden (befanden) sich die Bücher, deren Eintragungen entweder die Tätigkeit des Pfarramtes in breitestem Sinne regel(te)n und organisier(t)en oder die historisch öffentlich-rechtlichen Handlungen meistens in chronologischer Reihenfolge registrier(t)en oder bezeug(t)en. Belangvoll ist es aber, dass die letztere Tätigkeitssphäre der kirchlichen Kanzlei gegenwärtig von den Standesämtern übernommen wurde. Aus diesem Grund lassen sich zwei Hauptgruppen der Kirchenbücher differenzieren (SZYMAŃSKI 2012: 467; WALUŚ 2010: 142–143):

1) die eher keine öffentlich-rechtliche Bedeutung aufweisenden Konsistorialbücher, die sich auf die allgemeine Tätigkeit der Pfarrei sowie deren Funktionieren und Organisation konzentrier(t)en. Zu dieser offenen, von den

Bedürfnissen der einzelnen Pfarreien abhängigen und aus diesem Grund variablen Gruppe gehör(t)en beispielshalber:

– *Status animarum* (≈ Register der Gläubigen mit der Angabe der Vor- und Nachnamen, des Alters und des Verwandtschaftsgrades der Mitglieder einer bestimmten Familie sowie Vor- und Nachnamen mitsamt dem Alter der unverwandten Mitbewohner, Informationen über deren Herantreten zu Sakramenten sowie Bemerkungen zu etwaigen Wohnsitzverlegungen);
– Bücher mit Ankündigungen;
– Bücher mit Aufgeboten;
– Krankensalbungsbücher;
– Firmungsregister;
– Kommunikantenregister (Kommunikantenverzeichnis) mit den Informationen über die Zahl der die Kommunion an einem Sonn- oder Feiertag empfangenden Gläubigen;

2) die den historisch öffentlich-rechtlichen Charakter besitzenden Kirchenmatrikeln (Kirchenbücher *sensu stricto*[93]), die sich durch einen hohen Grad der Spezialisierung der Verzeichnisse kennzeichnen. Im Hinblick auf ihren Inhalt können sie folgendermaßen eingeteilt werden:

– Taufbücher (Taufregister, *Libri Baptisatorum*) mit den Informationen über Geburt, Taufe, Eltern und Paten; manchmal werden sie auch als *Libri Natorum* (≈ Bücher der Neugeborenen) bezeichnet;
– Heiratsbücher (*Libri Matrimoniorum*, *Libri Copulatorum*) mit den die Eheschließung, die Ehepartner sowie deren Eltern und Trauzeugen betreffenden Daten;
– Sterbebücher (*Libri Mortuorum*, *Libri Defunctorum*), in die die mit dem Tod und der Begräbnis zusammenhängenden Daten eingetragen werden; ab und zu werden sie auch als *Libri Sepultorum* (≈ Bücher der Begrabenen) bezeichnet;
– Konfirmandenbücher (Konfirmationsregister) mit den verzeichneten Details der konfirmierten Jugendlichen und deren Eltern.

Die obigen zwei Hauptgruppen der in einem Pfarramt Anwendung findenden Kirchenbücher können noch fakultativ mit Summarien[94], Schmierbüchern[95] und eventuell mit Kirchenchroniken ergänzt werden.

---

93 Da sich die andere Benennung der Kirchenmatrikeln mit der Bezeichnung der ganzen Gruppe der Bücher deckt, wird hier der Begriff *Kirchenbücher sensu stricto* eingeführt, um der Zweideutigkeit zu entgehen und das mögliche Missverständnis zu vermeiden.
94 Summarium (< lat. *summa*) – kurze Inhaltsangabe, Auszug aus einem Dokument oder einem Werk (DUDEN 2021; SJP 2021).
95 lat. *raptularius*.

Außer den oben dargestellten Kirchenbüchern werden gewöhnlich noch zwei Gruppen der höher gestellten *Libri* unterschieden, und zwar: die bischöflichen Bücher, die u. a. *Acta episcopalia, Libri functionum pontificalium, Libri beneficiorum, Libri retaxationum, Libri functionum* und *Libri visitationis* umschließen sowie die Domkapitel-Bücher, denen u. a. *Acta actorum capituli* oder *Libri instalationum* zuzuordnen sind (SZYMAŃSKI 2012: 467).

2.3.3 Stadtbücher unter Amtsbüchern im Kontext der Stadtkanzlei

Das Wesen und die Sorten der Stadtbücher verbinden sich fest mit den städtischen Kanzleien, die in einer mediävalen Stadt funktionierten, und in denen die im Vorliegenden zu analysierenden Texte entstanden. Im späten Mittelalter wurden sie sogar zu Mittelpunkten der Städte, deren Wirkung als Ausdruck der praktischen auszuübenden Macht wahrzunehmen ist.

Die Kanzleien mitsamt ihrer Tätigkeit mögen sohin zum institutionellen und gesellschaftlichen Hintergrund gemacht werden, vor dem die Entwicklung, die Struktur und die Funktionen der dort verfassten Texte untersucht werden sollen. Sie waren nämlich tatsächliche Stadtverwaltungszentren, die beispielsweise die Tätigkeit der Justizbehörden durch die Registrierung weiterer Stadien eines Gerichtsverfahrens erleichterten, die administrativen Aufgaben – wie etwa Registrierung der Stadteinnahmen und -ausgaben – ausführten oder – im Allgemeinen – die Erfahrungen dank der Schrift sammelten, was den Strukturen der Macht ohne Schrift unbekannt war. Verwahrt wurden hier die Stadtprivilegien, Dokumente und Urkunden. Außerdem wurden hier auch Fachbüchersammlungen gesammelt, dank denen die Stadtschreiber imstande waren, das Recht richtig auszulegen. Schließlich gab man hier den Ratsherren wichtige Dokumente und Geld in Verwahrung (WYROZUMSKA 1995: 105–106; SKUPIEŃSKI 2001: 206; BARTOSZEWICZ 2013: 5). Die Kanzleien, deren Gründung und Organisationsgrad die gesellschaftliche, wirtschaftliche, kulturelle und politische Entwicklung der Stadt widerspiegelten, entwickelten sich gerade im Moment der Anhäufung der Bedürfnisse der Stadtbewohner in allen, oben genannten Bereichen (BOBROWSKI 1998: 144; BISZCZANIK 2016a: 163–164). Daraus darf man jedoch nicht schlussfolgern, dass die Hauptfunktion einer Stadtkanzlei die Produktion der Dokumente selbst war. Vielmehr handelt es sich hier um die Ausübung der Macht mithilfe der Produktion der Urkunden, worauf auch SZYMAŃSKI (1975: 123) und SKUPIEŃSKI (2001: 205) verweisen. Bei der Behandlung dieser Frage ist nicht zu vergessen, dass die Entstehung jeder Kanzlei kein abrupt eintretendes Ereignis war, das sofort nach der Stadtgründung erfolgte. Es war eher ein kontinuierlicher Prozess des Ausbaus der städtischen Verwaltung, der immer mit der vollen und endgültigen Herauskristallisierung der lokalen Gebietskörperschaften einherging. Bei Stadträten wurden zuerst kleinere Skriptorien mit einem eher begrenzten Zuständigkeitsbereich ins Leben gerufen, die wahrscheinlich anfangs von einem gewählten Ratsherrn geleitet wurden. Gelegentlich leisteten die Geistlichen aus den örtlichen Klöstern, Kirchen oder schon damals existenten Schulen Hilfe dabei (TANDECKI 2001: 213–214). Erst mit dem Bürokratiewachstum stellten sich einige Schemata und Lösungen als notwendig heraus, die erst das flüssige Funktionieren der Stadt und der städtischen Verwaltung zustande brachten. Dafür brauchte man schon eine separate, einseitig spezialisierte Einrichtung, die solchen Aufgaben und Anforderungen gewachsen sein konnte. Diese Bürokratie besaß ebenfalls unterschiedliche Antlitze und Gestalten, die natürlicherweise einerseits von der Etappe ihrer internen Entwicklung, andererseits von der Art der Macht, der sie diente (d. h. der königlichen, fürstlichen, städtischen, bischöflichen, gerichtlichen, usw.), abhängig war. Aus den wissenschaftlichen Untersuchungsergebnissen historischer Prägung lässt sich leicht ersehen, dass die Kanzleien eine streng hierarchisch geordnete Struktur aufzeigten, innerhalb deren die Beamten der unteren und hohen Ebene zu begegnen waren, z. B. *scriptor, notarius, protonotarius, subcancellarius* und *cancellarius*. Daraus ergibt sich also, dass es möglich war, die Karriereleiter emporzuklettern, wenn man seiner Arbeit mühselig und unermüdlich nachging (SKUPIEŃSKI 1997: 419–427, 2001: 207–208; GUT 2005: 219–226). Von jedem Stadtschreiber wurde wiederum erwartet, dass er absolut ehrlich und diskret ist, was auch der Text der nachfolgenden, aus der frühen mittelpolnischen Sprachperiode stammenden Eidesformel des Staatsschreibers bestätigt:

> Ja N. przysięgam Panu Bogu Wszechmogącemu, panom rajcom i wszystkiemu pospólstwu miasta tego w urzędzie moim pisarskim, na który jestem wybran, wiernym być i tajemnych rad miejskich, które poznam albo których mi się zwierzą, nikomu nie objawiać. Rzeczy te, które się przy sądzie dzieją, wiernie według mego najwyższego rozumu chcę napisać i czytać tak ubogiemu jako bogatemu. A tego nie chcę opuścić dla miłości, bojaźni, darów i innych rzeczy. Tak mi Panie Boże pomagaj[96]. (PTAŚNIK 1934: 240)

Falls dem Schreiber aber eine Amtsunterschlagung (fehlerhafte Eintragung oder Fälschung) vorgeworfen und bewiesen wurde, dann musste er eine Strafe, und zwar Handabhacken oder sogar Tod auf dem Scheiterhaufen für sein Delikt erhalten, was auch GROICKI (1519/1534–1605) in seinem *Porządek sądów y spraw Mieyskich Prawa Maydeburskiego* (1562) vorschreibt[97].

---

96 GROICKI 1562: 44–45:
„IA: N: przysyęgam Bogu wszechmogącemu/ Pánom Ráycom/ y wszytkiemu pospolstwu miástá tego/ w Vrzędźie moim Pisárskim ná kthory iestem wybran/ wiernym być/ y táiemnych rad Mieyskich ktore poznam álbo kthorych mi sye zwierzą nikomu nie obiáwiáć: Rzeczy ty ktore sye przy Sądźie dźieią/ wiernie według mego nawyszszego rozumu chcę nápisáć/ y czytáć ták vbogiemu iáko Bogátemu: A tego niechcę opuśćić/ dla miłośći/ boiáźni/ nienawisci/ gniewu/ przyiáźni/ dárow/ y innych rzeczy: Ták mi Pánie Boże pomagay.“

97 GROICKI 1562: 44–45:
„PIsarz/ iest personá iáwna/ godna/ przysyęgą w Mieśćie obwiązána/ ku spisowániu spraw Sądowych/ iásnymi/ własnymi/ nietrudnymi y wyrozumnymi słowy. [...] PIsarz kthoryby nápisał niesłuszny Zapis álbo List/ rękę tráći/ ktorą go nápisał: A

In Anlehnung an SKUPIEŃSKI (2001: 208), TANDECKI (2001: 217–221), KALETA (2004: 26) und WIKTOROWICZ (2011a: 62) darf auch festgestellt werden, dass es eine vertikale Arbeitsteilung in einer größeren Kanzlei gab, aufgrund deren die Stadtschreiber ihre nur ihnen betrauten Aufgabenbereiche innerhalb der Kanzleiorganisation übernahmen, was letztendlich zur Professionalisierung ihres Amtes führte, d. h. die Funktion des Stadtschreibers wurde zu einer der Beamtenstellungen und dementsprechend zu seiner Hauptunterhaltsquelle. Der andere Grund solch einer Hebung der Arbeit des Stadtschreibers zu einem Beamtenposten lag auch in den von ihm zu verlangenden Fachkenntnissen, die als Kriterium der Einstellung und Beförderung angesehen wurden. Die breiten und bedeutsamen Fachkompetenzen der Stadtschreiber zwangen die Stadträte, denen die Stadtkanzleien untergeordnet waren, dazu, nur aufgeklärte, über das Rechtswissen aus dem Bereich des Magdeburger, Kulmer und Lübischen Rechts sowie allgemeine Bildung verfügende und Vertrauen des Stadtrates genießende Stadtschreiber einzustellen. Außerdem sollten sich die Kandidaten durch Geheimniswahrungsfähigkeit, Fleiß, Disponibilität und Unbestechlichkeit auszeichnen. Schließlich waren sie verpflichtet, ein ärztliches Attest über den Gesundheitszustand sowie eine Bescheinigung über das entsprechende äußere Erscheinungsbild vorzulegen. Unbedingt mussten die Stadtschreiber des Lateins und des Deutschen mächtig sein und wahrscheinlich auch des Polnischen – zumindest in geringerem Maße in den in Preußen gelegenen Hansestädten, obwohl die zuletzt genannte Sprache im Jahre 1532 kraft der Verordnung des Königs SIGISMUND DES ALTEN (1467–1548) auch zum Muss in den großen Kanzleien des Polnischen Königreiches geworden ist. Anhand der kodikologischen, paläografischen oder graphematischen Forschungskonstatierungen lässt sich die Schlussfolgerung formulieren, dass das Latein relativ lang – sogar im 14. Jahrhundert in den preußischen Städten oder in Krakau/Kraków – als Kanzleisprache fungierte. Dies änderte sich auch nicht in der Zeit, als man begann, die Mehrheit der Dokumente und Urkunden auf Deutsch zu verfassen. Ein solcher Stand der Dinge ist höchstwahrscheinlich auf den Konservatismus eines konkreten Stadtschreibers und auf den in der Kanzlei herrschenden Usus zurückzuführen. In Betracht kommt aber auch die Eventualität, dass der ständige Gebrauch des lateinischen ein absichtlicher und zweckmäßiger Schritt seitens des Stadtrates war, dem es viel daran lag, eine künstliche Sprachbarriere zu bilden und dadurch den nicht zur regierenden Elite gehörenden, gewöhnlich über keine Lateinkenntnisse verfügenden Personen die Einsichtnahme mit dem Inhalt der Stadtarchivalien zu beschränken. Ab dem 14. Jahrhundert ist wiederum eine Wende beobachtbar, die sich in der Umkehrung der Tendenz erblicken lässt: Nun handelte es sich darum, dass die Ratsherren während der Abwesenheit des Stadtschreibers auch verstehen konnten, was in den Stadtbüchern geschrieben stand. Die gesellschaftlichen

---

gdźieby sfałszował Ksyęgi Mieyskie/ sstawa sye bezecnym/ y krzywoprzysyężcą/ á bywa karan ogniem."

und wirtschaftlichen Umstrukturierungen mitsamt der Tatsache, dass es immer
weniger des Lateins in Wort und Schrift mächtige Bewohner der preußischen
Städte gab, erzwangen von der Stadtverwaltung die Führung der Stadtbücher auf
Deutsch, was die Bestätigung in einer der Aufzeichnungen der im Jahre 1900 von
TÖPPEN (1822–1893) herausgegebenen *Ältesten Thorner Stadtchronik* findet:

> Anno 1425. Her Herman Rusop wirt burgermeister. Dis jar wart beschlossen, das
> di statschreiber alle schriften in die buecher [nicht mehr lateinisch, sondern] in
> deutscher zungen sollen schreiben, [damitt die herrn des raths in abwesenheit des
> schreibers selber die schriften lesen konnen]. (TÖPPEN 1900: 22)

Die internen Regelungen der Hanse innerhalb ihrer Finanzpolitik, die Zugehörigkeit der einzelnen Städte zu jenem Bund sowie die Finanzpolitik des Preußischen
Landtags und der Ordensbehörden beeinflussten zweifellos auch das Model und
die Organisation der Tätigkeit und der Arbeit jeder Stadtkanzlei, die noch zusätzlich in einer gegenseitigen Verbindung zu den Ordenskanzleien stand.[98]

Eine parallele Situation lässt sich beispielsweise auch in Krakau bemerken, wo
die Zahl der deutschen Einsiedler mit der Zeit drastisch gestiegen ist (im 14. Jahrhundert: 50 Prozent – Polen, 35 Prozent – Deutsche, 8 Prozent – Juden, 5 Prozent – Ungarn, 2 Prozent – Vertreter anderer Herkunft, MITKOWSKI 1978: 12).

> Die Erklärung für den Gebrauch der deutschen Sprache in der damaligen Haupt-
> stadt Polens liegt in der Expansion deutscher Siedler aus verschiedenen deutschen
> Sprachlandschaften östlich von Elbe und Saale. Die omdt. Kolonialmundart, die
> sich allmählich zur Verkehrs- und Geschäftssprache entwickelte, wurde auch in
> Schlesien und darüber hinaus vom deutschen Patriziat und von vielen Handwer-
> kern deutscher Abstammung in den Städten Kleinpolens verwendet. Nach Kraków
> mussten nach der Verleihung des Magdeburger Rechts seit Mitte des 13. J[ahrhun-
> derts] zahlreiche Bürger aus Schlesien und dem Deutschen Reich eingewandert sein
> und ihre Sprache fand Eingang in die bis dahin weitgehend lateinischen Aufzeich-
> nungen der Krakauer Stadtbücher. (KALETA 2004: 32)[99]

---

98 Bedauerlicherweise muss es bei dieser Bemerkung belassen werden, weil eine
    genauere Beschreibung der angedeuteten Umstände den Rahmen der vorliegenden
    Abhandlung sprengen würde.

99 Auch: MOSKAŁA/OWSIŃSKI 2019: 202
    „Größere Gruppen der deutschen Einsiedler in Krakau sind auch die Folge der
    Schlacht bei Liegnitz von 1241, an der u. a. die schlesische und deutsche Ritterschaft
    beteiligt war. Das Gründungsprivileg von Krakau, in dem drei deutsche Patrizier
    als Zeugen erwähnt werden, scheint allerdings für die Unterwerfung des Gebiets
    Kleinpolens [/Małopolska] und dessen Einverleibung ins Reich entscheidend, denn
    es untersagte den Vögten, freie Polen als Bürger der Stadt aufzunehmen und öffnete
    so der deutschen Bevölkerung die Stadttore der damaligen Hauptstadt Polens [...].
    Nach Krakau strömte seit Mitte des 13. J[ahrhunderts] eine Welle deutschsprachi-
    ger Bürger aus Schlesien und dem Deutschen Reich herbei, weswegen die Stadt- und
    Zunftbücher bis zum Ausgang des 16. J[ahrhunderts] auf Deutsch und Lateinisch

Erst die oben angerissenen Umstände erlauben es, die Kanzleien mit den dort drinnen entstehenden Büchern, Urkunden und anderen Schriftstücken im Lichte einer bestimmten, administrative Aufgaben mittels der Sprache und der Schrift zu erfüllenden Institution mit einer ganzen Reihe der eingestellten, jene Aufgaben zu erledigenden Beamten zu betrachten. Somit sind die Amtsbücher – und noch breiter Eintragungsbücher – als immanenter Bestandteil der Kanzlei als System anzusehen, innerhalb dessen sie ihren Gebrauch fanden, was auch mit der Definition des *Eintragungsbuches* (poln. *księga wpisów*) im *Polnischen Wörterbuch der Archivterminologie* (poln. *Polski słownik archiwalny*, 1974) von MACIE-JEWSKA in Einklang steht: Die dritte Erklärung des oben genannten Terminus besagt nämlich, dass das Eintragungsbuch eben mit dem ganzen, bis zum Ende des 18. Jahrhunderts funktionierenden Kanzleisystem zu assoziieren ist (MACIE-JEWSKA 1974: 47). Aufgrund dessen lässt sich konstatieren, dass die Eintragungs-bücher in ihren verschiedensten Formen entweder als physische Gegenstände (in Buchform geordnete schriftliche Aufzeichnungen der Stadtbehörden, die eine konkrete Informationssammlung bilden, wodurch die Integrität, Beständigkeit und Vollständigkeit gewährleistet werden) oder als abstrakte, konventionalisierte Methode der Arbeit einer Einrichtung innerhalb eines größeren administrativen und gesellschaftlichen Systems sind. So werden sie eben zu den Elementen der Kultur als Sammlung der Handlungsschemata innerhalb einer gegebenen Gesell-schaft (TYLOR 1896: 15; CHORĄŻYCZEWSKI 2011: 92), deren Subsysteme mitsamt ihren Einheiten – unabhängig davon, ob sie normative, ideelle oder materielle Prägung aufzeigen – in bestimmte Kompilationen und Konstellationen – sowohl in Beziehung zu den Elementen innerhalb der Kanzlei als auch zu den sich in der Wirklichkeit außerhalb der Kanzlei befindenden Einheiten gesetzt werden. Auf diese Art und Weise entsteht eine umfangreiche, alle oben erwähnten Faktoren einschließende (Kanzlei)Kulturkonfiguration, innerhalb deren je nach Art des Inhalts und der Funktion unterschiedliche Elemente um einen zentralen Punkt kreisen. In diesem Zusammenhang spielt das aus der Kanzleiinstitution stam-mende Schriftgut in Gestalt eines Stadtbuches eine solche Rolle, aber in Betracht kommen hier einerseits Objekte oder physische Werkzeuge und Anlagen, ande-rerseits Ideen oder Werte. Reibungslos funktioniert eine derartige Kulturkonfi-guration nur dann, wenn all ihre Elemente miteinander harmonieren, obwohl es natürlich auch zur Asynchronie, Zusammenhanglosigkeit oder Disharmonie kommen kann, wenn ein Konfigurationselement entweder es nicht vermag, mit den anderen mitzuhalten, oder nicht ganz existent ist bzw. nicht hinreichend ent-wickelt wurde. Demnach handelt es sich hierbei vor allem um solch eine Methode der Kanzleiarbeitsorganisation und solch eine Methode der Informationsdo-kumentation, in denen das Eintragungsbuch als den relevantesten Platz in der Kanzleiwirklichkeit einnehmende und diese Kanzleirealität ordnende Einheit

---

geführt wurden, wobei auch vereinzelte, kleinere Urkunden in der polnischen Sprache bekannt sind".

einerseits die Protokolle ausgestellter Urkunden (Kanzleiregister) oder die eingehenden Dokumente sowie die Korrespondenz (Kopialbücher) als Ganzes bzw. in Regesten registriert, andererseits eigene Amtshandlungen sowie Amtshandlungen der vor dem Amt handelnden Parteien verzeichnet. Diese Amtshandlungen umschließen wiederum die Verwaltungs- und Rechnungshandlungen oder die Handlungen gerichtlichen Typs (CHORĄŻYCZEWSKI 2011: 91).

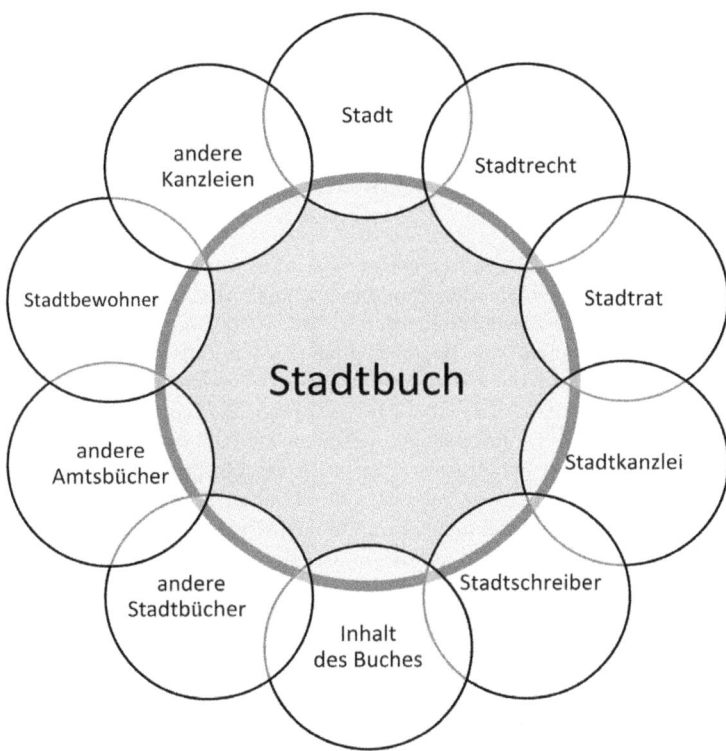

Abb. 5. Stadtbuch in Beziehung zu anderen Realitätsobjekten (erarbeitet von P.A.O.)

In Bezug auf das Stadtbuch als Amtsbuch – und noch breiter als Eintragungsbuch – sowie auf die Kanzlei mit der Kulturkonfiguration im Hintergrund lassen sich zwei Charakteristika der Eintragungsbuchkultur unterscheiden (CHORĄŻYCZEWSKI 2011: 92–93): 1) Buch als Hauptbeweismittel und 2) Buch als Hauptform der Dokumentation.

Mit der Eintragungsbuchkultur hat man es dann zu tun, wenn das Buch die höchste, gesellschaftlich anerkannte Autorität als Beweismittel und

Dokumentationsform besitzt, wobei deutlich und eindeutig zu betonen sei, dass sie sich ebenfalls auf die Situationen bezieht, die außerhalb der Kanzlei zu verorten sind, z. B. private Bücher.

Was den gewählten, auf die Stadtbücher eingegrenzten Untersuchungsgegenstand anbetrifft, so ist noch die klare und eindeutige Feststellung wegzudenken, dass die im Vorliegenden vorgenommene textlinguistische Forschung die kodikologischen, zeitlich vorwiegend auf das Spätaltertum und Mittelalter begrenzten Erwägungen zwangsläufig berührt, deren interdisziplinäre Tradition im Vergleich mit den anderen Hilfswissenschaften geschichtlichen Bereichs (u. a. Paläographie, Diplomatik, Buchwissenschaft oder Kunstgeschichte) nicht allzu lang zu sein scheint. Ihre Anfänge sind nämlich erst auf das 19. Jahrhundert zu datieren, wobei der Begriff *Kodikologie*[100] erst nach dem Zweiten Weltkrieg zuerst in Frankreich und Belgien dank den im Jahre 1949 unter dem Titel *Les manuscrits* herausgegebenen Vorlesungen von DAIN (1896–1964) propagiert wurde (DAIN 1949; LÖFFLER/MILDE 1997: 19).

> [...] [Die] Kodikologie als eigenständige Disziplin wurde im darauffolgenden Jahrzehnt unter der Ägide des Handschriftenbibliothekars FRANÇOIS MASAI [1909–1979][101] begründet. Die Inhalte der frühen Kodikologie sind heuristischer Natur: äußere Merkmale von Handschriften wurden aufgenommen, beschrieben und studiert, um daraus Erkenntnisse über Arbeitstechniken und Abläufe in der mittelalterlich Buchherstellung zu gewinnen. Zu den typischen Untersuchungsgegenständen von Kodikologen gehörten etwa Einband, Lagenstruktur, Linierungstechnik und Beschreibstoff. Im Zuge der Einführung neuer Untersuchungsmethoden hat man damit begonnen, die Handschriften nicht nur qualitativ, sondern auch quantitativ zu untersuchen. Erhobene Daten über das Erscheinungsbild von Handschriften wurden gesammelt und systematisiert. Nicht das punktuelle Detailstudium an Einzelbüchern stand dabei im Vordergrund, sondern eine quantitative Betrachtung möglichst vieler Merkmale des Buches, also zum Beispiel aller Seiten eines bestimmten Buchbestandes. In den 1980er und den frühen 1990er Jahren [...] erhob man Mess- und Zähldaten, wertete diese mit dem Computer statistisch aus und visualisierte die Ergebnisse in Graphiken und Tabellen. (KRAUSE/HEGEL 2018: 336–337)

Zum Untersuchungskorpus der Kodikologie wird also immer der Kodex gemacht, an dem die äußere Form – d. h. Bindung der Karten entlang einer der Kanten – und nicht der Inhalt selber in den Vordergrund des Forschungsspektrums geschoben wird. Wie GRULKOWSKI (2015: 19–22) und SPIESBERGER (2017) bemerken, waren bisher vorwiegend die sakralen oder literarischen Werke der Hauptgegenstand der handschriftenkundlichen Analysen. Innerhalb des pragmatischen Schriftguts wurde die Aufmerksamkeit vorwiegend auf die mit der Rechtsthematik

---

100 Auch: Handschriftenkunde.
101 Kapitälchen von P.A.O.

verbundenen Texte gerichtet. Die Stadtbücher als Forschungsbasis mitsamt deren immer häufiger seit dem 19. Jahrhundert erscheinenden Editionen wurden in den wissenschaftlichen Untersuchungskreis insbesondere im Kontext der Rechtsgeschichte einbezogen, nachdem der riesige Wert der Stadtbücher als interessanter und unerlässlicher Quelle der Informationen zum Alltagsleben der Menschen aus den vergangenen Epochen, zu den politischen sowie gesellschaftlich-wirtschaftlichen Beziehungen, zum Funktionieren der Stadtinstitutionen und endlich zur bürgerlichen Kultur eines konkreten geographischen Gebietes erkannt worden war.

> Stadtbücher gestatten einen der ergiebigsten Einblicke in das Leben mittelalterlicher und frühneuzeitlicher Städte. Sie waren weit mehr als nur ein Hilfsmittel zur Wirtschaftsführung, Rechtssicherung und Verwaltungsorganisation, sie waren ein zentraler Bezugspunkt der sozialen Beziehungen innerhalb einer Stadt. Gleichwohl gehören sie zu den am wenigsten erforschten Quellen. Die Überlieferung ist extrem breit gestreut und dadurch für die Forschung schwer zugänglich und kaum zu überblicken. Besonders das Material aus kleineren Kommunen, die die Masse der vormodernen Städte darstellten, ist bisher kaum bekannt. (SPEER 2012: 107–108)

2.3.4 Wesen und Einteilung der Stadtbücher

Die in letzter Zeit intensivierten Untersuchungen der Stadtbücher (lat. *libri civitatum*) unter verschiedensten Aspekten können bestimmt als Ausdruck des an Aktualität und Bedeutung gewinnenden Interesses an der Geschichte der Städte, an der bürgerlichen Kultur der Vergangenheit und an dem Prozess der Rechtsetzung sowie der Rechtsdurchsetzung interpretiert werden. Zugleich sind sie eine solide Grundlage für weitere und detailliertere Erforschung der hier drinnen enthaltenen Tatsachen. Ihr Aufkommen bringt einen neuen Abschnitt in der Entwicklung von Kanzleiformen zum Vorschein, und nämlich die Geburt des bereits in Subkapitel 2.3.3 angesprochenen Eintragungsbuches.

> Diese Umgestaltung beschränkte sich nicht nur auf die Stadtkanzleien, sondern übertrug sich auch auf die kirchlichen Kanzleien sowie auf die Kanzleien der zentralen und territorialen Einrichtungen höchsten Rangs. [...] Das Funktionieren des Stadtbuches selbst in Form des Gebrauchs durch die Eintragung eines Vermerks entsprach vollkommen dem Bedürfnis, immer mehr Rechtsakte unterschiedlicher Art sowie Verwaltungs- und Fiskalakte der Stadtbehörde aufzuzeichnen und sie dadurch zu verewigen. Dem Bürokratisierungsprozess der Organe der städtischen Behörde kam die Form des Kodex als miteinander gebundener Karten oder Lagen ähnlich entgegen. So war diese vielseitige [...] Verkoppelung der Stadtbücher mit der Praxis dafür entscheidend, dass sie als einer der Ausdrücke der pragmatischen Schriftlichkeit angesehen werden, die von der sog. sakralen Schriftlichkeit zu unterscheiden ist. (GRULKOWSKI 2015: 10–11, übersetzt von P.A.O.)

Was die Stadtbücher selbst anbelangt, so lassen sie sich ganz generell als Mischbücher definieren, die vielgestaltige, im Zusammenhang mit Rechtswesen
(sowohl Rechtsetzung als auch Rechtsdurchsetzung), Verwaltung und Wirtschaft
stehende Vermerke enthalten. Unter Berufung auf die Feststellung von BRÄUER
(1881–1964) soll jedoch ausdrücklich auf die wesentliche Tatsache hingewiesen
werden, dass die *Libri civitatum* der „[...] gesetzgebenden Funktion der städtischen Obrigkeit und der Verwaltungstätigkeit städtischer Behörden entstammen
[...].“ (BRÄUER 1912: 22)

> Aus diesen Mischbüchern heraus entwickelten sich meist auf einzelne Ver-
> waltungsvorgänge spezialisierte Amtsbücher städtischer Provenienz. Zu ihnen
> gehören beispielsweise Gerichtsbücher, Ratsprotokolle, Bürgerbücher und Rech-
> nungsbücher. [...] Die Entstehung und Entwicklung der Stadtbücher hängt eng mit
> dem Aufkommen der Schriftlichkeit zusammen. Genügten anfangs für verschie-
> dene Rechtsgeschäfte wie den Verkauf von Immobilienbesitz oder die Gewährung
> einer Hypothek mündliche Absprachen, wurde es zunehmend wichtiger, bei even-
> tuellen Streitfällen vor Gericht Zeugen benennen zu können. Zu Beginn wurden
> lediglich die Zeugen des Rechtsgeschäftes notiert. Bald jedoch wurden auch Käufer,
> Verkäufer und der Gegenstand des Geschäftes vermerkt. Diese Eintragungen waren
> zunächst rein fakultativ, die ersten Stadtbücher enthalten also eher eine Auswahl
> der stattgefundenen Besitzveränderungen. [...] Mit der Verbreitung des Papiers und
> den damit sinkenden Kosten für den Beschreibstoff erhielt die Schriftlichkeit in
> den Verwaltungen weiteren Aufschwung und der schriftliche Nachweis vollzoge-
> ner Rechtsgeschäfte gewann immer weiter an Bedeutung. Aus reinen Gedächtnis-
> stützen wurden schriftliche Aufzeichnungen, die auch rechtliche Kraft besaßen.
> (SPIESSBERGER 2017)

Die Ergebnisse der kodikologischen Erforschung lassen allerdings den Schluss
zu, dass es bei den in der Vergangenheit oft unternommenen Versuchen, eine
eindeutige Definition des *Stadtbuches* anzugeben, nicht selten auf erhebliche
Schwierigkeiten gestoßen wurde, was wiederum in der darauffolgenden Einteilung der *Libri civitatum* zum Vorschein kam oder auch kommen kann. Die ersten
Bemühungen, eine einheitliche, systematische und vollständige Gliederung dieser Stadtdokumente zu erarbeiten, greifen noch auf das 19. Jahrhundert zurück.
Dabei sei aber anzumerken, dass jene Einteilungsversuche entweder die Begriffs-
definitionsangabe nicht mitberücksichtigten oder einer der Beschreibungsbe-
dingungen nicht entsprachen. Gute Beispiele dafür sind die unten dargebotenen
Gliederungen von HOMEYER (1795–1874), KOPPMANN (1838–1905) und FRENSDORFF
(1833–1931).

2.3.4.1 Stadtbüchereinteilungen des 19. Jahrhunderts

Unter den Vorschlägen der Stadtbüchergruppierung soll den drei im Titel des
vorliegenden Subkapitels, auf das 19. Jahrhundert zu datierenden Versuchen der
Einteilung von *Libris civitatum* sonderliche Beachtung geschenkt werden. Ihre

Sonderstellung unter den anderen ist nämlich auf das bahnbrechende Wesen ihres sich auf den Buchinhalt beziehenden Einteilungsversuchs zurückzuführen, obgleich hierbei prompt hinzugefügt werden soll, dass sie keinesfalls als ideale Vorschläge anzusehen sind (BEYERLE 1910: 151–156).

Der erste, aus der Feder von HOMEYER (1861: 13–15) stammende Gliederungsvorschlag, dem aber an der Vollständigkeit gebricht, umschließt drei Stadtbüchergruppen:

1) Statutenbücher, die als Recht setzende Akte anzusehen sind;
2) Stadtbücher, in denen die sehr unterschiedlichen, enthaltenen Vermerke folgende Tatsachen betreffen: die öffentlich-rechtlichen Beziehungen zwischen den Bürgern und den Stadtverwaltungsorganen, Aufstellungen der Stadteinnahmen und -ausgaben, Aufstellungen der Stadtgrundstücke und deren Belastungen, Zusammenstellungen der Gehälter von Stadtbeamten, Verzeichnisse von Personen, denen das Stadtrecht entzogen wurde, usw.;
3) Stadtbücher, die die freiwillige Gerichtsbarkeit zwischen den Bürgern betrifft.

Die von HOMEYER erstellte Einteilung fußt somit auf den handelnden Parteien in der rechtlichen und außerrechtlichen Wirklichkeit: Die erste Gruppe bilden deswegen solche Bücher, welche einerseits das Produkt der städtischen Macht sind, andererseits der Rechtsetzung und der Rechtsdurchsetzung dienen. Während sich die zweite, äußerst umfangreiche Büchersammlung auf die Verhältnisse zwischen den Stadtorganen und den Bürgern fokussiert, betrifft die dritte Gruppe nur die Beziehungen zwischen den Stadtbewohnern (auch GRULKOWSKI 2015: 58–59).

Die zweite, von KOPPMANN (1872: 155–195) vorgebrachte Möglichkeit der Stadtbüchereinteilung scheint einerseits extrem *en détail* zu sein, andererseits sind ihre Unvollständigkeit und das Fehlen einer systematischer Herangehensweise an das Gliederungskriterium auffallend (BEYERLE 1910: 156). In seiner Zusammenstellung wurden 17 Stadtbücherserien (!) diversifiziert, die ihren Gebrauch im Kanzleiwesen der hanseatischen Städte fanden:

1) Zunftbücher und Gildenstatuten;
2) Rent- und Wechselbücher;
3) Gerichtsprotokolle;
4) Schadensverzeichnisse;
5) Kopialbücher oder Register;
6) Rechnungs-, Steuer- und Baubücher;
7) die vom Stadtrat erkannten Bußen dokumentierende Weddebücher;
8) verschiedenerlei Verhandlungen, Verfügungen und Finanzoperationen des Stadtrates fixierende, in den hanseatischen Städten übliche Ratsdenkelbücher;
9) Willkürbücher mitsamt den sog. Burspraken als Sondergruppe beinhaltende Statutenbücher;

10) um das Familien- und Erbrecht sowie um die Verschuldungen und Verpflichtungen des Stadtrates kreisende Wittschopsbücher *(Libri recognitionum)*;

11) Verfestungsbücher (im Sinne der Proskriptionsbücher, *Libri proscriptorum)*;

12) abgesandte und empfangene Korrespondenz verzeichnende Brief- und Missivbücher;

13) Ratslisten und Ratsrollen mit den Auflistungen von den Namen der Ratsherren und der anderen Stadtbeamten;

14) Eidbücher samt den Formeln der von den Stadtbeamten vor dem Stadtrat zu leistenden Eide;

15) Bürgerbücher mit den Namen der Menschen, denen das Bürgerrecht vom Stadtrat verliehen wurde;

16) Testamente registrierende Testamentsbücher;

17) Stadtbücher in engerem Sinne mit den Protokollen der Auflassungen *(Libri hereditatum)* und Rentenbestellungen *(Libri reddituum)*.

Der dritten, 1886 von FRENSDORFF vorgelegten *Libri-civitatum*-Einteilung soll ebenfalls größere Bedeutung zugemessen werden, obwohl ihr auch eine gewisse Unvollständigkeit vorgeworfen werden kann: Die Gliederung fokussiert sich nämlich auf die Bücher, die aus der Perspektive des Privatrechts von Bedeutung sind, worauf *notabene* ihr Autor selbst hinweist. Jedenfalls werden die Stadtbücher in sechs Serien gruppiert (FRENSDORFF/KRAUT 1886: 58–59):

1) Bürgerbücher *(Libri civium, litterae civilitatum)* mit den Auflistungen der Bürger, die ins Bürgerrecht aufgenommen wurde;

2) Willkürenbücher als Basis des Stadtrechts *(Libri arbitriorum, Libri memorialis)* und Ratsdenkelbücher;

3) die vom Stadtrat erkannten Strafen verzeichnende Wettebücher;

4) Verfestungsbücher *(Libri proscriptorum* bzw. *Libri proscriptionis)*;

5) sich mit der freiwilligen Gerichtsbarkeit, dem Rentenkauf oder vor dem Rat abgelegten Schuldbekenntnissen verbindende Bücher mit Beurkundungen der Auflassung oder Verpfändung der Grundstücke *(Libri hereditatum, der stat erve bok, Libri traditionum, Libri resignationum, Verlaßbücher, Libri obligationum, Libri impignorationum, Libri reddituum* bzw. *Libri censuum, Libri recognitionum* bzw. *Libri debitorum, wittschopsbok)*;

6) allgemeine Ratsbücher mit den aufgezeichneten Informationen zu allem, was sich vor dem Stadtrat vollzog.

„Nach F R E N S D O R F F [102] hat [...] E[RICH] KLEEBERG[103] [(1896–1968)] in einem größeren Aufsatze über Stadtschreiber und Stadtbücher in Mühlhausen [...] den Versuch unternommen, von allgemeinen Gesichtspunkten aus eine Gruppierung der Stadtbücher zu bieten." (BEYERLE 1910: 156–157). Zwar gelang es ihm, die unten

---

102 Erweiterter Zeichenabstand im Original.
103 Kapitälchen von P.A.O.

dargestellte Typologie zu erstellen, aber er wagte leider nicht, die Begriffsbestimmung des *Stadtbuches* zu formulieren. Gerade aus diesem triftigen Grund wird sein Gliederungsvorschlag unter die Gruppierungen des 19. Jahrhunderts eingereiht, obgleich ihre Entstehung schon in den Beginn des 20. Jahrhunderts fällt. In seinem Beitrag (1909) wurde die unten geschilderte Stadtbücherviertelung vorgelegt, wobei in den Klammern der Inhalt des jeweiligen Buches zu sehen ist (KLEEBERG 1909: 436–480):

1) Ratsbücher (Statuten sowie Entscheidungen und Verordnungen, innere Verwaltung, Kopien der Privilegienbriefe, Rentenverschreibungen des Stadtrates, Bündnisse mit benachbarten Herren und Städten, Schutzbriefe, Urfehden- und Sühnverträge, Zahlungen, Geburts-, Geleits- und Bürgerbriefe, Pachtverträge, Zinsverschreibungen des Stadtrates);
2) Bücher der Finanzverwaltung;
3) Stadtbücher in engerem Sinne (Verträge der Bürger über Übergabe der Belastung von Eigentum, Register über Akte der freiwilligen Gerichtsbarkeit an beweglicher und unbeweglicher Habe);
4) andere Bücher, die von BEYERLE (1910: 191) als „unentwickelte Formen" bezeichnet werden.

2.3.4.2 Stadtbüchereinteilungen des angehenden 20. Jahrhunderts

Der gemeinsame Nenner der in Subkapitel 2.3.4.1 dargebotenen Gliederungen ist der bereits angesprochene fehlende Versuch einer in den Vorschlägen des 20. Jahrhunderts bereits anzutreffenden Definierung des Terminus *Stadtbuch*.

Die erste typologische Differenzierung der Stadtbücher zusammen mit der Angabe ihrer vollen Begriffserklärung stammt aus der Feder BEYERLES (1872–1933), für den die seit dem Mittelalter Anwendung findenden

> Stadtbücher [...] in Buchform geordnete schriftliche Aufzeichnungen städtischer Behörden [...] [sind]. Sie stehen in Gegensatz zur losen Aktenführung der Neuzeit wie zu der Einzelurkunde. Ihr Inhalt ist ein sehr mannigfaltiger. Er hat sich mit der Entwicklung des städtischen Kanzleiwesens immer mehr differenziert. Für alle möglichen Zweige der städtischen Verwaltung und Rechtsprechung, aber auch für die Aufzeichnung der Grundlagen jener Tätigkeiten, d. i. für das Stadtrecht selbst wurden Bücher angelegt. Eine Einengung des Stadtbücherbegriffs auf die ersten Gruppen ist in weitem Umfange eingetreten, seit die Städte mit Erfindung des Buchdrucks ihr Recht und ihre Verfassung in gedruckten Gesetzbüchern herausgaben und dadurch, gegenüber dem geschriebenen Satzungsbuch, zu vielbreiterer Öffentlichkeit ihres Rechtes gelangten. Durch rechtliche Momente wird der Begriff Stadtbuch zusammengehalten. (BEYERLE 1910: 146)[104]

---

104 Erweiterter Zeichenabstand im Original.

Der angeführten Definition lässt sich eindeutig entnehmen, dass für den oben zitierten Rechtswissenschaftler und Politiker die äußere Form des Buches (Kodex) sowie sein amtlicher Charakter eine große Rolle spielten. In seinem umfangreichen Aufsatz schuf er eine systematische und ausführliche *Libri-civitatum*-Gliederung, indem er sich nach den sachlichen Gesichtspunkten richtete. Bevor er aber einzelne Stadtbücherserien unterschied, waren die Stadtlebensbereiche abgehoben worden, in denen die konkreten Bücher ihren Gebrauch fanden (BEYERLE 1910: 192–198.

Abb. 6. Stadtbüchereinteilung von BEYERLE (1910: 192–198) (erarbeitet von P.A.O.)

1)	Stadtverfassung und Stadtrecht:	• Statutenbücher:
		  - Willkürenbücher *(Libri arbitriorum)*;
		  - Bursprachen[105] und Schwörbriefe;
		  - Zunftbücher;
		  - Gerichtsordnungen;
		  - Markt- und Zollbücher;
		• Kopialbücher;
		• Privilegienbücher;
		• Tätigkeit der Ämter:
		  - Ratslisten und Ratslinien;
		  - Ämterbücher;
		  - Gesindebücher;
		  - Eidbücher;
		• Bürgerbücher *(Libri civium)*;

2)	Stadtverwaltung:	• Ratsbücher; • Missivbücher oder Deputationsbücher; • Schadensbücher (Kriegsbücher);

3)	Rechtsprechung von Rat und Gericht (Schöffen):	• Schöffenbücher und Gerichtsbücher;
		• Strafrechtspflege:
		  - Bußbücher (Wettebücher, Bruchbücher, Einungsbücher, Scheltbücher, Friedegebotregister);
		  - Achtbücher (Verfestungsbücher, Verzählbücher, *Libri proscriptorum*);
		  - Urfehdebücher;
		  - Urgichtbücher (Kundschaftbücher);

---

105 Bei KOPPMANN (1872: 155–195): *Burspraken* (vgl. 2.3.4.1).

Abb. 6.   Fortsetzung

4)	freiwillige Gerichtsbarkeit:	• Erbebücher (Lassungsbücher, Verlaßbücher, Bannrollen, Schreinkarten, Schreinsbücher, Grundbücher, *Libri hereditatum, Libri traditionum, Libri resigantionum*); • Rentenbücher (*Libri reddituum, Libri censuum*); • Pfandbücher (*Satzbücher, Insatzbücher, Libri obligationum, Libri inpignorationum*); • Schuldbücher (*Wittschopsbücher, Libri debitorum*); • Testamentsbücher (*Gemöchtbücher*); • Vormundschaftsbücher;
5)	Stadtfinanzwesen:	• Baubücher; • Almendbücher; • Wortzinsbücher (Herrschaftsrechtsbücher); • Kämmereibücher; • Steuerbücher (Schoßbücher, Geschoßbücher); • Ungeltbücher; • Zollbücher; • Schuldbücher (Leibrentenbücher, Rentbücher, Zinsregister, *pensionarius, Libri vitalicii*)

Bemerkenswerterweise wurde die oben dargestellte Typologie von BEYERLE (1910: 192–198) zur Grundlage der nur geringfügig veränderten Stadtbüchereinteilung BRÄUERS (1912: 22–26), von dem lediglich einige wenige Korrekturen und Präzisierungen eingefügt wurden. In seinem Vorschlag sind nämlich alle als Stadtrechtsquellen fungierenden Stadtrechtsbücher von den Verwaltungsbüchern exakt und konsequent abzugrenzen, was zur Bearbeitung des Vorschlags BEYERLES unabwendbar führte: Die sich mit der Stadtverwaltung verbindenden Bücher sollen (dürfen) von den im Zusammenhang mit dem Stadtfinanzwesen stehenden Quellen nicht unterschieden werden. Daraus folgt, dass die Stadtbücher in drei große Gruppen einzuteilen sind:

1) Stadtrechtsbücher;
2) Rechtsprechungsbücher;
3) Verwaltungsbücher, die wiederum drei Anwendungsgebiete umschließen:
   – die mit der allgemeinen Verwaltung zusammenhängenden Bücher;
   – die mit der rechtlichen Verwaltung verbundenen Bücher;
   – die die Finanzen der Stadt betreffenden Bücher.

Nicht zu übersehen ist die im Jahre 1912 vorgeschlagene Stadtbüchereinteilung BRUNNERS (1840–1915), der die *Libri civitatum* in vier Gruppen gliedert, denen er auch die spezialisierten Buchserien zuordnet (BRUNNER 1912: 125):

1) Statutenbücher;
2) der Gerichts- oder Ratsrechtsprechung gewidmete Bücher;
3) Stadtbücher der freiwilligen Gerichtsbarkeit;
4) die Verwaltung im engeren Sinne betreffende Stadtbücher.

Eine beachtenswerte Stellungnahme zum Wesen und zur Typologie der Stadtbücher gab der an den Universitäten zu Halle, Berlin, Kiel, Breslau und Leipzig tätige Rechtswissenschaftler REHME (1867–1941) ab, der als Erster im Kontext der Begriffsbestimmung des *Stadtbuches* auf das Verhältnis zwischen den einen offiziellen Charakter aufweisenden Stadtbüchern und den städtischen Behörden, in denen sie konsequent, permanent und systematisch gebraucht wurden, verweist:

> Unter Stadtbüchern im Sinne einer bestimmten Art von Quellen der deutschen Geschichte sind zu verstehen die bei den städtischen Behörden geführten Amtsbüchern. [...] Ihr Aufkommen steht im Zusammenhange mit dem Aufblühen des städtischen Lebens überhaupt. [...] Die Stadtbücher sind Bücher, die geführt werden, d. h. zu fortlaufenden Eintragungen benutzt werden. Stadtbuch ist also nicht ein Buch, in dem das zurzeit geltende Recht der Stadt aufgezeichnet ward, ohne daß neue Rechtssätze darin Aufnahme fanden, nicht ein Buch, in dem die der Stadt zustehenden Grundzinse zusammengestellt wurden, ohne daß weitere Eintragungen (etwa über die Entrichtung der fälligen Beträge, über die Begründung neuer Zinse, die Ablösung alter) Aufnahme fanden. Die Stadtbücher sind Amtsbücher, hatten also offiziellen Charakter, dienten der Behörde bei der Führung ihrer Geschäfte. [...] Die Stadtbücher sind bei den städtischen Behörden geführte Bücher – bei welcher Behörde, ist für den Begriff unwesentlich. (REHME 1913: 7–8)[106]

Belangvoll bleibt ebenfalls die Tatsache, dass die Anlegung eines Stadtbuches nicht automatisch erfolgte, d. h. die Stadtobrigkeit verlangte von den Kanzleischreibern eher nicht, dass sie Bücher oder Bücherserien anlegten. In Anlehnung an REHME (1913: 9) kann man behaupten, dass die Kanzlisten zur Praxis der Bindung und dadurch zur Praxis der Klassifizierung freier Schriftstücke von sich aus übergegangen sind. Überdies betont der oben zitierte Rechtshistoriker, die Klassifizierung der Stadtbücher sei sowohl im Hinblick auf die Katalogisierung als auch hinsichtlich der Forschung nicht eindeutig und könne aus unterschiedlichen Blickwinkeln durchgeführt werden, sodass ältere und jüngere Stadtbücher, Rats- und Gerichtsbücher oder gemischte und spezialisierte Bücher zu unterscheiden seien (REHME 1913: 12–13). In seiner, jener von BRUNNER (1912: 125) ähnlichen und von BEYERLE (1914: 70) wegen der Außerachtlassung der mit den Stadtfinanzen verbundenen Büchern kritisierten[107] Zusammenstellung der *Libri*

---

106 Auch: REHME 1913: 14.
107 Gegenwärtig klassifiziert die Rechtswissenschaft das Finanzrecht als Gesamtheit der mit dem Staatsetat sowie mit den Finanzen der örtlichen Stadtverwaltung zusammenhängenden Rechtsnormen. Somit besitzt es seinen eigenen Gegenstand (Finanzverhältnisse im Rahmen des öffentlichen Rechts) sowie seine

städtischer Behörde verfolgt er die Tätigkeit der mittelalterlichen Stadtgemeinde, was auch zu seinem Kriterium der Einteilung gemacht wurde. Von diesem Standpunkt ausgehend, unterscheidet er die Rechtsetzung und die Verwaltung in weiterem Sinne, die sich in die Rechtspflege (Justiz) und Verwaltung in engerem Sinne darauffolgend einteilen lässt. Solch einem Vorschlag ist wiederum die Tatsache zu verdanken, dass jede Art des Stadtbuches einer der drei unten aufgelisteten Büchergruppierungen zugeordnet werden kann (REHME 1913: 14–15):

Abb. 7. Stadtbüchereinteilung von REHME (1913: 14–15) (erarbeitet von P.A.O.)

1)	Statutenbücher (Gesetzbücher)	
2)	Justizbücher:	• Bücher mit Buchungen über die Rechtsprechung des Rates und der Schöffen in Zivil- und Strafsachen; • Bücher der freiwilligen Gerichtsbarkeit (Grundbücher, Schuldbücher, Testamentsbücher, usw.); • Bücher, die mit der Ausübung der Strafgerichtsbarkeit (u. a. Achtbücher, Proskriptionsbücher) sowie mit der streitigen Zivilgerichtsbarkeit (Grundbücher, Schuldbücher, Testamentsbücher, usw.);
3)	Verwaltungsbücher:	• Ratslisten; • Beamtenbücher; • Bürgerbücher; • Innungsbücher; • Finanzverwaltungsbücher

dominierende rechtliche Regelung und umschließt verschiedene Rechtsbereiche, wie etwa Haushalts-, Steuer-, Zoll-, Bank-, Währungs-, oder Devisenrecht. An dieser Stelle sei jedoch anzumerken, dass die breite Tragweite seiner Normen durch die Verschwommenheit ihrer Grenzen gleichzeitig begleitet wird: Manche Rechtsnormen können nämlich sowohl dem Finanzrecht als auch den anderen Rechtsgebieten zugeordnet werden. Dies rührt wiederum davon her, dass das Finanzrecht mit den zu den anderen Rechtsgebieten gehörenden Rechtsnormen sowie Rechtseinrichtungen einhergeht, z. B. mit dem Zivilrecht, aus dem solche Termini stammen wie *Besitzer, Erbe, Schenkung.* Darüber hinaus soll auch darauf hingewiesen werden, dass das Finanzrecht nicht selten die sich an unterschiedlichen Schnittstellen befindenden Sachen regelt, die der Regelung auch mittels anderer Rechtsgebiete unterliegen, z. B. Haushaltsverabschiedung. Schließlich verfügt das Finanzrecht über derartige Verfahren, die den anderen Rechtsgebieten gehören, z. B. Devisenrecht, innerhalb dessen die dem Verwaltungsrecht zugehörige Verwaltungsprozessordnung ihre Anwendung findet. (BRZEZIŃSKI et al. 2010: 33–34, 40; MIKOS-SITEK/ZAPADKA 2014: 2–3)

Übrigens ist Vorsicht geboten, wenn es darauf ankommt, ob ein Buch unter die Justiz- oder unter die Verwaltungsbücher zu stellen ist: der Name, den das Buch führt, darf allein nicht maßgebend sein. So kann ein Testamentsbuch fiskalischen Zwecken dienen, ebenso Grundrentenbuch; in einem solchen Falle wären sie als Verwaltungsbücher, nicht als Justizbücher anzusehen. (Rehme 1913: 16)

Aus dem angehenden 20. Jahrhundert stammen auch die wissenschaftlichen Erörterungen Vojtíšeks (1883–1974), der als Historiker, Archivar und Professor an der tschechischen Karls-Universität sowie der Tschechoslowakischen Akademie der Wissenschaften (ČSAV) tätig war. Aufgrund seiner resümierenden und bisherige intensive Diskussionen über die Stadtbücher schließenden Untersuchungen zu tschechischen Stadtkodizes (1915) wurden die späteren Richtungen der Quellenforschung der tschechischen Historiographie eingeschlagen (Grulkowski 2015: 65). In Anlehnung an Rehme (1913) betrachtete er die Stadtbücher als Kanzleiprodukte, die die amtlichen Funktionen erfüllten und von den Stadtkanzleien geführt wurden. Dabei wurde aber zusätzlich präzisiert, dass man innerhalb dieser bereits erwähnten amtlichen Funktionen nicht nur die Funktionen aus dem Bereich der Stadtrechtsvollstreckung, sondern auch diese aus dem Bereich der Rechtsvollstreckung einzelner Bürger unterscheiden soll. Ferner wagte er, seine eigene Stadtbüchertypologie vorzuschlagen, anhand deren die *Libri civitatum* in solche Bücher einzuteilen sind, die die rechtlichen Bedürfnisse der Stadtgemeinde und diejenigen, die Einzelrechte der Bürger wahrnehmen (Vojtíšek 1915: 390, 1953: 53):

Abb. 8. Stadtbücherklassifizierung von Vojtíšek (1915: 390, 1953: 53) (erarbeitet von P.A.O.)

1)	rechtliche Bedürfnisse der Stadtgemeinde wahrnehmende Stadtbücher:	• Stadtrechtsbücher; • Privilegienbücher; • Statutenbücher; • Denkelbücher (tschech. *knihy památné*); • Rechnungsbücher; • Steuerbücher; • Kopialbücher;
2)	Einzelrechte der Bürger wahrnehmende Stadtbücher:	• Bücher der freiwilligen sowie streitigen Zivil- und Strafgerichtsbarkeit; • Bürgerbücher

Grulkowski (2015: 66) weist auch darauf hin, dass die ersten Stadtbücherforscher innerhalb der klassischen Definition der Stadtbücher einen großen Wert auf die Bedeutung zweier Merkmale dieser Kategorie von historischen Quellen gelegt hätten: Erstens auf den amtlichen Charakter der Eintragungen – d. h. auf die Rechtsstellung, die die Bücher während ihres Gebrauchs in der Kanzlei erreicht hätten – und zweitens auf die äußere Form des Kodex selbst. An dieser Stelle sei allerdings zu betonen, dass Rehme einen gewissen Umbruch auf diesem Gebiet zu verdanken ist: In den Vordergrund stellte er nämlich als Erster die Tatsache, dass die Stadtbücher nicht auf einmal entstanden, sondern eine Zeit lang systematisch geführt wurden.

2.3.4.3 Stadtbücherdefinitionen und deren Gliederungsvorschläge nach 1945

In den Nachkriegsjahren beobachtet man wieder eine rege theoretische Diskussion über das Wesen und die Funktionen der Stadtbücher, wobei diese Erörterungen bereits zwei Wege beschreiten: Den einen Trend bilden die Forschungen, die als Fortsetzung der Vorkriegsuntersuchungen anzusehen sind, während die anderen, im Rahmen der Archivistik aufkommenden Untersuchungen eher der sich in Anlehnung an die Untersuchungsergebnisse von Reetz und Papritz (1898–1992) entwickelnden, strukturgenetisch fundierten Konzeption angehören. In erster Linie betraf dieser Diskurs zwar den breiteren Terminus *Amtsbuch*, aber es steht doch außer Zweifel, dass die Stadtbücher alle Merkmale des *Amtsbuches* besitzen, was auch mit der in der vorliegenden Arbeit angenommenen Herangehensweise an die beiden Begriffe in Einklang steht. Eine derartige Stellungnahme vertrat beispielsweise Meissner, der die Amtsbücher für „[...] drittes Geschlecht der Archivalien [...]" noch vor dem Zweiten Weltkrieg erachtete (Meisner 1935: 12). Nach dem Krieg gelangte er aber zu dem folgenden diametral entgegengesetzten Schluss: „Ein Wesensunterschied zwischen Amtsbüchern einerseits, Urkunden und Akten andererseits besteht nach dem Gesagten nicht; Amtsbücher sind kein *tertium genus* der Archivalien [...]"[108] (Meisner 1952: 21). Der spätere Gedanke von Meisner wurde auch von den anderen Forschern fortgesetzt, die ihre Behauptungen ebenfalls im Rahmen der klassischen Definition verorten wollten. Pitz (1959) äußerte sich beispielsweise kategorisch gegen die Unterscheidung der Amtsbücher als separater Sorte von Kanzleiprodukten. Darüber hinaus stellte er unzweideutig fest, dass die äußere Form der Quelle keinesfalls als ihre konstitutive Eigenschaft anerkannt werden dürfe. Vielmehr sei hier der Beschreibstoff, auf dem geschrieben werde, in Erwägung zu ziehen. Außerdem behauptete er, dass alle bisherigen Versuche der auf dem Kriterium des Buchinhalts beruhenden Stadtbücherklassifizierung einfach fehlerhaft gewesen seien, weil sie der historischen Wirklichkeit nicht entsprochen hätten (Pitz 1959: 19–22). In Anlehnung an Grulkowski (2015: 68) lässt sich zusammenfassen, dass die Stadtbücher einem der Ausdrücke des von den Kanzleien erzeugten Aktenmaterials gleichzustellen seien und das in das Amtsbuch eingeschriebene

---

108 Kursivdruck von P.A.O.

Dokument vor allem die Funktion des Aktes angenommen habe, die nicht in der Ausübung selbst, sondern in der Fixierung des durchgeführten Rechtsgeschäfts bestanden habe.

Jenen klassischen Betrachtungsweisen stellten sich wiederum die Anhänger der strukturgenetischen Auffassung entgegen: Für REETZ (1958) sollen die Untersuchungen solcher Archivalien in erster Linie die Tatsache der Buchsanlegung – und nicht die der Fertigstellung des Buches – berücksichtigen, weil sie eben eine *Conditio sine qua non* in den derartigen Analysen ist. Dies kann wiederum dadurch erklärt werden, dass der Stadtschreiber einfach mit Absicht handelte, weil er sich dessen bewusst war, dass er mehr Platz auf dem Beschreibstoff für Aufzeichnungen brauchte oder brauchen konnte (auch: GRULKOWSKI 2015: 68):

> Dabei war entscheidend nicht die Fertigstellung des Buches, sondern eben seine Anlegung, nicht die Tatsache daß es eine gehörige Stärke, eine feste Bindung, einen steifen Einband erhielt, sondern daß man statt auf einzelne Blätter oder Bogen zumindest in Lagen schrieb, die einmal ein Buch werden sollten. (REETZ 1958: 97)

Die Relevanz der Lagen als konstitutiver Elemente eines Amtsbuches, dank denen es überhaupt möglich ist, über ein Amtsbuch zu sprechen, betonte auch PAPRITZ (1983: 162), die die Archivalien in den Kategorien der Kompositionen definierte. Für ihn sind die Dokumente und Briefe einzelne Schriftstücke, während die Akten als Kompositionen dieser Schriftstücke angesehen werden. Die Amtsbücher lassen sich wiederum als Kompositionen von mehreren Einträgen betrachten.

In den 1970er Jahren wird die klassische, auf der Auffassung von REHME (1912) basierende Begriffsbestimmung des Stadtbuches auch im Aufsatz (1970) von SCHROEDER (gest. 1990) angetroffen, dem zufolge es in diesem Fall um solche aus den losen Blättern oder Karten bestehenden Archivalien handelt, die zu einem gewissen Zeitpunkt miteinander gebunden wurden. Den Stadtbuchinhalt bilden wiederum die kraft des Beschlusses der Stadtbehörde erfolgten, sich durch einen offiziellen Charakter kennzeichnenden und in chronologischer Reihenfolge geordneten Eintragungen:

> Die für diese Bücher heute allgemein übliche Bezeichnung „Stadtbücher" deutet an, daß es sich hierbei um Aufzeichnungen handelt, die früher oder später gebunden wurden und meist in chronologischer Reihenfolge fortlaufende Eintragungen enthalten, welche im offiziellen Auftrage der Stadtverwaltung, also auf Geheiß des Rates oder seiner Organe, erfolgten. (SCHROEDER 1970: 1–2)

Das siebte Dezennium des 20. Jahrhunderts zeigt sich überhaupt – insbesondere in der DDR – als Beginn der Zeit der wieder lebhaften Diskussion über die Versuche der Stadtbücherklassifikation. Aus den 1980er Jahren stammen wissenschaftliche Arbeiten, in denen als Stadtbücher solche Kodizes mit den Inhalten aus dem rechtlichen Bereich angesehen werden, die sich infolge der Verwaltungstätigkeit des Stadtrates entwickelten. Daher dürfen die Ratsprotokoll- sowie Rechnungsbücher unter den Stadtkodizes auf keinen Fall subsumiert werden. Was die

Einteilung der Stadtbücher anbetrifft, so können sie ebenfalls nach dem Kriterium der Kompetenzen der einzelnen Stadtorgane gruppiert werden:

1) mit dem Kompetenzbereich der Kämmerei verbundene Stadtbücher;
2) mit der Tätigkeit des Stadtrates zusammenhängende Stadtbücher;
3) im Zusammenhang mit der städtischen Gerichtsbarkeit stehende Stadtbücher;
4) die Tätigkeit des Weddegerichts dokumentierende Stadtbücher.

Dementsprechend lässt sich diese Art der historischen Quellen als schriftliche Reflexe der administrativen Tätigkeit auffassen, deren Untersuchung allerdings ganz und gar nicht zu den einfachen Aufgaben der Forscher gehört. Die
Schwierigkeiten bei ihrer Analyse sind beispielsweise auf ihre typologische
Verschiedenheit, ihre unterschiedlichen Rechtstellungen im Verwaltungs- und
Rechtsetzungsprozess, ihre Beziehung zu anderen Kanzleiformen (vor allem zu
den Dokumenten) sowie auf die lange Entwicklung der Stadtbücher seit dem Mittelalter bis ins 19. Jahrhundert zurückzuführen (GRULKOWSKI 2015: 70–71).

> Die Probleme einer Amtsbuchlehre liegen in der Vielfalt allein der Stadtbücher, in
> ihrer unterschiedlichsten Stellung im Verwaltungs- und Rechtsprozeß, ihrem Ver-
> hältnis zu anderen Dokumenten, der Entstehungszeit, der Entwicklung der Stadt-
> bücher selbst von den Anfängen bis ins 19. Jahrhundert. (KLUGE 1988: 90)

Vorbildlich fügt sich der deutsche Historiker und Archivar KLUGE in den oben
skizzierten Analysenrahmen ein, der die sowohl die Funktionen als auch den
Inhalt der Stadtbücher mitberücksichtigende Klassifizierung vorschlug. In seiner Einteilung (1988: 94) unterscheidet er drei Gruppen der Stadtkodizes, deren
Untergruppen aber keine geschlossenen Sammlungen sind:

Abb. 9. Stadtbücherklassifizierung von KLUGE (1988: 94) (erarbeitet von P.A.O.)

1)	vermischte Stadtbücher und selbstständige Stadtbücherserien;	
2)	Bücher der Finanzverwaltung:	• Kämmereibücher; • Steuerbücher; • Zollbücher; • Rentenbücher;
3)	Gerichtsbücher	

Die bereits geschilderte Gliederung der Stadtbücher unterlag aber später einer
geringen Veränderung in Form einer gewissen Präzisierung, indem man noch
die Gruppe der Stadtrechts- und Ratsherrschaftsbücher neben den obigen Stadt-
bücherkategorien abhob (KLUGE 2000: 42–43; MÜLLER-MERTENS 2001: 152–153):

Abb. 10. Stadtbücherklassifizierung von KLUGE (2000: 42–43) und MÜLLER-MERTENS (2001: 152–153) (erarbeitet von P.A.O.)

1)	vermischte Stadtbücher;	
2)	Stadtrechts- und Ratsherrschaftsbücher:	• Kopialbücher; • Register; • Statutenbücher; • Willkürbücher; • Rezessenbücher; • Ratsbücher; • Bürgerbücher;
3)	Bücher der Finanzverwaltung:	• Rechnungsbücher; • Steuerbücher; • Zollbücher; • Rentenbücher;
4)	Gerichtsbücher	• Bücher der Zivil- und Strafgerichtsbarkeit

Vom breiteren – und dadurch allgemeineren – Begriff *Amtsbuch* ausgehend, unternahm auch HARTMANN den Versuch, seine eigene Definition dieses Terminus zu formulieren, indem er auf die gebundene Form einerseits und den amtlichen Charakter der Eintragungen andererseits verwies:

> Der Begriff „Amtsbücher" ist relativ allgemein. Er umschreibt eine Vielzahl spezieller Arten und Formen, die durch zwei Merkmale gekennzeichnet sind: zum einen durch die Tatsache, daß es sich um eine gebundene Form handelt, zum anderen um Einträge, die im Zuge der staatlichen und städtischen Verwaltungtätigkeit im weitesten Sinne entstanden und durch den amtlichen Charakter der buchführenden Kanzlei oder Behörde ein Wesensmerkmal erhalten. (HARTMANN 2004: 40)

Dies ermöglichte ihm wiederum, zur nachfolgenden Stadtbücherklassifizierung zu kommen (HARTMANN 2004: 44):

Abb. 11. Stadtbücherklassifizierung von Hartmann (2004: 44) (erarbeitet von P.A.O.)

1)	Statutenbücher;	
2)	Stadtbücher gemischten Inhalts;	
3)	selbstständige Buchserien:	• Kopialbücher; • Brief- und Missivbücher; • Kämmereibücher; • Bürgerbücher; • Rechnungsbücher; • Steuerbücher; • Grundbücher; • Gerichtsbücher der freiwilligen Gerichtsbarkeit

Der obige Definitions- und Einteilungsvorschlag Hartmanns ist umso relevanter, als er der Begriffsbestimmung sowie der Typisierung von Giessmann (1998: 167, 171–174) zugrunde gelegt wurde: Für ihn sind die Stadtbücher als städtische Amtsbücher zu charakterisieren, deren komplexe Form durch die gebundenen Lagen oder Karten gebildet, und deren Inhalt durch die den amtlichen Charakter annehmenden Eintragungen ausgemacht werden. Der Unterschied zwischen dem Stadtbuch und dem Amtsbuch besteht dagegen darin, dass die erstere Quelle in einer städtischen Kanzlei erzeugt wurde. Anhand des Kanzleischriftguts aus Hildesheim gliederte er die Stadtbücher folgendermaßen:

1) Mischbücher;
2) Stadtrecht und Verfassung;
3) allgemeine Verwaltung;
4) Kämmerei;
5) Ämter und Einrichtungen;
6) Ratsgericht und freiwillige Gerichtsbarkeit.

Aus dem ausgehenden 20. Jahrhundert stammt die interessante Definition des *Stadtbuches* von Geuenich (2000: 17), der in seinem Vorschlag nicht auf den Inhalt des Buches hindeutet, sondern auf die Beziehung des Stadtbuches zur Stadt (Entstehung und Gebrauch in der Stadtkanzlei), was dem *Liber civitatum* gerade seine besondere Prägung verleiht. So sind unter diesem Terminus die von den Stadtschreibern geführten Bücher zu verstehen, deren Verwahrung sich durch ihren offiziellen Charakter kennzeichnet.

Relativ neu ist der Definitionsversuch Petters (2006: 49), der seine Begriffsbestimmung im strukturgenetischen Geiste formulierte. In Anlehnung an Papritz (1983: 162) erkannte er sowohl die aus den Lagen und dem Beschreibstoff bestehende Form des Buches, als auch dessen Entstehung und Entwicklung in Form der allmählich eingetragenen Vermerke an. In den Vordergrund stellte er außerdem die Tatsache, dass die Stadtbücher im Lichte einer ihrer Funktionen zu definieren sind: Sie beinhalten nämlich die Informationen, die später im Kontext anderer Verwaltungsentscheidungen genutzt werden können.

Noch neuer – kodikologisch wohl weniger fachlich, aber für das Ziel der vorliegenden Publikation keinesfalls weniger wertvoll – ist die Begriffsbestimmung von SPEER (2012: 107–108), der die Stadtbücher eher im Kontext deren Anwendung und deren Funktionen charakterisiert. Dabei weist er jedoch auch auf die äußere buchförmige Struktur dieser Quellen sowie auf die Zwecke der Buchführung hin:

> Sie dienten, vergleichbar den Urbaren, dazu, Privilegien und Normen festzuschreiben, Rechts- und Verwaltungsakte, Gerichtsbarkeit, Haushaltsführung des Stadtrates, Immobilien- und Finanzgeschäfte sowie Erbschaften und Vermächtnisse der Bürger zu dokumentieren und zu bezeugen und damit soziale Beziehungen darzustellen und zu bewahren, Verfahren zu sichern und Glaubwürdigkeit herzustellen, zu ordnen und zu organisieren, Traditionen zu (re)konstruieren und mit Geschichte Legitimierungsargumente zu liefern. (SPEER 2012: 107)

An dieser Stelle dürfen die Leistungen und der Beitrag zu kodikologischen Untersuchungen der tschechoslowakischen bzw. tschechischen Stadtbücherforschung keinesfalls verschwiegen werden. Nach dem Zweiten Weltkrieg wurde sie vor allem von am Lehrstuhl für Historische Hilfswissenschaften und Archivistik an der Karls-Universität zu Prag tätigem HLAVÁČEK (1966, 1970, 2002) fortgesetzt, dessen Forschungsschwerpunkte u. a. im Bereich des Urkunden- und Kanzleiwesens des böhmischen und römisch-deutschen Königs Wenzel sowie auf dem Gebiet der historischen Hilfswissenschaften, Diplomatik und Kodikologie liegen. Ganz allgemein stellte er fest, dass die Stadtbücher als alle von dem Stadtrat geführten Kodizes zu definieren seien (GRULKOWSKI 2015: 75). Was ihre Typologie anbetrifft, so übernahm er und entwickelte die Klassifizierung VOJTÍŠEKs (1915: 390, 1953: 53). Dementsprechend lassen sich die *Libri civitatum* auf zweierlei Weisen gliedern: entweder nach dem Inhalt oder nach der die Bücher führenden Einrichtung. Dank diesem Schritt konnte er nach dem Kriterium der Institution drei Sorten der Stadtbücher unterscheiden (HLAVÁČEK 2002: 246–247)[109]:

1) Ratsbücher;
2) Gerichtsbücher;
3) andere Bücher der der Stadtverwaltung unterstellten städtischen Behörden.

---

109 HLAVÁČEK 2002: 246–247:
„Dále se dělí podle dvou hledisek, totiž obsahového (práva města jako celku, zajména ovšem výsady hospodářského charakteru, a práva jednotlivých měst'anů podle jednotlivých druhů právního pořízení) nebo institucionálního, tj. podle toho, kterými správními institucemi byly vedeny (městskou radou knihy radní, soudem soudní či knihy podřízených institucí)".

Was die Stadtbücherdefinitionsversuche der polnischen Forscher anbelangt, so vertritt GRULKOWSKI (2015: 76) den Standpunkt, dass in den polnischen Untersuchungen auf die eindeutige Begriffsbestimmung der Stadtbücher sowie deren Wesen bedauerlicherweise verzichtet werde. Die polnischen Historiker: KUTRZEBA (1876–1946), der u. a. in der Schule für Politikwissenschaften der Jagiellonen-Universität in Krakau und in der Polnischen Akademie der Gelehrsamkeit (PAU) tätig war, sowie an der Lubliner Maria-Curie-Skłodowska-Universität, Schlesischen Universität Katowice und in der Polnischen Akademie der Wissenschaften (PAN) arbeitender SZYMAŃSKI (1931–2011) unternahmen allerdings in ihren Publikationen den Versuch, die Stadtbücher zu gruppieren und zu klassifizieren. Während der Erstere lediglich zwei Gruppen von Stadtbüchern unterschied: 1) Schöffen- und 2) Ratsbücher (KUTRZEBA 1926: 249–266), wird beim Letzteren bereits die nachfolgende, nach dem Kriterium der buchführenden Institution erarbeiteten Stadtbücherdreiteilung angetroffen (SZYMAŃSKI 2012: 466):

Abb. 12. Stadtbücherdreiteilung von SZYMAŃSKI (2012: 466) (erarbeitet von P.A.O.)

1)	Vogtbücher (*Advocatalia*);	
2)	Schöffenbücher (*Scabinalia*);	
3)	Ratsbücher (*Consularia*):	• Gerichtsbücher; • Verwaltungsbücher; • Rechnungsbücher

Zu bemerken sei jedoch, dass die obige Klassifikation eher an das Kanzleisystem der polnischen, nach dem Magdeburger Recht gegründeten Städte – und insbesondere der am meisten entwickelten Krakauer Kanzlei – angepasst wurde (FRIEDBERG 1955: 277; DUDA/KALETA-WOJTASIK 2001: 348–353; KALETA 2004: 25–32).

Aus den 1990er Jahren stammt die Stadtbüchergruppierung von TANDECKI (1990: 248–249, 1994: 141), dessen wissenschaftliche Interessen in erster Linie um das städtische Kanzleiwesen der preußischen Städte kreis(t)en. Die Tatsache ihrer Gründung nach dem Kulmer oder Lübischen Recht steht selbstverständlich mit ihrer differenten Entwicklung sowie mit ihrer andersartigen politischen Lage im Zusammenhang, was den natürlichen Ausdruck in den dortigen Stadtbüchern und deren Sorten auch fand. Vorgesehen werden in seinem Vorschlag:

1) allgemeine Ratsbücher mit unterschiedlicher Thematik (≈ Mischbücher);
2) Gerichtsbücher;
3) Finanz- und Verwaltungsbücher.

Die oben dargestellten Vorschläge der Definition und der Einteilung der Stadtbücher betreffen eigentlich zwei Kriterien, nach denen sie angefertigt wurden: 1) das Kriterium des Inhalts und des Charakters von Einträgen einerseits und 2) das Kriterium der Struktur der für die Eintragung einer Aufzeichnung zuständigen Einrichtung andererseits. Unter Berufung auf die oben präsentierten Feststellungen der deutschen und tschechischen Forscher verweist GRULKOWSKI (2015: 77–79) auf zwei konstitutive Merkmale der Stadtbücher: Zum einen handelt es sich hier um die externe Form des Kodex, zum anderen werden der interne offizielle Charakter des chronologisch (oder sonst noch in einer anderen Reihenfolge) einzutragenden Inhalts und dessen Beziehung zur Stadtbehörde in Rücksicht genommen. Dazu kommt noch die strukturgenetisch geprägte Definition, die die Existenz der Lagen sowie des vom Stadtschreiber geplanten Platzes auf dem Beschreibstoff für Vermerke voraussetzt. Anhand dessen wird es erst möglich, die konkreten Archivalien als Stadtbücher anzusehen,

1) wenn sie die Form eines Kodex besitzen und einen amtlichen Charakter aufzeigen;
2) wenn ihre äußere Form die Lagen mitberücksichtigt;
3) wenn sich ihre bestimmte Rechtsgeschäfte und Verwaltungshandlungen bezeugenden Eintragungen als Bestandteile ihrer internen Struktur beurteilen lassen.

Zu Recht bemerkt aber GRULKOWSKI (2013: 135–141, 2015: 137–148), dass auch andere Möglichkeiten der Stadtbüchereinteilung in Betracht kommen können. Gemeint ist hier die schon in der deutschsprachigen Wissenschaft existente, allgemeine Gliederung der Stadtbücher

1) in die sich in der Frühphase der Stadtgemeindeexistenz entwickelnden oder in kleineren Städten gebrauchten Mischbücher (mit einer unterschiedlichen Thematik der Eintragungen) und
2) in die einen hohen Spezialisierungsgrad der Thematik aufweisenden Sonderbücher[110].

In diesem Kontext lässt sich aber noch der dritte Typ der *Libri civitatum* feststellen: 3) die sog. komplexen Stadtbücher, die den bereits erwähnten Mischbüchern hinsichtlich ihres thematisch unterschiedlichen Inhalts ähnlich sind. Der Unterschied zwischen ihnen besteht jedoch darin, dass die Ersteren in der Kanzlei durch die Fixierung mancher genau bestimmten Rechts- bzw. Verwaltungsakttypen strikt präzisiert wurden. Die Eintragung der konkreten Aufzeichnungen erfolgte hier nicht in einer chronologischen Reihenfolge, sondern die verschiedenen Vermerke wurden in die unterschiedlichen Stellen im Buch parallel verzeichnet, sodass das Buch den Eindruck bekommen lässt, dass es aus mehreren autonomen Teilen besteht.

---

110 Der Inhalt des Buches konzentriert sich auf einen stark präzisierten Bereich des gesellschaftlich-wirtschaftlichen Lebens, auf ein näher bestimmtes Gebiet der Stadtverwaltungstätigkeit oder auf die Art des Rechts- bzw. Verwaltungsaktes, der als Objekt der Eintragung zu interpretieren ist.

Eine besondere Aufmerksamkeit gebietet auch GRULKOWSKIS Vorschlag der Stadtbüchergruppierung (2008: 196, 2013: 142–144, 2015: 148–151), bei dem das Einteilungskriterium nach dem Unterschied in der Ordnung der Eintragungen ist, was auf die individuellen Bedürfnisse und die Tätigkeit einer jeden Kanzlei zurückzuführen ist. Unter diesem Blickwinkel kommt man zur Ausdifferenzierung der

Abb. 13. GRULKOWSKIS Vorschlag der Stadtbüchergruppierung (2008: 196, 2013: 142–144, 2015: 148–151, erarbeitet von P.A.O.)

1)	Bücher mit einer chronologischen Eintragungsreihenfolge	die einfachste, häufigste und populärste, in den Stadtbüchern angetroffene Eintragungsform, die darin besteht, dass die Einträge chronologisch untereinander eingeschrieben werden;
2)	Bücher mit einer pseudochronologischen Eintragungsreihenfolge	entwickeln sich in den späteren Phasen der Buchnutzung und ist das Ergebnis der möglichen, die chronologische Reihenfolge störenden Ordnungsinkonsequenzen: Die Stadtschreiber wollten einfach jeden freien Platz auf dem Beschreibstoff nutzen, sodass die neuen Vermerke in der Nachbarschaft der älteren verzeichnet wurden;
3)	Bücher mit einer systematischen Eintragungsreihenfolge	entstehen nach der Abgrenzung der autonomen, mit dem Inhalt der Aufzeichnungsgruppen zusammenhängenden Teilen des Buches;
4)	Bücher mit einer komplexen Eintragungsreihenfolge	kennzeichnen sich durch die Kombination der chronologischen und systematischen Eintragungsordnungen: Das höchste Niveau sind meistens die chronologisch eingeschriebenen Vermerke, während die niedrigere Stufe die aus den sachlichen, sich chronologisch wiederholenden Sequenzen bestehenden Aufzeichnungsgruppen bilden

Die oben beschriebenen Definitionen und angeführten Einteilungen der Stadtbücher lassen den Eindruck gewinnen, dass die Formulierung einer allgemein gültigen Begriffsbestimmung sowie die Bearbeitung einer von allen akzeptierten Stadtbüchertypisierung nur schwer erreicht werden können. Dies rührt nämlich von den unterschiedlichen einzubeziehenden Ausgangspunkten der Erforschung dieser Quellen her: äußere Form, Inhalt, Ordnung der Eintragungen, usw. Dessen ungeachtet bestehen jedoch keine Zweifel hinsichtlich des dynamischen Wesens eines Stadtbuches, das als Frucht der Aktivität der (des) Stadtschreiber(s) – oder sogar des ganzen Kanzleisystems – innerhalb von mehreren Jahren der Buchnutzung zu beurteilen ist. Darauf verweist auch GRULKOWSKI (2015: 172), der die Berücksichtigung der Tätigkeit der Stadtschreiber in den verschiedenen Stadien des Stadtbuchsgebrauchs betont, was in der den ständigen Veränderungen unterliegenden Struktur des jeweiligen Buches sowie dessen Gesamtbild und im Layout der einzelnen Karten zum Vorschein kommt.

Eine besondere Erwähnung verdient auch die Tatsache, dass nicht nur die Stadtbücher der kleineren und größeren Städte des gegenwärtig deutschsprachigen Gebietes unter dem kodikologischen Aspekt wissenschaftlich ausgewertet werden, sondern auch die *Libri civiatum* der städtischen Kanzleien sowohl aus den großen und größeren (u. a. Danzig/Gdańsk, Krakau, Lublin, Posen/Poznań, Przemyśl, Thorn/Toruń)[111] als auch den kleineren Städten Polens. Dieser Ansatz sorgt für Optimismus und zeigt das wachsende Interesse der Historiker an der lokalen Geschichte, was den Einblick in die Tätigkeit der kleineren Kanzleien gewährt. Die verhältnismäßig niedrige Zahl der Analysen dieser Prägung hängt auch mit objektiven, Untersuchungen erschwerenden Umständen etwa in Gestalt von ärmeren oder sogar kargen Beständen der lokalen Museen oder Archiven zusammen, in denen nur ein Teil davon bis zum heutigen Tag erhalten geblieben ist und dem Forscher zur Verfügung steht.

> Viele Städte – besonders in Zentralpolen – verloren die ältesten Sammlungen ihrer Dokumentation, was durch verschiedenerlei Faktoren verursacht wurde: von den Dokumentationsaufbewahrungsbedingungen über die Naturkatastrophen bis zu den politischen Ereignissen. Ein schwerer Schlag für die ständischen Quellen war die Vernichtung der Bestände des Hauptarchivs in Warschau im September 1944. (NABIAŁEK 2019: 285)

Als gute, ausgewählte Beispiele für die betreffenden Publikationen dürfen die Aufsätze von BINAŚ-SZKOPEK (2018: 93–118) oder NABIAŁEK (2019: 283–322) angeführt werden, aufgrund deren Inhalt man die Schlussfolgerung formulieren kann, dass das Thema an Aktualität auf keinen Fall verliert. In den beiden Beiträgen wurden zwar die Ergebnisse kodikologischer Erforschung der Stadtbücher von Zbąszyń (dt. *Bentschen*, 2018: 93–118) in Großpolen und von Proszowice (2019: 283–322) in Kleinpolen dargeboten, aber es fehlt ihnen an einem Versuch, sowohl den Begriff *Stadtbuch* zu definieren, als auch die Stadtbücher einzuteilen. Da die beiden die Feststellungen von GRULKOWSKI (2008: 196; 2013: 142–144, 2015: 77–79, 137–151) zur Grundlage haben, verlaufen die Analysen auf eine ähnliche Art und Weise.

2.3.5 Funktionen der Stadtbücher

Unabhängig von den zahlreichen Vorschlägen der Gliederung der Stadtbücher sowie deren Definitionen aus den unterschiedlichsten Perspektiven muss

---

111 Darunter auch die Städte, die während der deutschen Ostsiedlung nach dem deutschen Recht gegründet wurden und auf dem Gebiet des Polnischen Königreiches ursprünglich nicht gelegen waren.

ausdrücklich festgestellt werden, dass die Stadtbücher zu einem bestimmten Zweck von den städtischen Behörden geführt wurden. Zum einen dürfen sie als Ausdruck der Bedürfnisse und als Reflex der Herangehensweisen an die Angelegenheiten der betreffenden Stadtgemeinde angesehen werden: Sie sind nämlich ein Spiegel, in dem sich das Leben des mittelalterlichen Menschen im Kontext einer ganzen Reihe der politischen, wirtschaftlichen, gesellschaftlichen und zivilrechtlichen Umstände beobachten lässt. Zum anderen sind die Stadtbücher auch als Produkte des gesamten Kanzleisystems und der Kultur zu interpretieren, die diese ganze „bürokratische Maschine" in Verbindung mit parallelen Dokumenten im weitesten Sinne sowie anderen Kanzleien antrieb.

Die Anwendung der Stadtbücher – oder überhaupt der Amtsbücher – schließt aber den Gebrauch der losen Dokumente überhaupt nicht aus, sofern ihre Ordnung ihre Funktionalität garantiert. Hierbei verweist CHORĄŻYCZEWSKI (2011: 96–97) mit Recht darauf, dass die Bücher ein viel einfacheres und handlicheres Speichermedium sowie ein weniger problematisches, der Informationsweitergabe dienendes Werkzeug des Kanzleisystems zu sein scheinen, was aus der Tatsache hervorgeht, dass das Informationsmaximum im Umfangsminimum komprimiert wird. Aus diesem Grund sind die Bücher die beste Lösung in solchen keine Selektion verlangenden Sachen, die für immer in einem konkreten multidimensionalen Kontext verewigt werden sollen. So speichern sie das Komplett aller getroffenen Entscheidungen oder aller ausgeführten Handlungen.

Solche Schlüsse können dann gerechtfertigt werden, wenn mindestens versucht wird, die einzelnen Funktionen der Stadtbücher im Lichte der pragmatisch geprägten Perspektive zu betrachten. In Bezug darauf sei jedoch anzumerken, dass sich die unten im Einzelnen dargelegten Funktionen mehr oder weniger in den bereits oben formulierten Ausführungen durchzogen.

Eine unwiderlegbare, im Zusammenhang mit den Stadtbüchern stehende Tatsache ist der offizielle Charakter aller Aufzeichnungen im einzelnen Buch, gerade denen bestimmte Funktionen zuzuschreiben sind. Wie CHORĄŻYCZEWSKI (2011: 93) und KUTRZEBA (1925: 130–131) behaupten, erfüllten die Eintragungen bis ins 15. Jahrhundert vor allem 1) die memorative Funktion, die dadurch zum Ausdruck kommt, dass beispielsweise Kopialbücher die Texte von Urkunden in Abschriften enthielten. Sie dienten also der Evidenz, die dabei behilflich war, ein bestimmtes Dokument oder wenigstens dessen Spur im Falle des Abhandenkommens des Originals wieder aufzufinden. Die die Ausstellung eines Dokuments registrierenden Regesten beinhalteten hingegen die Zusammenfassungen der rechtsrelevanten Inhalte von Urkunden, die für einen Antragsteller bzw. für einen Adressaten eines Verwaltungsaktes auszustellen waren. Die Vermerke sollten also das Gedächtnis der Beamten unterstützen, indem sie ihnen etwa an die Namen der Zeugen oder an die zu zahlenden Geldbußen erinnerten. Als im 15. und 16. Jahrhundert den Stadtbüchern in den verschiedenen Kanzleien der Vorrang vor den Urkunden gegeben wurde, begannen die *Libri civitatum* 2) ihre Beweisfunktion auszuüben (SIEMIEŃSKI 1933: 26), in der die detaillierten – aber trotzdem bis zu einem gewissen Grad selbstständigen – Funktionen enthalten sind: 3) Erfüllung der amtlichen Aufgaben[112], worin 4) das schriftliche Festhalten der strikt administrativen Tätigkeit der Stadtobrigkeit[113], 5) die Widerspiegelung der allgemeinen Tätigkeit und der einzelnen Rechtshandlungen der Stadtorgane[114] sowie 6) die Dokumentierung von gesetzgebenden und rechtssichernden Funktionen der Stadtorgane[115] zum Vorschein kommen, 7) schriftliche Fixierung der Verwaltungsorganisation und -tätigkeit des Stadtrats[116], 8) sich aus dem Nutzcharakter herleitende Gewährleistung der Einhaltung des Rechtsaktes für den Bedarf der Stadtgemeinde[117], 9) Registrierung und Bezeugung der Gerichtsbarkeit und Haushaltsführung des Stadtrates[118], 10) Erfassung und Bestätigung der Immobilien- und Finanzgeschäfte sowie Erbschaften und Vermächtnisse der Bürger[119], 11) Sammlung und Aufbewahrung der später zu nutzenden Informationen sowie der Beweise der Rechts- und Verwaltungshandlungen[120].

Aus den obigen Ausführungen lässt sich also ersehen, dass die Stadtbücher eine ganze Reihe von wesentlichen Funktionen erfüllten, unter denen aber die Beweisfunktionen in den Vordergrund treten. Hierbei soll jedoch hervorgehoben werden, dass diese Beweisfunktionen sowohl die systempolitischen (Registrierung der Verwaltungstätigkeit der Stadtbehörden) als auch die rechtlich-gesellschaftlichen Fragen einzelner Individuen der Gesellschaft (Dokumentierung der der Rechtsgeschäfte und -ereignisse) betreffen, aufgrund wessen wiederum ermöglicht wird, den *Libris civitatum* die bedeutsame Rolle nicht nur in einer globalen, sondern auch in einer individuellen Dimension zuzuschreiben, obwohl sich die Führung von Stadtbüchern selbst anfangs als Novum in den Augen der im 13. und 14. Jahrhundert lebenden Menschen zeigten. „Man war es nicht gewohnt, seine Rechte allein durch protokollartige Notizen gesichert zu sehen, selbst wenn der Inhalt von Schöffen oder Ratsherren bezeugt werden konnte" (SPEER 2017: 25).

2.4 Proskriptionsbücher unter Stadtbüchern

Offensichtlich sind der Inhalt und das Wesen der Proskriptionsbücher (auch: Achtbücher) mit dem Verbrechen eng verbunden. Die gegenwärtigen Strafgesetzbücher geben die Definition des Verbrechens entweder explizit an – wie etwa das deutsche *Strafgesetzbuch* (StGB) – oder seine Begriffsbestimmung ist aus den Vorschriften logisch zu erschließen, was sich auch im polnischen *Kodeks karny* (k.k.

---

112 Mehr dazu: VOJTÍŠEK 1915: 390, 1953: 53.
113 Mehr dazu: BRÄUER 1912: 22–26; SPEER 2012: 107–108.
114 Mehr dazu: REHME 1913: 7–8; MEISNER 1935: 12.
115 Mehr dazu: BRÄUER 1912: 22–26; SPEER 2012: 107–108.
116 Mehr dazu: BÖCKER 1988: 246; SPEER 2012: 107–108.
117 Mehr dazu: GRULKOWSKI 2015: 152.
118 Mehr dazu: SPEER 2012: 107; GRULKOWSKI 2015: 152.
119 Mehr dazu: SPEER 2012: 107; GRULKOWSKI 2015: 152.
120 Mehr dazu: PETTER 2006: 49; GRULKOWSKI 2015: 152.

„Strafgesetzbuch, StGB") zeigt. Ungeachtet dessen, dass im deutschen Strafrecht eine von dem Mindestmaß mit einer Freiheitsstrafe abhängige Unterscheidung zwischen einem Verbrechen und einem Vergehen bereits in der Definition selbst vorgenommen wird, ist der gemeinsame Nenner beider Definitionen aus den als Beispiele angeführten Strafgesetzbüchern der Umstand, dass unter einem Verbrechen immer rechtswidrige Taten oder Straftaten verstanden werden:

§ 12
Verbrechen und Vergehen
1) Verbrechen sind rechtswidrige Taten, die im Mindestmaß mit Freiheitsstrafe von einem Jahr oder darüber bedroht sind.
(2) Vergehen sind rechtswidrige Taten, die im Mindestmaß mit einer geringeren Freiheitsstrafe oder die mit Geldstrafe bedroht sind.[121]

Art. 1
§ 1. Der strafrechtlichen Verantwortung unterliegt nur, wer eine rechtswidrige Tat begeht, die nach dem zur Zeit der Begehung geltenden Gesetz mit Strafe bedroht ist.
§ 2. Eine rechtswidrige Tat ist keine Straftat, wenn ihre soziale Schädlichkeit unerheblich ist.
§ 3. Keine Straftat begeht, wer bei Begehung der Tat ohne Schuld handelt.[122]

Notwendigerweise ergibt sich daraus die Anknüpfung an den Gegenstand des Strafrechts und auch der Proskription – d. h. an das Verbrechen und an die Kriminalität, deren Wesen doch – gleichwie das des Rechts – steinalt ist. Die beiden Termini verlangen aber die Bemerkung, dass der Erstere eher mit einem Individuum assoziiert wird, während der Letztere – als Summe aller Verbrechen – vielmehr mit den strafbaren Taten oder Handlungen innerhalb einer konkreten Zeit auf einem bestimmten Gebiet in Verbindung steht.

Es wäre also sinnvoll, das Wesen des Verbrechens allgemein aus idealistischer und kultureller Sicht zu definieren: In der nicht dogmatisch-rechtlich fundierten Betrachtungsweise kennzeichnet sich das Verbrechen durch eine hohe, multidimensionale Komplexität und ist deswegen als durch mehrere miteinander verbundene Faktoren determiniertes Konstrukt zu verstehen. Es stellt sich als Ausdruck einer moralisch-ethischen Weltwahrnehmung sowie einer bestimmten Ideologie des Staates und des Rechts dar, wobei es als staatliches Werkzeug

---

121 § 12 Abs. 1 und 2 StGB vom 15.05.1871 in der Fassung der Bekanntmachung vom 13.11.1998 (BGBl. I S. 332) mit späteren Änderungen, (online) https://dejure.org/gesetze/StGB/12.html (20.01.2021).
122 *Polnisches Strafgesetzbuch vom 6. Juni 1997, Übersetzung des Strafgesetzbuches* (Dz. U. vom 2. August 1997 Nr. 88, Pos. 553). Kodeks karny – tłumaczenie na język niemiecki, übersetzt von: E. SCHWIERSKOTT-MATHESON (2011), Regensburg: de iure pl, 13.

interpretierbar ist, mittels dessen die gesamtgesellschaftlichen Interessen einer jeweiligen Gesellschaft vor der Verletzung abgesichert werden (Dębski 2017: 102–103). In Anlehnung an die rechtswissenschaftlichen Erörterungen des an der Universität Łódź tätigen Rechtswissenschaftlers, dessen Gedanken bereits im vorigen Satz angeführt wurden (Dębski 2017: 23, 95–103), ist die legale Wahrnehmung des Rechts mit einer bestimmten Strafrechtsphilosophie verbunden, die weiter durch die Rechtsphilosophie einer Staatsform überhaupt determiniert wird. Das Phänomen des Verbrechens und dessen Definition sind somit eine natürliche Konsequenz der zuvor angenommenen, bestimmten philosophischen Voraussetzungen. Auf diese Art und Weise gelangt man zum Schluss, dass sich das Verbrechen im Rahmen eines gesamtgesellschaftlich gewichtigen, zwischenmenschlichen Konfliktes betrachten lässt, dessen Entscheidung im Interesse der ganzen Gesellschaft aber zugleich mit der Achtung der Würde der unmittelbaren Konfliktparteien liegt. Dementsprechend ist das Verbrechen zu begreifen als:

– moralisch-ethisches Phänomen;
– institutionelles Phänomen;
– ideologisches (ideelles) Phänomen;
– asoziales Phänomen;
– politisch-kriminelles Phänomen;
– utilitaristisches Phänomen.

Im Spiegel der Moral und Ethik (das moralisch-ethische Phänomen) ist es immer eine bestimmte Emanation des Bösen, d. h. ein böses Verhalten eines Menschen, das *ex definitione* eine Negation des Guten ist. Dies rührt wiederum von der angeborenen Eigenschaft der menschlichen Natur her, die auf den mit der Notwendigkeit der negativen Reaktion auf das Böse zusammenhängenden Moralimperativ zurückzuführen ist. Aus dieser Sicht verdient sich der Verbrecher eine Strafe für seine böse Tat, wobei aber der Gesetzgeber diese Strafe für ein konkretes Verbrechen explizit zu bestimmen hat *(nullum crimen sine lege)*. Hierbei darf auch die Rolle des Willens des Verbrechers, eine Straftat zu begehen, nicht verschwiegen werden, weil das Verbrechen – rechtlich gesehen – immer ein Ausdruck des menschlichen Willens ist *(nullum crimen sine culpa)*.

Das institutionelle Phänomen des Verbrechens wird auf die Tatsache zurückgeführt, dass das Strafrecht generell ein von den bestimmten Staatsorganen – aber im Vorliegenden von den Stadtorganen – gesetztes, durchgesetztes und vollstrecktes Instrument zum Schutz und zur Regelung der sozialen Beziehungen ist. Das Böse wurde also vom Staat (oder hier von der Stadt) definiert, der (die) im Namen der Bürgergesamtheit mithilfe des Strafrechts die individuellen Personen vor diesem Bösen schützt.

Das ideologische (ideelle) Phänomen des Strafrechts steht hingegen mit dem Staatswesen als immanenter Eigentümlichkeit des Strafrechts im Zusammenhang, wodurch es wiederum seine politische Prägung erhält. Dabei handelt es sich doch darum, dass sowohl die Definition des Verbrechens als auch das ganze Strafrecht immer von dem eine besondere politische Linie vertretenden

Gesetzgeber formuliert wird. Die asoziale Natur der Straftat betrifft die Tatsache, dass sie einfach auf Rechte der gesamten Gesellschaft abgesehen hat. Aus diesem Grund wird eine jedem begangenen Verbrechen angemessene Strafe vorgesehen, mithilfe deren die Behörde die Bürger schützen kann.

Das politisch-kriminelle Phänomen des strafrechtlichen Delikts ist auf dessen Wahrnehmung zurückzuführen, dass es als Konflikt zwischen einem Täter und der Gesellschaft angesehen wird. Dies verbindet sich damit, dass die Behörden eine auf die axiologischen und technischen Prinzipien basierende Richtung der Politik gegenüber den Straftaten bestimmen, innerhalb deren es entschieden wird, was man als Straftat interpretieren soll / darf.

Im Lichte des Utilitarismus ist das Verbrechen der Kernbegriff des Strafrechts, das gesetzt, durchgesetzt und vollstreckt wird, um wesentliche gesamtgesellschaftliche Güter zu beschirmen. Das strafrechtliche Delikt wird auf eine gewisse Art und Weise zum Instrument des Schutzes positiver sozialer Werte, wodurch ermöglicht wird, auf den Anschlag auf die Gesellschaft zu reagieren und dadurch die gesellschaftlichen Interessen zu sichern.

Nachdem das Verbrechen begangen worden ist, fangen die nächsten Etappen der längeren Kette von Verfahrensschritten an, die die Verurteilung des Straftäters bezwecken: Deliktermittlung, Strafverfolgung, Festnahme des Verbrechers, Schuldbeimessung, Schuldbeweis und letztendlich Verurteilung, die auch vom rein soziologischen Gesichtspunkt aus von großer Bedeutung sind. Hierzu kommen außerdem die verschiedenen, als Rahmen der sozialen Toleranz zu bezeichnenden Umstände vonseiten der Gesellschaft. Zwar wird die Schuld des Straftäters aufgrund des eingeleiteten (Gerichts)Verfahrens und dessen Urteil behauptet, aber die Auswirkungen innerhalb der Gesellschaft können schon früher erscheinen, z. B. Abneigung, Hass, Ausgrenzung oder aber auch Hilfsbereitschaft und Mitleid. Bei der negativen Beurteilung der Straftat durch die Gesellschaft bedeuten die Strafverfolgung, das Urteil und die Strafe eigentlich das Aufkommen einer sozialen Deviation im funktionellen Sinne. Infolgedessen wird die Straftat zur Ursache einer negativen Reaktion seitens der Gesellschaft. Dies scheint ein Schlüsselmoment zu sein, in dem die Gesellschaft mittels seiner Vertreter (z. B. Richter, Schöffen, Geschworene, im Vorliegenden auch Ratsherren) ein Individuum als Verbrecher definiert und ihm dadurch einen gewissen beständigen Stempel aufdrückt, von dem man sich später äußerst schwer lösen kann. Dieses Stigma bedeutet Verdammung, Ächtung und Ausgrenzung, wofür doch das Gefängnis symbolisch aber zugleich anschaulich steht. So bricht die bisherige Identität des ein Verbrechen verübenden Menschen zusammen: Er befindet sich nämlich schon außerhalb der Gesellschaftsstruktur, in der er noch vor der Begehung des strafrechtlichen Delikts funktionierte, gewisse Rollen erfüllte und sich einer bestimmten sozialen Position erfreute. Alles wird zugrunde gerichtet und das Individuum wird von diesem Augenblick an als Vertriebene oder Außenseiter aus der kriminellen Unterwelt wahrgenommen (Sztompka 2002: 412).

Zwischen der Aufspürung des Verbrechers, dessen Festnahme sowie Vorführung vor Gericht und seiner Verurteilung sowie Ahndung lässt sich im Mittelalter ab und zu auch das Glied dieser rechtlichen Kette in Gestalt der Proskription zu bemerken, obwohl es hierbei unbedingt beigefügt werden muss, dass die Proskription als Ächtung bereits im antiken Rom bekannt war:

> Proscriptio, die Bekanntmachung, das «Schreckenswort» [...] 1. Nach der Schlacht am collin. Tore (Oktober 82) befahl SULLA, jeden zu töten, der nach seiner Landung in Italien (Frühj[ahr] 83) gegen ihn gekämpft habe. Die Exzesse, die nunmehr eintraten, erzwangen die p.: die Namen der Geächteten wurden auf Tafeln veröffentlicht. Eine *lex Cornelia de proscriptione* präzisierte die Folgen: die Proskribierten waren bis zum 1. Juni 81 vogelfrei; ihr Vermögen verfiel dem Staat; wer einen Proskribierten tötete, erhielt eine Prämie; die Söhne und Enkel der Proskribierten waren von den öffentl[ichen] Ämtern ausgeschlossen. Der Racheaktion SULLAS fielen etwa 40 Senatoren, 1.600 Ritter und zahlreiche weitere Bürger zum Opfer. 2. Die Triumvirn ANTONIUS, LEPIDUS und OCTAVIANUS veröffentlichten zu Beginn ihrer Herrschaft (November 43) abermals Listen geächteter Gegner. Die Maßnahme hatte nicht nur polit[ische], sondern auch finanzielle Gründe: die eingezogenen Vermögen sollten die Kassen zum Kriege gegen die Caesarmörder füllen. Etwa 300 Senatoren, unter ihnen CICERO, und 2.000 Ritter fanden den Tod.[123] (FUHRMANN 1972: 1187)

2.4.1 Definition und Wesen der Proskription

Bereits eingangs sei ausdrücklich zu betonen, dass die Termini *Proskription* (< lat. *Proscriptio* ,Bekanntmachung, Achterklärung, Ächtung einer Person', KUMANIECKI 1976: 403; DUDEN 2007a: 1327) und *Bann* bzw. *Verbannung* durchaus nicht verwechselt werden dürfen. Während der *Bann* als Strafe zu interpretieren ist, soll die Proskription im mediävalen Zeitalter eher als Mittel des unmittelbaren Verwaltungszwangs angesehen werden, von dem die Rede u. a. im *Sachsenspiegel*[124] ist (ECKHARDT 1955), und das jedes Mal zur Anwendung kam, wenn der Straftäter versuchte, sich den Justizbehörden nicht zu stellen und sich dadurch der Verantwortung zu entziehen. Darauf verweisen REINECKE (1866–1952) (1903: XCV), FRENSDORFF (1875: XXXIII), BRANDT (1968: 7–8) oder JEZIORSKI (2017: 9–10, 18, 74–75) aus dem Institut für Geschichte der Polnischen Akademie der Wissenschaften (PAN), denen zufolge das Vertauschen der beiden Begriffe zu einem unnötigen terminologischen, auch in der neuesten Fachliteratur anzutreffenden Chaos führe.[125] Sofern es mindestens bis zu einem gewissen Maße akzeptabel sei, die beiden Ausdrücke im Kontext der nach dem Lübischen Recht gegründeten

---

123 Hervorhebung und Kursivdruck im Original; Kapitälchen von P.A.O.

124 Die Bedeutung des *Sachsenspiegels* ist im späten Mittelalter keinesfalls zu unterschätzen, was wenigstens darauf zurückgeführt wird, dass auf dessen Beschlüssen und Vorschriften das Lübische, Magdeburger und Kulmer Recht fußten (EBEL 1984: 77–84; BUCHDA 1984: 134–138; KOEHLER 1978: 1244–1246; ZAREMSKA 1993a: 23).

125 Mit der *Proskription* und *Verbannung* ging häufig die *Exkommunikation* einher, die im weltlichen Recht von dem Staat oder von der Stadt respektiert wurde (ZAREMSKA 1993b: 60–61; WOJCIECHOWSKA 2013: 32).

Städte wegen mancher in der *Proskription* vorhandener Merkmale der Strafe miteinander zu verbinden, müssten sie im Fall der nach dem Magdeburger und Kulmer Recht lokalisierten Städte deutlich voneinander unterschieden und immer separat in Erwägung gezogen werden.[126]

> Hier so wenig als in seiner Verdeutschung der *proscriptio* durch Friedloslegung will es blos [sic!] mit Worten an das alte Recht und die schweren Folgen, welche es an die Contumacia knüpfte, erinnern. Dem Sachsenspiegel ist die Verfestung überwiegend Mittel zum Zweck, sein Ziel ist, den Ungehorsam des Anschuldigten zu brechen und ihn unter die Autorität des Gerichts, der er sich bis dahin entzogen hat, zurückzuführen; die Mittel, die er anwendet, sind vorzugsweise prozessualische Nachteile, Beschränkungen der gerichtlichen Handlungsfähigkeit des Anschuldigten. Dem lübischen Recht dagegen ist die Friedloslegung nicht ein blosses Mittel zum Zweck, sondern Selbstzweck. Sie ist die den Verbrecher für seine That und seinen Ungehorsam zugleich treffende Strafe. Das lübische Recht will den Verbrecher, dessen es nicht habhaft werden kann, trotz seiner Abwesenheit so empfindlich strafen, dass der öffentlichen Ordnung und dem Verletzten Genüge geschehe. Deshalb sind die Strafen des lübischen Rechts materieller, nicht blos [sic!] prozessualischer Art; deshalb sind sie definitiv, [...]. (FRENSDORFF 1875: XXXIII)

Für solch eine Unterscheidung zwischen den beiden Begriffen plädiert ebenfalls SCHMID-GROTZ (2009: 47–48), die die Proskription auch als Zwangsmittel begreift, dank dem der Gerechtigkeit Genüge getan werden konnte:

> Die Acht stand dabei nicht im Sinne einer Strafe mit der kriminellen Handlung selbst im Zusammenhang, sondern wurde vielmehr dann durch den Vogt ausgesprochen, und so wird es auch in den betreffenden Artikeln formuliert, wenn der Täter in den *furgeboten niht fur* gekommen war, sich also trotz formal korrekter Vorladung dem Gericht entzogen hatte. Sie erfüllte demnach den Zweck eines prozessualen Zwangsmittels, um den Gehorsam gegenüber den Organen der Rechtsprechung zu erwirken und dadurch einen Ausgleich zwischen den Konfliktparteien herstellen zu können. (SCHMID-GROTZ 2009: 47–48)

Die Proskription steht also mit dem Recht, mit den Vorschriften, mit den Geboten und Verboten im engen Zusammenhang und dadurch wird sie zum Ausdruck einer Reaktion seitens der Gesellschaft auf eine Straftat oder – breiter und allgemeiner – auf die Kriminalität. Die Menschen, die ein Verbrechen begangen, mussten somit billigend in Kauf nehmen, dass sie den verhängten Strafen nicht entgehen konnten. Unter diesen Strafen werden u. a. die (oft öffentlich

---

126 Ausführlich wird die Verwechslung beider Begriffe bei JEZIORSKI (2017: 9–10) besprochen, indem er auf die Probleme der Definition des Terminus *Proskription* bei anderen Historikern und Historikerinnen hinweist. In den neusten Publikationen zu diesem Thema kommt es aber offenbar immer wieder zu solch einem Vertauschen, wie etwa bei MODRZYŃSKI 2016: 73.

ausgeführte) Todesstrafe (für die schwersten Verbrechen) oder die zeitweilige bzw. lebenslängliche (ewige) Ausgrenzung[127] aus einer Gemeinschaft erwähnt (ROSNER 2006: 380–381; MODRZYŃSKI 2016: 73; JEZIORSKI 2017: 15, 72–74).

Auf einen Bewohner einer spätmittelalterlichen Stadt konnte die Exklusion auf unterschiedlichen Ebenen zukommen. Er konnte aus seinem Haus von seiner Familie [...], [und] aus der Zunft oder aus der Gilde von seinen Vorgesetzten vertrieben werden. Er konnte auch von den öffentlichen Orten, deren Funktionieren entsprechende Statuten regelten, fortgeschafft werden, wenn er ihre Bestimmungen nicht beachtet hatte. Im Fall der Verletzung von Moral- oder Religionsgrundsätzen konnte er aus der Gemeinschaft der Gesinnungs- und Glaubensgenossen ausgeschlossen werden. Der Ausschluss aus dem Familien-, Nachbarn- und Wohngemeinschaftskreis oder aus der religiösen Bruderschaft sowie aus der Handwerkergenossenschaft war eine erhebliche Repression für den Menschen des Mittelalters. (JEZIORSKI 2017: 15, übersetzt von P.A.O.)

Dieses Drama des exkludierten Menschen aus der Zeit des *Medium Aevums* besteht nämlich darin, dass er früher niemals allein, sondern immer in einem Kollektiv lebte, worauf u. a. MODZELEWSKI (1937–2019) in einem seiner Aufsätze (1997: 11, 25) hindeutet. In Bezug darauf und in Anlehnung an ZAREMSKA (1993a) stellt JEZIORSKI (2017: 16, 70) fest, dass der beispielshalber infolge der Vertreibung aus der Stadt wegen der Begehung eines Verbrechens aus seinem „gesellschaftlichen Kontext" herausgerissene oder wegen der drohenden Hinrichtung zur Flucht aus der Stadt gezwungene Mensch in die sozialen Randgruppen geriet, d. h. unter die Leute, für die es in der Struktur der Gesellschaft keinen Platz mehr gab.

Die Proskription war für diejenigen, sich den Justizbehörden trotz der dreimaligen Ladung nicht stellenden Verbrecher vorgesehen, deren strafrechtliche Delikte ihnen zu keiner Unehre gereichten, obwohl sie mit dem Tod oder einer körperlichen Bestrafung (Verstümmelung) zu bestrafen waren (ZAREMSKA 1993a: 23; MODRZYŃSKI 2016: 74; WÓŁKIEWICZ 2020: 43).

Aufschluss darüber kann [...] ein Blick in das Stadtrechtsbuch geben, das eine Verhängung der Acht bei zahlreichen Vergehen vorsieht: Totschlag, Mord, Notzucht, Straßenraub, Mordbrand und Diebstahl jeglicher Art, z. B. auch von Feldfrüchten; Verbrechen also, die in der Regel mit der Todesstrafe geahndet wurden. Daneben kommt diese Sanktion aber auch bei Tatbeständen zur Sprache, die ‚nur' mit Leibesstrafen belangt wurden, wie Bruch eines gelobten Handfriedens durch Tätlichkeiten, einfache bis schwere Körperverletzung, Hausfriedensbruch oder das unerlaubte Fällen fremder Bäume. (SCHMID-GROTZ 2009: 47)

In Anknüpfung an die im oben angeführten Zitat angetroffene Auflistung der Verbrechen soll jedoch die nebensächliche Bemerkung gemacht werden, dass die Diebstähle als gewöhnliche, schändende – d. h. aus Gewinnsucht

---

127 Auch: *Exklusion* < lat. *exclūsiō* < lat. *exclūdō, exclūdere* (KUMANIECKI 1976: 193).

begangene – Straftaten erst später zu Gründen der Proskriptionen hinzukamen. Der Charakter der Proskriptionsbücher macht jedoch unmöglich, das Ausmaß dieses Phänomens präzise zu beurteilen, aber veranschaulicht gleichzeitig – wenigstens im umgangssprachlichen Gebrauch – den langsam vorangehenden Prozess der Assoziierung der Proskription mit dem Bann. Hierbei darf auch nicht die Tatsache verschwiegen werden, dass die Proskriptionsregister in erster Linie solche Konflikte dokumentier(t)en, die letztendlich nicht geschlichtet wurden, d. h. die Angeklagten waren außerstande, sich mit den Opfern oder deren Familien bzw. Vertretern wegen ihrer Schuld auseinanderzusetzen (JEZIORSKI 2017: 131–132).

Die Proskribierten verloren eine ganze Reihe von Rechtsmittelbefugnissen, z. B. im Prozess durften sie weder als Ankläger noch als Zeugen auftreten. Falls sie vor Gericht gebracht wurden, drohte ihnen die Todesstrafe ohne Rücksicht auf die Art des Verbrechens, das sie zuvor begangen hatten. Es war auch streng untersagt, ihnen jegliche Hilfe zu leisten oder Gastfreundschaft und Nahrung zu gewähren (ZAREMSKA 1993a: 23; JEZIORSKI 2017: 15–18). Überdies behauptet ZAREMSKA (1993b: 25), dass die Proskriptionspraxis ein Instrument war, nach dem die Stadtbehörden griffen, damit die infolge des Verbrechens gestörte Ruhe und Stabilität in die sozialen Beziehungen zwischen den Gemeindebewohnern wieder einkehrt.

Solch eine im *Sachsenspiegel* formulierte Betrachtungsweise der Proskription drang eben ins Magdeburger, Kulmer und Lübische Recht ein, wobei ihre Modifizierungen und Präzisierungen in den einzelnen Rechten zu begegnen sind.

Das Magdeburger Recht übernahm die im *Speculum Saxonum* existenten Proskriptionsbeschlüsse, die jedoch ein wenig abgeändert wurden. Ihre Anwendung fand die Proskription im Lichte dieser Rechtsordnung ebenfalls nur im Fall der Mörder oder der den seriösen Verletzungen schuldigen Menschen, die vor Gericht nicht gehen wollten. Die beiden erwähnten Straftaten wurden damals als Verbrechen betrachtet, die im Wege des Privatklageverfahrens zu verfolgen waren. Dies bedeutet, dass die Grundlage der Verfahrenseinleitung die Anklageerhebung durch die Familie des verstorbenen Opfers oder durch den Verletzten war. Falls die bereits beschriebenen Schritte nicht unternommen wurden, sah das Gesetz keine Untersuchung von Amts wegen vor (WALTOŚ 2009: 44; ZAREMSKA 1993b: 23–24). Bedeutsam ist jedoch die ins Magdeburger Recht eingeführte Modifizierung des die Proskription regelnden Beschlusses, anhand dessen sich der Proskribierte vor Gericht in einer anderen, aber nach dem Magdeburger Recht gegründeten Stadt für seine Straftat verantworten konnte (ZAREMSKA 1991: 352–353).

Durch Vermittlung der Magdeburger Rechtsordnung gelangte die abgewandelte Proskription aus dem *Sachsenspiegel* auch ins Kulmer Recht herein. Seine Revisionen aus dem 16. Jahrhundert verbinden aber die Proskription schon mit der Infamie, die in Form einiger Ehrenbegrenzungen, Prozesseinschränkungen sowie vieler Restriktionen im Beweisverfahren zum Ausdruck kam, u. a. Verbot der Bekleidung des Amtes des Ratsherrn oder des Richters, Verbot des Auftritts vor Gericht als Zeuge, Unzulässigkeit der Klageeinreichung in einer Strafsache usw. Das Gericht in diesen Städten sprach die Proskription aus, indem sie dreimal öffentlich wiederholt wurde, was zum Ziel hatte, nicht nur den Angeklagten vor Gericht zu bringen, sondern auch die Aufmerksamkeit der lokalen Gesellschaft auf eine verdächtige, vielleicht etwas Seriöses oder Empörendes auf dem Gewissen habende Person zu lenken, die eine Gefahr für andere sein konnte (JANICKA 1992: 52; MODRZYŃSKI 2016: 74; JEZIORSKI 2017: 21, 2019: 9).

Die Praxis der Proskription lässt sich ebenfalls im Lübischen Recht vorfinden, die sowohl gegenüber den Einheimischen als auch den Fremden, die vor Gericht nicht erscheinen wollten, zur Anwendung kommen konnte. Ausgesprochen wurde sie – ähnlich wie im Magdeburger Recht – erst nach der Privatklageerhebung durch den Verletzten oder dessen Vertreter. Der Proskribierte wurde dann automatisch zu einer ganz und gar nicht vom Gesetz geschützten, gefahndeten Person, die nach der Festnahme vor Gericht sofort zum Tode verurteilt werden konnte. Falls der proskribierte Mensch von einer anderen Person umgebracht worden wäre, hätte der Tötende überhaupt nicht fürchten müssen, dafür verantwortlich gemacht zu werden. Das Vermögen des Proskribierten wurde teilweise beschlagnahmt und alle, die ihm jegliche Hilfe leisteten oder leisten wollten, wurden ebenfalls zur Verantwortung gezogen. Der restriktive Charakter der Proskription sowie die allmähliche Erweiterung des Verbrechenskatalogs (zuerst sah das Gesetz die Proskription lediglich für den Raub vor) begünstigten auch deren Wahrnehmung als Strafe, die den Geschädigten oder dessen Vertreter wieder zufrieden machen und der Gemeinde ihre Ordnung, Ruhe und Sicherheit wiedererstatten sollte (FRENSDORFF 1875: LII; REUTER 1937: 69–71; BRANDT 1968: 7–13; JEZIORSKI 2017: 22–23, 2019: 10).

Natürlicherweise wurden die die Proskription betreffenden Regelungen mittels der einzelnen, in den Städten geltenden Rechtskodizes näher bestimmt, wie etwa mittels der Statuten oder der Willküren. Solch einen Stand der Dinge kann man beispielsweise in Prag, Posen, Krakau sowie in den livländischen (z. B. Reval) oder preußischen Städten antreffen (JEZIORSKI 2017: 24–25). Aus diesem Grund ist es gerade nicht verwunderlich, dass einige Proskriptionseintragungen entweder in den anderen Stadtbüchern vorzufinden sind (JEZIORSKI 2017: 27, 85–89) oder auch die separaten Proskriptionsbücher(serien) in manchen Städten überhaupt nicht geführt wurden, worauf WYROZUMSKA (2013: X, XVIII) verweist:

> In bestimmten Städten führte man keine getrennten Proskriptionsbücher. In Kasimir bei Krakau wurden die Proskriptionen in die Ratsbücher eingetragen, ähnlich geschah es in Posen. Manchmal, doch sehr selten, wurden die Angaben zu Proskriptionen auch in die Bücher anderer Stadtämter eingetragen. (WYROZUMSKA 2013: XVIII)

Die Differenzen in der Organisation der Proskriptionspraxis in den einzelnen, nach den diversen – oben angebrachten – Rechtsordnungen gegründeten Städten sind ebenfalls darin sichtbar, welches von den Stadtverwaltungsorganen die Proskription erklärte. In den nach dem Magdeburger oder Kulmer Recht errichteten Städten wurde die Entscheidung über die Proskription zunächst durch das als Gericht erster Instanz entscheidende Schöffengericht getroffen, das die

Befugnisse zur Entscheidung in den Strafsachen besaß. Mit der Zeit übernahmen diese Berechtigungen auch die Ratsherren (KAMIŃSKA 1980: 88–89, 95; PATKA-NIOWSKI 1934: 52–54; ZAREMSKA 1991: 353; 1995: 93). In den kraft des Lübischen Rechts lokalisierten Städten dagegen befanden sich die Entscheidungen darüber im sehr breiten Zuständigkeitsbereich des Stadtrats (REINECKE 1903: XCVI; REU-TER 1937: 59; EBEL 1984: 81–82).

Zusätzlich gehört sich zu bemerken, dass die Proskription keine Einschränkung bis in alle Ewigkeit war und sich deshalb keineswegs mit einem lebenslangen Stadtgrenzüberschreitungsverbot verband.

> Die friedliche Rückkehr des Verfesteten war nicht ausgeschlossen, natürlich hatte sie die Anknüpfung von Unterhandlungen, sei es mit dem Rate, sei es mit den verordneten Richtern, zur Voraussetzung. Dass von diesem Ausweg auch in Lüneburg oftmals Gebrauch gemacht wurde, beweisen die zahlreichen Durchstreichungen und Rasuren von Namen Verfesteter. (REINECKE 1903: XCV)

Die verhängten Proskriptionen konnten nach einiger Zeit anhand der partikulären Vorschriften einer Stadt zurückgezogen werden. Dies war wiederum kraft der einzelnen Regelungen möglich, die in den städtischen Rechtskodizes (z. B. in den städtischen Statuten oder in den Willküren) enthalten waren (ZAREMSKA 1991: 353). Derjenige Proskribierte, der ohne schlimme Konsequenzen wieder in die Stadt zurückkommen wollte, musste vor allem danach streben, einen Vergleich mit dem Geschädigten bzw. mit dessen Familie oder Vertretern zu schließen. Dem obigen Zitat aus dem Aufsatz von REINECKE entspringt, dass es zu solch einem Vergleich durch die Vermittlung entweder des Stadtrates oder eines verordneten Richters kam. In Anlehnung an MÜLLER (1991) weist JEZIORSKI (2017: 178–182) noch auf die Eventualität hin, dass der Proskribierte, der den Kontakt zu seinem Opfer oder zu den Vertretern seines Opfers auf eigene Faust aufnehmen oder die Zeugen eigenmächtig finden wollte, um seine Unschuld beweisen bzw. das Gewicht des Einwands gegen ihn nivellieren oder widerlegen zu können, die Möglichkeit hatte, sich an die Stadtbehörden mit der Bitte um die Ausstellung eines Geleits zu wenden. Dank eines solchen Dokuments konnte er sich für einen begrenzten Zeitraum zwecks der Erledigung konkreter Sachen auf einem strikt bestimmten Gebiet sicher aufhalten. Nachdem die Konfliktparteien dem eventuellen Vergleich zugestimmt hatten, wurde die Proskription aufgehoben und die Proskriptionsnote selbst entweder durch Rasur bzw. Durchstreichung abgeschafft oder mit einer anderen, den Vergleich bezeugenden Eintragung ergänzt bzw. ersetzt. Für die Ungültigkeit einer Proskriptionseintragung stand gelegentlich das Zeichen *x*, das an den Rand bei der konkreten Note gestellt wurde. Ausschließen darf man jedoch nicht, dass die fehlende Durchstreichung einer Proskriptionseintragung bzw. deren Rasur nicht unbedingt bedeuten müssen, dass der Proskribierte und die Geschädigten zu keiner Einigung kamen, weil die Augenzeugen für den Vergleich bürgen konnten (REINECKE 1903: XCV; ZAREMSKA 1991: 354, 1993a: 24–25; WYROZUMSKA 2001: IX, 2013: XIV, XXIII; JEZIORSKI 2017: 182–183).

2.4.2 Proskription *vs.* Bann

Wie REINECKE (1903: XCV) und JEZIORSKI (2017: 9–10, 18) nachdrücklich akzentuieren, sind die Proskription (Ächtung, Exklusion, Ausgrenzung) als unmittelbarer Verwaltungszwang und der Bann (Verbannung, Expulsion[128], Entrechtung) als Strafe strikt voneinander abzutrennen und dürfen auf keinen Fall wechselweise verwendet werden. Zwar ist eine gewisse Annäherung der beiden Termini im Lübischen Recht zu bemerken, aber in den nach dem Magdeburger oder Kulmer Recht gegründeten Städten müssen sie an jeder Stelle voneinander unabhängig in Erwägung gezogen werden (vgl. 2.4.1). Hieraufhin wäre es vernünftig, auf das Wesen des *Bannes* kurz einzugehen, damit die Unterschiede zwischen den beiden Termini unmissverständlich verdeutlicht werden können. Bereits in den Definitionen des *Bannes* und der *Verbannung* lassen sie die darin zugrunde liegenden Reflexe einer Bestrafung für eine Straftat spüren:

1) *Bann*
       – „Strafe, die in der Austreibung bzw. Ausweisung einer Person aus der Heimat bestand" (KOPALIŃSKI 1989: 58, übersetzt von P.A.O);
       – „Entrechtung und Austreibung aus der Stadt oder aus dem Land" (TOKARSKI 1980: 68, übersetzt von P.A.O);
       – „(im Mittelalter) Ausschluss oder Ausweisung aus einer [kirchlichen] Gemeinschaft" (DUDEN 2007a: 245; DUDEN 2021)[129];
       – „Ausschluss aus der [kirchlichen] Gemeinschaft" (DUDEN 2007b: 68);
       – „Ausschluss aus der kirchlichen (und weltlichen) Gemeinschaft" (DWDS 2021)[130];
       – „auf frühen Stufen des Rechtsdenkens das gegen Personen, Orte oder Gegenstände verhängte Gebot des Meidens. Bann gegen Personen ist oft gleichbedeutend mit Acht oder sozialer Isolierung (Verbannung)" (BROCKHAUS 2021)[131];
       – *„das ausgesprochne, gebotne und verbotne, edictum, interdictum; der friede, in den land, wald, leute gesetzt werden* [...]" (DWB 1854–1961)[132];

---

128 *Expulsion* < lat. *expulsiō* ‚Austreibung, Ausweisung' < lat. *expellō, expellere* [KUMANIECKI 1976: 200; LEWIS1890, (online) http://www.perseus.tufts.edu/hopper/text?doc=Perseus:text:1999.04.0060:entry=expello (13.02.2021)].

129 DUDEN 2021, (online) https://www.duden.de/rechtschreibung/Bann (13.02.2021).

130 DWDS 2021, (online) https://www.dwds.de/wb/Bann (13.02.2021).

131 BROCKHAUS 2021, (online) https://brockhaus.de/ecs/julex/article/bann-geschichte (13.02.2021).

132 DWB 2021, (online) https://woerterbuchnetz.de/?sigle=DWB#1 (13.02.2021).

- *„die gegen den säumigen erkannte strafe [...] vorzugsweise verbannung aus dem gebiet, [...] bei der kirche die excommunication, ausschlusz aus ihrer gemeinschaft. im mittelalter scheiden sich bann und acht so, dasz jener vom geistlichen, diese vom weltlichen richter verhängt wurde, auf den kirchenbann weltliche acht folgte"* (DWB 1854–1961)[133];
- „ehemalige Strafe, die in der Entrechtung und Austreibung bzw. Ausweisung einer Person aus der Stadt oder aus dem Land bestand" (SJP PWN 2021)[134];
- „Ausschluss oder Ausweisung aus einer Gemeinschaft" (SJP PWN 2021)[135];

2)   *Verbannung*   – „das Verbannen; das Verbanntwerden" (DUDEN 2007a: 1793; DUDEN 2021)[136];
- „(befristete) Ausweisung von jmdm. in ein anderes Land oder an einen entlegenen Ort mit Verbot der Rückkehr als Strafmaßnahme, meist aus politischen Gründen" (DWDS 2021)[137];
- „Landesverweisung, rechtshistorisch aus der Banngewalt des Königs (Bann) abgeleitete Sanktion, die nach den frühesten deutschen Rechtsaufzeichnungen als Beugemittel zur Leistung von Bußzahlungen, zur Beendigung der Fehde, besonders aber um das Erscheinen des Angeklagten vor Gericht zu erreichen, verhängt wurde" (BROCKHAUS 2021)[138];
- *„ausschlieszung aus der gemeinschaft der rechtgenieszenden; nur noch im kirchlichen gebrauche nachzuweisen, ausschlieszung aus der christlichen kirchengemeinde: verbannunge, anathema [...]"* (DWB 1854–1961)[139]

3)   *verbannen*   – „(als Strafe) aus dem Land weisen und nicht zurückkehren lassen oder an einen bestimmten entlegenen Ort schicken und zwingen, dort zu bleiben" (DUDEN 2007a: 1793; DUDEN 2021)[140];
- „jmdn. aus einem Gebiet, Ort, Land ausweisen, um ihn dadurch zu strafen" (DWDS 2021)[141];

---

133 DWB 2021, (online) https://woerterbuchnetz.de/?sigle=DWB#1 (13.02.2021).
134 SJP PWN, (online) https://sjp.pwn.pl/sjp/banicja;2551666.html (13.02.2021), übersetzt von P.A.O.
135 SJP PWN, (online) https://sjp.pwn.pl/sjp/banicja;2551666.html (13.02.2021), übersetzt von P.A.O.
136 DUDEN 2021, (online) https://www.duden.de/rechtschreibung/Verbannung (13.02.2021).
137 DWDS 2021, (online) https://www.dwds.de/wb/Verbannung (13.02.2021).
138 BROCKHAUS 2021, (online) https://brockhaus.de/ecs/enzy/article/verbannung (13.02.2021).
139 DWB 2021, (online) https://woerterbuchnetz.de/?sigle=DWB#2 (13.02.2021).
140 DUDEN 2021, (online) https://www.duden.de/rechtschreibung/verbannen (13.02.2021).
141 DWDS 2021, (online) https://www.dwds.de/wb/verbannen (13.02.2021).

4)   *Expulsion*   < lat. *expulsiō* ‚Austreibung, Ausweisung‘ (LEWIS 1890[142]; KUMANIECKI
              1976: 200)

Einheitlich geben die etymologischen Wörterbücher an, dass das Wort *Bann*
und die darauf zurückzuführende *Verbannung* gemeingermanische Wörter[143]
sind: ahd. *pan pannes* bzw. *ban bannes*, mhd. *ban bannes*, as. *(ge)ban (ge)bannes*,
die mit aind. *bhánati* ‚spricht‘, griech. *phánai* und lat. *fari* ‚(feierlich) sagen, sprechen‘ verwandt sind. Diese kommen wiederum von der ie. Wurzel **bhā- *bʰā-*
‚(feierlich) sprechen‘ (DUDEN 2007b: 68–69; KLUGE 2011: 89). Die alte Geschichte
des Wortes lässt sich also darüber nicht verwundern, dass der Bann als Strafe
bereits im Altertum bekannt war, und durch Vermittlung des römischen Rechts
bis zur spätmittelalterlichen Rechtssetzung durchdrang (ROZWADOWSKI 2009).
An Popularität gewann er aber erst in der Neuzeit dank der *Constitutio Crimina-*
lis Carolina (*CCC, Carolina,* 1532), nachdem er als vorgesehene Strafe für Kuppe-
lei, Fälschung von Maß und Gewicht oder Anstiftung zum Aufruhr Anwendung
gefunden hatte. Nicht immer wurde die durch die Schöffengerichte oder von den
Ratsherren verhängte Bannstrafe im städtischen Recht ausreichend geregelt, was
zur Folge hatte, dass die diesbezüglichen Regelungen in den durch den Stadtrat
oft mit dem aktiven Zusammenwirken des lokalen Herrschers gesetzten Statuten
oder Willküren vorgefunden werden können. Zur Verfügung stehen den gegenwärtigen Wissenschaftlern nur wenige Entscheidungen über den verhängten
Bann, die meistens in die *Libri proscriptorum* eingeschrieben wurden. Man darf
jedoch vorsichtig annehmen, dass jene Stadtbücher ihre Bestimmungsstellen
überhaupt nicht waren. Als viel wahrscheinlicher scheint es die Vermutung zu
sein, dass sie eher in den die strafrechtlichen Verurteilungen dokumentierenden Gerichtsbüchern registriert wurden. Da die Verbannung zu den schlimms-
ten Strafen innerhalb des städtischen Systems von Bestrafungsmöglichkeiten
gehörte, war sie vor allem für die schwersten Verbrechen vorgesehen, u. a. Diebstähle, Verbrechen gegen eigene Familie, Bigamie, Vielmännerei, Eheschließung
gegen den Willen oder ohne Erlaubnis der Familie, Ehebruch, Prostitution, Kup-
pelei, Betrug, Gewalttaten, Betrug beim Kniffel-Spielen, Unterstützung eines Proskribierten, vorfristige Rückkehr in die Stadt trotz des noch gültigen Bannes,
Eisenfälschung, Geldfälschung, Meineid, Mord, Machtmissbrauch, Raub, Verletzung, Beleidigung, Hehlerei, Hexerei, Missbrauch der Sturmglocke, verbo-
tene Wetten oder in den Hansestädten Missachtung des Verbots des Handels mit
einem bestimmten Staat, mit einer konkreten Region oder Stadt sowie die Bei-
hilfe zu solch einem Handel. Nachdem die Bannstrafe samt der Information zum

---

142 Lewis 1890, (online) http://www.perseus.tufts.edu/hopper/text?doc=Perseus:text:
     1999.04.0060:entry=expello (13.02.2021).
143 anl. *bann*, nnl. *ban*, anord. *bann* ‚Verbot‘, dän. *band*, nisl. *bann*, schw. *bann*, engl.
     ban, fries. *bon.*

begangenen Verbrechen öffentlich und immer am Tag ausgerufen worden war, führten die Stadtdiener (Gerichtsdiener) den zum Bann verurteilten, manchmal auch ausgepeitschten oder zusätzlich gebrandmarkten Verbrecher[144] mit den angezündeten Fackeln zuerst um den Markt herum und dann bis zu den Stadtgrenzen. Manchmal wurden die Verbannten auch auf dem Wagen oder in einer Schubkarre gefahren. Häufig konnte man während eines solchen Zuges die Kirchenglocken klingen oder Musik ertönen hören (Bąkowski 1901: 24–26; Ronikier 1978: 23; Zaremska 1991: 355–359, 1993a: 25–26; Jeziorski 2017: 58–64, 145–146).

Der weitere Unterschied zwischen der Proskription und dem Bann ist im Status des Proskribierten und des Verbannten beobachtbar: Der Verbannte – im Gegensatz zu einem Proskribierten – wurde durch die Justizbehörden formal nicht mehr gefahndet, weil die Austreibung aus der Stadt schon als Strafe an sich interpretiert wurde. Das Leben eines Verbannten war auch nicht einfach. Infolge der Ausweisung verlor er nämlich sein ganzes Vermögen und musste jegliche Art von Kontakt zu seiner Familie abbrechen. Ständig musste er sich auch dessen bewusst sein, dass er beim Kontakt zu jemandem aus dem ihm verbotenen Gebiet gefangen genommen, vor Gericht gebracht oder sogar ungestraft getötet werden konnte. Auf diese Art und Weise wurde der Verbannte eigentlich noch zu Lebzeiten tot: Er wurde nämlich gewissermaßen zum zivilen Tod verdammt, indem ihn die Stadtgemeinschaft aus ihrem „Rahmen" herausriss und in die sozialen Randgruppen hinausstieß, d. h. unter die Leute, für die es in der geregelten Struktur der geordneten Gesellschaft keinen Platz mehr gab. Gleichzeitig musste er damit rechnen, dass er eher winzige Chancen auf die Wiederkehr zum normalen, tugendhaften und aufrichtigen Leben hatte, zumal sein Körper nicht selten dauerhaft gebrandmarkt wurde. Der Bann – im Gegensatz zur Proskription – war also eine Strafe, die über einen Verbrecher für seine Straftaten verhängt wurde und die eigentlich mit ihrem Wesen zum Vorschein brachte, dass der Verbrecher wegen seiner schrecklichen Delikte in der Stadt sowie auf dem der städtischen Gerichtsbarkeit unterliegenden Gebiet nicht mehr bleiben soll (darf). Allerdings bereiteten die Verbannten den städtischen Obrigkeiten andere Probleme, und zwar: Ab und zu wollten sie trotz des ausdrücklichen Verbots in die Stadt – beispielsweise während des Jahrmarkts, wenn es immer sehr viele fremde Leute gab – zurückkommen, worauf aber schon die Todesstrafe stand, denn solch eine Rückkehr hatte es nicht nur auf das Recht und die Gesellschaftsordnung, sondern auch auf das Prestige und die Autorität der städtischen Behörde bzw. des Gerichts abgesehen (Zaremska 1991: 357–360; Janicka 1992: 53–54; Modzelewski 1997: 11, 25; Sztompka 2002: 412; Kaczor 2005: 321–322; Jeziorski 2017: 16, 65–70). Um ein höheres Maß an Effektivität der Verbannung zu erreichen, schlossen die Städte manchmal auch die Verträge ab, kraft deren der verhängte Bann in allen mittels solch einer Übereinkunft gebundenen Stadtgemeinden rechtswirksam war, z. B. Übereinkommen zwischen Krakau, Kazimierz und Kleparz (Zaremska 1991: 357), zwischen Posen, Gnesen/

---

144 Den Verbrecherinnen wurden die Haare abgeschnitten.

Gniezno, Kalisch und Pyzdry/Peisern (ZAREMSKA 1993a: 26) oder zwischen Prešov/ Eperies und Košice/Kaschau (KRONES 1891: 18 [635]) sowie Verträge zwischen den hanseatischen Städten (JEZIORSKI 2017: 67).

Verschweigen lässt sich jedoch nicht, dass der Bann in Einzelfällen auch als Form des Gnadenerweises angesehen werden darf. Darauf verweisen KRONES (1891: 6, 9, 11–12, 15, 17 [623, 626, 628–629, 632, 634]), BĄKOWSKI (1901: 9)[145] und ZAREMSKA (1991: 358)[146], indem sie behaupten, dass die ausgesprochenen Todesstrafen bzw. Mutilationsstrafen aus verschiedenen Gründen – manchmal auch auf Fürbitte anderer Manschen – in die (ewige) Verbannung umgewandelt wurden:

> Elisabeth Katona, Frau des Mihal, sollte als Diebin mit dem Tode büssen (1560), wurde jedoch aus Erbarmen für die unversorgten Kinder zur Verbannung aus Kaschau begnadigt. Das ursprüngliche Urtheil hatte dies mit „Verlust des rechten Ohres und Pranger" verschärft, was jedoch auf vielseitige Fürbitte ungarischer Edelleute nachgesehen wurde. Die Stadtverweisung lautet auf ewig und über zehn Bannmeilen. (KRONES 1891: 6–7 [623–624])

> Besonders ungeberdig benahm sich (1559) der „Stadtdiener", Peter Czebner, der – allerdings berauscht – zur Faschingszeit „gewappnet" einen Bürger in der Schenke beim Weintrunk zum „Zweikampfe mit der Lanze" – und zwar „zu Ross" – herausforderte. Da seine dienstliche Stellung den Klagfall besonders schwer machte, wurde Czebner zum Verlust er rechten Hand verurtheilt, schliesslich aber zu ewiger Verbannung begnadigt. (KRONES 1891: 9 [626])

> Kindesweglegung finden wir an der Kindsmagd Martha aus Miskolcz, welche dadurch ihrer That überwiesen wurde, dass man ihre Brüste voll an Milch fand, – auf Fürbitte – mit ewiger Verbannung gestraft. (KRONES 1891: 11–12 [628–629])

> Die Todesstrafe wurde auch (1561) über die Frau des Kürschners Berchtolt ausgesprochen, da sie es mit ihrem Gesellen, Michel aus Siebenbürgen, hielt. Letzterer musste sich mit 50 Gulden lösen und durfte nimmer sein Handwerk ausüben; die Ehebrecherin erlangte auf Fürbitte des Hauptmanns Zay und Alberts Laszky die Begnadigung vom Tode, wurde verbannt und ihres Gutes zu Gunsten der nächsten Blutsverwandten entäussert. (KRONES 1891: 15 [632])

> Der Schulmann Demeter Thuri wurde beinzichtigt, einem sechsjährigen Mädchen Gewalt angethan und ihrer Gesundheit geschadet zu haben. Sodann missbrauchte

---

145 BĄKOWSKI 1901: 9:
  „Jednym z rodzajów takiego ułaskawienia od surowej kary przez zamianę było wypędzenie z miasta (banicya), które potem wyrobiło się na samoistną karę, na którą wprost sędzia wyrok wydawał."
146 ZAREMSKA 1991: 358:
  „Praktyka sądowa wskazuje, że zakazem przebywania w mieście obejmowano na różnych zresztą zasadach [...] tych przestępców, których, mimo że zasłużyli na surowszy wymiar sprawiedliwości (to dotyczy przede wszystkim winnych kradzieży) zdecydowano się potraktować łagodniej i darować im życie."

er einen Knaben und wurde aus der Vorstadt gewiesen. Zu Kis-Ida versuchte er das Gleiche, ebenso zu Munkács, von wo er als Schulrektor verwiesen wurde. Man verurtheilte ihn zum Tode, er erlangte jedoch durch Fürbitte geistlicher Personen Begnadigung, und kann mit der Stäupung und Verbannung 101 Jahr, zehn Meilen in der Runde, davon. (KRONES 1891: 17 [634])

Um die Diskussion über den Bann schließen zu können, soll zusammenfassend konstatiert werden, dass die Proskription einerseits und die Verbannung andererseits nicht zu verwechseln sind und wegen ihres verschiedenartigen Wesens eine andere Betrachtungsweise erfordern, wofür JEZIORSKI (2017: 15, 72–74) mit Recht hartnäckig plädiert. Dabei bemerkt er jedoch, dass die Ursache dieses gegenwärtigen terminologischen Wirrwarrs bereits im mittelalterlichen Begriffsinstrumentarium bezüglich dieses Abschnitts des Strafprozesses (Proskription) und dessen Abschluss mit dem verhängten Urteil (Bann) zu suchen ist. Es unterliegt auch keinem Zweifel, dass die die Terminologie in diesem Bereich betreffende Unordnung auch davon begünstigt wurde, dass die Proskription im Laufe der Zeit die Merkmale der Strafe annahm, was in den nach dem Lübischen Recht lokalisierten Städten besonders sichtbar ist, obwohl diese Tendenz später auch dem *Sachsenspiegel* entgegen in die Magdeburger oder Kulmer Rechtsordnungen gelangte. Dieses Problem schneidet auch folgendermaßen BRANDT (1968: 7–8) an, wobei er sich auf die Feststellungen FRENSDORFFS (1875: XXXIII) stützt.[147]

ZAREMSKA (1991: 354–358, 1993a: 26) und JEZIORSKI (2017: 76) erkennen den Zusammenfall der Merkmale der beiden Begriffe in der Tatsache, dass sie von den mittelalterlichen Stadtbewohnern als seriöse Reperkussionen wahrgenommen wurden, die die folgenden Konsequenzen nach sich zogen: 1) Entrechtung, 2) Verlust der durch das Recht gewährleisteten Privilegien und 3) Verbot des

---

147 BRANDT 1968: 7–8:
  „FRENSDORFF betont [...] den Unterschied zwischen der Verfestung im *Sachsenspiegel* und derjenigen im Lübischen Recht: während sie im *Sachsenspiegel* in erster Linie als „mittel zum Zweck" die Verurteilung des Beschuldigten zur Festnahme und zwangsweisen Vorführung vor Gericht darstellte, hat sie sich in der nüchternen Rationalisierung des Lübischen Rechts zum Zweck selbst, d. h. zu einer Strafe, die den Verbrecher „für seine Tat und für seinen Ungehorsam zugleich" treffen soll, weiter entwickelt: [...]. Wenn auch Reste der älteren Auffassung, wonach die Verfestung in erster Linie ein Zwangsmittel zur Gestellung vor Gericht sein sollte, in der lübischen Rechtspraxis unverkennbar sind, so wird man doch im ganzen FRENSDORFFschen Interpretation zustimmen können: tatsächlich wurde offenbar schon im 13. und dann insbesondere im 14. Jahrhundert die *proscriptio* eher als Strafe denn als Zwangsmittel verstanden – das bezeugen u. a. auch die immer erneuten Versuche, den Geltungsbereich der Verfestung durch eine Stadt auf den ganzen hansischen oder doch lübischrechtlichen Bereich derart auszudehnen, daß dem Verfesteten faktisch jede Möglichkeit zu befriedeter Lebensführung abgeschnitten wurde; [...]" (Kursivdruck und Kapitälchen von P.A.O.)

Verweilens sowie des Sichniederlassens sowohl in der Stadt als auch in deren Patrimonium.

Die beiden Gruppen der hier beschriebenen Menschen, die in Konflikt mit dem Gesetz geraten waren, stellten sich in den Augen der Stadtgesellschaft als diejenigen dar, die die Verantwortung für ihre Straftaten in vollem Maße nicht übernehmen wollten, denn sie übergaben sich entweder dem Arm des Gesetzes nicht (Proskribierte) oder büßten ihre Strafe wegen der Strafmilderung bzw. kraft des Gnadenaktes nicht ab (Verbannte). Ohne Zweifel trug dies auch zur Gleichsetzung des Zwangsverwaltungsmittels (Proskription) mit der Strafe (Bann) bei, was seinen Reflex ebenfalls darin fand, dass immer mehr mit der Verbannung zusammenhängende Eintragungen in die Proskriptionsbücher eingeschrieben wurden.

2.4.3 Definition und Wesen des Proskriptionsbuches – Abriss des Forschungsstandes

Die im Recht sanktionierte Präsenz der Proskriptions- oder Verbannungspraxis erzwang zwangsläufig die Entstehung der in den Stadtkanzleien gebrauchten Bücher oder sogar Bücherserien, deren Aufgabe und Funktion war, das Vorliegen einer Straftat samt der damit zusammenhängenden Entscheidung und der dafür vorgesehenen Strafe zu registrieren. Diesem Stand der Dinge lag die Notwendigkeit zugrunde, kontrollieren zu können, ob eine proskribierte oder verbannte Person in die Stadt oder auf das für sie unerlaubte Gebiet nicht zurückkam oder zurückkommen wollte. Bereits im ausgehenden Mittelalter finden die die Personalien der Proskribierten und sporadisch auch der Verbannten beinhaltenden, spezialisierten Register ihren Gebrauch, damit die Informationen zur Proskription oder gelegentlich zum Bann an unterschiedlichen Stellen der anderen städtischen Bücher nicht gesucht werden mussten[148]. In Anlehnung an SCHULTHEISS (1971: 36–37) und JEZIORSKI (2017: 80) lässt sich behaupten, dass die Idee der Kontrolle über die Proskribierten mittels der entsprechenden Register bzw. Bücher in der ersten Hälfte des 13. Jahrhunderts[149] aus Italien in die deutschen, sich damals rasant entwickelnden Städte gelangte und sich dort auch sehr schnell einspielte, wessen Grund in der Notwendigkeit des Schutzes sowie der Sicherstellung der Handelswege und der dort handelnden Kaufleute liegt. Der Brauch, die

---

148 Vgl. 2.4.2, 2.3.5 und BEYERLE 1910: 196; REHME 1913: 14–15; VOJTÍŠEK 1915: 390, 1953: 53; KLUGE 1988: 94, 2000: 42–43; MÜLLER-MERTENS 2001: 152–153; HARTMANN 2004: 44; GIESSMANN 1998: 167, 170–174; TANDECKI 1990: 248–249, 1994: 141.

149 Das älteste Proskriptionsbuch aus dem Gebiet des deutschen Reiches stammt aus der Stadtkanzlei in Rothenburg ob der Tauber (1274). Das älteste *Liber proscriptorum* auf dem heute polnischen Gebiet wurde in der zweiten Hälfte des 13. Jahrhunderts in der Stadtkanzlei von Neiße angelegt (MÜLLER 1920: 96–108; WYROZUMSKA 2001: X; WÓŁKIEWICZ 2016: 282–283, 2020: 44; GOLIŃSKI 2020: VII).

Proskriptionsbücher im deutschen Reich zu führen, begann im 15. Jahrhundert im Zusammenhang mit der Ineffizienz der Proskriptionspraxis auf längere Sicht nachzulassen (BATTENBERG 2008: 65–66), was darin zum Vorschein kommt, dass nur wenige Schriftdenkmäler diesen Typs den Wissenschaftlern gegenwärtig zur Verfügung stehen (JEZIORSKI 2017: 65–93).

Das wissenschaftliche Interesse an den Proskriptionsbüchern gehört eher zu keiner neusten Erscheinung in der Forschungswelt. Gleichzeitig wäre es aber auch strittig, seine Tradition als langjährig zu beurteilen. Eben daher wird es in der vorliegenden Studie bei der nüchternen Feststellung belassen, dass sich das Interesse daran mehr oder weniger mit den Untersuchungen der Stadtbücher deckt, und demnach sich im deutschsprachigen Raum auf das 19. Jahrhundert datieren lässt (z. B. FRENSDORFF 1875: XIII–XCVI). Hierbei sei es jedoch unentbehrlich anzumerken, dass die Mehrheit solcher Analysen zunächst eher rechtswissenschaftlich fundiert waren, obwohl später die Publikationen mit anderen, aus den Proskriptionseintragungen herauszulesenden Aspekten im Brennpunkt auftauchten[150]. Der Aufschwung des Wissenschaftsinteresses an diesen Quellen in Polen besaß hingegen eine andere Prägung, weil sie häufiger seit den 1990er Jahren vorwiegend von den Historikern analysiert wurden und sich in erster Linie auf die größten polnischen Städte (Krakau oder Posen) fokussierten. In letzter Zeit ist aber auch die erhöhte, einerseits auf die *Libri proscriptorum* der preußischen Städte (z. B. Elbing, Thorn oder Kulm), andererseits auf die der anderen kleineren mittel- und osteuropäischen *civitates* (z. B. Braunsberg/Braniewo, Jauer/Jawor, Schweidnitz/Świdnica) gerichtete Aufmerksamkeit beobachtbar (JEZIORSKI 2019: 7–9).

Was den Wert der Proskriptionsbücher anbelangt, so gehört es sich, zu bemerken, dass sie oder – ganz generell gesagt – die Strafbücher eine unerschöpfliche und wertvolle, einen Abschnitt des Strafprozesses dokumentierende Quelle der Informationen über die Probleme (z. B. Kriminalität) sind, mit denen sich die Bürger, unabhängig von ihrem gesellschaftlichen Status, abmühen mussten, in welchen Situationen und Kontexten sie mit dem Gesetz in Konflikt gerieten und was für Gefahren sie ausgesetzt waren (BARTOSZEWICZ 2013: 7; WÓŁKIEWICZ 2020: 43). Solche Verzeichnisse zeigen sich doch als eine der hervorragenden Basen für gründliche und verbreitete Studie über die Kriminalität und über die damit zusammenhängenden Aspekte, wie etwa Herkunft der Straftäter sowie

---

150 Als Beispiele kann man an dieser Stelle den Aufsatz von SCHNEIDER-FERBER (1993: 45–114) über Kriminalität und Konflikte in Augsburg anführen, wo sich die Autorin u. a. mit der sozialen Zugehörigkeit der Täter auseinandersetzt oder die Dissertation von SCHMID-GROTZ (2009), in der die mit dem Proskriptionsbuch zusammenhängenden Fragen im Kontext der Kommunikation, des Mediums und der Herrschaft erörtert werden. Möglich sind ebenfalls die sprachhistorischen, um die Phonem-Graphem-Korrespondenzen kreisenden Untersuchungen der in den Proskriptionen in Schrift festgehaltenen Sprache, z. B. OWSIŃSKI (2021a,2022e).

ihrer Opfer und deren gesellschaftliche Zugehörigkeit bzw. deren Professionen und endlich Gründe und Voraussetzungen der Begehung eines Verbrechens (Uruszczak 2016: XVI–XVIII). Damit stimmen auch die Behauptungen von Jeziorski (2019: 15–16) überein, denen sich ganz allgemein entnehmen lässt, dass die strafrechtlichen Delikte größtenteils von armen Menschen begangen wurden.[151] Außerdem wird dies auch von Brandt aufgrund seiner Untersuchungen des Lübecker Proskriptionsbuches im Kontext der Identifizierungsmöglichkeit der Opfer und der Täter, die doch zu keinen einfachen Aufgaben gehörte, bestätigt:

> Die Personen, die als Kläger und Beschuldigte erscheinen, haben offenbar über-
> wiegend den niederen Bevölkerungskreisen angehört, waren naturgemäß oft
> auch Auswärtige. Einige werden als Handwerksgesellen bezeichnet, andere dürf-
> ten fremde Seeleute gewesen sein, wofür vor allem die verschiedenen nordischen
> Namen sprechen (Torkel, der Däne Oleff, Smalander). Von den Beschuldigten ist
> jeden falls keiner, von den Klägern oder in anderem Zusammenhang genannten
> Personen sind nur etwa ein halbes Dutzend mit einiger Sicherheit in anderen Quel-
> len der Zeit nachweisbar. (Brandt 1968: 15)

Diese Straftäteridentifizierung war umso relevanter, als sie den Erfolg seiner Aufspürung, Verfolgung, Vorladung vor Gericht und endlich seiner Verurteilung garantierte. Eben aus diesem Grund wurden außer den Personalien des Pro-skribierten auch die genauer bestimmenden Informationen zu ihm angegeben, wie etwa sein Beruf, seine Herkunft oder die Familien- bzw. Berufsverhältnisse. Um den Täter ergreifen zu können, entschied man sich manchmal auch dafür, seine besonderen Merkmale zu nennen (Jeziorski 2017: 175), wie etwa Narben, Verbrennungen, Wunden, Hinken, abgehackte Glieder – z. B. Hände (lat. *puni-tio membri*) und Finger – sowie abgeschnittene Nasen, Ohren und Zungen. In Anknüpfung daran wird angenommen, dass zumindest ein Teil von den erwähn-ten Merkmalen als erworbene – und nicht immer als angeborene (Geburtsfeh-ler) – Eigenschaften zu betrachten sind. Wurden sie aber erworben, konnten sie von einer bewegten Vergangenheit eines (fremden) Menschen und seinem potenziellen früheren Konflikt mit dem Gesetz zeugen. Dies erregte wiederum Argwohn der Gesellschaft, obwohl es auch immer so nicht sein musste. Darauf macht Zaremska (1991: 360) aufmerksam, der zufolge Brandzeichen, abgeschnit-tene Nasen oder abgehackte Hände eine Warnung für die Behörden einer Stadt sowie deren Bewohner gewesen seien, die ein normales, ruhiges Weilen in einer Stadtgemeinde zunichte gemacht hätten. Sie seien also eine mit bloßem Auge erkennbare und nicht entfernbare Barriere gewesen, die die Menschen mit einer kriminellen Vergangenheit von denjenigen, die das Recht nicht gebrochen hätten, habe abgrenzen sollen.

Eine besondere Aufmerksamkeit gebietet ebenfalls die Tatsache, dass die Ver-brechen nicht nur von den Einzelpersonen begangen wurden, sondern auch von

---

151 Auch: Zaremska 1991: 351–357, 1993a: 24–25; Jeziorski 2017: 148–155.

den organisierten Banden, die sich nicht selten aus den zu einer Familie (Banden des Blutes) oder denselben Berufsgruppen gehörenden Menschen zusammensetzten. Häufig sind auch die Überfälle durch die sich spontan bildenden Gruppen (z. B. während eines Festes oder einer Party im Gasthaus bzw. in einer Schenke), die aus den keine direkten Verbindungen miteinander aufweisenden Individuen bestanden. Nicht zu übersehen sind endlich auch solche Konflikte und Ausschreitungen, die von den sich beispielsweise während eines Jahrmarkts als Gäste in der Stadt aufhaltenden Menschen ausgelöst wurden (ZAREMSKA 1992: 223; JEZIORSKI 2017: 158–160, 2019: 21).

Außer dem historischen, rechtshistorischen oder soziologischen Wert der Proskriptionsbücher aus der heutigen Perspektive, soll noch kurz auf ihre pragmatische Bedeutung aus der damaligen Sicht eingegangen werden. Von WYROZUMSKA (2013: XI, XIX) wird ihnen ein geringes und eher symbolisches Gewicht beigemessen. Sie untermauert ihre Hypothese damit, dass die Austreibung eines Proskribierten aus der Stadt den Strafprozess sowie den ganzen Wirbel um die Tat und um den Täter beendete:

> Eine geringe Sorge um die Proskriptionsbücher kann damit gerechtfertigt werden, dass die Ankündigung von der Verbannung eines Schuldigen aus der Stadt den Prozess beendete und es unbegründet war, zu diesen Sachen zurückzukehren. Die Schöffenbücher wiesen in der Regel auf die Strafsachen hin, die sich auf den Grundstücksverkehr bezogen. Sie waren also für die Stadteinwohner von besonderer Bedeutung. In die Ratsbücher wurden die Angelegenheiten der Stadtverwaltung eingetragen. Diese Einteilung wurde anscheinend nicht so rigoros beachtet, denn in den Ratsbüchern findet man auch Eintragungen zu Vermögensfragen der einzelnen Bürger. (WYROZUMSKA 2013: XIX–XX)

Die oben angegebene Feststellung von WYROZUMSKA scheint umso interessanter zu sein, als sie sich in der Betrachtungsweise dieses Problems einige Zeit später radikalisierte. In ihrer *Einleitung* zur früheren Edition des Krakauer Proskriptionsbuches aus der zweiten Hälfte des 14. und der ersten Hälfte des 15. Jahrhunderts (2001) versucht sie mindestens eine Relevanz der Proskriptionsbücher darin zu erkennen, dass sie den städtischen Behörden dazu verhalfen, eine proskribierte Person zu hindern, in die Stadt der verhängten Proskription zuwider zurückzukommen. Darüber hinaus betont die oben erwähnte Historikerin, dass die Rats-, Schöffen- und Vogtbücher für die Stadtbewohner von viel höherer Bedeutung wegen ihres ewigen Charakters (Vermögensverkehr, Vermögensaufteilung, Testamente, Stadtratsprotokolle) waren und gerade deswegen wurden sie viel sorgfältiger geführt und sorgsamer gehütet. Demnach stellten sich die Verzeichnisse der Strafsachen in den Augen der Stadtbewohner als nicht allzu wichtig dar, nachdem das Urteil gefallen war und insbesondere nachdem der Straftäter aus der Stadt vertrieben oder zum Tode verurteilt und die Todesstrafe selbst vollstreckt worden waren (WYROZUMSKA 2001: VII). Solch einem Standpunkt widersetzt sich JEZIORSKI (2017: 107–110) vehement und energisch, indem er entschlossen, ernsthaft, ausführlich und überzeugend die Argumentation

darstellt, dass die Proskriptionsregister zweifelsohne mit größerer Sorge verwahrt wurden als WYROZUMSKA (2001: VII, 2013: XI, XIX–XX) dies angenommen
hatte. Zu diesen Sachen kehrte man regelmäßig zurück, um den sich von Jahr
zu Jahr vergrößernden Kreis der Proskribierten wirksam kontrollieren zu können. Ohne die Verzeichnisse der Proskriptionen fortlaufend zu verifizieren, wäre
es einfach sehr schwer gewesen, eindeutig herauszubekommen, wer wegen der
Anklage noch verfolgt wurde oder zu verfolgen war und wer sich mit dem Opfer,
dessen Familie und mit der Stadt wegen seiner Schuld auseinandergesetzt hatte.
Den relativ häufigen und regelmäßigen Gebrauch der *Libri proscriptorum* bezeugen nämlich die auf deren Karten verzeichneten Hinweise und Bemerkungen, die
sich beispielsweise mit der noch vom Proskribierten wegen des von ihm begangenen Verbrechens zu begleichenden Geldsumme verbinden. Ferner wird es mit
Recht bewiesen, dass gerade das rege Interesse an den Proskriptionsbüchern
besonders vonseiten der Zeitgenossen eben dazu beitrug, dass so wenige Quellen
dieser Art bis heute erhalten geblieben sind. Ohne Rücksicht darauf, ob man über
die Proskriptionsbücher oder über die in einer weniger geschlossenen Form der
erhalten gebliebenen Register, wie etwa über diejenigen, die in eins der Stadtbücher eingetragen wurden, spricht, soll man im Auge behalten, dass sie nur selten
die ursprüngliche Stelle der Informationsaufbewahrung waren. Dieser Stand der
Dinge verbindet sich vor allem mit der kanzleigerichtlichen Praxis und der pragmatischen Betrachtungsweise der Verzeichnisse. Wie es scheint, machte sich die
für die Verzeichnung der Entscheidung über die Proskription zuständige Person
die ersten Notizen auf den losen Papier- oder seltener Pergamentblättern bzw.
in einem Schmierheft oder auf den Wachstafeln schon während der Gerichts-
sitzung. Erst nach einiger Zeit wurden diese Blätter zusammengestellt, geordnet
und aktualisiert, um nach zahlreichen Redaktionen, Korrekturen und Aktualisierungen letztendlich in eins der Stadtbücher oder in ein separat geführtes
Proskriptionsbuch eingeschrieben zu werden. Gelegentlich war es auch so, dass
dieses separate Proskriptionsbuch eben aus jenen losen Blättern entstanden ist.
Selbstverständlich lässt sich keinesfalls ausschließen, dass ein Teil der Register
eine Zusammenstellung der ursprünglich anderswo niedergeschriebenen Verzeichnisse. Ein solcher bei der Gelegenheit dieser Zusammenstellung sicherlich
aktualisierter Auszug vereinfachte bestimmt die Kontrolle der Proskribierten,
aber dies hing schon von dem individuellen Entwicklungsniveau einer konkreten
Stadtkanzlei, deren Finanzierung und von den Gewohnheiten der darin tätigen
Stadtschreiber ab. In die *Libri proscriptorum* gelangten letztlich nur diese Eintragungen, die an Aktualität zum Zeitpunkt der Anlegung oder der Ausfüllung
des Buches nicht verloren hatten. Eine solche Einteilung ermöglichte wiederum,
den riesigen Stoff der Proskriptionen irgendwie zu kontrollieren und entsprach
zugleich der sich in den spätmittelalterlichen Stadtkanzleien abzeichnenden
Tendenz, nur die wichtigsten und aktuellsten Sachen in den Stadtbüchern zu
verzeichnen[152].

---

152 Auch: RADTKE 1967: 34–35, 64–65; GRULKOWSKI 2015: 79.

Vor dem Hintergrund der buchwissenschaftlich bzw. kodikologisch, historisch, soziologisch und juristisch fundierten Untersuchung lässt sich die vorliegende Arbeit als Brücke betrachten, mittels deren die Proskriptionen und
Proskriptionsbücher einer linguistischen Analyse in ihrer textologischen sowie
phonematisch-graphematischen Dimension unterzogen werden. Infolge solch
einer Durchkreuzung der Untersuchungsperspektiven kann wiederum der Forschungsstand der Exploration der Achtbücher ergänzt, vertieft und erweitert
werden. Außerdem stellt sie sich ebenfalls als Ergänzung und Verifizierung des
linguistischen Wissens auf dem Gebiet der Geschichte der deutschen Sprache
dar, dank denen einerseits der Proskriptionsvermerk als Text anzusehen ist,
andererseits das Evolutionsniveau der auf den Karten des Schweidnitzer Stadtbuches niedergeschriebenen, in Schlesien gebrauchten deutschen Sprache aus dem
14. Jahrhundert präsentiert und beschrieben werden kann.

3. Methodologischer Rahmen

Bevor auf die Textsortenmerkmale einer mittelalterlichen Proskriptionseintragung aus dem Schweidnitzer Proskriptionsbuch genauer eingegangen wird, sei es klar und ausdrücklich zu unterstreichen, dass der im Vorliegenden unternommene Versuch einer historisch-textlinguistischen Analyse des Proskriptionstextes als Anbahnung der Untersuchung einer solchen Textsorte angesehen werden darf.

Hierbei handelt es sich also in erster Linie um die historische Textlinguistik, „[...] deren Aufgabe [...] das sprachliche, kulturspezifische, sozial und gesellschaftlich determinierte Potenzial eines Textes aufzudecken ist [...]" (BRALSKA/CZACHUR 2009: 223).

Konzipiert wurde die Exploration wiederum als Antwort auf das in den 1970er und 1980er Jahren aufgestellte Postulat, die Sprachgeschichte als Textsortengeschichte wahrzunehmen[153]. Infolgedessen konnte die Perspektive eröffnet werden, den Wandel bestimmter Textsorten samt deren inhärenten Eigenschaften zu beobachten und nicht den Wandel einzelner, den Texten bzw. den Textsorten eigener Mittel (CHERUBIM 1980: 16; SCHANK 1984: 762). Längerfristig und unter der Bedingung der Verbreitung und Vertiefung der so orientierten Forschung sowie unter Berücksichtigung paralleler, aus demselben Sprach- und Kulturkreis stammender Archivalien aus derselben Zeit soll es letztendlich ermöglicht werden, die Schlussfolgerungen zur Evolution einer gegebenen Textsorte im Spiegel der historisch-gesellschaftlichen Umstände und Konstellationen sowie zum Entwicklungsstadium der in den analysierten Texten enthaltenen Sprache zu formulieren.

3.1 Forschungsmatrix

Den Ausgangspunkt und das Grundkriterium bildet die vormals angeführte Feststellung von WIKTOROWICZ (2011e: 129–131, 2011f: 139), dem zufolge der archivalische Text – und in der Folge die anhand der Analyse der exemplarischen Schriftstücke daraufhin differenzierte historische Textsorte – als Manifestation(en) der sich vollziehenden oder vollzogenen sozialen Handlung(en) anzusehen sind. Damit verbindet sich später „[...] die Erfassung des Kontextes, in dem der Text entsteht und verwendet wird [...]", die „[...] als erster Schritt in der komplexen Beschreibung der Gesamthandlung [steht]." (CZACHUR 2007a: 98). Dadurch kann endlich ein breiterer Hintergrund umrissen werden, vor dem ein zu einer

---

153 „Sprachgeschichte sei, selbstverständlich eingebettet in die Sozialgeschichte, wesentlich als Textsortengeschichte zu begreifen." (SCHENKER 1977: 141).

konkreten Textsorte gehörender Text entsteht, sich entwickelt und (konsequent) gebraucht wird.

Die Analyse des Textes der Schweidnitzer Proskriptionseintragungen wird auf das Prinzip gestützt, vom Allgemeinen zum Speziellen und immer Spezialisierteren überzugehen, d. h. von dem Kontext, in dem der Text produziert und verwendet wird, zu einer anhand der Analyse der konkreten Textexemplare abstrahierten Textsorte mit ihren konstitutiven und fakultativen Eigenschaften. Das Ziel der so konzipierten Vorgehensweise ist die Erforschung der Makro- und Mikrostruktur der einzelnen Achteinträge im Schweidnitzer Proskriptionsbuch unter Berücksichtigung der Kontexte ihrer Produktion und Rezeption sowie bei Beachtung deren Funktionen. Dadurch lässt sich die Frage beantworten, ob die (spät)mittelalterliche Proskriptionseintragung aus Schweidnitz in einer textlinguistischen Perspektive betrachtet werden darf. Als Folge solch eines Vorgehens wird sich hingegen der Versuch ergeben, die Proskriptionsaufzeichnung textlinguistisch zu interpretieren, d. h. den Achtvermerk mit dem textlinguistischen Instrumentarium zu messen und durch den Filter der Textlinguistik zu beschreiben. Der so umrissene Modus Procedendi wird aber immer im sozialen Handeln der nach der gültigen und wirksamen Bekanntgabe im öffentlichen Raum der Stadt vor dem Publikum deren Bewohner ins Stadtbuch einzuschreibenden Exklusion eines zuvor ein Verbrechen begehenden und der Justiz entkommenen Straftäters verankert, wodurch das gewichtige soziale Handeln in ein sprachliches Handeln in Form eines sich im Laufe der Zeit etablierenden Stadtbuchvermerks mit seinen konkreten Funktionen übertragen wird. So gelangt man schließlich zur bereits erwähnten Gesamthandlung, in der der ganze, häufig mithilfe der einzelnen, in den Städten gültigen Rechtskodizes (z. B. Statuten oder Willküren) näher bestimmte Prozess des Proskribierens eingebettet ist, und an der viele unterschiedliche Aktanten im gesellschaftlichen und sprachlichen Kontext zusammenarbeiten (kooperieren), damit dieser Prozess in einer kooperativen Handlungssituation erfolgreich vollendet und für die späteren Generationen verwahrt werden konnte (Stadtrat, Ratsherren, Gericht, Richter, Verbrecher, Stadtbevölkerung, Kanzleischreiber, potenzielle Leser des Stadtbuches, usw.). Dies rührt hingegen davon her, dass alle im Zusammenhang damit stehenden, zielgerichteten Handlungen und Tätigkeiten gesamte Handlungs- und Kooperationsreihen bilden (REHBEIN 1977: 102–127). Dann

> [...] wird die Entscheidung über die Mittel zum Erreichen der pragmatischen Ziele getroffen. Der Handelnde sucht also nach den geeigneten, ihm zur Verfügung stehenden Mitteln. Darunter sind sowohl die groben Strukturen eines Handlungsmusters als auch Formulierungsmuster zu verstehen. (CZACHUR 2007a: 99)

Wie von CZACHUR (2007a: 99) weiter bemerkt wird, lassen sich die Realisierung eines Textmusters sowie dessen Evolution nachvollziehen, nachdem die Gründe seiner Entstehung sowie die Umstände seines Gebrauchs richtig skizziert und untersucht worden sind. Im Vorliegenden betrifft das Gleiche ebenfalls die als Sammelbegriff für bestimmte Texte anzusehende Textsorte, die auf eine gewisse

Art und Weise zu einem konkreten Zweck dank einer konkreten Person in einem konkreten situativen Kontext durch die Produktion konkreter Texte mit ihren inhärenten, konstanten oder fakultativen Besonderheiten ausgeführt wird, um konkrete Kommunikationszusammenhänge und -verhältnisse zum Vorschein bringen zu können.

Ähnlich wie bei CZACHUR (2007a: 99–100) muss ein idealisiertes, prototypisches oder deskriptives Gerüst eines hypothetischen, abstrakten Proskriptionstextes anhand der durchzuführenden Makroanalyse erstellt werden, dem darauffolgend die physischen Proskriptionstextexemplare aus der konkreten Quelle gegenübergestellt werden können. Anhand der Ergebnisse solch eines Vergleichs wird es möglich, feststellen zu können, welche Elemente des zu einer konkreten Textsorte gehörenden Textes obligatorisch – und dadurch für den Text dieser Textsorte konstitutiv – sind. Die in manchen exemplarischen Texten fehlenden Einheiten, die aber in anderen Texten derselben Textsorte in derselben Quelle vorzufinden sind, lassen sich wiederum als fakultative Merkmale betrachten (auch bei BEAUGRANDE/DRESSLER 1981: 13).

Schließlich soll der Frage nachgegangen werden, was für eine soziale Handlung mittels einer Proskription manifestiert wird und was für eine Textfunktion der mit anderen Texten des kanzleisprachlichen Diskurses innerhalb des kanzelarischen Schrifttums sowie der außersprachlichen Wirklichkeit zusammenhängende Proskriptionstext erfüllt. Diese Unterscheidung scheint von äußerst großer Relevanz zu sein, weil sie darauf zurückzuführen ist, zu welchem Zeitpunkt, in welcher Situation sowie mittels welches Mediums der Text der Proskription realisiert – d. h. produziert und rezipiert – wurde (wird).

So kommt man zum von ZIEGLER (2003b: 131) und MEIER (2004: 50) repräsentierten Standpunkt: Texte als funktionale Elemente sollen zum Forschungskorpus einer pragmatischen Sprachgeschichtsuntersuchung erhoben werden. Ihnen zufolge stellen sich die Texte doch als Ausdrücke der die ebenfalls extralingualen Erscheinungen historischer und gesellschaftlicher Provenienz umfassenden Kommunikationspraxis innerhalb einer (mittelalterlichen) Stadt dar. Erst mit der Zeit etablierten sich die diversen Schriftprodukte der einzelnen, städtischen Kanzleien, was letztendlich zur Entstehung eines stereotypen, in einer konkreten Kanzlei gültigen Usus führte, der die Produktion von Texten mit einer konkreten Grundstruktur möglich machte, worauf auch GÜLICH (1997: 131–175) oder SANDIG (2006: 314) verweisen. Unter Berufung auf WIKTOROWICZ (2011f: 139–140), dessen Gedankengang auch SCHUSTER (2001: 273) aufgreift, sei im Fall der historischen Textsorten unentbehrlich, die Dichotomie *direkt : indirekt* in die Analysen hineinzuführen. Dies hängt mit dem überwiegend deklarativen Charakter (= Deklarationstexte bei BRINKER 2010: 126) der Kanzleitexte zusammen, deren Ziel es ist, eine neue rechtliche bzw. institutionelle Realität zu schaffen, zu kreieren bzw. zu verändern.

Allerdings entspricht die sprachliche Form der [...] Textsorten meist nicht dem wirklichkeitsschaffenden Zweck von Deklarationen. Meist werden nur indirekt neue institutionelle Tatsachen kreiert. Der Stadtschreiber, der verpflichtet war, Beschlüsse des Stadtrats in das Stadtbuch einzutragen, hielt solche deklarativen Handlungen in einer solchen Form fest, die solchen Realisierungen von Handlungen den Charakter von assertiven Textsorten verlieh. Der Stadtschreiber oder sein Vertreter verwendete solche sprachlichen Formulierungen, wie z. B. *her x hat bekannt, y und y haben bekannt, x hat sein haus verkauft, zu uns ist x gekommen.* Auf Grund solcher Aussagen könnte man annehmen, dass der Stadtschreiber in erster Linie das Ziel verfolgte, den Leser über einen bestimmten Tatbestand zu informieren. (WIKTOROWICZ 2011f: 139–140)

Anhand der obigen Ausführungen lässt sich resümieren, dass man es im Fall der meisten Dokumente und Rechtsakte in den Kanzleistadtbüchern mit indirekt deklarativen Textsorten zu tun hat, die als kohäsive, kohärente, informative, intentionale und akzeptable Satzfolgen in einem bestimmten situativen Kontext fungierten und erst nach deren Eintragung ins Stadtbuch einen informativen Charakter annahmen (= Informationstexte bei BRINKER 2010: 126), damit der potenzielle Leser über eine rechtlich oder sozial relevante Tatsache informiert werden konnte (kann), was auch auf die Praxis des Proskribierens tatsächlich genau zutrifft.

Wie aber WIKTOROWICZ (2011e: 127–129) betont, ist die reine Untersuchung der kommunikativen Textfunktion der archivalischen Schriftstücke bei der Anwendung der Methoden zur textintern gerichteten Erforschung zwecks einer Aussonderung der historischen Textsorten nur wenig geeignet. Aus diesem Grund soll die bereits erwähnte soziale Handlung miteinbezogen werden, deren Reflex ein historisches Dokument ist. Hierbei darf jedoch seine Einteilung der Handlungen in die primär soziale Handlung und das sekundär sprachliche Handeln nicht außer Acht gelassen werden, das als konventionalisiertes Produkt des Ersteren zu betrachten ist.

An der Schnittstelle zwischen der (historischen) Textlinguistik – und somit der (historischen) Sprachwissenschaft – und Soziologie gehört es sich im Folgenden kurz auf die Definition des von WEBER (1922: 1) als Untersuchungsgegenstand der Soziologie anerkannten s o z i a l e n H a n d e l n s einzugehen. Seine Definition leitet er nämlich von seiner Erklärung des Handelns im Allgemeinen ab, das sich in seinen Augen als „[...] menschliches Verhalten (einerlei ob äußeres oder innerliches Tun, Unterlassen oder Dulden) [...]" darstellt, „[...] wenn und insofern als der oder die Handelnden mit ihm einen subjektiven S i n n verbinden" (WEBER 1922: 1). Unter dem *sozialen Handeln* wird dagegen solch ein Handeln verstanden, „[...] welches seinem von dem oder den Handelnden gemeinten Sinn nach auf das Verhalten a n d e r e r bezogen wird und daran in seinem Ablauf orientiert ist."[154] (WEBER 1922: 1) In seiner Begriffsbestimmung stellen sich jedoch die Passagen „das Verhalten anderer" sowie „daran in seinem Ablauf orientiert" als

---

154 Erweiterter Zeichenabstand im Original.

besonders schwerwiegend heraus, weil hier die antizipierten, entweder aktuelle oder potenzielle Reaktionen und Verhaltensweisen der Empfänger eines ausgeführten sozialen Handelns präsupponiert werden. Somit zeigt sich der Adressat eines sozialen Handelns als kein passives Element einer Interaktion, sondern vielmehr als auf ein Handeln aktiv reagierende Einheit oder als Partner in dieser Interaktion. So wird ein Handeln an seinem Rezipienten und dessen Reaktionen orientiert, wobei diese eher als Projektionen der Vorstellungen des Senders des (sozialen) Handelns zu verstehen sind (SZTOMPKA 2002: 53–56). Unter den sozialen Handlungen lassen sich wiederum ihre verschiedenen, sich voneinander je nach der psychologischen und kulturellen Bedeutung unterscheidenden Arten des Handelns differenzieren, und zwar 1) zweckrationales Handeln, 2) wertrationales Handeln, 3) affektuelles Handeln und 4) traditionales Handeln (WEBER 1922: 27). In Anknüpfung an die bereits zitierte Feststellung von WIKTOROWICZ (2011e: 129) stellt sich diese Einteilung als besonders gewichtig dar, weil die Eintragungen in den Stadtbüchern als Produkte entweder des zweckrationalen oder des traditionalen Handelns angesehen werden können. Bei der Zweckrationalität geht es nämlich um das rationale Abwägen zwischen Zwecken bzw. Zielen, Mitteln und Folgen: Der Mensch denkt vorher über seine Zwecke bzw. Ziele nach sowie über die Mittel, mithilfe deren er seine Zwecke bzw. Ziele anstrebt bzw. erreicht und schließlich über die Folgen bzw. Konsequenzen seines Handelns. Beim traditionalen Handeln werden dagegen eine reaktive Nachahmung, eine eingelebte Gewohnheit oder einfach auch eine Routine im Handeln in den Vordergrund geschoben, d. h. man handelt so, weil man immer so in einer solchen Situation handelt(e) oder weil alle so in einer solchen Situation handel(te)n. Hier gibt es also kein nachdenkliches Element, dank dem es möglich ist, die Zweckmäßigkeit seines Handelns beurteilen zu können bzw. zu wollen (WEBER 1922: 27; SZTOMPKA 2002: 57–62). Im Fall von Stadtbüchern und deren Aufzeichnungen kommt die Zweckrationalität nämlich dadurch zum Vorschein, dass die die Handlungen regelnden Entscheidungen und Vorschriften bzw. die rechtlich oder sozial relevanten Handlungen [u. a. Statuten, Willküren, Proskriptionen, Testamente, (eheliche) Verfügungen von Todes wegen, Kaufverträge] im Auftrag der Stadtobrigkeit bzw. auf Antrag oder auf Bitte der Stadtbewohner in die Stadtbücher eingeschrieben wurden, damit sie sicher verwahrt und verewigt werden konnten, was bestimmt von der memorativen Funktion sowie von der Beweisfunktion der Stadtbücher herrührt (vgl. 2.3.5). Das traditionale Handeln kommt wiederum in diesem Kontext vielleicht später – d. h. nach einem kürzeren oder längeren Bestehen einer Kanzlei – vor: Eine Urkunde und ein Rechtsakt sollen in den Stadtkanzleibüchern registriert werden, weil solche Urkunden bzw. Akte immer in den Amtsbüchern verzeichnet wurden, wodurch auch ihre sichere Verwahrung und Verewigung gewährleistet werden kann (konnte).

REHBEIN (1977: 141) schlug hingegen das die nachfolgenden Stadien umfassende Schema des sozialen Handelns vor:

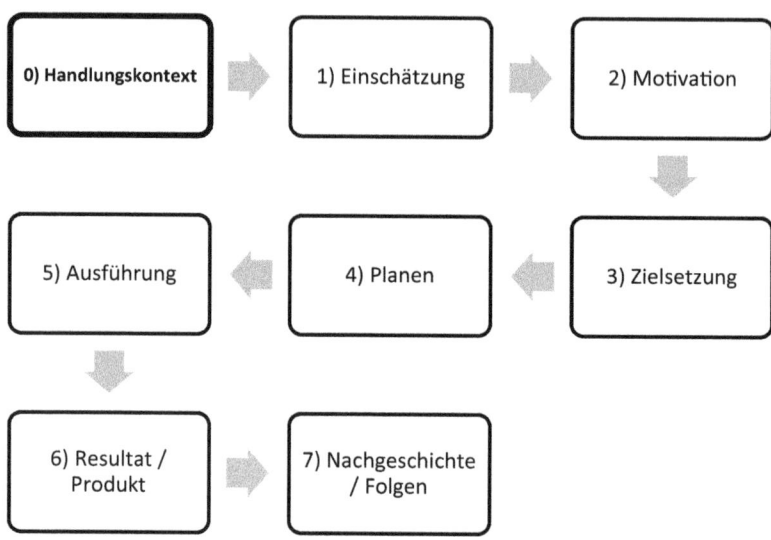

Abb. 14. Schema des sozialen Handelns von Rehbein (1977: 141) (erarbeitet von P.A.O.)

Hierbei sei der Handlungskontext (fett gedruckt) als Glied des Schemas zu betrachten, das die gesamte Kettenreaktion irgendwie auslöst und eben als Auslöser den / die Handelnde(n) zu einem Handeln auf eine gewisse Art und Weise veranlasst oder sogar zwingt. Somit handeln die Menschen nach dem oben achtstufigen Muster, wobei jede Stufe ein anderes Stadium ihres sozialen Handelns darstellt, z. B. wenn jemand wegen des (plötzlichen) Geldmangels sein Haus verkaufen will / muss, befindet er sich in solch einer Lebenssituation [= 0) Handlungskontext], die ihn zwingt, darüber nachzudenken, ob dies der einzige Ausweg aus dieser schweren Lage ist, bzw. wie viel Geld er für sein Haus bekommen kann [= 1) Einschätzung]. Um sich und seine Familie zu retten, beschließt er (zweckrational) sein Haus zu verkaufen [= 2) Motivation], wobei er sich das Ziel setzt, nicht nur das Haus zu verkaufen, sondern auch möglichst viel Geld dafür zu bekommen [= 3) Zielsetzung]. Über alles grübelt er lange Zeit und plant, was er Schritt für Schritt unternehmen wird, um sein Haus gut zu verkaufen [= 4) Planen]. Schließlich realisiert er seinen Plan, wenn er eine Chance vom Schicksal bekommt, einen Käufer zu treffen, der viel Geld für sein Haus zahlen möchte [= 5) Ausführung]. Aus diesem dicken Geschäft gewinnt er dann viel Geld [= 6) Resultat / Produkt] und alle leben glücklich bis ans Ende [= 7) Nachgeschichte / Folgen]. So kann der Prozess des Verkaufens und des Kaufens des Hauses selbst auf dieselbe Art und Weise dargestellt werden: Der Verkäufer (ohne Unterhaltsquellen), der sein Haus verkaufen will [= 0) Handlungskontext I], und der Käufer (mit viel Geld), der ein Haus kaufen möchte [= 0) Handlungskontext I] beschließen nach reiflicher Überlegung [= 1) Einschätzung], sein / ein Haus zu verkaufen / kaufen, weil der Verkäufer kein Geld mehr hat und der Käufer für den besseren Lebensunterhalt seiner Familie sorgen will [= 2) Motivation]. Um das Geschäft erfolgreich [= 3) Zielsetzung] festzumachen [= 4) Planen], gehen sie zusammen in die Stadtkanzlei zwecks der Beglaubigung des Kaufvertrags [= 5) Ausführung] und dessen Verzeichnung ins Stadtbuch [= 6) Resultat / Produkt]. Dann leben alle glücklich bis ans Ende [= 7) Nachgeschichte / Folgen].

Daraus ergibt sich also die Konzeption der sieben Kriterien der sozialen Handlungen, die von HOLLY/KÜHN/PÜSCHEL (1984) in Anlehnung an WEBERS (1922) Handlungstheorie entwickelt wurde.

> Für die genannten Autoren sind Handlungen vor allem durch Sinnhaftigkeit, Zielgerichtetheit, Kontrollierbarkeit, Verantwortbarkeit, Regelhaftigkeit, Komplexität und Interpretationsabhängigkeit gekennzeichnet. Diese Merkmale umfassen unterschiedliche Aspekte von Handlungen: das Verhältnis der Handlung zum Handlungsrahmen (Sinnhaftigkeit, Zielgerichtetheit, Kontrollierbarkeit, Verantwortbarkeit), die Morphologie bzw. die innere Spezifik der Handlung (Regelhaftigkeit, Komplexität) und die Außenperspektive als methodisches Vorgehen (Interpretationsabhängigkeit). (CZACHUR 2011a: 85)

Nun bleibt jedoch nicht belanglos, dass die im Zitat erwähnten Merkmale der sozialen Handlungen das Ergebnis der gesellschafts- und kulturbedingten Faktoren sind, denn „[...] sie gelten als Ausdruck der sozialen Regeln und Bedürfnisse" (BRALSKA/CZACHUR 2009: 227) und eben deswegen hängen sie nicht nur von den intralingualen Determinanten ab. So kommt es zur Manifestation von diesen sozialen Handlungen, die darauffolgend in den konventionsbedingten sprachlichen Handlungen zum Ausdruck gebracht werden und deshalb mit einer konkreten Textsorte im Zusammenhang stehen. Aus diesem Grund verwundert es nicht, dass die Umwandlungen der Textsorten – und innerhalb der Textsorten – mit den sozialen Veränderungen und gesellschaftlichen Umstrukturierungen einhergehen. Dies resultiert nämlich daraus, dass die Texte als Antwort auf die extralinguale Realität und als Reflex des sozialen Handelns und der gesellschaftlichen Lebensumstände interpretiert werden dürfen.

Jene Lebensbedingungen sowie die gesellschaftlichen Determinanten zusammen mit der inneren Textstruktur bilden die dichotome Unterscheidung zwischen den bereits genannten textinternen und textexternen[155] Merkmalen der Texte. Die Letzteren sind nämlich bei den Analysen der historischen Dokumente

---

155 Unter den textinternen Merkmalen werden die die Struktur determinierenden Größen, wie etwa Sinn und Inhalt, verstanden. Die textexternen Eigenschaften umfassen den breit angelegten situativen Kontext, in dem der Text entsteht oder ausgeführt wird: Zugehörigkeit zu einem Handlungsgebiet, soziale Lebensumstände einer konkreten Gemeinschaft, Kommunikationssituation der Textentstehung u. a.

kaum wegzudenken, worauf WIKTOROWICZ (2011e: 127–129) oder BRALSKA/CZA-
CHUR (2009: 230–232) verweisen:

> Das Wissen über die textexternen Merkmale bietet dem Forscher das Material zur
> Rekonstruktion des Textmusters an, das dem historischen Text zugrunde liegt und
> leider dem gegenwärtigen Rezipienten weitgehend verschlossen bleibt. Die Erfor-
> schung der Bedingungen der kommunikativen Situation, in der ein Text entstanden
> ist, seine Zuordnung zu einem konkreten Handlungsbereich, die Aufdeckung der
> gegenseitigen Abhängigkeiten zwischen den Textsorten dieses Handlungsbereichs
> sind unabdingbare Voraussetzungen für eine vollständige Beschreibung der histo-
> rischen Textsorten.[156] (BRALSKA/CZACHUR 2009: 230)

Um das Bild der wissenschaftlichen Beschreibung des gewählten Untersuchungskorpus zu vervollständigen, sollen die Stadtbuchvermerke auch unter dem
phonematisch-graphematischen Aspekt analysiert werden. Dadurch wird nämlich der Einblick in das Entwicklungsstadium der deutschen Sprache aus dem
14. und 15. Jahrhundert ermöglicht. Das Resultat solch einer Verfahrensweise
soll wiederum die Feststellung der im Text beobachtbaren, standardsprachlichen
Lautwandelerscheinungen des Mhd. und des Fnhd. sein, wobei der auf SCHERERS
(1878: 12–15) Sprachgeschichtsperiodisierungsvorschlag fußende Standpunkt von
AGHAYEV und PIIRAINEN (2013: 117) angenommen wird, im Rahmen dessen das
Fnhd. als keine direkte Fortsetzung des Mhd., sondern vielmehr als autonome
Epoche in der Einteilung der Geschichte des Deutschen anzusehen ist. Außerdem
wird versucht, die potenziellen mundartlichen Einflüsse in den einzelnen Eintragungen aufzuspüren, wodurch das Korpus auch sprachgeographisch erforscht
und einem bestimmten Dialektkreis zugeordnet werden kann.

3.2 Forschungskorpus und dessen historischer Hintergrund

Die Untersuchung des Stadtrechtes von Schweidnitz/Świdnica ist sowohl für die
Geisteswissenschaft als auch für die deutsche Sprachwissenschaft von großer Bedeu-
tung: Schweidnitz ist im Zuge der deutschen Ostkolonisation in Schlesien/Śląsk
entstanden und erlangte bald nach seiner Entstehung wegen der geographischen
Lage eine überregionale Bedeutung: die von Thüringen und Meißen kommende
Straße vereinigte sich in Schweidnitz mit der aus Böhmen und Grafschaft Glatz.

---

156 Auch: BRALSKA/CZACHUR 2009: 230:
> „Aus diesen Gründen scheint die Analyse der historischen Textsorten eigentlich
> nur mithilfe der pragmatisch orientierten Beschreibungsraster möglich zu sein.
> Die Erforschung soll auf dem induktiven Wege stattfinden, d. h. zuerst sollen die
> Einzeltexte beschrieben werden; aufgrund solcher Analysen können die Schlüsse
> in Bezug auf die ganze Textsorte gezogen werden; die Ergebnisse der Einzelana-
> lysen können dann generalisiert werden".

Dies führte zu einer raschen Entwicklung der Stadt. Schweidnitz war außerdem die Hauptstadt des gleichnamigen Fürstentums. (AGHAYEV/PIIRAINEN 2013: 9)

Die im Zitat angeführte Feststellung über das Gewicht der Untersuchung des Schweidnitzer Stadtrechtes nicht nur für die geisteswissenschaftlichen, sondern auch für die linguistischen Analysen könnte noch zusätzlich darum erweitert werden, dass eigentlich alle mit dem Recht und den juristischen Phänomenen im Zusammenhang stehenden Stadt- bzw. Amtsbücher als hervorragendes Untersuchungskorpus und als hochinteressante Quelle des Wissens über die Lebensumstände in einer mittelalterlichen Stadt wahrgenommen werden dürfen. Somit lässt sich die im Vorliegenden unternommene textlinguistisch fundierte Analyse der Schweidnitzer Proskriptionseintragungen in den Nachklang der oben zitierten Konstatierung von AGHAYEV und PIIRAINEN reibungslos einbeziehen, sodass man die ganzen Reihen der archivalischen, im intertextuellen Verhältnis zueinander stehenden Dokumente der kanzlarischen Schrifttums innerhalb des kanzleisprachlichen Diskurses sowie die ganzen Serien der Amtsbücher ins Spektrum der textlinguistisch geprägten Forschungsperspektive schieben kann.

3.2.1 Zum Forschungskorpus

Zwar schreibt JEZIORSKI (2020)[157] in seiner Verlagsrezension des Buches von GOLIŃSKI (2020) über das wachsende Interesse der insbesondere deutschen Forscher an den spätmittelalterlichen, den Einblick in die damalige Praxis der Vollstreckung von Rechtsvorschriften bietenden Gerichtsregister, aber es darf keinesfalls außer Acht gelassen werden, dass die Sprachanalysen des archivalischen, deutschen bzw. deutschsprachigen, Schlesien betreffenden Schriftguts aus der Zeitspanne zwischen dem 14. und 17. Jahrhundert in der Zeit der nach dem Zweiten Weltkrieg angespannten, politischen Beziehungen zwischen Polen und Deutschland erschwert und infolgedessen nur teilweise möglich waren. Die politische Transformationswende in Mittel- und Osteuropa in den 1980er und in den 1990er Jahren konnte endlich die Tore der schlesischen Archive für die u. a. germanistischen Sprachhistoriker öffnen, was die Untersuchungen der gemeinsamen, auf den historischen Schriftstücken „mumifizierten" Geschichte ermöglichte (PIIRAINEN 1994: 236).

Gegenwärtig ist das mit der Signatur *APWr., Akta Miasta Świdnicy, nr 95* versehene Schweidnitzer Proskriptionsbuch ein Teil der Sammlung des Staatsarchivs in Breslau/Wrocław. Vormals befand sich das Manuskript im Stadtarchiv in Schweidnitz, wo es unter dem Signum 84 I verwahrt wurde. Im Jahre 2020 erschien das von GOLIŃSKI edierte Buch unter dem Titel *Późnośredniowieczne*

---

157 Ausgewählte Abschnitte der Rezension sind auf der Internetseite des Verlags Księgarnia Akademicka Publishing https://books.akademicka.pl/publishing/cata log/book/169 (07.08.2021) abrufbar. Vorzufinden sind sie auch auf der Umschlagrückseite des Buches von GOLIŃSKI (2020).

spisy wywołanych z Jawora i Świdnicy im Druck, dessen Überprüfung, Verifizierung, Textkorrektur und Korrekturlesen von mir durchgeführt wurden.[158]

Wie es von dem Buchherausgeber (GOLIŃSKI 2020: XLV) nahegelegt wird, müsse der Fakt der Präsenz des im Schweidnitzer Stadtarchiv greifbaren, ein hohes Explorationspotential besitzenden Buches in ordnungsgemäßem Zustand den lokalen Geschichtsforschern bekannt gewesen sein, obwohl dies sich in den diesem Potential entsprechenden Publikationen der Untersuchungsergebnisse zum Inhalt des Buches nicht wiedergegeben habe. Eine detaillierte Beschreibung der lediglich im eingeschränkten Maße durchgeführten, (geistes- und sprach-)wissenschaftlich geprägten Erforschung dieses unterschätzten Korpus wurde von GOLIŃSKI (2020: XLV) im Geleitwort seiner Edition des Buches dargestellt. Gemeint sind hier die Veröffentlichungen zum Thema Schweidnitz, in denen die Existenz des im Vorliegenden explorierten Buches entweder ohne Tiefgang erwähnt oder überhaupt verschwiegen wird (SCHMIDT 1846; SCHUBERT 1911; GANTZER 1937; GOLIŃSKI/MALINIAK 2007: 29). Von diesen vier letztgenannten Literaturpositionen scheint die Vorletzte von besonderer Bedeutung für die vorliegende Studie zu sein: Sie betrifft nämlich das älteste Schweidnitzer Strafbuch, das „[...] als einen Vorläufer des späteren *liber proscriptorum* [...]"[159] von ihrem Autor bezeichnet wird, „[...] der mit einer Eintragung von 1367 beginnend, dann nach Erwerb der Erbvogtei durch die Stadt Schweidnitz ausführlicher bis 1485 geführt ist" (GANTZER 1937: 185). Hierbei handelt es sich offensichtlich um das frühere Buch mit dem Inhalt, dessen Fortsetzung das Untersuchungskorpus dieser Publikation ist. Aus der kodikologischen Perspektive beschreibt GANTZER zunächst das von ihm im Schweidnitzer Stadtarchiv vorgefundene Strafbuch in Form eines in zwei Teile aufgeteilten Pergamentheftes mit den sowohl auf Deutsch als auch auf Lateinisch mit den Händen anonymer Schreiber verfassten Aufzeichnungen aus den Jahren 1315–1332, 1337–1338 sowie 1377–1378 (GANTZER 1937: 184–185), um später zur Druckausgabe des Inhalts des Buches überzugehen (GANTZER 1937: 185–196).

> Beide Teile unterscheiden sich nicht nur in den Schriftzügen, sondern auch inhaltlich. Auf den Blättern 1–16 finden wir zahlreich Fälle von Vergehen und Übertretungen wie nächtliche Ruhestörung, Belästigungen der Polizei und Nachtwächter, sonstiger Unfug, aber auch von Verbrechen, wie Raub, Diebstahl, Betrug. Die Bestrafungen der einzelnen Fälle werden aufgezählt; daneben stehen Eintragungen, die

---

158 Der erste Teil der Editionspublikation von GOLIŃSKI (2020: Einleitung – VII–XLI, Edition des Proskriptionsbuches – 1–65) enthält auch die mit den vorwiegend auf Latein und stellenweise auf Deutsch verfassten Proskriptionseinträge aus dem Proskriptionsbuch aus Jauer, das in den Jahren 1381–1412 geführt wurde. Die detaillierten Ergebnisse der Sprachanalyse der deutschen Vermerke im Jaurer Proskriptionsbuch wurden im Beitrag *Ein Versuch der phonematisch-graphematischen Untersuchung des Textes De proscriptis (1381–1412) aus Jauer/Jawor* dargestellt (OWSIŃSKI 2022e).

159 Kursivdruck von P.A.O.

für die Geschichte der Stadt Schweidnitz von Bedeutung sind [...]. Aber in allen Fällen werden nur kurz die Täter, ihr Vergehen und ihre Strafe angegeben. (GANTZER 1937: 185)

Einband[160]

Das Schweidnitzer Proskriptionsbuch hat die Form eines separaten, geschlossenen, einheitlichen Ganzen, in das die konkreten Proskriptionseintragungen reinschriftlich verzeichnet wurden. Es besteht aus mit Leder überzogenen Holzdeckeln, bei denen aber der originale Buchrücken fehlt. Wahrscheinlich im 20. Jahrhundert wurde der Versuch unternommen, den Einband zu reparieren und zu erneuern, indem Leinen und Papier aufgeklebt wurden. Mancherorts sind die durch Holzschädlinge angerichteten Schäden festzustellen. Aus der Metallschließe blieben nur kleine Teile erhalten.

Auf der Außenseite des Vorderdeckels finden sich die mit schwarzer Tinte geschriebenen, jedoch heute schon stark verwischten Titel des Buches:

Liber Proscriptorum et qui
meruerunt gratiam dominuorum.

Darüber befindet sich aber der mit der weißen Farbe geschriebene, unvollständige Titel:

[...] 1485
Liber Proscrip
torum,

der teilweise durch die schwarze Aufschrift: *[...] 1380 / [...] 1485* gedeckt wurde.

Unten auf der Außenseite des Vorderdeckels wird die arabische Zahl *95* angetroffen, die für die Signatur dieser musealen Sammlung steht: *APWr., Akta Miasta Świdnicy, nr 95.*

Buchblock

Der Buchblock ohne Einband besteht aus 58 mit Bleistift paginierten Pergamentblättern, die 33 cm hoch und 24 cm breit sind. Die Seiten wurden liniert und mit vier Seitenrändern versehen.

Beschreibstoff

Als Schriftträger dienen die annähernd gleichgroßen Pergamentblätter (33 x 24 cm), die liniert und mit vier Seitenrändern versehen wurden. Die Blätter 4–55 wurden

---

160 Alle mit dem äußeren Erscheinungsbild des Manuskripts zusammenhängenden Erörterungen wurden größtenteils auf die Ergebnisse der kodikologischen, in der Einleitung der Edition des Buches von GOLIŃSKI (2020: XLIII–XLVII) dargebotenen Analyse gestützt.

in arabischen Ziffern von 0 bis 51 paginiert, wobei sich die Seite „0" auf die einseitig vollgeschriebene Karte mit den Aufzeichnungen aus den Jahren 1375 und
1381 bezieht. Auf dem Blatt 1 (Seite 2 nach der Seitenzählung) befinden sich auch
der gegenwärtige Stempel des Staatsarchivs, die Signatur der Sammlung sowie
die mit dem Bleistift aufgeschriebenen Daten: *1380–1485*. So wurde das wirkliche
erste Buchblatt mit dem Buchtitel *Iste est quaternus proscriptorum et quibus civi-
tas denegata* zusammen mit zwei Aufzeichnungen, von denen die eine aus dem
Jahre 1367 stammt, übersehen.

Die frühere, mit dem Bleistift aufgeschriebene Paginierung wurde durchge-
strichen und durch die auch mit dem Bleistift eingetragene Seitenzählung von 2
bis 115 ersetzt. Diesmal wurden aber nur die vollgeschriebenen Seiten paginiert,
wobei die wahrscheinlich während der oben bereits erwähnten Buchbinderarbei-
ten im 20. Jahrhundert an das Buch ganz zufällig angehängten Papierkärtchen
unterschiedlicher Größe mit den nur ins Unreine geschriebenen Aufzeichnungen mitberücksichtigt wurden (Seiten: 8, 29, 74–79, 97, 98). Auf die zwei ersten
Aufzeichnungen folgen fünf leere Seiten. Solche leeren Stellen sind überdies im
ganzen Buch anzutreffen. Dem Herausgeber zufolge waren sie für die späteren
Ergänzungen bestimmt, obwohl auch nicht auszuschließen sei, dass 1367 sowie
1380 keine Verzeichnungen ins Register eingeschrieben wurden. Man kann vermuten, dass man sich erst im Jahr 1381 bemühte, die früher angehäuften, unerle-
digten Eintragungen im Buch zu registrieren. Die leeren Stellen wurden später
nie mehr ergänzt. Außerdem lassen sich die Mängel in der Buchführungskonti-
nuität im gesamten Volumen antreffen. Solche Lücken machen unmöglich, die
durchschnittliche Anzahl von Aufzeichnungen binnen einem Jahr zu schätzen
(im Jahre 1381 – 11 Einträge, 1484 – 8 Einträge). Deswegen wird es bei der Zahl 578
belassen, die sich eben auf die Anzahl von in der Edition berücksichtigten Verzeichnungen bezieht. GOLIŃSKI (2020: XLV) betont jedoch zu Recht, dass die
Zeit in der Stadtkanzlei nicht mithilfe der Kalenderjahre gemessen wurde: Der
Arbeitsrhythmus der Kanzlei wurde vielmehr mittels der einjährigen, meistens
im Herbst beginnenden Amtszeiten des konkreten Stadtrates bzw. des Schöppen-
stuhls bestimmt.

Die Eintragungen wurden von dem Stadtschreiber selbst ins Buch eingeschrieben, in dem sich nur vier Namen dieser Stadtbeamten vorfinden lassen:

– Johannes Hofeman (1403–1410);
– Johannes Monau (1410–1417);
– Nicolas Stelin (1418–1427, 1436–1437);
– Johannes Posch (1466).

Ohne graphologische Analyse der gesamten Schweidnitzer Museumssammlung
ist es jedoch nicht möglich, die Zahl der Hände der Schreiber zu bestimmen.

Nachdem das Schweidnitzer Proskriptionsbuch angelegt worden war, wurden
alle seine Aufzeichnungen auf Deutsch niedergeschrieben. Die lateinischen Eintragungen in voller Länge kommen nur gelegentlich vor. Häufiger werden lateinische Einschübe – besonders oft im Datum – angetroffen, z. B.

- (27.05.1381):   *Item secunda feria post Urbani* [...];
- (06.11.1381):   *Quarta feria ante Martin[i]* [..] (vgl. 4.3.2).

Außerdem sind ziemlich zahlreiche Ergänzungen sowie durchgestrichene Wörter, Sätze oder Textpassagen beobachtbar, was zur Annahme verleitet, dass manche (vielleicht nachlässigen) Stellen entweder einer Korrektur zu unterziehen waren oder die konkreten Eintragungen nicht unbedingt abgeschrieben, sondern eher aufs Neue ausgearbeitet wurden.

An den Seitenrändern sind einige Bemerkungen festzustellen, vor allem Ortsnamen (z. B. *Prozchkenhain, Floriansdorf, Aldinburg, Wissenrode, Czedlitz*), aber auch Personennamen (z. B. *Jo[hannes] Monau notarius, Dittrich Doring*) oder andere lateinische, mit dem Inhalt des konkreten Proskriptionseintrags zusammenhängende Phrasen (z. B. *non dixit, de illa inscriptione nichil est data et tenetur, Item de illa inscrptione in toto nichil est data*).

3.2.2 Zur historischen Einbettung des Forschungskorpus

Die Präsenz und der immer konsequentere Gebrauch der deutschen Sprache in den städtischen Amtsbüchern verbindet sich untrennbar mit der Vergrößerung des Anwendungsbereichs des Deutschen sowie mit der Vergrößerung des deutschsprachigen Gebietes durch den mittelalterlichen Landesausbau im Osten (= deutsche Ostsiedlung, deutsche Ostkolonisation). ERNST betont jedoch,

> [...] dass bereits das fränkische Reich unter KARL DEM GROSSEN über die Grenzen der deutschen Stämme nach Osten expandierte. Unter Kaiser LOTHAR VON SUPPLINBURG aus Niedersachsen erhielt die Ostbewegung im 12. Jahrhundert neue Impulse, indem auch das Städtewesen nach Osten ausgriff. Zwischen 1160 und 1170 siegte HEINRICH DER LÖWE in Mecklenburg und Pommern und dehnte die deutsche Vorherrschaft bis zur Weichsel aus, seine Entmachtung durch Kaiser BARBAROSSA bedeutet aber einen Stillstand der Ostexpansion. Der Deutsche Orden [...] nahm sie in kriegerischer Form wieder auf, belastete aber das Verhältnis der Volksgruppen nachhaltig durch extreme Brutalität bei der Neubesiedlung. (ERNST 2021: 106)[161]

Erst nach diesen früheren Phasen der Ostexpansion des Deutschtums kam die Zeit der bäuerlichen und städtebürgerlichen deutschen Ostsiedlung (seit dem 12. Jahrhundert), die die wirtschaftliche Strukturumgestaltung begleitete. Die Ursachen dieses Wandels stecken nämlich in der neuen landwirtschaftlichen Methode der Dreifelderwirtschaft,

> [...] die eine intensivere Nutzung des Bodens [erlaubte] und [...] reichere Erträge [brachte]. Dadurch steigen die Geburten, und die Bevölkerung nahm zu. Durch diesen Zuwachs [...] konnten sich viele Menschen trotz Binnenkolonisation und Intensivierung des Landbaus nicht mehr ausreichend ernähren. Neusiedler und

---

161 Auch: EGGERS 1969: 8–9; KRIEGESMANN 1990: 43–46.

Neubürger aus den alten deutschen Stammesgebieten einschließlich der Niederland zogen im 12. und 13. Jahrhundert in die Ostgebiete, denn in den noch dünn besiedelten Territorien östlich der Elbe winkten neue Erwerbsmöglichkeiten und Freiheiten. Hier entstehen [...] planvoll angelegte neue Rodungssiedlungen, insbesondere die neuen Hufendörfer und eine neue Art der Stadt. (RIECKE 2016: 56–57)

Außerdem werden drei (EGGERS 1969: 11) oder zwei (RIECKE 2016: 57) Hauptsiedlungsetappen unterschieden, die sich durch die Herkunft der Siedler voneinander unterscheiden. Die erste, nördlichste Siedlerwelle bilden für EGGERS die Kolonisten aus den holländischen und niederrheinischen Gebieten, die durch Friesland über Weser und Elbe ins Oder- und Weichseldelta ankamen. Die zweite größere Gruppe von Einwanderern aus dem niederdeutschen Gebiet gelangte durch West- und Ostfalen zuerst nach Magdeburg und erst dann weiter nach Brandenburg und Pommern. Die Siedler der dritten Siedlungsbahn stammten hingegen aus den Moselgebieten, sowie aus den Gegenden um Eifel und Hunsrück und aus Luxemburg. Durch Hessen und Thüringen wanderten sie nach Sachsen, Schlesien und sogar nach Siebenbürgen. Diese Welle deckt sich wiederum mit einer der von RIECKE unterschiedenen Siedlerwelle:

Über das Einfallstor Erfurt dringen mittelfränkische und hessische Siedler in die böhmisch-mährischen Randgebiete vor; thüringische Siedler wandern ins Erzgebirge, nach Nordmähren und Niederschlesien, während Niederschlesier nach Oberschlesien und in die Zips (Slowakei) ziehen. (RIECKE 2016: 57)

Unter der obd. Siedlungsbahn assoziiert RIECKE (2016: 57) die Gruppe von ostfränkischen und bayrischen Bauern, die über Bamberg und Regensburg nach Böhmen, Mähren, Ostfranken und Obersachsen auswanderten.

Somit bemerken GRULKOWSKI (2015: 11) und SPIESBERGER (2017), dass der Gebrauch der zuerst auf Lateinisch verfassten Stadtbücher in den mitteleuropäischen (hanseatischen) Städten im Mittelalter immer als Folge der früheren Gründung einer Stadtgemeinde nach dem deutschen Recht zu interpretieren ist. GRULKOWSKI (2015: 11) richtet zwar eine besondere Aufmerksamkeit auf das Herrschaftsgebiet der seit dem 13. Jahrhundert im Nord- und Ostseeraum tätigen Hanse, aber vor dem im obigen Zitat umrissenen Hintergrund kann man den langwierigen Prozess der Ausweitung der Grenzen des deutschsprachigen Gebietes auch in einer noch breiteren Perspektive des mittelalterlichen Landesausbaus charakterisieren, innerhalb dessen nicht nur die Geburt, die Entwicklung und die Aktivität der *Hansa Teutonica* enthalten sind. Von den Kolonisierungsprozessen, an den übrigens nicht nur Deutsche, sondern auch Österreicher, Niederländer und Flamen teilnahmen, waren nämlich die riesigen Landflächen westlich von der Lausitzer Neiße und der Oder sowie die weit reichenden Gebiete Böhmens, Mährens, Schlesiens, Pommerns, Pommerellens, Siebenbürgens und Deutschordensstaates betroffen, wobei jedoch zu beachten ist, dass sich die Besiedlung der innerhalb der Grenzen des Deutschen Reiches gelegenen Gebiete parallel vollzog (EGGERS 1969: 8–9; RIECKE 2016: 55–56; OWSIŃSKI 2019a: 72–73; CHROMIK 2020: 355–374).

Ostsiedlung ist kein isoliertes Vordringen der Deutschen in ein barbarisches, von der Natur her zu eigener Kultur nicht fähiges Land. Ostsiedlung ist keine Sache bloß der Deutschen und ihrer östlichen Nachbarn. Ostsiedlung ist vielmehr nur Teil eines umfassenderen Ausbauprozesses, der sich in allen europäischen Ländern vom 12. bis zum 14. Jahrhundert vollzogen hat. [...] Lange Zeit wurde das Bild der Ostsiedlung von der Vorstellung genährt, daß im hohen Mittelalter das deutsche Volk gewissermaßen aus den Nähten geplatzt sei, daß sich Tausende und Abertausende auf den Weg gemacht hätten, um sich jenen Lebensraum zu verschaffen, den ihnen nicht mehr ihre Heimat bieten konnte. (BOOCKMANN 1981: 115–116, 118)

Den mit der Ostsiedlung zusammenhängenden politischen, gesellschaftlichen, finanziellen, wirtschaftlichen, landwirtschaftlichen, handwerklichen, industriellen, rechtlichen, kulturellen, und sich mit dem christlichen Glauben verbindenden Umständen soll eine größere Bedeutung zugemessen werden, zumal sie den wesentlichen Fortschritt in allen Lebensbereichen der den mittel-, ost- und südosteuropäischen Raum bewohnenden Gesellschaften mit sich brachte[162], worauf beispielsweise GRABAREK folgendermaßen verweist:

Die deutsche Ostkolonisation lässt sich [...] auf keinen Fall nur als eine aggressive Expansion des Deutschtums betrachten. Zweifelsohne haben z. B. die polnische und die tschechische Sprache zu Gunsten des Deutschen an Raum verloren, was die Folge der Germanisierung war. Es sei jedoch bemerkt, daß die Germanisierung oft nicht nur unter Zwang erfolgte. Viele Slawen wandten sich freiwillig dem Deutschtum zu, denn dies bedingte den gesellschaftlichen Aufstieg [...]. Die deutschen Kolonisten brachten aber auch Fortschritt ins Land, und zwar in allen möglichen Bereichen des Lebens (Innenpolitik, Rechtswesen, Wirtschaft und Alltagsleben). Die Ostkolonisation hat also die wirtschaftliche und gesellschaftlich-kulturelle Entwicklung dieser Gebiete beschleunigt. Die Bauern hofften auf Befreiung von drückenden feudalen Lasten, die Handwerker auf Freiheit in den neuen Städten sowie günstigere Produktions- und Absatzmöglichkeiten. Alle suchten nach einer gesicherten Existenz. [...] Auch für die Siedler war die Volkszugehörigkeit ihrer neuen Obrigkeit unwesentlich, sie interessierten sich in erster Linie für die ökonomischen Bedingungen, die ihnen das neue Land anbot. (GRABAREK 2004: 511–512)

Die obigen Feststellungen verlangen jedoch die Bemerkung, dass einige von den durch die Ostsiedlung verbreiteten okzidentalen Leistungen und Lösungen keine rein deutsche Prägung besaßen. In einem solchen Kontext erscheinen die Deutschen als Vermittler der westlichen Lebens-, Wirtschafts- und Rechtsformen (SCHLESINGER 1975: 16–17, 2017: 289–290; OWSIŃSKI 2020a: 212–214):

---

162 Mehr dazu: SZPER 1913: 133; BARANOWSKI 1915: 64–81; WIEBE 1952: 2–13; LIP-CZUK 2001: 2; KALETA 2004: 13–23; TARGOWSKI 2013: 7; CHODYŁA 2015: 9; KALETA 2015: 141–142; SZELEST 2018: 11; OWSIŃSKI 2017: 43–45, 2018: 43–44, 2019b: 169–171; FIRYN/OWSIŃSKI 2020: 115–129; OLBRICH 2021.

Selbst die von der Siedlung gewiß nicht zu trennenden Verfassungs-, Rechts-
und Wirtschaftsformen, die die Deutschen nach dem Osten gebracht haben und
die in den Quellen eindeutig in deutschem Gewande entgegentreten, sind doch
zum großen Teile nichts spezifisch Deutsches, seien sie dies nun fortschrittliche
Anbausysteme, geplante regelmäßige Siedlungsformen, die Hufe als Einheit der
Bodenbemessung, günstige Besitzrechte, freiheitliche Gemeindeverfassung in
Stadt und Land, technische Errungenschaften der Landwirtschaft und des Berg-
baus. (SCHLESINGER 1975: 17)

Aus jener oben bereits erwähnten unterschiedlichen Abstammung der Einwanderer, die sich nun auf dem kolonialen, neu besiedelten Boden zusammentrafen,
ist der für die neu gewonnenen Gebiete kennzeichnende Gebrauch der auf einem
geographisch begrenzten Gebiet existenten Mundarten in ihrem gar nicht selten extrem breiten Varietätsreichtum (= Multidialektalität) zu folgern. Solch eine
soziale Heterogenität der Gemeinschaft sowie die dialektalen Eigentümlichkeiten der dort gebrauchten gesprochenen Sprache der konkreten Siedlergruppen,
die jetzt zusammen in der Koexistenz mit anderen Kolonisten leben und eine
ganze, relativ einheitliche Sprachgemeinschaft bilden sollten, führte infolge der
sprachlichen Integrationsprozesse in den neu besiedelten Kolonien zur zwangs-
läufigen Ausformung neuer Ausgleichs- und Mischdialekte, was – in Anlehnung
an RIECKE (2016: 57) – besonders für den Nordosten des deutschsprachigen Gebietes symptomatisch ist.
Dasselbe gilt auch für die auf dem Ostsiedlungsboden lokalisierten, neu
gegründeten oder neu besiedelten Städte, die eigentlich als Schmelztiegel verschiedener Mundarten angesehen werden dürfen.

In einer Stadt leben und kommunizieren nicht nur Menschen unterschiedlicher
Herkunft und unterschiedlichen sozialen Rangs auf engem Raum miteinander, sondern hier entstehen auch die für die Sprachentwicklung bedeutsamen Institutionen
wie Kanzleien, Schulen, Universitäten, Buchdruckereien u. a. m., die ihrerseits auf
die Entwicklung der Sprache starken Einfluss nehmen. (ERNST 2021: 110)

Somit schließt sich der Kreis der obigen Erörterungen zum kanzelarischen
Schrifttum und zu den Stadtbüchern wieder. Im obigen Zitat aus dem Buch von
ERNST wird nämlich die weitere Funktion der Stadtkanzleibücher[163] genannt,
die sich in ihrer innerhalb von Stadtgrenzen sowie im näheren oder weiteren
Stadtnormausstrahlradius sprachausgleichenden sowie -unifizierenden Fähig-
keit ausdrückt:

1. Die Stadt ist ein Ort des sprachlichen Ausgleichs. Die Koexistenz verschiedener
   Gruppen nach sozialem Status [...], Herkunft [...], Fachwortschatz [...] u. a. m.
   fördert den Ausgleich der jeweiligen Varietäten. [...]

---

163 Vgl. andere Funktionen der Stadtbücher im 2.3.5.

2. Die Stadt wirkt in ihrer Umgebung hinein als sprachliches Ausgleichszentrum ihrer Region. Die Dialektologie betont immer wieder die Ausstrahlkraft größerer Städte. [...]

3. Die Stadt stellt einen dominierenden Faktor bei der Ausbildung überregionaler Einheitssprachen dar. [...]

4. Die Städte haben bei der Entwicklung der Kanzlei- und Urkundensprachen eine bedeutende Rolle gespielt. (ERNST 2021: 110–113)[164]

Unter jenen vom mittelalterlichen Landesausbau geprägten Umständen entstand auch das in Niederschlesien/Dolny Śląsk gelegene Schweidnitz. Im Kontext des obigen Umrisses der Problematik der deutschen Ostsiedlung gehört es sich jedoch – unter Berufung auf AGHAYEV und PIIRAINEN (2013: 13) – hervorzuheben, dass das eine lange und ziemlich komplizierte Geschichte hinter sich habende Schlesien wohl von der deutschen Ostkolonisation am meisten betroffen und dadurch auch am stärksten geprägt war (ist).

Schlesien war ursprünglich ein Teil des großen polnischen Reiches, das sich zur Zeit seiner größten Ausdehnung von der Lausitz bis Kiew und von Böhmen bis zur Ostsee erstreckte. Als aber im Jahre 1202 der Senior der polnischen Herzöge, MESKO DER ALTE VON KRAKAU, starb, war keiner der polnischen Teilfürsten mächtig genug, eine gewisse Oberherrschaft über alle piastlichen Herzöge auszuüben. Die Oberherrschaft Polens über Schlesien war hinfällig, Schlesien wurde ein unabhängiges Herzogtum und zerfiel in Ober- und Niederschlesien. Das letztere Gebiet umfasste ungefähr die heutigen Regierungsbezirke Breslau und Liegnitz. (SCHUBERT 1911: 2)[165]

Interessanterweise nimmt SCHMIDT (1846: 7–8) eine breitere Perspektive der Beschreibung der geographischen Lokalisierung Schlesiens ein, indem es als früherer Teil des germanischen und dann auch als späterer Teil des deutschen (deutschsprachigen) Gebietes angesehen wird:

Im fernen Osten des deutschen Landes, wo sich germanische und slawische Kultur berühren, und die Oder, von den böhmischen Höhen herabströmend, das Land in zwei ungleiche Hälften theilt, die, wie ihre äußere Physiognomie ein verschiedenes Gepräge trägt, so ihrer ethnographischen Beschaffenheit nach sich als heterogen erweisen, liegt Schlesien, ein Land, das sich zwar nicht durch äußere Bedeutsamkeit ein universalhistorisches Interesse erworben, noch durch Lage und Stellung berufen war, mächtig in die Ereignisse einzugreifen, welche entscheidend auf Reorganisierung des Zeitgeistes eingewirkt haben, das aber jedes Mal durch eine gewisse materielle Größe ein Gewicht in die Wagschale [sic!] der Gesamtkraft der Monarchie legte, der es einverleibt war. (SCHMIDT 1846: 7)

---

164 Auch: KRIEGESMANN 1990: 50–57.
165 Auch: SCHMIDT 1846: 8–9; Kapitälchen von P.A.O.

Obwohl das genaue Datum der Stadtgründung nicht unverkennbar ist, darf es hier genügen, nur allgemein anzunehmen, dass die Entstehung der Stadt auf die 1240er Jahre datiert wird (SCHUBERT 1911: 10; WEBNER 1907: 5; RADLER 1969: 53; NAWROCKI 1992: 3; DEVENTER 2003: 33). Nicht zu verschweigen sind jedoch auch die die Gründung von Schweidnitz noch in den 70er Jahren des 11. Jahrhunderts zeitlich verortenden Hypothesen (HELBING 1869: 2; SCHIRRMANN 1909: 2).

Nachdem Schlesien zum selbstständigen Herzogtum geworden war, stand Niederschlesien unter der Herrschaft von HEINRICH I. DEM BÄRTIGEN (1165/1170–1238), auf den sein beim Kampf gegen die Mongolen bei Wahlstatt/Legnickie Pole gefallener Sohn HEINRICH II. DER FROMME (1196/1207–1241) folgte. Wegen der Minderjährigkeit seiner Söhne regierte dann seine verwitwete Frau ANNA VON BÖHMEN (1201/1204–1265) das Fürstentum. Sobald ihr Sohn BOLESLAUS II. DER KAHLE (um 1217–1278) aber ein Jahr später seine Mündigkeit erreicht hatte, konnte er im Namen seiner Brüder die Herrschaft übernehmen (SCHUBERT 1911: 1–2).

Nach der Aufteilung Niederschlesiens unter den Brüdern BOLESLAUS II. und HEINRICH DES III. [DES WEISSEN] [1227/1230–1266] im Jahre 1248 erhielt Boleslaus II. das Herzogtum Liegnitz, Heinrich III. aber Breslau, wozu auch Schweidnitz gehörte. So beginnt mit Heinrich III. «die epochenmachende Bedeutung» von Schweidnitz:

– Verleihung des Braurechtes [...],
– Einführung des deutschen Stadtrechtes im Jahre 1250 [!][166],
– Aufnahme der deutschen Einwanderer und Juden [...].

Nach dem Tod von HEINRICH IV. [DEM GERECHTEN] [um 1256–1290], der seinem Vater HEINRICH III. folgte, erhielt einer der Söhne von BOLESLAUS II., BOLKO I. [VON SCHWEIDNITZ] [um 1253–1301] Jauer, Hirschberg/Jelenia Góra, Landeshut/Kamienna Góra. 1291 erwarb er Schweidnitz, Striegau/Strzegom, Reichenbach/Dzierżoniów, Frankenstein/Ząbkowice Śląskie, Münsterberg/Ziębice und Strehlen/Strzelin. BOLKO I., mit dem die Linie der Bolkonen beginnt, machte Schweidnitz zur Hauptstadt seines Herzogtums. (AGHAYEV/PIIRAINEN 2013: 14)[167]

---

166 SCHUBERT 1911: 11:
    „Die Frage, wann Schweidnitz deutsches Recht erhalten hat, ist [...] nur annähernd zu beantworten, da die darüber ausgestellte Urkunde verloren gegangen ist. Eines Vogtes, der nur in einer deutschen Gemeinde vorkommt, wird in einer Urkunde vom Jahre 1274 gedacht; das deutsch Recht ist also zu dieser Zeit hier vorhanden und Schweidnitz gibt es 1293 an Ratibor [/Racibórz] weiter. Die Einführung desselben dürfte aber viel früher anzusetzen sein, da die [...] Aufnahme des Halleschen Schöppenweistums vom Jahre 1235 in Stadtbuch die bereits erfolgte Erteilung des deutschen Rechtes genugsam beweist.“
167 Auch: SCHUBERT 1911: 3–5; Kapitälchen von P.A.O.

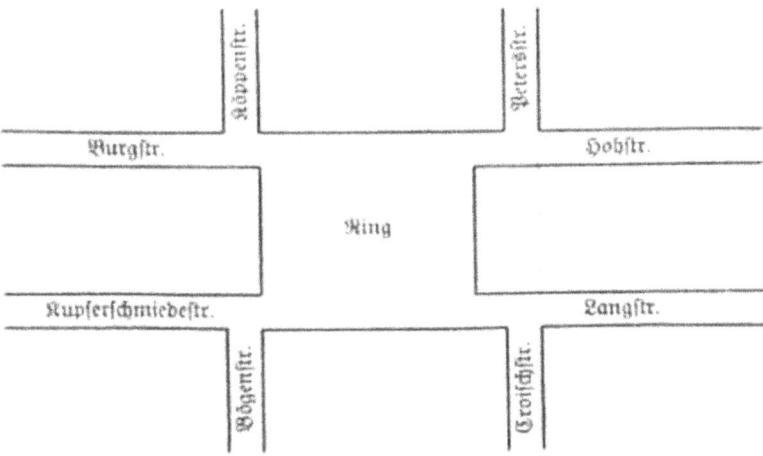

Abb. 15. Mittelalterliche Topographie der Stadt Schweidnitz (SCHUBERT 1911: 16)

Das verwickelte Schicksal jener Gebiete kam nach dem Tod BOLKOS I., als das Herzogtum unter seine drei Söhne aufgeteilt wurde:

1) BERNHARD I. VON SCHWEIDNITZ (um 1288–1301): Schweidnitz, Reichenbach, Striegau, Bolkenhain/Bolków und Landeshut;
2) HEINRICH I. VON JAUER (um 1294–1346): Jauer und Löwenberg/Lwówek Śląski
3) BOLKO II. VON MÜNSTERBERG (um 1300–1341): Münsterberg und Glatz/Kłodzko.

Nach dem Ableben BERNHARDS I. VON SCHWEIDNITZ sowie nach dem kinderlosen Tod HEINRICHS I. VON JAUER fielen ihrem Bruder BOLKO II. VON MÜNSTERBERG ihre Fürstentümer als Erbe, sodass sie wieder wiedervereinigt wurden. Da BOLKO II. und seine Frau AGNES VON HABSBURG (um 1315–1392), die nach dem Tod ihres Mannes das Fürstentum bis zu ihrem Lebensende regiert hatte, auch keine Kinder hatten, hinterließen sie ihrer Adoptivtochter ANNA VON SCHWEIDNITZ (1339–1362) die Macht. Durch ihre Ehe mit dem böhmischen König KARL IV. (1316–1378) wurde der eigentliche Anschluss von Schweidnitz und Jauer an die böhmischen Gebiete nach dem Tod von AGNES VON HABSBURG besiegelt (SCHMIDT 1846: 10–130; SCHUBERT 1911: 4–5; AGHAYEV/PIIRAINEN 2013: 14–15): „Mit dem Tode der Herzogin AGNES hörte die Selbständigkeit der Fürstentümer Schweidnitz und Jauer auf; sie fielen an die böhmische Krone und kamen mit dieser 1526 an das Haus Österreich." (SCHUBERT 1911: 6), nachdem LUDWIG II. (1506–1526) – König von Böhmen, Ungarn und Kroatien aus dem polnisch-litauischen Hochadelsgeschlecht der Jagiellonen – in der Schlacht bei Mohács (1526) ums Leben gekommen war. Nach der Niederlage der Österreicher im ersten schlesischen Krieg (1740–1742) ging Niederschlesien 1741 wiederum an Preußen über (SCHMIDT 1846: 226–256; SCHUBERT 1911: 7; AGHAYEV/PIIRAINEN 2013: 15).

Die Zeit vor dem Dreißigjährigen Krieg (1618–1648) kann als Blütezeit von nach Breslau zweitwichtigstem Schweidnitz angesehen werden, wo Wohlstand und Gemeinwesen rapide wuchsen: In der Stadt gab es nämlich mehrere Getreidemühlen, eine Papiermühle (seit dem 15. Jahrhundert) und 50 Zünfte, in denen sich unterschiedlichste Handwerker zusammenschlossen. Fast 300 Häuser hatten das Braurecht. Außerdem fanden dort die in ganz Schlesien bekannten Vieh- und Hopfenmärkte statt.[168]

Nach den napoleonischen Kriegen wurde Schweidnitz zu einer der kreisfreien Städte. Die beiden Weltkriege bedeuteten für die Stadt eher eine schwierige Zeit.

> Die Einwohnerzahl der Stadt nahm wegen der Kriegsflüchtlinge und der sogenannten Bombenflüchtlinge zu, die in Schweidnitz eine Zuflucht fanden, da Schlesien lange Zeit als „Luftschutzkeller Deutschlands" galt. (AGHAYEV/PIIRAINEN 2013: 15–16)

Sobald die Kriegshandlungen beendet worden waren, begannen die planmäßigen Vertreibungswellen (1946–1947), infolge deren die deutschstämmige Bevölkerung aus der Stadt ausgesiedelt wurde. Danach ließen sich in Schweidnitz die vorwiegend aus Kleinpolen sowie aus den früheren polnischen Ostgebieten (auch *Kresy, Grenzland*) stammenden Polen nieder. Infolge des Krieges erlitt die Stadt selbst eher keine erheblichen Verluste, was ihren späteren Wiederaufbau wesentlich vereinfachte: Es wurden neue Industrieunternehmen eröffnet, neue Schulen gegründet und das Kulturleben aufs Neue organisiert (NAWROCKI 1992: 12)[169]. Die Nachkriegszeit brachte jedoch keine so rasche und dynamische Stadtentwicklung mit sich, mit der man es im Mittelalter zu tun haben konnte (PIIRAINEN 1995: 310).

---

168 Miasto Świdnica / Historia Świdnicy / Okres czeski i austriacki / Lata 1392–1740, (online) http://um.swidnica.pl/pages/pl/turystyka/historia-swidnicy.php (12.08.2021).

169 Vgl. auch: Miasto Świdnica / Historia Świdnicy / Teraz Świdnica / Od 1945, (online) http://um.swidnica.pl/pages/pl/turystyka/historia-swidnicy.php (12.08.2021).

Abb. 16. Der Marktplatz von Schweidnitz. Der Getreidemarkt (SCHUBERT 1911)

Abb. 17. Der Marktplatz von Schweidnitz. Der Paradeplatz (SCHUBERT 1911)

4. Proskription im Stadtbuch als Textsorte – textlinguistische Analyse

Das vorliegende korpuslinguistisch basierte Kapitel wurde als Antwort auf die Feststellung von Jarosz (2021: 309) konzipiert, der in der Buchrezension von Nadobnik (2019) über den großen Wert der neuerdings immer häufiger veröffentlichten Publikationen zum Thema der Textsorten sowie deren Charakteristika enthusiastisch schreibt. Zwar behauptet er, dass die Textsortenlinguistik glücklicherweise ihre eigene Untersuchungsmethodologie in letzter Zeit entwickelte und dadurch die Bandbreite der erforschten „[...] seit Jahrzehnten (oder Jahrhunderten) in der Textwelt vieler Sprachen und Kulturen ihre soziale und kommunikative Funktion [...]" (Jarosz 2021: 309) erfüllenden Textsorten erweiterte, aber es wäre doch nicht sinnlos, in dieses Sortiment auch die historischen Texte (hier: Proskriptionen) einzubeziehen, die in der Vergangenheit im Umlauf waren.

Dies kann nämlich zur Antwort auf die Frage nach der Entwicklung mancher text(sorten)linguitischen – und darin sowohl textinternen als auch textexternen – Phänomene führen, die mit der Kultur und den in einer konkreten Gesellschaft sowie in einem bestimmten Sprachkreis zu einem gewissen Zeitpunkt gültigen Konventionen innerhalb eines gegeben Kontexts im Zusammenhang stehen bzw. standen (im Fall der Texte, die in der gegenwärtigen Textwelt nicht mehr funktionieren und somit nicht mehr existent sind)[170].

4.1 Zum Inhalt des Buches

Das Buch beinhaltet u. a. die Entscheidungen über die Proskriptionen (Ächtung, Exklusion, Ausgrenzung) als unmittelbaren Verwaltungszwang sowie über den Bann (Verbannung, Expulsion, Entrechtung) als Strafe (vgl. 2.4.1, 2.4.2). Dieser Tatbestand widerspiegelt jedoch den vollen inhaltlichen Umfang des Buches nicht, weil es ebenfalls Informationen zu Begnadigungen enthält, was sich durch die Notizen über die Ungültigkeitserklärung bzw. Annullierung konkreter Eintragungen bezeugen lässt. Außerdem sind im Buch auch viele Aufzeichnungen vorzufinden, in denen sich die entzweiten Parteien verpflichten, auf das Verlangen nach Rache zu verzichten, was als Ordnung und Frieden schaffender Akt nach dem Abschluss des Wiedergutmachungs- und Genugtuungsprozesses zu interpretieren ist (Goliński 2020: LI). Neben solchen Vermerken gibt es auch eine Sammlung von Personalien der Verbrecher, die nicht aus Schweidnitz stammten. Wie Fokt (2021: 398) in seiner Buchbesprechung der Publikation von Goliński

---

170 Vgl. auch Fleskes 1996; Fix 2011a: 172–183, 2011b: 145–155; Schwarz 2011; Zhao 2011: 123–143.

(2020) schlagkräftig und mit Recht überzeugt, enthält das Schweidnitzer Achtbuch eine große Bandbreite von Eintragungen, dank denen es möglich ist, den Einblick ins Brauchtum und in die Sittlichkeit der Menschen jener Epoche zu bekommen.

Daher ist der Buchtitel aus dem Vorderdeckel: *Liber Proscriptorum et qui/ meruerunt gratiam dominuorum* viel besser, weil es den Inhalt des Buches zutreffender zum Ausdruck bringt, worauf GOLIŃSKI (2020: XLVII) in seinem Geleitwort auch verweist. Da das Hauptziel der Führung des Buches die konsequente schriftliche Fixierung der vom Schweidnitzer Stadtrat beschlossenen Proskriptions- oder Verbannungsakte war, ist es nicht verwunderlich, dass es mit der Zeit nötig wurde, die Bemerkungen über die ungültigen oder annullierten Eintragungen sukzessiv und auf dem Laufenden einzufügen, damit die Vertreter der Stadtobrigkeit die Orientierung nicht verloren, welche von den Eintragungen noch gültig sind und welche nicht mehr. Solch einen Schluss lässt sich nämlich eben mit der Kürze und Knappheit der einzelnen Proskriptionsbucheinträge untermauern, die doch in erster Linie als notizartige Erinnerungshilfen zu interpretieren sind.

Die ungültigen Proskriptionen wurden annulliert, wobei aber nicht der ganze Eintrag der Elidierung, wie etwa wie im Proskriptionsbuch aus der Jaurer Stadtkanzlei, unterlag, sondern nur die personenbezogenen Daten der proskribierten Personen. Deswegen wurde die Lesbarkeit der durchgestrichenen Textstellen der Eintragung nicht erschwert. Mit der Zeit begann man auch, die annullierten Achteintragungen mit einer entsprechenden auf Deutsch oder auf Lateinisch verfassten (Rand)Bemerkung zu versehen (auch JEZIORSKI 2017: 182–183; GOLIŃSKI 2020: L), z. B.

(20.08.1403):	*Indultus est ei in adventu regis*;
(17.01.1453):	[...] *die ochte ist vorleget*;
(03.04.1438):	[...] *sint us der ochte gelossin* [...];
(05.07.1460):	[...] *hot die ocht vorlegt*,

obwohl auch die (Rand)Bemerkung ohne Durchstreichung des Namens der proskribierten Person möglich war. In Anlehnung an ZAREMSKA (1993a: 25) sei zu betonen, dass die nicht getilgten oder mit der Bemerkung über die Annullierung nicht versehenen Vermerke die nicht geschlossenen Vergleiche zwischen den entzweiten Parteien keineswegs bezeugen müssen.

Die obigen Erörterungen lassen sich schließlich an die Feststellung von ERNST (2021: 152) anknüpfen, der die bisherigen, diversen textlinguistischen Analysen der fnhd. Textsorten anspricht, wobei er aber behauptet, dass ihre auf den inhaltlichen und formalen Kriterien fußende Untersuchung nicht mehr hinreichend ist (war), wie es der Fall im Zusammenhang mit der textlinguistischen Erforschung der ahd. oder mhd. Texte war. Aus diesem Grund führt er die Einteilung der fnhd. Textsorten von REICHMANN und WEGERA (1988) an, die „[...] auf kommunikativen Überlegungen beruht und vorrangig den Zweck des Texts berücksichtigt" (ERNST 2021: 152), was auch mit den Ausführungen von WIKTOROWICZ (2003: 69–70, 2011b: 160, 2011e: 127–131, 2011f: 139–140) konvergent ist. In Anlehnung an

REICHMANN und WEGERA (1988) lassen sich nämlich differente Texte hinsichtlich ihrer sozialen Funktion oder der sozialen Handlung unterscheiden, die mittels dieses Textes vollzogen wird. Somit sind die im Achtbuch enthaltenen Proskriptionen auf den ersten Blick als sozial bindende Texte anzusehen, unter welche auch Gesetze, Vorschriften oder Zunft- und Handelsbestimmungen einzureihen sind. Dies würde aber nicht ganz der Wahrheit entsprechen, weil die Tatsache des Proskribierens einer Person nicht durch die Eintragung des Proskriptionstextes ins Proskriptionsbuch selbst erfolgte, sondern es hatte vielmehr einen ritualisierten Charakter: Bevor ein Proskriptionseintrag ins Buch eingeschrieben wurde, wurden die personenbezogenen Daten des Proskribierten öffentlich (im Gericht, auf der Straße, auf dem Markt oder vor dem Haus des Opfers) von einem Stadtboten, Gerichtsdiener oder Henker ausgerufen und dadurch bekannt gemacht (ZAREMSKA 1993a: 24; JEZIORSKI 2017: 29–30). In den nach dem Lübischen Recht gegründeten Städten kamen noch das dreimalige Schwertschwingen und das Jodute-Geschrei[171] des Fronen[172] dazu, was eine Unentbehrlichkeit des rechtswirksamen Proskribierens war (BRANDT 1968: 7). Darum ist man dazu geneigt, die Proskriptionsbücher unter den dokumentierenden Texten in der Einteilung von REICHMANN und WEGERA (1988) zu subsummieren, die [...] eine Übersicht über Besitzverhältnisse, Ereignisse und Dokumente aller Art [...]" verschafften und „[...] besonders beim Ausbau städtischer, territorialer oder institutioneller Macht bedeutend" (ERNST 2021: 152) waren, was mit den bereits oben dargestellten Funktionen der Stadtbücher – u. a. memorative Funktion oder Beweisfunktion – zusammenhängt (vgl. 2.3). Hierin sieht man zusätzlich eine Parallele zwischen der dem Wesen und der Funktion der mittelalterlichen Proskription – und in der Folge des Proskriptionsbuches – und dem Wesen sowie dem Zweck einer gegenwärtigen strafrechtlichen Verurteilung, die als sozial bindender Text keineswegs anzusehen ist. Vielmehr ist sie ein dokumentierender Rechtsakt, der darüber informiert, dass eine konkrete Person ein konkretes Verbrechen beging und kraft dessen diese Person bestimmte strafrechtliche Konsequenzen ihrer Straftat trägt bzw. zu tragen hat. Sozial bindend ist hier dagegen das Strafgesetz, das die von Menschen begangenen Straftaten definiert und bestimmt. Die abschreckende Wirkung der strafrechtlichen Verurteilung ist wiederum als ihre abgeleitete soziale Funktion und nicht als aus ihrem Wesen herzuleitendes Ziel zu interpretieren.

---

171 *Jodute* – alter nd Klageruf [DWB 2022, (online) https://woerterbuchnetz.de/?sigle=DWB#2 (14.07.2022)].

172 *Frone* – *praefectus muneri*, ein diener des herrn, herschaftlicher amtmann, beamte, gerichtsdiener, in verschiednen bedeutungen [DWB 2022, (online) https://woerterbuchnetz.de/?sigle=DWB#1 (14.07.2022)].

4.2 Zu den Textfunktionen und zum Kontext der Proskription

Die Proskription soll als öffentlicher und offizieller Akt der städtischen Behörden angesehen werden, der unter den rechtlich und gesellschaftlich sanktionierten Zwangsmitteln zu verorten ist. Der Text selbst ist als Folge der anderen früheren sprachlichen Handlungen – wie etwa der Willküren, der städtischen Statuten oder allgemein der im Magdeburger, Kulmer oder Lübischen Recht enthaltenen Vorschriften – zu interpretieren (vgl. 2.3.1, 2.3.3, 2.3.5) und entstand immer im Kontext einer Straftat, wenn sich der Straftäter trotz der formal korrekten Vorladung dem Gericht entzog. Somit soll er den Verbrecher dazu zwingen, die Verantwortung für sein Verbrechen zu übernehmen.

In den handlungsorientierten textlinguistischen Untersuchungen sollen sowohl die im öffentlichen Raum ausgerufene als auch die ins Achtbuch eingeschriebene Proskription als Informationstexte mit der deskriptiven Themenentfaltung klassifiziert werden. Solch eine Klassifizierung ist im Fall von Schweidnitz oder im Fall der nach dem Magdeburger oder Kulmer Recht gegründeten Städten eindeutig und unbestritten. Was die nach dem Lübischen Recht organisierten Städte anbelangt, so könnte man hier den Versuch unternehmen, eine andere Klassifizierung des auf der Stadtstraße bekannt gegebenen Proskriptionstextes vorzunehmen und solch einen Text dann auch als Deklarationstext mit der deskriptiven Themenentfaltung zu klassifizieren. Diese Unterscheidung ist nämlich auf das notwendige, das Proskribieren begleitende Jodute-Geschrei und das gleichzeitige dreimalige Schwertschwingen zurückzuführen, die der Acht ihre Wirksamkeit und Gültigkeit verliehen und gewährleisteten. Somit verursachte dieses Ritual das Inkrafttreten des früher vom Stadtrat gefassten Entschlusses (BRANDT 1968: 7). Erst danach wurde die Proskription ins Stadtbuch eingetragen, wodurch sie einen informativen Charakter aufnahm. Von nun an gelten die in den Magdeburger, Kulmer sowie Lübischen Städten entstandenen Texte schon als (geschriebene) Texte, mit denen ihr Inhalt verwahrt wird, damit ihre eventuellen Empfänger (Stadtrat, Ratsherren, Gericht, Richter, Verbrecher, Stadtbevölkerung, Kanzleischreiber, potenzielle Leser des Stadtbuches, usw.) über das Verbrechen und dessen Umstände informiert werden konnten bzw. können. An dieser Stelle könnte man wagen, den ins Proskriptionsbuch eingeschriebene Proskriptionstext als niedergeschriebenen bzw. aufgeschriebenen Text zu betrachten (WAWRZYNIAK 1980: 28). Solch eine Klassifizierung scheint jedoch unsicher zu sein, denn man darf niemals mit Sicherheit wissen, dass die die Proskription bekanntmachende Person denselben Text vorlas, der später im Proskriptionsbuch niederzuschreiben war. Außerdem kann man auch nicht sicher sein, ob der jemanden proskribierende Stadtbeamte der unteren Ebene eine andere usuelle Proskriptionsformel ausrief, aufgrund deren der eigentliche Proskriptionstext ins Stadtbuch eingetragen wurde. Schließlich lässt sich mit hundertprozentiger Sicherheit nicht behaupten, ob die jemanden proskribierende Person überhaupt lesen konnte. Möglich war es doch auch, dass sie eine mit den entsprechenden personenbezogenen Daten des Verbrechers oder des Opfers ergänzte Proskriptionsformel auswendig lernte und sie nur während des Prozesses des Proskribierens vor dem Publikum deklamierte.

Die Unterscheidung zwischen der verkündeten und der ins Stadtbuch eingeschriebenen Proskription verbindet sich wiederum mit der kontextuellen Einbettung der beiden Arten der Texte. Dies ist nämlich auf die abtrennbaren Kommunikationssituationen zurückzuführen, in denen sie realisiert werden, weil der situative Kontext einen natürlichen Einfluss auf die Struktur des Textes hat. Im Zusammenhang damit sind die Form der Kommunikation und der Handlungsbereich von Bedeutung, vor deren Hintergrund die beiden Formen der Proskriptionen untersucht werden können.

Die Kommunikationsform korrespondiert in erster Linie eben mit dem bereits angesprochenen Medium, mittels dessen der Proskriptionstext übermittelt wird. In Betracht kommt hier nämlich die Face-to-face-Kommunikation im Fall der Bekanntmachung der Proskription vor dem sich aus den Mitgliedern der Stadtgesellschaft zusammensetzenden Publikum. Beim sich schon im Proskriptionsbuch befindenden Proskriptionstext hat man es dagegen mit dem Medium „Schrift" zu tun. „Jedes dieser Medien ist durch spezifische Gegebenheiten der Kommunikationssituation gekennzeichnet; es bestimmt dadurch den kommunikativen Kontakt zwischen den Kommunikationspartnern." (BRINKER 2010: 127) Im Anschluss daran lässt sich behaupten, dass die während des eigentlichen Proskriptionsprozesses stattfindende Face-to-face-Kommunikation einen zeitlich und räumlich direkten Kontakt zwischen den Partnern des Kommunikationsaktes erzwingt, innerhalb dessen die gesprochene, jedoch mit Sicherheit formalisierte Sprache in Begleitung der Mimik, der Gesten, der Intonation oder sogar der anderen Sachverhalte und Gegenstände (z. B. Schwertschwingen) ihren Gebrauch findet. In dieser Art der Kommunikation soll *a priori* ihr dialogischer Charakter vorausgesetzt werden. Der gesamte situative Kontext jenes Ereignisses ähnelt einer Textdeklamation und dadurch schließt höchstwahrscheinlich den Dialog zwischen den Kommunizierenden aus, weil diese Situation nur das Sprechen des Stadtbeamten mit der passiven Beteiligung der die Proskription anhörenden Stadtbewohner vorsieht. Die Stadtgesellschaft muss / soll / darf also hier keinen aktiven Sprachkontakt aufnehmen und ins Gespräch mit dem Stadtbeamten kommen, weil dies ihre Rolle in solch einer Situation nicht ist.

Bei der Erörterung der Proskription als im Stadtbuch niedergeschriebener Text verändern sich sofort die über seine Kommunikationsform entscheidenden Faktoren, denn der indirekte Kontakt zwischen den Kommunikationspartnern ihre zeitliche und räumliche Entfernung beim Gebrauch der geschriebenen Sprache durchsetzt und dadurch von dem Hic-et-nunc abgrenzt. Die oben beschriebenen situativen Merkmale der einzelnen Medien lassen die nachstehenden Formen der Kommunikation im Fall der ausgerufenen und niedergeschriebenen Proskriptionen bestimmen:

1) die vor dem Publikum ausgerufene Proskription:
   – Kommunikationsrichtung: monologisch;
   – Kontakt: räumlich und zeitlich direkt, akustisch und optisch;
   – Sprache: gesprochen;

2) die ins Achtbuch eingetragene Proskription:
   – Kommunikationsrichtung: monologisch;
   – Kontakt: räumlich und zeitlich direkt;
   – Sprache: geschrieben.

Was den Handlungsbereich anbelangt, so handelt es sich hier um den sozialen
Rahmen mit bestimmten „[...] Handlungs- und Bewertungsnormen [...]" (BRIN-
KER 2010: 128), innerhalb dessen eine gegebene Textsorte funktioniert. Zweifelsohne sind die Proskriptionen im Bereich des Rechts zu verankern. Hierbei kann
man den Bereich noch präziser differenzieren und die Acht innerhalb des Strafrechts verorten. Die Umstände der Bekanntmachung und der Niederschrift der
Proskription lassen sie dem öffentlichen und offiziellen Bereich zuordnen, wobei
anzumerken sei, dass sich die beiden Bereiche im Fall der Proskriptionen über-
schneiden. Der Terminus *öffentlich* bezieht sich hier auf die Situation der Proskriptionsdeklamation eines Stadtbeamten vor dem Publikum der die Proskription
anhörenden Stadtgemeinschaft. Im Fall der Öffentlichkeit der im Stadtbuch
niedergeschriebenen Acht wird wiederum auf die tatsächliche Beschränkung
im Zugang zum Proskriptionstext gestoßen. An dieser Stelle sind nämlich die
individuelle Veranlagung bzw. das Fehlen dieser Veranlagung gemeint, unter
denen die Lese- und Schreibfähigkeit des individuellen, an dem Inhalt des Proskriptionseintrags potenziell interessierten Menschen sowie das Verstehen des
gelesenen Textes durch diesen Menschen verstanden werden. Andererseits wird
auch die objektive Beschränkung zum Zugang angetroffen, die dadurch zum
Vorschein kam, dass der Inhalt einer konkreten Stadtbucheintragung kennen
gelernt werden konnte, nachdem bestimmte Voraussetzungen erfüllt worden
waren: Der Inhalt des Eintrags konnte nur auf Bitte oder auf Empfehlung der
Stadtbehörden bzw. auf berechtigten und begründeten Antrag des daran potenziell interessierten Außenstehenden von einem in der Stadtkanzlei tätigen Stadtbeamten zur Verfügung gestellt werden. Der Terminus *offiziell* in Bezug auf die
spätmittelalterliche Proskription drückt sich in der Förmlichkeit der ganzen Situation des Proskribierens aus: eine bestimmte, vor dem Publikum ausgesprochene
Formel, ein bestimmter Ort der Proskriptionsbekanntmachung innerhalb der
Stadtgrenzen, ein bestimmter, die Proskription ausrufender Vertreter der Stadt
oder sogar ein Ritual während des Proskribierens. Die Kommunikationspartner
treten somit in einer offiziellen Rolle auf, was bestimmte Formulierungen oder
Verhaltensweisen verlangt und somit für den sozialen Kontext symptomatisch

ist, an dem sich die Amtspersonen oder Institutionen in der Interaktion mit den Stadtbewohnern beteiligen. Offiziell ist die Proskription eigentlich bereits dank der bloßen Tatsache, dass sie von den Stadtbehörden angeordnet bzw. verhängt und von einem Stadtbeamten ausgerufen und kundgetan wurde. Daraus ergibt sich auch das bindende Wesen der Proskription, die als einseitige Reaktion der Stadt, der Stadtbehörden oder der Stadtgesellschaft auf eine Straftat oder eine Ordnungswidrigkeit anzusehen ist und dadurch keinen Dialog mit ihrem informativen Charakter zulässt, was auch dem Wesen der anderen bindenden Texten, wie etwa des Gesetzes oder der Weisung, ähnlich ist.

Die Förmlichkeit der Proskription als des informativen Textes im Proskriptionsbuch kommt wiederum dadurch zum Vorschein, dass sie sich in den Amtsbüchern der Stadtkanzlei befindet sowie auch dadurch, dass sie mit der Hand eines Stadtschreibers ins Buch auf Empfehlung des Stadtrats oder generell der Stadtobrigkeit eingeschrieben wurde. Dies hat zum Ziel, den rechtlich und sozial relevanten Inhalt zu speichern, damit die Bewohner der Stadt in Anlehnung daran in Zukunft handeln konnten. Sowohl für die kundgegebene als auch für die ins Stadtbuch eingetragene Proskription ist auch die Themengestaltung offiziell, denn sie betrifft immer die infolge der Straftat gestörte, mit dem Gemein- und Allgemeinwohl gleichzusetzende Ordnung in der Stadt und den gesellschaftlich wesentlichen Versuch, den Verbrecher zur Rechenschaft zu ziehen und dadurch auch den Opfern oder deren Familie ein Unrecht wiedergutzumachen.

Aus dem textlinguistischen Blickwinkel zeugen die im öffentlichen Raum bekannt gegebene Proskription sowie deren Präsenz im Amtsbuch von der Realisierung bestimmter, sozial relevanter Rechtshandlungen. Gerade dies ist mit der Feststellung von WIKTOROWICZ (2011e: 128) fest verkoppelt, dem zufolge die Texte primär nicht produziert wurden, um jemanden über etwas zu informieren. Vordergründig handelt es sich hier eher um ein soziales Handeln und eine Rechtshandlung, deren Gewicht für den Kommunikationspartner extrem bedeutsam war. Sie musste in Schrift festgehalten werden, damit die damaligen und künftigen Stadtgemeinschaftsmitglieder die getroffenen Entscheidungen zur Kenntnis nahmen und aufgrund deren handeln. Erst aus diesen Umständen resultieren die nachfolgenden Funktionen: 1) memorative Funktion, mit der die 2) Beweisfunktion untrennbar verbunden ist, weil die konkreten Vermerke immer die Informationen über die konkreten Personen sowie über die konkreten öffentlich-rechtlichen Handlungen beinhalten, und schließlich auch 3) die semantisch-pragmatische Funktion, denn zum Empfänger gelangt die Information über die Ausführung einer konkreten öffentlich-rechtlichen Handlung.

Anders als beim Testament[173] gibt es im Fall des Proskribierens und der Proskription mehrere Elemente, die das Zustandekommen der Acht sowie die

---

173 Aus der Perspektive des Rechts ist nur der Erblasser ein konstitutiver Faktor dieses Rechtsgeschäftes. Der Erbe sowie der Testamentsvollstrecker sind zwar andere

Entstehung des Proskriptionstextes im Stadtbuch bedingen. Da determinieren die Entstehung der Proskription die nachfolgenden Elemente:

1) die vor dem Publikum ausgerufene Proskription:
   - Straftäter;
   - Opfer;
   - Schöffengericht der nach dem Magdeburger und Kulmer Recht gegründeten Städte[174] oder der Stadtrat in den nach dem Lübischen Recht lokalisierten Städten;
   - die Proskription bekannt gebender Stadtbeamte, der auch das Ritual (z. B. Jodute-Geschrei, dreimaliges Schwertschwingen) vollführte.

Hierbei soll jedoch angemerkt werden, dass das Publikum aus der Perspektive des Rechts als kein notwendiges Element zu sein scheint, weil die Stadtorgane nur dazu verpflichtet waren, die Proskription bekannt zu geben. Die Tatsache der Bekanntmachung der Acht an sich war von großer Relevanz, aber nicht die Tatsache, dass dies sich jemand anhörte. Den Stadtorganen lag es aber viel daran, dass die Stadtbewohner die Proskription hörten, damit sie sich darauf für die Verfolgung bzw. Fahndung des Verbrechers engagierten. Somit darf das passive, sich aus den Stadtbewohnern zusammensetzende Publikum (Zuhörer, Zuschauer) auch als fakultatives Element des Proskribierens (= Patiens) angesehen werden;

2) die ins Achtbuch eingetragene Proskription:
   - Straftäter;
   - Opfer;
   - Schöffengericht der nach dem Magdeburger und Kulmer Recht gegründeten Städte oder der Stadtrat in den nach dem Lübischen Recht lokalisierten Städten;
   - Kanzleischreiber, der die Proskription ins Amtsbuch einschrieb;
   - Antragsteller, auf deren Antrag der Vermerk ins Amtsbuch einzuschreiben war.

An dieser Stelle sei aber hinzuzufügen, dass die Entstehung des Proskriptionstextes im Stadtbuch erst nach der Erfüllung der Prämisse in Form der öffentlichen Bekanntmachung der Proskription in der Stadt erfolgte.

In den Prozessen der Produktion und Rezeption der beiden Proskriptionstexte sieht man einerseits die handelnden Subjekte (= Agens): 1) Schöffengericht

---

gewichtige Elemente, aber sie dürfen – mindestens im polnischen oder deutschen Rechtssystem – keineswegs als absolut notwendige Grundelemente der Gültigkeit und Wirksamkeit angesehen werden (mehr dazu: CZACHUR/ZIMMER 2018: 38; OWSIŃSKI/PALUCH 2021: 53–54).

174 Im Laufe der Zeit erhielten auch die Stadträte der nach dem Magdeburger oder Kulmer Recht gegründeten Städte die Befugnisse, jemanden zu proskribieren (JEZIORSKI 2017: 25–28).

bzw. Stadtrat und die Proskription bekannt gebender Stadtbeamte sowie 2) die Proskription ins Amtsbuch eintragender Kanzleischreiber und Antragsteller, andererseits die passiven Beobachter, d. h. das Publikum, dem die Proskription deklamiert wird. Ähnlich wie bei den Taufbuchvermerken, in denen das neugeborene Kind das gleichbleibende Element der Entstehung des Eintragungstextes im Kirchenbuch ist (Owsiński 2021b: 550), gibt es auch zwei konstante Einheiten bei der Produktion des Proskriptionstextes, die als Existenzberechtigung jeder Proskription und als deren *Conditiones sine quibus non* zu betrachten sind: Straftäter und Opfer. Der Unterschied zwischen den Umständen der Erzeugung der beiden Texte liegt jedoch in der Anwesenheit dieser Elemente während der Textentstehung sowie ihr Verhältnis zur Teilnahme am Erzeugungsprozess der Texte: Das Kind kann zwar bei der schriftlichen Realisierung des Textes in der Pfarrkanzlei oder in der Sakristei da sein, obwohl er sich aktiv daran nicht beteiligt, aber der Straftäter ist mit Sicherheit abwesend, weil er gefahndet wird und deswegen seine Proskription ausgerufen oder ins Stadtbuch eingeschrieben wird. Die Opfer hingegen können sich zwar unter den Zuschauern und Zuhörern befunden haben, mussten aber nicht, weil sie infolge des Mordes tot bzw. wegen einer Körperverletzung bewegungsunfähig gewesen sein können, was ihnen ihre Beteiligung an der Versammlung unmöglich gemacht bzw. wesentlich erschwert haben kann.

4.3 Zur Makrostruktur der Proskription: Textthema, thematische Beschränkungen, Themenentfaltung

Im Zusammenhang mit dem Textthema lässt sich feststellen, dass das für die ganze Textsorte der Proskription geltende Leitmotiv immer die Exklusion vor dem Hintergrund eines Verbrechens ist, aufgrund deren ein konkreter Verbrecher sein ganzes Hab und Gut verliert und aus der Stadtgemeinschaft ausgeschlossen wird, was ihn dazu zwingen sollte, für seinen Frevel vor einem Gericht zu verantworten (vgl. 2.4.1, 2.4.2). Außerdem befinden sich in den eher lakonischen Proskriptionstexten die Informationen über den Verbrecher, über das Opfer, über die Straftat selbst und stellenweise auch über die Umstände, unter denen das Verbrechen begangen wurde (vgl. 4.3.1–4.3.9). Jeziorski (2017: 114) bemerkt dabei, dass sich die Proskriptionseintragungen im Vergleich zu den Verbannungsvermerken durch die Knappheit kennzeichneten. Dies ist aber kein Hindernis, zu vermuten, dass die Proskriptionsaufzeichnungen in ihrer ursprünglichen Form – z. B. bei deren Einschreiben ins Gerichtsprotokoll – umfangreicher gewesen sein können.

Was die temporale Fixierung des Themas zum Sprechzeitpunkt anbelangt, so hat man es mit der Nachzeitigkeit sowohl bei der Bekanntmachung der Proskription im öffentlichen Stadtraum als auch im Fall der Niederschrift eines konkreten Proskriptionstextes im Achtbuch zu tun. In den beiden Fällen werden nämlich entweder die Stadtbewohner oder die eventuellen Leser des Proskriptionsbuches davon in Kenntnis gesetzt, dass das Schöffengericht oder der Stadtrat früher anhand von bestimmten Voraussetzungen die Entscheidung traf, jemanden wegen seiner Straftat zu proskribieren.

Das lokale Verhältnis zwischen dem Textproduzenten und den Textempfängern liegt jedes Mal außerhalb der Kommunikationspartner, denn den Textrezipienten wurden von den Stadtbehörden nur Informationen darüber übermittelt, dass jemand wegen seiner Straftat geächtet worden war. Bei dieser Gelegenheit konnten sie auch erfahren, dass ein konkreter Mensch einen konkreten Frevel zu einem gewissen Zeitpunkt an einem bestimmten Ort verübt hatte, wovon auch die Verfolgung dieses Menschen herrührte.

Bevor auf die Frage der thematischen Entfaltung eingegangen wird, muss die Vorbemerkung gemacht werden, dass nun lediglich die im Stadtbuch niedergeschriebenen, konsequent als informative Texte anzusehenden Proskriptionstexte im Untersuchungsfokus stehen, damit die anhand der Analysen der Stadtbuchvermerke gezogenen Schlüsse überprüfbar und mit der historischen, in Schrift fixierten Quelle konfrontierbar sind.

Anhand der Inhaltsanalyse der im Schweidnitzer Achtbuch niedergeschriebenen Proskriptionen lässt sich den Schluss ziehen, dass sie unter die Texte mit der deskriptiven, sachbetonten Themenentfaltung einzureihen sind, die neben den narrativen, explikativen und argumentativen Texten von BRINKER (2010: 56–77, 131) differenziert wurden. „Bei der deskriptiven Themenentfaltung wird ein Thema in seinen Komponenten (Teilthemen) dargestellt und in Raum und Zeit eingeordnet. Die wichtigsten thematischen Kategorien sind also S p e - z i f i z i e r u n g (Aufgliederung) und S i t u i e r u n g (Einordnung)"[175] (BRINKER 2010: 56–57). Hierbei wird jedoch deutlich, dass die hier bestimmte Themenentfaltung den oben geschilderten Textfunktionen nicht isomorph entspricht, was sich auch mit BRINKERs (2010: 131) Feststellung über das dazwischen fehlende 1:1-Verhältnis deckt.

Wie die Proskriptionen im Schweidnitzer Achtbuch bezeugen, handelt es sich bei den deskriptiven Texten um die bloße Darstellung bzw. Beschreibung eines Ereignisses, wobei sie durch die Unpersönlichkeit und Sachlichkeit gekennzeichnet sind. Diese Sachbetontheit wird mit den präzisen und inhaltlich komprimierten Ausdrucksmitteln zum Vorschein gebracht, wodurch sich die Texte als statische und objektive Artefakte zeigen. Dies erklärt den Lakonismus der einzelnen Einträge, in denen der Textproduzent einen Sachverhalt oder ein Geschehnis Schritt für Schritt darstellt, als ob er versuchen würde, die Fragen: *Was?*, *Wer?*, *Wie?*, *Wann?* und *Mit welcher Folge?* zu beantworten. Auf diese Art und Weise entsteht die einen ziemlich hohen Grad der Förmlichkeit aufzeigende Darstellung einer Situation mit deren Ursachen und Folgen. Hierbei sei noch anzumerken, dass die Proskription als sprachliche Handlung eine normative Wirkungskraft besitzt, weil ihre Bekanntmachung und die spätere Einschreibung ins Achtbuch eine neue normative, dauerhafte Stadtwirklichkeit kreiert(e), in der es für einen

---

175 Hervorhebung im Original.

die Gerichtsverhandlung vermeidenden Verbrecher wegen seiner Straftat keinen Platz mehr gibt (gab). Der normative Charakter dieser Textsorte prägt also das Handeln der Stadtbewohner, von denen eine konkrete Reaktion und ein konkretes Verhalten erwartet werden.

Ohne auf die verschiedensten Möglichkeiten der Definition und der Auslegung des Begriffs *Makrostruktur* einzugehen (vgl. BUSSMANN 1990: 467; HEINEMANN/ VIEHWEGER 1991: 44; ROLF 1993: 58; SCHLÜTER 2002: 159; ZIEGLER 2003b: 249; RÖSSLER 2007: 65; BRINKER 2010: 46; mehr dazu JUST 2014a: 220–222), wird er im Vorliegenden im Lichte einer allgemeineren, von SIMMLER vorgeschlagenen Definition verstanden:

> Makrostrukturen sind textinterne, aus Ausdrucks- und Inhaltsseite bestehende satzübergreifende Einheiten der *langue*, die gegenüber anderen satzübergreifenden Einheiten und hierarchisch gesehenen kleineren Einheiten wie Satztypen eine distinktive Funktion besitzen und bei ihrem Auftreten mit ihnen zusammen größere Einheiten der *langue*, nämlich Textsorten, konstituieren, wobei sich je nach extern gewähltem Medium von Handschrift, Typoskript oder Druck verschiedene Realisierungsformen ergeben können. Zu den Makrostrukturen gehören Initiatoren, Terminatoren, Kapitel, Absätze, Abschnitte, die in textsortenspezifischen Ausprägungen auftreten. (SIMMLER 1992: 43–44)

Die Struktur jeder zu analysierenden Eintragung ist klar und transparent. Die konkreten Passus bilden ein syntaktisches, logisches, kohärentes, akzeptables und informatives Ganzes mit seiner vorgesehenen kommunikativen Aufgabe. Darüber hinaus ist alles in die äußeren Umstände mitsamt dem Verweis auf die anderen Texte – wie etwa auf die anderen Proskriptionseintragungen – eingetaucht. Unabhängig von der Hand des Schreibers werden die konkreten Vermerke nach einem Schema konstruiert, das in den konkreten Aufzeichnungen realisiert wird, wobei die Reihenfolge bestimmter Textstellen mancherorts divergiert, z. B. Information darüber, dass jemand geächtet wurde. Die konkreten Textkomponenten werden voneinander nicht deutlich abgetrennt, was für die narrative Form eines deskriptiven Informationstextes emblematisch ist.

Abb. 18. Makrostruktur der Proskriptionseintragung im Schweidnitzer Proskriptionsbuch (erarbeitet P.A.O.)

0	Überschrift	*Inscriptio*	Daten der (proskribierten) Personen, von denen im nachfolgenden Vermerk die Rede ist;
[1]	Einleitung	*Introductio*	vorwiegend dieselbe Einleitung, (z. B. *Geschen am* [...] oder *Gescheen ist am* [...]), die fließend in die Textstelle mit dem Datum übergeht;
[2]	Datumsangabe	*Datum*	nahtlos mit der vorangehenden Einleitung verbunden (in einigen Eintragungen kann sie auch am Vermerksende vorgefunden werden);
[3]	Antragsteller, z. B. im Fall der von den Landvögten, Schultheißen und Dorfschöffen gemeldeten Proskription des Dorfgerichts	*Postulatores*	Kreierung der indirekt neuen institutionellen Tatsachen mittels der deklarativen Handlungen, wodurch der Stadtschreiber den eventuellen Leser über einen konkreten Tatbestand informiert;
[4]	Personalien des Straftäters	*Facta rei*	Vor- und Nachname des Täters manchmal mit der Angabe über seinen Beruf bzw. seine Herkunft oder über die möglichen Verwandtschaftsbeziehungen
[5]	Information darüber, dass jemand proskribiert wurde (mancherfalls am Vermerksende)		
[6] (5)	Tatbeschreibung	*Descriptio delicti*	oft mit der detaillierten Darstellung der Straftat, z. B. genaue Zahl und Art der Verletzungen
[7] (6)	Personalien des Opfers	*Facta victimae*	Vor- und Nachname des Opfers oft mit der Angabe über seinen Beruf bzw. seine Herkunft oder über die möglichen Verwandtschaftsbeziehungen
[8] (7)	Tatumstände	*Circumstantiae criminis*	(detaillierte) Angabe zur Tatzeit, Tatwaffe und zu den Beweggründen;
[9] (8)	Tatort	*Locus delicti*	vereinzelt;
[10] (9)	Information darüber, dass jemand proskribiert wurde (mancherfalls nach den Personalien des Täters)		

Im Zusammenhang damit ist auch der Standpunkt von LAMARQUE (2004: 396) interessant, dem zufolge eines der kontroversen Merkmale der narrativen Texte oder Strukturen (engl. „narrative structures") die Rolle des Erzählers ist: Die Narration muss nämlich erzählt und deskribiert werden, wodurch sie ins Dasein gerufen wird, denn die Narrationen sind als Artefakte anzusehen und nicht als natürliche oder platonische, erst zu entdeckende Entitäten. Werden sie wiederum erzählt, brauchen sie eine konkrete Person und nicht nur eine fiktive Gestalt, die eine Geschichte erzählt. Die erzählten Geschehnisse können von dem menschlichen Verstand unabhängig sein, aber die Narrationen leider nicht mehr. In solch einem Sinn sind sie nämlich im menschlichen Handeln verwurzelt:

> Another feature of narrative structure that has caused controversy is the role of the narrator. Narratives must be narrated: that is how they come into being. They are human artefacts, not natural or even platonistic entities waiting to be discovered. And if they are narrated they need an actual person, not merely a fictional character, to do the narrating, to tell the story. Events narrated might well be mind-independent but narratives cannot be. The latter must originate in human acts of some kind. (LAMARQUE 2004: 396)

Diesen Gedanken entwickelt VAN DIJK (1985: 145–166), der die abstrakte Struktur einer narrativen Äußerung gewöhnlich als *Handlung* bezeichnet (engl. *plot*) bzw. als *Geschichte* (engl. *story*). BAL (2012: 3) trifft in diesem Punkt jedoch die Unterscheidung, indem er die *Erzählung / Narration* (engl. *story*) als Inhalt versteht. Mit *Handlung* (lat. *fabula*) assoziiert er hingegen die Struktur der logisch und chronologisch verbundenen Ereignisse, die den narrativen Text bilden. Darin übermittelt ein Agens bzw. ein Subjekt einem Rezipienten eine Erzählung mittels eines gegebenen Mediums.

Die für das obige deskriptive Schema[176] des abstrakten Textes PROSKRIPTION unterschiedenen Komponenten sind dessen Grundelemente, die in den konkreten physischen Vermerken realisiert werden, obgleich sie voneinander abweichen können. Die Abweichungen kommen wiederum dadurch zum Vorschein, dass die realen Texteinheiten in jedem Achteintrag nicht konsequent vorzufinden

---

176 Zwar ist das Wesen der Proskription dem Wesen eines gegenwärtigen Haftbefehls ähnlich, aber es lässt sich noch bemerken, dass die Struktur des Achttextes dem heutigen, aus dem Rubrum, dem Tenor und den Urteilsgründen bestehenden Strafurteil gegenübergestellt werden darf. Die Ähnlichkeit sieht man nämlich im Bau des ersten Teils des Strafurteils, d. h. im sich aus dem *Tabularium* {≈ Datum und Angaben zum Täter, Opfer ([1] – [6], außer [5])} und dem *Demonstratio* {≈ Tatbeschreibung, Tatumstände, Tatort ([7] – [9])} zusammensetzenden Rubrum. Falls sich die Entscheidung über Proskription einer Person am Ende der Proskriptionseintragung {[10]} befindet, ähnelt dies auch dem Tenor, der die knappen, über die Schuldfrage und die weiteren daraus folgenden Entscheidungen informierenden Ausführungen beinhaltet.

sind. Nichtsdestominder wird die konkrete Proskriptionseintragung weiterhin als Proskription aufgefasst und wahrgenommen. Somit wäre es erwünscht, die Frage zu stellen, welche von diesen differenzierten Elementen für die Entstehung einer PROSKRIPTION absolut fundamental sind, und welche als redundant klassifiziert und aus diesem Grund ausgelassen werden können.

4.3.1 Überschrift / *Inscriptio*

Fast jede Proskriptionseintragung wird mit einer Überschrift / *Inscriptio* mit den Personalien der (proskribierten oder durch die Straftat unmittelbar beeinträchtigten) Personen (und stellenweise auch mit ihrer Herkunft) sowie manchmal auch mit den Daten des die Klage anstrengenden Menschen versehen, von denen in der nachfolgenden Aufzeichnung die Rede ist, z. B.

- *Ticz Schindil de Beugindorf* (1381);
- *Jocop Weidener von Hannos Cromer* (1408);
- *Jekel Czeiner* (1413).

Solch eine Praxis wird aber nur bis 1414 angewandt: Die letzte Aufzeichnung aus dem Jahr 1414 wurde nämlich mit keinem Titel mehr versehen. Weiterhin kommen jedoch die Überschriften mitsamt der Jahresangabe vor, die den Beginn einer neuen Amtszeit des Stadtrates signalisieren. Darin finden sich auch die Namen des das Amt des Stadtschreibers übernehmenden Beamten, z. B.[177]

> *Sub anno domini MCCCCIX in vigilia novi anni*
> *de mandato regis et per confirmationem domini capitanei Janckonis*
> *de Chotiemicz electi sunt in consules: Wyglinus Zachinkirch, Johannes*
> *Stobechin, Petrus Gumprecht, Franczko Unger,*
> *Niclas Korber et Nicolaus Weistericz;*
> *et subscripti homines ob eorum demerita huic quaterno sunt*
> *inscripti per me Johannem Hofeman;*
>
> *Anno XVI*
> *Sub anno MCCCCXVI circa festum beati Michaelis electi sunt in consulatum Weigil*
> *Zachinkirch, Olbertus Poschke, Petrus Gumprecht, Petrus Hulffrich, Nicklos Pffaffindorf et*
> *Stenczlaw Nonhard;*
>
> *Anno Domini MCCCCXVII Jorge Swenkinflegil, Niclas Czymmerman, Niclas Zachinkirch,*
> *Niclas Nonhard, Petir Bomgarth unnd Niclas Wetczinweld;*
> *Anno domini MCCCCXXX bey geczeiten der hernach geschriben Nicolaus Stelen, Hannus*
> *Pibnig, Hanus Jauwor, Nicolaus Glesen, Nicolaus Weidener und Bensch Herden.*

---

177 Unter Berufung auf GOLIŃSKI (2020: LXXIII) wurde die Zeichensetzung den gegenwärtigen Regeln in allen als Beispiele für die zu besprechende Erscheinung angeführten Textstellen angepasst. In Anlehnung an seine Textedition wurde auch die Großschreibung vereinheitlicht, indem sie ihre Anwendung nur am Satzanfang sowie bei den Antroponymen, Toponymen und *Nomina sacra* fand.

Die Proskriptionen aus der Zeit 1415–1458 werden mit keinen den Namen der Proskribierten enthaltenden Überschriften eingeleitet. Die einzelnen Aufzeichnungen wurden aber deutlich voneinander abgetrennt: Jede Eintragung beginnt nämlich immer auf ein und dieselbe Art und Weise, d. h. entweder mit der Einleitung, z. B.

> *Geschen am freitage vor sand Jorgen tage* [...],
> *Geschen ist anno etc. XXIX* [1429] [...],
> *Gesche[e]n ist am dinstage noch Appolonie* [...]

oder mit der lateinischen *Introductio*, die das Datum der Proskription implizit (wenn sie auf den vorangehenden Eintrag anspielt) oder explizit beinhaltet, z. B.

> *Item eodem die* [...],
> *Eodem die* [...],
> *Anno ut supra gescheen ist, daz* [...],
> *Item feria secunda post Galli* [...],
> *Item* [...],
> *Actum feria secunda post festum sancti Martini anno etc. Ltercio* [...]

In diesem Zeitraum lassen sich drei Überschriften bemerken, die jedoch nicht die Proskriptionseinträge betreffen (08.06.1423, 13.08.1431, 01.10.1456).

Vereinzelt beginnen die Eintragungen mit den Namen der proskribierten Personen. In solchen Fällen ist das Datum am Ende der Aufzeichnung vorzufinden, wie etwa

(1422):	*Niclas Breitenhain ist geecht ummb* [...];
(1422):	*Hentczil Milde von der Fulenbrockin ist geecht ummb* [...];
(08.02.1432):	*Hannus Kyner ist geecht* [...], *gescheen am freitage nach Dorothee anno etc. XXXII;*
(07.10.1435):	*Peter von Jocubsdorf hat wunden geslagen* [...] [...] *am freitage nach Francisci anno XXXV;*
(1438):	*Hannus Czoczeleyn ein molknecht* [...] *actum XXXVIII.*

Möglich ist auch der Anfang der Proskription, der sich auf die vorangehende Aufzeichnung bezieht. Somit scheint die nachfolgende Eintragung eine Fortsetzung der vorigen zu sein, wobei die beiden voneinander mit einer Überschrift getrennt werden, z. B.

> (02.07.1382): *Und habin auch bekannt die obgenantin schepphin und richtir, daz* [...].

Das Datum erscheint in solchen Fällen als letztes Element des Eintrags:

> [...] *geschen an deme selbin* (vgl. auch oben).

Bei der gelegentlich gestörten Chronologie der Aufzeichnung von Eintragungen erscheint die Jahresangabe als Überschrift, z. B. über dem Vermerk vom 24.05.1423, der sich unter den Einträgen aus dem Jahr 1425 befindet, ist die Überschrift *Anno*

XXIII [1423] vorzufinden. Solch eine Lösung ist jedoch extrem marginal und wird nur sporadisch angetroffen. In den meisten Fällen der Unterbrechung der chronologischen Kontinuität der Einschreibung von den einzelnen Einträgen wurde auf eine solche *Inscriptio* verzichtet, sodass man den Eindruck bekommen kann, dass die Vermerke nicht chronologisch geordnet wurden.

Die *Inscriptio* der Eintragungen in Form der Vor- und Nachnamen von den (proskribierten) Personen erscheinen wieder – aber nur dreimal – in den Jahren 1453 und 1454. Nur das letzte Datum betrifft die Achteintragung (21.12.1454). Dann werden die Eintragungen wieder mit keiner Überschrift versehen. Erst 1458 kommen die Köpfe zurück, wobei das lateinische Wort *Causa* der Mehrheit der Überschriften vorangeht, z. B.

(11.05.1459):	*Causa Georgii Tschuncke;*
(18.07.1460):	*Causa Johannis Kestner;*
(17.05.1468):	*Causa Mertin Schulcz von Beckirn;*
(04.04.1470):	*Causa Hans Heckir.*

Solch eine Praxis wird stellenweise inkonsequent bis 1471 fortgesetzt. Nach diesem Jahr erscheinen schon bis zum Ende des Buches – wie anfangs – nur die Namen der Personen, von denen im Eintrag die Rede ist.

Ganz selten werden auch die Verzeichnungen ohne Datum angetroffen. Hierbei ist der Leser des Stadtbuches nur auf die benachbarten Eintragungen angewiesen, zwischen denen sich die genannten Proskriptionen oder auch andere Aufzeichnungen befinden. Bei dieser Gelegenheit findet man auch den Beweis dafür vor, dass die Proskriptionen nicht systematisch und nicht sukzessiv ins Proskriptionsbuch eingeschrieben wurden. Dies bestätigt der Eintrag, dessen Anfang folgendermaßen klingt: *Geschen ist fur II jaren,* [...]. Dank den vorangehenden und nachfolgenden, mit den Jahresangaben versehenen Verzeichnungen aus dem Jahre 1422 lässt sich aber annehmen, dass es zum in der Proskription genannten Verbrechen im Jahre 1420 gekommen sein muss.

Nach Ablauf der Amtszeit des Stadtrates werden zusätzlich die Bemerkungen hinzugefügt, mittels deren die Proskriptionen mitsamt den anderen Vermerken aus einer Amtszeit von den aus der vorigen bzw. anderen Amtszeit deutlich abgegrenzt werden. Stellenweise ist die gestörte Chronologie der Einträge sichtbar, sodass es sich nicht um die Verzeichnungen aus der vorigen, sondern eher aus der anderen Stadtratsamtszeit handelt, z. B. den Einträgen aus dem *Anno domini MCCCLXXV* folgen die Verzeichnungen aus den Jahren 1381, 1380 und dann wieder aus dem Jahr 1381. Danach trifft man eine leere Seite an, auf die die Proskription von *Matis und Nyckil gebrudir genant Gurteler und erer svestir Annai* aus dem *Anno domini MCCCLXXX* (07.09.1380) folgt. Dann kommen wieder die Proskriptionen aus dem *Anno domini MCCCLXXXI* (die erste vom 23.05.1381). Solch eine chronologische Störung der Ordnung der Eintragungen an dieser Stelle lässt sich aus der Tatsache erklären, dass sich diese Aufzeichnungen ganz am Anfang des Buches befinden. Die chronologische Reihenfolge konnte erst später – d. h.

mit den weiteren, fortlaufenden Einschreibungen der Einträge – berichtigt und herausgearbeitet werden.

In der Überschrift werden auch die später aufgezeichneten (vor allem lateinischen) Bemerkungen angetroffen, die stellenweise mit dem Datum der Einschreibung ins Stadtbuch (vgl. 4.3.2) versehen wurden, z. B.

Überschrift der Proskription vom 09.11.1384:   *concordaverunt totum;*
Überschrift der Proskription vom 09.11.1384:   *concordavit totum factum;*
Überschrift der Proskription vom 31.08.1386:   *Nicklos Czippil hat sin dingk vorrichth keygen der stat und gancz und gar;*
Überschrift der Proskription vom 27.09.1386:   *concordavit totum factum;*
Überschrift der Proskription vom 16.08.1387:   *Concordatum est totum et deletum [...] Reminiscere / anno domini MXXXXCVIII;*
Überschrift der Proskription vom 23.06.1389:   *decollatus est;*
Überschrift der Proskription vom 24.07.1389:   *concordavit est;*

4.3.2 Datumsangabe / *Datum*

Ohne auf die Details der diversen Zeitbestimmung in der Antike einzugehen, soll einleitend bemerkt werden, dass es im Mittelalter auch keine einheitliche Art und Weise der Zählung der Tage gab. Neben den wichtigsten Kalendersystemen – d. h. dem römischen Kalender und dem liturgischen Kalender – waren auch andere Möglichkeiten der Zeitmessung im Gebrauch, wie etwa *Consuetudo Bononiensis*, Cisiojanus oder Elemente des Meton-Zyklus (u. a. Epakte, goldene Zahl). Aus diesem Grund geschah nicht selten, dass bei der Zeitbestimmung eines Ereignisses zwei oder sogar mehr Datierungsmethoden gebraucht wurden. Der römische, von dem Altertum ererbte Kalender war besonders im frühen Mittelalter ziemlich oft anzutreffen, aber wegen der zahlreichen Fehler in der Reduktion der Nonen, Kalenden und Iden verlor er an Popularität. Der größten Beliebtheit erfreute sich der während des Mittelalters entstandene Kirchenkalender, dessen Gebrauchsblütezeit ins 13. und 14. Jahrhundert zu datieren ist, obwohl er sogar bis zum ausgehenden 18. Jahrhundert im Gebrauch war. In Europa war auch die von den Arabern übernommene Zählung der Tage nicht fremd. Das Schwinden einer Datierungstechnik, das Aufkommen einer anderen oder das gleichzeitige Auftreten der unterschiedlichen Zeitbestimmungsmethoden in einer historischen Quelle werden mit Sicherheit durch konkrete Kultureinflüsse determiniert, brachten eine gegebene Mode zum Vorschein und zeugten von dem bestimmten historischen Bewusstsein einer konkreten Gesellschaft aus der Vergangenheit (SYTY 1985: 6–7).

Da die konkreten Aufzeichnungen des Schweidnitzer Proskriptionsbuches chronologisch untereinander eingeschrieben wurden, kann es unter den Stadtbüchern mit einer chronologischen Eintragungsreihenfolge (nach dem sich auf den Unterschied in der Ordnung der Eintragungen stützenden Stadtbüchereinteilungskriterium von GRULKOWSKI 2008: 196, 2013: 142–144, 2015: 148–151, vgl. 2.3.4.3) subsummiert werden.

Die überwältigende Mehrheit der Vermerke und darunter auch der Proskriptionseintragungen im Schweidnitzer Achtbuch wurde mit einem Datum versehen, wodurch der Zeitpunkt der Entstehung einer konkreten Aufzeichnung oder deren Einschreibung ins Stadtbuch bestimmbar ist. Somit weisen sie „[...] eine temporale, d. h. zeitbezogene Dimension [...] [und] erhalten dadurch eine testamentarische Eigenschaft, sie sind eine Art Vermächtnis für künftige Textrezipienten" (WAWRZYNIAK 2004: 328). Hierbei muss ergänzt werden, dass die Art der Datumsangabe in den jeweiligen Eintragungen different ist. Nicht zu übersehen sind auch die undatierten Aufzeichnungen, deren Entstehung oder Einschreibung ins Stadtbuch dennoch nach wie vor bestimmbar ist. Da Schweidnitz während des Mittelalters im christlichen Kulturkreis gelegen war, verwundert es wenig, dass das Datum in den meisten Vermerken des Achtbuches und darunter auch in den Proskriptionen im Kontext des liturgischen Kalenders erscheint.

Die populärste Form der Bestimmung des konkreten Tages und Monats beruht auf deren Angabe im Verhältnis zu einem (anderen), im liturgischen Kalender wichtigen Tag (Festtag) im konkreten Monat oder sogar zu einer konkreten Woche, die im Kirchenjahr von besonderer Bedeutung ist (war), z. B. Karwoche oder Kreuzwoche. Aufgrund dessen lässt sich eine bestimmte Referenz des konkreten Achtbuchtextes auf einen Sachverhalt in der außersprachlichen Wirklichkeit erkennen, weil die Datumsangaben ohne Wissen über die den Menschen umgebende Realität im Hinblick auf den Kirchenkalender unverständlich sind (waren). Die Jahresangabe wurde dann ausgelassen, denn die Information darüber befand sich bereits in der Überschrift über den Vermerken, die binnen einer Stadtratsamtszeit ins Buch eingetragen wurden (vgl. 4.3.1). Die Datumsangabe in solch einer Form ist meistens am Anfang der Aufzeichnung anzutreffen, z. B.

Proskriptionen:

(23.05.1381):   *An deme dornstage fur der Cruce wuche* [...];
(24.10.1381):   *An deme dornstage fur Symonis et Jude* [...];
(01.01.1382):   *An deme tage der Besnydunge unsirs Herren* [...];
(17.04.1382):   *An deme dornstage nach Quasi modo Geniti* [...];
(01.05.1382):   *An deme dornstage Philippi und Jacobi* [...];
(15.05.1382):   *An deme tage der Offart unsirs Herren* [...];
(12.06.1382):   *An deme dornstag an deme achtintage des Helgni Lichenams* [...];
(26.04.1382):   *An deme dornstag nach senti Johannis tage* [...];
(11.12.1382):   *An deme dornstage fur sente Lucie tage* [...];
(30.01.1383):   *An deme frietage fur Esto mihi* [...];
(04.02.1383):   *An deme Aschtage* [...];
(15.04.1383):   *An der mitwuche nach Jubilate* [...];
(15.05.1383):   *An der frietage fur Trinitatis* [...];
(08.06.1383):   *An dem mantage fur Barnabe tage des helgin* [...];

(17.06.1383): *An der mitewuche nach Viti* [...];
(04.03.1384): *An deme frietage fur Reminiscere* [...];
(21.06.1384): *An deme dinstage fur senti Johanis tag* [...];
(27.10.1384): *An deme dornstage an senti Symonis und Jude obinde* [...];
(05.01.1385): *An der Drier Konige obunde* [...];
(11.02.1386): *An deme sontage fur senti Valenti* [...];
(15.03.1386): *An deme dornstage fur Reminiscere* [...];
(21.05.1386): *An deme mantage nach deme sontage alzo die kirche singit Cantate* [...];
(01.06.1386): *An deme frietage nach Urbani* [...];
(03.07.1386): *An dinstage nach senti Petir und Pawls* [...];
(10.07.1386): *An deme dinstage fur Margarthe* [...];
(08.08.1386): *An der metewuche fur senti Lorentis tage* [...];
(31.08.1386): *An deme frietage nach decollationem sancti Johannis* [...];
(27.09.1386): *An deme dornstage fur Michaelis* [...];
(04.10.1386): *An deme dornstage nach Michaelis* [...];
(08.02.1387): *An deme frietage nach Circumdederunt* [...];
(08.02.1387): *An deme dornstage fur Oculi* [...];
(07.04.1387): *An deme sontage fur Pfingstin* [...];
(20.04.1387): *An deme sonobunde fur Geerii* [...];
(19.05.1387): *An deme sontage fur Pfingstin* [...];
(06.07.1387): *An deme sonobunde fur senti Margarethe tage* [...];
(16.08.1387): *An deme frietage nach unsir Frouwin wurczewie* [...];
(24.08.1387): *An senti Bartholomei tage* [...];
(04.10.1387): *An deme frietage nach Michaelis* [...];
(08.11.1387): *An deme frietage fur Martin* [...];
(03.01.1388): *An der frietage fur Epyphaniae domini* [...] (x 2);
(08.01.1388): *An der mitwuche nach Epyphaniae domini* [...];
(26.04.1388): *An deme sontage nach senti Marci tage* [...];
(24.05.1388): *An deme tage der Drefaldekeit* [...];
(05.06.1388): *An deme frietage nach deme achtintage des Helgin Lichenames* [...];
(02.07.1388): *An deme dornstage nach senti Petir und Pauli tage* [...];
(03.07.1388): *An deme frietage nach senti Petir und Pauli* [...];
(04.08.1388): *An deme dinstage nach senti Petir kethin fiertag* [...];
(22.08.1388): *An deme sonobunde fur Bartholomei* [...];
(03.09.1388): *An deme dornstage nach senti Egidij tage* [...];
(10.09.1388): *An deme dornstage nach unsir Libin Frouwin tage irre gebort* [...];
(28.10.1388): *An der mitwuche senti Symonis und Jude Tage* [...];
(05.11.1388): *An deme dornstage nach Aller Helgintage* [...];
(19.03.1389): *An deme frietage fur Oculi* [...];
(20.03.1389): *An deme sonobunde fur Oculi* [...];
(23.06.1389): *An der mitwuche an senti Johannis obund* [...];
(06.07.1389): *An dem dinstag des achtintag sanctorum Petri et Pauli* [...];
(17.09.1389): *An deme frietage fur Mathei* [...];
(24.01.1390): *An deme mantage fur conversionis sancti Pauli* [...];

(26.03.1390):   *An deme sonobunde fur Palmen* [...];
(23.06.1390):   *An deme dornstage fur senti Johannis tage* [...];
(16.03.1391):   *An deme dornstage für Palmen* [...];
(02.09.1391):   *An deme sonnabe noch sencte Egidien tag* [...];
(15.09.1391):   *An deme freytag noch dez heilgin Crewcis tag, alz es erhoben ward* [...];
(15.09.1391):   *An deme donrstage fur Letare* [...];
(30.05.1392):   *An deme donrstage vor Fphingisten* [...];
(05.07.1392):   *An dem freytag noch die Petris tag* [...];
(25.02.1393):   *Am dem dinstage noch Invocavit* [...];
(10.08.1394):   *An sand Lorenczen tage* [...];
(13.09.1395):   *Am montage noch Nativitatis Marie* [...];
(13.11.1395):   *Am sonnabend noch Martini* [...];
(08.08.1396):   *Am dinstage vor sente Lorenczen tag* [...];
(02.08.1397):   *An dem donrstage noch vincula Petri* [...];
(01.08.1398):   *An dem donrstage vincula Petri* [...];
(01.07.1399):   *An dem dinstage noch sencte Petir und sencte Pawilz tag* [...];
(01.08.1399):   *An dem vrytage am sencte Petirs tag ketinvyer* [...];
(09.06.1402):   *Am freitage noch Marcelli* [...];
(16.06.1402):   *Am freitage noch Viti* [...];
(04.1403):   *In dem nesten dinge noch Ostern* [...];
(04.07.1403):   *An der methewochen noch Visitationis Marie* [...];
(20.08.1403):   *Am montag vor Bartholomei* [...];
(15.03.1404):   *Am sonnabund vor Judica* [...];
(03.06.1404):   *Am dinstage noch Corporis Christi* [...];

Andere Vermerke:

(24.02.1381):   *An dem sontage fur Fasnacht* [...];
(09.11.1384):   *An der mitwuche fon senti Mertins tag* [...];
(10.11.1384):   *An deme dornstage fur senti Mertins tag* [...];
(23.10.1385):   *An deme mantage nach senti Galii tage* [...];
(04.01.1389):   *An deme mantage fur Epyphaniae* [...];
(24.07.1389):   *An senti Jacobs obind* [...];
(04.06.1392):   *An dem dinstage in den Fphingist heylgin tagen* [...];
(10.01.1393):   *Am frittage noch Epyphaniae* [...];
(26.12.1393):   *An frittage vor Circumcisionis* [...];
(09.07.1400):   *Am dem vrytage vor sente Margaretin tag* [...];
(28.05.1404):   *An der Heilgen Leychnams obind* [...];

Viel seltener kommt solch eine Form der Datumsangabe am Ende der Stadtbuch-eintragung vor, z. B.

Proskriptionen:

(02.07.1382):   *[...] gescheen an der methewuche nach senti Petri und Pauli tage der hel-gin czwelffbotin;*

(26.05.1402):   [...] *am freitage nach Corporis Christi scabini recognoverunt et adnotatus*;
(05.1402):   [...] *an nesten dinge vor Corporis Christi*;
(25.08.1402):   [...] *am freitage noch Bartholomei recognovit advocatus Franciscus Keyser*;

Andere Vermerke:

(24.02.1381):   [...] *Gegebin an deme frietage fur Valentini nach gebort etc. LXXXXIX*;

Evident ist auch der Gebrauch der lat. Bezeichnungen der Fest- und Feiertage unabhängig davon, ob die Datumsangabe am Anfang oder am Ende des Proskriptionstextes steht, z. B.

(17.04.1382):   *An deme dornstage nach Quasi modo Geniti* [...];
(30.01.1383):   *An deme frietage fur Esto mihi* [...];
(15.04.1383):   *An der mitwuche nach Jubilate* [...];
(15.05.1383):   *An der frietage fur Trinitatis* [...];
(04.03.1384):   *An deme frietage fur Reminiscere* [...];
(15.03.1386):   *An deme dornstage fur Reminiscere* [...];
(31.08.1386):   *An deme frietage nach decollationem sancti Johannis* [...];
(08.02.1387):   *An deme frietage nach Circumdederunt* [...];
(03.01.1388):   *An der mitwuche fur Epyphaniae domini* [...] (x 2);
(08.01.1388):   *An der mitwuche nach Epyphaniae domini* [...];
(19.03.1389):   *An deme frietage fur Oculi* [...];
(20.03.1389):   *An deme sonobunde fur Oculi* [...];
(24.01.1390):   *An deme mantage fur conversionis sancti Pauli* [...];
(04.07.1403):   *An der methewochen noch Visitationis Marie* [...];
(03.06.1404):   *Am dinstage noch Corporis Christi* [...];
(10.01.1393):   *Am frittage noch Epyphaniae* [...];
(26.12.1393):   *An frittage vor Circumcisionis* [...];
(26.05.1402):   [...] *am freitage nach Corporis Christi scabini recognoverunt et adnotatus*;
(vor 25.05.1402): [...] *an nesten dinge vor Corporis Christi.*

In den vereinzelten Fällen ist die genaue Zeitbestimmung jedoch unmöglich. Ein gutes Beispiel dafür ist das Datum im Proskriptionseintrag aus dem Jahre 1385: Wegen der fehlenden Wörter *fur* oder *nach* vor der Bezeichnung des als Bezugspunkt geltenden Feiertages im Kirchenkalender lässt sich nicht eindeutig feststellen, um was für ein Datum es sich hier handelt: *An deme mantage Mathei* [...] (in Betracht kommen also zwei Daten: entweder 18.09. oder 25.09).

Aus der ersten Zeitspanne der Buchnutzung (bis zum 1404[178]) kommen auch solche Vermerke und darunter auch die Proskriptionen vor, in denen die Datumsangabe von der oben dargestellten Datierung abweicht. Wegen der niedrigen Zahl der Belege gelten aber solche Fälle lediglich als marginale Erscheinungen, z. B.

---

178 In der zweiten Hälfte dieses Jahres ändert sich die Formel der Datumsangabe.

– Datierung mit der erneuten Jahresangabe mittels der römischen Zahlen-
   schrift, wobei es nur bei der Angabe der Zehner und Einer belassen wird:

   (16.12.1393):   *Am dinstag noch Lucie anno XCIII* [...];

– Datierung mit der erneuten Jahresangabe auch mittels der römischen Zahlen-
   schrift und mit dem Bezug auf die christliche Zeitrechnung mithilfe der lat.
   Formel *Anno Domini*:

   (12.02.1389):   [...] *Gegebin an deme frietage fur Valentini nach gebort etc. LXXXIX*;

– umgekehrte Wortfolge bei der Angabe des Datums, sodass die Proskriptionen
   und einige wenige andere Aufzeichnungen folgendermaßen beginnen[179]:

   (20.05.1389):   *Fur uns an deme dornstage fur Urbani* [...]

Nicht zu übersehen sind auch sechs Vermerke mit dem auf lat. angegebenen
Datum, wobei darunter nur zwei Proskriptionstexte vorzufinden sind:

   (06.11.1381):   *Quarta feria ante Martin*[i] [...];
   (02.1403):   *Anno domini MCCCCIII in dem nestin dinge vor Vasnacht* [...].

Den lat. Datumsangaben (einmal mit der Wiederholung der Jahresangabe)
folgt in den beiden Fällen der auf Deutsch verfasste Achttext. In einer der oben
angeführten Datumsangaben bemerkt man außerdem den Gebrauch des aus
dem Latein stammenden Wortes *feria*, das – in Anlehnung an Matuszewski
(2003: 108–109) – oft in den kanzelarischen Dokumenten anzutreffen war. Einleitend soll aber betont werden, dass sich das mittelalterliche *feria* (Singular)
vom lat. Pluraletantum *feriae* auch unter dem semantischen Aspekt unterscheidet: Die römischen *feriae* waren nämlich die Festtage, an denen man sich erholte
(vgl. *Sommerferien, Winterferien*). Im Mittelalter dagegen bedeutet *feria* keinen
Fest- oder Feiertag mehr, sondern kommt schon in der Bedeutung ‚Wochentag
(sowohl Arbeitstag als auch Sonntag)‘ vor. Daraus resultiert, dass es natürlicherweise sieben *feriae* gab: *feria (prima), feria secunda, feria tertia, feria quarta, feria
quinta, feria sexta* und *feria (septima)*. In den Kanzleischriftstücken (z. B. auch in
den königlichen Dekreten) gebrauchte man aber nur fünf *feriae*, d. h. außer *feria
prima* und *feria septima*, denn das Erstere war ein Sonntag und das Letztere –
ein Samstag. Daher kann man eventuell im kanzelarischen Schrifttum *dominica*
zur Bezeichnung eines Sonntags und *sabbatum* zur Bezeichnung eines Samstags
antreffen.
  Die anderen vier Einträge sind wiederum keine Proskriptionstexte, deren weitere Teile entweder auf Deutsch, Latein oder Deutsch und Latein ins Stadtbuch
eingeschrieben wurden:

   (27.05.1381):   *Item secunda feria post Urbani* [...] [+ Deutsch];
   (04.03.1388):   *Quarta feria ante Letare* [...] [+ Latein und Deutsch];

---

179 Das nachfolgende finite Verb steht also nicht an der zweiten Stelle.

(07.07.1395): *Item anno domini MCCCXCV* [...] [+ Latein];
(20.07.1404): *Anno domini MCCCCIIII an sontage vor Marie Magdalene* [...] [+ Deutsch].

Schließlich lassen sich vier undatierte Vermerke antreffen, die keine Achteintragungen sind. Da sich drei davon zwischen den Proskriptionen aus dem Jahre 1389 befinden, kann vorsichtig angenommen werden, dass sie auch aus jenem Jahr stammen. Die Entstehungszeit des vierten Eintrags ist nicht mehr so hundertprozentig zu bestimmen. Zwar ist unter dem Vermerk vom 26.12.1393 über der Überschrift mit der die Jahresangabe *Anno XCIIII* enthaltende Information über den Beginn der neuen Amtszeit des Stadtrates zu sehen, aber die erste Aufzeichnung des Vermerks im Jahre 1394 erfolgte erst im August (10.08.1394). Es kann also nicht ausgeschlossen werden, dass die undatierte Aufzeichnung aus dem Zeitraum zwischen Januar und August 1394 kommt und sich nur an der falschen Stelle im Buch befindet.

In der zweiten Hälfte des Jahres 1404 beobachtet man die Veränderung in der Datumsangabe: Vor der oben beschriebenen Formel begegnet man nämlich der einleitenden Form des Verbs *geschehen* im Perfekt, der die oben geschilderte Methode der Datumsangabe folgt, z. B.

(11.07.1404): *Gescheen ist am freyttage vor Margarethe* [...];
(20.07.1404): *Gescheen ist am sontag vor Marie Magdalene* [...];
(12.08.1404): *Gescheen ist am dinstage noch Laurenti* [...];
(28.02.1405): *Gescheen ist am sonnabund noch kathedra Petri* [...];
(06.03.1405): *Gescheen ist am freittag vor Invocavit* [...];
(18.05.1405): *Gescheen ist am montage noch Cantate* [...];
(06.07.1405): *Gescheen ist am montage noch Visitationis Marie* [...];
(02.02.1406): *Gescheen ist am dinstage vor Dorothee* [...];
(16.09.1406): *Gescheen ist am dornstage vor Lamperti* [...];
(29.11.1406): *Gescheen ist an sand Andris abund* [...].

Augenfällig ist jedoch die Inkonsequenz im Gebrauch solch einer Methode der Zeitbestimmung, denn abwechselnd ist die ältere Möglichkeit auch im ausklingenden Jahr 1404 und sogar in den Jahren 1405–1407 anzutreffen, z. B.

(10.10.1404): *Am freyttage vor Hedwigis* [...];
(16.10.1405): *Am freittag noch Burghardi* [...];
(21.05.1407): *In vigilia Trinitatis* [...];
(23.05.1407): *Am montage noch Trinitatis* [...].

Seit 1408 erscheint die neuere Art und Weise der Datumsangabe schon konsequent, z. B.

(24.02.1408): *Gescheen ist an sand Mathei,* [...];
(28.02.1409): *Gescheen ist am dornstage vor Reminiscere,* [...];
(05.05.1410): *Gescheen ist am montage noch Walpurgis,* [...].

In der Proskription vom 09.01.1411 wird zwar dieselbe Methode der Datumsangabe vorgefunden, aber man stößt hier auf eine etwas andere Schreibung des Partizips:

(09.01.1411):   *Geschen ist am freitage noch der hilgen dreierkonige tage, [...]*.

Diese Graphie erscheint schon stetig bis zum Ende des Jahres 1415. Das Novum ist hier aber der Gebrauch der Partizipialkonstruktion statt der oben dargestellten Form des Perfekts, z. B.
Proskriptionen:

(04.04.1411):   *Geschen am sonobund noch Judica, [...]*;
(16.07.1412):   *Geschen am sonobund noch Margarethe, [...]*;
(16.01.1413):   *Geschen am montage vor sand Anthonii tage, [...]*;
(23.02.1414):   *Geschen am freitage vor Invocavit, [...]*;
(19.04.1415):   *Geschen am freitage vor sand Jorgen tage, [...]*;

Andere Vermerke:

(11.06.1412):   *Geschen am sonobund vor Viti, [...]*;
(11.03.1415):   *Geschen am montage vor Judica, [...]*.

In diesem Zeitraum werden ebenfalls sowohl die Datumsangaben mit der erneuten Jahresangabe als auch die mit dem aus dem Latein stammenden Wort *feria* festgestellt. Die beiden Belege betreffen jedoch keine Proskriptionstexte.

Ab dem Jahr 1416 überwiegt die Methode mit dem Perfekt des Verbs *geschehen* mit der diversen Schreibung des Partizips: entweder *Gescheen* oder *Geschen*. Einmal wird auch die Partizipialkonstruktion im Proskriptionstext angetroffen:

Abb. 19. Gebrauch des Perfekts und der Partizipialkonstruktion von *geschehen* im Schweidnitzer Proskriptionsbuch (erarbeitet von P.A.O.)

Perfekt des Verbs *geschehen*				Partizipialkonstruktion	
Gescheen ist [...]		*Geschen ist* [...]		*Gescheen* [...]	*Geschen* [...]
Proskriptionen	andere Vermerke	Proskriptionen	andere Vermerke	Proskriptionen	andere Vermerke
06.02.1416	08.02.1429	01.06.1416	07.10.1417	01.09.1416	
06.02.1416	27.10.1429	30.01.1417	13.10.1417		
06.07.1416	04.11.1429	04.08.1417	08.06.1418		
21.10.1421		06.08.1417	20.03.1419		
04.11.1424		20.08.1417	16.06.1419		
		02.10.1417	16.12.1419		
		18.02.1418	09.01.1420		
		23.02.1418	19.12.1419		
		28.05.1418	10.05.1421		
		09.08.1418	12.08.1421		
		23.09.1418	26.07.1421		
		25.04.1419	30.09.1421		
		08.08.1419	17.10.1421		
		05.01.1420	07.04.1422		
		22.05.1420	24.05.1423		
		18.10.1420	08.06.1423		
		18.11.1420	08.06.1423		
		14.01.1421	16.06.1423		
		05.07.1421	29.06.1423		
		09.12.1421	29.01.1424		
		27.04.1422	12.01.1425		
		28.04.1422	24.02.1425		
		24.07.1422	06.03.1425		
		11.01.1424	17.11.1425		
		02.06.1424	27.11.1425		
		21.08.1424	11.12.1425		
		04.09.1424	15.12.1425		

(wird auf nächster Seite fortgeführt)

Abb. 19.   Fortsetzung

		29.09.1424	26.09.1426		
		10.12.1424	23.01.1428		
		19.12.1424	11.03.1428		
		12.01.1425	21.05.1428		
		27.01.1425	27.05.1428		
		20.09.1426	04.11.1429		
		04.09.1427			

Einmal wird die Datumsangabe mithilfe des Perfekts von *geschehen* mit der erneuten, mittels des lat. Lexems *Anno* einleitenden Jahresangabe jedoch ohne des Tages- und Monatsangabe angetroffen. Das finite Hilfsverb steht hier aber auch nicht an der zweiten Stelle:

(1428):   *Anno etc. XXVIII gescheen ist, [...]*

Ähnlich wie oben lassen sich ebenfalls die mit keinem Datum versehenen Proskriptionen vorfinden. Ihre Entstehungszeit kann jedoch aufgrund der vorigen, 1422 ins Achtbuch eingeschriebenen Aufzeichnung erschlossen werden: Die erste undatierte, sich eben unter dem datierten Achttext aus dem Jahre 1422 befindende Proskriptionseintragung beginnt nämlich mit der oben dargestellten Perfektform von *geschehen* mit der Datumsangabe, mittels deren aber die Zeit der Proskription auf den Zeitpunkt vor zwei Jahren bestimmt wird: *Geschen ist fur II jaren, [...]*. Die nächste Proskription referiert wiederum auf die vorige, weil darin die Information über dasselbe Opfer enthalten ist, von dem der frühere Text handelt:

1) *Geschen ist fur II jaren, das Petir Breitenhain in die ichte getan ist ummb ein mort an eyme toten Kaldoffin gnant uf das recht, alz recht ist;*
2) *Niclas Breitenhain ist geecht ummb III wunden, alz ein fulleister an demselbin totin uf das recht, alz recht ist.*

Die zwei nächsten Proskriptionen beinhalten zwar keine Datierung, aber sie wurden unter die anderen Proskriptionen aus dem Jahre 1422 eingeschrieben. Anhand ihrer Stelle im Buch lässt sich annehmen, dass sie auch aus jenem Jahr stammen.

Die anderen drei Vermerke (darunter nur eine Proskription) lassen sich auf das Jahr 1429 datieren. Solch eine Vermutung untermauert die Tatsache, dass sie unter den anderen Aufzeichnungen aus jenem Jahr und über dem die erneute Jahresangabe beinhaltenden Vermerk aus dem Jahre 1430 niedergeschrieben wurden.

Stellenweise wird die Wiederholung der Jahresangabe in den fortlaufenden Eintragungen vorgefunden. Diese Lösung scheint eine gute Methode zu sein, das Chaos in der Chronologie der Einträge zu ordnen. Da die Proskriptionen aus dem Jahr 1420 unter die Vermerke aus dem Jahr 1422 eingeschrieben wurden, entstand ein Durcheinander, das der Kanzleischreiber eben durch die Wiederholung der Jahresangabe (nur Zehner und Einer) und mittels des lat. Wortes *anno* zu ordnen versuchte. Dabei lässt sich dennoch keine Chronologie der Eintragungen bemerken:

(23.06.1422):   *Geschen ist am dinstage fur Johannis anno XXII, [...]*;
(07.04.1422):   *Geschen ist am dinstage fur Weynachtin anno XXII, [...]*.

Der letzte von diesen drei Vermerken ist zugleich der erste innerhalb der bereits geordneten Chronologie, die dann nicht mehr gestört wird:

(29.01.1424):   *Geschen ist am dinstage noch Trium Regum anno XXIII, [...]*.

In den anderen drei Proskriptionen wiederholen sich die Jahresangaben (nur Zehner und Einer) samt der lat. Formel *anno (domini)*:

(12.01.1425):   *Geschen ist am freitage noch Trium Regum anno XXV, [...]*;
(20.09.1426):   *Geschen ist am freitage vor Mathei apostoli anno domini etc. XXVI, [...]*;
(04.09.1427):   *Geschen ist am donrstage noch Egidii anno XXVII, [...]*.

Höchstwahrscheinlich ist die Wiederholung der Jahresangabe in den oben angeführten Belegen auf die fehlende Überschrift über den darunter niedergeschriebenen Vermerken zurückzuführen.

Ferner mussten die Jahresangaben aber wieder explizit genannt werden, weil es wieder zur Störung der chronologischen Ordnung kam: Der bereits oben angeführten Proskription aus dem Jahre 1427 folgte der Eintrag aus dem Jahre 1426 und erst dann der aus dem Jahre 1428:

(04.09.1427):   *Geschen ist am donrstage noch Egidii anno XXVII, [...]*;
(26.09.1426):   *Geschen ist am donerstage vor sende Michels tage anno domini etc. XXVI, [...]*;
(23.01.1428):   *Geschen ist am freitage nach Vincenti anno domini MCCCCXXVIII [...]*.

Aus denselben Gründen wurden die Jahresangaben in den anderen zehn Vermerken aus diesem Zeitraum wiederholt.

Schließlich wurden auch die Aufzeichnungen vorgefunden, in denen die Tages- und Monatsangaben fehlen. Augenfällig sind auch die lat. Texteinheiten, die auf den vorigen Text referieren, wodurch die Entstehungszeit des Textes bestimmbar ist:

(1428):   *Geschen ist etc. anno etc. XXVIII, [...]*;
(1428):   *Geschen ist anno domini etc. XXVIII, [...]*;
(1428):   *Geschen ist anno domini M etc. XXVIII, [...]*;
(21.05.1428):   *Geschen ist am freitage vor Pfingsten anno ut supra, [...]*;

(27.05.1428):   *Geschen ist am donerstage nach Pfingsten anno ut supra,* […];
(1428):   *Item anno etc. XXVIII,* […];
(1428):   *Geschen ist anno etc. XXVIII,* […];
(1428):   *Anno etc. gescheen ist,* […].
(1428):   *Geschen ist anno etc. ut supra,* […].

Im Jahre 1429 beobachtet man die sich abzeichnende Tendenz zum Gebrauch der Form des Perfekts von *geschehen* (u. a. 08.02.1429, 17.10.1429, 04.11.1429 [x 2], 07.11.1429) und der Partizipialkonstruktion desselben Verbs (z. B. 27.10.1429). Alle Vermerke aus dieser Zeitspanne sind aber keine Proskriptionstexte. Die erste Aufzeichnung aus dem Jahre 1430 setzt die Tendenz zum Gebrauch der Perfekt-form mit der erneuten Jahresangabe wegen der fehlenden Überschrift mit der Information darüber fort:

(27.03.1430):   *Gescheen ist anno etc. XXX am montage nach Letare,* […].

Die weiteren 36 Vermerke (keine Proskriptionen) werden einheitlich mit *anno ut supra gescheen ist* bzw. mit *Gesche(e)n (ist) anno ut supra* datiert, wobei die Jahres-angabe nur in der ersten Aufzeichnung oder gelegentlich bei der Störung der chronologischen Reihenfolge gestört wird. Stellenweise sind ebenfalls die exak-ten Datumsangaben mit dem Tages-, Monats- und Jahresangabe sichtbar, z. B. 17.10.1430, 16.11.1430, 22.12.1430, 11.01.1431, 18.01.1431, 27.01.1431.

Solche Formulierungen können auch am Ende der Proskriptionseintragungen erscheinen, z. B.

(14.02.1431):   […] *gescheen am dem Aschtage anno ut supra;*
(08.02.1432):   […] *gescheen am freitage nach Dorothee anno etc XXXII;*
(07.10.1435):   […] *am freitage nach Francisci anno etc XXXV.*

Zweimal wurde auch die Datierung mit *Actum* angetroffen:

(11.01.1431):   *Actum am donerstage nach Epiphaniae domini anno etc. XXXI,* […];
(18.01.1431):   *Actum am donerstage vor Agnetis anno etc. XXXI,* […].

Die Benennungen der kirchlichen Fest- und Feiertage erscheinen nach wie vor in ihren lat. Versionen, z. B.

(29.01.1424):   *Geschen ist am sonnobunde fur Purificationis Marie anno XXIIII,* […];
(02.04.1424):   *Geschen ist am freitage noch Ascencio domini,* […];
(21.08.1424):   *Geschen ist am montage noch Assumptionis Marie anno XXIIII,* […];
(04.09.1424):   *Geschen ist am montage fur Nativitatis Marie,* […];
(12.01.1425):   *Geschen ist am freitage noch Trium Regum,* […];
(12.01.1425):   *Geschen ist am freitage fur octavas Trium Regum,* […];
(24.02.1425):   *Geschen ist am sonnobunde fur Invocavit,* […];
(04.11.1429):   *Gescheen ist am freitage nach Omnium Sanctorum anno etc. XXIX,* […];
(07.11.1429):   *Gescheen ist am montage nach Omnium Sanctorum anno etc. XXIX,* […];
(11.01.1431):   *Geschen ist am donerstage nach Epiphaniae domini anno etc. XXXI,* […];
(27.01.1431):   *Geschen ist am sunabde nach Conversionis Pauli anno etc. XXXI,* […].

Die oben dargestellten Datierungsunregelmäßigkeiten und -inkonsequenzen aus dem Zeitraum 1431–1439 halten eigentlich bis zum Ende des dritten Jahrzehntes des 15. Jahrhunderts. Seit 1440 ist zwar die Partizipialkonstruktion *Gesche(e)n am* weiter vorfindbar, aber immer häufiger kommen die lat. Methoden der Datumsangabe entweder am Anfang oder am Ende des Vermerks vor, z. B.

(13.05.1446):	*Feria secta ante Sophie XLsexto*, [...];
(20.08.1446):	*Sabbato ante Bartholomei XLsexto*, [...];
(20.08.1446):	[...] *actum sabbato ante Mathei apostoli und ewangelistae etc.*;
(03.06.1452):	*Actum feria sabato anno etc. LII ante Trinitatis*, [...];
(06.06.1452):	*Anno etc. LII feria III ante Corporis Cristi*, [...];
(19.04.1453):	*Anno LIII feria quinta ante festum beati Georgii gescheen*, [...];
(21.12.1454):	[...] *actum sabbato in die Thome apostoli anno etc. LIIII.*;
(23.05.1455):	*Anno etc. Lquinto feria sexta ante Penthecostes*, [...];
(04.07.1455):	*Anno etc. Lquinto feria sexta post Visitacionis Marie*, [...].

Seit 1455 ist die Datumsangabe mit *Gesche(e)n (ist) am* schon eine Seltenheit, denn die große Mehrheit bilden die am Anfang des Eintrags zu sehenden Datumsangaben mit *Anno etc. Lquinto/Lsexto/Lseptima/*usw., *Actum feria* [...] [in Worten bzw. in Ziffern] *post* bzw. *ante*, *Anno etc. LVIII/LX/*usw. oder *Actum in* [...]. Ab dem Jahr 1480 dominieren dieselben Methoden der Zeitbestimmung, die jedoch konsequent am Ende der Eintragung vorzufinden sind.

Bei der Analyse der Art und Weise der Datierung von den konkreten Aufzeichnungen im Schweidnitzer Proskriptionsbuch lässt sich überdies bemerken, dass die chronologische Reihenfolge der eingeschriebenen Vermerke an mehreren Stellen des Stadtbuches gestört wurde. Die gestörte Chronologie betrifft nicht nur die Jahres-, sondern auch die Tages- und Monatsangaben. Daraus lässt sich also den sicheren Schluss ziehen, dass die einzelnen Eintragungen ins Achtbuch nicht sukzessiv von den Kanzleischreibern eingeschrieben wurden. Man kann annehmen, dass die Kanzlisten über irgendwelche losen, bestimmt als mnemotechnische Mittel zu betrachtenden Karten verfügten, deren Inhalt erst nach einiger Zeit im Buch niederzuschreiben war. Logischerweise konnte es bei der Aufzeichnung des Inhalts der einzelnen Kärtchen zur Verwechslung kommen, infolge deren ein konkreter Vermerk an eine unrichtige Stelle im Buch eingetragen wurde. Dieses Problem scheint umso wichtiger zu sein, als die einzelnen Vermerke in reziproker Beziehung zueinander stehen, wodurch ihre Intertextualität zum Vorschein kommt: Ziemlich häufig bezieht sich der Inhalt eines Vermerks (und natürlich auch einer Proskription) auf den Inhalt einer vorangehenden Aufzeichnung (auch eines vorangehenden Achttextes), was insbesondere – aber selbstverständlich nicht ausschließlich – an der Datierung zu erkennen ist. Der Klarheit halber werden die intertextuellen Wechselbeziehungen zwischen den konkreten Einträgen unten im separaten Subkapitel detailliert dargestellt (vgl. 4.4.7).

Die Störungen in der chronologischen Reihenfolge der eingeschriebenen Vermerke wurden beispielsweise an den folgenden Stellen im Buch festgestellt[180]:

- Tagesangabe:

08.01.1388 (Pros.) → 03.01.1388 [x 2] (Pros.) → 04.03.1388 (a.V.) → zwei undatierte a.V. → 26.04.1388 (Pros.) [weitere Reihenfolge ohne Störung];

23.06.1422 (a.V.) → 07.04.1422 (a.V.) [weitere Reihenfolge ohne Störung];

27.11.1425 (a.V.) → 15.12.1425 (a.V.) → 11.12.1425 (a.V.) [weitere Reihenfolge mit der Störung in der Monatsangabe];

- Monatsangabe:

20.04.1387 [x 3] (Pros.) → 19.05.1387 (Pros.) → 1387 (zwei undatierte Pros.) → 07.04.1387 (Pros.) → 06.07.1387 (Pros.) [weitere Reihenfolge ohne Störung];

11.12.1425 (a.V.) → 17.11.1425 (a.V.) → 06.03.1425 (a.V.) → 20.09.1426 (Pros.) [weitere Reihenfolge mit der Störung in der Jahresangabe];

09.12.1421 (Pros.) → 30.09.1421 (a.V.) → 26.07.1421 (a.V.) → 17.10.1421 (a.V.) [weitere Reihenfolge mit der Störung in der Jahresangabe];

07.05.1458 (a.V.) → 29.05.1458 (a.V.) → 26.04.1458 (a.V.) → [weitere Reihenfolge mit der Störung in der Jahresangabe];

04.04.1470 (a.V.) [x 2] → 07.04.1470 (a.V.) → 04.01.1470 (a.V.) → 17.01.1470 (a.V.) → 24.01.1470 (a.V.) [weitere Reihenfolge ohne Störung];

- Jahresangabe:

20.07.1404 (a.V.) → 06.04.1402 (Pros.) → 26.05.1402 (Pros.) → 07.09.1403 (Pros.) → 09.06.1402 (Pros.) → 16.06.1402 (Pros.) → 23.08.1402 (a.V.) → 25.08.1402 (Pros.) → 02.1403 (Pros.) → 04.1403 (Pros.) [weitere Reihenfolge ohne Störung];

24.07.1422 (a.V.) → 1420 (zwei nicht exakt datierte Pros.) → 1420 oder 1422 (zwei undatierte Pros.) → 23.06.1422 (a.V.), 07.04.1422 (a.V.) → 11.01.1424 (Pros.), 29.01.1424 (a.V.), 02.06.1424 (Pros.), 21.08.1424 (Pros.), 04.09.1424 (Pros.) [x 2], 29.09.1424 (Pros.), 04.11.1424 (Pros.), 10.12.1424 (Pros.), 19.12.1424 (Pros.) → 12.01.1425 [x 2] (Pros.), 27.01.1425 (Pros.), 24.02.1425 (a.V.) → 24.05.1423 (a.V.), 08.06.1423 (a.V.), 16.06.1423 (a.V.), 29.06.1423 (a.V.) → 27.11.1425 (a.V.) [weitere Reihenfolge ohne Störung];

20.09.1426 (Pros.) → 04.09.1427 (Pros.) → 26.09.1426 (a.V.) → 23.01.1428 (a.V.) [weitere Reihenfolge ohne Störung];

27.03.1430 (a.V.) → 1430 (sechs mit der Formulierung *Anno ut supra gescheen ist* datierte a.V.) → 1428 und 1430[181] (doppelt datierter a.V.) → 1430 [x 3] → 1429 (a.V.)

---

180 Damit der Charakter der Buchaufzeichnung sichtbar ist, stehen an den einzelnen Daten die Abkürzungen *Pros.* zur Bezeichnung einer Proskription und *a.V.* zur Bezeichnung der anderen Vermerke.

181 *Anno etc. XXVIII et XXX gescheen ist, daz Benesch Seckel gelobt hat bey dem hochsten rechte vor Jacob von Petirwicz vor einen orfide von dez gefencknuße wegen keine nachrede zu haben geistlich nach wertlichen.*

→ 11.06.1430 (a.V.) [x 11] → 1429 (a.V.) [x 7] → 1430 (a.V.) [weitere Reihenfolge ohne Störung];

08.02.1432 (Pros.) → 07.10.1435 (Pros.) → 1438 (nicht exakt datierter a.V.) → 29.03.1436 (Pros.) [weitere Reihenfolge ohne Störung];

13.06.1457 (a.V) → 1458 (nicht exakt datierte Pros.) → 21.07.1457 (Pros.) → 10.02.1458 (a.V.) → 19.01.1458 (a.V.) → 07.05.1458 (a.V.) [weitere Reihenfolge mit der Störung in der Jahresangabe];

26.04.1458 (a.V.) → 30.12.1457 (a.V.) → 12.04.1458 [x 2] (a.V.) → 21.04.1458 (a.V.) [weitere Reihenfolge ohne Störung];

12.08.1460 (a.V.) [x 2] → 01.02.1463 (a.V.) → 21.02.1466 (Pros.) [x 2] → 16.05.1466 (Pros.) → 21.02.1466 (Pros.) [x 2] → 16.05.1466 (Pros.) → 01.07.1466 (a.V.) → 05.12.1466 (a.V.) → 30.01.1467 (a.V.) [weitere Reihenfolge ohne Störung];

07.05.1484 (a.V.) → 08.01.1485 (a.V.) → 07.12.1484 (Pros.) → 20.04.1485 (a.V.) [Ende des Buches]

Nicht zu verfehlen sind auch die an einigen wenigen Orten der Jahressangabe vorkommenden Anspielungen auf den christlichen Glauben, die sich bestimmt auf den konkreten Kulturkreis des christlichen Europas sowie die mittelalterliche Denkweise bezieht (vgl. oben, die lat. Bezeichnungen der Fest- und Feiertage), z. B.

(02.04.1367):   *In deme jare Unsires Herren tusent driehundirt jar in deme sebin und sechczigstin jare, [...].*

Bei der Beschreibung der Methoden und Einzelheiten der Datumsangabe fällt das in einigen wenigen Daten angetroffene Wort *Abend* auf. Auf den ersten Blick könnte man übereilt schlussfolgern, dass es den Moment zum Ausdruck bringt, in dem ein konkreter, der Einschreibung ins Stadtbuch bedürfender Sachverhalt (z. B. Ankunft der Antragsteller in der Kanzlei oder Proskription einer Person) dem Kanzleischreiber gemeldet wurde. Dies entspricht aber nicht der Wahrheit, weil sich *Abend* in seinen verschiedenen Schreibungsvarianten auf den Tag vor einem Fest- oder Feiertag (= Vorabend) bezieht[182]. Jedes Mal wurde diese Information der vorangehenden Tages- und Monatsangabe[183] angehängt, z. B.

(27.10.1384):   *An deme dornstage an senti Symonis und Jude obinde, [...];*
(05.01.1385):   *An der Drier Konige obunde, [...];*
(23.06.1389):   *An der mitwuche an senti Johannis obund, [...];*

---

182 ‚besonders vorabend eines festes, vigilie‘ [LEXER 2022, (online) https://woerterbuchnetz.de/?sigle=Lexer#2 (25.07.2022)].

183 Wenn die Jahresangabe im konkreten Vermerk nicht wiederholt wurde, dann befindet sie sich entweder in der Überschrift über einer Sammlung von Aufzeichnungen aus einer konkreten Amtszeit des Stadtrates oder in der (den) früheren Eintragung(en) (vgl. 4.3.1, 4.3.2).

(24.07.1389):	*An senti Jacobs obind,* [...];
(23.08.1402):	*An der methewoche an send Bartholomeli obende,* [...];
(28.05.1404):	*An der Heilgen Leychnams obund,* [...];
(29.11.1406):	*Gescheen ist an sand Andris abund,* [...];
(05.12.1408):	*Gescheen ist an sand Nicklos abund,* [...];
(18.11.1420):	*Geschen ist an sand Elizabeth obund,* [...];
(10.05.1421):	*Geschen ist an dem heilgen Pfingst obund,* [...].

4.3.3 Antragsteller / *Postulatores*

Die Analyse der Proskriptionseinträge des Schweidnitzer Achtbuches beweist eindeutig, dass das für die Zwecke der vorliegenden textlinguistisch orientierten Exploration unterschiedene Element des Proskriptionstextes *Antragsteller (Postulatores)* keineswegs obligatorisch ist. Zu solch einem Schluss lässt sich anhand der Analyse der Proskriptionen aus der Zeit bis 1390 kommen, in denen dieses Element überhaupt nicht erscheint. Daran kann man eben klar sehen, dass die keine anderen Instanzen bzw. Prämissen verlangende Entscheidung über die Proskription einer Person von dem Schweidnitzer Schöffengericht getroffen wurde und nur anhand dessen ins Achtbuch einzuschreiben war. Das Ansehen des Amtes des Kanzleischreibers sowie die Autorität der gesamten Stadtkanzlei als Institution gewährleisteten somit die Notwendigkeit der Einschreibung eines Eintrags ins Stadtbuch, ohne die diese Einschreibung fordernden Stadtorgane zusätzlich erwähnen zu müssen. Diese Entschlüsse kennzeichnen sich deswegen durch ihre lakonische Förmlichkeit, die erst zu Beginn des neunten Jahrzehntes des 14. Jahrhunderts erweitert wurde. In Anlehnung an GOLIŃSKI (2020: XLVIII–XLIX) kann angenommen werden, dass eben das Erscheinen des Landvogtes zusammen mit dem Schultheißen und den Landschöffen den Einfluss auf die Art und Weise der Verfassung der Proskriptionstexte ausübte, indem die präzisierenden Bemerkungen über das eventuale Erscheinen des Stadtvogtes bzw. Vogtes in den Vermerken hinzugefügt wurden. Bei der namentlichen Vorstellung der Schöffen hat man es mit deren minimalen Zahl zu tun: zwei Schöffen aus Schweidnitz + ein Schöffe aus dem Dorf (absolute Untergrenze waren drei Beamten nach der Hinzurechnung des Schultheißen und des Vogtes). Sporadisch begegnet man auch den Proskriptionen, in denen ausschließlich der (Stadt)Vogt ohne Schöffen erwähnt wird. Bei der Auflistung der in der Stadtkanzlei erscheinenden Personen lässt GOLIŃSKI (2020: XLIX) auch eine mögliche fehlende Präzision der Kanzleischreiber zu, die durch das Fehlen der Notiz über den Landvogt zum Vorschein kommen könnte. Bedenken daran, dass das Erscheinen des Landvogtes und des Stadtvogtes zwei Identitäten derselben Person darstellt, zerstreut wohl die Aufzeichnung vom 05.05.1410, in der zwei Nachnamen der unterschiedlichen Beamten angetroffen werden (vgl. unten):

(24.01.1390):	*An deme mantage fur conversionis sancti Pauli sind fur uns komen die schepphin und unsir richtir unsir stat und habin bekant,* [...];
(16.03.1391):	*An deme donrstage für Palmen sind für uns komen der lantfoget und schulteis von Czedlicz mit den scheppfen doselbinst und haben bekant,* [...];

(21.03.1392):   *An deme donrstage fur Letare sind fur uns komen der schulteis und zwene scheppfen von Wilkow und haben bekant, [...];*

(25.02.1393):   *Am dem dinstage noch Invocavit sint vor uns komen die schepphin, unser statrichter und habin bekant, [...];*

(10.08.1394):   *An sand Lorenczen tage sind für uns komen die scheppfen und unsir statrichter und haben bekant, [...];*

(13.09.1395):   *Am montage noch Nativitatis Marie sind komen der lantfoit, der schawltis und di scheppfin von Wilkaw und haben bekant, [...];*

(08.08.1396):   *Am dinstage vor sente Lorenczen tag sint komen der lantfoyt und der schawltheis mit den chepphen von Puskaw und haben bekant, [...];*

(02.08.1397):   *An dem donrstage noch vincula Petri sint komen der lantfoit und der schultheis von Marcusdorf und die schepphin doselbist und habin bekant, [...];*

(01.08.1398):   *An dem donrstage vincula Petri sint kome der lantfoit und der scultheis von Mertinsdorf und die schepphin doselbist und habin bekant, [...];*

(04.07.1403):   *An der methewochen noch Visitationis Marie ist komen Francz Keyser und die schepphen und haben bekant, [...];*

(12.08.1404):   *Gescheen ist am dinstage noch Laurenti, das Ditherich der lantfoit mit dem schawltheis und den scheppfin zu Petirwicz bekant haben, [...];*

(28.02.1405):   *Gescheen ist am sonobund noch kathedra Petri, das komen ist unser lantfogit und statfoit mit den scheppfen und haben bekant, [...];*

(02.02.1406):   *Gescheen ist am dinstage vor Dorothee, das komen ist Ditherich der lantfoit und hat bekant, [...];*

(21.05.1407):   *In vigilia Trinitatis ist komen der schawltheis von Weyssinrode, sine scheppfen und unser lantfogit und haben bekant, [...];*

(30.03.1408):   *Gescheen ist am freittage vor Judica, das komen ist Hannos Spannynkrebis unser statfogit und bekante, [...];*

(28.02.1409):   *Gescheen ist am dornstage vor Reminiscere, das komen ist unser schawltheis vom Schonenborne und schawltheis [sic!] [...];*

(05.05.1410):   *Gescheen ist am montage noch Walpurgis, das do qwomen Hanke Poschkow unser lantfogit und Spannenkrebis unser stadtfogit und bekanten, [...];*

(04.04.1411):   *Geschen am sonnobund noch Judica, das qwomen der schultis, die schepphen von Wernersdorf und Hanke Poschke unser lantfogit und haben bekannt, [...];*

(09.09.1412):   *Geschen am freitage noch Nativitatatis Marie, das do Johannes Spannenkrebis unser fogit qwam und bekante, [...];*

(08.06.1413):   *Geschen am freitage noch Nativitatatis Marie, das do Johannes Spannenkrebis unser fogit qwam und bekante, [...];*

...

(19.12.1424):   *Geschen ist am dinstage noch Lucie, das Johannes Senftelebin unser statfogit vor uns bekante [...];*

(27.01.1425):   *Geschen am sonnobunde noch conversio Pauli anno XXV, das Johannes*
                 Sanftelebin unser statfoyt vor uns bekante, [...];
(01.06.1437):   *Geschen des sunabende noch des Hiligen Leichnams tage, das Johannes*
                 Senstelebin unser statfoyt vor uns bekannt hat, [...];
(20.12.1449):   *Sabbata* [sic!] *ante Thome apostoli anno XLIX, Petir Geyersberg der lant-*
                 foit hot bekant, [...];
(17.01.1453):   *Anno ut supra Nicklas Ranke, Barthus Ranke von Croschowicz haben in*
                 die ochte lossen schr[eiben] *Mertin Ledirhosse,* [...];

Oben wurde nur eine Proskription aus dem konkreten Jahr nach 1390 angeführt,
damit der Rahmen der vorliegenden Arbeit nicht gesprengt wird. Die Angabe
der Namen der *Postulatores* lässt in der zweiten Dekade des 14. Jahrhunderts
nach, sodass sie nach 1425 schon nur okkasionell vorkommt (s. oben)[184]. In den
Jahren 1390–1425 gibt es aber natürlich auch die Abweichungen von der oben
geschilderten Regel, d. h. stellenweise werden die Proskriptionen ohne Personalien der Antragsteller angetroffen, z. B. 26.05.1402.

Interessanterweise fehlt dieses Element des Achttextes auch in der Mehrheit der vereinzelten, auf Latein oder Latein und Deutsch verfassten Eintragungen, z. B.

(09.10.1450):   *Item Nickil Lucas smedisknecht eodem die est proscriptus als eyn*
                 folleyster;
(21.02.1466a):   *Item eodem die Hans Pix de villa Wyssenrode proscriptus est pro eo, das*
                 er Hans Lenman dirslagen hot und vom lebin zum tode brocht hat;
(21.02.1466b):   *Item eodem die Hans Bÿx de Weissenrodaw proscriptus est es parte*
                 Hanns Lenhmans pro homicidio.

Hierbei sei auch anzumerken, dass die Reihenfolge der Textelemente nicht kons-
tant war: Die Information über den Antragsteller lässt sich nämlich nicht immer
unbedingt nach der Datumsangabe feststellen. Ab und zu wird sie (sporadisch
auch in der lat. Fassung) in den späteren Abschnitten oder am Ende des Proskriptionstextes vorgefunden, z. B.

(09.06.1402):   *Am freitage noch Marceli ist geecht Michil Placzbescker* [...] *das hat*
                 bekannt Franczko Keyser der statvoit, [...];
(25.08.1402):   [...] *am Freitag noch Bartholomei recognovit advocatus Franciscus*
                 Keyser;

Der fakultative Charakter der physischen Präsenz der Antragsteller in der Stadtkanzlei bestätigt zusätzlich die einzige Proskription vom 01.07.1399, in der die

---

184 Konsequent fehlt die Information über die Antragsteller in den späteren Proskriptionen, die nach 1425 ins Achtbuch eingeschrieben wurden: 30.04.1440, 20.05.1440,
   26.08.1440 [x 2], 21.10.1441, 05.11.1442, 05.04.1443, 13.05.1446, 20.08.1446, 13.10.1447,
   08.08.1449, 03.10.1449, 10.02.1453, 18.05.1455, 01.12.1455, 24.05.1456, 21.07.1457,
   18.01.1460, 05.07.1460, 09.1475 [x 3], 05.10.1479, 22.12.1479, 04.08.1480, 07.12.1484.

Tatsache des Proskribierens einer Person dem Stadtrat und in der Folge dem Kanzleischreiber mittels der schriftlichen Benachrichtigung gemeldet wurde (auch bei GOLIŃSKI 2020: XLVIII).

Bei der Gelegenheit der Analyse der obligatorischen oder optionalen Präsenz des Elementes *Antragsteller* im Proskriptionstext des Schweidnitzer Achtbuches wird notwendigerweise auf die Frage der indirekten Kreierung der neuen Tatsachen eingegangen, die mit dem oben umrissenen Wesen der Proskription als Informationstext mit der deskriptiven Themenentfaltung verkoppelt ist. Zwar trägt die Entscheidung des Schöffengerichts über die Proskription einer Person selbst den Stempel eines Deklarationstextes, aber die orale öffentliche Proskriptionsbekanntmachung im städtischen Raum und der Proskriptionsvermerk im Achtbuch sind schon als assertive Informationstexte mit der beschreibenden Themenentfaltung zu betrachten, deren Empfänger die darin enthaltenen Informationen zur Kenntnis nehmen, als glaubwürdig halten und verstehen sollten. Sie nahmen ihren informativen Charakter ein, nachdem sie auf der Stadtstraße deklamiert und erst danach ins Stadtbuch eingeschrieben worden waren (= Informationstexte bei BRINKER 2010: 126). Infolge der schriftlichen Fixierung ihres Inhalts konnte die Erinnerung an die konkrete Straftat, den konkreten Straftäter sowie an die konkreten Tatumstände verewigt und an die (künftigen) Mitglieder eines Gesellschaftskreises bzw. an die potenziellen Leser des Stadtbuches weitergegeben werden (vgl. 2.3.5, 4.2). Somit lassen sich die Proskriptionstexte im Achtbuch als keine deklarativen Textsorten erkennen, wie dies beispielsweise bei den Testamenten in den Krakauer Stadtbüchern der Fall war (WIKTOROWICZ 2011f: 139). Mithilfe der im Vorliegenden analysierten Proskriptionstexte werden also keine Deklarationen mit dem wirklichkeitsschaffenden oder wirklichkeitsverändernden Zweck gebildet, sondern sie sind nur Reflexe der früheren Benachrichtigung der Gesellschaft bzw. der Stadtbuchleser von dem zuvor realisierten Deklarationstext in Gestalt der Entscheidung des Schöffengerichts bzw. Stadtrates über die Proskription einer Person. Der zur Einschreibung der rechtlich und sozial relevanten Beschlüsse und Entscheidungen des Schöffengerichts bzw. des Stadtrates (in den nach dem Lübischen Recht gegründeten Städten) verpflichtete Kanzlist, der im Fall der bereits erwähnten Testamente die deklarativen Handlungen in Schrift festhielt, informiert im Kontext der Acht mithilfe seines Vermerks im Buch weiterhin über einen informativen Akt, der mittels des Proskriptionstextes realisiert wurde: Dies resultiert nämlich daraus, dass er entweder von seinen Stadtorganen oder von den vor dem Stadtrat und vor ihm erscheinenden Landvögten und Dorfschöffen darüber benachrichtigt wurde, dass jemand geächtet worden war. Somit werden hier die neuen institutionellen Tatsachen auch nicht indirekt kreiert. Nach wie vor handelt es sich um die indirekte Weitergabe der Information des zweiten oder dritten Rangs, die dem Stadtschreiber früher geliefert worden ist.

Unter der Informationsweitergabe des zweiten Rangs wird die Situation verstanden, in der der Stadtschreiber im Proskriptionstext über das Proskribieren einer Person informierte. Dies geschah meistens in Schweidnitz selbst, als er davon wusste und nur im Auftrag des Stadtrates oder des Schöffengerichts handelte. Den zweiten Rang der oben geschilderten Situation sieht man in den Proskriptionen, in denen die Informationen über die Antragsteller übersprungen wurden (Proskriptionen aus der Zeit bis 1390 und aus der Zeit nach 1425, vgl. oben).

Mit der Weitergabe des dritten Rangs hat man es dann zu tun, wenn der Kanzleischreiber von den vor dem Stadtrat und vor ihm erscheinenden Landvögten und Dorfschöffen darüber informiert wurde, dass jemand kraft des Dorfgerichtsurteils vorher proskribiert worden war. Ungeachtet der mancherorts vorzufindenden Ausnahmen, wird die Informationsweitergabe des dritten Rangs in den Proskriptionstexten aus den Jahren 1390–1425 angetroffen (vgl. oben). Davon zeugen solche sprachlichen Formulierungen wie [...] *sind für uns komen* [...] *und habin bekant,* [...], *sind komen* [...] *und haben bekannt* [...], *ist komen* [...] *und* [...] *und haben bekannt* [...], [...], *das komen ist* [...] *und hat bekant,* [...], o.Ä. (vgl. unten), in denen der gesamte Kontext der Übermittlung der Information über die Proskription einer Person versprachlicht wurde. Mittels solcher den *für uns, fur uns* oder *vor uns* ähnlichen Texteinheiten, die auf den Stadtschreiber sowie auf die ihm „diese Worte" diktierenden Ratsherren verweisen (auch bei GOLIŃSKI 2020: XLVIII), konnte die bereits genannte Kontextversprachlichung zum Vorschein gebracht werden (vgl. auch 4.4.6), z. B.

(23.05.1381):   [...] *sint fur uns komen der lantfoit und der schultisse und die schepphin zu Kraschowicz und haben bekant,* [...];

(06.11.1381):   [...] *Quarta feria ante Martin[i] der lantfoit und der schultisse und die schepphin czu Protczkinhayn sint fur uns komen und habin bekant,* [...];

(25.02.1393):   *Am dem dinstage noch Invocavit sint vor uns komen die schepphin, unser statrichter und habin bekant,* [...];

(10.08.1394):   *An sand Lorenczen tage sind für uns komen die scheppfen und unsir statrichter und haben bekant,* [...];

(13.09.1395):   *Am montage noch Nativitatis Marie sind komen der lantfoit, der schawltis und di scheppfin von Wilkaw und haben bekant,* [...];

(25.08.1402):   [...] *am Freitag noch Bartholomei recognovit advocatus Franciscus Keyser;*

(12.08.1404):   *Gescheen ist am dinstage noch Laurenti, das Ditherich der lantfoit mit dem schawltheis und den scheppfin zu Petirwicz bekant haben,* [...];

(28.02.1405):   *Gescheen ist am sonobund noch kathedra Petri, das komen ist unser lantfogit und statfoit mit den scheppfen und haben bekant,* [...];

(02.02.1406):   *Gescheen ist am dinstage vor Dorothee, das komen ist Ditherich der lantfoit und hat bekant,* [...];

(04.04.1411):   *Geschen am sonnobund noch Judica, das qwomen der schultis, die schepphen von Wernersdorf und Hanke Poschke unser lantfogit und haben bekant,* [...];

(09.09.1412):   *Geschen am freitage noch Nativitatis Marie, das do Johannes Spannenkrebis unser fogit qwam und bekante,* [...];

(19.12.1424):   *Geschen ist am dinstage noch Lucie, das Johannes Senftelebin unser statfogit vor uns bekante* [...];

(04.09.1427):   [...] *das unser lantfoit bekante, das* [...];

(23.01.1428):   [...] *daz Niclas Wilperge der Junge, Andreas Monow und Hannus Golts-*
                  leger haben gelobt vor N[iclas] Hebenstreit den buchsemeister [...];

(29.03.1436,

31.07.1436,

01.06.1437):   [...] *das Johannes Senstelebin unser statfoyt vor uns bekante [...]*;

(01.03.1437):   [...] *das Johannes Senstelelebin unser statfoyt vor uns bekannt hat,*
                  das [...];

(20.12.1449):   *Sabbata* [sic!] *ante Thome apostoli anno XLIX, Petir Geyersberg der lant-*
                  foit hot bekant, [...];

(19.09.1450):   *Anno etc. L Petir Geiersberg der Landfoit hot bekannt, das [...]*;

(15.01.1451):   [...] *Petir Geirsberg der landfoit hot bekannt, das [...]*;

(17.01.1453):   *Anno ut supra Niclas Ranke, Barthus Ranke von Croschwicz haben die*
                  ochte lossen schr[eiben] *Mertin Ledirhosse, der [...]*.

Von den oben angeführten Abschnitten der Proskriptionstexte ist der letzte Vermerk (vom 17.01.1453) besonders interessant, denn hier sieht man nämlich, dass die Familie des Opfers in der Rolle des Antragstellers auftrat (≈ Privatklage). Der Stadtschreiber formulierte diese Eintragung so, als ob der Vater und der Bruder des ermordeten Mannes die Einschreibung des Achttextes ins Proskriptionsbuch beantragt hätten:

(17.01.1453):   *Anno ut supra Niclas Ranke, Barthus Ranke von Croschwicz haben die*
                  ochte lossen schr[eiben] *Mertin Ledirhosse, der en iren liben son und*
                  brudir dirmart hat, genant Hannus Ranken, actum feria quarta in die
                  Anthonii, die ochte ist vorleget.

Eine ähnliche Situation wird in der Proskription vom 21.07.1457 beschrieben:

(21.07.1457):   *Anno domini stc LVII geschen am dornstage vor Marie Magdalene, das*
                  Nickel Lincke und Marcus Lincke von Marcusdorf sint vorecht wurden
                  Mathis Roten und Nickel Roten wegin von Marcusdorf als von eynes
                  todslagis wegen, den sie gethon und begangen habin an Lorencz Roten
                  von Marcusdorf in der stat obirsten gerichte, doselbist frevelich und
                  geweldiglechen [...];

4.3.4 Personalien des Straftäters / *Facta rei*

Apriorisch kann angenommen werden, dass die Person des Straftäters für die Entstehung eines Proskriptionstextes sowie für dessen Rechtfertigung und Untermauerung notwendig ist, weil er mit der Ursache der Ordnungswidrigkeit assoziierbar ist. Deswegen kann man voraussetzen, dass seine personenbezogenen Daten in der Proskription zu erwarten sind. REINECKE (1903: XCVI) stellt sogar im Kontext seiner Untersuchungen zur Struktur der Lüneburger Proskriptionen unzweideutig fest, dass dieses Element absolut unabdinglich ist, das der Proskription ihre Gültigkeit und Wirksamkeit gewährleistet. Dies kann jedoch bestritten werden, denn die Straftaten konnten doch auch von Straftätern verübt werden, deren Namen selbst den (zeitgenössischen) Gesellschaftsmitgliedern unbekannt waren. Mit solch einem Standpunkt ist auch JEZIORSKI (2017: 113) einverstanden, der zur Stützung der so aufgestellten These ziemlich zahlreiche Belege aus den Elbinger Proskriptionen angibt, in denen die unbekannten Verbrecher einfach als „ungenannte" auftreten[185]. Für die Entstehung des Proskriptionstextes scheint somit die Person des Verbrechers unerlässlich zu sein und nicht dessen Personalien in Form seines Vor- und Nachnamens.

Im Schweidnitzer Proskriptionsbuch wurden aber keine Achttexte ohne persönliche Daten des Straftäters vorgefunden, woran man auch erkennen kann, dass größtenteils die Männer die Straftäter waren. Dies gilt auch für die auf Latein verfassten Proskriptionen[186], z. B.

(02.04.1367):   *In deme jare Unsires Herren tusent driehundirt jar in deme sebin und sechczigstin jare, do die schepphin waren Johanes Kallendorf, Pschcze Stregon, Petir Schonekramer, Jakob Zacheris, Johannes Luterbach, Ny Trunckil und Hensil Manow, ist geeichit Hensil Gebhard [...];*

(07.09.1380):   *An deme frietage for der graen monche kirmessir ist Matis Gurteler geeichit [...];*

(23.05.1381):   *An deme dornstage fir der Cruce wuche ist geeichit Ticze Schindil [...];*

(01.05.1382):   *An deme dornstage Philippi und Jacobi sint fur uns komen der schultis und schepphin fon Aldinburg mit deme lantfoit und habin bekant, das Mathis Czeise ist geeichit [...];*

(04.02.1383):   *An deme Aschtage ist geeichit Petir Monch [...];*

(04.03.1384):   *An deme frietage fur Reminiscere ist geeichit Tomas Beme [...];*

(10.07.1386):   *An deme dinstage fur Margarethe ist geeichit Jacob Ebirlin [...];*

(07.03.1387):   *An deme dornstage fur Oculi sint fur uns komen der lantfoit und der schultisse mit den schepphin fon Weyssinrode und habin bekant, daz Hannus Molner sie geeichit [...];*

(03.01.1388):   *An deme frietage fur Epyphaniae domini ist geeichit Kaltwassir [...];*

(20.05.1389):   *Fur uns an deme dornstage fur Urbani sint komen der lantfoit und die schepphin und schultis fon Beugindorf und habin bekant, daz Hannus Wigangi sie geeichit [...];*

(24.01.1390):   *An deme mantage fur conversionis sancti Pauli sint fur uns komen die schepphin und unsir richtir unsir stat und habin bekant, daz Thomas Zeiler ist geeichit [...];*

(15.09.1391):   *An dem freytag noch dez heilgin Crewcis tag, alz es erhoben ward, sin für uns komen die scheppfen und unser statrichter und haben bekant, daz Niclos Frischermuet geecht ist [...];*

---

185 JEZIORSKI 2017: Nummern der Vermerke in seiner Druckausgabe des Proskriptionsbuches aus Elbing: 97, 167, 183, 195, 218, 233, 253, 256.

186 Als Belege dienen die entsprechenden Exzerpte aus den ersten fünfzehn Proskriptionen und dann aus den Achttexten, die etwa alle fünf, sechs oder sieben Jahre ins Proskriptionsbuch eingetragen wurden.

(05.07.1392): *An dem freytag noch noch die Petirs tag, alz dem cornne dy vorzyl bricht, vor uns sint komender woyt und seppfen und habin bekant, daz Close Lenman czur Swidenicz geecht ist [...]*;

(10.08.1394): *An demselbin tage sint fur uns komen die scheppfen und unsir statrichter und haben bekant, daz Völkil Sichilsleiffer geecht ist [...]*;

(08.08.1396): *Am dinstage vor sente Lorenczen tag sint komen der lantfoyt und der schawlheis mit den chepphen von Puskaw und haben bekant, das Hannos Kn[a]ppe von Puskaw sey geecht [...]*;

(26.05.1402): *Nicklos Fischer von Lewczunczdorf ist geecht [...]*;

(16.09.1406): *Gescheen ist am dornstage vor Lamperti, das komen ist der schaulthes mit den scheppfen von Stephanshayn und Ditharth der lantfogit und haben bekant, das Petir Bawmgarthe geecht sey [...]*;

(16.07.1412): *Geschen am sonnobund noch Margarete, das qwomen Johannes Spannenkrebis unser fogt und hat bekant, das Hentschil Pohe in die ochte geton sey [...]*;

(30.01.1417): *Geschen ist am sonnobunde fur Purificationis Marie, das do quam Johannes Spannenkrebis unser statfogt unnd bekante fur uns, das Wenczlaw Grot ein schuknecht [...] in die ochte getan ist [...]*;

(28.04.1422): *Geschen ist am dinstage noch Georgii, das Johannes Senftelebin unser stadfoyt auch fur uns bekant hat, wy das Jacob Heugil [...] in die ochte getan were [...]*;

(04.09.1427): *Geschen ist am donrstage noch Egidii anno XXVII, das unser lantfoit bekante, das Mathis Mtczher von Weissenrode [...] in die ochte getan were [...]*;

(08.02.1432): *Hanus Kyner ist geecht [...]*;

(07.01.1437): *Geschen am montage noch der hilgin Dreyer Kunige tage, das Jost Ebirsdorf unser spittilmeister und Peter Geyersberg unser lantfoyt bekantin, das Nickil Fruof von Jawraw [...] in die ochte were getan [...]*;

(05.11.1442): *Geschen am montage vor Martini, das Mertin Cratczko geecht ist [...]*;

(03.10.1449): *Geschen am freitage vor vor Francisci anno ut supra, Pawl Czedlitcz ist vorecht worden [...]*;

(21.07.1457): *Anno domini stc LVII geschen am dornstage vor Marie Magdalene, das Nickel Lincke und Marcus Lincke von Marcusdorf sint vorecht wurden [...]*;

(21.07.1457): *Anno domini stc LVII geschen am dornstage vor Marie Magdalene, das Nickel Lincke und Marcus Lincke von Marcusdorf sint vorecht wurden [...]*;

(21.02.1466b): *Item eodem die Hans Bÿx de Weissenrodaw proscriptus est es parte Hanns Lenhmans pro homicidio*;

(09.1475): *In judicio post Exaltaconis Sancte Crucis anno etc. LXXV Cristof Fritze ist geecht [...]*;

(05.10.1479): *Hans Stuplirche und Michel Stuplirche sein in die ocht [...] cum Rawske supra als volleister, eodem die signatum*;

(07.12.1484): *Der Lange Symon vom Schonborne ist geecht [...]*.

Mit den bereits oben angeführten Proskriptionseintragungen vom 21.07.1457 oder 05.10.1479 wird signalisiert, dass die Namen mehrerer Straftäter oder auch der an demselben Verbrechen beteiligten Personen im Fall deren Proskription in einem Eintrag genannt wurden. Solch eine Praxis ist höchstwahrscheinlich einerseits auf die Gründe der Zeitersparnis während des Schreibprozesses, andererseits auf den sparsamen und umsichtigen Gebrauch des Stadtbuchbeschreibstoffes zurückzuführen, z. B.

(10.11.1384):   *An deme dornstage fur senti Mertins tag sint fur uns komen der lantfoit, der schultisse und schepphin fon Krissow und habin bekant, daz Teifirlin [?] ist geeichit [...] Tscharnach, die getan hat an [...] und Rynlin ist geeichit [...] und Puschil ist glichir wide geeichit [...];*

(08.02.1387):   *An deme frietage nach Circumdederunt ist geeichit Endirlin Kemmer und Francz Foit [...];*

(08.01.1388):   *An der mitwuche nach Epyphaniae domini sint fur uns komen der lantfoit und der schultisse mit den schepphin fon Ludewigirdorf und habin bekant, daz Bogisch Smelewicz [...];*

(26.03.1390):   *An deme sonobunde fur Palmen sint komen fur uns der lantfoit, der do hat gesessin daz gerichte fon des lantfoytis wegen und des schultisse wegen czu Puschkow mit den pfepphin zu Puschkow und bekannt habin, daz Rayntsch Moyses son sie geeicht [...]; und Michil Czymmerman ist auch geeicht, [...] die er an deme selbin Hensil [...] getan hat, und Conrod Dresscher ist geeicht um eyn fulleist, [...] die her getan hat an den wundin, die do gescheen sint an deselbin Mokewicz [...];*

(02.09.1391):   *An deme sonabe noch sencte Egidien tag sint fur uns kommen der lantfoit und der schulheis und schepphen von Hewgisdorf und habin bekant, das Michel Polan und Icaob Czippir sint geecht [...];*

(10.08.1394):   *An sand Lorenczen tage sind für uns komen die scheppfen und unsir statrichter und haben bekant, daz Niclos Weynberg und Hannos Hornig vom Goltberg geecht sint [...];*

(10.08.1394):   *Am montage noch Nativitatis Marie sind komen der lantfoit, der schawltis und di scheppfin fon Wilkaw und haben bekant, das Nitsche Tyle sey geecht [...] und Hans Tyle als verleister an dem morde, [...] auch ist geecht doselbist Hans Herczog auch umb volleist, des egenanten toten [...] auch ist geecht doselbist Nitsche Tyle der vorgenante umb wunden [...] auch ist geecht doselbist Else (Nitsche Tilen weip) umb volleist an dem totslage [...];*

(16.01.1413):   *Geschen am montage vor sand Phabiani und Sebastiani tage, das do qwam Johannes Spannenkrebis unser statfogt und Peter Merthins und haben bekant, wie das Niclos Hubener von Bewgindorf in die ochte geton sey ummb einen totslag, den her an Thomas Merthin seinen swoger hat begangen [...] und Sigmunt Wesener, der sein knecht ist gewest, ist geecht ummb volleist;*

(09.12.1421):   *Gescheen ist am dinstage noch Nicolai, das Johannes Senftelebin unser statfoit vor uns bekant hat, wy Hannus Wenczil ummb einen mort [...] und Hannus Satteler, Paul Ronebawm, N[icklas] Jordan und Bawmhewer ummb fulleist und ummb wunden an demselbin toten alle in die ochte getan weren [...];*

(20.09.1426):   *Geschen ist am freitage vor Mathei apostoli anno domini etc. XXVI, das unser landfoyt bekante, das Merin Kretschmer, Anthonius Nickel Kauwiczs knecht, Peter Crause Hanis Hertels knecht des kretschmers, alle von Michelsdorf, Hannos Walner von der Rogaw umb ein morth [...] in die ochte getan sint;*

(01.03.1437):   *Geschen am freitage vor dem suntage Oculi in der vasten, das Johannes Senstelelebin unser statfoyt vor uns bekant hat, das Curcze Michel selbschuldiger [...] Curcze Mathis [...] und Lorencz Kopatschcz [...] als volleister, alle drey von Grôdis [...] in dy ochte geton sein [...];*

(18.05.1454):   *Hannos Kompist und Petir Habirland seine folleister sind vorecht wurden ummb sulchen frevel, den sie getan haben in der statgerichte von des vorgenanten Nickel Verbers wegin [...];*

(18.05.1455):   *Anno etc. Lquinto am suntage fur Urbani geschen, das Tristram Naschwicz und Fridrich sein bruder sein in die ochte komen [...];*

(03.11.1455):   *Anno etc. Lquinto feria secunda post Omnium Sanctorum, daz Mathes der grosse mewrer von Stepfansheyn, sachwald und Merten Heinrich auch von Stepfanshayn, eyn folleyster der sachen, seint vorecht worden [...];*

(21.07.1457):   *Anno domini stc LVII geschen am dornstage vor Marie Magdalene, das Nickel Lincke und Marcus Lincke von Marcusdorf sint vorecht wurden [...] von eines todslagis wegin, den sie gethon und begangin habin an [...];*

(05.10.1479):   *Hans Stuplirche und Michel Stuplirche sein in die ocht [...] cum Rawske supra als volleister, eodem die signatum;*

(22.12.1479):   *Actum feria IIII ante Nativitatis Christi ist geacht wurden Niclas Mathis von Kirstorf von eines totslags wegen [...] Mathis Adolf von Poltczen und Blasius von Galaw sein geheisschen also volleister;*

(04.08.1480):   *Iocob David, Hans David zu Michelstorf, Caspar und Anthonius Melczer, Iocob und Hans Schilling, Andres Ribenstein, Hans Mewrer, Mathis Herman, Jorge Katschenschinders son, Mathis Hennig, Hans Hancke, Simon Finster zu Aldinburg sein geecht [...].*

Die oben dargestellte Lösung war aber keine einzige Möglichkeit der Angabe mehrerer proskribierter Personen: Ab und zu werden nämlich die Textstellen im Buch angetroffen, an denen man mehreren Achttexten begegnet, die durch die Person des Verbrechers mit einer Straftat im Zusammenhang stehen. Auf diese Art und Weise gelangt man wieder zur Frage der bereits erwähnten Intertextualität der einzelnen Vermerke, die jedoch im separaten Subkapitel (vgl. 4.4.7) besprochen wird:

(04.03.1384):

1) *An deme frietage fur Reminiscere ist geeichit Tomas Beme uf eynen totslag [...]*;

2) *Und Hannus Zagen ist geichit um eine fulleist an deme se[l]bin toslag*;

(07.03.1387):

1) *An deme dornstage fur Oculi sint fur uns komen der lantfoit und der schultisse mit den schepphin fon Weyssinrode und habin bekant, daz Hannus Molner sie geichit [...]*;

2) *Auch ankome selbin tage, der obgenante lantfoit und schultis und schepphin fon Weyssinrode habe bekant, daz Nycze Ebirlin des obgenantin Hannus Molners svogir und Bartusch des Hannus brudir sint geeicht [...]*;

(1387):

1) *An deme frietage ist Gregorius Thobil geeyicht um fulleist den frevil und gewalt, die [...] fon Beme hat getan an Burkhard Tobil, daz er en hat gewunt frevelich in syne hawse, ist geeichte fon der stat wegen*;

2) *An deme selbin tage ist geeichit Peschke Beme um eybe heymsuch und um eyne wunde und blutrunst, die her getan hat an Burkhard Tobil [...] und Gregorius Tobil ist geeicht um fulleist des heymsuchen und wunde und blutrunst, die gescheen ist an deme selben Burghard*;

(05.11.1388):

1) *An deme dornstage nach Aller Helgintage sint fur uns komen der lantfoit, der schultis mit den scheppfin von Floreansdorf und habin bekannt, daz Jeschke fon Kefelerdorf kretschmer czu Florandorf sie geeichit [...] um eynen totslag [...] den her getan hat an Conrod Lesselow*;

2) *An deme selbin tage ist geeicht Francz des Jeschin brudir [...] an den furgenantin Conrod Lesslow gescheen ist, [...]*;

(23.06.1389):

1) *An der mitwuche an senti Johannis obund ist geeichit Ny[cklos] Loer [...] um eyne frevil und gewald, den her begangin hat an Mertin Raschke [...]*;

2) *An deme selbin tage ist geeicht Nyckil Loes [sic!] des obgenantin Nycklos vatir [...] um frevil und gewald, den her getan hat an deme obgenantin Mertin, [...]*;

(1422):

1) *Geschen ist fur II jaren, das Petir Breitenhain in die ichte getan ist ummb ein mort an eyme toten Kaldoffin gnant uf das recht, alz recht ist*;

2) *Niclas Breitenhain ist geecht ummb III wunden, alz ein fulleister an demselbin totin uf das recht, alz recht ist*;

(26.08.1440):

1) *Anno domini millesimo CCCCXL am freytage vor Egidii Urban Opetcz ist geecht umb eynen mord, der her an Mattis Hosper hat begangin*;

2) *Anno domini millesimo CCCCXL am freitage vor Egidii Hannos Meissener ist geecht umb folleist eynes mordis, dy an Mattis Hospar begangin ist.*

GOLIŃSKI (2020: LX) gibt mit Recht zu bedenken, dass die im Kontext der Personalien der Straftäter gebrauchten Nachnamen oder auch die sich auf die Berufsbezeichnungen zurückzuführenden Spitznamen vermutlich die wirklichen Berufe der Proskribierten – insbesondere im Fall der Dorfbewohner – gewesen sein können, u. a. *Czymmerman, Hofeman, Kretschmer, Mewrer, Molner, Satteler, Smed, Snyder.* Im Fall der Handwerksgesellen lässt sich wiederum oft das Wort *Knecht* feststellen, z. B. *knecht, knechte, scheffersknecht, yudenknecht, wanknecht, schuknecht, schuknechtt, kurssenerknechte, molknecht, messirsmedsknecht, messersmedeknecht, smedeknecht, waynknecht, korsnerknecht, baderknecht, melczerknecht*[187].

Es wäre auch gerechtfertigt, den Schluss zu ziehen, dass die nicht selten verwendeten Berufsbenennungen der Verbrecher den Stadtbewohnern und den Stadtbuchlesern zur besseren und schnelleren Identifizierung der proskribierten Person verhelfen sollten. Solch eine Funktion können ebenfalls die in manchen Proskriptionstexten vorgefundene Beschreibung der verwandtschaftlichen Beziehungen (auch zwischen den Proskribierten), die Spitznamen als Anspielungen auf das Äußere der geächteten Person oder / und auch die Angabe deren Herkunft erfüllt haben, z. B.

– *Professiones:*

(15.05.1382): *An deme tage der Offart unsirs Herren sint fur uns komen der lantfoit und der schultisse und die schepphin czu Weyssinrode und habin bekant, daz Nyclos des kretsczemeirs knecht fon Weyssinrode ist geeichit [...];*

(27.09.1386): *An deme dornstage fur Michahelis sint fur uns komen der lantfoit und der schultisse mit denme schepphin fon Wernhernsdorf und habin bekant, daz Segismund schultis czu Rogow sie geeicht [...];*

(05.11.1388): *An deme dornstage nach Aller Helgintage sint fur uns komen der lantfoit, der schultis mit den scheppfin von Floreansdorf und habin bekannt, daz Jeschke fon Kefelerdorf kretschmer czu Florandorf sie geeichit [...] um eynen totslag [...] den her getan hat an Conrod Lesselow;*

(10.08.1394): *An demselbin tage sint fur uns komen die scheppfen und unsir statrichter und haben bekant, daz Völkil Sichilsleiffer geecht ist [...];*

(05.05.1410): *Gescheen ist am montage noch Walpurgis, das do qwomen Hanke Poschkow unser lantfogit und Spannenkrebis unser stadtfogit und bekanten, das Hannos Bader und sein bruder, und Hannos Wassercziher [...] in die ochte geton weren [...];*

(09.01.1411): *Geschen am freitage noch der hilgen dreierkonige tage, das Johanes Spannenkrebis unser fogit qwam vor uns und bekante, das Stephan vom Stulpen eyn sneider in die ochte geton wer [...];*

---

187 Alle Berufsnamen und die Benennungen der Handwerksgesellen (auch unten) werden mit dem lat. Sammelbegriff *Professiones* bezeichnet.

(30.01.1417): *Geschen ist am sonobunde fur Purificationis Marie, das do quam Johannes Spannenkrebis unser statfogt unnd bekante fur uns, das Wenczlaw Grot ein schuknecht [...] in die ochte geton ist [...];*

(04.08.1417): *Geschen ist an der metewochin noch Petri ad vincula, das vor uns quam Johannes Spannenkrebis unser stadvoyt und bekannte, das Oler der kurssener [...] in die ochte getan were [...];*

(20.09.1426): *Geschen ist am freitage vor Mathei apostoli anno domini etc. XXVI, das unser landfoyt bekante, das Merin Kretschmer, Anthonius Nickel Kauwiczs knecht, Peter Crause Hanis Hertels knecht des kretschmers, alle von Michelsdorf, Hannos Walner von der Rogaw umb ein morth [...] in die ochte getan sint;*

(01.06.1437): *Geschen des sunabende noch des Hiligen Leichnams tage, das Johannes Senstelebin unser statfoyt vor uns bekant hat, das Hannus Beheme ein wollenweber von Lemberg [...] in dy ochte geton [...];*

(17.04.1450): *Eodem die Cristof Blumentrids hoffman ist vorecht worden ummb eyn wunden, dy her frevilichen in statrechte zu den elbogen an Langemerten von der Lobche begangen hot;*

(17.04.1450): *Eodem die George Rudil von Wyrisch ist vorecht worden ummb eyn wunde, dy her in den arm an Hans Henleyn in statgerichte frevilichen begangen hot;*

(19.09.1450): *Anno etc. L Petir Geiersberg der lantfoit hot bekannt, das Hanns Jawor und Sigil Melczer carnifices sint zcu Gogelaw vorecht [...];*

(15.01.1451): *Gescheen am vreitage vor Anthonii anno etc. Lprimo, Petir Geirsberg der lantfoit hot bekannt, das Michil Schulcz, Hans Schulcz von Mertinsd[orf] und Lorentcz Schulcz cretschmer zu Wessinrode sint zu Wilke vorecht worden [...];*

(21.12.1454): *Anno etc. LIIII, Hannos der waynknecht des grenwirdigen herrn apts dyner von Grissaw ist vorecht [...];*

(03.11.1455): *Anno etc. Lquinto feria secunda post Omnium Sanctorum, daz Mathes der grosse mewrer von Stepfanshayn, sachwald und Merten Heinrich auch von Stepfanshayn [...] seint vorecht worden [...];*

– Verwandtschaftsbeziehungen:

(11.12.1382): *An deme dorstage fur sente Lucie tage sint komen der lantfoit und der schultisse mit den schepphin fon Groessen Manow und habin bekant, daz Hannus Jenyssch, Iacob und Petir syne brudir sint geeicht [...];*

(07.03.1387): *Auch ankome selbin tage, der obgenante lantfoit und schultis und schepphin fon Weyssinrode habe bekant, daz Nycze Ebirlin des obgenantin Hannus Molners svogir und Bartusch des Hannus brudir sint geeicht [...];*

(16.08.1387): *An deme frietage nach unsir Frouwin tage wurczewie ist gieeichit Heynrich Beugindorf [...] und Heynrich des obgenatin Heinrich Beugindorf vettir ist geeicht [...];*

(24.08.1387): *An senti Bartholomei tage ist geeichit Franczkin Saxin son [...];*

(05.11.1388): *An deme selbin tage ist geeicht Francz des Jeschkin brudir* [...] *an den furgenantin Conrod Lesslow gescheen ist,* [...];

(23.06.1389): *An deme selbin tage ist geeicht Nyckil Loes des obgenantin Nycklos vatir* [...] *um frevil und gewald, den her getan hat an deme obgenantin Mertin,* [...];

(20.04.1404): *Gescheen ist am Montag vor Marie Magdalene, das Ditherich der lantfoit mit dem schawltheis und den scheppfin czu Petirwicz bekant haben, das Michil Snyder geecht sey* [...] *und Mertin Michil Snyders son ist geecht* [...];

(05.05.1410): *Gescheen ist am montage noch Walpurgis, das do qwomen Hanke Poschkow unser lantfogit und Spannenkrebis unser stadtfogit und bekanten, das Hannos Bader und sein bruder, und Hannos Wassercziher* [...] *in die ochte geton weren* [...];

(04.04.1411): *Geschen am sonnobund noch Judica, das qwomen der schultis, die schepphen von Wernersdorf und Hanke Poschke unser lantfogit und haben bekant, wie sie Mathis Pawils son von Wernersdorf in die ochte geton haben* [...];

(20.08.1446): *Geschen am vreitage zor Hedwigis anno L, Ernst und Nickil Glasir fratres sint vorecht worden* [...];

(09.10.1450): *Sabbato ante Bartholomei XLsexto, Nickil Reynnold cretschmer zu Seytendorf ist vorecht* [...];

(04.08.1480): *Iocob David, Hans David zu Michelstorf, Caspar und Anthonius Melczer, Iocob und Hans Schilling, Andres Ribenstein, Hans Mewrer, Mathis Herman, Jorge Katschenschinders son, Mathis Hennig, Hans Hancke, Simon Finster zu Aldinburg sein geecht* [...];

– Spitznamen:

(15.04.1383): *An der mitwuche nach Jubilate sint geeicht Petir Wyngasse adir Ysinberg genant und Hannus Kuchener um* [eynen mort], *den si begangin habin an Hensil Bankow.*

(04.09.1424): *Geschen ist an demselbin tage, am montage vor Nativitatis Marie, das Johannes Semftelebin unser statfoyt vor und bekant hat, wie das Niclas Konig der topper Ludwig gnant* [...] *und Niclas Fullsseckil* [...] *in die ochte getan weren* [...];

– Anspielungen auf das Äußere der geächteten Person(en):

(01.03.1437): *Geschen am freitage vor dem suntage Oculi in der vasten, das Johannes Senstelelebin unser statfoyt vor uns bekant hat, das Curcze Michel selbschuldiger* [...] *Curcze Mathis* [...] *und Lorencz Kopatschcz* [...] *in dy achte geton sein* [...];

(21.10.1441): *Geschen am freitage an der heiligin Tawsent Juncfrawen tage, das geecht ist Zucissen Hannus alias Lange Hannus* [...];

(18.01.1460):   *Actum feria sexta ante Fabiani et Sebastiani martyrium anno etc. LX,*
                Cleynhannos von Arnsdorf ist vorecht worden, [...];

(07.12.1484):   *Der Lange Symon vom Schonborne ist geecht [...];*

– Herkunft:

(05.11.1388):   *An deme dornstage nach Aller Helgintage sint fur uns komen der lant-*
                foit, der schultis mit den scheppfin von Floreansdorf und habin bekannt,
                daz Jeschke fon Kefelerdorf kretschmer czu Florandorf sie geeichit [...]
                um eynen totslag [...] den her getan hat an Conrod Lesselow;

(04.04.1411):   *Geschen am sonnobund noch Judica, das qwomen der schultis, die schep-*
                phen von Wernersdorf und Hanke Poschke unser lantfogit und haben
                bekannt, wie sie Mathis Pawils son von Wernersdorf in die ochte geton
                haben [...];

(20.09.1426):   *Geschen ist am freitage vor Mathei apostoli anno domini etc. XXVI, das*
                unser landfoyt bekante, das Merin Kretschmer, Anthonius Nickel Kau-
                wiczs knecht, Peter Crause Hanis Hertels knecht des kretschmers, alle
                von Michelsdorf, Hannos Walner von der Rogaw umb ein morth [...] in
                die ochte getan sint;

(07.01.1437):   *Geschen am montage noch der hilgin Dreyer Kunige tage, das Jost Ebirs-*
                dorf unser spittilmeister und Peter Geyersberg unser lantfoyt bekantin,
                das Nickil Fruof von Jawraw [...] in die ochte were getan [...];

(01.06.1437):   *Geschen des sunabende noch des Hiligen Leichnams tage, das Johannes*
                Senstelebin unser statfoyt vor uns bekant hat, das Hannus Beheme ein
                wollenweber von Lemberg [...] in dy ochte geton [...];

(30.05.1449):   *Gescheen am freitage vor Pfingisten, Jacob Schrotter von Creschwicz ist*
                vorecht worden [...];

(04.08.1480):   *Iocob David, Hans David zu Michelstorf, Caspar und Anthonius Melczer,*
                Iocob und Hans Schilling, Andres Ribenstein, Hans Mewrer, Mathis Her-
                man, Jorge Katschenschinders son, Mathis Hennig, Hans Hancke, Simon
                Finster zu Aldinburg sein geecht [...];

(07.12.1484):   *Der Lange Symon vom Schonborne ist geecht [...].*

4.3.5 Proskription / *Proscriptio*
und Tatbeschreibung / *Descriptio delicti*

Direkt hinter der Angabe der persönlichen Daten des Straftäters befindet sich die
eigentliche Information darüber, dass der zuvor genannte Verbrecher proskribiert wurde (*Proscriptio*)[188]. Dies erfolgt meistens mithilfe von [...] *ist / sint* bzw. *sie /*
sey / seint geacht / geeichit / geeicht / geicht / geecht / vorecht (worden / wurden) [...]
bzw. [...] *ist / sint* bzw. *sie / sey / seint / were / weren in die ochte / acht getan / geton /*

---

188 Möglich ist aber auch die Position dieses Passus am Vermerksende (vgl. oben).

gethon [...][189]. In der Mehrheit der Proskriptionseintragungen erscheint diese Formulierung eben an dieser Stelle, obwohl ihre andere Position stellenweise auch möglich ist. Die Tatsache des Proskribierens einer Person kommt gerade ausschließlich durch diese Formulierung zum Vorschein und lässt sich deswegen als absolut unumgängliches Element betrachten, das dem Text einen bestimmten Inhalt in einem konkreten Kontext verleiht. Unter dem meritorischen Aspekt nimmt es also die Ausmaße der *Conditio sine qua non* jeder Proskription an, ohne die der Proskriptionstext überhaupt nicht existiert und eigentlich nicht entstehen kann.

Diesem Passus folgen in den meisten Fällen die präzisierenden Textstellen, die den Grund des Proskribierens – also die Tatbeschreibung (*Descriptio delicti*) (z. B. Mord, Totschlag, Verletzung, usw.) – sowie die Information über die für eine bestimmte Straftat vorgesehene Strafe umreißen und genauer vorstellen:

1) *uf den hals* bzw. *halz*, wenn es sich um den Mord handelt und
2) *uf die hant*, wenn im Proskriptionstext die Rede von den Wunden bzw. Verletzungen ist.

Parallel dazu wurde die Proskription *uf das recht* angewandt, in deren Bezeichnung der Sinn dieser Formulierung für die heutigen Leser des Achtbuches jedoch nicht ganz klar ist. Im Zusammenhang damit verweist Goliński (2020: XLVIII) darauf, dass sowohl die Adeligen als auch die Bauern einer solchen Proskription unterlegen sein können. Dazu bemerkt er, dass die Proskriptionen *uf den hals* bis zum Jahr 1398 und die Proskriptionen *uf die hant* bis 1406 verzeichnet worden seien. Später seien schon alle Vermerke dieser Art durch die Proskriptionen *uf das recht* ersetzt worden, die im Buch bis 1437 anzutreffen seien.

Unter der Tatbeschreibung wird im Vorliegenden das Nennen des Verbrechens verstanden, dem häufig die mehr oder minder detaillierte Beschreibung der Straftat, wie etwa genaue Zahl und Art der Verletzungen, folgte. Unter den im Schweidnitzer Proskriptionsbuch vorgefundenen Straftaten werden die Nachfolgenden angetroffen, wobei sie oft wegen der die Straftat begleitenden Tatumstände in einem Proskriptionsvermerk erwähnt wurden (vgl. unten): Frevel, Gewalt[190]; (offene) Wunden; Verletzungen (*blutrunst* ,blutige Wunden'), Lähmde[191] (lat. *mutilatio*, ,Verstümmelung'), u. a. Abhacken des Fingers, ausgeschlagene

---

189 Stellenweise wird diese Formulierung zusätzlich durch das Element *geheischen* bzw. *geheschin* verstärkt, z. B. 04.07.1403, 20.08.1403 [x 2].

190 *Frevel* und *Gewalt* erscheinen vorwiegend zusammen in einer Verbindung, obgleich sie auch – jedoch seltener – voneinander unabhängig angetroffen werden können. In Anlehnung an Goerlitz und Gantzer (1939: 426) schließt die Kombination der beiden Lexeme in einem Eintrag die Bedeutung des *Frevels* als ,bewusste Missachtung, Auflehnung oder Übermut' (= lat. *excessus*) aus [Duden 2021, (online) https://www.duden.de/rechtschreibung/Frevel (31.07.2021)].

191 Vgl. DWB 2022, (online) https://woerterbuchnetz.de/?sigle=DWB#3 (01.08.2022).

Zähne oder ausgeschlagenes Auge, Ausraufen des Bartes; Mord und Totschlag[192] (z. B. mit einem Messer, Schwert, mit einer Armbrust) bzw. Körperverletzung mit Todesfolge[193]; Beraubung (*reroub*[194]) bzw. Diebstahl[195]; Brandstiftung; Auflauern am Weg und hinterlistige Nachstellung (*wegelage*[196]) oder Verfolgung; Hausfriedensbruch (*heymsuche*) bzw. Friedensbruch; Versuch der Begehung einer Straftat; Beteiligung an einer Straftat; Aufhängen von Schriften mit dem anstößigen Inhalt sowie Proskription dafür, dass jemand vor ein anderes Gericht ging[197].

Bei den Körperverletzungen wurden ihre Stellen am Körper nur selten angegeben. Dennoch trifft man gelegentlich die Beschreibung der lädierten Körperteile

---

192 Der Gebrauch der differenten Lexeme setzt den Unterschied in der Wahrnehmung der beiden Straftaten voraus, obwohl dies in keinem der Proskriptionstexte explizit steht. Die Tatsache der Präsenz der beiden Bezeichnungen der Straftaten in den Proskriptionseintragungen lässt annehmen, dass die damaligen Bedeutungsunterschiede auch den heutigen geähnelt haben können. In Anlehnung an § 211 Abs. 2 und § 212 Abs. 1 StGB definiert man den *Mörder* als jemanden, der „aus Mordlust, zur Befriedigung des Geschlechtstriebs, aus Habgier oder sonst aus niedrigen Beweggründen, heimtückisch oder grausam oder mit gemeingefährlichen Mitteln oder um eine andere Straftat zu ermöglichen oder zu verdecken, einen Menschen tötet". Der Totschlag verbindet sich hingegen mit der Person des Totschlägers, der einen Menschen tötet, ohne Mörder zu sein [vgl. § 211 Abs. 2 und § 212 Abs. 1 StGB vom 15.05.1871 in der Fassung der Bekanntmachung vom 13.11.1998 (BGBl. I S. 332) mit späteren Änderungen], [(online) https://dejure. org/gesetze/StGB/211.html, https://dejure.org/gesetze/StGB/212.html (31.07.2021), vgl. auch Owsiński/Paluch 2022: 214].
193 Eine marginale Erscheinung: 24.02.1408: *Gescheen ist an sand Mathei obund, das komen Johannes Spannynkrebis unser vogit und bekante, das Kochnickel von Freyburg eyn fleicher geecht sey umb czwu wunden und wo sich dis ungemach hen czewt, das her an sinen swocher Niclos Werner getan hat, uf das recht, daz recht ist; und der ist donoch tod am sontag Invocavit etc.*; 30.09.1479: *Baltazar Brisnicz schaffer von Swencknfelt ist in die ocht komen nach ordenunge des rechten ummb, das her Jocob Konige von Kleczke IIII wunden in das houpt geslagen hat, dovon er tot verleben ist […].*
194 ,dem getödteten abgenommene beute; raub mit todtschlag oder doch verwundung verbunden; beraubung eines todten' [BMZ 2022, (online) https://woerterbuchnetz. de/?sigle=BMZ&lemid=R01626#0 (05.07.2022)], ,beraubung eines toten, eines deshalb ermordeten' [Lexer 2022, (online) https://woerterbuchnetz.de/?sigle=Lexer#5 (05.07.2022)].
195 Zu den Unterschieden in der Bedeutungsextension der beiden Lexeme: § 242 Abs. 1 und § 243 Abs. 1 StGB vom 15.05.1871 in der Fassung der Bekanntmachung vom 13.11.1998 (BGBl. I S. 332) mit späteren Änderungen, [(online) https://www. gesetze-im-internet.de/stgb/__242.html, https://dejure.org/gesetze/StGB/243.html (31.07.2021), vgl. auch Owsiński/Paluch 2022: 216].
196 Vgl. *Wegelagerer.*
197 Eine marginale Erscheinung: (12.12.1475): *Actum feria III ante Lucie virgins, Jorge Otto hat awsgetreten aws den gerichten zw Gradiss yn dy gerichte zur Faulbrocken, hiruber ist er geecht.*

an, vor allem Kopf, Arm, Achsel, Auge, Ohr, Nacken, Ellbogen und Beine. Interessanterweise wurde fast immer die genaue, in römischen (viel seltener in arabischen[198]) Ziffern verzeichnete Zahl der beigebrachten Wunden niedergeschrieben. Bei der Beteiligung mehrerer Straftäter gab man wiederum die Zahl der Wunden separat an, die dem Opfer von jedem der Verbrecher beigebracht wurden. In einer Proskription (10.02.1453) wurden der Ernst und die Größe der Wunde zusätzlich auch dadurch beschrieben und betont, dass der Stadtschreiber die Information über vierzehn Nähte in den Proskriptionstext einflocht:

(10.02.1453):   *Anno quibus* [!] *supra Pix von Gerisdorf ist vorecht ummb czwu wunden, eyne in den nacken mit XIIII hefften, die andern bey dem orn, und eine blutronst, [...] actum sabbato post Dorothee virginis [...].*

Andere, ausgewählte Beispiele der in den Schweidnitzer Proskriptionstexten vorgefundenen Beschreibungen der Straftaten sind:

– Frevel, Gewalt;

(21.05.1386):   *An deme mantage nach dem sontage alzo die kirche singit Cantate ist geeichit her Ulrich Schaf auf das recht, daz do recht ist um frevil, den her begangin hat mit wortin und mit drew in dem hawse Nycolai Czymmirman, [...];*

(08.01.1388):   *An der mitwuche nach Epyphaniae domini sint fur uns komen der lantfoit und der schultisse mit den schepphin fon Ludewigirdorf und habin bekant, daz Bogisch Smelewicz, Mathern sin knecht und Hannus Geringer und Nyclos Burgbergir sint geeichit um frevil und gewalt, die sie begangi habin [...] uf daz recht, daz do recht ist;*

(23.02.1418):   *Geschen ist an der metewochin fur Oculi mei, das fur uns quam Johannes Spannenkrebis unser statfoyt und bekante, das Seman Vindeeysen ummb eine wunde und blutrunst, und Freczil Czymmerman ummb eine wunde, und auch beide ummb frevil unnd gewald in die ochte getan weren uf das recht, alz recht ist;*

(07.03.1449):   *Geschen am vreitage vor Reminiscere anno etc. XLIX, das Hannus Hoffer vorecht ist worden von wunden wegen, frevil und gewalt, [...];*

(14.11.1475):   *In judicio post Exaltaconis Sancte Crucis anno etc. LXXV Cristof Fritze ist geecht umb freffil und gewalt, [...];*

– (offene) Wunden (mit der Angabe deren Zahl):

(02.04.1367):   *In deme jare Unsires Herren tusent driehundirt jar in deme sebin und sechczigstin jare, do die schepphin waren Johanes Kallendorf, Pschcze Stregon, Petir Schonekramer, Jakob Zacheris, Johannes Luterbach, Ny*

---

198 Z. B. Proskription vom 20.12.1449.

Trunckil und Hensil Manow, ist geeichit Hensil Gebhard uf die hant um eyne wunde [...];

(07.09.1380):   *An deme frietage for der graen monche kirmessir ist Matis Gurteler geeichit um czwu wundin, die her getan hat an Georio Nunrutener, und Nyckil sin brudir um drie wundin und eyme wegeloge, [...];*

(02.02.1406):   *Gescheen ist am dinstage vor Dorothee, das komen ist Ditherich der lantfoit und hat bekant, das Grossniccil von Floreansdorf geecht sey umb czwu offene wunden, eyne blutrunst und umb drey uzgeworffene czene, [...] uf eyne hant und uf daz recht, das recht ist [...];*

(06.02.1416):   *Gescheen ist am donrstage fur Appolonie, das do quomen der schaultis von Marcusdorf Mathis und die scheppin doselbist [...] unnd habin doselbist fur uns bekant, das obir die hirnoch geschrebin Lorencz Goler fon Floriansdorf selbsculdiger und obir Mat[his] und Andris Goler us dem Polenwinkil sie irgangin sint und in die ochte getan von des wegin Krems ein or abegehawen, und demselbin Krems und Schubert V wunden geslagen;*

(22.08.1455):   *Anno ut supra Tristram Naschwicz hat Michel Puschs hant abgehawen, Fridrich Naschwicz hat demselben Michelen Puschs drey wunden gehawen, czwo wunden in das hawpt und eine wunde in die achsel, dorummbe sein sie vorecht worden nach der statrecht [...];*

– Lähmde (lat. *mutilatio*, ‚Verstümmelung‘):

(02.08.1388):   *An deme dornstage nach senti Petri und Pauli tage sint fur uns komen der lantfoyt, der schultisse mit den schepphin fon Puschkow und haben bekant, daz Hannus Schonynfeld sie geeichit um eyme leymde, [...] und ist darum geeycht uf daz recht, daz do recht ist;*

(15.03.1404):   *Am sonnabund fur Judica ist komen Francz Keyser unsir statfoit unde hat bekant, das Mathis Ebirbin kretschmer von Mertinsdorf umb eyne lemde, und Jost von Mertinsdorf umb eyne wunde, Niclos Weyse von der Wyra und Niclos Kampf vom Kaldinborn also volleister geecht sint, [...] uf das recht, daz recht heist und ist;*

(16.10.1405):   *Am freittag noch Burghardi sint komen der landfogit, stadfogit und di scheppfin und haben bekant, das Franczko Slosser geecht sey um III wunden, die her [...] geslagen hat und wyn bart uzrawfftin, daz her auch an em frevellich getan hot, uf das recht, das recht ist;*

(02.02.1406):   *Gescheen ist am dinstage vor Dorothee, das komen ist Ditherich der lantfoit und hat bekant, das Grossniccil von Floreansdorf geecht sey umb czwu offene wunden, eyne blutrunst und umb drey uzgeworffene czene, [...] uf eyne hant und uf daz recht, das recht ist [...];*

(06.02.1416):   *Gescheen ist am donrstage fur Appolonie, das do quomen der schaultis von Marcusdorf Mathis und die scheppin doselbist [...] unnd habin doselbist fur uns bekant, das obir die hirnoch geschrebin Lorencz Goler fon Floriansdorf selbsculdiger und obir Mat[his] und Andris Goler us dem Polenwinkil sie irgangin sint und in die ochte getan von des wegin Krems ein or abegehawen, und demselbin Krems und Schubert V wunden geslagen;*

– Verletzungen (*blutrunst* ‚blutige Wunden'):

(12.12.1381):   *In deme jare driczenhundirt und eyn und achczigstin an deme dornstage fur senti Lucie tage sint fur uns komen der lantfoyt und der schultisse mit den scheppfin fon Floreasdorf und habin bekant, daz Hannus Drielot ist geeichit uf eyne hant um vir wundin und um eyne blutrunst, und um eyne blaenslag, [...] und Ny[clos] Jeschke ist geeychit um czwu wundin und eyne blutrunst, [...];*

(06.07.1416):   *Gescheen ist am montage noch Vistiationis Marie, das do quam Johannes Spannenkrebis unsir statfoit und bekante, das Hannos Kale in die ochte getan were von Hannus Lambergis wein des mewerers, dem her geslagen hat VII wunden, dem das auch dorczu geteilt was czwu blutrunst und czwu lemde, of das recht, alz recht ist;*

(04.08.1417):   *Geschen ist an der metewochin noch Petri ad vincula, das vor uns quam Johannes Spannenkrebis unser stadvoyt unnd bekante, das Oler der kurssener in die ochte getan were ummb eine lemde und ummb eine blutronst [...];*

(11.01.1424):   *Geschen ist am dinstage noch Trium Regum anno XXIIII, das Johannes Senftelebin unser stadfoyt fur uns bekant hat, wie das Jocob Krezeler von Kletczke ummb eine lemde und ummb II blutrunst [...] in die ochte getan were uf das recht, alz recht ist;*

(10.02.1453):   *Anno quibus [!] supra Pix von Gerisdorf ist vorecht ummb czwu wunden, eyne in den nacken mit XIIII hefften, die andern bey dem orn, und eine blutronst, [...] actum sabbato post Dorothee virginis [...];*

– Mord und Totschlag:

(24.10.1381):   *An deme dornstage fur Symonis et Jude sint fur uns komen der lantfoit und der schultisse und die scheppfin czu Kraschwicz und habin bekant, daz Nycze Jacobis fon deme besen Sifrifrdorf ist geeichit um eynen totslak, [...] uf den halz und um eynen reroub, [...];*

(04.02.1383):   *An deme Aschtage ist geeichit Peter Monch uf eyn totslag, [...];*

(20.08.1403):   *An dem selbin tag seynt komen derselbe Francz und di scheppfen und bekanten, das Eckehart geheischin und geecht seye umb eynen mord [...] uf das recht, das recht ist;*

(01.09.1413):   *Geschen am freitage sand Egidii tage, das do qwam Johannes Spannencrebis unser statfoit und bekante, das Jorge Milde in die ochte geton wer von Niclos Paten wegen von Leuczmansdorf ummb einen mort und totslagis wegen [...] of das recht als recht ist;*

(22.12.1479):   *Actum feria IIII ante Nativitatis Christi ist geacht wurden Niclas Mathis von Kirstorf von eines totslags wegen zur Goglaw, an des hoffmans son daselbst begonnen, Mathis Adlof von Poltczen und Blasius von Galaw sein geheisschen also volleister;*

– Beraubung (*reroub*) bzw. Diebstahl:

(24.10.1381):   *An deme dornstage fur Symonis et Jude sint fur uns komen der lantfoit und der schultisse und die schepphin czu Kraschwicz und habin bekant, daz Nycze Jacobis fon deme besen Sifrifrdorf ist geeicht um eynen totslak, [...] uf den halz und um eynen reroub, [...];*

(08.08.1386):   *An der metewuche fur senti Lorentis tage ist Kloesil Svele geeichit um funf wundin, um czwu blutrunst, um eyn wegelogin und um eyne rerowp, [...];*

(08.02.1387):   *An deme frietage nach Circumdederunt ist geeichit Endirlin Kemmer und Francz Foit um sebin wundin und um eynen reroubt [...] uf daz recht, daz do recht ist;*

(30.02.1392):   *An dem donrstage vor Fphingisten komen der statwoyt und scheppfin und habin bekant, daz Vⁱilhelm geecht ist umme eyne wunde und umme eyne deube [...] noch der stat recht, [...];*

– Auflauern am Weg und hinterlistige Nachstellung (*wegelage*) oder Verfolgung:

(07.09.1380):   *An deme frietage for der graen monche kirmessir ist Matis Gurteler geeichit um czwu wundin, die her getan hat an Georio Nunrutener, und Nyckil sin brudir um drie wundin und eyme wegeloge, [...];*

(31.08.1386):   *An deme frietage nach decollationem sancti Johannis sint geeichit Ny[clos] Karge und Ny[clos] Czippil umb eyn jagen, daz sie geiagit habin mit czween spisen Franczke Gelen in Drebirtis haws, und um eyn wegeloge;*

(09.07.1449):   *Gescheen am mittwoch vor Margarethe anno XLIX, Jorge Schellndorf von Petirsdorf und Hesil seyn knecht sint ummb unvornachter sachin willen vorecht, das her mit eynen geladen armbrost frevillichen in dy stat an den Ring vor das rothawse durch dy gassen gewegelogit und lewte gesucht zu morden, und scheldebriffe angeslagen hot.*

– Hausfriedensbruch (*heymsuche*) bzw. Friedensbruch:

(21.05.1386):   *An deme mantage nach dem sontage alzo die kirche singit Cantate ist geeichit her Ulrich Schaf auf das recht, daz do recht ist um frevil, den her begangin hat mit wortin und mit drew in dem hawse Nycolai Czymmirman, [...];*

(31.08.1386):   *An deme frietage nach decollationem sancti Johannis sint geeichit Ny[clos] Karge und Ny[clos] Czippil umb eyn jagen, daz sie geiagit habin mit czween spisen Franczke Gelen in Drebirtis haws, und um eyn wegeloge;*

(1387):   *An deme selbin tage ist geeichit Peschke Beme um eyne heymsuche und*
               um eyne wunde und blutrunst, die her getan hat an Burkhard Tobil, uf
               daz recht, daz do rechte, und Georius Tobil ist geeicht um fulleist des
               heymsuchen und wunde und blutrunst, die gescheen ist an deme selben
               Burghard;

(16.08.1387): *An deme frietage nach unsir Frouwin tage wurczewie ist gieeichit Heyn-*
               rich Beugindorf um drie wundin und eyme heysume [heymsuche] [...]
               und frevil und gewald, die er getan hat an [...] inlewfinde frevilich in
               syme haws; und Heynrich des obgenatin Heinrich Beugindorf vettir ist
               geeicht um czwu wundin und um eyne heysuche und frevll gewalt, die
               her getan hat an deme obgenantin [...] inlowfin frevillich in sin haws [...];

(01.09.1416): *Item sie habin auch bekant an demselbin tage, das Paul Herdan unnd*
               Hannus Runge von Wenigen Monaw geecht sint ummb wunden, ummb
               ein fredebroch und ummb fulleist an dem egenanten toten;

– Beteiligung an einer Straftat (*volleist*):

(03.01.1388): *[...] und Nycze Glincz ist geeichit um eyn fulleist an deme selbin totslag;*
(26.04.1388): *[...] und Lorencze und Close gebrudir Groeman genant sint geeichit uf die*
               hende um die fulleist an deme selbin totslag, und Hannus Schonynfeld
               und Petir Schonynfeld und Jocob Molner sint auch geeichit um fulleist an
               deme selbin totslag uf die hende;

(15.03.1404): *Am sonnabund fur Judica ist komen Francz Keyser unsir statfoit unde*
               hat bekant, das Mathis Ebirbin kretschmer von Mertinsdorf umb eyne
               lemde, und Jost von Mertinsdorf umb eyne wunde, Niclos Weyse von der
               Wyra und Niclos Kampf vom Kaldinborn also volleister geecht sint, [...]
               uf das recht, daz recht heist und ist;

(01.12.1455): *Anno etc. Lquinto feria secunda post Andree apostoli, das Nickel Schyke*
               vom Erlecht ist vorecht wurden, als ummb folleist eines awgen, das
               Michel Krige von Jacobsdorf frevellich ist awsgehawen wurden;

(22.12.1479): *Actum feria IIII ante Nativitatis Christi ist geacht wurden Niclas Mathis*
               von Kirstorf von eines totslags wegen zur Goglaw, an des hoffmans son
               daselbst begonnen, Mathis Adlof von Poltczen und Blasius von Galaw
               sein geheisschen also volleister;

– Versuch der Begehung einer Straftat und Aufhängen von Schriften mit dem
  anstößigen Inhalt:

(19.03.1389): *An deme frietage fur Occuli ist geeichit Nyckil Ludwigsdorf um eynen*
               frevil und gewald, um eyn freveliche ynlowfin mit geczogin messir in die
               bastobe Diterichs unsirs foytis und heynsuchte doryn luete, und wulde
               die dorynne gemort habin;

(09.07.1449): *Gescheen am mittwoch vor Margarethe anno XLIX, Jorge Schellndorf*
               von Petirsdorf und Hesil seyn knecht sint ummb unvornachter sachin

> *willen vorecht, das her mit eynen geladen armbrost frevillichen in dy*
> *stat an den Ring vor das rothawse durch dy gassen gewegelogit und lewte*
> *gesucht zu morden, und scheldebriffe angeslagen hot.*

Außerdem lassen sich die Proskriptionen mit der nicht so ausgebauten Struktur vorfinden, die nur die gekürzten Grundinformationen enthalten. Dennoch beinhalten sie weiter die rechtliche Einordnung des Delikts (*uf die hant, uf den halz, uf daz recht*) sowie das finite Verb im Perfekt, z. B.

(01.01.1382):   *An deme tage der Besnydunge unsirs Herren ist geeichit Petri Mul um eyne wunde, die her getan hat an Mertin fon Friburg;*

(07.04.1387):   *An deme Oestirtage ist geeicht Wenczlaw Schramme um eynen totslag, den her getan hat an der Langin Kethen;*

(08.11.1387):   *An deme frietage nach Michahelis ist geeicht Petir Girlach fon der Cirle um czwu wunden, die her getan Stewner und ist geeicht uf die hant;*

(03.01.1388):   *An deme frietage fur Epiphaniae domini ist geeichit Kaltwassir um eynen totslak, den her getan hat an Vielbretil, uf den halz;*

(17.09.1389):   *An deme selbin tage ist geeicht um eynen totslag und um eyne wunde, die her getan hat [...] uf daz recht, daz do recht ist;*

(26.05.1402):   *Niclos Fischer von Lewczunczdorf ist geecht umb eynen totslag, den her an Close Jonen begangen hat, am freitage nach Corporis Christi scabini recognoverunt et adnotatus.*

(08.02.1432):   *Hannus Kyner ist geecht von eyner lemde wegen, die her begangen hat an Hannus Leriche, gescheen am freitage nach Dorothee anno etc. XXXII;*

(07.10.1435):   *Peter von Jocubsdorf hat wunden geslagen und Hannus von Lambergis hat auch wunden geslagen, und die hat man in die ochte getan am freitage nach Francisci anno XXXV (ohne Angabe der Zahl der Wunden);*

(14.01.1471):   *Item feria 2 ante Antony sint geecht Steffan Wayner und Hans Wayner von Jacob Czeckckners wegin.*

(14.09.1475):   *Eodem die der selbige Cristof Fritze ist geecht von Fisscher Hanns wegen.*

4.3.6 Personalien des Opfers / *Facta victimae*

In Analogie zu den in Subkapitel 4.3.4 dargestellten Erwägungen zur für die Entstehung eines Proskriptionstextes präsenten Notwendigkeit bzw. Nichtnotwendigkeit der Angabe der personenbezogenen Daten des Straftäters, gehört es sich auch gleichartige Überlegungen dazu anzustellen, ob die Angabe des Opfers von Straftaten bzw. dessen Personalien für die Auskristallisierung eines Achttextes im Proskriptionsbuch unverzichtbar ist. Vorab lässt sich vermuten, dass diese Daten wirklich die Erscheinung solch eines Textes im untersuchten Stadtbuch reineweg determinieren. Dies würde aber wieder der Wahrheit nicht ganz entsprechen, denn im Schweidnitzer Proskriptionsbuch wurde eine Proskription vorgefunden, in der keine Informationen über das Opfer der Straftat enthalten sind. Eigentlich gibt es hier doch keine Opfer der Straftat. Gemeint ist hier die Proskription vom 09.07.1449, mittels der Jorg Schellendorf zusammen mit seinem

Knecht für die Vorbereitung einer Straftat – also für vorbereitende Handlungen (= Suche nach Menschen in der Stadt, um auf sie mit einer Armbrust zu schießen) – in Verbindung mit dem Aufhängen von Schriften mit dem anstößigen Inhalt geächtet wurde:

> (09.07.1449): *Gescheen am mittwoch vor Margarethe anno XLIX, Jorge Schellndorf von Petirsdorf und Hesil seyn knecht sint ummb unvornachter sachin willen vorecht, das her mit eynen geladen armbrost frevillichen in dy stat an den Ring vor das rothawse durch dy gassen gewegelogit und lewte gesucht zu morden, und scheldebriffe angeslagen hot.*

Mit einer ähnlichen Situation hat man es auch im Fall der Proskription vom 19.03.1389 zu tun: Ein gewisser Nickolaus Ludwigsdorf wurde geächtet, weil er zufällige Leute mit einem Messer umbringen wollte. Dieses Verhalten begleiteten jedoch auch Frevel, Gewalt und Hausfriedensbruch, die auch die Ursache der Proskription waren:

> (19.03.1389): *An deme frietage fur Occuli ist geeichit Nyckil Ludwigsdorf um eynen frevil und gewald, um eyn freveliche ynlowfin mit geczogin messir in die bastobe Diterichs unsirs foytis und heynsuchte doryn luete, und wulde die dorynne gemort habin.*

Im Zusammenhang damit sei nebenbei anzumerken, dass in den gegenwärtigen Rechtsystemen ebenfalls solche Straftaten definiert werden, in denen ihre Opfer überhaupt nicht genannt werden, weil es hier zur allgemeinen strafbaren Widrigkeit der Gesellschaftsordnung kommt, z. B. Nutzung gefälschter Dokumente. Aus diesem Grund kann konstatiert werden, dass im Fall der Opfer weder sie selber noch ihre Personalien für die Entstehung eines Proskriptionseintrags aus Schweidnitz vonnöten sind. Sichtbar ist an dieser Stelle wieder eine Parallele zum Inhalt des heutigen Strafurteils: Nicht in allen Fällen der Verurteilung ist die Angabe der Personalien des Opfers einer Straftat nötig. Die Informationen über das Opfer müssen nämlich in solch einem Tenor des Urteils erscheinen, in dem die Beschreibung der Straftat das Vorhandensein des Opfers voraussetzt und verlangt, z. B. Mord oder Misshandlung. Es gibt aber auch solche Verurteilungen, in denen keine Angabe der personenbezogenen Daten genannt werden, weil ihre Schuldsprüche Bezug auf andere, diese Daten beinhaltende Texte nehmen, z. B. Verurteilung für Verstöße gegen Unterhaltszahlungspflichten verweist auf den Inhalt des vorherigen Zivilgerichtsurteils, wodurch man erkennen kann, dass diese Rechtstexte in einer festen intertextuellen Beziehung stehen. Mit solch einer Feststellung ist auch der Standpunkt von JEZIORSKI (2017: 111) übereinstimmend, dem zufolge die Personalien der Opfer des Verbrechens nur in der Mehrheit der Proskriptionsvermerke – und nicht in allen Achttexten (!) – anzutreffen sind. Ähnlich wie im Fall der Informationen über die Straftäter muss in den Vordergrund gerückt werden, dass ein Teil der im Text der Proskriptionseintragungen vorgefundenen Nachnamen der Opfer, die wieder mit überwältigender Mehrheit die Männer waren, auch als Bezeichnungen ihrer Berufe zu interpretieren sind.

Somit enthalten die analysierten Vermerke *Professiones* der Opfer, obwohl auch die Verwandtschaftsbeziehungen (z. B. zwischen den Opfern und den Antragstellern oder zwischen den Opfern und den Verbrechern), deren Spitznamen, Anspielungen auf deren Äußere sowie die Angabe deren Herkunft nicht auszuschließen sind, was ihre Identifizierung erleichtert haben soll, z. B.

– *Professiones*:

(06.11.1381): *Quarte feria ante Martin der lantfoit und der schultisse und die schepphin czu Protschkinhayn sint fur uns komen und habin bekant, daz Nycz Greber sie geeicht um eynen totslak, den her getan hat an Jeschkin Temmeschins diner fon Lazan [...] und Nycklos sin brudir ist geeichit ume eyne fulleist an deme selbin toslag [...]*;

(08.06.1383): *An deme mantage fur Barnabe tage des helgin ist Hownold geeichit um eyne wunde, die her getan hat an Mathis deme kannyngisir [...]*;

(20.04.1387): *An dem selbin tage ist Cuncze Puttirkloes geeichit um czwu wundin, die her getan hat an eyme Koetirler knechte*;

(08.11.1387): *An deme frietage fur Martin [...] ist geeichit Ny[clos] Bretsnyder um eynen totslag, den er getan hat an de[me] Messirsmede*;

(28.02.1405): *Gescheen ist am sonnabund noch kathedra Petri, das komen ist unser lantfoit und statfoit mit den scheppfen und haben bekant, das Olbrecht Birkener geecht sey umb eynen totslag, den her an Hannos Hartung teppher begangen hat [...]*;

(04.08.1417): *Geschen ist an der metewochin noch Petri ad vincula, das vor uns quam Johannes Spannenkrebis unser stadvoyt unnd bekante, das Oler kurssener in die ochte getan were ummb eine lemde und ummb eine blutronst, die her an Heinczen Behem von Nurenburge an dem kurssenerknechte getan hat*;

(31.07.1436): *Geschen am dinstage noch sant Jacobi tage des hiligen czwelfbotin, das Johannes Senstelebin unser statfoyt vor uns bekante, das Gabriel Dresscher ein messirsmedsknecht ummb ein mort in dy ochte geton ist [...] den her geton hat an Nicklaus vom Sagan eyme messirsmede, dem her gedunt hat [...]*;

(07.01.1437): *Geschen am montage noch der hilgin Dreyer Kunige tage, das Jost Ebirsdorf unser spittilmeister und Peter Geyersberg unser lantfoyt bekantin, das Nickil Fruof von Jawraw ummb ein mort, den her an Nicolaen [...]*;

(01.06.1437): *Geschen des sunabende noch des Hiligen Leichnams tage, das Johannes Senstelebin unser statfoyt vor uns bekant hat, das Hannus Beheme ein wollenweber von Lemberg [...] eine wunde geslagen hat Pavel Domisse einen webir hie zur Sweidnicz [...] und ist dorummb in dy ochte geton [...]*;

(05.11.1442): *Geschen am montage vor Martini, das Mertin Cratczko gesscht ist von sachin wegen, als her vier wunden Lorencz Glyncz eynem wollenweber hat geslagin [...]*;

(13.10.1447):   *Geschen am freitage vor Hedwigis anno domini etc. XLseptimo, das*
                Jacob eyn schenke vorecht ist wurden von eyns mordis wegen, den Jacob
                der schenke an Nickil Seydil einen becker hat begangen;

(05.09.1449):   *Gescheen am vreitage vor Nativitatis Marie, Hans Bogener ist vorecht*
                worden ummb frevil und gewalt, wunden, dy her an Joste dem lattern-
                mechirn begangen hot [...];

(1450):   *Anno etc. L Petir Geiersberg der lantfoit hot bekant, das Hanns Jawor*
                und Sigil Melczer carnifices sint zcu Gogelaw vorecht ummb, das sy n
                Tewbirn doselbist lemmer an seynen willen weg genomen haben, [...];

(05.07.1460):   *Die sabbati post Marie visitacionis anno ut supra Nickel Doring ist vor-*
                echt wurden, das her Hannose Segehard dem tormwechter drey wunden
                gehawen und eynen finger gelemt [...];

– Verwandtschaftsbeziehungen:

(07.09.1380):   *An deme frietage for der graen monche kirmessir ist Matis Gurteler geei-*
                chit um czwu wundin, die her getan hat Georio Nunrutener, und Nyckil
                sin brudir um drie wundin und eyme wegeloge, die her getan hat an
                deme selbin Georio [...];

(17.04.1382):   *An deme dornstage nach Quasi modo geniti dint fur uns komen der lant-*
                foit, scholtisse, und schepphin czum Tuppschin und habin bekant, daz
                Jacob fon Birkholcz, der Peczin fon Richinbachs ome ist, ist geeicht um
                eynen totlak, den her getan hat an Nycklos Wolfferam, der Hannus Wol-
                ferams son gewest ist [...];

(27.10.1384):   *An deme dornstage an sente Symonis und Jude obinde sint fur uns*
                komen der lantfoit und der schultis mit den schepphin fon Heynrichow
                und habin bekant, daz Heyne Nitins ist geeicht [...] um eynen totslag,
                den her getan hat an Nyclos Sonynberg, und Nycklos sinen son [...];

(27.09.1386):   *An deme dornstage fur Michahelis sint fur uns komen der lantfoit und der*
                schultisse mit denme schepphin fon Wernhernsdorf und habin bekant,
                daz Segismund schultis czu Rogow sie geeicht [...] um eyne wunde, die
                her getan hat an Conrad Lesslows son [...];

(20.04.1387):   *An deme sonobunde fur Geerii ist Nyclos Kaltkegil geeicht um eynen*
                totslag, den her getan hat an deme kinde Herman Newirtis wirtis [...];

(06.07.1387):   *An deme sonobunde fur senti Margarethe tage ist geeicht Schibeschin*
                um eine wunde, die er getan hat an Georio Stepphans Slechtigers son;

(16.07.1387):   *An deme selbin frietage ist Clause Lemans geeicht um eynen totslag, den*
                her getan hat an Conrod Heynrichs Smedis son [...];

(02.08.1388):   *An deme frietage na Petir und Pauli ist geeicht Mertin Becherer [...] um*
                eyne wunde, die er getan hat an Nyclos Lenberg, und ist geeicht um eyne
                blurunst, die her getan hat an des obgenantin Nycklos wip [...];

(22.08.1388):   *An deme sonbunde fur Bartholomei ist geeicht der Alde Wolf fon Beugin-*
                dorf um czwu wundin, die her getan hat an Tomas des aldin schultissen
                son fon der Wystricz [...];

(16.01.1413):   *Geschen am montage vor sand Phabiani und Sebastiani tage, das do*
                qwam Johannes Spannenkrebis unser statfogt und Peter Merthins und
                haben bekannt, wie das Niclos Hubener von Bewgindorf in die ochte
                geton sey ummb einen totslag, den her an Thomas Merthin seinen swoger
                hat begangen [...] und Sigmunt Wesener, der sein knecht ist gewest, ist
                geecht ummb volleist;

(30.01.1417):   *Geschen ist am sonnobunde fur Purificationis Marie, das do quam*
                Johannes Spannenkrebis unser statfogt unnd bekante fur uns, das Wen-
                czlaw Grot ein schuknecht von eins todeslagis wein Hirsils son in die
                ochte getan ist [...];

(17.01.1453):   *Anno ut supra Niclas Ranke, Barthus Ranke von Croschwicz haben in*
                die ochte lossen schr[eiben] Mertin Ledirhosse, der en iren liben son und
                brudir dirmart hat, genant Hannus Ranken, [...];

– Spitznamen:

(07.12.1484):   *Der Lange Symon vom Schonborne ist geecht von des morths wegen, den*
                her an Iurge Kromeln Silber Nickel gnanth begangen hot [...];

– Anspielungen auf das Äußere des Opfers:

(07.04.1387):   *An deme Oestirtage ist geeicht Wenczlaw Schramme um eynen totslag,*
                den her getan hat an der Langin Kethen;

(17.04.1450):   *Eodem die Cristof Blumentrids hoffman ist vorecht worden ummb eyn*
                wunden, dy her frevillichen in statrechte zu den elbogen an Langemerten
                von der Lobche begangen hot;

– Herkunft:

(24.10.1381):   *An deme dornstage fur Symonis et Jude sint fur uns komen der lantfoit*
                und der schultisse und die schepphin von Kraschwicz und habin bekant,
                daz Nyze Jacobis [...] ist geeicht um eynen toslak, den her getan hat an
                Heynlin Rewel fon der Wystricz [...];

(01.01.1382):   *An deme tage der Besnydunge unsirs Herren ist geeichit Petir Mul um*
                eyne wunde, die her getan hat an Mertin fon Friburg [...];

(11.12.1382):   *An deme dornstage fur sente Lucien tag sint komen der lantfoit und der*
                schultisse mit den schepphin fon Groessen Manow und habin bekant,
                daz Hannus Jenyssch, Iacob und Petir syne brudir sint geeicht [...]
                um eyne wunde und blutrunst, die sie getan han an Nyclos Webir fon
                Floreasdorf [...];

(05.01.1385):   *An der Drier konige obunde sint fur [komen] der lantfoit und der schul-*
                theisse und dye scheffin fon Wilkow und habin bekant, daz Obilhempe

ist geeichit um eyne wunde [...] die her getan hat an Hannus Pirnow fon Gogelow [...];

(11.02.1386):   *An deme sontage fur senti Valentin tage sint fur uns komen der lantfoit und der schultisse fon Kappesdorf mit den schepphin doselbist und habin bekant, daz Nyckil Kruese fon Crissilwicz ist geeichit [...] um eynen totslag, den getan hat an Pauwil Polen von Pankindorf [...]*;

(22.08.1388):   *An deme sonbunde fur Bartholomei ist geeicht der Alde Wolf fon Beugindorf um czwu wundin, die her getan hat an Tomas des aldin schultissen son fon der Wystricz [...]*;

(10.08.1394):   *An demselbin tage sint fur uns komen die scheppfen und unsir statrichter und haben bekant, daz Völkil Sichilsleiffer geecht ist ummb eynen totslag, den er begangin hat an Hannos Bufinheupt son Hannos [...]*;

(04.08.1417):   *Geschen ist an der metewochin noch Petri ad vincula, das vor uns quam Johannes Spannenkrebis unser stadvoyt unnd bekante, das Oler kursse-ner in die ochte getan were ummb eine lemde und ummb eine blutronst, die her an Heinczen Behem von Nurenburge an dem kurssenerknechte getan hat*;

(01.06.1437):   *Geschen des sunabende noch des Hiligen Leichnams tage, das Johannes Senstelebin unser statfoyt vor uns bekant hat, das Hannus Beheme ein wollenweber von Lemberg [...] eine wunde geslagen hat Pavel Domisse einen webir hie zur Sweidnicz [...] und ist dorummb in dy ochte geton [...]*.

Die oben angeführten Belege vom 07.09.1380, 06.11.1381, 17.04.1382, 02.08.1388, 16.01.1413 lassen sich überdies als hervorragende Beispiele der Zeitersparnis während des Schreibprozesses sowie des haushälterischen und bedächtigen Gebrauchs vom Beschreibstoff des Achtbuches interpretieren. Sie veranschaulichen nämlich, wie die Stadtschreiber versuchten, die Informationen über die Personalien mehrerer, an ein und demselben Verbrechen beteiligter Straftäter in einem einzigen Eintrag zu horten (vgl. 4.3.4).

Nicht fremd sind auch die in den Proskriptionen verewigten Fälle, in denen die Tiere einer Straftat (z. B. der Tötung) zum Opfer fielen:

(21.03.1392):   *An deme donrstage fur Letare sint fur uns komen der schulteis und czwene scheppfen von Wilkow und haben bekant, das Nitsche Tyle Jacob Sprengensteyn erfordert hat mit dem rechten ummb den mort, den er begangen hat an seynen pferde, [...]*.

4.3.7 Tatumstände / *Circumstantiae criminis*

Unter den *Circumstantiae criminis* sind im Vorliegenden alle Begleitumstände zu subsummieren, die mit der eine konkrete Tat begleitenden Situation bzw. mit dem eine gegebene Tat begleitenden Zustand im Zusammenhang stehen. Dazu gehören also die Angabe der Tatwaffe, mittels der die Straftat begangen wurde, sowie die Angabe der Zeit, zu der es zu einer Straftat kam.

Hierbei sei jedoch hinzuzufügen, dass die Informationen darüber in den Schweidnitzer Proskriptionen eher extrem selten anzutreffen sind. Der Textherausgeber (GOLIŃSKI 2020: LXIX) verweist mit Recht darauf, dass die fehlenden Informationen über die gebrauchten Tatwaffen auf die Tatsache zurückgeführt werden können, dass man ein Messer oder einen Spieß am meisten gebrauchte, um jemanden zu töten oder zu verstümmeln. Unter den am wenigsten beliebten Tatwaffen wurden Schwerter, Beile oder Stöcke genannt. Interessant ist ebenfalls die Konstatierung des Texteditors (2020: LXIX, Anm. 63), der die Gründe der Erwähnung des Gebrauchs eines Messers darin sieht, dass es vorwiegend bei einem Meuchelmord seine Anwendung fand, was als straferschwerender Umstand zu interpretieren ist. Daher war es wahrscheinlich nicht nötig, diesen Umstand in der Mehrheit der Proskriptionstexte zu wiederholen (= Zeitersparnis, sparsamer und umsichtiger Gebrauch vom Beschreibstoff des Stadtbuches). Vielleicht wegen der Eigenart des Einsatzes einer Armbrust oder eines Bogens wurden solche Fälle des Erschießens bzw. Anschießens einer Person sorgfältiger im Buch verzeichnet:

– Messer:

(11.04.1414): *Geschen am montage noch Corporis Christi, das do qwam Hannos Spannencrebis unser statfoit und bekante, das Hannos Percherwicz in die ochte geton were ummb sechs wunden, die her Franczke Thymen mit einen messer geslagen hatte, of das recht als recht ist;*

(20.05.1440): *Geschen am freytage vor Trinitatis ano domini etc. XL Frenczil Schone eyn wollenwebir ist geecht umb czwhu lemden, die her begangin hat an Hannos Heyten mit eynen messer;*

(01.03.1447): *Geschen am freitage vor dem suntage Oculi in der vasten, das Johannes Senstelelebin unser statfoyt vor uns bekant hat, das Curcze Michel selbschuldiger mit einen messer, Curcze Mathis mit einen swerte und Lorecz Kopatschcz mit eine messer als volleister, alle drey von Grödis, ummb eine wunde, dy sy getan habin in statrechte an Hannus Weynman vom Jocobsdorf, in dy achte geton sein uf das recht als recht ist;*

(20.12.1449): *Sabbata [!] ante Thome apostoli anno XLIX, Petir Geyersberg der lantfoit hot bekant, des Petir Speicher von Occulicz zcu Floriansdorf vorecht ist ummb, das her Hans Mytman von Wernersdorf mit eynen pfeyle eine wunde geschossin und 1 wunde mit 1 messer gehaben hot;*

– Spieß:

(31.08.1386): *An deme frietage nach decollationem sancti Johannis sint geeicht Ny[c-los] Karge und Ny[clos] Czippil umb eyn jagen, daz sie geiagt habin mit czween spisen Franczke Gelen in Drebirtis haws, und um eyn wegeloge;*

(11.06.1414): *Geschen am montage noch Corporis Christi, das do qwam Hannos Spannekrebis unser statfoit und bekante, das Follegraben von Rewssendorf gemort hette mit einen spisse Schelnde Nickel, dorum her in die ochte geton were of das recht als recht ist;*

(21.10.1441): *Geschen am freitage an der heiligin Tawsent Juncfrawen tage, das geecht ist Zucissen Hannus alias Lange Hannus eyne freiheit umb eyne wunde, die her Hannus Andris von Pulczen mit eynem spiesse geslagen hatte;*

– Schwert:

(04.11.1424): *Geschen am sonnobunde fur Martini anno XXIIII, das Johannes Senftelebin unser statfoyt bekante, wie das die nochgeschribene Fredeland der molner in der obirschar unnd Bartusch Molner und Sigil Girsbach alle in die ochte getan weren von des walkmolners wegin uf das recht, alz recht ist, namlichen der egenante Fredeland ummb eine wunde und ummb einen mort an den egenanten toten, [...] und Sigil Girsbach umb eine fulleist an dem egenanten toten und mit eynen swerte das her weg getragen hat;*

(01.03.1447): *Geschen am freitage vor dem suntage Oculi in der vasten, das Johannes Senstelelebin unser statfoyt vor uns bekant hat, das Curcze Michel selbschuldiger mit einen messer, Curcze Mathis mit einen swerte und Lorecz Kopatschcz mit eine messer als volleister, alle drey von Gródis, ummb eine wunde, dy sy getan habin in statrechte an Hannus Weynman vom Jocobsdorf, in dy achte geton sein uf das recht als recht ist;*

– Stock bzw. Keule:

(09.01.1411): *Geschen ist am freitage noch der hilgen dreierkonige tage, das Johanes Spannenkrebis unser fogit qwam vor uns und bekante, das Stephan von Stulpen eyn sneider in die ochte geton wer ummb wegelon und kewlenslegen wunden in das hewpt, das her Hannos Lindener dem sneider bey obund of dem markte geton hatte, unvornachter sache, of das recht als recht ist;*

– Beil:

(21.12.1454): *Anno etc. Hannos der waynknecht des grenwirdigen herrn apts dyner von Grissaw ist vorecht ummb sulchen frevel, den her getan hot in der stat und in iren gerichten an Symon von Gretcz, den her dirmort dirslagin und II wunden, eyne in das hewpt und eyne in das beyn, mit eynem beyel gehawen hot, [...];*

– Armbrust / Pfeil:

(13.11.1385): *Am sonnabend noch Martini sint komen der lantfoit und der schawltis mit den scheppfin fon Steffanshayn und haben bekant, das Nikolae der alde schawltis fon Strelicz sey geycht umb eyn mord, den her begangin hat mit eynem armbrust an Niclosen Sander, uf daz recht, das recht ist;*

(09.07.1449): *Gescheen am mittwoch vor Margarethe anno XLIX, Jorge Schellndorf von Petirsdorf und Hesil seyn knecht sint ummb unvornachter sachin*

> *willen vorecht, das her mit eynen geladen armbrost frevillichen in dy*
> *stat an den Ring vor das rothawse durch dy gassen gewegelogit und lewte*
> *gesucht zu morden, und scheldebriffe angeslagen hot.*

(20.12.1449): *Sabbata [!] ante Thome apostoli anno XLIX, Petir Geyersberg der lantfoit*
> *hot bekannt, des Petir Speicher von Occulicz zcu Floriansdorf vorecht ist*
> *ummb, das her Hans Mytman von Wernersdorf mit eynen pfeyle eine*
> *wunde geschossin und 1 wunde mit 1 messer gehaben hot;*

(18.01.1460): *Actum feria sexta ante Fabiani et Sebastiani martyrium anno etc. LX,*
> *Cleynhannos von Arnsdorf ist vorecht worden, erst das her rechtfluchtig*
> *wurden ist und das her Caspar Reichels vom Schonborn vor dem Stre-*
> *gentor gewegelogt, den mit eym armbrost dorchossen und vom leben zum*
> *tode brocht hot.*

Ein weiterer strafschärfender Tatumstand war das Verbrechen, das in der Nacht bzw. am Abend – also im Dunkeln – begangen wurde (auch bei GOLIŃSKI 2020: LXX), was einige wenige Schweidnitzer Proskriptionstexte belegen:

(09.01.1411): *Geschen ist am freitage noch der hilgen dreierkonige tage, das Johanes*
> *Spannenkrebis unser fogit qwam vor uns und bekante, das Stephan von*
> *Stulpen eyn sneider in die ochte geton wer ummb wegelon und kewlens-*
> *legen wunden in das hewpt, das her Hannos Lindener dem sneider bey*
> *obund of dem markte geton hatte, unvornachter sache, of das recht als*
> *recht ist;*

(03.10.1449): *Geschen am vreitage vor Francisci anno ut supra, Pawl Czedlitcz ist vor-*
> *echt worden umb eyn mord, den her frevillichen bey nachte an Tanhew-*
> *sern begangen hot.*

4.3.8 Tatort / *Locus delicti*

Mit den oben besprochenen Tatumständen verbindet sich genuin die Beschreibung des Tatorts, an dem es zu einer Straftat kam. JEZIORSKI (2017: 113) bemerkt dabei, dass die Proskriptionsvermerke normalerweise sehr selten die Informationen darüber enthalten. Bei dieser Gelegenheit stellt GOLIŃSKI (2020: LXX) fest, dass der Tatort auch zu einem erschwerenden einschlägigen Begleitumstand werden konnte, immer wenn sich ein Verbrechen an den öffentlichen Straßen (*uf eyner freyen strossin*, vgl. unten) ereignete. Seine Feststellung entspricht somit der gegenwärtigen Funktion der Angabe der mit dem Tatort im Zusammenhang stehenden Information, die als modaler, die Beschreibung der Straftat bereichernder Faktor anzusehen ist. „Bei einer Qualifikation handelt es sich um eine Erweiterung eines Grundtatbestandes um strafschärfende Merkmale. Dementsprechend ist die Qualifikation keine Strafzumessungsregel, sondern ein eigener, speziellerer Tatbestand, der mit einer höheren Strafdrohung versehen ist" (JURAFORUM 2021), weil dies mit einer größeren Ladung der Gesetzwidrigkeit verkoppelt ist, z. B. Vergewaltigung eines Menschen am öffentlichen Ort *vs.* Vergewaltigung eines Menschen am abgelegenen Ort ohne Zeugen.

resultiert, dass es als Spiegel fungieren kann, in dem die unkonventionellen Realisierungen zu bemerken sind (vgl. 2.2):

– bei der Datumsangabe am Anfang des Proskriptionsvermerks:

Abb. 21. Superproskriptionsvermerk im Schweidnitzer Achtbuch mit der Datumsangabe am Anfang des Proskriptionsvermerks (erarbeitet von P.A.O.)

Überschrift / Inscriptio (vgl. 4.3.1)	*Ticz Schindil de Beugindorf* bzw. *Causa Ticz Schindil* bzw. *Ticz Schindil* (mit den später hinzugefügten lat. Ergänzungen)
Datumsangabe / Datum (vgl. 4.3.2)	*An der mitwuche nach Jubilate* bzw. *Am dinstag noch Lucie anno XCIII* bzw. *Gegebin an deme frietage fur Valentini nach gebort etc. LXXXIX* bzw. *Quarta feria ante Martin[i]* bzw. *Gescheen ist am freyttage vor Margarethe* bzw. *Geschen am sonobund vor Viti,* bzw. *Anno etc. XXVIII gescheen ist,* bzw. *An der Drier Konige obunde*
Antragsteller / Postulatores (vgl. 4.3.3)	*sind fur uns komen der landfoit* [bzw. + seine Personalien oder seine Herkunft] *die schepphin* [bzw. + ihre Personalien oder ihre Herkunft] *und unsir richtir unsir stat und habin bekannt, das* [bzw. *daz, wy, wie*]
Straftäter / Facta rei (vgl. 4.3.4)	*der Lange* [mögliche Anspielung auf das Äußere] *Mathis Czeise* [bzw. + andere Straftäter] *von Michelsdorf* [Herkunft] bzw. *ein schuknecht* [Beruf] oder *des obgenantin Nycklos vatir* [Verwandtschaftsbeziehungen]
Proskription / Proscriptio und Tatbeschreibung / Descriptio delicti (vgl. 4.3.5)	*ist / sint* bzw. *sie / sey / seint geacht / geeichit / geeicht / geicht / geecht / vorecht (worden / wurden) uf den hals / halz* bzw. *uf die hant* bzw. *uf das recht um (den / eynen / eyme) frevil, gewalt, mort, totslak, reroub, lemde, blutronst, wegeloge, heymsuche* [Straftat] bzw. *eyne / czwhu / IIII / 1* [Zahl der Wunden] *wondi(n) / wunde(n) / wundi(n),* bzw. [...] *ist / sint* bzw. *sie / sey / seint / were / weren in die ochte / acht getan / geton / gethon uf den hals / halz* bzw. *uf die hant* bzw. *uf das recht,*

(wird auf nächster Seite fortgeführt)

Abb. 21.   Fortsetzung

Opfer / *Facta victimae* (vgl. 4.3.6)	*umb einen reorop / mort / eine fulleist* bzw. *den / di / dy her getan hat an Langin* [mögliche Anspielung auf das Äußere] *Nyclos Temmeschins von Kraschwicz* [Herkunft] bzw. *deme kannyngisir* [Beruf] oder *des aldin schultissen son fon der Kraschwicz* [Verwandtschaftsbeziehungen] *Silber Nickel gnanth* [Spitzname]
Tatumstände / *Circumstantiae criminis* (vgl. 4.3.5, 4.3.7)	*mit einen messer / mit einen swerte / mit eynen pfeyle / mit eynem armbrust* [Tatwaffe] *geslagen / dirslagin / geschossin hatte in das hewpt / in die achsel* [verwundeter Körperteil] *bey obund* [Zeitpunkt, zu dem es zur Straftat kam] bzw. *unnd mit einen messer / mit einen swerte / mit eynen pfeyle / mit eynem armbrust Lorecz Kopatschcz als volleister* [im Fall der Beteiligung an einer Straftat]
Tatort / *Locus delicti* (vgl. 4.3.8)	*of dem markte, in deme pfarrehowfe, in syne hawse, in deme dorfe Ludwigisdorf, in der Fleischergassen, in dy stat an den Ring vor das rothawse, uf eyner freyen strossin, vor dem Stregentor, uf Sant Niclos kirchof.*

– bei der Datumsangabe am Ende des Proskriptionsvermerks:

Abb. 22. Superproskriptionsvermerk im Schweidnitzer Achtbuch mit der Datumsangabe am Ende des Proskriptionsvermerks (erarbeitet von P.A.O.)

Überschrift / *Inscriptio* (vgl. 4.3.1)	*Ticz Schindil de Beugindorf* bzw. *Causa Ticz Schindil* bzw. *Ticz Schindil* (mit den später hinzugefügten lat. Ergänzungen)
Antragsteller / *Postulatores* (vgl. 4.3.3)	*Petir Geirsberg der landfoit hot bekant, das* [bzw. *daz, wy, wie*]
Straftäter / *Facta rei* (vgl. 4.3.4)	*der Lange* [mögliche Anspielung auf das Äußere] *Mathis Czeise* [bzw. + andere Straftäter] *von Michelsdorf* [Herkunft] bzw. *ein schuknecht* [Beruf] oder *des obgenantin Nycklos vatir* [Verwandtschaftsbeziehungen]
Proskription / *Proscriptio* und Tatbeschreibung / *Descriptio delicti* (vgl. 4.3.5)	*ist / sint* bzw. *sie / sey / seint geacht / geeichit / geeicht / geicht / geecht / vorecht (worden / wurden) uf den hals / halz* bzw. *uf die hant* bzw. *uf das recht um (den / eynen / eyme) frevil, gewalt, mort, totslak, reroub, lemde, blutronst, wegeloge, heymsuche* [Straftat] bzw. *eyne / czwhu / IIII / 1* [Zahl der Wunden] *wondi(n) / wunde(n) / wundi(n),* bzw. [...] *ist / sint* bzw. *sie / sey / seint / were / weren in die ochte / acht getan / geton / gethon uf den hals / halz* bzw. *uf die hant* bzw. *uf das recht,*

Abb. 22. Fortsetzung

Opfer / *Facta victimae* (vgl. 4.3.6)	*den her getan hat an Langin* [mögliche Anspielung auf das Äußere] *Nyclos Temmeschins von Kraschwicz* [Herkunft] bzw. *deme kannyngisir* [Beruf] oder *des aldin schultissen son fon der Kraschwicz* [Verwandtschaftsbeziehungen] *Silber Nickel gnanth* [Spitzname]
Tatumstände / *Circumstantiae criminis* (vgl. 4.3.5, 4.3.7)	*mit einen messer / mit einen swerte / mit eynen pfeyle / mit eynem armbrust* [Tatwaffe] *geslagen / dirslagin / geschossin hatte in das hewpt / in die achsel* [verwundeter Körperteil] *bey obund* [Zeitpunkt, zu dem es zur Straftat kam] bzw. *unnd mit einen messer / mit einen swerte / mit eynen pfeyle / mit eynem armbrust Lorecz Kopatschcz als volleister* [im Fall der Beteiligung an einer Straftat]
Tatort / *Locus delicti* (vgl. 4.3.8)	*of dem markte, in deme pfarrehowfe, in syne hawse, in deme dorfe Ludwigisdorf, in der Fleischergassen, in dy stat an den Ring vor das rothawse, uf eyner freyen strossin, vor dem Stregentor, uf Sant Niclos kirchof.*
Datumsangabe / *Datum* (vgl. 4.3.2)	*Gesche(e)n an der methewuche nach senti Petri und Pauli tage der helgin czwelffbotin.*

Außerdem machen sich auch einige wenige Proskriptionsvermerke bemerkbar, die keineswegs an das oben dargebotene Schema angepasst werden können. Zwar enthalten sie die oben besprochenen Grundinformationen, die für einen Proskriptionseintrag konstitutiv und obligatorisch sind, aber ihre Reihenfolge wird an den einzelnen Stellen gestört und entspricht der Informationssequenz des theoretischen Konstrukts nicht. Dies bezeugt nur die frühere Feststellung, dass das hypothetische Gerüst eines Proskriptionseintrags im Achtbuch als Bezugspunkt für die normabweichenden Realisierungen betrachtet werden darf (vgl. 2.2) z. B.

– [Datumsangabe] + [Straftäter] + [Opfer] + [Tatbeschreibung] + [Proskription] + [...]

   (22.08.1455): *Anno ut supra Tristram Naschwicz hat Michel Puschs hant abgeha-wen, Fridrich Naschwicz hat demselben Michelen Puschs drey wunden gehawen, czwo wunden in das hawpt und eine wunde in die achsel, dorummbe sein sie vorecht worden nach der statrecht [...];*

– [Datumsangabe] + [Straftäter] + [Proskription] + [Tatbeschreibung] + [Opfer] + [Tatbeschreibung]

   (18.01.1460): *Actum feria sexta ante Fabiani et Sebastiani martyrium anno etc. LX, Cleynhannos von Arnsdorf ist vorecht worden, erst das her rechtfluch-tig wurden ist und das her Caspar Reichels vom Schonborn vor dem*

Stregentor gewegelogt, den mit eym armbrost dorchossen und vom leben
zum tode brocht hot;

– [Straftäter] + [Proskription] + [Opfer] + [Tatbeschreibung] + [Zeugen ≈ Antragsteller] + [Datumsangabe]

(30.09.1479):   *Baltazar Brisnicz schaffer von Swencknfelt ist in die ocht komen nach*
ordenunge des rechten ummb, das her Jocob Konige von Kleczke IIII wun
den in das houpt geslagen hat, dovon er tot verleben ist. In haben besehn
die ersamen Hans Zachnkirche und Hans vom Berge, feria quinta post
Stanislai exaltationis signatum.

4.4 Zur anhand der Proskription aus Schweidnitz aufgebauten Textwelt

Eingangs muss angenommen werden, dass die Proskription als logisch und juristisch geordnete Information anzusehen ist, deren Funktion die Vermittlung einer
früheren Entscheidung des Schöffengerichts bzw. des Stadtrates ist: Darin wird
nämlich verkündet, dass jemand wegen einer konkreten Straftat aus der Stadtgemeinschaft exkludiert wird. Somit ist hier eine Transposition eines sozialen
Handelns in ein sprachliches Handeln spürbar, wobei aber hier keine reziproke Beziehung festgestellt werden darf: Die Proskription ist nämlich nur die
Bekanntgabe einer vorher getroffenen Entscheidung, die von den Mitgliedern der
Stadtgesellschaft zur Kenntnis genommen werden soll.

Die im obigen Kapitel durchgeführte makrostrukturelle Analyse bewies, dass
der Text keinesfalls all seine Bestandelemente enthalten muss, um weiter als Text
einer konkreten Textsorte (hier: Proskription) angesehen werden zu dürfen. Es
wurde bereits darauf hingewiesen und mit den entsprechenden Exemplifikationen belegt, dass es auch solche Texte geben kann, die vom hypothetischen idealen
Textgerüst abweichen konnten (können), weil manche Textelemente darin fehlen
dürfen. Diese fehlenden Textpassus lassen sich wiederum als optionale Elemente
betrachten, mit denen das obligatorische Minimum bereichert werden konnte
(kann). Somit wird an die Idee von BEAUGRANDE/DRESSLER (1981: 13, vgl. auch
2.2.2, 3.1) angeknüpft, für die sich der Text als kommunikative Okkurrenz und
Operation darstellt, deren Morpheme und Sätze als Einheiten und Muster die
Bedeutungen und Absichten während des Kommunikationsprozesses zum Vorschein bringen (BEAUGRANDE/DRESSLER 1981: 34).

Bei der sowohl mündlichen als auch schriftlichen Realisierung der Kommunikation mittels eines Proskriptionstextes kommt es also zur aktiven Verarbeitung – d. h. zur inhaltlichen Erschließung – des gehörten oder gelesenen Textes,
aufgrund wessen es zur Kreierung einer Textwelt kommt, die im Bewusstsein
der den Text rezipierenden Kommunikationspartner mit der realen Welt – d. h.
mit der von einer Gesellschaft oder sozialen Gruppe als gültig angesehenen Auffassung der menschlichen Lage (BEAUGRANDE/DRESSLER 1981: 88) – ganz und gar

nicht konvergent sein muss. Dies konveniert mit der Definition der Textwelt von LEWANDOWSKI (1990: 1181), der darunter die „[...] Sinnkontinuität eines Textes [versteht], die durch die rezipierende Aktivität des Hörers/Lesers rekonstruiert oder (individuell) neu konstruiert wird". Der die Proskription hörende Hörer bzw. der den Proskriptionsvermerk im Achtbuch lesende Leser baut sich anhand der empfangenen Textelemente eine Textwelt auf, in der die dargestellten Tatsachen subjektiv (abermals) konstruiert werden. Die (Re)Konstruktion erfolgt wiederum unter Anwendung der einschlägigen, von BEAUGRANDE/DRESSLER (1981: 3–14) unterschiedenen text-, produzenten- oder rezipientenzentrierten Kriterien der Textualität: Kohäsion, Kohärenz, Intentionalität, Akzeptabilität, Informativität, Situationalität und Intertextualität. Diese Kriterien können wiederum mit sieben Filtern gleichgesetzt werden, durch die sich ein und dieselbe Erscheinung (bzw. ein und dasselbe Phänomen) beobachten lässt.

4.4.1 Kohäsion

Nach Auffassung von BEAUGRANDE/DRESSLER (1981: 3–4, auch bei SCHWARZ-FRIESEL/CONSTEN 2014: 74) ist die textzentrierte Kohäsion als Merkmal der Oberflächenstruktur des Textes zu verstehen, deren satzgrenzenüberschreitende Verweis- und Verbindungselemente durch ihre lexikalisch-grammatischen und formalen Verknüpfungen voneinander abhängig sind. Zugleich sei zu betonen, dass die kohäsiven Verhältnisse eines Textes als Basis ihrer semantischen Kohärenz (vgl. 4.4.2) und dadurch als Grundlage ihrer richtigen und sinnvollen Interpretation angesehen werden (BUSSMANN 1990: 389).

Damit die texthafte Satzfolge durch ihren textgrammatischen Sinn gekennzeichnet sein kann, müssen die nachstehenden Wiederaufnahme- und Verbindungsmittel gebraucht werden, die die kohäsiven Interdependenzen zwischen den Textelementen erzeugen (HALLIDAY/HASAN 1976: 33; BEAUGRANDE/DRESSLER 1981: 51–52; BUSSMANN 1990: 612, 640, 780; SCHWARZ-FRIESEL/CONSTEN 2014: 76–77):

– Rekurrenz, bei der es sich um die einfache Wiederholung derselben sprachlichen Elemente bzw. Formen handelt;
– teilweise Rekurrenz, die in der partiellen Wiederholung derselben sprachlichen Elemente bzw. Formen mit dem gleichzeitigen Wortkategorienwechsel besteht;
– Parallelismus, der durch die Wiederholung der Strukturen mit der gleichzeitigen Einfügung neuer Elemente zum Vorschein kommt;
– Paraphrase, in der der Wiedergebrauch des Inhalts mithilfe neuer Ausdrücke erfolgt;
– Pro-Formen (Endophora), die die bedeutungstragenden Elemente durch die semantisch leeren Platzhalter ersetzen sowie die nicht-pronominalen Formen der Wiederaufnahme (Textphorik);

– Ellipse, deren Wesen in der Wiederholung der Strukturen bzw. des Inhalts mit der gleichzeitigen Tilgung einiger Elemente der Oberflächenstruktur liegt;
– Konnektoren bzw. Junktoren als Sammelbegriff für alle textkonstituierenden Mittel der Konnexion (Verbindung, Verknüpfung und Verflechtung), mit denen die Textstellen miteinander verkoppelt werden, und die zusammen mit dem Tempus und Aspekt sowie mit der Deixis und Thema-Rhema-Gliederung die diversen Relationen zwischen den Geschehnissen und Situationen der Textwelt zum Ausdruck bringen;

Die textlinguistisch geprägte Analyse der Proskriptionseintragungen im Schweidnitzer Achtbuch wies eindeutig nach, dass sie jeweils als kohäsive, texthafte Satzfolgen mit der für sie klar vorgesehenen kommunikativen Aufgabe anzusehen sind.

Bei den Texten mit den Überschriften (vgl. 4.3.1) lässt sich ein globaler Zusammenhang zwischen diesen Überschriften und den darauffolgenden Texten feststellen, unter dem hier die kausale Beziehung verstanden wird. Sie rührt von der Tatsache her, dass der *Inscriptio* ein Text folgt, der mit der darüber stehenden Überschrift zusammenhängt. In diesem fakultativen Teil des Achtbuchvermerks sind wiederum die personenbezogenen Daten entweder der proskribierten bzw. der durch die Straftat unmittelbar beeinträchtigten Personen oder der die Klage anstrengenden Menschen anzutreffen, die im weiteren Teil des Proskriptionstextes erneut wiederholt werden, z. B.[200]

(23.05.1381)

Ticz Schindil de Beugindorf

An deme dornstage fur der Cruce wuche ist geeicht T i c z e   S c h i n d i l um eyne wunde, die her getan hat an Hannus Sachsin burgir czu Friburg, uf die hant.

(30.08.1408)

Jocop Weidener von Hannos Cormer

Gescheen ist am freitage vor Judica, das komen ist Hannos Spannynkrebis unser stadfo-git und bekante, das J o c o p   W e i d e n e r geecht sey umb eyn mort, den her an H a n n o s C r o m e r begangen hat, uf das recht, das recht ist [...].

(01.12.1413)

Jekel Czeiner

Geschen am freitage noch Andree, das do qwomen vor uns Hannos Poschkow unser lant-foit und der schultis und schepfen von Czeschen und haben bekant, das J e k e l   C z e y-n e r von Czeschen in die ochte geton were ummb eine wunde, die er an Petsche Grohen geton hette, of das recht als recht ist.

---

200 In allen Beispielen erweiterter Zeichenabstand von P.A.O.

Als satzinterne Konnektoren erscheinen die auf die früheren Textstellen – also in anaphorischer Funktion – verweisenden Relativpronomina, deren Funktion in der Verbindung zweier Sätze besteht. Mit den dadurch angeschlossenen Sätzen werden die neuen Informationen eingeführt, d. h. die Informationen zur Tatbeschreibung sowie die Informationen über die Opfer, die durch die im vorherigen Satz erwähnte Straftat unmittelbar beeinträchtigt wurden. Diese Relativsätze sind einerseits fakultativ, weil sie weggelassen werden dürfen, andererseits sind sie notwendig, denn sie liefern die nötigen Informationen zum genaueren Bild des ganzen Ereignisses nach (*Facta victimae*). In Anlehnung an Błachut (2018: 97) lässt sich diesen Attributsätzen die textgrammatische Funktion zuschreiben, z. B.

(06.11.1381):   *Quarte feria ante Martin der lantfoit und der schultisse und die schepphin czu Protschkinhayn sint fur uns komen und habin bekant, daz Nycz Greber sie geeicht um eynen totslak, den her getan hat an Jeschkin Temmeschins diner fon Lazan […] und Nycklos sin brudir ist geeichit ume eyne fulleist an deme selbin toslag […];*

(01.01.1382):   *An deme tage der Besnydunge unsirs Herren ist geeicht Petir Mul um eyne wunde, die her getan hat an Mertin fon Friburg […];*

(08.06.1383):   *An deme mantage fur Barnabe tage des helgin ist Hownold geeicht um eyne wunde, die her getan hat an Mathis deme kannyngisir […];*

(08.01.1388):   *An der mitwuche nach Epyphaniae domini sint fur uns komen der lantfoit und der schultisse mit den schepphin fon Ludewigirdorf und habin bekant, daz Bogisch Smelewicz, Mathern sin knecht und Hannus Geringer und Nyclos Burgbergir sint geeicht um frevil und gewalt, die sie begangin habin in deme dorfe Ludwigisdorf, uf daz recht, daz do recht ist;*

(10.08.1394):   *An demselbin tage sint fur uns komen die scheppfen und unsir statrichter und haben bekant, daz Völkil Sichilsleiffer geecht ist ummb eynen totslag, den er begangin hat an Hannos Bufinheupt son Hannos […];*

(28.02.1405):   *Gescheen ist am sonnabund noch kathedra Petri, das komen ist unser lantfoit und statfoit mit den scheppfen und haben bekant, das Olbrecht Birkener geecht sey umb eynen totslag, den her an Hannos Hartung teppher begangen hat […];*

(04.08.1417):   *Geschen ist an der metewochin noch Petri ad vincula, das vor uns quam Johannes Spannenkrebis unser stadvoyt unnd bekante, das Oler kurssener in die ochte getan were ummb eine lemde und ummb eine blutronst, die her an Heinczen Behem von Nurenburge an dem kurssenerknechte getan hat;*

(13.10.1447):   *Geschen am freitage vor Hedwigis anno domini etc. XLseptimo, das Jacob eyn schenke vorecht ist wurden von eyns mordis wegen, den Jacob der schenke an Nickil Seydil einen becker hat begangen;*

(27.10.1384):   *An deme dornstage an sente Symonis und Jude obinde sint fur uns komen der lantfoit und der schultis mit den schepphin fon Heynrichow und habin bekant, daz Heyne Nitins ist geeicht […] um eynen totslag, den her getan hat an Nyclos Sonynberg, und Nycklos sinen son […];*

| (17.01.1453): | *Anno ut supra Niclas Ranke, Barthus Ranke von Croschwicz haben in die ochte lossen schr[eiben] Mertin Ledirhosse, der en iren liben son und brudir dirmart hat, genant Hannus Ranken, [...];* |
| (14.09.1475): | *In judicio post Exaltaconis Sncte Crucis anno etc. LXXV Cristof Fritze ist geecht umb freffil und gewalt, die er Hanns Crawsen uf Sant Niclos kirchof begonnen hat.* |

Rückverweisend (anaphorisch) wird der vorerwähnte Inhalt des Proskriptionseintrags auch mittels der Personalpronomina *er* (*her*) bzw. *sie* aufgegriffen, indem sie auf den bzw. auf die mit der Acht belegten, im vorherigen Satz mit dem Vor- und Nachnamen genannten Straftäter verweisen, z. B.

(06.11.1381):	*Quarte feria ante Martin der lantfoit und der schultisse und die schepphin czu Protschkinhayn sint fur uns komen und habin bekant, daz Nycz Greber sie geeicht um eynen totslak, den her getan hat an Jeschkin Temmeschins diner fon Lazan [...] und Nycklos sin brudir ist geeichit ume eyne fulleist an deme selbin toslag [...];*
(08.06.1383):	*An deme mantage fur Barnabe tage des helgin ist Hownold geeichit um eyne wunde, die her getan hat an Mathis deme kannyngisir [...];*
(20.04.1387):	*An dem selbin tage ist Cuncze Puttirkloes geeichit um czwu wundin, die her getan hat an eyme Koetirler knechte;*
(08.11.1387):	*An deme frietage fur Martin [...] ist geeichit Ny[clos] Bretsnyder um eynen totslag, den er getan hat an de[me] Messirsmede;*
(28.02.1405):	*Gescheen ist am sonnabund noch kathedra Petri, das komen ist unser lantfoit und statfoit mit den scheppfen und haben bekant, das Olbrecht Birkener geecht sey umb eynen totslag, den her an Hannos Hartung teppher begangen hat [...];*
(05.05.1410):	*Gescheen ist am montage noch Walpurgis, das do qwomen Hanke Poschkow unser lantfogit und Spannenkrebis unser stadfogit und bekanten, das Hannos Bader und sein bruder, und Hannos Wassercziher als ummbvolleist in die ochte geton weren ummb einen totslag, den sie an Hawltsch badern in der Fleischergassen hatten begangen;*
(04.08.1417):	*Geschen ist an der metewochin noch Petri ad vincula, das vor uns quam Johannes Spannenkrebis unser stadvoyt unnd bekante, das Oler kurssener in die ochte getan were ummb eine lemde und ummb eine blutronst, die her an Heinczen Behem von Nurenburge an dem kurssenerknechte getan hat;*
(07.12.1484):	*Der Lange Symon vom Schonborne ist geecht von des morths wegen, den her an Iurge Kromeln Silber Nickel gnanth begangen hot [...].*

Stellenweise lässt sich auch die partielle Rekurrenz antreffen, die mit dem Possessivum zum Ausdruck gebracht wird:

| (17.01.1453): | *Anno ut supra Niclas Ranke, Barthus Ranke von Croschwicz haben die ochte lossen schr[eiben] Mertin Ledirhosse, der en iren liben son und* |

> *brudir dirmart hat, genant Hannus Ranken, actum feria quarta in die Anthonii, die ochte ist vorleget.*

In Anlehnung an WEINREICH (1993: 410) lässt sich auch der unbestimmte Artikel als auf die folgende Information innerhalb der Äußerungskette vorausweisendes Element interpretieren, mit dem indiziert wird, dass der Textrezipient eine Präzisierung des betreffenden Substantivs in der ihm noch unbekannten Neuinformation zu suchen hat, z. B.

(01.06.1386): *An deme frietage nach Urbani ist geeichit Ny[clos] Ynkirlin um eynen totslag, den her getan hat an deme koeche in deme pfarrehowfe und um die fulleist Ny[clos] Wysse;*

(10.08.1394): *An demselbin tage sint fur uns komen die scheppfen und unsir statrichter und haben bekant, daz Völkil Sichilsleiffer geecht ist ummb eynen totslag, den er begangin hat an Hannos Bufinheupt son Hannos [...];*

(21.10.1441): *Geschen am freitage an der heiligin Tawsent Juncfrawen tage, das geecht ist Zucissen Hannus alias Lange Hannus eyne freiheit umb eyne wunde, die her Hannus Andris von Pulczen mit eynem spiesse geslagen hatte;*

(01.03.1447): *Geschen am freitage vor dem suntage Oculi in der vasten, das Johannes Senstelelebin unser statfoyt vor uns bekant hat, das Curcze Michel selbschuldiger mit einen messer, Curcze Mathis mit einen swerte und Lorecz Kopatschcz mit eine messer als volleister, alle drey von Gródis, ummb eine wunde, dy sy getan habin in statrechte an Hannus Weynman vom Jocobsdorf, in dy achte geton sein uf das recht als recht ist;*

(03.10.1449): *Geschen am vreitage vor Francisci anno ut supra, Pawl Czedlitcz ist vorecht worden umb eyn mord, den her frevillichen bey nachte an Tanhewsern begangen hot.*

Anhand der obigen Belege sieht man, dass der unbestimmte Artikel *eynen / eine / eyne* usw. auf den Inhalt des mit dem Relativpronomen eingeleiteten Satz kataphorisch verweist. Im Relativsatz wird nämlich die Information über die im vorangehenden Satz erwähnte Straftat konkretisiert, indem die Tatbeschreibung sowie die Informationen zum Opfer der Straftat, zur Tatwaffe und zum Tatort hinzugefügt werden.

Nicht allzu häufig aber schon mal vorkommend ist auch das situationsdeiktische Pronominaladverb *hier* in seiner kataphorischen Funktion anzutreffen (vgl. 4.4.6). Als Beispiel dafür kann der Beleg aus der Proskription vom 01.06.1437 angeführt werden, wo es in der Position vor dem Stadtnamen *Schweidnitz* das nachstehende Element vorausweist:

(01.06.1437): *Geschen des sunabende noch des Hiligen Leichnams tage, das Johannes Senstelebin unser statfoyt vor uns bekant hat, das Hannus Beheme ein wollenweber von Lemberg mit einen messer eine wunde geslagen hat Pavel Domisse einen webir hie zur Sweidnicz, die gerotin ist zu einer lemde, und ist dorummb in dy ochte geton uf das recht als recht ist.*

Vor den mit *dass* oder *wie* eingeleiteten Ergänzungssätzen ist wieder das Pronomen *es* rekonstruierbar, das das Vorkommen des nachfolgenden *dass/wie*-Satzes
begründet. Im Fall des zusammengesetzten Satzes mit diesem rekonstruierten
Element hätte man es mit der kataphorischen Verweisform zu tun:

– *dass*-Satz:

(01.05.1382): *An deme dornstage Philippi und Jacobi sint fur uns komen der schultis
und schepphin fon Aldinburg mit deme lantfoit und habin [es] bekant,
das Mathis Czeise ist geeichit [...];*

(07.03.1387): *An deme dornstage fur Oculi sint fur uns komen der lantfoit und der
schultisse mit den schepphin fon Weyssinrode und habin [es] bekant, daz
Hannus Molner sie geeichit [...];*

(24.01.1390): *An deme mantage fur conversionis sancti Pauli sint fur uns komen die
schepphin und unsir richtir unsir stat und habin [es] bekant, daz Thomas
Zeiler ist geeichit [...];*

(30.01.1417): *Geschen ist am sonnobunde fur Purificationis Marie, das do quam
Johannes Spannenkrebis unser statfogt unnd bekante [es] fur uns, das
Wenczlaw Grot ein schuknecht [...] in die ochte getan ist [...];*

(04.09.1427): *Geschen ist am donrstage noch Egidii anno XXVII, das unser lantfoit
[es] bekante, das Mathis Mtczher von Weissenrode [...] in die ochte getan
were [...];*

– *wie*-Satz:

(04.04.1411): *Geschen am sonnobund noch Judica, das qwomen der schultis, die schepphen von Wernersdorf und Hanke Poschke unser lantfogit und haben
[es] bekant, wie sie Mathis Pawils son von Wernersdorf in die ochte geton
haben umb vier wunden ader mer, die her an Peter Altman auch von
Wernersdorf hatte begangen, of das recht als recht ist;*

(21.10.1421): *Gescheen ist am dinstage Undecim Milia Virginum, das Johannes der
lantfoyt [es] vor uns bekante, wy das Close Heze und Andris Heze gebrudir vom Newdorf in die ochte getan weren ummb eine wunde und fulleist,
die sie an Jorge Poklisch getan und begangen hetten, uf das recht also
recht ist;*

(27.04.1422): *Item an demselbin tage hot auch der foyt [es] bekant, wy das Crehan
ummb II wunden in die ochte getan weren von Mertin Wolkmans wegen
uf das recht also recht ist;*

(28.04.1422): *Geschen ist am dinstage noch Georgii, das Johannes Senftelebin unser
stadfoyt auch fur uns [es] bekant hat, wy das Jacob Heugil [...] in die
ochte getan were [...];*

(04.09.1424): *Geschen ist an demselbin tage, am montage vor Nativitatis Marie, das
Johannes Semftelebin unser statfoyt vor uns [es] bekant hat, wie das
Niclas Konig der topper Ludwig gnant ummb eynen mort an eyme toten*

> *Lorencz Birkener gnant, und Niclas Fullsseckil ummb I wunde und fulleist an demselbin toten, namlichin beidirseit in die ochte getan weren uf das recht, alz recht ist.*

Häufig ist auch das Demonstrativpronomen *derselbe* in seinen diversen Formen anzutreffen, das sich als textimmanentes Synonym des in einer früheren Proskriptionseintragung angegebenen Datums oder der im vorangehenden Proskriptionsvermerk bzw. früher in demselben Achteintrag angegebenen personenbezogenen Daten des Opfers zu interpretieren. Stellenweise ist außer dem synonymischen Gebrauch des Demonstrativpronomens die zusätzliche, optionale Wiederholung der entsprechenden Textstellen möglich (vgl. auch 4.4.7), z. B.

- textimmanentes Synonym der innerhalb einer Proskription genannten Personalien des Opfers:

(06.02.1416):   *Gescheen ist am donrstage fur Appolonie, das do quomen der schaultis von Marcusdorf Mathis und die scheppin doselbist [...] unnd habin doselbist fur uns bekant, das obir die hirnoch geschrebin Lorencz Goler fon Floriansdorf selbsculdiger und obir Mat[his] und Andris Goler us dem Polenwinkil sie irgangin sint und in die ochte getan von des wegin Krems ein or abegehawen, und demselbin Krems und Schubert V wunden geslagen;*

(09.12.1421):   *Gescheen ist am dinstage noch Nicolai, das Johannes Senftelebin unser statfoit vor uns bekant hat, wy Hannus Wenczil ummb einen mort und ummb I wunde an dem toten Hannus Grund gnant, und Hannus Satteler, Paul Ronebawm, N[icklas] Jordan und Bawmhewer ummb fulleist und ummb wunden an demselbin toten alle in die ochte getan weren uf das recht also recht ist;*

(22.08.1455):   *Anno ut supra Tristram Naschwicz hat Michel Puschs hant abgehawen, Fridrich Naschwicz hat demselben Michelen Puschs drey wunden gehawen, czwo wunden in das hawpt und eine wunde in die achsel, dorummbe sein sie vorecht worden nach der statrecht [...];*

- textimmanentes Synonym der im vorangehenden Proskriptionseintrag genannten Personalien des Opfers:

(1422):   1) *Geschen ist fur II jaren, das Petir Breitenhain in die ichte getan ist ummb ein mort an eyme toten Kaldoffin gnant uf das recht, alz recht ist;*

          2) *Niclas Breitenhain ist geecht ummb III wunden, alz ein fulleister an demselbin totin uf das recht, alz recht ist;*

Eine ähnliche Möglichkeit der Rekurrenz ist im Fall von *obgenantin* beobachtbar, das auf die Personalien des Opfers im vorangehenden Achtvermerk verweist (vgl. auch 4.4.7), z. B.

(23.06.1389):

Ny[clos] Leer

*An der mitwuche an senti Johannis obund ist geeichit Ny[clos] Loer [!] um eynen tots-
lag, um eyne wunde und um eyn toer ufstoson, und um eyne frevil und gewald, den her
begangin hat an Mertin Raschke, uf daz rechte, daz dorum recht ist;*

Ny[clos] Leer desselbin fatir

*An deme selbin tage ist geeichit Ny[clos] Loes [!] des obgenantin Nycklos vatir um eyne
wunde und um eyn toer ufstosen, um frevil und gewald, den her getan hat an deme
obgenantin Mertin, uf daz recht, daz do recht ist;*

Hannus Knowrich

*An deme selbin tage ist geeichit Hannus Knowrich um eyn wunde und um 1 toer ufsto-
sen, um frevil und gewald, den her getan hat an deme obgenantin Mertin, uf daz recht,
daz do recht ist;*

Heinrich Kuschburg <decolatus est>

*An deme selbin tage ist geeichit Heinrich Kuschburg um eyne wunde, frevil und gewald
und toer ufstosen, den her getan hat an deme obgenantin Mertin, uf daz recht, daz do
recht ist;*

Tyme Dornheyn

*An deme selbin tage ist geeichit Tyme Dornheym um eyne wude, 1 toer ufstosen, frevil
und gewald, den her getan hat an deme obgenantin Mertin, uf daz recht, daz do recht;*

Ny[colaus] Czymmerman

*An deme selbin tage ist geecht Nicolae Czimmerman ummb eyne volleist an dem totslage
und um toer ufstossen und um frevil und gewald, den her an deme obgenantin Mertin
begangin hat, uf daz recht, daz do recht ist;*

Seyfred lantvoget

*An deme selbin tage ist geecht Seyfred der lantvoget ummb eyne volleist an dem totslag
und ummb tore ufstossen, und ummb frevil und gewald, die er an dem obgenantin Mertin begangen hat, uf daz recht, daz do recht ist;*

– textimmanentes Synonym des im vorangehenden Proskriptionseintrag
  genannten Datums:

(01.06.1386)

Ny[clos] Ynkirlin

*An deme frietage nach Urbani ist geeichit Ny[clos] Ynkirlin um eynen totslag, den her
getan hat an deme koeche in deme pfarrehowfe und um die fulleist Ny[clos] Wysse.*

Petir Hanczkestricker

An deme selbin tage ist geeichit Petir Hanczkestricker um eynen totslag, den her getan hat an Groeskewpf;

Ny[clos] *Weitslegir*

An deme selbin tage ist Ny[clos] *Weitslegir geeichit um eynen wunde, die her getan hat an Spilern;*

(04.09.1424)

Geschen ist am montage fur Nativitatis Marie, das Johannes Semftelebin unser statfoyt fur uns bekannt hat, das Niclas Konig der toppir Ludwig gnant und Niclas Flusseckil ummb IIII wunden in die ochte getan weren uf das recht als recht ist, die sie begangen hettin an Gebauwer dem toppir an an seiner husfrauwen, und an seiner mayt Katherine

Geschen ist an demselbin tage, am montage vor Nativitatis Marie, das Johannes Semftelebin unser statfoyt vor uns bekant hat, wie das Niclas Konig der topper Ludwig gnant ummb eynen mort an eyme toten Lorencz Birkener gnant, und Niclas Fullsseckil ummb I wunde und fulleist an demselbin toten, namlichin beidirseit in die ochte getan weren uf das recht, alz recht ist.

Aus dem textgrammatischen und dem textlinguistischen Blickwinkel wird durch die Wahl der Tempora und Modi das Folgende suggeriert:

– Perfekt bzw. Präteritum[201] funktionieren als Erzähltempora bzw. als erzählende Tempora aus der textlinguistischen Sicht, z. B.

(07.09.1380): *An deme frietage for der graen monche kirmessir ist Matis Gurteler geeichit um czwu wundin, die her getan hat Georio Nunrutener, und Nyckil sin brudir um drie wundin und eyme wegeloge, die her getan hat an deme selbin Georio [...];*

(30.01.1417): *Geschen ist am sonnobunde fur Purificationis Marie, das do quam Johannes Spannenkrebis unser statfogt unnd bekante fur uns, das Wenczlaw Grot ein schuknecht von eins todeslagis wein Hirsils son in die ochte getan ist [...];*

(31.07.1436): *Geschen am dinstage noch sant Jacobi tage des hiligen czwelfbotin, das Johannes Senstelebin unser statfoyt vor uns bekante, das Gabriel Drescher ein messirsmedsknecht ummb ein mort in dy ochte geton ist [...] den*

---

201 Im Bereich der fnhd. Syntax „[...] breiten sich periphrastische Formen weiter aus, und zwar zum einen durch die Entstehung des *werden*-Futurs, zum anderen durch die Expansion des Perfekts. Besonders in den oberdeutschen Dialekten im Süden Deutschlands sinkt der Anteil der Präteritalformen deutlich; [...]." (HARTMANN 2018: 109)

her geton hat an Nicklaus vom Sagan eyme messirsmede, dem her gedunt hat [...];

(20.05.1440): *Geschen am freytage vor Trinitatis ano domini etc. XL Frenczil Schone eyn wollenwebir ist geecht umb czwhu lemden, die her begangin hat an Hannos Heyten mit eynen messer;*

(17.01.1453): *Anno ut supra Niclas Ranke, Barthus Ranke von Croschwicz haben in die ochte lossen schr[eiben] Mertin Ledirhosse, der en iren liben son und brudir dirmart hat, genant Hannus Ranken, [...];*

– in manchen Proskriptionsvermerken wird der Konjunktiv angetroffen, dank dem darauf verwiesen wird, dass sich der Textemittent zu den Worten der anderen Menschen (vor allem die der Antragsteller) distanziert oder sie paraphrasiert (vgl. 4.4.5), z. B.

(20.05.1389): *Fur uns an deme dornstage fur Urbani sint komen der lantfoit und die schepphin und schultis fon Beugindorf und habin bekant, daz Hannus Wigangi sie geeichit [...];*

(16.09.1406): *Gescheen ist am dornstage vor Lamperti, das komen ist der schaulthes mit den scheppfen von Stephanshayn und Ditharth der lantfogit und haben bekant, das Petir Bawmgarthe geecht sey [...];*

(28.04.1422): *Geschen ist am dinstage noch Georgii, das Johannes Senftelebin unser stadfoyt auch fur uns bekant hat, wy das Jacob Heugil [...] in die ochte getan were [...].*

4.4.2 Kohärenz

Wie bereits festgestellt wurde, lassen sich die Schweidnitzer Proskriptionsvermerke den monologisch konstituierten Informationstexten mit der deskriptiven Themenentfaltung zuordnen (vgl. 4.2), worüber die in den Texten angetroffene dominante kommunikative Funktion I n f o r m i e r e n entscheidet (vgl. 4.4.5). Dabei darf man allerdings nicht verschweigen, dass die Einträge auch als Reflexe des sozialen, in Schrift festzuhaltenden Handelns zu betrachten sind. Dementsprechend entsteht die Frage danach, wozu diese Texte produziert wurden und wie sie im kanzelarischen Diskurs funktionierten. In erster Linie soll betont werden, dass die Proskriptionsvermerke entstanden, um die Stadtbuchleser über etwas zu informieren. Diese Funktion wurde ihnen zugeschrieben, nachdem sie im öffentlichen Raum vor dem Publikum der Stadtbewohner deklamiert und dann ins Amtsbuch eingetragen worden waren. Jene Situation der öffentlichen Bekanntgabe ihres Inhalts ändert aber nichts an ihrer Funktion, die ebenfalls auf das Informieren der Gemeinschaft über etwas gezielt ist. „In direkter Perspektive kann die informative Textfunktion indiziert werden durch explizit performative Formeln mit den Verben *informieren, mitteilen, melden, eröffnen, berichten, benachrichtigen, unterrichten* usw." (BRINKER 2010: 98) In den Proskriptionsvermerken aus Schweidnitz hat man es mit solchen prototypischen Verben nicht zu tun, d. h.

das Informationspotenzial wird direkt in den Inhalt jeder einzelnen Eintragung hineingeführt, wobei der thematisierte Sachverhalt immer als tatsächlich vom Textproduzenten dargestellt wird. Der Stadtschreiber als Textemittent beruft sich jedes Mal auf den Sicherheitsgrad gegenüber dem Proskriptionsinhalt. Sichtbar ist dies besonders deutlich im Fall der Proskriptionstexte, in denen die Information über den die Einschreibung der Proskriptionseintragung ins Achtbuch beantragenden Antragsteller vorgefunden wird. Die *Postulatores* meldeten dem Kanzlisten sowie den Schweidnitzer Ratsherren, dass diese oder jene Person vom Dorfgericht proskribiert wurde. Widerhall fand diese Tatsache dadurch, dass der Stadtschreiber jedes Mal aufschrieb, dass er samt den Ratsherren darüber informiert wurde: *jemand ist gekommen und hat (vor) uns bekannt, dass [...]* (vgl. 4.3.3, 4.4.6), z. B.

(23.05.1381): [...] *sint fur uns komen der lantfoit und der schultisse und die schepphin zu Kraschowicz und haben bekant, [...]*;

(10.08.1394): *An sand Lorenczen tage sind für uns komen die scheppfen und unsir statrichter und haben bekant, [...]*;

(12.08.1404): *Gescheen ist am dinstage noch Laurenti, das Ditherich der lantfoit mit dem schawltheis und den scheppfin zu Petirwicz bekant haben, [...]*;

(19.12.1424): *Geschen ist am dinstage noch Lucie, das Johannes Senftelebin unser statfogit vor uns bekante [...]*;

(04.09.1427): [...] *das unser lantfoit bekante, das [...]*.

Unzweideutig soll beurteilt werden, dass die Schweidnitzer Proskriptionsvermerke als kohärente Texte anzuerkennen sind, d. h. zwischen den Sätzen und den abstrakten Konzepten gibt es ein sinnvolles Verhältnis. Der sinnvolle inhaltliche Plot ist auch ohne (text)grammatische Verknüpfungen und Verbindungen einfach zu erschließen, u. a. *Acht, Totslag, Mord, Reroub, Deube, Frevel, Gewalt, Armbrust, Messer, Schwert, Spieß, Haupt, Arm, Bein, Ohr, Auge, Lähmde* (lat. *mutilatio* ‚Verstümmelung'), *abhauen, ermorden, schießen, erschlagen, vom Leben zum Tode bringen* (+ zwei oder mehrere Vor- und Nachnamen der Straftäter und der Opfer, die nicht selten durch die anderen Informationen ergänzt werden, vgl. auch 4.3.1– 4.3.9). Anhand der Bedeutung der beispielsweise oben angegebenen Lexeme lässt sich die Extension der in den Proskriptionseinträgen angeschnittenen Thematik bestimmen und verstehen. Die rückweisenden Personalpronomina und die Vor- und Nachnamen der Straftäter sind stets referenzidentisch, z. B.

(20.04.1387): *An dem selbin tage ist Cuncze Puttirkloes geeichit um czwu wundin, die her getan hat an eyme Koetirler knechte*;

(28.02.1405): *Gescheen ist am sonnabund noch kathedra Petri, das komen ist unser lantfoit und statfoit mit den scheppfen und haben bekant, das Olbrecht Birkener geecht sey umb eynen totslag, den her an Hannos Hartung teppher begangen hat [...]*;

(05.05.1410): *Gescheen ist am montage noch Walpurgis, das do qwomen Hanke Poschkow unser lantfogit und Spannenkrebis unser stadfogit und bekanten, das*

(04.08.1417):

Hannos Bader und sein bruder, und Hannos Wassercziher als ummbvol-
leist in die ochte geton weren ummb einen totslag, den sie an Hawltsch
badern in der Fleischergassen hatten begangen;
Geschen ist an der metewochin noch Petri ad vincula, das vor uns quam
Johannes Spannenkrebis unser stadvoyt unnd bekante, das Oler kurssener
in die ochte getan were ummb eine lemde und ummb eine blutronst, die her
an Heinczen Behem von Nurenburge an dem kurssenerknechte getan hat.

Im Fall der mit der Überschrift versehenen Texte (vgl. 4.3.1) ist es möglich, eine logische Beziehung zwischen der *Inscriptio* und den darauffolgenden Texten zu bemerken, weil der Überschrift ein Text folgt, der im Zusammenhang mit der darüber
stehenden Titel geschrieben steht. Dieser optionale Teil des Proskriptionsbuchein-
trags beinhaltet die Personalien entweder des / der Geächteten bzw. der Opfer oder
der die Klage anstrengenden Antragsteller, die in den weiteren Textbestandteilen
der Proskription noch einmal wiederholt werden (vgl. auch 4.4.1), z. B.[202]

(23.05.1381)

Ticz Schindil de Beugindorf

An deme dornstage fur der Cruce wuche ist geeicht Ticze Schindil um eyne wunde,
die her getan hat an Hannus Sachsin burgir czu Friburg, uf die hant.

(30.08.1408)

Jocop Weidener von Hannos Cormer

Gescheen ist am freitage vor Judica, das komen ist Hannos Spannynkrebis unser stad-
fogit und bekante, das Jocop Weidener geecht sey umb eyn mort, den her an Hannos
Cromer begangen hat, uf das recht, das recht ist [...].

(01.12.1413)

Jekel Czeiner

Geschen am freitage noch Andree, das do qwomen vor uns Hannos Poschkow unser lant-
foit und der schultis und schepfen von Czeschen und haben bekannt, das Jekel Czey-
ner von Czeschen in die ochte geton were ummb eine wunde, die er an Petsche Grohen
geton hette, of das recht als recht ist.

Wie es bereits oben angedeutet wurde, funktionieren vor allem das Perfekt[203]
oder seltener Präteritum als Erzähltempora bzw. erzählende Tempora, mittels

---

202 In allen Beispielen erweiterter Zeichenabstand von P.A.O.
203 Im Bereich der fnhd. Syntax „[...] breiten sich periphrastische Formen weiter aus,
     und zwar zum einen durch die Entstehung des *werden*-Futurs, zum anderen durch
     die Expansion des Perfekts. Besonders in den oberdeutschen Dialekten im Süden
     Deutschlands sinkt der Anteil der Präteritalformen deutlich; [...]." (HARTMANN
     2018: 109)

deren ebenfalls die Vorvergangenheit in der überwältigenden Mehrheit der Proskriptionseinträge ausgedrückt wird (vgl. 4.4.1). Sehr sporadisch werden aber auch Proskriptionsvermerke vorgefunden, in denen das vorvergangene Geschehen mittels des Plusquamperfekts zum Ausdruck gebracht wird. Es handelt sich hier um einen Sachverhalt, der vor einem anderen – auch vergangenen – Sachverhalt vonstatten ging (HELBIG/BUSCHA 2001: 136). Dies ist aber eher eine marginale Erscheinung, die nur einige wenige Achteintragungen betrifft. Die fehlende physische sprachliche Realisierung dieser Erscheinung lässt sich u. a. durch die Tatsache erklären, dass die festen Regeln der sogar heute nicht allzu populären *Consecutio temporum* erst von GOTTSCHED (1700–1766) in seiner *Grundlegung einer deutschen Sprachkunst* (1748) systematisch dargestellt wurden. Verwunderlich ist es also nicht, dass die Regeln der Zeitenfolge in der Vergangenheit keineswegs streng befolgt wurden (GUCHMANN/SEMENJUK 1981: 226; WILKE 2006: 73). Ein weiterer Versuch der Erläuterung der okkasionellen Präsenz dieser Erscheinung in den unten angeführten Belegen kann auch in der Tatsache der Hand des Schreibers liegen, die aber sowieso nicht konsequent handelte und das besprochene Zeitverhältnis in anderen umliegenden Vermerken nicht markierte, z. B.

(05.02.1410):   *Gescheen am Aschtage, das Hanke Poschke unser lantfogit, Me^eske der schultis von Bunczlawicz mit czween scheppfen doselbist bekanten, das Barutsch Smeth in die ochte geton wer von eines totslagis wegen, den her an Mathis Peterwicz begangen hatte, of das recht als recht ist;*

(05.05.1410):   *Gescheen ist am montage noch Walpurgis, das do qwomen Hanke Poschkow unser lantfogit und Spannenkrebis unser stadfogit und bekanten, das Hannos Bader und sein bruder, und Hannos Wassercziher als ummbvolleist in die ochte geton weren ummb einen totslag, den sie an Hawltsch badern in der Fleischergassen hatten begangen;*

(18.09.1410):   *Gescheen ist am dornstage der quatertemper Crucis, das do qwomen Hannos Poschke unser lantfogit und Michel schultis von Kapsdorf, Stanike, Hannos Weber, Hannos Droba und Sigmud Kusch scheppfen doselbist czu Kapsdorf und bekanten, das Merthin Kusch in die ochte geton were von eines totslages wegen, den her an Jacob Qwark geton und begangen hatte, of das recht als recht ist;*

(09.01.1411):   *Geschen ist am freitage noch der hilgen dreierkonige tage, das Johanes Spannenkrebis unser fogit qwam vor uns und bekante, das Stephan von Stulpen eyn sneider in die ochte geton wer ummb wegelon und kewlenslegen wunden in das hewpt, das her Hannos Lindener dem sneider bey obund of dem markte geton hatte, unvornachter sache, of das recht als recht ist;*

(04.04.1411):   *Geschen am sonnobund noch Judica, das qwomen der schultis, die schepphen von Wernersdorf und Hanke Poschke unser lantfogit und haben bekant, wie sie Mathis Pawils son von Wernersdorf in die ochte geton haben umb vier wunden ader mer, die her an Peter Altman auch von Wernersdorf hatte begangen, of das recht als recht ist;*

(18.02.1456):   *Anno etc. Lsexto feria quarta post Invocavit, Hannos Kinderman von der Wirisch selbschuldiger und Jorge Kinderman sein bruder [...] haben globet vor den obgenanten Hannos Kinderman vor einen rechten cristenlichen orfede als fon des gefengnisse wegin, dorummb her inne gesessen hot von der sammet jopen und cleider wegin, die her funden hatte, [...]* (nicht im Proskriptionseintrag vorgefunden).

Die einzelnen Texte sind als kohärent anzusehen, nachdem das Textwissen und das allgemeine Weltwissen unter Berücksichtigung der situativen Umstände aktiviert und verarbeitet worden sind. Das Thema jedes in einen gesellschaftlichen Kontext immanent eingebetteten Proskriptionstextes ist ein außersprachliches Phänomen oder vielleicht auch eine sprachexterne, sozial gewichtige Erscheinung, die als Folge eines ursprünglich sozialen und erst dann eines sprachlichen Handelns aufzufassen ist. Das Thema des Vermerks wird mit entsprechenden lexikalischen Mitteln immer explizit genannt: *Jemand wurde geächtet* bzw. *Jemand wurde in die Acht getan.*

Was die Thema-Rhema-Gliederung der längeren Proskriptionseintragungen anbelangt, so schließt ein jeweiliger Satz an den vorangehenden an, sodass sich eine einfache lineare thematische Progression beim Versuch der Zerlegung des gesamten Textes in dessen Teile zeigt: Das als neue Information innerhalb eines Satzes definierte Rhema (REIS 1977; METHESIUS 1979: 90–98) des einen Satzes wird zum mit der alten und bekannten Information zu assoziierenden Thema[204] (REIS 1977; METHESIUS 1979: 90–98) des nachstehenden Satzes, usw. So entwickeln sich das Thema und Rhema weiter im Text, z. B.

(22.08.1388):   *An deme sonbunde fur Bartholomei ist geeicht der Alde Wolf fon Beugindorf um czwu wundin, die her getan hat an Tomas des aldin schultissen son fon der Wystricz, uf daz recht, daz do recht ist. Auch ist geeicht an deme selbin tage der Junge Wolf fon Beugindorf um eyne wunde, die her getan hat an deme selbin Tomas, uf daz recht, daz do recht ist;*

(09.01.1411):   *Geschen ist am freitage noch der hilgen dreierkonige tage, das Johanes Spannenkrebis unser fogit qwam vor uns und bekante, das Stephan von Stulpen eyn sneider in die ochte geton wer ummb wegelon und kewlenslegen wunden in das hewpt, das her Hannos Lindener dem sneider bey obund of dem markte geton hatte, unvornachter sache, of das recht als recht ist;*

(31.07.1436):   *Geschen am dinstage noch sand Jacobi tage des hiligen czwelfbotin, das Johannes Senstelebin unser statfoyt vor uns bekante, das Gabriel Drescher ein messirsmedsknecht ummb ein mort in dy ochte geton ist uf das recht als recht ist, den her geton hat an Nicklaus vom Sagan eyme messirsmede, dem her gedunt hat [...];*

---

204 Das im Kontext der Thema-Rhema-Gliederung zu erörternde Thema wird nicht im Sinne von Textinhalt verstanden.

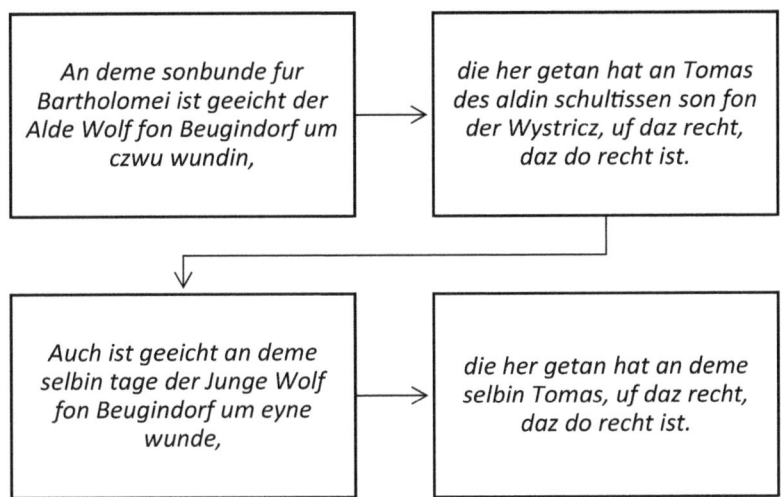

Abb. 23. Vorschlag der Thema-Rhema-Gliederung des Proskriptionstextes vom 22.08.1388 (erarbeitet von P.A.O.)

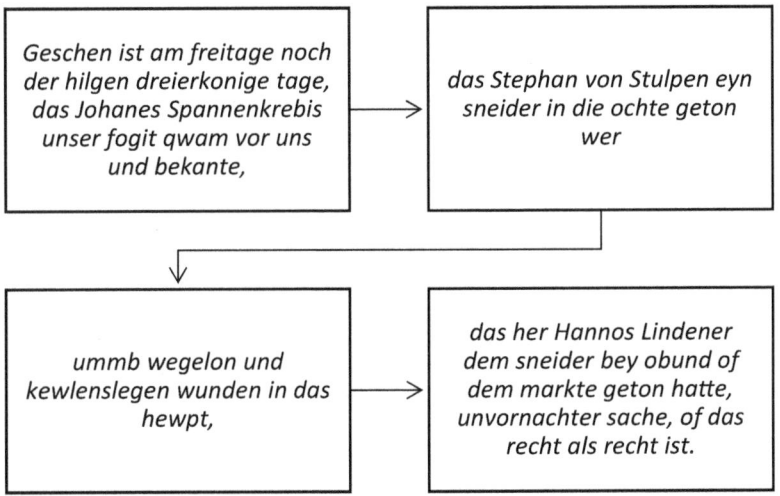

Abb. 24. Vorschlag der Thema-Rhema-Gliederung des Proskriptionstextes vom 09.01.1411 (erarbeitet von P.A.O.)

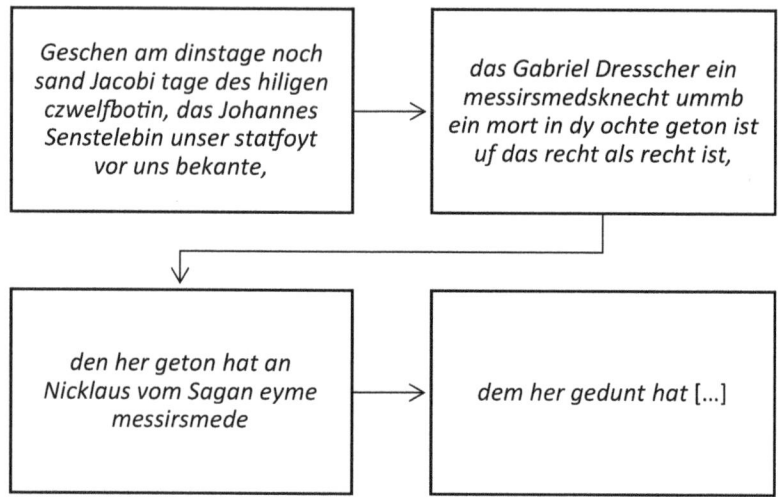

Abb. 25. Vorschlag der Thema-Rhema-Gliederung des Proskriptionstextes vom 31.07.1436 (erarbeitet von P.A.O.)

4.4.3 Intentionalität

Das produzentenzentrierte Textualitätskriterium der Intentionalität ist darauf zurückzuführen, dass der Textproduzent einen kohäsiven und kohärenten Text herstellen will, mittels dessen einem oder mehreren Rezipienten seine Absichten (= Intentionen), wie etwa Wissensverbreitung oder Erreichung eines konkreten Ziels, übermittelt werden können (BEAUGRANDE/DRESSLER 1981: 8–9; SCHWARZ-FRIESEL/CONSTEN 2014: 19). Somit ist die Intentionalität vor der Textproduktion zu verorten und verbindet sich gewissermaßen mit der Planung der Äußerung zwecks der Situationslenkung. Dabei ist jedoch zu bemerken, dass die Reflexe der Intentionalität auch während des Textproduktionsprozesses in Form der spontan eintretenden Korrekturen sichtbar und spürbar sind. „In einem weiteren Sinn des Wortes bezeichnet Intentionalität alle Mittel, die Textproduzenten verwenden, um ihre Intentionen im Text zu verfolgen und zu realisieren" (BEAUGRANDE/DRESSLER 1981: 122).

Bei den Schweidnitzer Proskriptionen lässt sich ihre Intentionalität vor allem im Informieren der Stadtbevölkerung über die Acht eines Straftäters wegen seiner Straftat feststellen. Vorzufinden ist sie eigentlich schon im Handeln der Stadtorgane, im Auftrag deren der Stadtbeamte die Proskription im öffentlichen Raum der Stadt bekannt machte (vgl. 3.1, 4.1, 4.2). Das Ziel des bereits erwähnten Stadtbeamten ist es, den Entschluss des Stadtrates oder die Entscheidung des Schöffengerichts an die Stadtbewohner weiterzugeben, damit sie sie in Kenntnis nehmen und dann in Anlehnung daran handeln konnten. Hier erkennt man jedoch ein indirektes Ziel des städtischen Beamten, der immer den früher gefassten Entschluss oder die vorher getroffene Entscheidung nur öffentlich bekannt gab. Somit lässt er sich lediglich als Vermittler ansehen, der dazu verpflichtet war, die Absicht der Stadtorgane oder des Gerichtes zu vergegenwärtigen und zu verwirklichen, weil das Ziel der Bekanntmachung der Proskription eines Straftäters schon in der Intention der städtischen Obrigkeit lag. Dies betrifft auch den die Proskription ins Achtbuch eintragenden Stadtschreiber, der ebenfalls im Auftrag der Stadtbehörden handelte, um den Inhalt der Proskription vor dem Vergessen zu bewahren. Das Ziel solch eines sprachlichen Handelns war also die schriftliche Fixierung eines früheren sprachlichen Handelns, das als spätere Transposition des vollzogenen, sozial relevanten Handelns in Form der Exklusion einer Person wegen ihrer Straftat zu interpretieren ist. Das weitere Ziel der Justiz in den nach dem Magdeburger Recht gegründeten Städten – also auch in Schweidnitz – war nicht nur den Angeklagten bzw. Verfolgten vor Gericht zu bringen, sondern auch die Aufmerksamkeit der lokalen Gesellschaft auf eine verdächtige, vielleicht etwas Seriöses oder Empörendes auf dem Gewissen habende Person zu lenken, die für die anderen Stadtbewohner potenziell gefährlich sein konnte (JANICKA 1992: 52; MODRZYŃSKI 2016: 74; JEZIORSKI 2017: 21, 2019: 9).

Schließlich besteht das nächste Ziel des Proskriptionstextes darin, dass die Gesellschaft indirekt und deren Stadtorgane ein bestimmtes Verhalten von den einzelnen Mitgliedern der Stadtgemeinschaft gegenüber einem mit der Acht belegten Verbrecher erwartete oder sogar verlangte (= Exklusion, Vertreibung, Ausschließung), worauf JEZIORSKI im unten angeführten Zitat verweist:

> Auf einen Bewohner einer spätmittelalterlichen Stadt konnte die Exklusion auf unterschiedlichen Ebenen zukommen. Er konnte aus seinem Haus von seiner Familie [...], [und] aus der Zunft oder aus der Gilde von seinen Vorgesetzten vertrieben werden. Er konnte auch von den öffentlichen Orten, deren Funktionieren entsprechende Statuten regelten, fortgeschafft werden, wenn er ihre Bestimmungen nicht beachtet hatte. Im Fall der Verletzung von Moral- oder Religionsgrundsätzen konnte er aus der Gemeinschaft der Gesinnungs- und Glaubensgenossen ausgeschlossen werden. Der Ausschluss aus dem Familien-, Nachbarn- und Wohngemeinschaftskreis oder aus der religiösen Bruderschaft sowie aus der Handwerkergenossenschaft war eine erhebliche Repression für den Menschen des Mittelalters. (JEZIORSKI 2017: 15, übersetzt von P.A.O.)

Bei der schriftlichen Fixierung des Proskriptionstextes im Achtbuch handelt es sich auch bestimmt um die Archivierung der Proskriptionsvermerke, wodurch das soziale Leben innerhalb der Stadtgrenzen irgendwie gesteuert und geregelt werden konnte. Hierbei sei aber vorzuhalten, dass in die Achtbücher letztlich nur diese Proskriptionen einzuschreiben waren, die zum Zeitpunkt der Anlegung oder des Gebrauchs des Buches weiter aktuell waren. Dank solch einem Schritt konnte das riesengroße Material der Proskriptionen auf eine gewisse Art und Weise kontrolliert werden, was zugleich dem sich in den spätmittelalterlichen

Stadtkanzleien geltend machenden Trend entsprach, nur die heutigsten und bedeutungsvollsten Sachen in die Stadtbücher einzutragen[205] (vgl. 2.4.3).

Mit Vorsicht könnte man auch vermuten, dass der oral bekanntgegebenen Proskription auch ein präventiver und abschreckender Charakter zugeschrieben werden kann, weil sie den der Proskriptionsformel zuhörenden Stadtbewohnern die eventuelle Begehung einer ähnlichen Straftat verleidet haben kann. Solch eine Dimension der Proskription ist wiederum im sich im Stadtbuch befindenden Achtvermerk vergeblich zu suchen, weil es anzunehmen sei, dass er kein allgemein zugänglicher Text war. Nicht belanglos ist auch der im Mittelalter eher häufig unter den Gesellschaftsmitgliedern angetroffene Analphabetismus, was konsequenterweise mutmaßen lässt, dass der im Amtsbuch (nieder)geschriebene Inhalt des Schriftstückes nur für einen engeren – oder sogar für einen engen – Kreis der potenziellen Textrezipienten zugänglich war.

4.4.4 Akzeptabilität

Neben den oben und unten besprochenen, text- und produzentenzentrierten Kriterien der Textualität bezieht sich die Akzeptabilität als einziges Merkmal auf den einen kohäsiven und kohärenten Text erwartenden Textempfänger, für den dieser Text von Nutzen und von Relevanz ist (BEAUGRANDE/DRESSLER 1981: 9). Somit verbindet sich die Akzeptabilität mit einer gewissen Erwartungshaltung des den Text hörenden oder lesenden Textrezipienten, der sich bei seiner Textrezeption auf alle übrigen Textualitätskriterien gefasst macht. „Ob diese Erwartung erfüllt wird und ob der Text Sinn für den Rezipienten macht, ist jedoch situationsabhängig" (SCHWARZ-FRIESEL/CONSTEN 2014: 19). Daraus geht hervor, dass gerade die Textrezipienten als kompetente Sprecher imstande sind, die gehörten bzw. gelesenen Texte als natürliche, verständliche und annehmbare kommunikative Okkurrenzen zu beurteilen, nachdem sie sich dazu bereit gezeigt haben, diese Texte zu verstehen. Für deren Verständnis ist daher auch notwendig, das eigene Wissen der Textempfänger in die Kommunikation einzuflechten und sich dadurch nicht nur an der Rekonstruktion der Kohärenz sondern auch teilweise an deren Herstellung zu beteiligen (BEAUGRANDE/DRESSLER 1981: 118–120). Hier handelt es sich also darum, dass die Kommunikation mittels der Texte in einem konkreten situativen Kontext nur dann erfolgreich zustande kommen kann, wenn die entsprechende Menge an Wissen der beiden Kommunikationspartner geteilt wird. Hierbei sei jedoch anzumerken, dass die Akzeptabilität sowohl unter dem grammatischen Aspekt (= Grammatikalität) als auch aus der pragmatischen Perspektive erörtert werden kann. In diesem Zusammenhang bemerkt aber POLAŃSKI (EJO 1999: 23–24), dass die Akzeptabilität eher der Pragmatik und der Performanz näher steht, weil sie nicht nur von dem Grad der Sprachbeherrschung der Sprecher abhängig ist, sondern auch von ihrem Wissen über die Welt.

---

205 Auch: RADTKE 1967: 34–35, 64–65; GRULKOWSKI 2015: 79.

Deswegen scheint die Akzeptabilität eher ein relativer Begriff zu sein, denn dieselben Äußerungen können nur für manche Sprachbenutzer annehmbar sein. Von den anderen können sie hingegen als inakzeptabel empfunden werden. Wie es bereits oben angedeutet wurde, ist die Akzeptabilität ein situationsbedingtes Kriterium, d. h. an ihrem Sinn verlieren die Texte ohne Verankerung in einer konkreten Situation, in der sie entstehen und funktionieren, oder auch solche, die in einen anderen situativen Kontext ungerechtfertigt übertragen werden. Als unannehmbare kommunikative Okkurrenzen dürfen auch solche Texte angesehen werden, die entweder ungrammatisch bzw. stilistisch ungelenk sind oder auch diejenigen, die die mit dem Wissen der Textrezipienten nicht übereinstimmenden Inhalte enthalten.

Was die Schweidnitzer Proskriptionstexte anbelangt, so erwarteten deren Rezipienten – sowohl die Hörer während der öffentlichen Proskriptionsbekanntmachung als auch die Proskriptionsbuchleser –, dass der Inhalt der kohäsiven und kohärenten Proskription (vgl. 4.4.1, 4.4.2) dem entsprach, was in ihrer Stadtgemeinschaft als verwerfliche Straftaten anerkannt wurde und ihre genau definierte Weltanschauung sowie ihr Weltbild (u. a. Moral, Wertesystem) nicht zugrunde richtete. Keine Rede konnte doch von einer Überraschung sein, wenn jemand dafür proskribiert wurde, dass er zuvor eine Straftat verübt hatte. Zur Verwunderung hätte es aber kommen können, wenn jemand mit der Acht belegt worden wäre, der kein Verbrechen begangen hätte. Dies hätte also im Widerspruch zum Wissen über die Proskription und deren Gründe gestanden.

Dasselbe betrifft die Einstufung des Delikts (*uf den hant* bzw. *uf den hals*), d. h. für dieselbe Straftat unterschiedlicher Straftäter war dieselbe Art der Proskription vorgesehen, was auch den Erwartungen und dem Wissen der Proskriptionsrezipienten entsprach, z. B.

(10.11.1384):   *Auch sint die obgenantin Judin geeichit uf die hant um vir wunde, die sie getan habin an Nytcze Beugil, idir uf die hant, [...];*

(08.11.1387):   *An deme frietage nach Michahelis ist geeicht Petir Girlach fon der Cirle um czwu wunden, die her getan Stewner und ist geeicht uf die hant;*

(02.02.1406):   *Gescheen ist am dinstage vor Dorothee, das komen ist Ditherich der lantfoit und hat bekant, das Grossniccil von Floreansdorf geecht sey umb czwu offene wunden, eyne blutrunst und umb drey uzgeworffene czene, daz her an Hannos Swarczin begangen hat, uf eyne hant und uf daz recht, das recht ist und Grosniccil sal richten, uzschreiben und inschreiben mittenander;*

(24.10.1381):   *An deme dornstage fur Symonis et Jude sint fur uns komen der lantfoit und der schultisse und die schepphin czu Kraschwicz und habin bekant, daz Nycze Jacobis fon deme besen Sifrifrdorf ist geeicht um eynen totslak, [...] uf den halz und um eynen reroub, [...];*

(03.01.1388):   *An deme frietage fur Epiphaniae domini ist geeichit Kaltwassir um eynen totslak, den her getan hat an Vielbretil, uf den halz;*

Darüber hinaus waren sowohl der Prozess des Proskribierens an sich als auch die Tatsache der Proskriptionseinschreibung ins Stadtbuch im Sachverstand und Erfahrungsvorrat der Proskriptionstextempfänger enthalten, die sich dessen bewusst waren, dass die Eintragung des Proskriptionsvermerks ins Achtbuch erst nach seiner öffentlichen Bekanntgabe in Form der Deklamation auf den Stadtstraßen erfolgte.

4.4.5 Informativität

Da jeder Text mehr oder weniger informativ ist, ist es auch nötig, das von Beaugrande/Dressler (1981: 10–11) unterschiedene Kriterium der Informativität anzuschneiden, bei der in erster Linie „[...] das Informationspotenzial eines jeden Textes [...]" (Schwarz-Friesel/Consten 2014: 19) in den Vordergrund gerückt wird. Zum Vorschein kommt es wiederum durch „[...] das Ausmaß der Erwartetheit bzw. Unerwartetheit oder Bekanntheit bzw. Unbekanntheit/Ungewißheit der dargebotenen Textelemente" (Beaugrande/Dressler 1981: 10–11).

Da die Proskriptionsvermerke im Schweidnitzer Achtbuch bereits als Informationstexte mit der deskriptiven Themenentfaltung klassifiziert werden (vgl. 4.2, 4.3), ist es nicht überraschend, dass ihre dominante kommunikative Funktion eben das Informieren ist. Dies kann sowohl bei der Deklamation der Proskription im öffentlichen Raum als auch im Fall der Einschreibung des Achteintrags ins Stadtbuch zwecks der dauerhaften Verwahrung und Übermittlung der darin enthaltenen Informationen wahrgenommen werden (vgl. 4.3.2).

Demnach soll in erster Linie die Frage beantwortet werden, warum der Proskriptionstext entsteht und wozu er dient. Der immer in der Proskriptionseintragung existente thematische Sachverhalt wird nämlich als tatsächlich und vollzogen von dem Textproduzenten – d. h. von dem die Proskription deklamierenden Stadtbeamten bzw. von dem Stadtschreiber – dargestellt, wobei das Bekannte (Tatsache des Proskribierens, Datum im Kontext des liturgischen Kirchenkalenders, Straftat, Antragsteller, Exklusion) mit dem Unbekannten (Art der Straftat, Person[alien] des Straftäters, Personalien des Opfers bzw. auch der Antragsteller, Tatbeschreibung und Tatumstände) in jedem Achtvermerk miteinander verkoppelt werden. Die Tatsächlichkeit und Vollzogenheit werden an jeder Stelle mittels des im Datum enthaltenen Verbs *geschehen* im Perfekt oder in der Partizipialkonstruktion zum Ausdruck sowie mithilfe des jedes Mal auf die Vergangenheit verweisenden Datums selbst gebracht (vgl. 4.3.2, 4.4.2), z. B.

(11.07.1404):   *Gescheen ist am freyttage vor Margarethe* [...];
(28.02.1405):   *Gescheen ist am sonnabund noch kathedra Petri* [...];
(02.02.1406):   *Gescheen ist am dinstage vor Dorothee* [...];
(09.01.1411):   *Geschen ist am freitage noch der hilgen dreierkonige tage,* [...];
(1422/1420):   *Geschen ist fur II jaren,* [...];
(23.06.1422):   *Geschen ist am dinstage fur Johannis anno XXII,* [...];
(29.01.1424):   *Geschen ist am dinstage noch Trium Regum anno XXIII,* [...].

(20.09.1426):   *Geschen ist am freitage vor Mathei apostoli anno domini etc. XXVI, [...];*
(1428):   *Anno etc. XXVIII gescheen ist, [...];*
(1428):   *Anno etc. gescheen ist, [...];*
(11.01.1431):   *Actum am donerstage nach Epiphaniae domini anno etc. XXXI, [...];*
(07.10.1435):   *[...] am freitage nach Francisci anno etc XXXV.*
(20.08.1446):   *[...] actum sabbato ante Mathei apostoli und ewangelistae etc.;*
(06.06.1452):   *Anno etc. LII feria III ante Corporis Cristi, [...];*
(21.12.1454):   *[...] actum sabbato in die Thome apostoli anno etc. LIIII.;*
(23.05.1455):   *Anno etc. Lquinto feria sexta ante Penthecostes, [...].*

In den anderen Proskriptionen wird diese Funktion durch die auf die Vergangenheit verweisenden Tempora: Perfekt oder seltener Präteritum von *kommen* und *bekennen* ausgedrückt, mittels deren die Information übermittelt wird, dass der Stadtvogt, der Landvogt, der Schultheis und die Schöffen an diesem oder jenem Tag zur Stadtkanzlei kamen, um die Eintragung der Proskription einer Person wegen einer begangenen Straftat zu beantragen (vgl. 4.3.3, 4.3.5), z. B.

(24.01.1390):   *An deme mantage fur conversionis sancti Pauli sind fur uns komen die schepphin und unsir richtir unsir stat und habin bekant, [...];*
(25.02.1393):   *Am dem dinstage noch Invocavit sint vor uns komen die schepphin, unser statrichter und habin bekant, [...];*
(08.08.1396):   *Am dinstage vor sente Lorenczen tag sint komen der lantfoyt und der schawltheis mit den chepphen von Puskaw und haben bekant, [...];*
(01.08.1398):   *An dem donrstage vincula Petri sint kome der lantfoit und der scultheis von Mertinsdorf und die schepphin doselbist und habin bekant, [...];*
(02.02.1406):   *Gescheen ist am dinstage vor Dorothee, das komen ist Ditherich der lantfoit und hat bekant, [...];*
(05.05.1410):   *Gescheen ist am montage noch Walpurgis, das do qwomen Hanke Poschkow unser lantfogit und Spannenkrebis unser stadtfogit und bekanten, [...];*
(04.04.1411):   *Geschen am sonnobund noch Judica, das qwomen der schultis, die schepphen von Wernersdorf und Hanke Poschke unser lantfogit und haben bekannt, [...];*
(09.09.1412):   *Geschen am freitage noch Nativitatatis Marie, das do Johannes Spannenkrebis unser fogit qwam und bekante, [...];*
(08.06.1413):   *Geschen am freitage noch Nativitatatis Marie, das do Johannes Spannenkrebis unser fogit qwam und bekante, [...].*

Anhand dessen lässt sich also die Schlussfolgerung ziehen: Die Hauptfunktion des sowohl deklamierten als auch der (nieder)geschriebenen Textes ist das Informieren der Mitglieder der Stadtgemeinschaft und der Proskriptionsbuchleser darüber, dass eine Person kraft des Entschlusses des Stadtrates oder der Entscheidung des Schöffengerichts wegen einer in den konkreten Umständen begangenen Straftat proskribiert – und in der Folge – aus der Gesamtstadtgesellschaft exkludiert wurde. Hierbei soll aber hinzugefügt werden, dass die Grundlage des

Proskribierens und der Einschreibung der Proskription ins Amtsbuch (= Entschluss des Stadtrates bzw. Entscheidung des Schöffengerichts) niemals explizit formuliert wurde. Somit lässt sich diese Tatsache als dem Textrezipienten bekannte Material ansehen, der sich dessen bewusst war (ist), dass die Bekanntgabe der Proskription und ihre darauffolgende Einschreibung ins Amtsbuch nur als Antwort auf das frühere Handeln des Stadtrates bzw. des Schöffengerichts zu betrachten sind. Indiziert wird diese informative Funktion prototypisch mittels des Verbs *ächten* bzw. mittels der Wendung *jemanden in die Acht tun* in ihren unterschiedlichen Formen und graphischen Gestalten (vgl. 4.3.3, 4.3.5), z. B.

(07.09.1380):   *An deme frietage for der graen monche kirmessir ist Matis Gurteler geeichit [...]*;

(01.05.1382):   *An deme dornstage Philippi und Jacobi sint fur uns komen der schultis und schepphin fon Aldinburg mit deme lantfoit und habin bekant, das Mathis Czeise ist geeichit [...]*;

(10.07.1386):   *An deme dinstage fur Margarethe ist geeichit Jacob Ebirlin [...]*;

(03.01.1388):   *An deme frietage fur Epyphaniae domini ist geeichit Kaltwassir [...]*;

(24.01.1390):   *An deme mantage fur conversionis sancti Pauli sint fur uns komen die schepphin und unsir richtir unsir stat und habin bekant, daz Thomas Zeiler ist geeichit [...]*;

(26.05.1402):   *Nicklos Fischer von Lewczunczdorf ist geecht [...]*;

(30.01.1417):   *Geschen ist am sonnobunde fur Purificationis Marie, das do quam Johannes Spannenkrebis unser statfogt unnd bekante fur uns, das Wenczlaw Grot ein schuknecht [...] in die ochte getan ist [...]*;

(08.02.1432):   *Hanus Kyner ist geecht [...]*;

(21.07.1457):   *Anno domini stc LVII geschen am dornstage vor Marie Magdalene, das Nickel Lincke und Marcus Lincke von Marcusdorf sint vorecht wurden [...]*;

(05.10.1479):   *Hans Stuplirche und Michel Stuplirche sein in die ocht [...] cum Rawske supra als volleister, eodem die signatum*;

Beachtung verdient auch der Gebrauch des Konjunktivs zum Ausdruck der vom sich zu dem Inhalt des Proskriptionsvermerks distanzierenden Stadtschreiber angewandten indirekten Rede, „wenn die Rede formal deutlich als fremde [...] Rede gekennzeichnet und nicht unbedingt wörtlich wiedergegeben werden soll, [...]" (HELBIG/BUSCHA 2001: 174). So wird zusätzlich von den Kanzlisten angedeutet, dass ihnen ein konkreter, im Proskriptionsvermerk nicht unbedingt wörtlich angeführter Inhalt bereits übermittelt wurde, z. B.

(20.05.1389):   *Fur uns an deme dornstage fur Urbani sint komen der lantfoit und die schepphin und schultis fon Beugindorf und habin bekant, daz Hannus Wigangi sie geeichit [...]*;

(08.08.1396):   *Am dinstage vor sente Lorenczen tag sint komen der lantfoyt und der schawlheis mit den chepphen von Puskaw und haben bekant, das Hannos Kn[a]ppe von Puskaw sey geecht [...]*;

(16.09.1406):   *Gescheen ist am dornstage vor Lamperti, das komen ist der schaulthes mit den scheppfen von Stephanshayn und Ditharth der lantfogit und haben bekant, das Petir Bawmgarthe geecht sey [...];*

(16.07.1412):   *Geschen am sonnobund noch Margarete, das qwomen Johannes Spannenkrebis unser fogt und hat bekant, das Hentschil Pohe in die ochte geton sey [...];*

(28.04.1422):   *Geschen ist am dinstage noch Georgii, das Johannes Senftelebin unser stadfoyt auch fur uns bekant hat, wy das Jacob Heugil [...] in die ochte getan were [...];*

(04.09.1427):   *Geschen ist am donrstage noch Egidii anno XXVII, das unser lantfoit bekante, das Mathis Mtczher von Weissenrode [...] in die ochte getan were [...];*

(07.01.1437):   *Geschen am montage noch der hilgin Dreyer Kunige tage, das Jost Ebirsdorf unser spittilmeister und Peter Geyersberg unser lantfoyt bekantin, das Nickil Fruof von Jawraw [...] in die ochte were getan [...];*

Von großer Relevanz scheint auch die Tatsache zu sein, dass den Proskriptionseintragungen mit ihrer Hauptfunktion der Übermittlung der Information über die Proskription einer konkreten Person auch die referentielle Funktion zugeschrieben werden kann, die von BÜHLER (1879–1963, 1965: 24–33) – neben der appellativen und expressiven Funktion der Sprache – ausdifferenziert wurde. Da die Gesetzes- und Rechtssprache das Ziel verfolgen, die Gesellschaft von dem Inhalt des Rechts, der Vorschriften oder der Rechtsgeschäfte in Kenntnis zu setzen, dient die Sprache dieser Bereiche der Darstellung und Regelung der außerrechtlichen Wirklichkeit und deswegen auch der Formulierung bestimmter Rechtsnormen für ihre Empfänger sowie deren Rechtsgeschäfte (PALUCH/OWSIŃSKI 2020: 39). Im Kontext der Proskriptionstexte dient sie aber nicht nur der bereits genannten Regelung der außerrechtlichen Realität, sondern auch der objektiven und neutralen Darstellung und Beschreibung der extralingualen Welt. Solch einen Schluss lässt es sich anhand dessen formulieren, dass die Proskriptionsvermerke auch die Informationen beinhalten, die den Prozess des Proskribierens ergänzen, untermauern und rechtfertigen. Aus diesem Grund kann man den Eindruck bekommen, dass die einzelnen Achteintragungen mithilfe der darin enthaltenen Informationen die Fragen: *Was?*, *Wann?*, *Wer?*, *Warum?*, *Wem?*, *Wie?* und *Wo?* beantworten, was schließlich zu einem vollauf umrissenen Bild eines konkreten Ereignisses führt (vgl. 4.3.1–4.3.9):

Abb. 26. Antworten auf die Fragen mittels der im Proskriptionsvermerk enthaltenen Informationen (erarbeitet von P.A.O.)

– *Was?*	–	jemand wurde geächtet, jemand wurde mit der Acht belegt;
– *Wann?*	–	an diesem oder jenem Tag, der fast immer deutlich in der Datumsangabe bestimmt wird, (und zu einem bestimmten Zeitpunkt) wurde jemand geächtet bzw. mit der Acht belegt (Falls das Datum nicht direkt genannt wird, dann steht es oft mit einem anderen Proskriptionsvermerk im Zusammenhang);
– *Wer?*	–	geächtet wurde ein konkreter Straftäter, dessen Personalien häufig mit den detaillierteren personenbezogenen Informationen im Vermerk enthalten sind;
– *Warum?*	–	der konkrete Straftäter wurde geächtet, weil eine konkrete Straftat von ihm begangen wurde;
– *Wem?*	–	einem konkreten Opfer wurde ein Leid von dem konkreten Straftäter zugefügt;
– *Wie?*	–	mittels einer konkreten Tatwaffe wurde dem konkreten Opfer ein Leid zu einem bestimmten Zeitpunkt von dem konkreten Straftäter durch die konkrete Straftat zugefügt;
– *Wann?*	–	zu einem bestimmten Zeitpunkt wurde dem konkreten Opfer ein Leid mittels einer konkreten Tatwaffe von dem konkreten Straftäter durch die konkrete Straftat zugefügt;
– *Wo?*		an einem gegebenen Ort wurde dem konkreten Opfer ein Leid zu einem bestimmten Zeitpunkt mittels einer konkreten Tatwaffe von dem konkreten Straftäter durch die konkrete Straftat zugefügt

4.4.6 Situationalität

Nach BEAUGRANDE/DRESSLER (1981: 12, 169–170) betrifft das verwenderzentrierte Kriterium der Situationalität den situativen Kontext der Textproduktion und -rezeption, d. h. sie konzentriert sich auf die Sachverhalte, wegen deren ein Text in einer konkreten kommunikativen – sowohl aktuellen als auch rekonstruierbaren – Situation an Bedeutung gewinnt, sowie auf die Relationen zwischen dem Text selbst und der Situation, in der er produziert und rezipiert wird. In erster Linie handelt es sich also um die außersprachlichen Faktoren, dank denen ein konkreter Text für eine gegebene Kommunikationssituation geeignet, angemessen und zweckmäßig wird oder ist, u. a. Ort, Zeit, Art der sozialen Situation und Kommunikationskontext (VATER 1992: 57). Dies rührt wiederum von der Tatsache her, dass jeder – mindestens sinnvolle, geeignete und angemessene – Text zu einem gegebenen Zeitpunkt, zu einem bestimmten Zweck und in einer konkreten sozialen Konstellation mit dem kommunikativen Kontext entsteht, innerhalb dessen es konkrete, als kollektives Gedächtnis funktionierende Normen der Textproduktion und -rezeption gibt. Im Vordergrund steht hier somit der Bezug eines Textes auf die Situation, in der er nach seiner Entstehung funktioniert, indem er diese Situation beschreibt, darstellt, lenkt oder kontrolliert, wobei die Grenzen zwischen diesen Funktionen eher als fließend aufzufassen sind. Im Zusammenhang damit kann auf die u. a. von HALLIDAY und HASAN (1976: 31–33) unterschiedenen situationsdeiktischen Ausdrücke (Exophora, engl. *exophoric items*) verwiesen werden, mittels deren ein Bezug zu einer bestimmten textexternen Situation hergestellt wird, in der der Text gebraucht wird: „An exophoric item [...] is one which does not name anything; it signals that reference must be made to the context of situation" (HALLIDAY/HASAN 1976: 33). Dazu äußert sich auch BERDYCHOWSKA (2004: 436) im Kontext ihrer Untersuchungen zu den Kategorien der Personaldeixis: Generell behauptet sie, dass es sich bei den deiktischen Ausdrücken – und somit im Vorliegenden auch bei der Situationsdeixis – um die „[...] Aktualisierung der Äußerung durch den Bezug des Äußerungsinhalts auf die Äußerungssituation" handelt. Sporadisch ist eben das situationsdeiktische Pronominaladverb *hier* in seiner vorwärtsweisenden Funktion vorzufinden (vgl. 4.4.1). Ein Beispiel dafür ist in der Proskription vom 01.06.1437 feststellbar, wo das erwähnte *hier* vor dem Stadtnamen *Schweidnitz* das nachstehende Element vorausweist:

(01.06.1437):   *Geschen des sunabende noch des Hiligen Leichnams tage, das Johannes Senstelebin unser statfoyt vor uns bekant hat, das Hannus Beheme ein wollenweber von Lemberg mit einen messer eine wunde geslagen hat Pavel Domisse einen webir hie zur Sweidnicz, die gerotin ist zu einer lemde, und ist dorummb in dy ochte geton uf das recht als recht ist.*

Da u. a. die Personalpronomina den bereits oben genannten, die Äußerungen aktualisierenden Exophora zugerechnet werden (HALLIDAY/HASAN 1976: 33–37), lässt sich solch eine Erscheinung auch in den Proskriptionsvermerken aus Schweidnitz beobachten, und zwar im Teil *Antragsteller / Postulatores*, in dem der Stadtschreiber jeweils in den Proskriptionstexten vor allem aus den Jahren 1390–1425 darüber informiert, dass die konkreten, mit dem Vor- und Nachnamen genannten Antragsteller (häufig auch mit der Angabe ihrer Funktion oder ihres Amtes) die städtische Kanzlei besuchten, um die Einschreibung der Proskription einer Person ins Amtsbuch zu beantragen (vgl. 4.3.3). So wird der gesamte situative Kontext der Übermittlung der Information über die Proskription mithilfe der Texteinheiten *für uns*, *fur uns* oder *vor uns* versprachlicht, mit denen einerseits auf den Stadtschreiber, andererseits auf die ihm „diese Worte" diktierenden Ratsherren verwiesen wird (= exophorische Referenz):

(23.05.1381):	[...] *sint fur uns komen der lantfoit und der schultisse und die schepphin zu Kraschowicz und haben bekannt, [...];*
(06.11.1381):	[...] *Qurta feria ante Martin[i] der lantfoit und der schultisse und die schepphin czu Protczkinhayn sint fur uns komen und habin bekant, [...];*
(25.02.1393):	*Am dem dinstage noch Invocavit sint vor uns komen die schepphin, unser statrichter und habin bekant, [...];*
(10.08.1394):	*An sand Lorenczen tage sind für uns komen die scheppfen und unsir statrichter und haben bekant, [...];*
(13.09.1395):	*Am montage noch Nativitatis Marie sind komen der lantfoit, der schawltis und di scheppfin von Wilkaw und haben bekant, [...];*
(25.08.1402):	[...] *am Freitag noch Bartholomei recognovit advocatus Franciscus Keyser;*
(12.08.1404):	*Gescheen ist am dinstage noch Laurenti, das Ditherich der lantfoit mit dem schawltheis und den scheppfin zu Petirwicz bekant haben, [...];*
(28.02.1405):	*Gescheen ist am sonobund noch kathedra Petri, das komen ist unser lantfogit und statfoit mit den scheppfen und haben bekant, [...];*
(02.02.1406):	*Gescheen ist am dinstage vor Dorothee, das komen ist Ditherich der lantfoit und hat bekant, [...];*
(04.04.1411):	*Geschen am sonnobund noch Judica, das qwomen der schultis, die schepphen von Wernersdorf und Hanke Poschke unser lantfogit und haben bekannt, [...];*
(09.09.1412):	*Geschen am freitage noch Nativitatatis Marie, das do Johannes Spannenkrebis unser fogit qwam und bekante, [...];*
(19.12.1424):	*Geschen ist am dinstage noch Lucie, das Johannes Senftelebin unser statfogit vor uns bekante [...];*
(04.09.1427):	[...] *das unser lantfoit bekante, das [...];*
(23.01.1428):	[...] *daz Niclas Wilperge der Junge, Andreas Monow und Hannus Goltsleger haben gelobt vor N[iclas] Hebenstreit den buchsemeister [...];*
(29.03.1436, 31.07.1436, 01.06.1437):	[...] *das Johannes Senstelebin unser statfoyt vor uns bekante [...];*
(01.03.1437):	[...] *das Johannes Senstelelebin unser statfoyt vor uns bekannt hat, das [...];*
(20.12.1449):	*Sabbata [sic!] ante Thome apostoli anno XLIX, Petir Geyersberg der lantfoit hot bekant, [...];*
(19.09.1450):	*Anno etc. L Petir Geiersberg der Landfoit hot bekannt, das [...];*
(15.01.1451):	[...] *Petir Geirsberg der landfoit hot bekannt, das [...];*
(17.01.1453):	*Anno ut supra Niclas Ranke, Barthus Ranke von Croschwicz haben die ochte lossen schr[eiben] Mertin Ledirhosse, der [...].*

Im Zusammenhang mit der Situationalität sei überdies beachtenswert, dass der sowohl im öffentlichen Raum deklamierte und bekanntgegebene als auch im Stadtbuch (nieder)geschriebene Proskriptionstext immer als Reaktion der Rechtsprechung – und indirekt auch als Reaktion der gesamten Stadt- bzw.

Dorfgemeinschaft – auf mancherlei Gesetzwidrigkeiten entstand und funktionierte bzw. weiter funktioniert. Er ist somit ein Ausdruck der zu einem bestimmten Zeitpunkt geltenden Gesinnung oder der in einem bestimmten Zeitraum gütigen Normen einer konkreten Gesellschaft bzw. Gemeinschaft. Dadurch zeigen sich wiederum die Dimensionen ihres moralischen und ethischen Charakters, die entscheiden und definieren, was für Taten mit Strafe bedroht sind[206].

Angesichts der vorstehenden Ausführungen darf also eindeutig konstatiert werden, dass jeder Proskriptionstext geeignet, angemessen und zweckmäßig immer und nur im situativen Kontext einer zuvor begangenen Straftat ist.

4.4.7 Intertextualität

Bevor auf die Frage des zunächst einmal von KRISTEVA (1967: 438–465) für die Untersuchung der Texte sowie der literarischen Textgattungen geprägten Begriffs *Intertextualität* eingegangen wird, soll hervorgehoben werden, dass die Anknüpfung an die Untersuchung der historischen Textsorten weitgehend eben dank dem intertextuellen Kriterium möglich ist, wodurch die wissenschaftliche Perspektive der Textlinguistik um die diachrone Texterforschung erweitert werden kann. Solch eine Konstatierung rührt von der Tatsache her, dass gerade die Intertextualität der Texte die Herausbildung der bestimmten Textsorten ermöglicht, was auf die differenten Veränderungen innerhalb der Texte sowie deren komplexe Umgestaltungen und Umwandlungen zurückzuführen ist (BEAUGRANDE/DRESSLER 1981: 13). In Bezug darauf lässt sich also die Intertextualität als distinktives Merkmal der Textsorten anerkennen (ROLEK 2009: 236). Hierbei handelt es sich um die multilateralen Beziehungen zwischen dem Text, dem Textschema und der Textsorte, der dieser Text angehört (vgl. 4.3). Auf diese Art und Weise ist die Evolution eines Textes sichtbar, die sich im Laufe der Zeit vollzog (bzw. vollzieht, wenn die weiter existierenden Texte analysiert werden). Diachron gesehen, lässt sich dann einerseits die Konstituierung einiger Texte, andererseits deren Ersetzung durch die Anderen oder schließlich auch deren Verschwinden erblicken, wenn sie zu einem gewissen Zeitpunkt nicht mehr produziert und in der Folge auch nicht mehr rezipiert werden. Der letzte Satz bedarf jedoch der Bemerkung, dass die historischen Texte auch nach einiger Zeit weiter empfangen werden können, da sie in erster Linie als (nieder)geschriebenes historisches Schrifttum funktionieren, das zu einem Untersuchungsgegenstand der sich mit der Textlinguistik unter dem historischen Blickwinkel befassenden Sprachwissenschaftler werden kann (vgl. 2.1, 2.2).

Die von BEAUGRANDE/DRESSLER (1981: 13) erarbeitete Definition der Intertextualität setzt in erster Linie die vielschichtigen Konstellationen zwischen den Texten voraus, die durch das Wissen der Mitglieder einer gegebenen Gesellschaft

---

206 Zum Vorschein kommt dies aus dem auch heutzutage repressiven Charakter des Strafrechts als Rechtsgebiet (auch bei WRÓBEL/ZOLL 2010: 22).

über die anderen Texte aktiviert werden, wobei die intertextuellen Dependenzen zwischen den Texten in unterschiedlichem Maße vorkommen können.

An dieser Stelle soll auch auf den Standpunkt von HOLTHUIS (1993: 31) hingewiesen werden, der zufolge sich die Intertextualität als Textverarbeitungsphänomen mit keinem inhärenten Merkmal der Texte verbindet, weil über ihren Grad erst die Person des Textrezipienten entscheidet, der in der Interaktion mit dem Text sein Wissen über die anderen Texte aktiviert sowie seine Erwartungen gegenüber dem zu rezipierenden Text formt[207]. Im Zusammenhang damit betont ROLEK (2009: 237), dass es zur Konstituierung der Intertextualität erst im Rezeptionskontinuum kommt. Daraus geht endlich hervor, dass sich solche intertextuellen Signale im Text vorfinden lassen, die den Textrezipienten dazu verleiten, die Relationen zwischen dem zu rezipierenden Text und den anderen Texten zu suchen, auf die durch den zu rezipierenden Text verwiesen wird. Dies kann aber nur dann erfolgen, wenn der Textempfänger imstande ist, diese signalisierenden Nuancen bewusst oder unbewusst zu erkennen und sie darauffolgend richtig zu interpretieren.

In Anlehnung an BROICH/PFISTER (1985: 53), GANSEL/JÜRGENS (2007: 109), JANICH (2008: 192, 234–235) oder HOLTHUIS (1993: 54) wäre es ebenfalls erwünscht, auf die Frage der typologischen und referentiellen Intertextualität einzugehen. Während sich die typologische Intertextualität im Verhältnis zwischen dem Text und der Textsorte zeigt (u. a. stabile, in einer Gesellschaft als deren kollektives Wissen existente Standardtextsorten sowie Relationen zwischen den Texten im Hinblick auf die funktionalen und strukturellen Veränderungen innerhalb des Texttyps, der Textsorte und des Textmusters, vgl. 4.3), betrifft die referentielle Intertextualität die Relationen zwischen den Texten, von denen sich der eine auf einen anderen authentischen Text bezieht, was entweder *in praesentia* (z. B. Zitate, Paraphrasen, Parodien) oder *in absentia* (u. a. Anspielungen) stattfindet.

Für die Zwecke der vorliegenden Publikation, in deren Brennpunkt u. a. die textlinguistische Analyse des archivalischen Gebrauchstextes des Proskriptionseintrags im Schweidnitzer Stadtbuch steht, wäre es auch sinnvoll das bereits oben angeführte Begriffsinstrumentarium subtil zu präzisieren und erst dann zu adaptieren, indem die intertextuellen Relationen *in absentia* mit den indirekten Verhältnissen zwischen den Texten gleichgesetzt werden. Unter diesem Begriff wird nämlich die Beziehung zwischen dem physischen, konkret realisierten Text und dem anderen, physisch realisierten, aber nicht explizit genannten Text verstanden. Solch eine Art der Intertextualtät gibt es nämlich zwischen dem einzelnen realen Proskriptionsvermerk im Achtbuch aus Schweidnitz und dem Text, auf den sich dieser einzelne reale Proskriptionseintrag stützt (z. B. Magdeburger Recht). Dies kann dadurch begründet werden, dass die Praxis der Proskription

---

207 Der Textproduzent muss aber das Wissen über die anderen Texte seitens des Textrezipienten wenigsten annehmen, wenn er den Textempfänger auf einen anderen Text nicht direkt verweist.

immer durch den Inhalt eines anderen Dokuments geregelt wurde, was bereits durch die Präsenz der Proskriptionsregelungen im *Speculum Saxonum* belegt wird:

> Dem Sachsenspiegel ist die Verfestung überwiegend Mittel zum Zweck, sein Ziel ist, den Ungehorsam des Anschuldigten zu brechen und ihn unter die Autorität des Gerichts, der er sich bis dahin entzogen hat, zurückzuführen; die Mittel, die er anwendet, sind vorzugsweise prozessuale Nachteile, Beschränkungen der gerichtlichen Handlungsfähigkeit des Anschuldigten. (Frensdorff 1875: XXXIII)

Die so im *Sachsenspiegel* begriffene Proskription gelangt wiederum mit der Zeit zum Magdeburger, Kulmer und Lübischen Recht, in denen jedoch ihre Modifikationen und genaueren Bestimmungen in den einzelnen Rechten vorzufinden sind (vgl. 2.4.1). In Abhängigkeit von dem Recht, nach dem eine gegebene Stadt gegründet wurde, wurden die entsprechenden Regelungen des niedrigeren Rangs erarbeitet, in denen sich die präzisen Regelungen und Prämissen befinden, die die Praxis der Proskription zu regeln hatten, z. B. Statuten der Stadt oder städtische Willküren, die beispielsweise aus den Stadtkanzleien in Prag, Posen, Krakau sowie in den livländischen (z. B. Reval) oder preußischen Städten stammen (Jeziorski 2017: 24–25). Die diversen, manchmal voneinander abweichenden Regelungen des Proskriptionsprozesses finden ihre Bestätigung auch in der Tatsache, dass die Proskriptionsvermerke entweder in die verschiedenen Stadtbücher (Jeziorski 2017: 27, 85–89) oder in die eigenständigen Achtbücher(serien) eingeschrieben wurden. Schließlich war es auch möglich, dass die separaten Proskriptionsbücher in manchen Städten überhaupt nicht geführt wurden:

> In bestimmten Städten führte man keine getrennten Proskriptionsbücher. In Kasimir bei Krakau wurden die Proskriptionen in die Ratsbücher eingetragen, ähnlich geschah es in Posen. Manchmal, doch sehr selten, wurden die Angaben zu Proskriptionen auch in die Bücher anderer Stadtämter eingetragen. (Wyrozumska 2013: XVIII)

Was die intertextuellen Verhältnisse *in absentia* anbelangt, so befinden sich in den einzelnen Proskriptionseinträgen keine expliziten Bezüge auf das Dokument des höheren Rangs, in Anlehnung an welches sie formuliert und verfasst wurden. Vorsichtig könnte jedoch angenommen werden, dass die im Teil *Tatbeschreibung / Descriptio delicti* angetroffenen Formulierungen: *uf den hals* bzw. *halz, uf die hant* und *uf das recht* (vgl. 4.3.5) als zu interpretierende Versuche des Verweises auf die rechtlichen Regelungen der Proskriptionspraxis im sachlichen Inhalt der Dokumente des höheren Rangs anzusehen sind, was auch der gegenwärtigen Praxis der Berufung auf eine entsprechende Rechtsnorm bei der Verfassung eines Gerichtsurteils oder eines Rechtgutachtens ähnelt (auch bei Weigt 2009: 179), z. B.

> (24.10.1381): *An deme dornstage fur Symonis et Jude sint fur uns komen der lantfoit und der schultisse und die schepphin czu Kraschwicz und habin bekant, daz Nycze Jacobis fon deme besen Sifrifrdorf ist geeicht um eynen*

totslak, den her getan hat an Haynlin Rewel fon der Wystricz uf den halz
und um eynen reroub, den her an deme selbin Heynlin getan hat;

(13.11.1385):   *Am sonnabend noch Martini sint komen der lantfoit und der schawltis*
mit den scheppfin fon Steffanshayn und haben bekant, das Nikolae der
alde schawltis fon Strelicz sey geycht umb eyn mord, den her begangin
hat mit eynem armbrust an Niclosen Sander, uf daz recht, das recht ist;

(08.11.1387):   *An deme frietage nach Michahelis ist geeicht Petir Girlach fon der Cirle*
um czwu wunden, die her getan Stewner und ist geeicht uf die hant;

(03.01.1388):   *An deme frietage fur Epiphaniae domini ist geeichit Kaltwassir um*
eynen totslak, den her getan hat an Vielbretil, uf den halz;

(02.02.1406):   *Gescheen ist am dinstage vor Dorothee, das komen ist Ditherich der lant-*
foit und hat bekant, das Grossniccil von Floreansdorf geecht sey umb
czwu offene wunden, eyne blutrunst und umb drey uzgeworffene czene,
daz her an Hannos Swarczin begangen hat, uf eyne hant und uf daz
recht, das recht ist und Grosniccil sal richten, uzschreiben und inschrei-
ben mittenander.

Die Intertextualität *in praesentia* wird dagegen als direkte Intertextualität begriffen, die zwischen mindestens zwei explizit genannten, physisch realisierten Texten innerhalb einer Textsammlung – wie etwa innerhalb eines Stadtbuches – vorkommt. Sichtbar ist solch eine Art der Intertextualität der Schweidnitzer Proskriptionsbuchvermerke u. a. im Teil *Datumsangabe / Datum*, in dem das Datum auf den Inhalt eines vorangehenden Achttextes (bzw. einer vorangehenden Eintragung) auch mittels der lexikalischen Einheiten lat. Provenienz verweist. Dabei ist bemerkbar, dass nicht nur zwei Proskriptionen oder noch andere Vermerke (wie etwa der Eintrag vom 13.10.1417)[208] im Verhältnis zueinander stehen, sondern auch drei, vier oder sogar mehr können sich in solch einer Relation befinden, z. B.

[x 3][209]:

(01.06.1386):   *An deme selbin tage ist geeichit Petir Hanczkestricker um eynen totslag,*
den her getan hat an Groeskewpf;

(01.06.1386):   *An deme selbin tage ist Ny[clos] Weitslegir geeichit um eynen wunde, die*
her getan hat an Spilern;

[x 4]:

(20.04.1387):   *An deme selbin tage sint geichit Andrebis um eynen totslag, den her*
getan hat an Hobener fon dem Schonynborn, uf den halz und Nycklos

---

208 Bei der Anführung der Belege werden sie nicht berücksichtigt.
209 Bei der Veranschaulichung der Beispiele wird auf die Anführung der ersten Eintragung, auf die sich die nachfolgenden Vermerke beziehen, jedes Mal verzichtet. Die erste Eintragung wird jedoch in der Zahl aller im Verhältnis zueinander stehenden Vermerke berücksichtigt; ähnlich im Fall der Proskriptionsvermerke vom 24.07.1389.

	ist geeichit um die fulleist an deme selbin totslage uf daz recht, daz do recht ist;
(20.04.1387):	*An deme selbin tage ist Petir Mulfranke geeichit um eynen totslag, den her getan hat an Krecznig, uf den halz;*
(20.04.1387):	*An deme selbin tage ist Cuncze Puttirkloes geeichit um czwu wundin, die her getan hat an eyme Koetirler kneschte;*
[x 2][210]:	
(16.08.1387):	*An deme selbin frietage ist Clause Lemans geeichit um eynen totslag, den her getan hat an Conrod Heynrichs Smedis son, und Andrebis Leman ist geeichit um drie wundin und fulleist an deme totslage, der gescheen ist an deme obgenanten Conroden, und Pecze Lemans der obgenantin Clowsen und Peczin vatir ist geeichit um fulleist des [...] obgenantin totslagis [...];*
(27.04.1422):	*Item an demselbin tage hot auch der foyt bekant, wy das Crehan ummb II wunden in die ochte getan weren von Mertin Wolkmans wegen uf das recht also recht ist;*
(04.09.1424):	*Geschen ist an demselbin tage, am montage vor Nativitatis Marie, das Johannes Semftelebin unser statfoyt vor uns bekant hat, wie das Niclas Konig der topper Ludwig gnant ummb eynen mort an eyme toten Lorencz Birkener gnant, und Niclas Fullsseckil ummb I wunde und fulleist an demselbin toten, namlichin beidirseit in die ochte getan weren uf das recht, alz recht ist;*

Verweise mittels der lexikalischen, mit der Datumsangabe zusammenhängenden Einheiten lat. Provenienz (*eodem die* ‚an demselben Tag', *anno ut supra* ‚im Jahr wie oben'):

[x 2]:	
(06.09.1415):	*Item eodem die komen ist Johannes Spannenkrebis unser statfoit unnd bekante, das Hannos Kôteler in die ochte getan were von hannus Sneiders sones Bartusch wegen ummb einen mort an eime toten;*
(21.05.1428):	*Geschen ist am freitage vor Pfingsten anno ut supra, daz Nickil schaultis von Slawpicz, Mathis Heincze von Czoboten, Andres Eisler [...]* (die beiden Texte sind keine Proskritpionsvermerke);
(07.04.1449):	*Geschen eodem die Petir Dorre eyn smedeknecht ist vorecht worden, das her eynen finger abgehawen eyme malczmaler hot in statrecht;*
(03.10.1449):	*Eodem die Jurge Olbrecht, der ist Byrfoytis eydem, ist vorecht worden ummb wunden, dy her in statgerichte vrevillichen begangen hot und ouch, das her sich rechtis gewerit hot gen Jorgen Kawirman, qui resignavit civitati;*

---

210   Ähnlich im Fall der Proskriptionsvermerke vom 02.07.1388, 10.08.1394, 29.11.1406, 27.01.1425.

(17.04.1450):   *Eodem die Cristof Blumentrids hoffman ist vorecht worden ummb eyn wunden, dy her frevilichen in statrechte zu den elbogen an Langemerten von der Lobche begangen hot;*

(17.04.1450):   *Eodem die George Rudil von Wyrisch ist vorecht worden ummb eyn wunde, dy her in den arm an Hans Henleyn in statgerichte frevilichen begangen hot;*

(15.09.1475):   *Eodem die der selbige Cristod Fritze ist geecht von Fisscher Hanns wegen;*

(15.09.1475):   *Eodem die Martin Lader ist geecht von der lemde wegen, die Hanns Rudeln zu geczogen hat freffelich;*

(05.10.1479):   *Hans Sturpliche und Michel Sturpliche sein in die ocht [...] cum Rawske supra als volleister, eodem die signatum;*

Die Intertextualität kommt auch in den Formulierungen zum Vorschein, die nicht als Datumsangaben klassifiziert werden. Die dieses Merkmal der Texte tragenden Elemente können in den diversen Teilen der Proskription angetroffen werden: *Antragsteller / Postulatores, Straftäter / Facta rei, Opfer / Facta victimae* und *Tatbeschreibung / Descriptio delicti*:

– [Straftäter / *Facta rei*]:

[x 2]:
(10.11.1384):   *Auch sint die obgenantin Judin geeichit uf die hant um vir wunde, die sie getan habin an Nytcze Beugil, idir uf die hant, [...].*

Interessant bleibt, dass sich der obige Proskriptionsvermerk nicht auf den direkt vorangehenden, sondern einen noch früheren Achteintrag bezieht;

– [Opfer / *Facta victimae*]:

[x 2]:
(05.11.1388):   *Ny[clos] Burgrefe fon Kefelerdorf ist geeicht um eyne wu[n]de und um eyne fulleist an deme totslag des obgenantin Conrodis uf die hant;*
[x 3]:
(22.05.1420):   *Item Langehannus von Hoengerisdorf ist auch doselbist geecht ummb eine wunde und fulleist an demselbin totin;*

(22.05.1420):   *Item Crosdorf der schultis doselbist ist auch geecht umb wunden und fulleist an demselbin totin.*

Gelegentlich lassen sich auch solche Einträge vorfinden, in denen die Intertextualität mittels mehrerer Elemente ausgedrückt wird, z. B.

– [Datumsangabe / *Datum*] + [Antragsteller / *Postulatores*]:

[x 2]²¹¹:

(02.07.1382):   *Und habin auch bekannt die obgenantin schepphin und richtir, daz Mathis sin knecht ist auch dazselbe eichit, alzo Welrich fon der Landiskrone der obgenannte sin herren, um mort und roub geeichit, geschen an deme selbin;*

– [Datumsangabe / *Datum*] + [Antragsteller / *Postulatores*] + [Opfer / *Facta victimae*]:

[x 2]:

(01.09.1416):   *Item sie habin auch bekannt an demselbin tage, das Paul Herdan unnd Hannus Runge von Wenigen Monaw geecht sint ummb wunden, ummb ein fredebroch unnd ummb fulleist an deme egenanten toten;*

– [Datumsangabe / *Datum*] + [Straftäter / *Facta rei*] + [Opfer / *Facta victimae*]:

[x 3, x 4]:

(31.08.1386):   *An deme selbin tage sint [geeicht] die obgenantin czwene, alzo Ny[clos] Karge um eyne wunde und /Czippil/ um eyne blutrunst, und Petir des schultissen um eyne volleist, die sie getan habin an Hannus Drebir²¹² und um die wegeloge;*

(31.08.1386):   *An deme selbin tage sint die obgenantin drie geeicht, alz Ny[clos] Karge um eyne wunde und und wegelage und Ny[clos] Czippil um eyn blutrunst und um eyn wegeloge, und Petir schultisse[n] um fulleist und um wegeloge, die sie getan habin an Andrebis Fissche und um eynen rerowb;*

(31.08.1386):   *An deme selbin tage sint die obgenantin drie geeicht, alz Ny[clos] Karge um eyne wunde und und wegelage und Ny[clos] Czippil um czwu blutrunst und Petir um eyne wunde, die sie getan habin an Petir Turmer;*

[x 2]:

(1387):   *An deme selbin tage ist geeichit Pescke Beme um eyne heymsuche und um eyne wunde und blutrunst, die her getan hat an Burkhard Tobil, uf d [..] daz recht, daz do rechte, und Georius Tobil ist geeicht um fulleist des heymsuchen und wunde und blutrunst, die gescheen ist an deme selben Burghard;*

---

211 Ähnlich im Fall der Proskriptionsvermerke vom 03.09.1388 [x 2], 20.08.1403 [x 2].
212 In der ersten Proskriptionsaufzeichnung ist die Rede davon, dass zwei von den im zweiten Proskriptionsvermerk erwähnten Männern während der Verfolgung eines Dritten in das Haus des in der zweiten Eintragung genannten Mannes namens Hannus Drebirt eindrangen und dann ihn auch verletzten.

– [Datumsangabe / *Datum*] + [Antragsteller / *Postulatores*] + [Straftäter / *Facta rei*] + [Opfer / *Facta victimae*] (Verwandtschaftsbeziehungen zwischen den Straftätern):

[x 2]:
(07.03.1387):   *Auch ankome selbin tage, der obgenante lantfoit und schultis und schepphin fon Wessinrode habe bekant, daz Nycze Ebirlin des obgenantin Hannus Molners svogir und Bartusch des Hannus brudir sint geeicht, idir man uf die hant, uf wundin, die sie getan habin an deme obgenantin Hantsch fon Wylkow, und idir man eyne mark czu buese;*

– [Datumsangabe / *Datum*] + [Straftäter / *Facta rei*]:

(15.09.1475):   *Eodem die der selbige Cristod Fritze ist geecht von Fisscher Hanns wegen;*
(15.09.1475):   *Eodem die Martin Lader ist geecht von der lemde wegen, die Hanns Rudeln zu geczogen hat freffelich;*
(05.10.1479):   *Hans Sturpliche und Michel Sturpliche sein in die ocht [...] cum Rawske supra als volleister, eodem die signatum;*
(05.10.1479):   *Eodem die Hewseler ist geacht als ein mardir von Sturpliches wegen, ut supra signatum;*

– [Datumsangabe / *Datum*] + [Straftäter / *Facta rei*] + [Tatbeschreibung / *Descriptio delicti*] + [Opfer / *Facta victimae*]:

[x 3][213]:
(07.03.1387):   *An deme selbin tage ist geeicht Francz des Jeschkin brudir um czwu wundin und um eyn fulleist an denselbin totslag, an den furgenantin Conrod Lesslow gescheen ist, uf die hant;*

– [Straftäter / *Facta rei*] + [Opfer / *Facta victimae*]:

[x 2]:
(18.05.1454):   *Hannos Kompist und Petir Habirland seine folleister sint vorecht wurden ummb sulchen frevel, den sie getan haben in der statgerichte von des vorgenanten Nickel Verbers wegin [...].*

Der Verweis innerhalb der obigen Möglichkeiten kann auch in der lat. Sprache erscheinen (z. B. *supra* ‚oben, oberhalb, vorher, früher', das sich auf die Person des Straftäters in der vorangehenden Proskriptionseintragung bezieht):

---

213 Ähnlich im Fall der Proskriptionsvermerke vom 23.06.1389 [x 7].

(05.10.1479):   *Hans Sturpliche und Michel Sturpliche sein in die ocht [...] cum Rawske*
                  supra als volleister, eodem die signatum;

(05.10.1479):   *Eodem die Hewseler ist geacht als ein mardir von Sturpliches wegen, ut*
                  supra signatum;

Beachtung verdient auch das lat. Gliederungselement *item* ,ebenso, auf gleiche
Weise ebenfalls, gleichfalls, auch, desgleichen ebenso, gleichermaßen, auch',
mit dem auch auf die vorangehende Proskription verwiesen wird. Mit diesem
lat. Lexem werden zwei Vermerke im Stadtbuch meistens zu demselben Thema
(z. B. zwei Proskriptionseinträge aber auch andere Vermerke) voneinander sepa-
riert[214]. Somit besitzt *item* hier die gleiche Funktion, welche in den von WIKTORO-
WICZ (2011b: 160) analysierten Testamenten aus Krakau zu erkennen ist, in denen
es „[...] die Textabschnitte [eines Testamentes], die sich auf die einzelnen Entscheidungen des Testamentsautors beziehen, voneinander [...] [trennt]":

[x 2]:

(06.09.1415):   *Item eodem die komen ist Johannes Spannenkrebis unser statfoit unnd*
                  bekante, das Hannos Kôteler in die ochte getan were von hannus Sneiders
                  sones Bartusch wegen ummb einen mort an eime toten;

(01.09.1416):   *Item sie habin auch bekannt an demselbin tage, das Paul Herdan unnd*
                  Hannus Runge von Wenigen Monaw geecht sint ummb wunden, ummb
                  ein fredebroch unnd ummb fulleist an deme egenanten toten;

(22.05.1420):   *Item Langehannus von Hoengerisdorf ist auch doselbist geecht ummb*
                  eine wunde und fulleist an demselbin totin;

(22.05.1420):   *Item Crosdorf der schultis doselbist ist auch geecht umb wunden und*
                  fulleist an demselbin totin.

(27.04.1422):   *Item an demselbin tage hot auch der foyt bekant, wy das Crehan ummb*
                  II wunden in die ochte getan weren von Mertin Wolkmans wegen uf das
                  recht also recht ist.

(1422):   *Item Item Fouke der potirnoster ist geecht ummb III wunden, alz ein ful-*
                  leister an Niclas Zoraw des sneyders uf daz recht, alz recht ist.

Die intertextuellen Verhältnisse scheinen umso bedeutsamer zu sein, als sie zur
Antwort auf die Frage nach einem bestimmten Kanon der Texte eines Autors, der
Texte mehrerer Autoren aus demselben Zeitraum, der Texte in einer Textsammlung oder der Texte aus einem konkreten Gebrauchsgebiet führen kann, um den
Einblick darin zu bekommen, welche Texte zu einem bestimmten Zeitpunkt zu
einem gegebenen, in einem konkreten Sprach- bzw. Kulturkreis gültigen Kanon
gehörten. So könnten doch die beschreibenden intertextuellen Modelle der Texte
erstellt werden, anhand deren es schließlich möglich wäre, einen deskriptiven
Grundplan eines konkreten Textes, einer konkreten Textsorte oder schließlich

---

214 Ähnlich im Fall der unterschiedlichen Stadtbuchaufzeichnungen vom 21.10.1415,
   13.10.1417, 05.01.1420 [x 5], 12.01.1425, 1428.

eines konkreten Textmusters zu erarbeiten, der alle physisch realisierten und potenziell realisierbaren Texte umfassen würde, worauf u. a. ROLEK (2009: 235) in einem ihrer Beiträge verweist.

4.4.8 Proskriptionsvermerk im Lichte der Textualitätskriterien – Resümee

Die obigen Erörterungen zur Textualität im Hinblick auf deren Kriterien, die sich in den Schweidnitzer Proskriptionsvermerken bemerkbar machen, lassen den Schluss zu, dass die unter die Lupe genommenen Eintragungen als kohäsive und kohärente historische Texte anerkannt werden dürfen, die in den multidimensionalen Relationen mit anderen Texten – auch mit anderen Proskriptionsbucheinträgen – stehen (= Intertextualität). Überdies sind sie durch Intentionalität, Akzeptabilität und Informativität gekennzeichnet, die in einem konkreten situativen Kontext von Relevanz sind (= Situationalität) (vgl. 4.4.1–4.4.7).

Die Hauptfunktion der Achttexte ist es, entweder dem Hörer während der öffentlichen Proskriptionsdeklamation oder dem Leser beim Lesen des Amtsbuchsinhalts etwas mitzuteilen bzw. sie über etwas zu informieren (vgl. 4.4.5).

Alle Eintragungen besitzen eine monologisch konstituierte Struktur und verlangen keine Rückkoppelung vonseiten der Gesellschaft oder des Stadtbuchlesers, die sich mit dem neutralen Inhalt der Proskription nur vertraut machen soll(t)en. Die Interpretation des Inhalts des kurzen, eindeutigen, strikten Proskriptionsvermerks ist jedoch in einem gewissen Maße von dem sozialen oder juristischen Vorwissen abhängig, wobei jedoch keine Fachvorkenntnisse gefordert werden.

Darüber hinaus brauchen die Textrezipienten eine Einbettung in den topographischen Kontext ihrer Umgebung, wie etwa bei der Darstellung der Straftatdetails hinsichtlich des Tatorts, oder auch zumindest Grundkenntnisse im Bereich der Arten von Waffen, die während der Straftatbegehung gebraucht wurden oder potenziell gebraucht werden konnten.

In den Proskriptionsvermerken werden keine zweideutigen Feststellungen angetroffen, was darauf zurückzuführen ist, dass diese Sorte von städtischen Dokumenten den Gebrauchstexten offiziellen Bereichs zuzuordnen ist. In drei Proskriptionseintragungen begegnet man jedoch dem metaphorischen Ausdruck *vom Leben zum Tode bringen* statt des einfachen Verbs *ermorden, töten* u. dgl.:

(18.01.1460):   *Cleynhannos von Arnsdorf ist vorecht wurden, erst das her rechtfluchtig wurden ist und das her Caspar Reichels vom Schonborn vor dem Stregentor gewegelogt, den mit eym armbrost drischossen und vom leben zum tode brocht hat;*

(21.02.1466):   *Item eodem die Hans Pix de villa Wyssenrode proscriptus es pro eo, das er Hanns Lenman dirslagen hot und vom lebin zum tode brocht hat;*

(05.01.1482):   *Ist Simon Dreyloth in die ochte getan nach ordenunge des rechten, das man en sal setcezen, do man anderer echter phleget hinzusetcezin von rechtis wegin dorume, das her Jorge Wetczlern vom lebin zum tode bracht hat etc.;*

Ihr Interpretationsprozess soll keine Subjektivität und keine Missverständnisse seitens der Textempfänger zulassen, was für die amtlichen und formellen Schriftstücke emblematisch war (ist).

Jeder Eintrag im Achtbuch lässt auch mutmaßen, dass dessen Autor davon ausging, dass der Textrezipient imstande war (ist), sowohl seine Narration zu verstehen als auch die Textorganisation und die grammatischen Strukturen des Textes zu erkennen, dank denen eine bestimmte Rezeptionshaltung gesteuert werden konnte (kann), z. B. direkte Textwiedergabe *vs.* Distanz des Stadtschreibers zu dem ihm vorher übermittelten Inhalt des Stadtbuches (vgl. 4.4.1, 4.4.2).

Auf diese Art und Weise gelangt man zur Sichtweise von FRANZOSI (1998: 523), für den die Mikro- und Makroanalysen der Texte in der Exploration der Narration inbegriffen sind, denn die Narration verkoppelt das Detaillierte mit dem Allgemeinen in sich. Mit dieser Perspektive der Narration bzw. der Erzählung kann man von der sprachwissenschaftlichen Analyse, über die Exploration der Motive des Handelns bis hin zur Untersuchung der Subjektivität der handelnden Agens beginnen. Somit ist die Analyse der Narration ein Übergang vom Text zum Kontext, von der Analyse der Äußerung zur Analyse des handelnden Subjekts und sogar die Analyse der sozialen Umgebung, in der dieses Subjekt handelt und funktioniert. Der Ausgangspunkt solch einer Betrachtung kann die Überzeugung von der Oberherrschaft des Handelns über den handelnden Agens oder umgekehrt sein (auch bei KULAS 2014: 119).

5. Zu ausgewählten Eigentümlichkeiten der sprachlichen Ebene der Proskriptionen

Außer den anhand der obigen textlinguistisch geprägten, makro- und mikrostrukturellen Analyse formulierten Schlussfolgerungen (vgl. 4.3, 4.4) sowie neben den Ergebnissen der unten dargestellten phonematisch-graphematischen sowie dialektologischen Untersuchung (vgl. 6) lässt sich im Text der Schweidnitzer Proskriptionseintragungen aus dem 14. und 15. Jahrhundert ebenfalls andere Erscheinungen auf der sprachlichen Ebene sowohl innerhalb der Morphologie und Syntax als auch im Bereich der Semantik im weitesten Sinne antreffen, deren Präsentation und bündige Besprechung für die Skizzierung des in den Aufzeichnungen des Proskriptionsbuches in Schrift festgehaltenen Entwicklungsniveaus der deutschen Sprache erwünscht wären. Bei dieser Gelegenheit sei anzumerken, dass die Schilderung und Erklärung einiger von den zu besprechenden Phänomenen auch an den anderen Stellen der vorliegenden Publikation möglich wären. Um den Rahmen der einzelnen Kapitel und Subkapitel nicht sprengen zu lassen sowie um die wissenschaftlichen Ausführungen zu den anderen Themen nicht zu stören, wurde eben darauf verzichtet. Somit kann der Inhalt des vorliegenden Subkapitels auch als Hinweis auf ein Problem bzw. als Ermunterung zur weiteren Erforschung einer gegebenen Frage betrachtet werden.

5.1 Mhd. *dhein* als *kein* in der Bedeutung des lat. *ullus*

Zwar nicht in den Proskriptionsvermerken, aber in den anderen Aufzeichnungen[215] des Proskriptionsbuches aus Schweidnitz wird regelmäßig das Indefinitpronomen *dhein / thein* als Substitut des mhd. *kein* angetroffen. Beiläufig wird dies auch in der Einleitung der Druckausgabe von deren Editor (GOLIŃSKI 2020: XLVI) erwähnt, der das Pronomen als in den Achtbucheintragungen aus den Jahren 1412–1467 vorkommende Negation interpretiert.

In der mhd. Zeit besaß die lexikalische, aus *ein* und dem ahd. *dih, dëh, doh* bestehende, ziemlich häufig in den aus dem 12. Jahrhundert stammenden Archivalien (s)[216] angetroffene Einheit *dhein / thein* die Bedeutung ‚kein‘, aber sie konnte auch einen anderen Sinn tragen, und zwar ‚irgendein‘ (lat. *ullus*):

> Das mhd. *kein* bedeutete nicht nur *nullus*, sondern auch das gegentheil, *ullus, irgend ein*: eine zweiheit der bedeutung in einem so wichtigen worte, die auf den ersten

---

215 Gemeint sind hier die Vermerke, die das Versprechen der Aufgabe einer Rache oder den Schwur der gegenseitigen Aussöhnung thematisieren.
216 BMZ 2022, (online) https://woerterbuchnetz.de/?sigle=Lexer&lemid=D00182#3 (05.07.2022).

blick höchst seltsam aussieht, als müszte damit alle sicherheit der rede wankend werden. im gebrauch jedoch, unter mitwirkung der syntaktischen gesetze, verschwindet diese unsicherheit; dasselbe zeigt sich übrigens im altfranz. (und provenz.), wo der nachkomme von lat. *nullus, nul* nicht nur *kein,* sondern eben auch *irgend ein* bedeutet (*ullus* war untergegangen), ja bis heute z. b. in *sans nul effet* (und span. *ninguno* keiner und einer, *nunca* niemals und jemals). (DWB 1854–1961)[217]

Dabei überzeugt das GRIMMsche Wörterbuch (DWB)[218], dass die Entstehung und das Wesen des oben erwähnten Indefinitpronomens gegenüber dem ahd. Lexem mit der konträren Bedeutung ‚nullus‘ simultan erörtert werden sollen:

– lat. *nullus* = ahd. *nihein, nihhein, nohein, nohhein* > mhd. *nehein, nechein;*
– lat. *ullus* = ahd. *dihein, dihhein, dohein, dohhein* > mhd. *dehein, dechein.*

Im Mhd. ist das ahd. *dihein, dihhein, dohein, dohhein* > *dehein, dechein* neben dem mhd. *kein* im Umlauf, nur dass seine Gestalt infolge der Abschwächung der nichtakzentuierten ersten Silbe der Umwandlung unterlag: *nehein, nechein, nekein* ‚nullus‘ und *dehein, dechein, dekein* ‚ullus‘ sowie ‚nullus‘.

Die kürzung zu kein vollzog sich bei beiden gegen ende des 12. jh., wie schon etwas früher *hein* für *nehein* erscheint: bei *nekein* wol dadurch, dasz dabei gewöhnlich noch die alte negation *ne* stand, dem verbum zugegeben, oder eine andere verneinung, sodasz man von *nekein* das *ne* als überflüssig wegliesz, in der meinung es sei die einfache negation. dasz man das *ne* so ansah, zeigen die formen *enkein, enhein.* (DWB 1854–1961)[219]

Mit der Zeit fallen die Bedeutungen der beiden Lexeme zusammen, d. h. die des *enkein* ‚nullus‘ und die des *ichein* ‚ullus', was beispielsweise der *Sachsenspiegel* bezeugt, in dem das *chein* sowohl für ‚nullus‘ als auch für ‚ullus‘ steht (DWB 1854–1961)[220].

In den Eintragungen des im Vorliegenden analysierten Amtsbuches aus Schweidnitz lässt sich das Pronomen in seiner Form aus der Zeit vor der oben erwähnten Fusion feststellen, z. B.

(1412): *Michael und Jorge Mitman von Wandris gebruder globen mit gesampter hant und bey erem hochsten rechten vor allerlei orfede kein der stad und alle ir ynwonern, also als der egenante Jorge in die stadthafte wart gesatczet, das sie dorumme nymandis nu noch her noch feden ader anredden sollen in dheine weise;*

(07.10.1417): *Geschen ist am donrstage noch Francisci, das Ebirhard von der Lenaw unnd Heinrich von Rone der stat Swidnicz vôr Jerislaum von Stregemar*

217 DWB 2022, (online) https://woerterbuchnetz.de/?sigle=DWB#2 (14.08.2022).
218 DWB 2022, (online) https://woerterbuchnetz.de/?sigle=DWB#2 (14.08.2022)
219 DWB 2022, (online) https://woerterbuchnetz.de/?sigle=DWB#2 (14.08.2022).
220 DWB 2022, (online) https://woerterbuchnetz.de/?sigle=DWB#2 (14.08.2022).

gesampt und ungesundert fur orfede globit haben, alzo das der egenante Jersilaw dieselbe stat und hirnochmolz in dheine weis anlangende sein sulle und allir sachin ungehindirt etc.;

(09.01.1420):   *Geschen ist am dinstage noch Trium Regum, das Petir Waltir genant und Elisabeth seine husfrauwe vor uns globtin bey irem hochstin rechte, das sie unsern pfarrer und die stat nun und hirnochmolz in dheinerley weise gefeden wullin;*

(29.01.1424):   *Geschen ist am sonnobunde fur Purificationis Marie anno XXIIII, das hir Wencz von Donyn, Niclas sartor zur Landishute und Sigmund sartor dem hauptman und auch der stat globit habin zuvoraus dem lande fur orfede, alz fur Nickil Heckil sartor gnant also vornemlich, das her noch nymandis von seinen wegen das land noch die stad von dis gefengnis wegen gefeden noch gehassen sulle in dheine weis [...];*

(19.03.1467):   *Actum feria quinta ante Palmarum anno etc. LXVII, das vor uns in sitczende ratt komen ist eyn Jorge schulcz von Wernersdorf und Petcze schulcz von Grossen Monow und haben globt vor Paul Korsner von Wernersdorf vor einen rechten urvede, und ummb das geschefte und gefengniss nymer czureden, noch uns und dyunsir, noch nimandis dorummb zuargen in dheinem weise [...].*

Antreffen lassen sich die ähnlichen Aufzeichnungen u. a. in den Vermerken vom: 19.12.1419, 30.09.1421, 17.10.1421, 07.04.1422, 23.06.1422, 17.11.1423, 24.02.1425, 06.03.1425, 03.11.1458 oder 17.04.1467.

Nicht belanglos ist jedoch die Tatsache, dass die Wiedergabe des Sinns solch eines Eintrags durch den Gebrauch des mhd. *kein* auch möglich war, z. B.

(10.02.1458):   *Michel Schirmer der bader, Mathis Schenke, Stephan Molner und Peter von der Neisse haben gelobt vor Hanns Kirstan vor einen rechten cristenlichen orfide als orfides recht ist von des totsloges wegen, do Syndrames sone dirslagen ist, das er dorumme furbas keine nachrede will haben hie nach anderswo, geistlich nach wertlich, nach ymande von seinen wegen allir sachen ungehindert. Anno etc. LVIII feria sexta ante Valentini.*

5.2 Partizip Perfekt ohne *ge*-Präfix

Was das Partizip Perfekt ohne *ge*-Präfix anbetrifft, so verbindet es sich direkt mit den aspektual gesteuerten Aktionsarten der mhd. Verben, unter denen die Imperfektiva und Perfektiva[221] zu unterscheiden sind.

Die Imperfektiva bezeichnen die Dauer eines Zustands oder den Verlauf eines Geschehens, die Perfektiva den Beginn oder den Abschluß eines Zustands oder

---

221 In Anlehnung an PAUL/MITZKA (1963: 223) nach der Nomenklatur der slawischen Grammatik.

Geschehens. Imperfektiva sind fast sämtliche nicht zusammengesetzte Verba, mit Ausnahme von *bringen, finden, komen* [sic!], *treffen*, die stets einen Abschluß bezeichnen und von *werden*, öfters auch von *lâzen*. Perfektiv sind die meisten mit Präfixen zusammengesetzten Verba, so die mit *ent-, er-, ver-* verbunden, besonders aber die, deren erstes Glied *ge-* ist. (PAUL/MITZKA 1963: 223)

Die im obigen Zitat erwähnten Verben, die zwangsläufig als perfektive Verben anzusehen sind, bilden ihr Partizip Präteritum noch im Mhd. ohne das später in ein obligatorisches Morphem uminterpretierte *ge*-Präfix, dessen Funktion war, die Abgeschlossenheit eines Vorgangs oder eines Geschehens zum Vorschein zu bringen (= Perfektivierung):

Diese Verben haben von vornherein, also seit ihrer Entstehungszeit, auf die Bezeichnung der Abgeschlossenheit eines Vorgangs mittels eines Präfixes verzichtet, da sie semantisch ohnehin eher eine punktuelle Vorgänge oder Handlungen, deren Abgeschlossenheit bereits allein durch das Präteritum ausgedrückt wird, bezeichnen. (HENNINGS 2003: 112)

Die Analyse der sprachlichen Ebene der Schweidnitzer Proskriptionsvermerke beweist unbestreitbar, dass die oben genannten Verben (außer *treffen*) ihr Partizip ohne *ge*-Präfix konsequent bildeten, z. B.

– *kommen*:

(06.11.1381): *Qurta feria ante Martin[i] der lantfoit und der schultisse und die schepphin czu Protschkinhayn sint fur uns komen und habin bekant, daz [...]*;

(05.11.1388): *An deme dornstage nach Aller Helgintage sint fur uns komen der lantfoit, der schultis mit den scheppfin fon Floreansdorf und habin bekant, daz [...]*;

(21.03.1392): *An deme donrstage fur Letare sint fur uns komen der schulteis und czwene scheppfen fon Wilkow und haben bekant, daz [...]*;

(11.07.1404): *Gescheen ist am freyttage vor Margarethe, das komen ist der schawltheis von Petirwicz mit sinen scheppfen und Ditherich unser lantfogit und haben bekant, das [...]*;

(18.10.1420): *Geschen ist am freitage nach Galli, das fur uns komen sint Peter Springsgut der schultis zu Conradswalde und die scheppin doselbist Lorencz Brymmer und Peter Jungehannus und bekanten fur uns doselbist, das [...]*;

(24.02.1456): *Anno etc. LVI am dinstage nach Reminiscere geschen, das Greynhannus ein molknecht ist in die ochte kommen von Gorgen Luchs wegen eines beckers, dem her eine wunden gehawen hat in den armen;*

(30.09.1479): *Baltazar Brisnicz schaffer von Swencknfelt ist in die ocht komen nach ordenunge des rechten ummb, das her Jocob Konige von Klecke IIII wunden in das houpt geslagen hat [...]*;

– *bringen:*

(18.01.1460): *Cleynhannos von Arnsdorf ist vorecht wurden, erst das her rechtfluchtig wurden ist und das her Caspar Reichels vom Schonborn vor dem Stregentor gewegelogt, den mit eym armbrost drischossen und vom leben zum tode brocht hat;*

(21.02.1466): *Item eodem die Hans Pix de villa Wyssenrode proscriptus es pro eo, das er Hanns Lenman dirslagen hot und vom lebin zum tode brocht hat;*

(05.01.1482): *Ist Simon Dreyloth in die ochte getan nach ordenunge des rechten, das man en sal setczen, do man anderer echter phleget hinzusetczin von rechtis wegin dorume, das her Jorge Wetczlern vom lebin zum tode bracht hat etc.;*

– *werden:*

(05.11.1442): *Geschen ammontage vor Martini, das Mertin Cratczko geecht ist von sachin wegen, als her vier wunden Lorencz Glyncz eynem wollenweber hat geslagin und ist fluchtig wurden;*

(18.01.1460): *Cleynhannos von Arnsdorf ist vorecht wurden, erst das her rechtfluchtig wurden ist und das her Caspar Reichels vom Schonborn vor dem Stregentor gewegelogt, den mit eym armbrost drischossen und vom leben zum tode brocht hat;*

– *finden*[222]:

(18.02.1456): *Anno etc. Lsexto feria quarta post Invocavit, Hannos Kinderman von der Wirisch selbschuldiger und Jorge Kinderman sein bruder [...] haben globet vor den obgenanten Hannos Kinderman vor einen rechten cristenlichen orfede als fon des gefengnisse wegin, dorummb her inne gesessen hot von der sammet jopen und cleider wegin, die her funden hatte, [...].*

An einer einzigen Stelle [!] wird interessanterweise die Form des Verbs *ächten* ohne *ge-* vorgefunden. Einerseits lässt sich anhand dessen annehmen, dass der Kanzleischreiber die Bedeutung des Verbs mit der Abgeschlossenheit des Geschehens assoziiert haben kann, andererseits kann das einmalige Erscheinen solch einer Form auch als vielleicht von der Eile beim Schreiben herrührender Fehler des Kanzlisten betrachtet werden. Deswegen ist die Formulierung der Schlüsse dazu eher unmöglich:

(02.07.1382): *Und habin auch bekant die obegnantin schepphin und richtir, daz Mathis sin knecht ist auch dazselbe eichit, alzo Welrich fon der Landiskrone der obgenante sin herren, um mort und roub geeichit, geschen an deme selbin.*

---

222 Nicht im Proskriptionseintrag vorgefunden.

Die anderen, im untersuchten Korpus vorkommenden Verben werden regelmäßig und unbeirrbar präfigiert, z. B.

(15.04.1383):   *An der mitwuche nach Jubilate sint geeichit Petir Wyngasse adir Ysinberg genant und Hannus Kuchener um* [eynen mort], *den si begangin habin an Hensil Bankow;*

(26.08.1440):   *Anno domini millesimo CCCCXL am freytage vor Egidii Urban Opetcz ist geecht umb eynen mord, der her an Mattis Hosper hat begangin;*

(05.11.1442):   *Geschen ammontage vor Martini, das Mertin Cratczko geecht ist von sachin wegen, als her vier wunden Lorencz Glyncz eynem wollenweber hat geslagin und ist fluchtig wurden;*

(22.08.1455):   *Anno ut supra Tristam Naschwicz hat Micheln Puschs eine hant abgehawen, Fridrich Naschwicz hat demselben Michelen Puschs drey wunden gehawen, czwo wunden in das hawpt und eine wunde in die achsel, dorummbe sein sie vorecht worden nach der statrecht* [...];

(03.11.1455):   *Anno etc. Lquinto feria secunda post Omnium Sanctorum, daz Mathes der grosse mewrer von Stephanshayn, sachwald und Merten Heinrich auch von Stepfansheyn, eyn folleyster der sachen, seint vorecht worden in der landerecht, also weit alz die stat die obirsten recht haben, ummbe einen mort, den der abgenante Mathes Grosmewrer hat begangen an Hannus Korlen, doran Merten Heinrich hat gehabt folleist;*

(18.01.1460):   *Cleynhannos von Arnsdorf ist vorecht wurden, erst das her rechtfluchtig wurden ist und das her Caspar Reichels vom Schonborn vor dem Stregentor gewegelogt, den mit eym armbrost drischossen und vom leben zum tode brocht hat;*

(30.09.1479):   *Baltazar Brisnicz schaffer von Swencknfelt ist in die ocht komen nach ordenunge des rechten ummb, das her Jocob Konige von Klecke IIII wunden in das houpt geslagen hat* [...].

Die oben präsentierten Belege verleiten zu der Annahme, dass die Verben ohne *ge*-Präfix dessen nicht vollständig realisierte Deaspektualisierung und Uminterpretation zum unabänderlichen verbalen Flexiv der perfektivischen Konstruktionen und dadurch dessen nicht vorangehende Grammatikalisierung darstellen (RÖDEL 2007).

Indiz für die Deaspektualisiertheit von *ge-* stellt dessen Vorkommen am Partizip aller Verbtypen dar. Kommen Verbtypen noch ohne *ge-* vor, so kann geschlussfolgert werden, dass *ge-* mit dem vorliegenden Verbtyp (noch) nicht kompatibel ist, d. h. dass deren Bedeutungen redundant sind. Das ist vor allem bei perfektiven Verben zu vermuten, bei denen die Verbsemantik mit einer (Rest-)Perfektivbedeutung des Präfixes *ge-* kollidieren würde. Eine solche Unvereinbarkeit von *ge-* und perfektivem Verb lässt sich als Zeichen für die noch nicht vollständige Grammatikalisierung von *ge-* werten. (BUCHWALD-WARGENAU 2010: 229)

5.3 Mhd. Polynegation *ne ... niht*

Zwar nicht in der Proskriptionseintragung des Schwednitzer Proskriptionsbuches, aber im Vermerk einer anderen Art wurde die doppelte Negation vorgefunden, die ebenfalls einen Einblick in das Entwicklungsniveau des Deutschen
ermöglicht. „Diachron gesehen wird die Mehrfachnegation als eine bestimmte
Phase des zirkulären Sprachwandels [...] betrachtet". (NISHIWAKI 2015: 125)

Gemeint ist an dieser Stelle die lateinisch-deutsche Eintragung vom 04.03.1388,
in der bei der Beschreibung einer Person – bestimmt zwecks deren besserer Identifizierung – darüber informiert wird, dass einer der im Eintrag erwähnten Männer seinen Daumen verlor:

(04.03.1388): *Qurta feria ante Letare Hannus Muesekatir, qui fumatus est in Czobotha,
accusavit subsequentes, quia sint nocivi servi terre et hominibus, videli-
cet Petir Meye, qui iam czu Rudilsdorf czuheldit, und Mathis Becker fon
Schenkindorf, und Groeskapf fon Rudilsdorf, und Schibeschin schuwort fon
Czobothin, der eynen dowmen nicht en hat, [...].*

Im Relativsatz des oben angeführten Abschnitts der Eintragung lässt sich die
mhd. doppelte Verneinung *ne/en/n ... niht* vorfinden. Berührt wird auf diese Art
und Weise das Thema der Grammatikalisierung und des JESPERSEN-Zyklus, von
denen der erstere Begriff erstmals von MEILLET (1866–1936) mit seiner Arbeit
L'évolution des formes grammaticales (1912) in die Sprachwissenschaft eingeführt
wurde. Darin definierte er diesen Prozess folgendermaßen:

[...] l'innovation analogique et l'attribution d'un caractère grammatical à un mot
jadis autonome, sont les seuls par lesquels se constituent des formes grammaticales
nouvelles. Les faits de détail peuvent être compliqués dans chaque cas particulier;
mais les principes sont toujours les mêmes. (MEILLET 1922: 131)

Natürlich differenzierten sich die Möglichkeiten der wissenschaftlichen Betrachtung der Grammatikalisierung im Laufe der Zeit aus (GIVÓN 1979: 81–109; LEH-
MANN 1985: 303; KURYŁOWICZ 1965: 55–71, 1987: 140; BUBENÍK 2017: 4), aber für
eine diachrone Untersuchung scheint die Feststellung von LEHMANN (1985: 303)
belangvoll zu sein, der diesen Prozess in Anlehnung an KURYŁOWICZ folgendermaßen begreift: „Under the diachronic aspect, grammaticalization is a process
which turns lexemes into grammatical formatives and makes grammatical formatives still more grammatical [...]". Unter dem JESPERSEN-Zyklus[223] wird wiederum

---

223 Die Erklärung dieses Prozesses, der nach dem Namen von OTTO JESPERSEN (1860–
1943) von dem schwedischen Sprachwissenschaftler DAHL (1979: 79–106) genannt
wurde, kann auch in den früheren Beobachtungen von MEILLET angetroffen werden, der ihn aber als Spirale beschrieb (LARRIVÉE 2011: 1–22).

die Evolution der Negationskennzeichnung in den diversen Sprachen[224] aus der diachronen Sicht verstanden:

> The history of negative expressions in various languages makes us witness the following curious fluctuation: the original negative adverb is first weakened, then found insufficient and therefore strengthened, generally through some additional word, and this in turn may be felt as the negative proper and may then in the course of time be subject to the same development as the original word. (JESPERSEN 1917: 4)

Der gegenwärtige Entwicklungsstand des Deutschen lässt behaupten, dass der hypothetisch angenommene JESPERSEN-Zyklus im Deutschen vollauf realisiert wurde. Die Exemplifikation der Negation im Proskriptionsvermerk aus dem ausgehenden 14. Jahrhundert lässt hinwieder die Schlussfolgerung formulieren, dass sich das damalige Deutsch in der für die mhd. Epoche charakteristischen zweiten Phase der Negationsentwicklung befand: *ne/en/n ... niht* (präverbaler + freier postverbaler Negator *nicht*)[225], was die anderen parallelen historischen Schriftstücke aus demselben – d. h. omd. – Dialektkreis bezeugen (HARTMANN 2018: 104; OWSIŃSKI 2021e: 37–49). Hierbei soll ebenfalls auf die Vorschläge hingewiesen werden, die den Gebrauch des mhd. *ne/en/n ... niht* oder des einfachen mhd. Negationswortes *niht* mit den anderen intralingualen – wie etwa Verbposition, Satztyp, Verblexem oder dessen morphologische Struktur – und extralingualen (z. B. Metrum, Textsorte) Faktoren zu erläutern versuchen (GÄRTNER 1977: 88–100; JÄGER 2008: 142–146; SZCZEPANIAK 2011b: 286–287).

---

224 „Die (Satz)Negation ist eine universale Kategorie, d.h. sie kommt in allen Sprachen vor, doch die Form, die Anzahl und die Position der Negationswörter variieren einzelsprachlich, da diese Grammatikalisierungen immer wieder erneuert werden" (SZCZEPANIAK 2011a: 43);
„Negation is one of the few truly universal grammatical categories: every language seems to have some grammaticalized means to deny the truth of an ordinary declarative sentence. Yet the expression of this category varies significantly both from language to language and historically within the same language. For the historical linguist, changes in the way that negation is expressed are therefore an ideal testing ground for theories of change, with every language having the potential to provide important data. Core phenomena in language change are amply exemplified in common developments in negation. In the emergence of new negative markers, we find grammaticalization of lexical items as new grammatical markers of negation [...]" (WILLIS/LUCAS/BREITBARTH 2013: 1).

225 mhd. *niht* < ahd. *nêowiht (niêowiht)* ‚nicht irgend ein Ding' = got. *ni aiv vaiht* samt seinen Alternanten und Verkürzungen *nêowiht, nëowëht, niowiht, niuwiht, niawiht, niewiht, niewëht, niewet, nëoht, nieht, niet*; altmhd. *niuwëht, niewëht, newëht, niuwet, nuiwet, nieuht, niuht, neuht, niehet, nieht, niet* [DWB 2022, (online) http://woerterbuchnetz.de/cgi-bin/WBNetz/wbgui_py?sigle=DWB&mode=Vernetzung&lemid=GN04912#XGN04912 (12.08.2022)].

5.4 Verbstellung im Satz

Was die Position des finiten (Hilfs)Verbs im Satz anbelangt, so beobachtet man vorwiegend seine Zweitstellung in den selbständigen Aussagesätzen[226] (vgl. auch PAUL 1959: 77–78). Das Partizip Perfekt wird aber nicht am Satzende festgestellt. In den mit der Datierung beginnenden Proskriptionsvermerken erscheint das Partizip konsequent an der ersten Stelle (vgl. 4.3.2), z. B.

(26.05.1402):	*Nicklos Fischer von Lewczunczdorf ist geecht umb eynen totslag, den* [...];
(1422):	*Niclas Breitenhain ist geecht ummb* [...];
(1422):	*Hentczil Milde von der Fulenbrockin ist geecht ummb* [...];
(08.02.1432):	*Hannus Kyner ist geecht* [...]*, gescheen am freitage nach Dorothee anno etc. XXXII*;
(07.10.1435):	*Peter von Jocubsdorf hat wunden geslagen* [...] [...] *am freitage nach Farancisci anno XXXV*;
(11.07.1404):	*Gescheen ist am freyttage vor Margarethe* [...];
(06.07.1405):	*Gescheen ist am montage noch Visitationis Marie* [...];
(02.02.1406):	*Gescheen ist am dinstage vor Dorothee* [...];
(24.02.1408):	*Gescheen ist an sand Mathei,* [...];
(28.02.1409):	*Gescheen ist am dornstage vor Reminiscere,* [...];
(05.05.1410):	*Gescheen ist am montage noch Walpurgis,* [...].
(09.01.1411):	*Geschen ist am freitage noch der hilgen dreierkonige tage,* [...].
(12.01.1425):	*Geschen ist am freitage noch Trium Regum anno XXV,* [...];
(20.09.1426):	*Geschen ist am freitage vor Mathei apostoli anno domini etc. XXVI,* [...];
(04.09.1427):	*Geschen ist am donrstage noch Egidii anno XXVII,* [...].
(21.05.1428):	*Geschen ist am freitage vor Pfingsten anno ut supra,* [...];
(27.03.1430):	*Gescheen ist anno etc. XXX am montage nach Letare,* [...].
(29.01.1424):	*Geschen ist am sonnobunde fur Purificationis Marie anno XXIIII,* [...];
(12.01.1425):	*Geschen ist am freitage noch Trium Regum,* [...];
(04.11.1429):	*Gescheen ist am freitage nach Omnium Sanctorum anno etc. XXIX,* [...];
(11.01.1431):	*Geschen ist am donerstage nach Epiphaniae domini anno etc. XXXI,* [...].

Im Fall der Datierung mit dem Verweis auf den liturgischen Kirchenkalender steht das finite Hilfsverb auch an der zweiten Stelle, wobei das Partizip nicht an der letzten Stelle vorzufinden ist:

(07.09.1380):	*An deme frietage for der graen monche kirmessir ist Matis Gurteler geeichit,* [...].
(23.05.1381):	*An deme dornstage fur der Cruce wuche ist geeichit Ticze Schindil* [...];
(01.01.1382):	*An deme tage der Besnydunge unsirs Herren ist geeichit Petir Mul* [...];

---

226 Es gibt aber auch die Ausnahmen, wo der Satzrahmen nicht bewahrt wird, z. B. (15.09.1475): *In judicio post Exaltaconis Sancte Crucis anno etc. LXXV Cristof Fritze ist geecht umb freffil und gewalt, die er an Hanns Crawsen uf Sant Niclos kirchof begonnen hat.*

(04.02.1383):   *An deme Aschtage ist geeichit Petir Monch [...];*
(04.03.1384):   *An deme frietage fur Reminiscere ist geeichit Tomas Beme [...];*
(05.01.1385):   *An der Drier Konige obunde sint fur uns [komen] [...];*
(03.07.1386):   *An dinstage nach senti Petir und Pawls sint fur uns komen [...];*
(20.04.1387):   *An deme sonobunde fur Geerii ist Nyclos Kaltkegil geeichit [...];*
(03.01.1388):   *An der mitwuche fur Epyphaniae domini ist geeichit Pauwil Kesseler [...];*
(17.09.1389):   *An deme frietage fur Mathei ist geeicht Ny[clos] Woytczicht [...];*
(24.01.1390):   *An deme mantage fur conversionis sancti Pauli sint fur uns komen die schepphin [...];*
(13.11.1395):   *Am sonnabend noch Martini sint komen der lantfoyt und der schawltheis [...];*
(09.06.1402):   *Am freitage noch Marcelli ist geecht [...];*

In den Hypotaxen macht sich kein geformter Satzrahmen bemerkbar, innerhalb dessen das finite Hilfsverb die letzte Position im Satz einnimmt. Stellenweise können jedoch auch die Sätze mit dem Verb am Ende angetroffen werden, z. B.

(01.05.1382):   *An deme dornstage Philippi und Jacobi sint fur uns komen der schultis und schepphin fon Aldinburg mit deme lantfoit und habin bekant, das Mathis Czeise ist geeichit um eynen totslag, den her getan hat an Nyckil Persuneke czu Aldinburg, uf den halz und um eynen marg fon firsynntin tage;*
(08.08.1396):   *Am dinstage vor sente Lorenczen tag sint komen der lantfoyt und der schawlheis mit den chepphen von Puskaw und haben bekant, das Hannos Kn[a]ppe von Puskaw sey geecht umme eynen mord, den her begangen hat an Bortusch Leyrer von Pryelsdorf, und ist geecht uf das recht, das recht ist;*
(16.07.1412):   *Geschen am sonnobund noch Margarete, das qwomen Johannes Spannenkrebis unser fogt und hat bekant, das Hentschil Pohe in die ochte geton sey ummb eyne wunde in das haupt und blutrunst, die her Gunther Bebirstein hat geslagin of das recht als recht ist;*
(17.01.1453):   *Anno ut supra Niclas Ranke, Barthus Ranke von Croschwicz haben die ochte lossen schr[eiben] Mertin Ledirhosse, der en iren liben son und brudir dirmart hat, genant Hannus Ranken, actum feria quarta in die Anthonii, die ochte ist vorleget;*
(21.02.1466):   *Item eodem die Hans Pix de villa Wyssenrode proscriptus es pro eo, das er Hanns Lenman dirslagen hot und vom lebin zum tode brocht hat.*

In den Relativsätzen begegnet man bereits dem finiten Verb aber auch in seiner Letztstellung, z. B.

(04.08.1417):   *Geschen ist an der metewochin noch Petri ad vincula, das vor uns quam Johannes Spannenkrebis unser stadvoyt unnd bekante, das Oler der kurssener in die ochte getan were ummb eine lemde und ummb eine blutronst, die her an Heinczen Behem von Nurenburge an dem kurssnerknechte getan hat;*

(17.01.1453):	*Anno ut supra Niclas Ranke, Barthus Ranke von Croschwicz haben die ochte lossen schr[eiben] Mertin Ledirhosse, der en iren liben son und brudir dirmart hat, genant Hannus Ranken, actum feria quarta in die Anthonii, die ochte ist vorleget;*
(15.09.1475):	*In judicio post Exaltaconis Sancte Crucis anno etc. LXXV Cristof Fritze ist geecht umb freffil und gewalt, die er an Hanns Crawsen uf Sant Niclos kirchof begonnen hat;*
(30.09.1479):	*Baltazar Brisnicz schaffer von Swencknfelt ist in die ocht komen nach ordenunge des rechten ummb, das her Jocob Konige von Kleczke IIII wunden in das houpt geslagen hat, dovon er tot verleben ist [...]*

Alle oben gemachten Bemerkungen zur Verbstellung im Satz stehen mit den Konstatierungen von HARTWEG und WEGERA (2005: 175) im Zusammenhang, die drei Grundtypen in der fnhd. Epoche unterscheiden: 1) Sätze mit dem fehlenden Rahmen, 2) Sätze mit dem nicht voll ausgebildeten Rahmen und 3) Sätze mit dem voll ausgeformten Rahmen, in denen die infiniten Verbformen die letzte Position im Satz einnehmen. Damit ist auch die unten angeführte Feststellung von ERNST übereinstimmend:

> In der frühneuhochdeutschen Zeit nehmen die Sätze mit voll ausgebildetem Rahmen deutlich zu. Sätze mit partiellem Rahmen nehmen ab, Sätze ohne Rahmen bilden immer mehr eine Ausnahme. Man hat auch beobachtet, dass es stilistische oder textsortenspezifische Unterschiede gibt: So soll der vollständige Rahmen im 15. und 16. Jahrhundert in kanzleisprachlichen Texten häufiger sein. [...] Die Endstellung des finiten Verbs im Nebensatz steigt ab dem 15. Jahrhundert deutlich an und stellt im 17. Jahrhundert die Norm dar. Das finite Verb des Hauptsatzes wird immer mehr zum Zentrum, um das sich alles andere gruppiert. (ERNST 2021: 150)

5.5 Fehlender Genuswechsel bei Substantiven

Eine der relevantesten Merkmale der fnhd. Epoche war der Geschlechtswechsel der Substantive, der zusammen mit den Veränderungen innerhalb deren Deklinationsklassen häufig infolge der *e*-Apokope als Reflex der Ausgleichsbewegungen im Bereich der substantivischen Flexion zu betrachten ist. Die Ursache dieses Lautwandels, der dann die morphologische und syntaktische Sprachebene beeinflusste, war die Festlegung des germ. Akzents auf die Stammsilbe, die meistens die erste war. Infolge dieser Umstrukturierung kam es notwendigerweise zur Ausstoßung der auslautenden, früher zum Schwa-Laut abgeschwächten Vokale, die als dritte Phase des gesamten Reduktionsprozesses der tonlosen auslautenden Nebensilben angesehen werden darf (MOSKAL'SKAYA 1969: 173; SCHMIDT 1980: 232; SPEYER 2010: 70; SCHMID 2013: 61–62; MORCINIEC 2015: 79).

Die Analyse des Inhalts der Schweidnitzer Proskriptionseintragungen beweist eindeutig, dass sich im Text der Einträge die Lexeme vorfinden lassen, deren Flexion aus der Zeit vor den Ausgleichstendenzen stammt. Besonders sichtbar ist dies am Beispiel des sich in Anlehnung an die jüdisch-christliche Bedeutung beziehenden Wochentagnamens *Mittwoch* („Mitte der Woche') (KLUGE 2011: 628), der in den (Acht)Texten insbesondere md. Provenienz noch als Femininum funktioniert und erst im 17. Jahrhundert in die Klasse der Maskulina – nach dem Genus des Lexems *Tag* – zunächst im obd. Dialektraum überging (DWB 1854–1961)[227], z. B.[228]

(15.04.1383)[229]: *An der mitwuche nach Jubilate sint geeicht Petir Wyngasse adir Ysinberg genant und Hannus Kuchener um [eynen mort], den si begangin habin an Hensil Bankow;*

(08.08.1386): *An der metewuche fur senti Lorentis tage ist Kloesil Svelle geeichit um funf wundin, um czwu blutrunst, um eyn wegelogin und um eyne rerowp, den her getan hat an Petir Howsdorf;*

(08.01.1388)[230]: *An der mitwuche nach Epyphaniae domini sint fur uns komen der lantfoit und der schultisse mit den schepphin fon Ludewigirdorf und habin bekant, daz Bogisch Smelewicz, Mathern sin knecht und Hannus Geriner und Nyclos Burgbergir sint geieichit um frevil und gewalt, die sie begangin habin in deme dorfe Ludwigisdorf, uf daz recht, daz do recht;*

(23.06.1389): *An der mitwuche an senti Johannis obund ist geeichit Ny[clos] Loer [!] um eynen totslag, um eyne wunde und um eyn toer ufstoson, und um eyne frevil und gewald, den her begangin hat an Mertin Raschke, uf daz rechte, daz dorum recht ist;*

(04.07.1403): *An der methewochen noch Visitationis Marie ist komen Francz Keyser und di schepphen und haben bekant, das Jocop Eyban an demselbin tage geheischen sey unde auch geecht umb eynen totslag, den her an Mertin Molner getan und begangen hat, uf das recht, das recht ist;*

(04.08.1417): *Geschen ist an der metewochin noch Petri ad vincula, das vor uns quam Johannes Spannenkrebis unser stadvoyt unnd bekante, das Oler der kurssener in die ochte getan were ummb eine lemde und ummb eine blutronst, die her an Heinczen Behem von Nurenburge an dem kurssnerknechte getan hat;*

(23.02.1418): *Geschen ist an der metewochin fur Oculi mei, das fur uns quam Johannes Spannekrebis unser statfoyt und bekante, das Seman Vindeysen ummb eine wunde und blutrunst, und Frenczil Czymmerman ummb eine wunde, und auch beide ummb frevil unnd gewald in die ochte getan weren uf das recht, alz recht ist.*

---

227 DWB 2022, (online) https://woerterbuchnetz.de/?sigle=DWB#4 (14.08.2022).
228 Auch die Vermerke anderer Art, z. B. Eintrag vom 09.11.1384.
229 Auch die Proskription vom 17.06.1383.
230 Auch die Proskription vom 28.10.1388.

5.6 Bedeutungsverstärkung mittels Wiederholung bedeutungsähnlicher Verben

In etlichen Proskriptionsvermerken des Schweidnitzer Achtbuches wurden die Formulierungen vorgefunden, die als partielle Tautologien klassifiziert werden können. Dabei wird die Tautologie als Dasselbesagen verstanden, d. h. als „Fügung, die einen Sachverhalt doppelt wiedergibt." (DUDEN 2007a: 1667) Es ist jedoch auch wünschenswert, die Unterscheidung zwischen der bereits erwähnten Tautologie und dem Pleonasmus zu treffen, im Rahmen deren es in der Tautologie um die Kumulierung der inhaltlich und formal homogenen Wörter handelt, d. h. zwei Adverbien oder zwei Adjektive, wie etwa *nie und nimmer* oder *still und leise*. Als Pleonasmus wird hingegen die Häufung der unter dem semantischen Aspekt gleichen lexikalischen Einheiten angesehen, die aber morphologisch different sind, z. B. Adjektiv + Substantiv: *ein alter Greis* oder *gleiche Hälften* (RIESEL 1963: 330; KRAHL/KURZ 1975: 126). „Dies bedeutet, dass Pleonasmen Wiederholungen von Wörtern sind, die sich bei gleicher Semantik hinsichtlich der Wortart voneinander abheben können" (BĄK 2011: 265).

Was die Achteinträge aus Schweidnitz anbelangt, so sind hier solche Formulierungen anzutreffen, in denen es zu einer inhaltlichen Wiederholung – also zur semantischen Redundanz – kommt. Es handelt sich nämlich um den Ausdruck der Begehung einer Straftat (u. a. Totschlag, Mord, Verstümmelung, Verwundung, Beteiligung an einer Straftat) im Abschnitt der Tatbeschreibung, wo zwei Verben mit einer ähnlichen Bedeutung (*tun* und *begehen*) gebraucht werden:

(04.07.1403): *An der methewochen noch Visitationis Marie ist komen Francz Keyser und di schepphen und haben bekant, das Jocop Eyban an demselbin tage geheischen sey unde auch geecht umb eynen totslag, den her an Mertin Molner getan und begangen hat, uf das recht, das recht ist;*

(18.09.1410): *Gescheen ist am dornstage der quatertemper Crucis, das do qwomen Hannos Poschke unser lantfogit und Michel schultis von Kapsdorf, Stanike, Hannos Weber, Hannos Droba und Sigmud Kusch scheppfen doselbist czu Kapsdorf und bekanten, das Merthin Kusch in die ochte geton were von eines totslages wegen, den her an Jacob Qwark geton und begangen hatte, of das recht als recht ist;*

(18.11.1420): *Gescheen ist an sand Elisabeth obund, das fur uns komen ist unser statfoyt und bekante, das Hannus Milde der beckir ummb eine lemde in die ochte getan were, die her an Hannus Schultis dem fleisscher getan und begangen hette, uf das recht also recht ist;*

(21.10.1421): *Gescheen ist am dinstage Undecim Milia Virginum, das Johannes der lantfoyt vor uns bekante, wy das Close Heze und Andris Heze gebrudir vom Newdorf in die ochte getan weren ummb eine wunde und fulleist, die sie an Jorge Poklisch getan und begangen hetten, uf das recht also recht ist;*

(29.03.1436):   *Gescheen am dornstage noch dem suntage Judica anno ut supra, das Johannes Senstelebin unser statfoyt vor uns bekante, das Benischs Lode ein dresler ummb ein mort, den her getan und begangen hat an Nicklaus Geyer dem totingreber, in die ochte geton were uf das recht als recht ist.*

Außer den oben angeführten Belegen weist die Mehrheit der übrigen Proskriptionseintragungen solch eine inhaltliche Wiederholung nicht auf. Die Ursache des Gebrauchs einer solchen Formulierung kann vielleicht in den außersprachlichen Umständen der Gräueltat liegen, von denen jedoch im Achtvermerk keine Rede ist.

6. Phonematisch-graphematische Analyse des Textes des Schweidnitzer Proskriptionsbuches

Um ein komplexes Bild von der Textgestaltung der Schweidnitzer Proskriptionen bekommen zu können, soll kurz auf das Entwicklungsstadium des deutschen Lautinventars der im Text der Achtvermerke in Schrift festgehaltenen deutschen Sprache eingegangen werden. Damit dieses Bild aber noch deutlicher wird, werden alle Buchaufzeichnungen – nicht nur Proskriptionseintragungen (!) – der Sprachanalyse unterzogen. Das Ziel solch eines Unterfangens soll ferner ermöglichen, einerseits die Evolutionsphase des Deutschen aufgrund der phonematisch-graphematischen Untersuchung der im Text vorgefundenen, standardsprachlichen Lautwechselerscheinungen des Mhd. bzw. des Fnhd. zu beurteilen, andererseits die potenziellen dialektalen Einflüsse in den einzelnen Einträgen zu suchen. Nachher lässt dies das Schriftdenkmal sprachgeographisch erforschen und es in der Folge einem bestimmten Dialektkreis, auf dem es entstand, zuordnen, was viel über die in der Stadtkanzlei gültigen Schreibungsnormen, über die in der Stadtkanzlei tätigen Schreiber, vielleicht über deren Provenienz und schließlich über den in der Stadtkanzlei geltenden Usus sagen kann (auch CHROMIK 2010a: 27).

Vordergründig handelt es sich darum, die Lautverschriftungsmöglichkeiten bzw. Lautverschriftungstrends zu ermitteln und diese zu diagnostizieren, weil sie als in der Graphie sichtbare Produkte der mhd. bzw. der fnhd. Lautwandelprozesse auf der lautlichen Ebene zu betrachten sind. Auf diese Art und Weise wird die Frage der spekulativen Phonem-Graphem-Äquivalenz angeschnitten, wobei die Grapheme als geringste distinktive Elemente jedes Schreibsystems mit der Funktion der visuellen Wiedergabe der Laute definiert werden (COULMAS 1996: 174; CHROMIK 2010a: 47; OWSIŃSKI 2017a: 33–34; FIRYN/OWSIŃSKI 2020: 130–131), während unter dem Begriff *Phonem* die kleinsten, bedeutungsdifferenzierenden Einheiten der phonologischen Sprachebene zu verstehen sind (A. S. FERET 2014: 13; PETERSON 2015: 73). Somit wird im Vorliegenden auf die Relationen zwischen den Graphemen und Phonemen gestützt, innerhalb deren die Grapheme als Phonemrepräsentationen aufzufassen sind (PIIRAINEN 1968). Auf die Phonem-Graphem-Korrespondenzen verwiesen zwar schon DE COURTENAY (1845–1929) (1974: 52), DE SAUSSURE (1857–1913) (vgl. 1991: 51–52) und BLOOMFIELD (1887–1949) (vgl. 1933: 21), aber das Problem fand bis heute keine eindeutige und allgemein akzeptierte Erklärung in der Sprachwissenschaft, zumal verschiedene linguistische Schulen sowie bereits antike Philosophen an die Frage des Sprachzeichenbegriffs und der Phonem-Graphem-Relation unterschiedlich herangingen, was auch gegenwärtig der Fall ist (vgl. KALETA 2004: 37–68; PAVEAU/SARFATI 2009: 38–185; WIKTOROWICZ

2011g: 17–18; Owsiński 2017a: 13–38), z. B. Dependenz- und Autonomiehypothese, in deren Fokus die Verhältnisse zwischen dem Gesprochenen und Geschriebenen stehen.

> Dependenztheoretiker vertreten die Ansicht, dass die gesprochene Sprache der zentrale Forschungsgegenstand der Sprachwissenschaft sei und die Schrift nur ein abgeleitetes, sekundäres Zeichensystem darstelle. […] Die Vertreter der Autonomiehypothese hingegen plädieren dafür, die Schrift als eine eigenständige Realisationsform von Sprache anzuerkennen. (Dürscheid 2016: 23)

In Anlehnung an Prędota (1972: 100) und Grosse (1999: 205) lässt sich ganz generell behaupten, die Schrift solle als sekundäres artifizielles System angesehen werden, deren Ziel es sei, die Rede physisch zu erfassen und sie dem möglichen Rezipienten stets verfügbar zu machen. Dadurch wird es möglich, die Kommunikation vom Ort und von der Zeit abzutrennen. Die Reichweite und die Häufigkeit der schriftlichen Kommunikation wurden durch die Erfindung des Buchdrucks im 15. Jahrhundert noch zusätzlich gesteigert. Darauf verweist ebenfalls Wiktorowicz (2011g: 17), der die Besonderheit der geschriebenen Sprache folgendermaßen untermauert:

> Die geschriebene Form der Sprache wird nicht mehr als bloße Widerspiegelung der gesprochenen Variante betrachtet, weil sie eine relative Eigenständigkeit in ihrer Entwicklung aufweist, was sich z. B. unter anderem darin zeigt, dass sich die geschriebene Variante keineswegs parallel zur Entwicklung des phonetisch-phonologischen Systems verändert und die Einheiten des graphematischen Systems (Grapheme) polyfunktional sind. (Wiktorowicz 2011g: 17)

Die Entstehungszeit des unter die Lupe genommenen Untersuchungskorpus lässt es der fnhd. Epoche in der Sprachgeschichtsperiodisierung zurechnen.

> Somit geht die Entstehung dieser Handschrift[231] auf eine Zeitepoche zurück, die in der deutschen Sprachwissenschaft umstritten ist: es handelt sich hier nämlich um die „Anerkennung" des Frühneuhochdeutschen als zeitliche Periode der deutschen Sprachgeschichte, was nicht nur wegen seiner Bezeichnung, sondern auch wegen seiner Datierung kontroverse Meinungen ausgelöst hat bzw. auslöst. (Aghayev/Piirainen 2013: 117)

Wegen dieser Kontroverse des eher als künstliches Gerüst aufzufassenden Fnhd. (1350–1650) lässt sich das Schweidnitzer Proskriptionsbuch aber auch unter den Schriftdenkmälern des Mhd. (1050–1350) situieren. Solch eine Unstimmigkeit

---

231 Gemeint ist hier die fnhd. Handschrift aus Schlesien, die 2013 von Aghayev und Piirainen ediert und unter dem Titel *Das Stadtrecht von Schweidnitz/Świdnica* veröffentlicht wurde. Die Entstehungszeit des von ihnen edierten und publizierten Manuskripts (um 1400, Aghayev/Piirainen 2013: 117) deckt sich mit der Entstehungszeit des im Vorliegenden analysierten Achtbuches.

rührt von der Tatsache her, dass jeder Lautwandel als keine plötzlich eintretende Veränderung interpretiert werden darf: Vielmehr ist er mit einem im Laufe der Zeit gestreckten Veränderungsprozess zu assoziieren. Im Zusammenhang damit stehen auch die Standpunkte von SCHMID (2013: 3) und ERNST (2021: 15), die es als begründet beurteilen, dass jeder Epocheneinteilungsversuch wegen der fehlenden, allgemein anerkannten Kriterien zur Periodenfindung immer als (problematischer) Vorschlag anzusehen ist[232].

Im Vorliegenden wird in erster Linie auf die Annahme von AGHAYEV und PIIRAINEN (2013: 117) gestützt, die das Fnhd. als selbstständige Periode – und nicht als direkte Fortsetzung des Mhd. – interpretieren. Möglich und wünschenswert ist jedoch auch die Berücksichtigung der für das vorangehende, idealisierte Mhd. symptomatischen Lautwechselprozesse. Zu den wichtigsten Lautwandelerscheinungen der mhd. und fnhd. Sprachperiode innerhalb des Stammsilben- und Nebensilbenvokalismus gehören[233]:

– mhd. Reduktion der ahd. vollen Vokale in den Nebensilben;
– fnhd. standardsprachliche Diphthongierung: [iː, yː, uː] > [aɪ, ɔɪ, aʊ];

---

232 Die klassische, auf den sprachinternen Kriterien basierende Einteilung der Geschichte des Deutschen wurde von GRIMM (1785–1863) in seiner *Deutschen Grammatik* (1819, 2. Aufl. 1822) vorgeschlagen, wo drei Zeitspannen in der deutschen Sprachgeschichte unterschieden wurden: 1) Alt-, 2) Mittel- und 3) Neuhochdeutsch. Seine Periodisierung fand die Anerkennung von vielen späteren, sowohl deutschen als auch ausländischen Sprachhistorikern, die sich in ihren Untersuchungen stark daran – zumindest an der GRIMMschen Nomenklatur – orientierten, obwohl sie manchmal andere (auch sprachexterne) Kriterien der Sprachgeschichtseinteilung wählten, u. a. BEHAGEL (1891), PAUL (1880, 2. Aufl. 1886), SZULC (1969). Nicht weniger wichtig ist jedoch der Epochengliederungsversuch von SCHERER (1841–1886), der die Dreiteilung von GRIMM modifizierte und präzisierte, indem er die fnhd. Epoche (1350–1650) zwischen das Mhd. (1050–1350) und das Nhd. (1650–bis dato) einfügte, sodass man es mit einer Vierteilung zu tun hat, innerhalb deren jede Epoche 300 Jahre dauert (SCHERER 1878: 12–15). Sein als wissenschaftlich anerkannter, aber natürlich auch nicht immer akzeptierter Sprachgeschichtseinteilungsentwurf erwies sich für die späteren, um die deutsche Sprachgeschichte kreisenden Arbeiten als ausschlaggebend, weil er von vielen Sprachforschern übernommen wurde, u. a. BACH (1965), PIIRAINEN (1968), MOSKAL'SKAYA (1969), EGGERS (1969), METTKE (1970), SCHILDT (1976), STEDJE (1979), SCHMIDT (1980), SZULC (1991, 2002), HENNINGS (2003), SPEYER (2010), SCHMID (2013), MORCINIEC (2015), RIECKE (2016), HARTMANN (2018), ERNST (2021). Darüber hinaus gibt es auch andere Möglichkeiten der Sprachgeschichtsperiodisierung, wie etwa die von MOSER (1969), die nach den extralingualen Erscheinungen erarbeitet wurde, oder die von POLENZ (1991), der in seiner Sprachgeschichtsgliederung sowohl die inner- als auch außersprachlichen Kriterien berücksichtigte.

233 Mehr dazu: MOSKAL'SKAYA 1969: 218–222; SZULC 1987: 121–137; 2002: 137–139; PAUL 2007: 77–84; SCHMID 2013: 69–75; RIECKE 2016: 93–98; HARTMANN 2018: 99–106; ERNST 2021: 118, 120, 138–144.

- fnhd. standardsprachliche Monophthongierung: [ie, uo, ɣe] > [iː, uː, yː];
- md. Senkung der hohen Vokale: [ɪ, ɣ, ʊ] > [ɛ, œ, ɔ];
- fnhd. standardsprachliche Labialisierung: [eː, ɛ, iː, ɪ, eɪ/aɪ, iɛ] > [øː, œ, yː, ɣ, œɣ, ɣɛ];
- fnhd. Entlabialisierung: [øː, œ, yː, ɣ, œɣ, ɣɛ] > [eː, ɛ, iː, ɪ, eɪ/aɪ, iɛ];
- fnhd. Quantitätsverschiebungen (Dehnung der mhd. Kurzvokale und Kürzung der mhd. Langvokale);
- fnhd. Fusion der alten und neuen Diphthonge:

  mhd. [ei, ɔʊ, œɣ]

  > fnhd. [aɪ, aʊ, ɔɪ];

  mhd. [iː, uː, yː]

- fnhd. Synkope und Apokope im Bereich des Nebensilbenvokalismus;
- fnhd. Reduktion der e-Laute.

Innerhalb des mhd. Konsonantensystems lassen sich nur wenige Veränderungen antreffen, was darauf zurückzuführen ist, dass der nhd. Konsonantismus einer verhältnismäßigen Stabilisierung unterlag, nachdem die ahd. Lautverschiebung durchgeführt worden war (AGHAYEV/PIIRAINEN 2013: 118). Unten werden dennoch die schwerwiegendsten Merkmale aufgelistet, die für das mhd. bzw. fnhd., in Schrift festgehaltene Konsonantensystem von Belang sind[234]:

- Neutralisation im Auslaut (Auslautverhärtung), die ihre Widerspiegelung auch in der Schreibung fand;
- Palatalisierung von ahd. [s] > mhd. /ʃ/ (Monophonematisierung von ahd. /sk/);
- Entstehung des stimmhaften [z] im Anlaut vor Vokalen und im Inlaut nach Vokalen.

---

234 MOSKAL'SKAYA 1969: 177–178; SZULC 1987: 119–120, 2002: 139; SCHMID 2013: 86–88; RIECKE 2016: 49; HARTMANN 2018: 100–106, 138; ERNST 2021: 119.

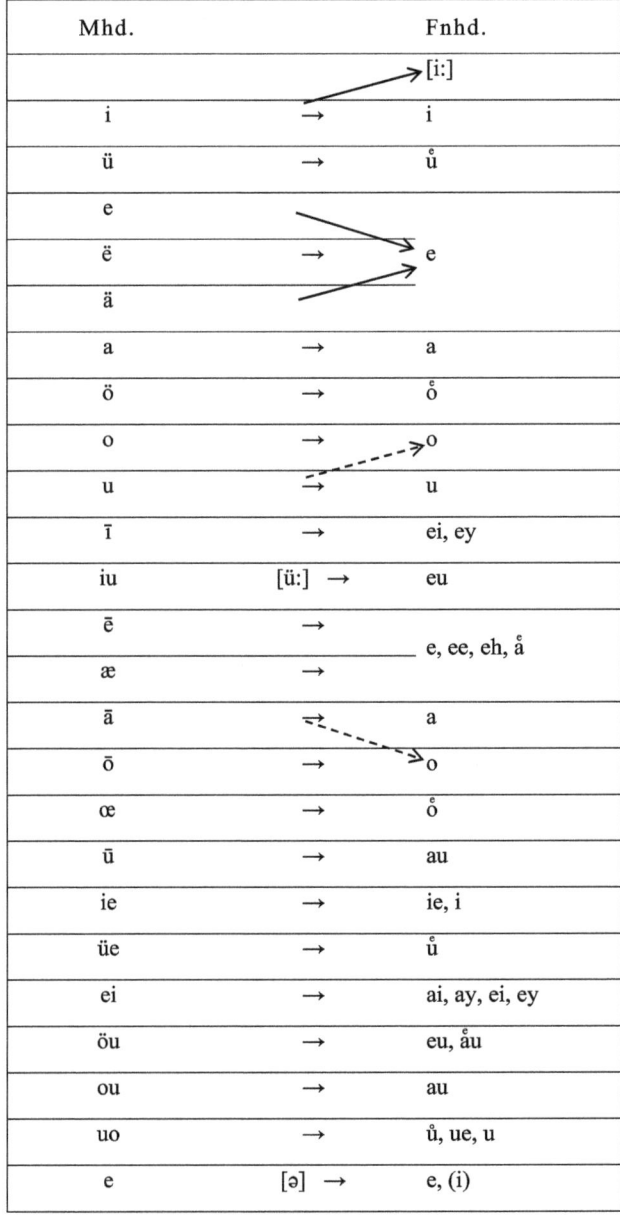

Mhd.		Fnhd.
		[i:]
i	→	i
ü	→	ů
e		
ë	→	e
ä		
a	→	a
ö	→	ő
o	→	o
u	→	u
ī	→	ei, ey
iu	[ü:] →	eu
ē	→	
æ	→	e, ee, eh, å
ā	→	a
ō	→	o
œ	→	ő
ū	→	au
ie	→	ie, i
üe	→	ů
ei	→	ai, ay, ei, ey
öu	→	eu, åu
ou	→	au
uo	→	ů, ue, u
e	[ə] →	e, (i)

Abb. 27. Die mhd. Vokale im Frühneuhochdeutschen (erarbeitet von P.A.O. nach PENZL 1984: 58–60; AGHAYEV/PIIRAINEN 2013: 121)

	Mhd.			Fnhd.		
Verschlusslaute						
Lenis	b	d	g	b	d	g
Fortis	p	t	k	p	t	k
Reibelaute						
Lenis	f (v)	s	h	f w [v]	s (z)	h j
Fortis	ff	zz sch	ch	(ff)	<ss> sch	cj
Affrikaten	pf	tz	(kch)	pf	tz	(kch)
Nasale	m	n	[ŋ]	m	n	ŋ
Halbvokale	w	j				
Liquide	l	r		l	r	

Abb. 28. Die mhd. und fnhd. Konsonanten (erarbeitet von P.A.O. nach Penzl 1984: 58–60; Aghayev/Piirainen 2013: 121)

Die unten durchgeführte, phonematisch-graphematische Analyse fußt auf dem Verhältnis zwischen den Graphemen und den mhd. bzw. fnhd. Phonemen, z. B. (y) kann ein Allograph des mhd. bzw. fnhd. <i> sein. Die Grapheme sind in Winkelklammern z. B. <t>] gesetzt, während ihre Varianten (Allographen) in runden Klammern [z. B. (th), (tt), (dt), (d)] erscheinen.

Die unten angegebenen Belege repräsentieren mehrere wiederholt gleichgeschriebene Formen, die im Untersuchungskorpus festgestellt wurden. Die Großschreibung und die Diakritika werden beibehalten. Bei den Zusammensetzungen werden die konkreten Positionen der Grapheme erörtert, indem sie in bestimmten Stellungen festgestellt wurden. Aus diesem Grund sind der absolute sowie gedeckte Wortan- und -auslaut nur in den konkreten Belegen sichtbar.

Was die fnhd. Lautinnovationen anbelangt, so sieht man überdeutlich, dass im Fall der Stadtbucheintragungen aus Schweidnitz ein fnhd. Text vorliegt. Davon zeugen die vollauf realisierten fnhd. Lautwechselprozesse, die ihren Niederschlag in Schrift finden.

Der hohe Sicherheitsgrad der Realisierung der fnhd. standardsprachlichen Diphthongierung wird auch durch die parallelen Untersuchungen der Schriftdenkmäler aus den anderen Städten des Kolonialbodens in Mittel- und Osteuropa glaubwürdig gemacht. Deswegen sollen hierbei ebenfalls die dialektologischen Erforschungsresultate mitberücksichtigt werden, denen zufolge der Diphthongierungsprozess zu Beginn des 13. Jahrhunderts im bairisch-österreichischen Dialektraum anfing (Wiesinger 1962: 229; Schmid 2013: 72) und sich mit der Zeit nach Norden verbreitete, sodass er die md. Mundarten zu Beginn der fnhd.

Periode erreichte (LINDGREN 1961: 5–60). Im ausklingenden 13. Jahrhundert sind die diphthongierten Laute auf dem böhmischen Gebiet festzustellen und in der ersten Hälfte des 14. Jahrhunderts – im Ostfränkischen, Schwäbischen sowie Schlesischen (MOSER 1929: 154–155; WIKTOROWICZ 2017b: 11–22; OWSIŃSKI 2022d: 205–223), was sich auch mit den Feststellungen von RÜCKERT (1878: 86) und JUNAGANDREAS (1937: 49) deckt: Die Graphie in den Schriftstücken aus dem östlichen und südlichen Teil des schlesischen Dialektkreises weist früher die diphthongische Schreibung auf als parallele Dokumente aus dem Norden und Westen desselben Mundartgebiets. Seit Mitte des 14. Jahrhunderts begegnet man den diphthongierten Lauten auch in den Archivalien aus der Stadtkanzlei der Alten Stadt Thorn (GRABAREK 1984a: 50–63)[235].

Anhand der unternommenen Analyse der Untersuchungsergebnisse (vgl. 6.1.1.1) kann man zum Schluss kommen, dass die Vermerke im Stadtbuch entweder zur Zeit des Lautwandeleintritts oder auch kurz davor niedergeschrieben wurden. Dies sieht man beispielsweise an den mhd. Langvokalen [iː, uː, yː], die der fnhd. standardsprachlichen Diphthongierung zu [aɪ, ɔɪ, aʊ] unterlagen. Die langen Monophthonge erscheinen anfangs zwar als monographemische Zeichen, aber ihre relativ hohe Variabilität kann den eintretenden Diphthongierungsprozess signalisieren. Die fehlende Konsequenz der Lautverschriftung kann wiederum als Bindung der Schweidnitzer Schreiber an die konventionelle Schreibung oder deren Unsicherheit während des Schreibens interpretiert werden:

– mhd. [iː] > fnhd. [aɪ]	=	*wibe, wibin* : *weyber, weyb*;
		Bretsnyder : *sneyders*;
		vrytage : *freitage*;
– mhd. [uː] > fnhd. [aʊ]	=	*uzschreiben* : *aûstribin* : *ausgelossen*;
		hausfrawe : *husfrouwe* : *rothawse*;
		tusent : *Tawsent*;
– mhd. [yː] > fnhd. [ɔɪ]	=	*euch* : *euwer*;
		leuthe : *lewte*: *luete*;
		Crewcis : *Cruce woche*.

Die oben erwähnte fnhd. standardsprachliche Diphthongierung lässt sich vom qualitativen Wandel der alten, nicht monophthongierten mhd. Diphthonge [ei, œy, ɔʊ] nicht separat besprechen, weil er mit der Fusion dieser Diphthonge mit den sich wegen der fnhd. standardsprachlichen Diphthongierung entwickelnden Zwielauten [aɪ, ɔɪ, aʊ] fest verkoppelt ist. Infolge der beiden angeschnittenen

---

235 Auf die Hypothese über den polygenetischen Charakter dieses Lautwandels (SCHMID 2013: 72; RIECKE 2016: 97) wird hier nicht eingegangen, weil dies den Rahmen der vorliegenden Arbeit sprengen würde.

Lautwechselprozesse fielen die Laute zusammen, was aber in der Schrift keinen Niederschlag fand (vgl. 6.1.1.2).

Was die fnhd. standardsprachliche Monophthongierung der mhd. Diphthonge [ie, uo, ʏe] zu den fnhd. Langvokalen [iː, uː, yː] anbetrifft, so ist ihre Quelle in den wmd. Mundarten (im Rheinfränkischen) des ausgehenden 11. Jahrhunderts zu suchen. Von dort aus breitete sich die Innovation wellenweise aus und übertrug sich schließlich auf das ganze md. Gebiet. In den omd. Mundarten – wie etwa in den archivalischen Dokumenten der Staatskanzleien in Prag, Breslau, Krakau oder Thorn – ist sie seit dem 14. Jahrhundert existent (ARNDT 1898: 80–81; BOKOVÁ 1993: 183–184; WIKTOROWICZ 2017b: 11–22; KALETA 2004: 25–32; GRABAREK 1984a: 68–72; OWSIŃSKI 2021a: 141–166, 2022d: 205–223). Die Untersuchung des Textes der Schweidnitzer Einträge lässt die Präsenz dieses Lautwandels im dort gebrauchten Deutschen bezeugen (vgl. 6.1.1.3), weil hier auch die monographemischen Zeichen im Gebrauch sind, obwohl man es mancherorts ebenfalls mit dem hohen Grad der Variabilität der Allographen zu tun hat:

– mhd. [ie] > fnhd. [iː]	=	*brive, statbrive* : *brief;*
		vir : *vier* : *vyer;*
		Libin Frouwin : *lieb;*
– mhd. [uo] > fnhd. [uː]	=	*bussen* : *buese;*
		uztun, thun : *uztuen* : *tún;*
		czu, dorczu : *nw;*
– mhd. [ʏe] > fnhd. [yː]	=	*genugin* : *genúgn;*
		geubet : *güter* : *búchern* : *fru.*

Der Herd der durch die Lautdistribution determinierten Labialisierung (Rundung) (in der konsonantischen Nachbarschaft von [ʃ, f, w, l, n]) der ursprünglich nicht gerundeten Laute ([eː, ɛ, iː, ɪ, eɪ/aɪ, iɛ] > [øː, œ, yː, ʏ, œʏ, ʏɛ]) erfolgte zunächst im Wobd. des 13. Jahrhunderts und erst dann im Laufe der Zeit umfasste die md. Dialekte. Die Graphien im Schweidnitzer Stadtbuch enthalten jedoch keine Reflexe dieser Neuerung, obwohl die konventionelle, keine Labialisierung zum Vorschein bringende Schreibweise hier in Betracht gezogen werden kann, z. B. *scheppin, scepphin, schepfen, czwelffbotin, czwelffboten.*

Der zeitliche und geographische Fokus des konträren Delabialisierungsprozesses (Entrundung) ([øː, œ, yː, ʏ, œʏ, ʏɛ] > [eː, ɛ, iː, ɪ, eɪ/aɪ, iɛ]) kann zuerst in den oobd. historischen Schriftstücken aus dem 12. Jahrhundert festgestellt werden. Da diese stark dialektale Neuerung das md. Dialektgebiet erst gegen Ende des 16. Jahrhunderts oder sogar im 17. Jahrhundert erreichte, sind ihre Spuren in der Schreibung der Schweidnitzer Vermerke vergeblich zu suchen (vgl. 6.1.1.4).

Die fnhd. Vokalquantitätsveränderungen betreffen einerseits die Dehnung der mhd. vorher kurzen Vokale in den offenen Tonsilben, andererseits die Kürzung der ursprünglich langen Monophthonge in den geschlossenen akzentuierten Silben. Zeitlich sind die beiden Lautwechselprozesse im 12. Jahrhundert zu lokalisieren. Was ihre geographischen Quellen anbelangt, so ist der Herd der Dehnung im westlichen Teil des deutschsprachigen Gebietes – im Niederfränkischen – zu verorten. Im 13. Jahrhundert gelangte sie zu den omd. Mundarten und erst im 15. Jahrhundert kann sie auf dem ganzen hd. Gebiet festgestellt werden. Der geographische Fokus der Kürzung befand sich hingegen im md. Dialektraum, d. h. im Omd., Ostfränkischen und Nordhessischen. Von dort aus übertrug sie sich auf das Obd. Von extrem großer Relevanz ist jedoch die Tatsache, dass die Markierung der Vokallänge bzw. -kürze in den fnhd. archivalischen Texten unsystematisch und inkonsequent war. Dies rührt wiederum davon her, dass die Schreibung immer konventioneller ist als die gesprochene Sprache. Daher schrieben die Schreiber solche Feinheiten nicht folgerichtig. Andererseits lassen sich ab und zu einige wenige äußerst subtile und dezente Schreibungsnuancen seitens der Schreiber bemerken, dank denen es mindestens bis zu einem gewissen Grade möglich wird, einige Schlüsse zur Vokalquantität zu ziehen. An dieser Stelle sind nämlich die vokalischen Doppelzeichen, das nachgestellte <e> oder das postvokalische <h> gemeint, die die langen Monophthonge wiedergeben können. Die vorangehenden kurzen Vokale können dagegen mithilfe der multiplizierten konsonantischen Schriftzeichen zum Vorschein gebracht werden. Unter Berufung auf GRABAREK (2017a: 91) soll allerdings noch berücksichtigt werden, dass

[...] bei jeder graphematisch-phonematischen Untersuchung quantitätsspezifischer Prägung auch die parallelen Lautwandelformen mitberücksichtigt werden [müssen], z. B. die im Rahmen der konsonantischen Ausgleichsbewegungen durchgeführte Rückgängigmachung des durch das Vernersche Gesetz beschriebenen Konsonantenwechsels bei etymologisch verwandten Wörtern sowie innerhalb bestimmter Flexionsparadigmen, die unter ähnlichen Bedingungen auf einem konkreten geographischen Gebiet (hier: Mittel-, Ost- und Südosteuropa) in demselben Sprach- und Kulturkreis eintraten. Dann kann man versuchen, anhand sehr vorsichtiger Beobachtungen eine Feststellung zu den quantitativen Umwandlungen zu formulieren. (OWSIŃSKI 2021c: 248)

In der Mehrheit der im Schweidnitzer Proskriptionsbuch angetroffenen Belege wird kein Quantitätsindikator gebraucht (z. B. *Aschtage, geclagit, habin, toetslak, gar, geiagit, deme, weber, nochrede, gebin, gewegelogt, abnemen, ir, im* (Pron.), *yren, geschribin, mitßpylen, übirgreyffen, Beugintore, gestolen, awsgeczugin*), obgleich es auch einige wenige Ausnahmen gibt, die den gedehnten Laut graphisch widerspiegeln (vgl. 6.1.1), z. B.:

- vokalisches Doppelzeichen: (ee)[236]: *gescheen, Gescheen*;
- Gebrauch des Dehnungs-<h>: *besehin, zuczihen, zcyhen, mehr, besehn, leynewehber, vormahnet, wehregeldt, wehregelt.*

---

236 Die Variante (ee) kann jedoch nicht als hundertprozentiger Beweis für die Dehnung des /e/ betrachtet werden (PIIRAINEN 1983: 102; AGHAYEV/PIIRAINEN 2013: 139)

Was das nachgestellte <e> als Quantitätsmarker des vorangehenden [iː] (< [ɪ]) anbelangt, so hat man es hier mit den differenten Möglichkeiten zu tun: Einerseits kann solch ein <e> als schriftlicher Marker der Vokallänge, andererseits auch als Versuch der visuellen Darstellung der dialektalen Diphthongierung des mhd. Langvokals [iː] zum fallenden Diphthong [iə] / [iɛ] [= <ie>, (ye)] angesehen werden, z. B. *driehundirt, drie, Drier, frietage, bie, do bie, begryefft, wyes* (vgl. 6.1.1, 6.1.1.5.2).

Additional kann aufgrund der Beachtung der Dauer der Lautdehnung mit ihrer geographischen Verbreitung sowie der Entstehungszeit und des Entstehungsortes der unter die Lupe genommenen Stadtbuchvermerke mit Vorsicht angenommen werden, dass die Dehnung eher durchgeführt wurde, nur dass sie in der Schreibung keine Widerspiegelung fand. Darüber hinaus ist an den Beispielen *were, weren* die Rückgängigmachung des grammatischen Wechsels zu erkennen, was über die Ausgleichsalternanz auch innerhalb der Quantität des Monophthongs mit hohem Sicherheitsgrad mutmaßen lässt.

Aus der Analyse der Untersuchungsergebnisse im Hinblick auf die Vokalkürzung wird ersichtlich, dass die Produkte dieses Prozesses in der Graphie ihre Wiedergabe finden, z. B.

– <a> = [a] (< [aː]) (Kürzung):   *brachte, bracht, lassen, lasßen, verdacht*;
– <e> = [ɛ] (< [ɛː]) (Kürzung):   *Herren, hern, herrn, her, ratherren, erbherren, heren.*

Wenn es um *lossen, lossin, ausgelossen, gelossin, gelossen, ufgelossen* ,lassen' sowie *vordocht* geht, dann kommen hier auch die mundartlichen Erscheinungen in Betracht: dialektale Verdunkelung (Verdumpfung) ([aː] > [oː]) oder dialektale Hebung und Labialisierung (Rundung) ([a] > [ɔ]). An dieser Stelle kann nämlich angenommen werden, dass der Langvokal [aː] zu [a] gekürzt wurde, ehe er dem Prozess der Vokalverdunkelung unterlag. Erst nachdem der Laut gekürzt worden war, wurde er schließlich zu [ɔ] gehoben und gerundet: [aː] > [a] > [ɔ] (vgl. 6.1.1.5.3, 6.1.1.5.4).

Die oben angeführten Exempel veranschaulichen die konsequente Markierung der gekürzten Laute in Form von Konsonantenverdoppelungen bzw. -häufungen nach dem gekürzten Vokal, obwohl es hierbei zu betonen sei, dass solch eine Lösung erst im 16. Jahrhundert zur allgemeinen und normalen Praxis der Stadtschreiber wurde (MOSER 1929: 79–82).

Außer den oben umrissenen standardsprachlichen fnhd. Neuerungen sowie neben den im Text angetroffenen Synkopierungen und Apokopierungen im Bereich des Nebensilbenvokalismus (vgl. 6.1.2) sind im Text der Eintragungen des Schweidnitzer Achtbuches ebenfalls die mundartlichen Schattierungen beobachtbar: Monophthongierung: [eɪ, ɔʊ] > [eː, oː] (vgl. 6.1.1.5.1), Diphthongierung: [iː] > [iə] / [iɛ] (vgl. 6.1.1.5.2), Verdunkelung (Verdumpfung): [aː] > [oː] (vgl. 6.1.1.5.3), Hebung und Labialisierung (Rundung): [a] > [ɔ] (vgl. 6.1.1.5.4), Senkung: [iː] > [eː] (vgl. 6.1.1.5.5), Mitteldeutsche Senkung der hohen Vokale: [ɪ, ʏ, ʊ] > [ɛ, œ, ɔ] (vgl. 6.1.1.5.6), Öffnung: [ɔ] > [a] (vgl. 6.1.1.5.7) sowie Umlaut der Diphthonge: [uː] > [aʊ] > [ɔɪ] und [ɔʊ] > [ɔɪ] (vgl. 6.1.1.5.8).

Im Bereich des Konsonantismus sind wiederum die schriftliche Fixierung der Verhärtung im In- und Auslaut, die Monophonematisierung von ahd. /sk/ und somit die Versuche der graphischen Wiedergabe des mhd. /ʃ/ sowie die Entstehung des stimmhaften [z] im Anlaut vor Vokalen und im Inlaut nach Vokalen anzumerken (vgl. 6.2).

Was die Sprachgeographie anbelangt, so lässt sich das Schweidnitzer Proskriptionsbuch unter den historischen Archivalien des omd. Dialektraumes in seiner schlesischen Prägung subsummieren. Über solch eine Zuordnung entscheiden die nachstehenden Sprachmerkmale, die im Einklang mit Analyseergebnissen u. a. von Chromik (2010a: 106–111) oder Wiktorowicz (1997: 99, 2011a: 63, 2011g: 25–26, 2011h: 73) stehen:

- fnhd. standardsprachliche Monophthongierung der mhd. Diphthonge zu den fnhd. langen Monophthongen: [ie, uo, ye] > [iː, uː, yː] (vgl. 6.1.1.3);
- fnhd. standardsprachliche Diphthongierung der mhd. langen Vokale zu den fnhd. Zwielauten: [iː, uː, yː] > [aɪ, ɔɪ, aʊ] (vgl. 6.1.1.1);
- md. Senkung der hohen Vokale: [ɪ, ʏ, ʊ] > [ɛ, œ, ɔ] (vgl. 6.1.1.5.6);
- dial. Verdunkelung (Verdumpfung): [aː] > [oː] (vgl. 6.1.1.5.3);
- dial. Hebung und Labialisierung (Rundung): [a] > [ɔ] (vgl. 6.1.1.5.4);
- dial. Senkung: [iː] > [eː] (vgl. 6.1.1.5.5);
- dial. umgelautete Diphthonge: [uː] > [aʊ] > [ɔɪ] und [ɔʊ] > [ɔɪ] (vgl. 6.1.1.5.8);
- schles. Kontraktionen (vgl. 6.1.1);
- im Bereich des Nebensilbenvokalismus die vorwiegend vorkommende Vorsilbe (vor-) statt <ver-> (vgl. 6.1.2.1);
- im Bereich des Nebensilbenvokalismus dial. Hebung des Schwa zu [ɪ] (vgl. 6.1.2.3);
- im Bereich des Konsonantismus die graphische, auch anzutreffende Realisierung der obd. Affrikate [pf] als (f) im Anlaut und als (pp) im Auslaut (vgl. 6.2);
- im Bereich des Konsonantismus die schles. Spirantisierung des /g/ in der medialen Wortposition (vgl. 6.2);
- im Bereich des Konsonantismus das Personalpronomen *er* mit dem anlautenden /h/ = md. / schles. *her* (vgl. 6.2).

6.1 Vokalische Graphematik

6.1.1 Stammsilbenvokalismus

Mhd. <a> = <a>, (ah), (e), (ee)

Mit dem mhd. <a> werden sowohl [a] als auch [aː] wiedergegeben. Im Falle des [a] wird einmal (e) und beim [aː] einmal (ee) angetroffen. Mittels dieses Graphems werden auch [a] und [aː] notiert, die infolge der Quantitätsveränderungen ([a] > [aː], [aː] > [a]) entstanden:

<a> = [a]:

Anlaut:

<a>: *ap, abnemen, abegewurfin, abegehawen, abetun, an, doran, anqueme, ankome, anlangenten, angeredt, anspruchen, ansproche, anczusprechin, andir, andirn, mitenandir, mittenander, mittenandir, enandir, enander, arme, armen, acht hundirt, achtintage, alle, allis, alles, aller, Aller Helgintage, also, alzo, anblikis, Aschtage, aldin, alde, furantwort, arg, arge, armbrust, armbrost, achsel;*

Inlaut:

<a>: *hant, hat, hatt, had, rotman, rotmanne, mannen, hofemans, daz, dazselbe, dasselbe, hatte, hate, hattin, stat, stad, staddiner, statbrive, statrichter, statbuch, statwoyt, statvoit, stadfoit, stadgericht, stathafte, stathoften, haften, halb, bekant, bekanten, bekante, waz, machte, marg, mark, landin, landisrecht, lantschepphin, beschaczunge, Fasnacht, Vasnacht, nachte, nacht, lantvoit, lantvoitte, lantfoit, lantfoyt, lantfoyte, lantfoytis, lantvoget, lantfoget, lantfogit, halz, halze, hals, halcz, obgenantin, egenantis, vorgenante, egenanten, furbas, bestandin, gelangin, Helgni Lichenams, Helgin Lichenames, gefangin, gefangen, begangin, begangen, ergangen, dirgangen, irgangin, kannyngisir, gewalt, gewald, mortbrant, mortbrande, brandes, brands, brandis, brante, gebranten, sache, notsachin, sachin, sachen, howptmans, houptman, hauptman, uffgehaldin, uffhaldin, halden, zuhalden, gehalden, gewande, Drefaldekeit, pfarrers, pfarrer, gestalt, bang, irlangit, anlangenten, gancz, ungemach, gesant, gesamtir, was ‚(er) war‘, phaffinmait, gehangen, walt, trang, markte, hassin, jarmarkten, zuschaffin, nacken, knappe, knape, hantwergmeister, wasßer, gehangen;*

(e): *gelentirpert;*

<a> = [a] (< [aː]) (Kürzung): *brachte, bracht, lassen, lasßen;*

<a> = [aː]:

Anlaut:

<a>: *achte, geacht, ane, sonnabe[nd], abund, abondis, amechtman;*

Inlaut:

<a>: *jare, jar, iare, jaris, jarmarkten, waren, wart, ward, getan, gethan, getant, ratherren, rate, rathaws, fahen, nach, nachkomen, strasse, mantage, manta[g], montage, montag, blaslege, wegelage, male, gabin, wanknecht, vanknecht, burggrave, nachrede (seit 1428);*

(ee): *burggreffe;*

<a> = [aː] (< [a]) (Dehnung): *frietage, frittage, freytag, freytage, freyttage, vrytage, sontage, tag, tage, tagen, sontag, dornstage, donrstage, donerstage, Aschtage, mantage, manta[g], Oestirtage, Aller Helgintage, geclagit, clagist, beclagit, pflugradir, quam, qwam, gwam, ware ‚Ware‘, schadin, czuentsagin, entsagit, sprach, habin, haben, habt, habe ‚Habe‘, totslak,*

toetslak, totslag, toetslag, totslagis. totslages, todslagis, todislagis, todeslagis, todslag, totslage, geslagen, geslagin, erslagen, dirslagin, dirslagen, Offart [unsirs Herren], *mag, gar, jagen, geiagit, besagit, badstobe, bader, baderknecht, irfare, irfaren, zas, sas, namhaftigen, vatern;*

(ah) = [aː] (< [a]) (Dehnung): *vormahnet;*

Mhd. <e> = <e>, (i), (ey), (ee), (eh)

Das mhd. <e> entspricht den folgenden Lauten [ɛ], /ẹ/, /ë/, [eː], [ɛː][237] sowie den Lauten, die sich infolge der Vokalquantitätsalternanzen entwickelten. Zweimal wurde das Dehnungs-<h> angetroffen, mithilfe dessen entweder der gedehnte oder der ursprünglich lange Laut graphisch wiedergegeben wird. Außer der Hauptvariante werden mancherorts ihre Allographe: (i), (ey), (ee) und (eh) angetroffen:

<e> = /ẹ/ und [ɛ]:

Anlaut:

    <e>: *ende, erbrichtir, erbherren, erpvoythe, erbevogit, erbefoit, erbisgerichte, erbgerichtis, enlenden, elbogen;*
    (i): *irbern;*

Inlaut:

    <e>: *gesessin, gesessen, hette, hett, pferdin, pferde, pferd, pfert, pherd, wenne, besties, herczogynne, herczog, steten, felchlich ,fälschlich', czerunge, kretsczemeirs, kretczemir, kretczemer, kretschemer, kretschemers, cretschem, kretschem, cretschmer, frevil, welde, wellit, frevelich, frevilich, freveliche, freffil, freffelich, gesellen, geselle, geselleschaffte, vettir, Messirsmede, messersmede, messirsmit, messir, messer, messirsmedsknecht, messersmedeknecht, hende, gestellen, becker, becke, enlenden, fremden, nennit, herbe[r]ge, gefengnis, gefenknis, gefencknuße, gefencknus, gefencknuß, gefencknueße, gefencknues, gefencknuese, gefenkniße, gefencgknisse, vordenken, gedencken, ketczern, ketczery, ketczir, hefften, lesterung, unvorschemet, schendlichin, schencke, melczerknecht;*
    (i): *irbern;*

<e> = [eː] (< [ɛ]) (Dehnung): *deme, deme selbin, der, derselbe, den, kegin, legit, furlegit, furgelegete, wer, helferede, angeredt, weber, irwerit, gehegittin, nochrede, nachrede, bereden, ufczuheben, totingreber, gelemet;*

(ey) = [eː] (< [ɛ]) (Dehnung): *leymde, leymede;*

<e> = [ɛ] (Sekundärumlaut): *mechtig, gerber, Gerber;*

---

237 Umlaut des /aː/.

\<e\> = /ë/:

Inlaut:

\<e\>:   her ‚er‘, helte, dazselbe, dasselbe, desselbin, deme selbin, derselbe, selbschuldegir, spreche, anczusprechin, rechtslos, rechtis, rechtin, recht,
rechtt, landisrecht, knecht, knechte, scheffersknecht, yudenknecht, wanknecht, vanknecht, schuknecht, schuknechtt, kurssenerknechte, molknecht,
messirsmedsknecht, messersmedeknecht, smedeknecht, waynknecht,
korsnerknecht, baderknecht, melczerknecht, furwerk, hantwergmeister,
sechczigstin, sechczin, svestir, hirbergit, hirberge, herbe[r]ge, gewest,
enperin, gelde, Bretsnyder, helferede, helfern, swestir, wergelt, scheldebriffe, fenster, verleben, brechen;

\<e\> = [eː] (\< /ë/) (Dehnung):   gegebin, gebin, wedirgebin, wedirgebe, widirgebin, wegeloge, wegelogen, wegelogin, wegelage, gewegelogit,
gewegelogt, geschen, svert, swerte, nemen, uffczunemen,
abnemen, lemde, lemden ‚mutilatio‘, wollenweber, wollenwebir, webir, wegk;

(ee) = [eː] (\< /ë/) (Dehnung):   gescheen, Gescheen;

(eh) = [eː] (\< /ë/) (Dehnung):   leynewehber, besehin;

\<e\> = [eː]:

Anlaut:

\<e\>:   elichin, eliche, elichen, unelichin, erstin, egenantis, egenanten, eweglich,
ewicl[i]chen, ewigen, ewigk;

Inlaut:

\<e\>:   orfede, czen, mer, feden;
(ee):   steen, steet, czeen, gesteen;
(eh):   mehr;

\<e\> = [ɛ] (\< [ɛː]) (Kürzung):   Herren, hern, herrn, her, ratherren, erbherren, heren;

Auslaut:

\<e\>:   reroub, reroubt, rerowbt, rerowp, rerowb;

\<e\> = [ɛː][238]:   tet, tete, were, weren, ungenedig, schedelich, schedeliche, gerete, gerethen,
anqueme, czene, jerlichin;

---

238 Umlaut des /aː/.

Mhd. <i> = <i>, (y), (e), (u), (ie), (ye), (ih), (yh)

Das mhd. <i> notiert [ɪ], [ɪ][239], [iː][240] sowie [iː][241]. Die Hauptvariante <i> alterniert mit ihren Nebenvarianten: (y), (e), (u), (ie), (ih) und (yh), wobei auch das postvokalische, den vorangehenden Langvokal signalisierende <h> vorzufinden ist:

<i> = [ɪ]:

Anlaut:

      <i>: *In, in* (Präp.), *ist, inns;*
      (y): *ym, yn* (Präp.), *dorynne;*

Inlaut:

      <i>: *mit, ginge, mittildorffe, sich, bisschofftum, begriffin, sint, sindt, gerichte, gerichtis, stadgericht, richtiklichen, anblikis, richtir, richter, richtir, erbrichtir, statrichter, berichtunge, awsrichtu[n]ge, mitwuche, mitewuche, hirte, kirche, singit, hindir, hinder, kinde, kindir, wirtis, wichbildis, siczin, sitczende, dritten, dinge, dingen, findeth, vint, vindet, Fphingisten, Fphingist, Pfingsten, bricht, vorwillet, spittilmeister;*
      (y): *kyndir, kynder, wynkil, wyrte, mynnir, nymmir, gehyndern, bynnen, bys, dyrnyn, byn, dyng, dyngen, dyngk, sych;*
      (e): *methewuche, methewoche, methewochen, metewuche, metewochin, bete* ‚(ich) bitte‘;

<i> = [iː] (< [ɪ]) (Dehnung):

Anlaut:

      <i>: *ir, im* (Pron.), *irn, irem;*
      (y): *yren;*

Inlaut:

      <i>: *mir, wir, messirsmit, smid, geschribin, vil, fridlich;*
      (y): *myr, Smyde, Smyd, mitßpylen;*
      (ih): *zuczihen;*
      (yh): *zcyhen;*

<i> = [iː] (< ahd. /ie/ < /io/ < /eo/):

Anlaut:

      <i>: *idim, idem, idiem, idir;*
      (y): *ydin;*

---

239 Auch Produkt der Kürzung.
240 Produkt der Dehnung.
241 Mhd. /ie/ < ahd. /ia/, /io/.

Inlaut:

> <i>: *diner, staddiner, dinstage, kannyngisir, Libin Frouwin, libin;*
> (y): *hyrin;*

<i> = [ɪ] (< ahd. /ie/ < /io/ < /eo/)[242]:

> (y): *nymmer;*
> (u): *nummyr*[243];
> (ih): *zuczihen;*
> (yh): *zcyhen;*

Auslaut:

> (ie): *die, wie;*
> (ye): *dye;*

Mhd. <u> = <u>, (uu), (o)

Das mhd. <u> vertritt die Laute [ʊ], [uː][244] sowie [uː], das sich auf dem Weg der Vokaldehnung entwickelte. Außer seiner Hauptrealisierung <u> werden ebenfalls die Realisierungsmöglichkeiten (uu) und (o) vorgefunden:

<u> = [ʊ]:

Anlaut:

> <u>: *Unsires, unsirs, unsir, unsirn, und, um, umb, umme, ummb, dorum, uns, undirwysin, under, dorunder, dorunnder;*
> (uu): *doruum;*
> (o): *orteil, orhap;*

Inlaut:

> <u>: *driehundirt, acht hundirt, wunde, vunde, wundin, vundin, wundem, gewunt, funden, wustin, wuste, burger, mitburgir, schultisse, schulttisse, schultis, schultheisse, scultheis, blutrunst, selbschuldegir, beschuldegin, czukunfft, zukumfftigen, burggreffe, burggrave, burgt, durch, armbrust, abund, jungen, hulfe*[245], *anspruchen, notdurft;*

---

242 Nach der Monophthongierung und darauffolgenden Kürzung (vgl. KLUGE 2011: 655, 656).

243 Md. Eigentümlichkeit [vgl. LEXER 2022, (online) https://woerterbuchnetz. de/?sigle=Lexer#4 (05.07.2022), DWB 2022, (online) https://woerterbuchnetz. de/?sigle=DWB#1 (05.07.2022)].

244 Die Laute [iː, uː, yː], die zu den Diphthongen [aɪ, aʊ, ɔɪ] gespalten wurden, werden zusammen als Beispiele für die fnhd. (obd.) Diphthongierung besprochen.

245 Md. Eigentümlichkeit [vgl. LEXER 2022, (online) https://woerterbuchnetz. de/?sigle=Lexer#3 (06.07.2022), DWB 2022, (online) https://woerterbuchnetz. de/?sigle=DWB#1 (06.07.2022)]

(o):   *wonden, wondin, blutronst, fredebroch, ansproche, armbrost*;

<u> = [u:] (< [ʊ]) (Dehnung): *Judin, yudenknecht*;

(o) = [u:] (< [ʊ]) (Dehnung): *bastobe*;

Mhd. <ü> = <ü>, (u), (ů), (o), (ö), (oe)

Das mhd. <ü> steht für das ursprüngliche [ʏ] sowie für Produkte der Labialisierung ([ʏ] < [ɪ]) und der Dehnung ([y:] < [ʏ]). Außer der einmal angetroffenen Hauptvariante <ü> sind häufiger ihre unterschiedlichen Realisierungsmöglichkeiten: (u), (ů), (o), (ö) und (oe) zu begegnen:

<ü> = [ʏ] (unbezeichneter Umlaut):

Inlaut:

(u):   *Furbas, furstentum, kurssener, kurssenerknechte, buchsenmeister, tuchti-*
       gen, woltuchtige, mu[n]disch, unmundisch;
(o):   *korsnerknecht, konftigin, unmondischen, torstigen*;

(ů) = [ʏ] (< [ɪ]) (Labialisierung): *wůrde, wůrdin*;

(u) = [ʏ] (< [ɪ]) (Labialisierung): *funf, fumf*;

(ö) = [ʏ] (< [ɪ]) (Labialisierung): *vömf*;

<ü>, (o), (u), (o), (oe) = [y:] (< [ʏ]) (Dehnung):

Anlaut:

    <ü>:   *übirgreyffen*;
    (o):   *dorober*;

Inlaut:

    (u):   *Judin*;
    (o):   *mol*;
    (oe): *toer*;

Mhd. <o> = <o>, (oe), (ó), (ow), (u), (ů)

Das mhd. <o> gilt als graphische Widerspiegelung von [ɔ], [ɔ][246], [o:] und [o:][247]. Außer der Hauptvariante <o> werden auch folgende Realisierungen angetroffen: (oe), (ó), (ow), (u), (ů):

---

246 Produkt der Senkung.
247 Produkt der Dehnung.

<o> = [ɔ]:

Anlaut:

<blockquote>
<o>: offene, offinbar, ordenunge;

(u): uffinbar;
</blockquote>

Inlaut:

<blockquote>
<o>: genomen, mittildorffe, dorfes, dorffe, fon, dofon, bisschofftum, sonobunde, sonnabe[nd], dornstage, donrstage, donerstage, Cruce woche, lantvoit, lantvoitte, erpvoythe, erbevogit, vogit, erbefoit, lantfoit, lantfoyt, statwoyt, statvoit, stadfoit, woyt, foytis, lantfoyte, lantfoytis, lantvoget, lantfoget, lantfogit, schok, mort, morth, mord, morde, mordis, mordes, morths, mortbrant, mortbrande, irmort, gemort, wortin, worthen, wortten, irfordirt, erfordert, gevordirt, gefordert, forderunge, usgenomen, nachkomen, gesprochin, volleist, folleist, voleist, folleister, volleister, methewoche, methewochen, metewochin, geworfen, uzgeworffene, koch, geschossen, stocke, stok, slosser, borgen, wollenweber, wollenwebir, strossin, eydgenossen, gebrochen, dirschossen, tochter, statfolke;

(u): wurdin, wurden ‚worden', wulde, wuldin, wullen, fulger, fulgin, fulgen, fulleist, methewuche, metewuche, mitwuche, mitewuche, furdirt, irfurdirt, furdererrynne, furderunge, nuch, abegewurfin, gehulfin;
</blockquote>

<o> = [o:]:

Anlaut:

<blockquote>
<o>: ome, or, orn;

(oe): Oestirtage;
</blockquote>

Inlaut:

<blockquote>
<o>: schonte, toten, totin, totslak, totslag, totslagis, totsloges, totslages, todslagis, todislagis, todeslagis, totslage, totslogis, tode, todt, todißhalben, totingreber, lot, czogin, vorzcog, notsachin, ufstosen, ufstozzen, angestosen, angestozen, czwelffbotin, czwelffboten, montage, montag, closters, notdurft, monden;

(ô): tôtslag;

(oe): toetslak;
</blockquote>

Auslaut:

<blockquote>
<o>: also, alzo, zo, ßo, czwo;

(u): czwu, czwhu;
</blockquote>

<o> = [o:] (< [ɔ]) (Dehnung):

Anlaut:

<blockquote>
<o>: obin, obirste;
</blockquote>

Inlaut:

> <o>: *tore, thoren, Beugintore, gestolen, gestoln, hofemeistir, hofemans, bogener, erhoben, ynwonern, elbogen, zu geczogen, gesvorin, gesworen;*
> (ow): *pfarrehowfe;*
> (ů): *fůr ,vor';*
> (u): *fur ,vor', dofur, furschribit, awsgeczugin;*

<o> = [ɔ] (< [ʊ]) (Senkung):

Anlaut:

> <o>: *orfede;*

Inlaut:

> <o>: *sollen, fromen, komen* (Part.)*, ankome, sontage, sontag, scholtisse;*

aber auch fehlende Senkung ([ɔ] < [ʊ]): *sundir, sulde, sulle, sullen, suntage, sunderheit;*

<o> = [oː][248]< [ɔ] < [ʊ]: *son, sones, sonen, sone;*

Mhd. <ö> = <ö>, (oe), (o), (e), (ó), (u)

Mittels des mhd. <ö> werden sowohl [œ] als auch [øː] graphisch realisiert. Neben der Hauptvariante <ö> sind folgende Lautverschriftungsmöglichkeiten vorzufinden: (oe), (o), (e), (ó) und (u):

<ö> = [œ]:

Inlaut:

> <ö>: *möchten;*
> (oe): *koeche;*
> (o): *dorfer, toppher, topper, toppir, morden* (D. Pl.)*, monch;*
> (e): *tepfer;*

(o) = [œ] (< [ɤ]) (Senkung): *molner, molknecht;*

(ó) = [œ] (< [ɤ]) (Senkung): *mólner;*

<ö> = [øː]:

Inlaut:

> (o): *bosir, boselewte, boze, furhoren, gehort, hochsten;*
> (ó): *hóchsten;*
> (u): *huchstin;*

---

248 Produkt der Senkung und darauffolgenden Dehnung.

(o) = [øː]^{249} < [œ] < [ʏ]: *sone, Konige, kongis, dreierkonige;*

(ó) = [øː]^{250} < [œ] < [ʏ]: *sóne;*

(u) = [øː]^{251} < [œ] < [ʏ]: *Kunige*

KONTRAKTION (Synärese, Zusammenziehung)
    Im analysierten Textkorpus wurden ebenfalls einige wenige Belege für die Kontraktionen vorgefunden, die besonders für den schlesischen Dialektraum symptomatisch sind. Gemeint ist hier der intervokalische Konsonantenschwund mit der darauffolgenden Bildung eines Diphthongs oder eines langen Vokals (METTKE 1970: 133–134, 223–224; SZULC 2002: 140–141; HENNINGS 2003: 120):

–   ahd. /-abē-/ > mhd. /-abe-/ > schles. /aː/ = <a>: *han* ‚haben‘, *gehan* ‚gehaben‘;
–   ahd. /-age-/ > mhd. /-age-/ > schles. /ai/ = (ay): *gesayt* ‚gesagt‘, *wayn* ‚Wagen‘; (ai): *phaffinmait.*

Die Exempel *hofemeistir, buchsenmeister, spittilmeister* können auch die Kontraktion im dominanten Determinatum veranschaulichen, nur dass es dazu viel früher gekommen ist: mhd. *meister* < ahd. *meistar, maistar* < lat. *magister* (KLUGE 2011: 613; DWB 1854–1961^{252}).

6.1.1.1 Fnhd. standardsprachliche Diphthongierung: [iː, yː, uː] > [aɪ, ɔɪ, aʊ]

Die mhd. Langvokale [iː, yː, uː] wurden zu [aɪ, ɔɪ, aʊ] diphthongiert, die durch <ei, eu, au> vertreten sind. Hierbei sei jedoch eine Vielfalt ihrer Nebenvarianten zu bemerken, deren Gebrauchskonsequenz unbestimmbar ist. Solch eine Tatsache ist auf die fehlenden orthographischen Regeln zurückzuführen, die sich u. a. durch verschiedene Schreiberhände oder auch durch die Unsicherheit des einen Text niederschreibenden Schreibers ausdrückt. Die Beibehaltung der älteren Graphien <i, y, u> – insbesondere in den älteren Belegen – kann wiederum von der Bindung der Schreiber an die konventionelle Schreibung zeugen:

– mhd. [iː] > fnhd. [aɪ]   =   <ei>, (ey), (ay), (i), (ie), (y), (e);
– mhd. [uː] > fnhd. [aʊ]   =   <au>, (u), (aů), (aw), (ow), (ou), (o);
– mhd. [yː] > fnhd. [ɔɪ]   =   <eu>, (euw), (ew), (u), (ue):

---

249 Produkt der Senkung und darauffolgenden Dehnung.
250 Produkt der Senkung und darauffolgenden Dehnung.
251 Produkt der Senkung und darauffolgenden Dehnung.
252 DWB 2022, (online) https://woerterbuchnetz.de/?sigle=DWB#8 (10.07.2022).

mhd. [iː] > fnhd. [aɪ]
<ei>, (ey), (ay), (i), (ie), (y), (e)

mhd. [uː] > fnhd. [aʊ]
<au>, (u), (aú), (aw), (ow),
(ou), (o)

mhd. [yː] > fnhd. [ɔɪ]
<eu>, (euw), (ew), (u), (ue)

Anlaut
(i):
*inlowfin, inlowffin, inschreiben,
inlawf;*

(y):
ynlowfin, ynwonern;

Anlaut
(u):
*uf, usgenomen, ufstosen,
ufstozzen, ufczuheben,
ustriben, uztun, uztuen,
uzrawfftin, uzgeworffene,
uzschreiben, ufgelossen;*

(aú):
aústribin;

(aw):
*awsrichtu[n]ge, awsgeworfen,
aws, awsgeburget, doraws,
awsgeczugin;*

<au>:
ausgelossen, dorauß, dorrauß;

Anlaut
<eu>:
euch;

(euw):
euwer, euwern;

Inlaut
<ei>:
*czeit, czeiten, weib, weip, weibe,
vorschreiben, uzschreiben,
inschreiben, bleiben, sein,
seinen, seinem, seine, seiner,
sein, reich, dreierkonige,
sneider, Heiligen Leichenams,
leibe, leibes, teiche, vermeidin,
weise, anzugreifen;*

(ey):
*seynen, zuschreyben, weyber,
weyb, schreybin, sweyn, speyse,
weyse, sneyders, pfeyle, beyel,
leynewehber, übirgreyffen;*

(ay):
waynknecht;

(e):
furretir;

Inlaut
<au>:
*hausfrawe, hausfraue,
haußfrawen, hausit;*

(u):
*tusent, husfrouwe, husfrauwe,
husfrauwen, husfraue,
furstentum;*

(aw):
*hawse, haws, rathaws,
rothawse, gehawsit, hawsit,
hawsfrawen, bawemeistir,
gehawfit, hawffit, hawfin,
Tawsent, zcawn;*

(ow):
dowmen, dowme, howsit;

(ou):
houste;

(o):
hoffte, hofit;

Inlaut
<eu>:
deube, leuthe, leute;

(ew):
*tewir, boselewte, lewte,
lewthe, statlewtt, Crewcis,
kewlenslegen, mewerers,
mewrer, brewer, fewer,
gezcewnet;*

(u):
*Cruce woche, frunde,
fruntsschaft, frundis, frund,
vorsunet;*

(ue):
luetin, luete;

(i):
*wile, blibin, tribin, auestribin,
ustriben, fintlich, sin, sine,
sins, beslich, wibe, wibin, wip,
Helgni Lichenams, Helgin
Lichenames, lidin, glichir, wise,
wiz, lip, pfiffer, wichbildis,
czichner, anzugrifin;*

(y):
*syme, synen, synes, syne,
zyn, myne, myner, mynes
Bretsnyder, undirwysin,
Besnydunge;*

Auslaut	Auslaut	Auslaut
<ei>	(aw)	
dobei, freitage;	*bawmeister*	keine Belege vorgefunden

(ey)
dobey, frey;

(i):
frittage;

(ie):
*driehundirt, drie, Drier,
frietage, bie, do bie;*

(y):
vrytage, ketczery;

(yᵉ):
byᶠ;

(e):
Drefaldekeit

6.1.1.2 Fnhd. Fusion der alten und neuen Diphthonge:
[ei, œʏ, ɔʊ], [iː, yː, uː] > [aɪ, ɔɪ, aʊ]

Mit der Frage der fnhd. standardsprachlichen Diphthongierung geht auch die Frage der Fusion der alten – d. h. vom Fnhd. ererbten – und der neuen – d. h. infolge der fnhd. Diphthongierung entstandenen – Diphthonge einher. Dieser Prozess ist wiederum eine logische Folge der Entstehung der Laute im Fnhd., die den im mhd. Lautsystem bereits vorhandenen ähnlich waren. Der Zusammenfall fing nämlich in der ausgehenden mhd. Periode an, was zunächst die obd. archivalischen Schriftstücke aufzeigen (Öffnung der alten Diphthonge zu [aɪ] und [aʊ]). Der ziemlich große Reichtum an den Niederschriftmöglichkeiten der neueren – aber natürlich auch der älteren – Zwielaute (vgl. unten) kann als Beweis der mühsamen Versuche der Markierung der Provenienz des Diphthongs vonseiten der Kanzleischreiber angesehen werden. Eine solche Praxis der Kanzlisten ist noch zu Beginn des Fnhd. bemerkbar. Die späteren Archivalien weisen dagegen die unregelmäßigen Graphien auf, anhand deren es nicht mehr möglich ist, die Herkunft eines gegebenen Diphthongs zu erkennen (GRABAREK 2017a: 89).

Im explorierten Text der Vermerke im Schweidnitzer Proskriptionsbuch lassen sich dezente – allerdings auch sehr inkonsequente – Bemühungen der Schreiber bemerken, den mhd. Diphthong [ei] vom fnhd. Zwielaut [aɪ] in der Graphie zu unterscheiden, weil der Erstere häufiger mithilfe der Buchstabensequenzen <ei>, (ey) und (eyi) visuell dargestellt wird, wohingegen der Andere entweder durch die traditionelleren Graphien – z. B. (i) oder (y) – vertreten ist oder auch die verschiedenen Buchstabenkombinationen, wie etwa (ay), (yᵉ), aufzeigt. Die Verschriftungsmöglichkeiten der übrigen Zwielaute [œʏ, ɔʊ] bemänteln ihre Herkunft und fallen größtenteils mit den graphischen Wiedergaben der Diphthonge zusammen, die infolge der fnhd. Diphthongierung der mhd. [yː, uː] entstanden:

mhd. [ei]	mhd. [iː] > fnhd. [aɪ]
<ei>, (ey), (eyi), (i)	<ei>, (ey), (ay), (i), (ie) (y)

Anlaut	Anlaut
<ei>	(i)
ein, einis, geeichit, geeicht, geichit, eichit, geeichte, gieeichit;	*inlowfin, inlowffin, inschreiben, inlawf;*
(ey)	(y)
eyne, eynen, eyn, eym, eynis, geeychit, geeycht;	*ynlowfin, ynwonern;*

Inlaut	Inlaut
<ei>	<ei>
hofemeistir, buchsenmeister, spittilmeister, hantwergmeister, cromermeistern, bawemeistir, bawmeister, Fleyschermeister, teile, teilen, geteilit, geteilt, geteiln, fulleist, verleister, schultheisse, scultheis, orteil, heilgin, heilgen, erczeiget, beiden, beider, beide, heist, fleicher, Heiligen Leichenams, fleissfcher, heimelich, keinem, geisler, cleider, geistlichen;	*czeit, czeiten, weib, weip, weibe, vorschreiben, uzschreiben, inschreiben, bleiben, sein, seinen, seinem, seine, seiner, reich, dreierkonige, sneider, Heiligen Leichenams, leibe, leibes, teiche, vermeidin, weise, anzugreifen;*

(ey)

keynen, keynerley, heymsuche, heymsuchen, heynsuchte, fleysscher, heylgin, heymelichen, heymelich, heyst, bleycher, beyn, gmeyne, geystlich, irzceygt, Fleyschermeister;

(ey)

seynen, zuschreyben, weyber, weyb, schreybin, sweyn, speyse, weyse, sneyders, pfeyle, beyel, leynewehber, übirgreyffen;

(ay)

waynknecht;

(e)

furretir;

(i)

wile, blibin, tribin, auestribin, ustriben, fintlich, sin, sine, sins, beslich, wibe, wibin, wip, Helgni Lichenams, Helgin Lichenames, lidin, glichir, wise, wiz, lip, pfiffer, wichbildis, Bretsnyder, czichner, anzugrifin;

(y)

syme, synen, synes, syne, zyn, myne, myner, mynes Bretsnyder, undirwysin, Besnydunge;

Auslaut
keine Belege
vorgefunden

Auslaut
<ei>
dobei, freitage;

(ey)
dobey, frey;

(i)
frittage;

(ie):
driehundirt, drie, Drier, frietage, bie, do bie;

(y)
vrytage, ketczery;

(yᵉ)
byᶠ;

(e)
Drefaldekeit;

mhd. [ɔʊ]
<au>, (auw), (aw), (ou), (ow)

[u:] > [aʊ]
<au>, (u), (aù), (aw), (ow), (ou), (o)

Anlaut
<au>
Auch, auch;

(aw)
awgen;

(ou)
ouch;

Anlaut
(u)
uf, usgenomen, ufstosen, ufstozzen, ufczuheben,
ustriben, uztun, uztuen, uzrawfftin,
uzgeworffene, uzschreiben, ufgelossen;

(aů)
aůstribin;

(aw)
awsrichtu[n]ge, awsgeworfen, aws, awsgeburget,
doraws, awsgeczugin;

<au>
ausgelossen, dorauß, dorrauß;

Inlaut
<au>:
furkaufft, frauen, husfraue, hausfraue, gekauft,
haupt, hauptman;

(aw)
gekawft, uzrawfftin, berawbit, inlawf,
abegehawen, abgehawen, gehawen,
awsgehawen, gelawffen, frawen, hausfrawe,
hawsfrawen, haußfrawen, hawpt, glawbet;

(auw)
husfrauwe, husfrauwen;

(ou)
frouwe, frouwin, vrouwin, husfrouwe, geroubt,
reroub, reroubt, roub, roublich, furloubt,
geloubert, Libin Frouwin, houptman, houpt,
irlouffen, vorkouffen, vorkouffon, gloubt,
glouben, gloubit, gloubite;

(ow)
belowgin, gelowbert, howptmans, rerowp,
rerowb, rerowbt, berowbit, berowbt, gerowbt,
inlowfin, inlowffin, ynlowfin, inlowffe, drowh,
glowbet;

Inlaut
<au>:
hausfrawe, hausfraue, haußfrawen, hausit;

(aw)
hawse, haws, rathaws, rothawse, gehawsit,
hawsit, hawsfrawen, gehawfit, hawffit, hawfin,
Tawsent, bawemeistir, zcawn;

(u)
tusent, husfrouwe, husfrauwe, husfrauwen,
husfraue, furstentum;

(ou)
houste,

(ow)
dowmen, dowme, howsit;

(o)
hoffte, hofit;

Auslaut	Auslaut (aw) *bawmeister,*
keine Belege vorgefunden	
mhd. [œʏ] <au>, (auw), (aw), (ou), (ow)	mhd. [yː] > fnhd. [ɔɪ] <eu>, (euw), (ew), (u), (ue)
keine Belege vorgefunden	Anlaut <eu> *euch;*
	(euw) *euwer, euwern;*
Inlaut <eu> *verkeufen;*	Inlaut <eu> *deube, leuthe, leute;*
(ew) *drew, drewt, drewbrife, hewpt, drewoscht;*	(ew) *tewir, boselewte, lewte, lewthe, statlewtt, Crewcis, kewlenslegen, mewerers, mewrer, brewer, fewer, gezcewnet;*
(euw) *dreuwen;*	(u) *Cruce woche, frunde, fruntsschaft, frundis, frund, vorsunet;*
	(ue) *luetin, luete;*
Auslaut	Auslaut
keine Belege vorgefunden	keine Belege vorgefunden

6.1.1.3 Fnhd. standardsprachliche Monophthongierung:
[ie, uo, ʏe] > [iː, uː, yː]

Im Fall der mhd. Langvokale, die in der fnhd. Epoche monophthongiert wurden, lässt sich eine ganze Reihe von Versuchen ihrer graphischen Wiedergabe feststellen. Erstens resultiert dies aus der Tatsache, dass mehrere Kanzleischreiber im

Laufe der Jahrzehnte in der Stadtkanzlei tätig waren (= mehrere Schreiberhände) und zweitens ist es auf das Fehlen der allgemeingültigen Schreibungsregeln zurückzuführen. Anhand dessen kann angenommen werden, dass es sich daraus die Unsicherheit der jeweiligen Kanzlisten beim Textniederschriftprozess sowohl in der Zeit des Lautwandelbeginns als auch während der gesamten Übergangsphase ergibt. Folglich kann man den Eindruck gewinnen, dass konkrete Versuche der graphischen Wiedergabe der Laute eher zufällig sind, was die Bestimmung deren Gebrauchsfrequenz unmöglich macht. Dennoch bezeugen die einzelnen Belege die völlige Durchführung der Monophthongierung der mhd. Langvokale:

– mhd. [ie] > fnhd. [iː] = <i>, (y), (ie), (ye), (u);
– mhd. [uo] > fnhd. [uː] = <u>, (ue), (ů), (w);
– mhd. [ʏe] > fnhd. [yː] = <ü>, (u), (ue), (ů):

mhd. [ie] > fnhd. [iː] <i>, (y), (ie), (ye), (u)	mhd. [uo] > fnhd. [uː] <u>, (ue), (ů), (w)	mhd. [ʏe] > fnhd. [yː] <ü>, (u), (ue), (ů)
Anlaut	Anlaut	Anlaut
keine Belege vorgefunden	keine Belege vorgefunden	(u): *geubet;*
Inlaut	Inlaut	Inlaut
(i) *brive, statbrive, scheldebriffe,* *gleube brive, briven, drewbrife,* *vir, vire, spisen, spisse, Libin* *Frouwin, libin, liben, gedinet;*	<u> *pflugradir, bisschofftum, brudir,* *bruder, leibruder, styffbruder,* *blutrunst, blutronst, blutis,* *bussen, busse, gut, gute,* *ungutten, abetun, tun, uztun,* *thun, heymsuche, heymsuchen,* *heynsuchte, statbuch, buche,* *slug, mutter, muter, gesucht;*	<ü> *güter* (1483);
(y) *rymer, lyf, styffbruder, kyßen;*		(u) *furte, gebrudir, gebruder,* *bruder, furbussit, genugin,* *schuler, entphurt;*
(ie) *brief, lieb, liess, vier, czien;*	(ue) *buese, uztuen;*	(ue) *mueste;*
(ye) *vyer;*	(ů) *tůn;*	(ů) *bůchern, genůgn;*
(u) *furczig;*		

Auslaut	Auslaut	Auslaut
	<u>	(u)
keine Belege	*czu, dorczu, czuentsagin,*	*fru*
vorgefunden	*anczusprechin, czukunfft,*	
	zukumfftigen, uffczunemen,	
	ufczuheben, schuknecht,	
	schuknechtt;	

(w)

nw

6.1.1.4 Fnhd. standardsprachliche Labialisierung (Rundung) und dialektale Delabialisierung (Entrundung)

Die distributionsbedingte, in Verbindung mit [ʃ, f, w, l, n] einsetzende Rundung der Vokale ohne labiale Artikulation ([eː, ɛ, iː, ɪ, eɪ/aɪ, iɛ] > [øː, œ, yː, ʏ, œʏ, ʏɛ]) wird zunächst in den Archivalien alemannischer und schwäbischer Provenienz aus dem 13. Jahrhundert angetroffen. Aus dem obd. Dialektraum verbreitete sie sich mit der Zeit, sodass sie im 14. Jahrhundert die md. Mundarten erreichte.

Die Schreibung der Vermerke im Proskriptionsbuch aus Schweidnitz notiert aber diese Sprachinnovation nicht, z. B.

schepphin, lantschepphin, scheppfin, scheppfen, schephin, scheffin, scheppen, scheppin, scepphin, schepfen, czwelffbotin, czwelffboten

Im Fall der oben angeführten Beispiele ist aber auch die konventionelle Schreibweise möglich, die keine Labialisierung graphisch darstellt.

Der Anfang des entgegengesetzten, eher mundartlich geprägten Prozesses der Entrundung der Monophthonge mit der ursprünglichen labialen Artikulation ([øː, œ, yː, ʏ, œʏ, ʏɛ] > [eː, ɛ, iː, ɪ, eɪ/aɪ, iɛ]) ist in den Schriftstücken bairischen Ursprungs aus dem 12. Jahrhundert zu suchen. Im ausgehenden 16. oder sogar im 17. Jahrhundert gelangte die Delabialisierung zum omd. Dialektraum. Da das unter die Lupe genommene Proskriptionsregister viel früher niedergeschrieben wurde, sind keine Reflexe dieser sprachlichen Innovation in den Vermerken der Schweidnitzer Stadtkanzlei vorzufinden.

6.1.1.5 Fnhd. dialektale Innovationen

Im Text der Vermerke im Schweidnitzer Stadtbuch lassen sich ebenfalls einige wenige mundartliche Schattierungen antreffen, deren Gebrauchsfrequenz aber nicht zu bestimmen ist, d. h. sie kommen neben ihren standardsprachlichen graphischen Entsprechungen vor, z. B.

Standardsprache		dialektale Innovation
nochgeschribin, obgeschribin, geschribin	:	*geschrebin, vorschreben, geschreben, nochgeschrebenen, obingeschrebin, nochgeschrebin, abgeschreben;*
messirsmit, smid, Smyde, Smyd	:	*Messirsmede, messirsmede, messersmede, Smedis, messirsmedsknecht, messersmedeknecht, smedeknecht, smedisknecht, smed;*
wegeloge, wegelogen, wegelogin, gewegelogit, gewegelogt	:	*wegelage;*
totslak, toetslak, totslag, toetslag, totslagis. totslages, todslagis, todislagis, todeslagis, todslag	:	*totslogis, totsloges.*
tochter	:	*tachter*

6.1.1.5.1 Dialektale Monophthongierung: [eɪ, ɔʊ] > [eː, oː]

Sprachgeographisch ist dieser dialektal geprägte Lautwandel im md. Dialektraum zu verorten: Anfangs trat er in den wmd. Mundarten auf und von dort aus verbreitete er sich wellenweise nach Osten, sodass er die omd. Dialekte – insbesondere im südlichen Teil des omd. Gebiets – erreichte. Divers zu datieren ist ebenfalls der Beginn dieser Monophthongierungsprozesse: [eɪ] > [eː] im 13. Jahrhundert und [ɔʊ] > [oː] im 14. Jahrhundert (BIADUŃ-GRABAREK 2017a: 100). Die Zahl der im Textkorpus vorgefundenen Belege für diesen Lautwechsel ist vergleichbar. Seine Produkte wurden entweder mit einfachen Graphemen (<e, o>) niedergeschrieben oder sie wurden mit ihren auch einfachen Allographen, wie etwa (i, u, o) wiedergegeben. Stellenweise sind ebenfalls die Sequenzen von Buchstaben bemerkbar, z. B. (ee):

<e> = [eː] < [eɪ]: *czwe, Helgni Lichenams, helgin, Helgin Lichenames, Aller Helgintage, czwene, mitenandir, mittenander, enandir, enander, geecht, blebin;*

(ee) = [eː] < [eɪ]: *schree[253], czween, czweer;*

<o> = [oː] < [ɔʊ]: *Nyclos, Nicklos, Niclos, Niclose, globten, globen, globit, meteglobin, globet, gelobt, gelobet, gelobit, globt, globin, Och, och, vorkoft;*

(u) = [oː] < [ɔʊ]: *glubt, glubiit, gluben.*

6.1.1.5.2 Dialektale Diphthongierung: [iː] > [iə] / [iɛ]

Im explorierten Text wurde der Versuch der graphischen Widerspiegelung der mundartlich gefärbten Diphthongierung des mhd. Langvokals [iː] zum fallenden Diphthong [iə] / [iɛ] [= <ie>, (yᵉ)] lediglich ein paar Mal und – dazu noch nur für

---

253 Die alte präteritale Form von mhd. *schrīen* (< nhd. *schreien*) – mhd. *schrei* (< nhd. *schrie*), in der der Diphthong [eɪ] zu [eː] monophthongiert wurde.

einen einzigen Laut – vorgefunden: *driehundirt, drie, Drier, frietage, bie, do bie, begrýfft, wýs.*

Dabei muss jedoch angemerkt werden, dass die Schreibung auch andere Erscheinungen zum Vorschein bringen kann. In Anlehnung an Biaduń-Grabarek (2017a: 105) lässt sich das nachgestellte <e> als Indikator der Länge des vorangehenden [iː] interpretieren. Dann hätte man es also mit einer traditionelleren Graphie zu tun.

In Betracht kommt jedoch auch die Erklärung von Zhirmunskiy (1962: 221), dem zufolge das erwähnte <e> als Signal der ersten Stufe der Spaltung des extrem ausgedehnten Monophthongs [iː] > [ıı] / [ıə] auf dem Weg zum Zwielaut [aı] zu betrachten ist.

Selbstverständlich darf solch eine Schreibweise ebenfalls als Schreibfehler und Unsicherheit der Schreiber während des Textniederschriftprozesses angesehen werden, wovon die <ei>- oder (ey)-Schreibungen zeugen können, vgl. *dreierkonige* vs. *driehundirt, drie, Drier; weyse* vs. *wýs; bie, do bie* vs. *dobei* oder *frietage* vs. *freitage.*

6.1.1.5.3 Dialektale Verdunkelung (Verdumpfung): [aː] > [oː]

Dieser mundartliche Lautwechsel kann in den bayrischen und niederalemannischen historischen Schriftstücken bereits aus dem 12. Jahrhundert festgestellt werden. Mit der Zeit verbreitete er sich wellenartig, sodass er letztendlich nicht nur die anderen obd., sondern auch die md. Dialekte – insbesondere im östlichen Teil des md. Dialektraumes: das Schlesische, das Böhmische, das Thüringische und das Obersächsische – umfasste (Moser 1929: 142–143; Zhirmunskiy 1962: 212). Daher kann es nicht verwundern, dass er auch im Schweidnitzer Stadtbuch seine in Schrift festgehaltenen Spuren hinterließ, zumal er auch in den parallelen Dokumenten aus den anderen, im Mittelalter auf dem Kolonialboden gegründeten Städten – wie etwa Breslau, Thorn oder Städten des Deutschordensstaates – vorzufinden ist (Arndt 1898: 6–7; Weller 1911: 20; Biaduń-Grabarek 2017a: 112–113; Owsiński 2021a: 162).

<o> = [oː] < [aː]: *rotman, rotmanne, rothawse, do, doselbist, dorczu, dorzu, dofon, dovon, dofur, dofor, domite, dorum, dorume, dorummb, dorumb, dorummbe, doruum, dorumme, dorummen, dorumen, dorynne, doryn, dorin, doran, donoch, dornoch, dorunder, dorundir, dorunnder, dorober, do bie, dobei, dobey, doraws, dorauß, dorrauß, sonobunde, sonnobund, sonnobunde, svogir, swoger, ßwoger, swocher, nochgeschrebenen, nochgeschribin, nochgeschribene, nochgeschrebin, ochtte, ochte, ocht, obund, noch, nochfalgern, nochfalger, wegeloge, wegelogen, wegelogin, gewegelogit, gewegelogt, geton, gethon, qwomen, quomen, gnode, wort ‚(ihr) wart', woren ‚(sie) waren', nochrede, mose, hirnochmolz, hernochmals, hernochmols, obund, totslogis, totsloges, nochkomenden, nochkomen, undirton, totslogis, totsloges;*

(u) = [oː] < [aː]:   *kurte*[254].

Im Fall von *lossen, lossin, ausgelossen, gelossin, gelossen, ufgelossen* ‚lassen' sowie von *vordocht* ist es jedoch vonnöten, die schriftliche Fixierung des ursprünglichen, in der Graphie normalerweise durch <a> vertretenen Langvokals ([aː]) dem im ausklingenden Mhd. anfangs im omd. Gebiet einsetzenden Kürzungsprozess der mhd. primär langen Vokale gegenüberzustellen. Hierbei kann man nämlich mutmaßen, dass das [aː] dem erwähnten Kürzungsprozess zu [a] unterlag, bevor er zu [oː] verdunkelt (verdumpft) wurde. Erst nach der Kürzung wurde er zu [ɔ] gehoben und labialisiert: [aː] > [a] > [ɔ]. Konsequent wiedergibt die Schreibung die Quantitätsveränderungen aber erst seit dem 16. Jahrhundert (MOSER 1929: 79–82; OWSIŃSKI 2019e: 70).

6.1.1.5.4 Dialektale Hebung und Labialisierung (Rundung): [a] > [ɔ]

Der Prozess der dialektalen Hebung und Rundung des [a] zu [ɔ] (= <o>) wird in der Fachliteratur als belangvolle Eigentümlichkeit der deutschen Sprache angesehen, die in den mittelalterlichen Krakauer Stadtkanzleien im Gebrauch war. Dank der Präsenz dieses Merkmals in der Sprache der Krakauer Vogtbücher lassen sie sich nämlich von den städtischen Büchern der Krakauer Hauptkanzlei unterscheiden:

> Einen weiteren Unterschied zwischen den Krakauer Stadtschreibern und den Vogtbüchern kann man in der Behandlung des mhd. kurzen /a/ beobachten. Die Schreiber der Hauptkanzlei halten an der Schreibung mit dem Schriftzeichen (a) fest, so dass die mundartliche Hebung und Rundung zu /o/ nicht nachweisbar ist. [...] In den Vogtbüchern dagegen findet man relativ oft Schreibungen mit (o) für das mhd. kurze /a/, z. B. *ein schworze haube* [...], *toffel* [...], *gorn* [...] und *leyloch* (mhd. *lilach*) [...]. (WIKTOROWICZ 2011a: 66)

Im Text des Schweidnitzer Achtbuches ist diese Erscheinung ebenfalls bekannt, z. B.

<o> = [ɔ] < [a]:   *Doz, doselbis, doselbist, hote, hot, borbierer stathoften, brocht* ‚gebracht'.

Außer Acht darf jedoch nicht gelassen werden, dass diese mundartliche Innovation im Fall von *lossen, lossin, ausgelossen, gelossin, gelossen, ufgelossen* sowie von *vordocht, vordacht* in Abrede gestellt werden kann (vgl. oben).

---

254 „statt des a *erscheint aber auch* o, korte, *seit der zeit wo* â *gern zu* ô *wird, und zwar auch bei denselben schriftstellern die* karte *brauchen*" [DWB 2022, (online) https://woerterbuchnetz.de/?sigle=DWB#1 (07.07.2022)].

6.1.1.5.5 Dialektale Senkung: [iː] > [eː]

Der Prozess der für die Kanzleien des omd. Gebiets emblematischen, mundartlichen Senkung: [iː] > [eː] betraf sowohl das sich infolge der Monophthongierung entwickelnde [iː] (< mhd. [ie]), als auch das [iː], das infolge der Dehnung des ursprünglich kurzen Vokals in den offenen Tonsilben entstand ([iː] < [ɪ]). Dabei verweist BIADUŃ-GRABAREK (2017a: 109) jedoch darauf, „[...] dass der Senkung grundsätzlich der gedehnte Vokal unterlag."

Im erforschten Text der Vermerke im Proskriptionsbuch aus Schweidnitz lässt sich ebenfalls die Präsenz dieser mundartlichen Erscheinung belegen:

<e> = [eː] < [iː]:   *erin, ere, eren, erem, sebin, sebenczende, Messirsmede, messirsmede, messersmede, Smedis, messirsmedsknecht, messersmedeknecht, smedeknecht, smedisknecht, smed, em, en, wedir, wedirgebin, wedirgebe, wedirrede, frede, fredebroch, desis, geschrebin, vorschreben, geschreben, nochgeschrebenen, obingeschrebin, nochgeschrebin, abgeschreben, Segemund, Segismund;*

(ei) = [eː] < [iː]:   *Smeit.*

6.1.1.5.6 Mitteldeutsche Senkung der hohen Vokale: [ɪ, ʏ, ʊ] > [ɛ, œ, ɔ]

Dieser durch den lautlichen Kontext bedingte Prozess, infolge dessen die hohen Selbstlaute [ɪ, ʏ, ʊ] in der Position vor der Konsonantensequenz [m, n, l, r] + Konsonant zu [ɛ, œ, ɔ] gesenkt wurden, begann im 12. Jahrhundert zunächst im wmd. Dialektraum: im Mittelfränkischen und Hessischen. Im 14. Jahrhundert ist er auch in den omd. und obd. Archivalien zu begegnen (MOSER 1929: 137–140) und im 15. Jahrhundert erreichte er endlich die schlesischen Mundarten (ARNDT 1898: 28). Anhand seiner Verbreitungswellen sowie der Entstehungszeit des Schweidnitzer, im Vorliegenden analysierten Untersuchungskorpus können die nachfolgenden, den Senkungsprozess veranschaulichenden Belege vorgefunden werden:

<e> = [ɛ] < [ɪ]:   *zubrengen, brengen, zubrengin;*

<o> = [ɔ] < [ʊ]:   *orfede, sollen, fromen, komen* (Part.), *ankome, sontage, sontag, scholtisse;*

ABER auch fehlende Senkung ([ɔ] < [ʊ]): *sundir, sulde, sulle, sullen, suntage, sunderheit;*

(o) = [œ] < [ʏ]:   *molner, molknecht;*
(ö) = [œ] < [ʏ]:   *mólner;*
<o> = [oː][255] < [ɔ] < [ʊ]:   *son, sones, sonen, sone;*
(o) = [øː][256] < [œ] < [ʏ]:   *sone, Konige, kongis, dreierkonige;*

---

255 Produkt der Senkung und darauffolgenden Dehnung.
256 Produkt der Senkung und darauffolgenden Dehnung.

(ŏ) = [øː]²⁵⁷ < [œ] < [ʏ]: *sŏne*;
(u) = [øː]²⁵⁸ < [œ] < [ʏ]: *Kunige*.

Im Korpus begegnet man auch einigen wenigen Belegen der mundartlichen Senkung [ʊ] zu [ɔ], die erst nach der Kürzung des ursprünglich langen Vokals ([uː]) einsetzte: ([uː] > [ʊ] > [ɔ]). In der Graphie ist dieser Laut entweder durch (o) oder (u) repräsentiert, z. B. *Offart* [unsirs Herren], *uffgehaldin, uffhaldin, of, uffczunemen, offgenomen*.

6.1.1.5.7 Dialektale Öffnung: [ɔ] > [a]

Die mundartliche, für den hd. Gebiet symptomatische Öffnung [ɔ] > [a] trat in den omd. Dialekten sowohl vor Sonorkonsonanten – ähnlich wie im Wmd. –, als auch in der Nachbarschaft der Verschluss- und Reibelaute auf (BIADUŃ-GRABAREK 2017a: 103, 112).

Die Analyse der Vermerke im Schweidnitzer Proskriptionsbuch bezeugt auch die Präsenz der geöffneten Laute in den Belegen:

– *sal*	Hierbei kommt jedoch auch eine andere Erklärung in Betracht: Durch das <a> kann der Laut [aː] in der Graphie wiedergegeben werden, der noch in der ahd. Periode eine Regelmäßigkeit war, und erst im Nhd. verdrängt wurde²⁵⁹;
– *adir, ader, adder*	Dabei soll aber bemerkt werden, dass zur Vokalöffnung noch vor dem Dehnungsprozess des Lautes ([a] > [aː]) gekommen sein muss;
– *nochfalgern, nochfalger, abgenanten, abgenante, stifftachter, tachter*.	

Was noch die Belege *sal* und *adir, ader, adder* anbelangt, so ist die Behauptung von MOSER (1929: 133–134) belangvoll, laut dem es sich in der <a>-Schreibung um die Abschwächung des Vokals zum mittleren Zentralvokal in der Satzenklise handeln könne. Im Einklang damit steht auch der Standpunkt von DOUBEK (1932: 57, 61), der diese Erscheinung folgendermaßen beurteilt:

> Mit MOSER [...] werden wir die a-Formen bei *van* [...], *var* [...], oder und *sal* [...], die für das mitteldeutsche Gebiet besonders typisch sind, wohl so am richtigsten auffassen, daß die Schreibung mit a der Ausdruck für einen Vokal unbestimmterer Farbe ist, der durch die Satzenklise hervorgerufen wurde. (DOUBEK 1932: 57)

257 Produkt der Senkung und darauffolgenden Dehnung.
258 Produkt der Senkung und darauffolgenden Dehnung.
259 DWB 2022, (online) https://woerterbuchnetz.de/?sigle=DWB#1 (08.07.2022).

6.1.1.5.8 Umgelautete Diphthonge: [uː] > [au] > [ɔɪ] und [ɔu] > [ɔɪ]

Die weitere dialektale, im Achtbuch aus Schweidnitz präsente Erscheinung sind die Reflexe des umgelauteten Diphthongs, was als eines der wettinischen Merkmale anzusehen ist (Chromik 2010a: 106). Von diesem Prozess wurde sowohl der aus dem mhd. [uː] entstandene Diphthong [au], als auch der alte mhd. Zwielaut [ɔu] betroffen, sodass die beiden Laute zusammenfielen: mhd. [uː] > fnhd. [au] (Diphthongierung) > dial. [ɔɪ] und mhd. [ɔu] > fnhd. [au] (Fusion der Diphthonge) > dial. [ɔɪ]. Hierbei sei jedoch anzumerken, dass die Graphie das Produkt dieses Prozesses nicht konsequent wiedergibt:

- mhd. [uː] > fnhd. [au] (Diphthongierung) > dial. [ɔɪ]:
  múren, múre, múern, meuwirn, múer, múwern (ABER: *mawirn*), *breutin, heuse*;

- mhd. [ɔu] > fnhd. [au] (Fusion der Diphthonge) > dial. [ɔɪ]:
  trewunge, rewmen, abezcurewman, gleube brive.

6.1.2 Nebensilbenvokalismus

Im Nachfolgenden werden die Ergebnisse der Analyse der Nebensilben dargeboten. Als Nebensilben werden hier – in Anlehnung an Aghayev/Piirainen 2013: 130–131 – alle nicht zum Stammsilbenvokalismus gehörenden Silben betrachtet, d. h. (verbale und nominale) Vorsilben, schwere Ableitungssilben sowie (verbale, adjektivische und substantivische) Endsilben.

6.1.2.1 Vorsilben

Die im untersuchten Textkorpus angetroffenen Vorsilben kennzeichnen sich durch den verhältnismäßig hohen Grad Stabilität, was sich im Trend zu ihrer Vereinheitlichung abzeichnet. Manche von ihnen zeigen allerdings eine ziemlich hohe Varianztendenz, die kaum zu bestimmen ist.

In den Präfixen <be-> und <ge-> wird das <-e-> vorwiegend ausgeschrieben, obwohl stellenweise ebenfalls die Lautsynkopierungen festzustellen sind, die aber nicht konsequent vorkommen, u. a.

gnedegin, gnode	:	*ungenedig;*
gfengnis, gfengniss	:	*gefengnis, gefenknis, gefengniss, gefencknuße, gefencknus, gefencknuſs, gefencknueße, gefencknues, gefencknuese, gefenkniße;*
gelobt	:	*glubt, glubiit, gluben, globen, meteglobin, globit, globten, globet, gleube brive;*

<be->:   *bekant, bekanten, bekante, bekennen, becant, begriffin, begrŷfft, beschaczunge, beslich, belowgin, bestandin, begangin, begangen, Besnydunge, beclagit,*

beschuldegin, besagit, berowbit, berawbit, berowbt, berichtunge, besacztin, besehin, bereden, bekommen, behelffen, begebin, besandt, bewerben, behaftit, behaftet, besehn;

Synkope: *blibin, bleiben;*

<ge->: *geeichit, geeicht, geeichte, geeychit, geeyicht, geeycht, getan, gethan, geton, gethon, getant, gesessin, gesessenenem, gesessen, geclagit, gestolen, gestoln, genomen, usgenomen, gegebin, geroubt, gehawsit, gehauwfit, gerete, gerethen, geschrebin, geschribin, obingeschrebin, gebrudir, gebruder, obgenantin, egenanten, gewest, gerichte, erbgerichtis, erbisgerichte, stadgericht, gelentirpert, gelangin, gefangin, gefangen, gescheen, geschen, geteilit, geteilt, geteiln, gewalt, gewald, geweldiglich, geloubert, gelowbert, gerichtis, genugin, uffgehaldin, geiagit, gesellen, geselle, geselleschaffte, gewande, gewunt, gekawft, gekauft, gestellen, ufgeczogin, furgelegete, gestalt, gesteen, abegewurfin, gehulfin, gemort, gesvorin, gesworen, gehort, gesprochin, angestosen, angestozen, angeredt, gerowbt, gehegittin, gevordirt, gefordert, gesay, gehyndern, geslagen, geslagin, ungemach, vorgenante, gesant, gesamtir, geworfen, uzgeworffene, awsgeworfen, gehangen, gebranten, gesatczet, geschossen, gefengnis, gefenknis, gefengniss, gefencknuße, gefencknus, gefencknußs, gefencknueße, gefencknues, gefencknuese, gefenkniße, gefeden, gehassin, getragen, gedencken, gelobt, genügn, gelawffen, gewegelogit, gewegelogt, gesucht, gelemet, geubet, gedinet, gemechtigt, geschant, geschege, zu geczogen, awsgezugin, geacht, gezcewnet, gehalden, gehangen;*

(gie-): *gieeichit;*

Synkope: *gnedegin, gnode, glubt, glubiit, gluben, globen, meteglobin, globit, globten, globet, gleube brive, geichit, glichir, glichs, glich, gnant, gnanten, gfengnis, gfengniss, gmeyne;*

Das Partizip II des Verbs *kommen* erscheint an jeder Stelle ohne <ge->: *komen.*

<er->: *erhoben, erfordert, erczeiget, ergangen, erslagen, ermanet;*

(ir-): *irmort, irstandin, irfurdirt, irfordirt, irfordern, irlangit, irwerit, irfare, irfaren, irgangin, irgangen, irlouffen, irholen, irzceygt, irkanth;*

(dir-)[260]: *dirstochen, dirgangen, dirmort, dirslagin, dirslagen, dirschossen, dirfaren;*

<ver->: *verleister, vermeidin, verkeufen, verleben;*

(vor-)[261]: *vorschreiben, vorschreben, vordocht, vordacht, vorrichten, vordenken, vorwillet, vorecht, vorsunet, vorrichtunge, vorwillt, vorkouffen, vorkouffon, vorkoft, unvorbrochlichen, unvorschemet, vorwanth, vormeynthe, vormahnet, vorzcog;*

(fur-)[262]: *furkaufft, furwerk, furretir, furloubt, furbussit, furricht, furburgit, furantwort, furhoren;*

---

260 Oobd. Eigentümlichkeit (KLUGE 2011: 252).

261 Omd. Eigentümlichkeit (WIKTOROWICZ 1997: 99; CHROMIK 2010a: 106).

262 Omd. Eigentümlichkeit (WIKTOROWICZ 1997: 99; CHROMIK 2010a: 106).

Das mhd. Präfix *ent-* (< ahd. *ant-*) wird in der Handschrift immer mit <ent-> wiedergegeben, z. B. *czuentsagin, entsagit.*

Die mhd., zur Negierung von Substantiven und Adjektiven gebrauchte Vorsilbe *un-* erscheint an jeder Stelle ohne jegliche Alternanzen als <un->, z. B.

ungenedig, ungemach, ungutten, unvorbrochlichen, unrecht, unvorschemet, unelichin, unmundisch, unmondischen.

6.1.2.2 Schwere Ableitungssilben

Die schweren Derivationssilben waren ursprünglich selbständige lexikalische Einheiten, die nicht selten als Teile der Komposita gebraucht wurden. Dadurch verloren sie teilweise an ihrer Selbständigkeit, aber trotzdem bewahrten sie ihren Nebenton. Aus diesem Grund konnten ihre Vokale zum mittleren Zentralvokal nicht abgeschwächt werden (METTKE 1970: 74; SCHMIDT 1980: 232; OWSIŃSKI 2018b: 93, 99).

Im analysierten Korpus wurden die nachstehenden schweren Derivationssilben angetroffen:

– mhd. *-nisse* (> nhd. *-nis*) nimmt unterschiedliche Gestalten auf:

<-nis>:	*gefengnis, gefenknis, gfengnis;*
(-niß):	*gefenkniß;*
(-niss):	*gefengniss, gfengniss;*
(-nisse):	*gefencgknisse, statgefengnisse;*
(-niße):	*gefenkniße;*
(-nus):	*gefencknus;*
(-nusse):	*gefencknusse;*
(-nuße):	*gefencknuße;*
(-nußs):	*gefencknußs;*
(-nues):	*gefencknues, gefencknuese;*
(-nueße):	*gefencknueße;*

– mhd. *-schaft* (> nhd. *-schaft*) tritt in diversen Formen auf:

(-schafft):	*burgeschafft;*
(-schaffte):	*gesselleschaffte;*
(-sschaft):	*fruntsschaft;*

– mhd. *-unge* (> nhd. *-ung*) erscheint immer mit dem auslautenden <-e>:

beschaczunge, Besnydunge, czerunge, furderunge, forderunge, berichtunge, futerunge, awsrichtu[n]ge, vorrichtunge, lesterunge, ordenunge;

– mhd. *-bāre* (> nhd. *-bar*) ist stets durch seine nhd. Form <-bar> vertreten:

offinbar, uffinbar;

– mhd. *-haft* (> nhd. *-haft*) wird nur einmal als <-haft> vorgefunden:

namhaftigen;

– mhd. *-lōs* (> nhd. *-los*) hat außer seiner Hauptvariante <-los> auch zwei andere, seltenere vorkommende Alternanzen (-loz) und (-loß):

rechtslos, schadlos;

(-loz): *schadloz*;
(-loß): *schadeloß*;

– mhd. *-līch / -lich* (> nhd. *-lich*) kommt vorwiegend in einer Variante vor. Mancherorts wird aber auch die Nebevariante (-lech) festgestellt:

fintlich, schedelich, schedeliche, felchlich ‚fälschlich‘, *elichin, eliche, elichen, unelichin, roublich, gerczlich, frevelich, frevilich, frevilichen, freffelich, geweldiglich, eweglich, ewiclichin, heymelichen, heymelich, heimelich, merklicher, vornemelichin, jerlichin, richtiklichen, geistlichen, geystlich, wertlichen, wertlich, eintrechtiklich, kristenlichen, schentliche, smelichen, cristenlichen, kristenlichen, zemptlichen, zemptlich, unvorbrochlichen, fridlich, schendlichin, demutiglich, personnlich, menniglich*;

(-lech): *geweldiglechen*;

– mhd. *-isch / -esch* (> nhd. *-isch*) tritt unverändert als <-isch> auf:

mu[n]disch, unmundisch, unmondischen.

6.1.2.3 Endsilben

Der mittlere Zentralvokal (Schwa-Laut, Schwa) [ə] erscheint im Wortauslaut aller Belege als <e>, obwohl mancherorts ebenfalls die Lautapokopierungen anzutreffen sind, die aber nicht konsequent auftreten:

<-e>:   *deme, eyne, arme, ere, alle, domite, dazselbe, dasselbe, eliche, schedeliche, ane, syne, sine, myne, sulche, swerte, arge, weibe, hausfraue, wunde, vunde, jare, iare, frietage, frittage, vrytage, freytage, freyttage, Aschtage, gerete, Beugintore, pferde, wyrte, wile, mittildorffe, dorffe, ware* ‚Ware‘, *ende, hawse, herczogynne, rotmanne, beschaczunge, teile, brive, statbrive, frede, sontage, dinstage, Oestirtage, sonobunde, nachte, gleube brive, tage, mantage, montage, orfede, dornstage, donrstage, donerstage, Cruce woche, methewuche, methewoche, metewuche, mitwuche, mitewuche, wegeloge, wegelage, halze, wibe, schultisse, schulttisse, scholtisse, ome, vire, gerichte, czerunge, Helgni Lichenams, Helgin Lichenames, tode, strasse, achte, ochtte, ochte, wise, lotte, Konige, schultheisse, lantfoyte, mortbrande, czwene, blaslege, hirte, sache, busse, buese, kirche, hirberge, herbe[r]ge, koeche, pfarrehowfe, male, gelde, gewande, kinde, knechte, heymsuche, totslage, Messirsmede, geselle, burggreffe, burggrave, dowme, habe* ‚Habe‘, *hende, helferede, boselewte, lewte,*

lewthe, luete, frunde, freveliche, bastobe, dinge, morde, vorgenante, alde, erbisgerichte, buche, uzgeworffene, czene, speyse, dreierkonige, markte, sone, stathafte, hulfe, gefencknuße, gefencknuese, leibe, sone, soene, hatte, hate, hote, hette, ginge, helte, were, spreche, sulde, wulde, welde, mueste, kurte, machte, furte, brachte, anqueme, ankome, bete, wedirgebe, wuste, sulle, heynsuchte, tore, wuerde, brante;

Apokope: *bracht, wiz, drew, frouw, wyˢs, metewoch, hett;*

Die anderen mhd. Endilben <-el>, <-en>, <-er>, <-es>, <-et> und <-ec> erscheinen vorwiegend entweder in ihren Formen mit dem abgeschwächten [ə] (= <-e->) oder mit dem (-i-), das das Produkt der Hebung des Schwa zu [ɪ] graphisch widerspiegelt, was als eine der omd. Eigentümlichkeiten anzusehen ist (BIADUŃ-GRABAREK 2017a: 111). Außer den Hauptvarianten der Endsilben bzw. ihrer am häufigsten angetroffenen (-i-)-Nebenformen kommen stellenweise auch ihre anderen, äußerst differenten Nebenvarianten vor. Die Gebrauchskonsequenz konkreter Wiedergaben lässt sich jedoch nicht bestimmen, z. B.

frevelich, freveliche, freffelich	:	*freffil, frevil;*
–	:	*idim;*
sullen, sollen, gluben, globen, gesessenenem, gesessen, hilgen, geslagen, scheppfen, schepfen, scheppen, seppfen, chepphen	:	*sullin, meteglobin, gesessin, helgin, Helgin, geslagin, schepphin, lantschepphin, scheppfin, scheffin, scepphin, scheppin;*
tepfer, toppher, topper, messer, messersmedeknecht, messersmede, buchsenmeister, spittilmeister, nymmer, under, dorunder, unser	:	*toppir, Messirsmede, messirsmit, messir, messirsmedsknecht, hofemeistir, nummyr, dorundir, Unsires, unisr, unsirn;*
mordes, alles, totslages, totsloges	:	*mordis, allis, totslagis, todslagis, todislagis, todeslagis, todißhalben;*
globet, glawbet, glowbet, lantvoget, lantfoget	:	*globit, glubiit, erbevogit, vogit, lantfogit;*
ewigen : *ewiclichin*	:	*ewigk* : *eweglich;*

<-el>:   *frevelich, freveliche, freffelich, heymelichen, heymelich, beyel, achsel;*
(-il):   *mittildorffe, obil handiln, Michil, Nyckil, freffil, frevil, wynkil, spittilmeister;*

Synkope: *geisler;*

<-em>: *idem, idiem, gesessenenem, eynem, erem, irem, dysem, seinem, keinem, sitczendem;*

(-im): *idim;*

<-en>: *eynen, keynen, Herren, ratherren, heren, steten, mannen, waren, czween, gestolen, genomen, usgenomen, armen, synen, seynen, seinen, ydin, fahen, bussen, nemen, uffczunemen, jagen, toten, erbherren, spisen, gesellen, heymsuchen, dowmen, wurden, gestellen, geschreben, dritten, sachen, furhoren, briven, scheppfen, schepfen, seppfen, chepphen, gesessenenem, gefangen, nachkomen, gluben, globen, globten, anlangenten, ufstosen, ufstozzen, angestosen, angestozen, geworfen, awsgeworfen, getragen, gebranten, zuschreyben, vorschreiben, vorschreben, uzschreiben, inschreiben, ustriben, nochgeschrebenen, begangen, ergangen, frauen, erhoben, haben, wonden, Fphingisten, yudenknecht, tagen, geslagen, erslagen, geschossen, bekennen, heymelichen, enlenden, methewochen, beiden, teilen, bleiben, fulgen, halden, zuhalden, gehalden, gesworen, gehangen, sonen, fremden, hoechsten, hochsten, gerethen, dingen, weren, hilgen, wegelogen, ungutten, jungen, sullen, sollen, feden, vordenken, gedencken, dreuwen, sitczende, zubrengen, jarmarkten, ufczuheben, abnemen, kyßen, gestolen, armen, steten, toten, genomen, erbherren, lassen, lasßen, sachen, gesessen, elichen, geistlichen, wertlichen;*

(-in): *wurdin, gegebin, gebin, gabin, wedirgebin, widirgebin, begriffin, sebin, sechczigstin, schepphin, lantschepphin, scheppfin, schephin, scheffin, scepphin, scheppin, lantschepphin, gesessin, geschrebin, geschribin, obingeschrebin, gefangin, obgenantin, begangin, irgangin, irstandin, geslagin, deme selbin, Beugintore, pferdin, kegin, desselbin, gnedegin, frouwin, vrouwin, Judin, obin, wundin, vundin, wondin, wibin, elichin, helgin, heylgin, heilgin, Aller Helgintage, Helgin Lichenames, czwelffbotin, totin, wortin, uffgehaldin, uffhaldin, wegelogin, gehulfin, gehegittin, erstin, hawfin, aldin, czogin, ufgeczogin, rechtin, Libin Frouwin, notsachin, sachin, libin, phaffinmait, metewochin, meteglobin, sullin, wellin, wuldin, zuschaffin, jerlichin, blibin, tribin, schadin, czuentsagin, habin, hattin, wustin, belowgin, bestandin, enperin, gelangin, fulgin, lidin, beschuldegin, anczusprechin, gesprochin, genugin, siczin, inlowffin, inlowffin, ynlowffin, undirwysin, abegewurfin, gesvorin, besacztin, wuerdin, uzrawfftin, besehin, achtintage, wurdin, wuerdin, erin, gefangin, ydin, hassin, totingreber;*

(-yn): *kannyngisir, dyrnyn;*

(-an): *abezcurewman;*

(-on): *vorkouffon;*

(-em): *wundem;*

Synkope: *andirn, unsirn, unsern, gestoln, lottn, richtirn, rechtn, geteiln, euwern, büchern, gehyndern, nochfalgern, helfern, ynwonern, ketczern, genügn, gesessn, besehn, vatern;*

<-er>: *fulger, nochfalgern, nochfalger, burger, ynwonern, diner, staddiner, richter, statrichter, molner, moelner, pfiffer, cretschmer, Bretsnyder, sneider, sneyders, pfarrers, pfarrer, priester, buchsenmeister, brewer, borbierer, bleycher, gerber, slosser, buchsenschisser, spittilmeister, totingreber, wollenweber, bader, baderknecht, rymer, becker, bogener, weber, fleysscher, fleisscher, fleicher, schuler, tepfer, toppher, topper, helfer, helfern, mewerers, mewrer, kurssener, kurssenerknechte, henger, geisler, closters, ketczern, irbern, folleister, volleister, furdererrynne, furderunge, geloubert, gelowbert, dorfer, tachter, tochter, swocher, swoger, mutter, muter, bruder, leibruder, gebruder, myner, under, dorunder, buechern, erfordert, gefordert, gehyndern, verleister, volleister, messer, messersmedeknecht, messersmede, ader, adder, mittenander, aller, beider, hinder, nymmer, unser, unsern, irfordern, mitstender, cleider, irer, myner, mittenander;*

(-ir): *Unsires, unsir, unsirn, andir, adir, andirn, glichir, driehundirt, acht hundirt, pflugradir, Petirswalde, furretir, hofemeistir, sundir, sulchir, gesamtir, tewir, wedir, widirgebin, bosir, gebrudir, brudir, swestir, richtir, richtirn, erbrichtir, kannyngisir, kindir, kyndir, mynnir, obirste, furdirt, irfurdirt, irfordirt, gevordirt, selbschuldegir, hindir, svogir, idir, Oestirtage, Messirsmede, messirsmit, messirsmedsknecht, messir, undirwysin, wedirgebe, nymmir, mitburgir, mitenandir, mittenandir, dorundir, toppir, webir, wollenwebir, ketczir, hofemeistir, brudir;*

(-yr): *nummyr;*

Synkope: *andrer, andren, donrstage;*

<-es>: *dorfes, synes, sones, Helgin Lichenames, totslages, totsloges, mannes, mordes, pfardes, czoges, brandes, ihres, alles;*

(-is): *Unsires, Doselbist, nichtis nicht, anblikis, allis, rechtis, gerichtis, erbisgerichte, erbgerichtis, totslagis, todslagis, todislagis, todeslagis, todißhalben, wirtis, wichbildis, blutis, landisrecht, Smedis, smedisknecht, foytis, lantfoytis, Crewcis, Fphingisten, Fphingist, kongis, frundis, jaris, mordis, abondis, eynis, einis, egenantis;*

(-iß): *todißhalben;*

Synkope: *Unsirs, sins, eins, glichs, kretsczemeirs, Helgni Lichenams, Heiligen Leichenams, howptmans, hofemans, pfarrers, mewerers, sneyders, closters, brands, morths;*

<-et>: *furgelegete, lantvoget, lantfoget, erczeiget, vindet, gesatczet, globet, glawbet, glowbet, vorwillet, gelemet, gleubet, gedinet, ermanet, phleget, gezcewnet, unvorschemet;*

(-eth): *findeth;*

(-it): *geeichit, geeychit, geichit, eichit, gieeichit, geclagit, beclagit, legit, furlegit, hausit, hirbergit, furbussit, hawsit, howsit, hawffit, hofit, geteilit, beclagit, singit, furburgit, geiagit, besagit, berowbit, berawbit, wellit, furschribit, irlangit, irwerit, entsagit, nennit, globit, gewegelogit, erbevogit, vogit, lantfogit;*

(-iit): *glubiit;*

(-itt): *gehegittin;*

Synkope: *furkaufft, geroubt, geeicht, geeyicht, geeycht, vorecht, furloubt, gewest,*
gelentirpert, irmort, geloubert, gelowbert, drewt, berowbt, gerowbt, geteilt,
gekawft, gekauft, burgt, furantwort, heynsuchte, geecht, gehort, angeredt,
gevordirt, gefordert, begrỹfft, bricht, vint, heist, heyst, gesucht, vorwillt,
gelobt, globt, gewegelogt, vorkoft, gesagt;

<-ec>:

(-ig): *sechczigstin, ungenedig, furczig, mechtig, Konige, dreierkonige, geweldiglich,*
Heiligen, zukumfftigen, lebendig, ewigen, namhaftigen, tuchtigen, woltuch-
tige, konftigin, gemechtigt, demutiglich, torstigen;

(-ic): *ewicl[i]chen, ewiclichin;*

(-ik): *richtiklichen, eintrechtiklich;*

(-igk): *auswenigk, ewigk;*

(-eg): *gnedegin, selbschuldegir, beschuldegin, eweglich;*

Synkope: *Helgni Lichenams, Aller Helgintage, heilgen, helgin, kongis;*

6.2 Konsonantische Graphematik

Die stimmhaften Verschlusslaute /b, d, g/ werden graphisch meistens mit mhd. <b, d, g> in allen Wortpositionen wiedergegeben. Im In- und Auslaut kommen ihre Varianten vor, die als schriftlich fixierte Verhärtung oder Spirantisierung anzusehen sind:

mhd. /b/	mhd. /d/	mhd. /g/
<b>, (p), (pp)	<d>, (dd), (dt), (t), (th)	<g>, (k), (ck), (cgk), (gk), (ch)
Anlaut	Anlaut	Anlaut
<b>	<d>	<g>
Beugintore, besties, brief,	*deme, deme selbin, driehundirt,*	*ginge, gegebin, gebin, gabin,*
brive, statbrive, gleube brive,	*drie, drey, Drier, Drefaldekeit,*	*wedirgebin, wedirgebe,*
briven, drewbrife, scheldebriffe,	*dreierkonige, dritten, do, dorczu,*	*widirgebin, begriffin, begrỹfft,*
brachte, bracht, brechen,	*dorzu, dorum, doruum, dofon,*	*anzugreifen, anzugrifin,*
bisschofftum, bosir, boselewte,	*domite, dorynne, doryn, dorin,*	*übirgreyffen, begangin,*
boze, gebrudir, gebruder, brudir,	*doran, donoch, do bie, dobei,*	*irgangin, dirgangen,*
bruder, leibruder, styffbruder,	*die, dye, der, den, daz, dazselbe,*	*kannyngisir, gut, ungutten,*
burger, mitburgir, furburgit,	*doselbist, desselbin, derselbe,*	*gerczlich, gar, gelde, geldt,*
furbas, bie, do bie, dobei, bye,	*dornstage, donrstage, donerstage,*	*glockener, burggreffe,*
blutrunst, blutronst, hirbergit,	*dinstage, diner, staddiner, drew,*	*burggrave, gancz, gar, geisler,*
hirberge, herbe[r]ge, furbussit,	*drewt, dreuwen, drewbrife,*	*wergelt, geistlichen, gerber,*
bussen, busse, buese, anblikis,	*drowh, dowmen, dowme,*	*totingreber;*
czwelffbotin, czwelffboten,	*durch, dinge, dingen, dyng,*	
mortbrant, mortbrande,	*dyngen, dyngk, deube, vordocht,*	(k) (Verhärtung)
brandes, brandis, brands,	*vordacht, vordenken, gedencken,*	*enperin, mitepurger;*
brante, gebranten, blaslege,	*notdurft, mittildorffe, dorfes,*	
wichbildis,	*dorfer, dorffe;*	

Bretsnyder, burggreffe,
burggrave, bete, blutis,
burgt, bang, bogener,
bastobe, buechern, statbuch,
buche, bricht, gebrochen,
becker, armbrust, armbrost,
beiden, beider, beide, bart,
fredebroch, zubrengen,
brengen, buchsenmeister,
buchsenschisser, brewer,
borbierer, borgen, bleycher,
beyn, beyel, bader,
baderknecht, birschroter,
bawemeistir, bawmeister;

(p) (Verhärtung)
enperin, mitepurger;

Inlaut	Inlaut	Inlaut
<b>	<d>	<g>

sebin, doselbist, desselbin,	*driehundirt, acht hundirt,*	*frietage, frittage, vrytage,*
dazselbe, dasselbe, deme	*wunde, wundin, vundin, vunde,*	*freytage, freyttage, freitage,*
selbin, selbschuldegir,	*wonden, wondin, wundem,*	*sontage, tage, tagen,*
derselbe, gegebin, gebin,	*pferdin, pferde, pherde, pfardes,*	*dornstage, donrstage,*
gabin, wedirgebin, wedirgebe,	*pflugradir, ader, adir, ende,*	*donerstage, Aschtage,*
widirgebin, blibin, bleiben, obil	*andir, andirn, sundir, wurdin,*	*mantage, montage,*
handiln, tribin, auestribin,	*wurden, wuerde, wuerdin, obil*	*dinstage, Oestirtage,*
ustriben, geroubt, habin,	*handiln, schadin, schedelich,*	*Aller Helgintage, hilgen,*
haben, habt, glubt, glubiit,	*wedir, wedirgebin, wedirgebe,*	*geclagit, clagist, beclagit,*
globit, globet, gluben,	*widirgebin, frede, fredebroch,*	*Beugintore, ginge, vogit,*
globten, globen, glowbet,	*sonobunde, sonnobunde, Judin,*	*kegin, fulger, fulgin, fulgen,*
sonobunde, sonnobund,	*yudenknecht, orfede, gebrudir,*	*legit, furlegit, czuentsagin,*
sonnabe[nd], sonnobunde,	*gebruder, brudir, bruder,*	*entsagit, belowgin, burger,*
obin, geschrebin, geschreben,	*leibruder, styffbruder, bestandin,*	*furburgit, wegeloge,*
geschribin, nochgeschrebenen,	*irstandin, Besnydunge, tode,*	*wegelage, wegelogin,*
nochgeschribin, zuschreyben,	*lidin, idiem, furdirt, irfurdirt,*	*wegelogen, gewegelogit,*
vorschreiben, vorschreben,	*irfordirt, erfordert, gefordert,*	*gewegelogt, hirbergit,*
obingeschrebin, uzschreiben,	*gevordirt, furdererrynne,*	*hirberge, herbe[r]rge, gelangin,*
obgeschribin, furloubt, wibe,	*furderunge, forderunge, ydin,*	*gefangin, gefangen, begangin,*
wibin, geloubert, gelowbert,	*idim, idem, idir, mortbrande,*	*begangen, ergangen, irgangin,*
irbern, obirste, reroubt,	*brandes, brandis, brands,*	*dirgangen, blaslege, totslagis.*
rerowbt, berowbt, berowbit,	*selbschuldegir, beschuldegin,*	*totslages, todslagis, todislagis,*
berawbit, gerowbt, habe ‚Habe‘,	*gelde, gewande, kinde, kindir,*	*todeslagis, totslage, totslogis,*
furschribit, Libin Frouwin,	*kyndir, wichbildis,*	*totslages, geslagen,*
libin, liben, abegewurfin, weber,		
bastobe,		

erhoben, deube, erbevogit,
erbefoit, erbisgerichte, abund,
abondis, obund, sann abund,
ufczuheben, borbierer,
totingreber, wollenweber,
wollenwebir, webir, bewerben,
geubet, apstoerbe, verleben,
leynewehber, übirgreyffen;

(p) (Verhärtung)
gelentirpert, knape;

(pp) (Verhärtung)
knappe;

Messirsmede, messersmede,
Smedis, smedisknecht,
Bretsnyder, sneider, sneyders,
hende, leymede, helferede,
frunde, frundis, mu[n]disch,
unmundisch, mitenandir,
mittenander, mittenandir,
findeth, vindet, funden,
gehyndern, morde, mordis,
morden, landin, landisrecht,
enlenden, beiden, beider, beide,
fremden, nochrede, nachrede,
bereden, feden, sundir, bader,
baderknecht, vermeidin, monden;

(dd)
adder, widder, widdergestellen;

geslagin, erslagen,
singit, genugin, jagen,
geiagit, besagit, svogir,
swoger, ßwoger, czogin,
ufgeczogin, irlangit, bogener,
anlangenten, gehegittin,
dinge, dingen, Fphingisten,
Fphingist, Pfingsten, erczeiget,
nochfalgern, nochfalger,
gehangen, jungen, gefengnis,
gefengniss, statgefengnisse,
getragen, zubrengen, brengen,
borgen, awgen, zu geczogen,
awsgeczugin;

(k) (Verhärtung)
gefenknis, gefenkniße;

(ck) (Verhärtung)
gefencknuße, gefencknus,
gefencknueße, gefencknußs,
gefencknues, gefencknuese;

(cgk) (Verhärtung)
gefencgknisse;

(ch) (Spirantisierung)
swocher;

Auslaut
<b>
halb, reroub, rerowb, roub,
roublich, obgenantin, lieb,
erbrichtir, erbherren, umb,
erbgerichtis, abnemen,
weib, weyb;

(p) (Verhärtung)
wip, weip, lip, rerowp, orhap,
erpvoythe, ap, apstórbe

Auslaut
<d>
und, pferd, pherd, mord, abund,
sann abund, abondis, obund,
sonnobund, frund, smid;

Auslaut
<g>
pflugradir, herczogynne,
herczog, totslag, toetslag,
todslag, slug, mag, burggreffe,
burggrave, arg, tag, freytag,
montag, vorzcog, dyng;

(k) (Verhärtung)
totslak, toetslak;

(gk) (Verhärtung)
wegk, dyngk

(t) (Verhärtung)
fintlich, fruntsschaft, messirsmit,
phaffinmait, walt, wergelt,
tusent, hant, Smeit, pfert, sint,
lantschepphin, gelentirpert,
mort, mortbrant, mortbrande,
lantvoit, lantvoitte, lantfoit,
lantfoyt, lantfoyte, lantfoytis,
hantwergmeister;

(dt) (Verhärtung)
sindt, wehregeldt;

(th) (Verhärtung)
morth, geburth

Die stimmlosen Plosive /p, t, k/ sind in allen Wortstellungen als mhd. <p, t, k>
vorzufinden (außer dem in der medialen Stellung keine anderen Allographe aufweisenden <p>, das im Wortauslaut nicht festgestellt wurde). In der medialen
und finalen Position sind auch ziemlich viele Allographe von <t, k> bemerkbar.
Gelegentlich werden (p, t, k) als Varianten des <b, d, g> im In- und Auslaut angetroffen (vgl. oben).

Die Konsonantensequenzen /-lt-/, /-nt-/ erscheinen in der Schreibung konsequent als (-ld-) und (-nd-), was sich bis ins 16. Jahrhundert hält (KALETA 2004: 114):

Drefaldekeit, scheldebriffe, sulde, wulde, wuldin, welde, welden, uffgehaldin, gehaldin,
uffhaldin, halden, zuhalden, hylde, gehalden, alde, aldin, hindir, hinder, undir, undirton,
under, dorunder, dorunnder, dorundir, Kondin.

mhd. /p/	mhd. /t/	mhd. /k/
<p>	<t>, (tt), (th), (dt), (d)	<k>, (c), (ch), (ck), (gk)

Anlaut	Anlaut	Anlaut
<p>	<t>	<k>

priester;

tusent, getan, geton, abetun,
tun, uztun, tuen, uztuen,
getant, tag, frietage, freytag,
vrytage, freytage, tage, tagen,
sontage, sontag, achtintage,
Aschtage, mantage, montage,
montag, manta[g], dornstage,
donrstage, donerstage, dinstage,
Oestirtage, Aller Helgintage,
Beugintore, tet, tete, tewir,
tribin, auestribin, ustriben,
teile, toten, totin, totslak,
toetslak, totslag, toetslag, tode,
totingreber, geteilit, geteilt,
geteiln, teilen, orteil, toer, tore,
tepfer, toppher, toppir, topper,
trang, getragen, stifftachter,
tachter, tochter, torstige;

(tt)
frittage, freyttage;

(th)
thausint, thoren, thun, gethon,
gethan;

komen (Part.), *ankome,*
bekant, bekanten, bekennen,
bekante, kurte, knecht,
knechte, scheffersknecht,
yudenknecht, wanknecht,
vanknecht, schuknecht,
molknecht, messirsmedsknecht,
messersmedeknecht,
smedeknecht, waynknecht,
baderknecht, melczerknecht,
kretsczemeirs, kretczemir,
kretczemer, kretschemer,
kretschmer, kretschemers,
kannyngisir, Konige, kongis,
dreierkonige, kirche, koeche,
czukunfft, zukumfftigen,
konftigin, kinde, kindir,
kyndir, gekawft, gekauft,
furkaufft, vorkoft, vorkouffen,
verkeufen, vorkouffon,
kretschem, koch, kewlenslegen,
kurssener, kurssenerknechte,
korsnerknecht, keynen, keinem,
ketczern, ketczery, ketczir,
knappe, knape, kristenlichen,
bekommen, krigen, Kondin,
kyßen, irkanth;

(c)
geclagit, clagist, beclagit,
Cruce woche, Crewcis,
cretschem, cretschmer,
closters, cristenlichen, cleider,
cromermeistern, becant;

(ch)
cheiner;

Inlaut	Inlaut	Inlaut
<p>	<t>	<k>
spreche, sprach, anczusprechin,	*steen, gesteen, steet,* wyrte,	*Anblikis, wynkil, markte,*
gesprochin, anspruchen,	*wirtis, stat, stad, steten,*	*jarmarkten, vordenken;*
ansproche, zcußpruch,	*staddiner, staddiner, statbrive,*	
howptmans, houptman,	*statrichter, stadgericht,*	(ck)
hauptman, haupt, spisen,	*stathafte, stathoften, haften,*	*becker, beckir, becke, stocke,*
spisse, speyse, spittilmeister,	*awsrichtu[n]ge, gestellen, helte,*	*beckenknecht, glockener,*
jopen, stempiln	*hofemeistir, buchsenmeister,*	*gedencken, stucken, nacken,*
	spittilmeister, machte, brachte,	*schencke;*
	luetin, luete, boselewte, lewte,	
	leute, gestolen, gestoln, gerete,	(gk)
	furretir, svestir, bestandin,	*Außgedrugkt, wergken*
	irstandin, wustin, wuste,	
	strasse, bastobe, czwelffbotin,	
	czwelffboten, achte, ochte,	
	wortin, mechtig, Oestirtage,	
	bete, furantwort, gestalt,	
	ufstosen, ufstozzen, angestosen,	
	angestozen, Fphingisten,	
	Pfingsten, hote, hate, stocke,	
	stok, mitstender, dirstochen,	
	czeiten, zukumfftigen, swestir,	
	priester, closters, muter,	
	lesterung;	

(tt)

hatte, hette, hattin, mittildorffe,
lottn, lotte, vettir, dritten,
ochtte, ungutten, mutter,
mittenander, mittenandir,
spittilmeister;

(th)

methewuche, methewoche,
methewochen, lewthe, leuthe,
erpvoythe, gerethen, rathe,
worthen

Auslaut	Auslaut <t>	Auslaut <k>
keine Belege vorgefunden	*howptmans, houptman, hauptman, haupt, driehundirt, acht hundirt, ist, hat, rotman, rotmanne, ratherren, rathaws, rothawse, mit, mitenandir, stat, statrichter, statbrive, statbuch, statwoyt, statvoit, stathafte, stathoften, woyt, steten, doselbist, tet, bekant, bekante, bekanten, nichtis nicht, nicht, czeit, wart, knecht, molknecht, yudenknecht, scheffersknecht, wanknecht, vanknecht, schuknecht, melczerknecht, messirsmedsknecht, messersmedeknecht, smedeknecht, waynknecht, korsnerknecht, baderknecht, Fasnacht, Vasnacht, lantvoit, lantfoit, lantfoyt, lantfoyte, erbefoit, totslak, toetslak, totslag, toetslag, totslagis. totslages, totslage, totslogis, totslages, fulleist, folleist, volleist, blutrunst, blutronst, stadgericht, Offart* [unsirs Herren], *gewalt, gut, recht, landisrecht, svert, lot, nacht, czukunfft, Bretsnyder, gestalt, statwoyt, statvoit, armbrust, armbrost, gesamtir, brante, gebranten, geistlichen, wertlichen, notdurft, nacht;*	*furwerk, schok, mark, stok;* (g) *marg, bang,* trang, *hantwergmeister*

(tt)

hatt, schuknechtt, ratt,
rechtt, mitt;

(dt)

todt;

(d)

gewald, geweldiglich, ward,
todslagis, todislagis, todeslagis,
todslag, stad, stadgericht, bart,
stadfoit, had

Darüber hinaus ist das (q) in der initialen Wortposition anzutreffen. Sichtbar ist es lediglich in den differenten Formen des Verbs *kommen*. Es erscheint vorwiegend in der Buchstabensequenz (qu-) bzw. (qw-). Einmal ist es durch (gw-) vertreten:

(qu):   *quam, anqueme, quomen;*
(qw):   *qwam, qwomen;*
(g):   *gwam.*

Die mhd. Liquida /l, r/ treten als <l, r> in allen Wortpositionen auf. In der medialen Stellung sind auch die Verdoppelungen (ll), (rr) zu begegnen:

mhd. /l/	mhd. /r/
<l>	<r>
Anlaut	Anlaut
<l>	<r>

legit, furlegit, landin, landisrecht, luetin, luete,	*rotman, rotmanne, ratherren, rate, rathaws,*
leuthe, leute, boselewte, lewte, lewthe, statlewtt,	*pflugradir, rechtslos, rechtis, rechtin, recht,*
belowgin, lantvoit, lantvoitte, lantfoit, lantfoyt,	*rechtt, landisrecht, unrecht, geroubt, reroub,*
lantfoyte, lantfoytis, lantvoget, lantfoget, lantfogit,	*reroubt, rerowbt, rerowp, rerowb, roub,*
lantschepphin, wegeloge, wegelage, wegelogin,	*roublich, berowbit, berowbt, berawbit,*
wegelogen, gewegelogit, gewegelogt, fulleist,	*gerowbt, gerete, gerethen, furretir, blutrunst,*
folleist, verleister, furloubt, gelentirpert, gelangin,	*blutronst, gerichte, gerichtis, richtir, richter,*
Helgni Lichenams, Helgin Lichenames, geloubert,	*richtirn, richtiklichen, furricht, erbrichtir,*
gelowbert, lidin, lieb, lottn, lotte, lip, blaslege, lot,	*statrichter, berichtunge, awsrichtu[n]ge,*
liess, lassen, lasßen, inlowfin, inlowffin, ynlowfin,	*helferede, angeredt, uzrawfftin, nochrede,*
inlawf, gelawffen, leymede, Libin Frouwin,	*nachrede, bereden, rymer, reich, awsrede;*
libin, liben, irlangit, anlangenten, enlenden,	
lossin, lossen, ausgelossen, gelossin, leibe, lemde,	
lemden, irlouffen, gelemet, lesterung, lyf, verleben,	
leynewehber;	

Inlaut

<l>

geclagit, clagist, beclagit, helte, pflugradir, wile,
gestolen, gestoln, doselbist, desselbin, dazselbe,
dasselbe, derselbe, deme selbin, selbschuldegir,
halb, sulde, wulde, wuldin, welde, welden,
blibin, bleiben, fulger, fulgin, fulgen, teile, glubt,
glubiit, gluben, gleube, globten, globen, globit,
globet, felchlich ,fälschlich', beslich, schultisse,
schulttisse, scholtisse, schultis, schultheisse, totslak,
toetslak, totslag, totslagis, totslages, todslagis,
todislagis, todeslagis, totslage, toetslag, todslag,
totslogis, totslages, geslagen, geslagin, erslagen,
slug, kewlenslegen, halz, halze, halcz, blutrunst,
blutronst, blutis, anblikis, Helgni Lichenams, Helgin
Lichenames, helgin, heylgin, heilgen, hilgen, Aller
Helgintage, czwelffbotin, czwelffboten, geteilt,
geteilt, geteiln, teilen, gewalt, gewald, geweldiglich,
glichir, molner, moelner, blaslege, beschuldegin,
uffgehaldin, uffhaldin, halden, hylde, gehalden,
male, gelde, geldt, wergelt, wichbildis, aldin,
alde, gestalt, helferede, helfern, helfer, gehulfin,
fleysscher, fleicher, fleisscher, sulche, sulchir,
schuler, nochfalgern, nochfalger, walt, hulfe,
closters, bleycher, slosser, melczerknecht;

Inlaut

<r>

driehundirt, drie, drey, Drier, Drefaldekeit,
dreierkonige, dritten, acht hundirt, waren,
wart, ward, were, frietage, frittage, freytag,
freytage, freyttage, vrytage, freitage,
Beugintore, frevil, frevelich, freveliche,
frevilich, freffil, freffelich, pferdin, pferde,
pferd, pfert, pherd, pherde, pfardes, wyrte,
wirtis, mittildorffe, dorffe, dorfes, dorfer,
ware ,Ware', arme, armen, wurdin,
wurden, wuerde, wuerdin, spreche, sprach,
anspruchen, ansproche, anczusprechin,
gesprochin, kurte, brief, brive, gleube
brive, briven, statbrive, scheldebriffe,
tribin, auestribin, ustriben, furte, brachte,
bracht, brechen, bricht, frouwe, frouwin,
vrouwin, frauen, frawen, Libin Frouwin,
husfrouwe, husfrauwe, husfrauwen,
husfraue, hausfrawe, hausfraue, begriffin,
begrýfft, anzugreifen, anzugrifin,
übirgreyffen, furwerk, erin, ere, frede,
fredebroch, fru, geschrebin, geschribin,
geschreben, nochgeschrebenen, zuschreyben,
vorschreiben, vorschreben, uzschreiben,
inschreiben, obingeschrebin, nochgeschribin,
obgeschribin, herczogynne, herczog,
gebrudir, gebruder, brudir, bruder, leibruder,
styffbruder, dornstage, donrstage, burger,
mitburgir, furburgit, hirbergit, hirberge,
herbe[r]ge, vire, gelentirpert, czerunge,
Offart [unsirs Herren], kretsczemeirs,
kretczemir, kretczemer, kretschemer,
kretschmer, cretschem, kretschem,
kretschemers, cretschmer, mort, mord,
morth, morths, mortbrant, mortbrande,
brandes, brands, brandis, brante, gebranten,
irmort, gemort, morde, mordis, morden,
strasse, enperin, erbrichtir, erpvoythe,
erbevogit, erbefoit, erbisgerichte, irbern,
stadgericht, erbgerichtis, furdirt, irfurdirt,
irfordirt, erfordert, gevordirt, gefordert,

furdererrynne, furderunge, forderunge,
svert, swerte, hirte, gerczlich, kirche,
wortin, drew, drewt, dreuwen, drewbrife,
drowh, erstin, burggreffe, burggrave,
furschribit, burgt, furantwort, erbherren,
furhoren, gehort, abegewurfin, geworfen,
uzgeworffene, awsgeworfen, frunde,
frundis, fruntsschaft, frund, frunde,
arg, arge, gesvorin, gesworen, durch,
irwerit, bricht, armbrust, armbrost, bart,
furstentum, trang, irfare, irfaren, markte,
kurssener, kurssenerknechte, priester,
getragen, zubrengen, brengen, jarmarkten,
heren, brewer, wertlichen, borbierer, borgen,
totingreber, birschroter, hantwergmeister,
notdurft, cromermeistern, torstigen;

Auslaut	Auslaut
<l>	<r>

fulleist, folleist, volleist, volleister, folleister, sal,
mol, orteil, also, alzo;

jar, jare, iare, jaris, her ,er', fur ,vor', dofur,
der, derselbe, dorczu, dorum, doruum,
doran, her ,Herr', ir, mir, myr, wir, wer,
orfede, furbas, vir, vier, furczig, hirbergit,
hirberge, herbe[r]ge, gar, mer, toer, gar,
jarmarkten, wergelt;

(ll)	(rr)

alle, allis, alles, aller, Aller Helgintage, gesellen,
geselle, geselleschaffte, wellit, wellin, gestellen,
sulle, sollen, sullen, sullin, vorwillet, wollenweber,
wollenwebir

Herren, ratherren, erbherren, herrn,
pfarrehowfe, pfarrers, pfarrer

Das mhd. stimmhafte bilabiale /m/ und das stimmhafte alveolare /n/ sind in allen drei Stellungen belegt und zeigen keine Variantenalternanz auf [außer den sporadischen Belegen mit (mm) oder (mb) sowie (nn) im In- und Auslaut: *dorumme, umb, dorynne*]:

mhd. /m/

\<m\>

mhd. /n/

\<n\>

Anlaut

\<m\>

rotman, rotmanne, mannen, hofemans,
mannes, mit, mitenandir, mittenander,
mittenandir, domite, mittildorffe, mueste,
hofemeistir, buchsenmeister, bawemeistir,
bawmeister, spittilmeister, machte, marg, mark,
mir, myr, mag, mort, mord, morth, morths,
mortbrant, mortbrande, irmort, gemort, morde,
mordis, morden, methewuche, methewoche,
methewochen, metewuche, mitwuche,
mitewuche, metewochin, mantage, montage,
montag, manta[g], mynnir, mer, howptmans,
houptman, hauptman, mechtig, gemechtigt,
male, Messirsmede, messirsmit, messersmede,
Smyde, messir, messer, messirsmedsknecht,
messersmedeknecht, myne, myner, mu[n]disch,
unmundisch, ungemach, phaffinmait, markte,
jarmarkten, merklicher, mutter, muter,
mewerers, mose, molknecht, hantwergmeister,
vermeidin, monch, monden, melczerknecht,
mol, molner, moelner;

Anlaut

\<n\>

genomen, nemen, uffczunemen, abnemen,
usgenomen, nichtis nicht, nicht, Fasnacht,
Vasnacht, nachte, obgenantin, egenantis,
egenanten, vorgenante, Helgni Lichenams,
Helgin Lichenames, nach, noch, nochfalgern,
nochfalger, genugin, nuch, notsachin, nymmir,
nummyr, nymmer, nennit, genuegn, nacken,
notdurft, namhaftigen;

Inlaut

<m>

komen (Part.), ankome, anqueme, qwomen, quomen, Smeit, Messirsmede, messersmede, Smedis, smid, smedisknecht, syme, genomen, nemen, uffczunemen, abnemen, usgenomen, ome, kretsczemeirs, kretczemir, kretczemer, kretschemer, kretschmer, kretschemers, dowmen, dowme, leymde, leymede, gesamtir, fremden, lemde, lemden, rymer, stempiln, abezcurewman;

Inlaut

<n>

Unsires, unsir, unsirn, unsern, unser, tusent, driehundirt, acht hundirt, und, hant, wunde, wundin, vundin, vunde, wonden, wondin, gewunt, wundem, ginge, ende, andir, andirn, mitenandir, mittenander, mittenandir, sundir, bekant, bekanten, bekante, obil handiln, ungenedig, gnedegin, gnode, fintlich, knecht, knechte, scheffersknecht, yudenknecht, wanknecht, vanknecht, schuknecht, schuknechtt, molknecht, waynknecht, melczerknecht, korsnerknecht, baderknecht, messirsmedsknecht, messersmedeknecht, landin, landisrecht, sonobunde, sonnobund, sonnobunde, dornstage, donrstage, donerstage, sint, sindt, uns, lantvoit, lantvoitte, lantfoit, lantfoyt, lantfoyte, lantfoytis, lantvoget, lantfoget, lantfogit, lantschepphin, obgenantin, egenanten, egenantis, vorgenante, diner, staddiner, dinstage, blutrunst, blutronst, Besnydunge, gelentirpert, sones, sonen, sone, soene, ane, Konige, kongis, dreierkonige, mortbrant, mortbrande, brandes, brandis, brands, brante, gebranten, molner, moelner, gewande, hindir, hinder, czukunfft, kinde, kindir, kyndir, Bretsnyder, sneider, sneyders, undirwysin, under, dorunder, dorundir, hende, furantwort, frunde, frundis, fruntsschaft, frund, frunde, unmundisch, findeth, vint, vindet, funden, gancz, gehyndern, enlenden, czene, gehangen, abund, abondis, obund, sann abund, abondis, obund, sundir, mitstender, hantwergmeister, schendlichin, geschant, monch, monden;

Auslaut	Auslaut
<m>	<n>
um, dorum, doruum, em ‚ihm‘, quam, qwam,	*doryn, dorin, In, in* (Präp.), *getan, gethan,*
gwam, arme, armen, eym, Helgni Lichenams,	*geton, gethon, abetun, tun, uztun, tuen, thun,*
Helgin Lichenames, heymsuche, heymsuchen,	*getant, an, doran, anlangenten, son, rotman,*
heymelichen, heymelich, heimelich, armbrust,	*wayn ‚Wagen‘, den, fon, dofon, eyn, ein, sin,*
armbrost;	*zyn, sein, anblikis, anqueme, han, czeen,*
	czen, howptmans, houptman, hauptman,
	hofemans, inlowfin, inlowffin, ynlowfin,
	inlawf, inschreiben, wanknecht, vanknecht,
	waynknecht, sweyn, enlenden, zcawn;

(mm)	(nn)
nymmir, nummyr, nymmer, umme, ummb,	*wenne, rotmanne, mannen, mannes,*
bekommen	*kannyngisir, dorynne, mynnir, bekennen,*
	nennit, unnd, unnde, inns, personnlich, annder,
	dorunnder

Der mhd. stimmhafte velare Nasal [-ŋ-] wird nur im In- und Auslaut angetroffen, wo er vorwiegend als <ng> notiert wird:

Fphingisten, Fphingist, Pfingsten, jungen, gefengnis, gefengniss, zubrengen, gelangin, gefangin, gefangen, begangin, begangen, ergangen, irgangin, dirgangen, singit, irlangit, dinge, dingen, dyng, dyngen, anlangenten.

Vorgefunden wurden aber auch seine Nebenvarianten:

(nk):   *gefenknis, gefenkniße;*
(ngk):   *dyngk;*
(nck):   *gefencknuße, gefencknus, gefencknueße, gefencknuß, gefencknues, gefen-cknuese, gedencken, schencke;*
(ncgk):   *gefencgknisse.*

Die Lautsequenz [ŋk] kommt als <nk> im Inlaut (*vordenken, wynkil*) bzw. als (ng) im Auslaut (*trang, bang*) vor.

Mhd. /h/ wird immer als <h> in der Initialstellung und als (ch) in den Verbindungen /-ht-, -hs-/ im In- und Auslaut [(cht) bzw. (chtt), (chs) bzw. (ch)] wiedergegeben. Einmal wird es auch in der medialen Stellung angetroffen (*fahen*):

mhd. /h/ im Anlaut \<h\>	mhd. /h/ in Verbindung /-ht-/ im In- und Auslaut (cht)	mhd. /h/ in Verbindung /-hs-/ im In- und Auslaut (chs)
Herren, hern, herrn, ratherren, erbherren, heren, driehundirt, acht hundirt, hant, her ‚er‘[263], habin, haben, han, hat, habt, hatte, hette, hote, hate, hattin, helte, halb, obil handiln, hawse, haws, rathaws, husfrouwe, husfrauwe, husfrauwen, husfraue, hausfrawe, hausfraue, rothawse, hausit, houste, hofemeistir, hofemans, herczogynne, herczog, gehawsit, howsit, gehawfit, hawsit, hawffit, hawfin, hoffte, hofit, halz, halcz, halze, hals, hirbergit, hirberge, herbe[r]ge, Helgni Lichenams, Helgin Lichenames, Aller Helgintage, heilgin, schultheisse, scultheis, hirte, howptmans, houptman, hauptman, haupt, uffgehaldin, uffhaldin, halden, gehalden, pfarrehowfe, hindir, hinder, heymsuche, heymsuchen, heynsuchte, heymelichen, heymelich, heimelich, habe ‚Habe‘, hende, orhap, helferede, helfer, helfern, gehulfin, furhoren, gehort, gehegittin, erhoben, gehyndern, heist, heyst, gehangen, stathafte, stathoften, haften, abegehawen, hoechsten, hochsten, hassin, hulfe, ufczuheben, hantwergmeister, henger, gehangen	*rechtslos, rechtis, rechtin, recht, rechtt, landisrecht, nichtis nicht, nicht, brachte, bracht, acht hundirt, achtintage, knecht, knechte, molknecht, scheffersknecht, yudenknecht, wanknecht, vanknecht, schuknecht, messirsmedsknecht, messersmedeknecht, smedeknecht, waynknecht, baderknecht, schuknecht, melczerknecht, Fasnacht, Vasnacht, nachte, nacht, gerichte, gerichtis, erbisgerichte, stadgericht, erbgerichtis, richtir, erbrichtir, richter, richtirfurricht, statrichter, richtiklichen, berichtunge, vorrichten, achte, geacht, ochte, mechtig, gemechtigt, vordocht, vordacht, stifftachter, tachter, tochter, tuchtigen, unrecht;* (-chtt-) *ochtte, schuknechtt*	*buchsenmeister, buchsenschisser, achsel;* (ch) *sechczigstin, sechczin*

---

263   Konsequent erscheint das Personalpronomen mit dem anlautenden /h/, was für die md. und mnd. Dialektgruppen emblematisch war. Sehr vereinzelt wird aber auch *er* angetroffen, z. B. (1387): *An deme frietage ist Georius Thobil geeycht um fulleist den*

In den Vermerken aus dem 15. Jahrhundert wurden auch einige wenige Versuche der Markierung der Länge des vorangehenden Vokals mithilfe des postvokalischen <h> (= Dehnungs-<h>) belegt:

besehin, zuczihen (1428), *zcyhen* (1484), *mehr* (1458), *besehn* (1475), *leynewehber* (1481), *vormahnet* (1481), *wehregeldt, wehregelt* (1481, 1482).

Der mhd. Frikativ /ch/ erscheint als <ch> im Wortin- und -auslaut. In der Kombination /-ht-/ und /-hs-/ lässt sich konsequent (ch) als Variante des <h> vorfinden (vgl. oben):

Inlaut:

    <ch>:   *spreche, anczusprechin, gesprochin, Cruce woche, geeichit, geeicht, eichit, geeychit, geichit, geeichte, geeyicht, gieeichit, geeycht, geecht, methewuche, methewoche, methewochen, metewuche, mitwuche, mitewuche, metewochin, glichir, sache, notsachin, sachen, sachin, kirche, koeche, heymsuche, heymsuchen, heynsuchte, sulche, sulchir, sulch, buechern, buche, bricht, dirstochen, bleycher, gesucht, brechen, czichner;*

Auslaut:

    <ch>:   *sich, Auch, auch, ouch, sprach, beslich, nach, noch, nuch, nochfalgern, nochfalger, wichbildis, durch, statbuch, ungemach, koch, fredebroch, zcußpruch.*

Die mhd. <ȝ> und <ȝȝ> sind jeweils als <z> sowie (s), (ss), (zz), (sß), (ß) im In- und Auslaut und als (ss) bzw. (sß) im Inlaut anzutreffen, wobei die Gebrauchskonsequenz konkreter Varianten kaum zu bestimmen ist:

---

frevil und gewalt, die [...] *fon Beme hat getan an Burkhard Tobil, daz er en hat gewunt frevelich in syne hawse, ist geeichte fon der stat wegin;* (16.08.1387): *An deme frietage nach unsir Frouwin tage wurczewie ist gieeichit Heynrich Beugindorf um drie wundin und eyme heysume* [heymsuche] [...] *und frevil und gewald, die er getan hat an* [...] *inlewfinde frevilich in syme haws; und Heynrich des obgenatin Heinrich Beugindorf vettir ist geeichit um czwu wundin und um eyne heysuche und frevll gewalt, die her getan hat an deme obgenantin* [...] *inlowfin frevillich in sin haws* [...]; (10.08.1394): *An demselbin tage sint fur uns komen die scheppfen und unsir statrichter und haben bekant, daz Völkil Sichilsleiffer geecht ist ummb eynen totslag, den er begangin hat an Hannos Bufinheupt son Hannos* [...]; (14.09.1475): *In judicio post Exaltaconis Sncte Crucis anno etc. LXXV Cristof Fritze ist geecht umb freffil und gewalt, die er Hanns Crawsen uf Sant Niclos kirchof begonnen hat*
[DWB 2022, (online) https://woerterbuchnetz.de/?sigle=DWB#3 (14.08.2022), BMZ 2022, (online) https://woerterbuchnetz.de/?sigle=Lexer&lemid=E01646#1 (14.08.2022)].

mhd. /ʒ/	mhd. /ʒʒ/
<z>, (s), (ss), (zz), (sß), (ß)	(ss), (sß)
Inlaut	Inlaut
<z>	(ss)
angestozen;	*gesessin, gesessenenem, gesessen, Messirsmede,*
	messersmede, messirsmit, messir, messer,
(s)	*messirsmedsknecht, messersmedeknecht,*
bestes, mueste, wustin, wuste, kannyngisir,	*geschossen, ausgelossen, hassin, slosser, strossin,*
buese, spisen, ufstosen, angestosen, heist,	*dirschossen;*
heyst, mose;	
	(sß)
(ss)	*gesesßen, wasßer*
furbussit, bussen, busse, strasse, schultheisse,	
lassen, lossin, lossen, gelossin, spisse;	

(zz)

ufstozzen;

(sß)

lasßen, gesesßen;

Auslaut

<z>

daz, waz, dazselbe, uztun, uztuen, uzrawfftin,
uzgeworffene, uzschreiben;

(s)

awsrichtu[n]ge, awsgeworfen, ausgelossen,
ustriben, usgenomen, auestribin, dasselbe,
furbas, scultheis, zas, sas;

(ss)

liess;

(ß)

dorauß, daß

Mhd. <f> ist als <f>, (ff), (pf), (pp), (ppf), (ph) oder (pph) in der medialen und finalen Position vorzufinden:

Inlaut:

<f>: *gehawfit, hawfin, hofit, inlowfin, ynlowfin, gekawft, gekauft, vorkoft, verkeufen, helferede, helfern, helfer, gehulfin, hulfe, abegewurfin, geworfen, awsgeworfen, anzugreifen, anzugrifin;*

(ff): *scheffin, begriffin, begrýfft, übirgreyffen furkaufft, vorkouffen, vorkouffon, hawffit, hoffte, pfiffer, scheffersknecht, uzrawfftin, uzgeworffene, offene, phaffinmait, offinbar, uffinbar, zuschaffin, inlowffin, gelawffen, irlouffen, behelffen;*

(pf): *schepfen;*

(pp): *scheppen, scheppin;*

(ppf): *scheppfin, scheppfen, seppfen;*

(ph): *schephin;*

(pph): *schepphin, lantschepphin, chepphen, scepphin, toppher.*

Auslaut:

<f>: *Offart* [unsirs Herren], *uf, of, ufgeczogin, ufstosen, ufstozzen, inlawf, ufczuheben, dorfes, dorfer;*

(ff): *Bisschofftum, uffgehaldin, uffhaldin, uffczunemen, styffbruder, mittildorffe, dorffe.*

Das mhd. <w> erscheint als <w>[264] bzw. (v) im An- und Inlaut, während das mhd. <v> in allen Wortstellungen entweder mit <v> oder mit seiner Alternanzen: (f), (w), (ph), (ff) wiedergegeben wird.

---

264 Das mhd. <w> wird ebenfalls bei der Verschriftung der alten und neuen Diphthonge sowie des infolge der Monophthongierung entstandenen [u:] gebraucht, z. B. mhd. [ɔʊ] = (aw): *awgen, gekawft, frawen,* (auw): *husfrauwe, husfrauwen,* (ow): *gelowbert, howptmans, rerowp;* mhd. [œɤ] = (ew): *drew, drewbrife, hewpt,* (euw): *dreuwen;* nhd. [aʊ] = (aw): *awsrichtu*[n]*ge, awsgeworfen, aws, haws, bawmeister,* (ow): *dowmen, dowme, howsit;* fnhd. [ɔɪ] = (ew): *tewir, boselewte, lewte,* (euw): *euwer, euwern;* mhd. [uo] > fnhd. [u:] = (w) *nw* (vgl. oben, fnhd. Fusion der alten und neuen Diphthonge: mhd. [ei, œɤ, ɔʊ], [i:, y:, u:] > fnhd. [aɪ, ɔɪ, aʊ], fnhd. standardsprachliche Diphthongierung: [i:, y:, u:] > [aɪ, ɔɪ, aʊ] und fnhd. standardsprachliche Monophthongierung: [ie, uo, ɤe] > [i:, u:, y:]).

mhd. /v/

\<w\>, (v)

mhd. /f/

\<v\>, (f), (w), (ph), (ff)

Anlaut

\<w\>

waren, wart, ward, were, weren, was ,(er) war',
wunde, wundin, wonden, wondin, gewunt,
wundem, wayn ,Wagen', wyrte, wirtis, wile,
ware ,Ware', wurdin, wurden, wuerde, wuerdin,
waz, wenne, wulde, wuldin, welde, welden,
wellit, wellin, wedir, wedirgebin, wedirgebe,
widirgebin, furwerk, wir, wer, wustin, wuste,
Cruce woche, methewuche, methewoche,
methewochen, metewuche, mitwuche,
mitewuche, metewochin, wegeloge, wegelage,
wegelogin, wegelogen, gewegelogit, gewegelogt,
wibe, wibin, wip, weib, weip, weibe, weyber,
gewest, gewalt, gewald, geweldiglich, wise,
wyes, wiz, wortin, worthen, wortten, gewande,
wichbildis, undirwysin, wie, abegewurfin,
geworfen, uzgeworffene, awsgeworfen, wynkil,
weber, irwerit, wanknecht, walt, ynwonern,
vorwillet, wergelt, wollenweber, wollenwebir,
webir, waynknecht, hantwergmeister, bewerben,
leynewehber, wegk, wasßer;

Anlaut

\<v\>

vrouwin, lantvoit, lantvoitte, erpvoythe,
lantvoget, erbevogit, vogit, statvoit, vir, vier,
vire, vettir, gevordirt, volleist, volleister, vrytage,
vint, vindet, Vasnacht;

(f)

frietage, frittage, freytag, freytage, freyttage,
freitage, fur ,vor', dofur, fon, dofon, furte,
fulger, fulgin, fulgen, fintlich, frouwe, frouwin,
husfrouwe, husfrauwe, husfrauwen, husfrauwe,
husfrauwenn, hausfraue, frauen, frawen,
husfraue, frede, fredebroch, Fasnacht, fahen,
fru, felchlich ,fälschlich', orfede, fulleist,
folleist, folleister, lantfoit, lantfoyt, lantfoyte,
lantfoytis, foytis, lantfoget, lantfogit, erbefoit,
stadfoit, furbas, furdirt, irfurdirt, irfordirt,
erfordert, gefordert, furdererrynne, furderunge,
forderunge, Drefaldekeit, fleysscher, fleicher,
fleisscher, findeth, funden, furczig, feden,
fromen, gefangin, gefangen, frevil, frevelich,
freveliche, frevilich, freffil, freffelich, frunde,
frundis, frund, frunts, frunde, schaft,
furstentum, gefengnis, gefengniss, gefenknis,
gefencknuße, gefencknus, gefencknueße,
gefencknues, gefencknuese, gefenkniße,
gefencgknisse, fenster, Fleyschermeister,
fremden, irfare, irfaren, fewer, fridlich,
nochfalgern, nochfalger;

(w)

statwoyt, woyt;

(ph)

entphurt;

Inlaut	Inlaut
<w>	<v>
czween, czwe, czwene, frouwe, frouwin, frawen, Libin Frouwin, czwelffbotin, furantwort, eweglich, ewicl[i]chen, ewigen, gesworen, swoger, ßwoger, swerte;	frevil, frevelich, freveliche, frevilich; (ff) freffil, freffelich;

(v)

svestir, svert, svogir, gesvorin

Auslaut	Auslaut
keine Belege vorgefunden	(f) brief, hofemeistir, hofemans, pfarrehowfe; (ff) Czwelffbotin, czwelffboten, burggreffe, scheldebriffe

Mhd. <sch> tritt als <sch>, (sc), (s), (ch), (ss), (ssch) in allen Wortstellungen auf:

Anlaut:

<sch>: schepphin, lantschepphin, scheppfin, scheppfen, schephin, scheffin, scheppen, scheppin, schepfen, schadin, schedelich, beschaczunge, geschrebin, geschreben, geschribin, nochgeschrebenen, zuschreyben, vorschreiben, vorschreben, obingeschrebin, uzschreiben, nochgeschribin, obgeschribin, abgeschreben, schultisse, schulttisse, schultis, schultheisse, schok, gescheen, geschen, selbschuldegir, beschuldegin, schree, furschribit, scheffersknecht, schuler, geschossen, schuknecht, schuknechtt, zuschaffin, buchsenschisser, scheldebriffe, schentlichen, dirschossen, schadlos, schadloz, schadeloß, unvorschemet, schendlichin, geschant, geschege, schencke;

(sc): scultheis, scepphin;

(s): seppfen;

(ch): chepphen;

Inlaut:

(ss): czwissen;

(ssch): bisschofftum, fleysscher, fleisscher;

(ch): fleicher;

Auslaut:

<sch>: Aschtage;

(ch): felchlich ‚fälschlich'.

Die anlautenden Lautsequenzen /sl-/, /sm-/, /sn-/, /sw-/, /sp-/, /st-/ sowie die sich im Wortinlaut befindende Lautkombination /-rs-/ sind immer als (sl), (sm), (sn), (sw) [(sv), (ßw)²⁶⁵], <sp> [(ßp)], <st> und <rsch> anzutreffen, was auf die vorangehende Monophonematisierung der Phonemsequenz /sk/ und somit auf die Entwicklung des /ʃ/ zurückzuführen ist (vgl. oben):

/sl-/ =	(sl):	*totslak, toetslak, totslag, totslagis, totslages, todslagis, todislagis, todeslagis, todslag, totslage, toetslag, totslogis, totslages, geslagen, geslagin, erslagen, slug, kewlenslegen, slosser, dirslagin, dirslagen;*
/sm-/ =	(sm):	*Smeit, Messirsmede, messirsmit, messersmede, Smedis, smid, Smyde, messirsmedsknecht, messersmedeknecht, smedeknecht, smedisknecht, smelichen, smed;*
/sn-/ =	(sn):	*Besnydunge, Bretsnyder, sneider, sneyders;*
/sw-/ =	(sw):	*sweyn, gesworen, swocher, swoger, swestir, geswornedyner;*
=	(sv):	*svestir, svert, svogir, gesvorin;*
=	(ßw):	*ßwoger;*
/sp-/ =	<sp>:	*spreche, sprach, anczusprechin, gesprochin, anspruchen, ansproche, spisen, spisse, speyse, spittilmeister;*
=	(ßp):	*zcußpruch, mitßpylen;*
/st-/ =	<st>:	*steen, steet, stat, stad, statbrive, statrichter, statbuch, statwoyt, statvoit, stadfoit, stadgericht, stathafte, stathoften, staddiner, statlewtt, steten, gestolen, gestoln, bestandin, irstandin, strasse, gestellen, gestalt, gesteen, bastobe, ufstosen, ufstozzen, angestosen, angestozen, stocke, stok, dirstochen, stucken, mitstender, strossin, stifftachter, apstoerbe, stempiln, styffbruder*
/-rs-/ =	<rsch>:	*birschroter;*
=	(rs):	*korsnerknecht;*
=	(rss):	*kurssener, kurssenerknechte.*

Der mhd., in der initialen und medialen Stellung vorgefundene Verschlussreibelaut [p͡f] kommt entweder als <pf> oder (fph), (ph) und (pp) vor. Die Gebrauchshäufigkeit der konkreten Varianten lässt sich nicht bestimmen:

Anlaut:

<pf>:	*pferdin, pferde, pferd, pfert, pfardes, pflugradir, pfiffer, pfarrehowfe, pfarrers, pfarrer, Pfingsten, pfeyle;*
(fph):	*Fphingisten, Fphingist;*
(ph):	*phaffinmait, pherd, pherde, phleget;*

Inlaut:

<pf>: *tepfer*;
(pp): *toppir, topper.*

Die mhd., in allen Wortstellungen vorkommende Affrikate [t͡s] besitzt ziemlich viele graphische Realisierungsmöglichkeiten [<z>, (cz), (zc), (c), (tcz)], deren
Gebrauchsfrequenz nicht zu bestimmen ist:

Anlaut:

<z>[266]: *zukumfftigen, zuczihen, dorzu, anzugreifen, anzugrifin*;
(cz): *czu, dorczu, anczusprechin, gesprochin, czukunfft, czween, czwe,
czwu, czwo, czwene, czeit, czeiten, herczogynne, herczog, czuentsagin, furczig, czerunge, czwelffbotin, czwelffboten, czeen, czen, czogin,
ufgeczogin, erczeiget, czene, ufczuheben, zuczihen, czoges, czichne*;
(zc): *Zcu, zcum, zcwietracht, irzceygt, vorzcog, zcußpruch, zcawn, gezcewnet, abezcurewman, zcyhen*;
(c): *cum*;

Inlaut:

(cz): *besaczunge, siczin, besacztin, leczte, melczerknecht*;
(tcz): *gesatczet, sitczende, sitczen, sitczendem, setczen, ketczern, ketczery,
ketczir*;
Auslaut:
(cz): *gancz*;
(c): *Cruce woche, Crewcis.*

Außerdem wurden im Textkorpus die Belege der graphischen Wiedergabe der
mhd. stimmlosen postalveolaren Affrikate [t͡ʃ] festgestellt, die nur in der medialen Wortposition vorkommt, wo sie entweder als <tsch> oder (tscz) und (tcz)
schriftlich fixiert wird:

Inlaut:

<tsch>: *kretschemer, kretschmer, cretschem, kretschem, kretschemer, kretsche-
mers, cretschmer*;
(tscz): *kretsczemeirs*;
(tcz): *kretczemir, kretczemer.*

Mhd. <s> ist als <s>, (z), (ß)[267] und (cz) in allen Wortstellungen zu begegnen:

---

266 Die Belege mit <z> escheinen inkonsequent erst in den späteren Eintragungen (ab
1419), sonst überwiegen die (cz)-Graphien.
267 Seit den 1480er Jahren erscheint die Ligatur <ß> immer häufiger.

Anlaut:

<s>:   *sebin, sechczigstin, sechczin, son, sones, sonen, sone, soene, gesessin, gesessenenem, gesessen, sitczendem, syme, synen, sin, sine, sins, synes, syne, seynen, seinen, sein, seinem, doselbist, desselbin, dazselbe, dasselbe, selbschuldegir, deme selbin, derselbe, sie, sundir, sulde, sulle, sollen, sullen, sullin, sal, sich, czuentsagin, entsagit, sontage, sontag, sonobunde, sonnobund, sonnabe[nd], sonnobunde, also, sint, sindt, sache, notsachin, sachen, sachin, singit, besagit, gesayt, gesellen, geselle, geselleschaffte, siczin, sitczende, gesatczet, sas, heymsuche, heymsuchen, heynsuchte, gesucht, sulche, sulchir, sulch, besacztin, gesant, gesamtir, besehin, sundir, vorsunet;*

(z):   *zo, alzo, zyn, zas, zemptlichen, zemptlich;*

(ß):   *ßo;*

Inlaut:

<s>:   *Unsires, unsir, unser, unsirn, unsern, tusent, ist, clagist, hofemeistir, bosir, buchsenmeister, hantwergmeister, bawemeistir, bawmeister, fulleist, folleist, volleist, volleister, folleister, verleister, blutrunst, blutronst, hawsit, howsit, hausit, houste, gewest, wise, erstin, boselewte, Oestirtage, undirwysin, Fphingisten, Fphingist, armbrust, armbrost, furstentum, swestir, priester, closters, geistlichen, lesterung, torstigen;*

(z):   *boze;*

(ß):   *kyßen;*

Auslaut:

<s>:   *hawse, haws, rathaws, rothawse, husfrouwe, husfraue, hausfraue, Fasnacht, Vasnacht, uns, was ‚(er) war‘, hals;*

(z):   *wiz, halz, halze;*

(ß):   *haußfrawen;*

(cz):   *halcz.*

Der mhd. stimmhafte palatale, nur in der initialen Stellung festgestellte Approximant /j/ erscheint entweder als mhd. <j> oder (i) und (y):

Anlaut:

<j>:   *jare, jar, jaris, jerlichin, Judin, jagen, jungen, jarmarkten, jopen;*

(i):   *geiagit, iare.*

7. Auswertung der durchgeführten Analyse und Schlussgedanken

Das vorliegende Kapitel sammelt die anhand der gesamten Eruierung formulierten Schlussgedanken, die mit der Auswertung der oben präsentierten Ergebnisse der textlinguistischen sowie der phonematisch-graphematischen Analyse im Lichte der im ersten Kapitel angenommenen Thesen zusammengestellt werden.

Die Auswertung der Forschungsresultate der in der vorliegenden Arbeit durchgeführten Analyse besteht, wie oben erwähnt, aus zwei Teilen: Den einen machen die Ausführungen zu der Entwicklung des Proskriptionstextes im verfügbaren archivalischen Material in seiner historischen Kontinuität sowie zu den Ergebnissen der Makro- und Mikroanalyse der einzelnen Stadtbuchvermerke aus. Der andere Teil enthält dagegen die Ergebnisse der phonematisch-graphematischen Untersuchung des in der Arbeit gewählten Forschungskorpus, anhand deren die Schlüsse zum Evolutionsniveau der deutschen Sprache sowie zu den sprachgeographischen und mundartlichen Erscheinungen formuliert werden können. Darüber hinaus ist anzumerken, dass die Auswertung der Ergebnisse stets parallel zu der in Kapitel 4 und 6 angeführten Analyse sowie zu der Auflistung, Beschreibung und Exemplifikation der in Kapitel 5 in Erwägung gezogenen ausgewählten Eigentümlichkeiten der sprachlichen Ebene verfolgt werden soll.

In Anlehnung an die eingangs formulierte Zielsetzung thematisiert die gesamte Studie, die die empirische Basis innerhalb der Textsortenlinguistik auszuweiten hat, in erster Linie die korpusbasierte, textlinguistisch orientierte Untersuchung der Textsorte PROSKRIPTION. Deswegen stellt sie sich einerseits als erste synchrone Analyse dieser Textsorte dar, andererseits lässt sie sich in die gegenwärtig immer längere Liste der Arbeiten eintragen, deren Ziel es ist, die Textsorten und darauffolgend die Textmuster sowie deren Umwandlungen aus der diachronen Perspektive qualitativ und quantitativ darzustellen.

Über die Wahl des Explorationskorpus entschied vordergründig das Interesse an den (spät)mittelalterlichen Proskriptionstexten, mittels deren die Stadtgesellschaft im Allgemeinen und *stricte* die Stadtbehörden das Leben der einzelnen Mitglieder dieser Stadtgesellschaft angesichts der Straftat bzw. deren Begehung rechtlich regulierten und steuerten. Hierbei sei jedoch anzumerken, dass die unternommenen Untersuchungen lediglich als Ausschnitt aus dem explorierten und noch weiter zu explorierenden Bereich anzusehen sind, denn die sich im Laufe der Zeit verändernden Umstände des sozialen Handelns sowie die sprachlichen Reaktionen darauf von den außersprachlichen Bedingungen abhängig waren, die durch die rechtliche und außerrechtliche – auch den Veränderungen unterliegende – Wirklichkeit determiniert wurden. Zum Vorschein kam dies beispielhalber durch die Form und den Inhalt der Proskriptionseintragungen, die in den nach den differenten Rechten gegründeten Städten entstanden und folglich in deren Stadtbücher eingeschrieben wurden (vgl. z. B. Schweidnitz *vs.* Thorn *vs.* Elbing). Ein anderer Ansporn, diese Sorte der Texte unter dem textlinguistischen Blickwinkel zu analysieren, war der umfangreiche Inhalt des gewählten Schweidnitzer Achtbuches, das die Einträge aus dem längeren Zeitraum umfasst, wodurch nicht nur die Evolution der deutschen Sprache selbst, sondern auch die Entwicklung der Proskription als Textsorte innerhalb von mehreren Jahrzehnten beobachtbar ist.

Was das erste Hauptforschungsziel anbelangt, so ermöglichte die durchgeführte empirische Analyse die Erstellung eines deskriptiven hypothetischen Gerüsts, nach dem die einzelnen Proskriptionen im Schweidnitzer Achtbuch als dessen physische Realisierungen gebildet wurden. Dabei sei jedoch vorzubehalten, dass nicht jede Proskription alle Bestandteile dieses erarbeiteten Konstrukts beinhaltet oder beinhalten muss. Außerdem gibt es auch einige wenige Proskriptionsverzeichnungen, deren Sequenz von den Inhaltsbestandteilen dem erstellten Modell überhaupt nicht entspricht. Diese Erscheinung bildet jedoch eine deutliche Minderheit in der gesamten Sammlung der Proskriptionstexte und wird deshalb als marginale Eigenart betrachtet. Somit lassen sich die dem konstruierten deskriptiven Modell nicht entsprechenden Proskriptionsvermerke als unkonventionelle Realisierungsformen ansehen, aus denen jedoch das notwendige, über das Dasein eines Proskriptionstextes entscheidende Minimum an dessen konstitutiven Elementen wegzudenken ist. Auf diese Art und Weise kann die abstrahierte Textsorte als Repräsentationsform eines komplexen kognitiven Textmusters auf niedriger Abstraktionsstufe wahrgenommen werden, die in den ferneren Analysen der Textsorten solcher Art zu einer klassifikatorischen und beschreibungstheoretischen Kategorie avancieren kann (Czachur 2007a: 289).

Die Rekonstruktion der Textsorte PROSKRIPTION verlief so, dass bei der gleichzeitigen Berücksichtigung der außersprachlichen Umstände (Anklageerhebung, öffentliche Proskriptionsbekanntgabe, Antrag auf die Einschreibung der Proskription ins Achtbuch) sowie der juristischen Regelungen anhand der einzelnen Texte deren deskriptives Konstrukt erarbeitet wurde, das alle in den konkreten Proskriptionsvermerken angetroffenen Elemente enthält. Dank solch einem Schritt wurde es möglich, eine SUPERPROSKRIPTION – d. h. ein Textem der PROSKRIPTION – auszuarbeiten, die (das) als Spiegel aller im Buch aufgezeichneten Proskriptionseintragungen zu betrachten ist und die (das) als Bezugspunkt für deren unkonventionellen Realisierungen gelten kann. Bei der Rekonstruierung des deskriptiven Modells wurde nicht darauf verzichtet, den historisch-gesellschaftlichen sowie den rechtlichen Kontext mit zu berücksichtigen, in dem sowohl die deklamierten als auch die ins Achtbuch eingeschriebenen Proskriptionen entstanden und funktionierten. An dieser Stelle taucht jedoch eine quälende Ungewissheit auf, die leider kaum zu zerstreuen ist: Sie ist nämlich darauf zurückzuführen, dass man nicht sicher sein darf, inwiefern die im öffentlichen Raum ausgerufenen Proskriptionen den im Achtbuch (nieder)geschriebenen Proskriptionstexten entsprachen. Im Dunkel der Geschichte verschwindet also die gesamte Situation des öffentlichen Proskribierens und gegenwärtig lässt sich nicht mehr ermitteln, ob der von dem bekanntgebenden Stadtbeamten verkündete Achttext als isomorphes Äquivalent des ins Amtsbuch eingetragenen Proskriptionstextes betrachtet werden darf: Es ist doch nicht undenkbar, dass sich die die Proskription bekanntmachende Person – vielleicht beim Gebrauch eines mnemotechnischen Mittels (z. B. Schmierheft, Wachstafel, lose Kärtchen) – nur einer usuellen, mit den Personalien der Straftäter und der Opfer sowie mit der entsprechenden Tatbeschreibung *ad hoc* ergänzten Formel bediente, die dann nur als Grundlage des ins Proskriptionsbuch eingeschriebenen Textes war. Unwahrscheinlich ist es auch nicht, dass der Proskribierende weder lesen noch schreiben konnte: Vor dem Publikum konnte dann die auswendig gelernte Proskriptionsformel nur deklamiert werden, die – ähnlich wie oben beschrieben – mit den ergänzenden, von Fall zu Fall variierenden Details der Straftat auszurufen war.

Nach der Schilderung und Beschreibung der komplexen Handlung des Proskribierens sowie der Entstehung des (nieder)geschriebenen Proskriptionstextes wurde der Schwerpunkt auf die makro- und mikrostrukturelle Analyse des Untersuchungskorpus gelegt. Ähnlich wie im Fall der Analyse von CZACHUR (2007a) stellte es sich auch hier als notwendig heraus, sich auf die sprachexternen – d. h. rechtlichen, gesellschaftlichen und sozialen – Größen und Umstände zu stützen, ohne die das Verstehen der Proskriptionspraxis unnötig hätte erschwert werden können. Dadurch drückt sich ebenfalls auch das Involvieren der Texte in die Kontexte aus, in denen sie produziert, rezipiert, registriert und interpretiert werden (wurden). So wird das im Vorliegenden nicht übersehene Thema der intertextuellen Verhältnisse zwischen dem unter analysierten Untersuchungsgegenstand und den anderen Texten sowohl in demselben Buch als auch im gesamten kanzelarischen Diskurs, der die Proskriptionspraxis determiniert(e) und steuert(e). Im Zusammenhang damit lässt sich der Proskriptionsvermerk als sprachliches Handeln ansehen, das als Reflex des zuvor realisierten sozialen Handelns zu interpretieren ist. Man erkennt hier also eine gewisse Art Transposition eines sozialen Handelns in eine sprachliche Äußerung und dann deren schriftliche Fixierung. Die Exklusion eines Straftäters schien somit ein Ereignis von großer Relevanz für die Stadtgesellschaft zu sein, deren Sicherheit und Ordnung durch eine Straftat gestört wurde. Dadurch musste den infolge einer Straftat benachteiligten Opfern bzw. deren Vertretern Gerechtigkeit widerfahren lassen und der proskribierte Straftäter selbst konnte nach seiner Festnahme zur Rechenschaft gezogen werden. Dank der Einschreibung des Proskriptionsvermerks ins Stadtbuch sollte wiederum dieses Geschehnis zusammen mit dessen Umständen im Gedächtnis der Stadtgemeinschaftsmitglieder sowie der Vertreter der Stadtbehörden haften bleiben, damit es in Zukunft möglich war, in Anlehnung an den Inhalt einer konkreten Stadtbuchaufzeichnung zu handeln. Dank der Beschreibung des Makro- und Mikroaufbaus der einzelnen Proskriptionseinträge wurde es endlich tunlich, die Strukturevolution des auf den Karten des Proskriptionsbuches in Schrift festgehaltenen Achttextes zu erfassen.

Die Analyse der textsortenspezifischen Handlungsstrukturen wurde auf der Grundlage der chronologisch geordneten Proskriptionsvermerke (jedoch mit der stellenweise gestörten Reihenfolge) durchgeführt, was die Betrachtung der zahlreichen, nicht nur die Textgestaltung, sondern auch die (sprach)interne Komplexität veranschaulichenden Merkmale aus der Sicht der datengestützten Theoriebildung (engl. *Grounded Theory*) ermöglichte. Anhand dessen konnten wiederum die Schlussfolgerungen zu den eventuellen Makroveränderungen und Makroumstrukturierungen im Bereich der einzelnen Proskriptionstexte sowie im Rahmen der im Laufe des Gebrauchs des Stadtbuches entstehenden Proskriptionstextserien gezogen werden. Anhand dessen konnte endlich ein Grundplan entwickelt werden, der einerseits die für die Proskription konstitutiven Vermerkbestandteile: 1) Straftäter (*Facta rei*), 2) Proskriptionsformel (*Proscriptio*) sowie 3) Tatbeschreibung (*Descriptio delicti*), andererseits die fakultativen Konstituenten: 1) Überschrift (*Inscriptio*), 2) Einleitung (*Introductio*), 3) Datumsangabe (*Datum*), 4) Antragsteller (*Postulatores*), 5) Personalien des Opfers (*Facta victimae*), 6) Tatumstände (*Circumstantiae criminis*) und 7) Tatort (*Locus delicti*) umfasst.

Dabei erwies sich aber auch, dass die Reihenfolge der einzelnen Textbestandteile variabel ist und von Proskription zu Proskription divergieren kann. Generell lassen sich hier jedoch zwei Typen der Reihenfolge antreffen, die sich im Punkt der Stelle der Information darüber, dass jemand proskribiert wurde (vgl. 4.3.5), sowie im Punkt der Datumsangabe voneinander unterscheiden (vgl. 4.3.2).

Anhand der Analyse des Mikroaufbaus wurde nachgewiesen, dass sich die Proskriptionseintragungen in den Kategorien des Textes wahrnehmen lassen, weil sie die Textualitätskriterien unzweideutig erfüllen: In erster Linie handelt es sich darum, dass sie sich als kohäsive, texthafte Satzfolgen mit der für sie unverkennbar vorbestimmten kommunikativen Aufgabe darstellen. Über ihre Kohäsion entscheiden nämlich die kausalen Beziehungen zwischen den mancherorts vorgefundenen Überschriften und den darauffolgenden Textpassagen sowie die satzinternen Konnektoren sowohl in ihrer anaphorischen (Personal- und Relativpronomen) als auch kataphorischen Funktion: (unbestimmte Artikel, rekonstruierbares Pronomen *es* sowie situationsdeiktische Pronominaladverbien). In den Proskriptionseinträgen lassen sich überdies die Demonstrativpronomina als textimmanente Synonyme des in einer vorangehenden Proskriptionsaufzeichnung angegebenen Datums oder der in einem früheren Proskriptionsvermerk bzw. früher in demselben Achteintrag angegebenen Personalien des Opfers vorfinden. Die Wahl der Tempora beschränkt sich lediglich vor allem auf das Perfekt und stellenweise auch auf das Präteritum, die als Erzähltempora bzw. als erzählende Tempora interpretierbar sind. Vereinzelt sind auch die konjunktivischen Formen sichtbar, die als Ausdruck der Paraphrase und der Distanz des Textemittenten zu den ihm vorher übermittelten Worten dienen.

Aus der Perspektive der Kohärenz sind die Proskriptionsvermerke als Informationstexte mit der deskriptiven Themenentfaltung anzusehen, deren Hauptfunktion eben im *Informieren* besteht, obwohl man es in ihrem Fall mit den für die informativen Texte prototypischen, explizit performativen Formeln mit den Verben *informieren, mitteilen, melden, eröffnen, berichten, benachrichtigen, unterrichten* usw. nicht zu tun hat. Das Potenzial an Information wird direkt in den

Inhalt jedes Eintrags hineingeführt, wobei der thematisierte Sachverhalt stets als faktisch vom Textemittenten umrissen wird. Daraus sei also zu entnehmen, dass die Einträge primär im Stadtbuch entstanden, damit jemand über etwas informiert werden konnte bzw. kann. Den hohen Grad der Kohärenz bestimmt auch das sinnvolle, zwischen den Sätzen und den abstrakten Konzepten bestehende Verhältnis, das auch ohne (text)grammatische Verknüpfungen und Verbindungen simpel herauszubekommen ist, u. a. *Acht, Totslag, Mord, Reroub, Deube, Frevel, Gewalt, Armbrust, Messer, Schwert, Spieß, Haupt, Arm, Bein, Ohr, Auge, Lähmde, abhauen, ermorden, schießen, erschlagen, vom Leben zum Tode bringen* (+ zwei oder mehrere Vor- und Nachnamen der Straftäter und der Opfer, die häufig durch die anderen Informationen ergänzt werden), d. h. die Extension der in den Proskriptionsvermerken angerissenen Thematik ist dank der Bedeutung der lexikalischen, oben als Beispiele angeführten Einheiten problemlos bestimmbar (Aktivierung und Verarbeitung des Textwissens und des allgemeinen Weltwissens erfolgt bei der Berücksichtigung der situativen Umstände). Die personenbezogenen Daten der Straftäter und der Opfer und die anaphorischen Personalpronomina sind an jeder Stelle referenzidentisch und lassen weder Zweideutigkeiten noch Unklarheiten zu. Das Thema jedes dem sozialen Rahmen inhärenten Proskriptionstextes ist eine extralinguale Erscheinung oder vielleicht auch ein sprachexternes, sozial relevantes Phänomen, das als Konsequenz eines anfangs sozialen und erst dann eines sprachlichen Handelns aufzufassen ist. Über die Kohärenz der Proskriptionen entscheidet auch die logische Beziehung zwischen den an einigen Stellen – und deswegen fakultativen – anzutreffenden Überschriften und den nachfolgenden Texten, die im Zusammenhang mit den darüber stehenden Titeln geschrieben stehen. In den meisten Belegen bringen die Erzähltempora bzw. erzählende Tempora (Perfekt und Präteritum) auch die Vorvergangenheit zum Ausdruck, obwohl ab und zu auch solche Proskriptionsvermerke vorgefunden werden können, in denen das vorvergangene – d. h. vor einem anderen auch vergangenen Geschehen stattfindende – Ereignis mittels des Plusquamperfekts zum Vorschein kommt. Das Kernthema jedes Eintrags wird immer mit den entsprechenden lexikalischen Einheiten *expressis verbis* ausgedrückt. Die Thema-Rhema-Gliederung bei den umfangreicheren Proskriptionsvermerken kennzeichnet sich durch die lineare thematische Progression, d. h. das als neue Information innerhalb eines Satzes definierte Rhema des einen Satzes wird zum mit der alten und bekannten Information zu assoziierenden Thema des nachfolgenden Satzes.

Die bereits oben erwähnte kommunikative Aufgabe des Proskriptionsvermerks verbindet sich untrennbar mit der Intentionalität des gesamten Texteintrags, bei dessen Produktion es sich seinem Produzenten um die Übermittlung der Information über die Proskription einer Person wegen einer Straftat handelt. Dieses Streben nach dem Informieren der Stadtgesellschaft über eine Gräueltat eines Verbrechers drückt sich bereits im Handeln der Stadtorgane aus, die ihre Entscheidung vor dem Publikum bekanntmachen wollten bzw. mussten. Der im Auftrag der Stadtobrigkeit handelnde, die Proskription ausrufende Stadtbeamte ist also nur mit dem Vermittler der Absicht der städtischen Behörden identifizierbar,

weil er nur als den Entschluss des Stadtrates bzw. die Entscheidung des Schöffengerichts an die Stadtbewohner weitergebendes Glied in der Kette der Informa-
tionsübermittlung zu betrachten ist. Eine ähnliche Situation lässt sich im Fall
der Stadtschreiber beobachten, der auch von den Stadtbehörden dazu verpflichtet
war, den Inhalt der Proskription vor dem Vergessen zu bewahren. Ihm ging es
also darum, das frühere sprachliche Handeln (öffentliche Deklamation der Proskription) mithilfe der graphischen Zeichen auf den Stadtbuchkarten zu verewi-
gen. Als weitere Intentionen der Produktion des Proskriptionsvermerks können
die folgenden Ziele genannt werden: Zwingen eines Angeklagten oder Verfolgten
zum Erscheinen vor Gericht, Lenkung der Aufmerksamkeit der lokalen Stadtgemeinschaft auf eine Straftat sowie einen potenziell gefährlichen Straftäter,
Erzwingung eines bestimmten Verhaltens vonseiten der Gesellschaft gegenüber
einem Verbrecher, Verewigung der Reaktion seitens der städtischen Organe auf
eine Gräueltat (im Fall der Einschreibung des Vermerks ins Achtbuch) und endlich Abschreckungseffekt.

Hinsichtlich der Akzeptabilität zeigen sich die Proskriptionseintragungen positiv, denn die Textrezipienten als kompetente Sprecher sind imstande,
die gehörten bzw. gelesenen Texte als natürliche, verständliche und annehmbare kommunikative Okkurrenzen zu beurteilen, nachdem sie sich dazu bereit
gezeigt haben, diese Texte zu verstehen. Damit sie aber verstanden werden konnten (können), mussten (müssen) ihre Rezipienten ihr eigenes Wissen in einem
konkreten situativen Kontext aktivieren und sich an der Rekonstruktion und
partiellen Herstellung der Kohärenz beteiligen. Somit musste der Inhalt der
kohäsiven und kohärenten Proskription dem entsprechen, was in der Schweidnitzer Stadtgemeinschaft als verächtliche Straftaten angesehen wurde und ihre
genau definierte Weltanschauung sowie ihr Weltbild (u. a. Moral, Wertesystem)
nicht zugrunde richtete.

Da die Proskriptionstexte einen informativen Charakter mit der deskriptiven
Themenentfaltung aufzeigen, lässt sich ihnen auch eine ziemlich hohe Ladung
der Informativität zuschreiben. Aus diesem Grund sind sie stets als vollzogene
und tatsächliche Produkte zu betrachten, in denen das Bekannte (Tatsache des
Proskribierens, Datum im Kontext des liturgischen Kirchenkalenders, Straftat,
Antragsteller, Exklusion) mit dem Unbekannten (Art der Straftat, Personalien
des Straftäters, Personalien des Opfers bzw. auch der Antragsteller, Tatbeschreibung und Tatumstände) verbunden wird. Die Achtvermerke informieren jedoch
nicht nur über die Straftat selbst und die physisch existierenden Parteien dieser
Straftat (= Straftäter und Opfer), sondern sie umreißen auch den Hintergrund der
gesamten Situation, indem sie die Informationen über die Details dieser Straftat, der gebrauchten Tatwaffe oder des Tatorts, an dem es zu dieser Straftat kam,
angeben. Somit wird darin die sprachexterne Realität dargestellt und beschrieben, was mit der Voraussetzung der referentiellen Funktion der Sprache im Einklang steht.

Im Hinblick auf die Situationalität werden die Äußerungen in den Proskriptionsvermerken durch den Bezug ihres Äußerungsinhalts auf die

Äußerungssituation aktualisiert, was u. a. dem situationsdeiktischen, stellenweise angetroffenen Pronominaladverb *hier* in seiner kataphorischen Funktion
zu verdanken ist. Solch eine Aktualisierung erfolgt ebenfalls dank der Anwendung der exophorischen Personalpronomina zur Bezeichnung der Stadtschreiber
und der Ratsherren, denen die Information über Proskription einer Person durch
das Dorfschöffengericht übermittelt wurde. Darüber hinaus muss hinzugefügt
werden, dass jeder Proskriptionstext an Zweckmäßigkeit und Angemessenheit
nur im situativen Kontext einer zuvor begangenen Straftat gewann (gewinnt).
Die Untersuchung bewies auch ein höheres, fortschreitendes Maß an Komplexität der Proskriptionseinträge, die durch die engen intertextuellen, mit der Zeit
und im Laufe des Gebrauchs des Buches immer häufiger angetroffenen Relationen mit den anderen Vermerken im Buch standen, sodass man es mit einem ausgebauten Netz des Schrifttums im Rahmen der Kanzlei zu tun hat bzw. zu tun
haben kann. Im Kontext der Intertextualität als Textverarbeitungsphänomen sei
jedoch vorzubehalten, dass sie als kein inhärentes Merkmal der Texte angesehen wird, denn sie ist erst von der Erwartung und dem Wissen über die anderen Texte des sich in der Interaktion mit dem Text befindenden Textempfängers
abhängig. Somit muss der Textrezipient die im rezipierenden Text angedeuteten
Intertextualitätssignale willentlich oder unwillentlich entgegennehmen und
nachfolgend interpretieren können. Dadurch kann er auf die anderen Texte bezogen werden. Aus diesem Grund wurde notwendig, die intertextuellen Relationen
in absentia von den intertextuellen Verhältnissen *in praesentia* zu unterscheiden.
Während die Ersteren die Beziehungen zwischen dem physischen, konkret realisierten Text und dem anderen, physisch realisierten aber nicht explizit genannten Text betreffen – z. B. Dokumente des höheren Rangs, wie etwa *Sachsenspiegel*,
Magdeburger Recht, Stadtstatuten bzw. städtische Willküren –, sind die Anderen
als Beziehungen zwischen mindestens zwei explizit genannten, physisch realisierten Texten innerhalb einer Textsammlung zu verstehen. Deswegen sind die
Relationen *in praesentia* dank der differenten Formulierungen sichtbar, die die
Aufmerksamkeit des Achtbuchlesers auf einen anderen Text im Buch lenken,
z. B. *Datumsangabe / Datum* (auch lat. Provenienz), *Antragsteller / Postulatores*,
Straftäter / Facta rei, *Opfer / Facta victimae* sowie *Tatbeschreibung / Descriptio delicti*
(mancherorts mittels mehrerer Elemente in einem Vermerk). Die intertextuellen
Beziehungen innerhalb des kanzelarischen Schrifttums sind umso belangvoller,
als sie dabei behilflich sein können, einen Kanon der Texte ein und desselben
Autors oder mehrerer Autoren aus einer bestimmten Zeitspanne zusammenzu-
stellen. Nicht zu unterschätzen ist die Rolle der Intertextualität auch beim Versuch der Erstellung des Kanons, der die Texte eines Textclusters oder die Texte
aus einem gegebenen Gebrauchsbereich umfassen würde, was zur Antwort auf
die Frage danach führen könnte, welche Texte zu einem bestimmten Moment
in einer bestimmten Gesellschaft von besonderer Bedeutung waren. Mit der
oben durchgeführten, korpusbasierten Analyse der ältesten Proskriptionen aus
Schweidnitz soll in erster Linie die Anbahnung solcher Untersuchungen der
den Sprachanalysen kaum unterzogenen Schweidnitzer Archivalien assoziiert

werden. Dies ermöglicht wiederum den Einblick in die Entwicklung der konkreten Textsorten innerhalb des dortigen kanzelarischen Diskurses. Aufgrund der Analyse erwies sich, dass die analysierten Dokumente durch ein hohes, für die Stadtkanzlei und für diese Textsorte typisches Maß an Unpersönlichkeit, Sachlichkeit und Förmlichkeit gekennzeichnet sind. Gleichzeitig sei jedoch anzumerken, dass die Schriftstücke zu Beginn des 14. Jahrhunderts an Ladung des Inhalts gewannen, der jeweils durch die Informationen über die Antragsteller, die Tatumstände sowie den Tatort erweitert wurde.

Bei der Konstruktion eines verallgemeinerten Schemas der SUPERPROSKRIPTION wurde aber auch auf die Schwierigkeiten gestoßen, die aus den diversen Möglichkeiten der Konstruktion jeder einzelnen Proskriptionseintragung sowie aus ihrer Entwicklung in der Zeit hervorgehen. Dies bestätigt jedoch die zuvor mehrmals gestellte und wiederholte These über die Dynamik der stets als Antwort auf die Bedürfnisse und Erwartungen vonseiten der Sprachgemeinschaftsmitglieder zu betrachtenden Texte sowohl im Moment ihrer Produktion als auch in ihrer Evolution in der Zeit.

Was das zweite Hauptforschungsziel anbetrifft, so lässt sich bei der Gelegenheit der textlinguistisch geprägten Analysen selbstverständlich auch die rein sprachlichen Erscheinungen erblicken und die Probleme erörtern, die zur Ergänzung und Verbreitung des Wissenstandes eines gegebenen Bereiches der Sprachwissenschaft führen sollen, wofür auch GRABAREK (1984a: 5) in seinem Buch plädierte. Im Fall der Untersuchung der Schweidnitzer Proskriptionen war es auch nicht anders, denn im Untersuchungskorpus wurden solche Eigenheiten vorgefunden, die zur Antwort auf die Frage nach dem Entwicklungsstand des in Schrift festgehaltenen Deutsch verhelfen können. Diese betreffen nicht nur die morphologische und syntaktische Ebene, sondern auch die Semantik im weitesten Sinne. Im Rahmen der so konzipierten Sichtweise soll die Aufmerksamkeit auf den Gebrauch des mhd. *dhein* als *kein* in der Bedeutung des lat. *ullus*, auf die Bildung des Perfekts mancher Verben ohne *ge*-Präfix, auf die mhd. Mehrfachnegation *ne … niht*, auf die Verbstellung im Satz gerichtet werden sowie auf den noch nicht eingetretenen Geschlechtswechsel bei Substantiven. Sprachlich interessant und frappierend bleibt auch die ab und zu angetroffene Bedeutungsverstärkung mittels der Wiederholung bedeutungsähnlicher Verben. Die phonematisch-graphematische Analyse ermöglicht wiederum das unter die Lupe genommene Korpus einer Evolutionsstufe in der Entwicklung der deutschen Sprache zuzuordnen. Anhand dessen lässt sich mit Sicherheit behaupten, dass die analysierten Amtsbuchvermerke (alle und nicht nur die Proskriptionseintragungen) die Sprache aus ihrer fnhd. Epoche notieren, wenn der Sprachgeschichtsperiodisierungsvorschlag von SCHERER (1878: 12–15) angenommen wird. Dies bezeugen die nachfolgenden standardsprachlichen Neuerungen:

1) mhd. Abschwächung der ahd. vollen Vokale in den Nebensilben;
2) fnhd. standardsprachliche Diphthongierung: [iː, yː, uː] > [aɪ, ɔɪ, aʊ];
3) fnhd. standardsprachliche Monophthongierung: [ie, uo, ɣe] > [iː, uː, yː];

4) md. Senkung der hohen Vokale: [ɪ, ʏ, ʊ] > [ɛ, œ, ɔ];
5) fnhd. standardsprachliche Labialisierung: [eː, ɛ, iː, ɪ, eɪ/aɪ, iɛ] > [øː, œ, yː, ʏ, œʏ, ʏɛ];
6) fnhd. Quantitätsalternanzen (Dehnung der mhd. Kurzvokale und Kürzung der mhd. Langvokale);
7) fnhd. Zusammenfall der alten und neuen Diphthonge: mhd. [ei, ɔʊ, œʏ], mhd. [iː, uː, yː] > fnhd. [aɪ, aʊ, ɔɪ];
8) fnhd. Synkopierungen und Apokopierungen im Bereich des Nebensilbenvokalismus und
9) fnhd. Reduktion der e-Laute.

Überdies lassen sich die mundartlichen lautlichen Innovationen feststellen, die jedoch im Wechsel mit ihren standardsprachlichen Äquivalenten vorkommen:

1) Monophthongierung: [eɪ, ɔʊ] > [eː, oː];
2) Diphthongierung: [iː] > [iə] / [iɛ];
3) Verdunkelung (Verdumpfung): [aː] > [oː];
4) Hebung und Labialisierung (Rundung): [a] > [ɔ];
5) Senkung: [iː] > [eː];
6) Öffnung: [ɔ] > [a] sowie
7) Umgelautete Diphthonge: [uː] > [aʊ] > [ɔɪ] und [ɔʊ] > [ɔɪ].

Die mancherfalls vorgefunden Unregelmäßigkeiten und Inkonsequenzen lassen sich wiederum auf die Unsicherheit des Schreibers während des Schreibprozesses, auf die fehlenden allgemeingültigen (Recht)Schreibungsregeln und auf den konventionelleren Charakter der geschriebenen, der gesprochenen Sprache immer unterlegenen Sprache zurückzuführen.

Aus der sprachgeographischen Perspektive ist das untersuchte Schriftstück dem omd. Dialektraum in seiner sächsischen Tradition zuordenbar, was die nachfolgenden Lautwandelprozesse bezeugen:

1) fnhd. Monophthongierung der mhd. Diphthonge zu den fnhd. langen Vokalen: [ie, uo, ʏe] > [iː, uː, yː];
2) fnhd. Diphthongierung der mhd. langen Vokale zu den fnhd. Diphthongen: [iː, uː, yː] > [aɪ, ɔɪ, aʊ];
3) md. Senkung der hohen Vokale: [ɪ, ʏ, ʊ] > [ɛ, œ, ɔ];
4) dial. Verdunkelung (Verdumpfung): [aː] > [oː];
5) dial. Hebung und Labialisierung (Rundung): [a] > [ɔ];
6) dial. Senkung: [iː] > [eː];
7) dial. umgelautete Diphthonge: [uː] > [aʊ] > [ɔɪ] und [ɔʊ] > [ɔɪ];
8) schles. Kontraktionen;
9) im Bereich des Nebensilbenvokalismus die vorwiegend vorkommende Vorsilbe (vor-) statt <ver-> und dial. Hebung des Schwa-Lautes zu [ɪ];
10) im Bereich des Konsonantismus die graphische, auch anzutreffende Realisierung der obd. Affrikate [pf] als (f) im Anlaut und als (pp) im Auslaut
11) die schles. Spirantisierung des /g/ in der medialen Wortstellung sowie

12) das anlautende /h/ im Personalpronomen *er* (= *her*).

Stellenweise kommen auch die Graphien vor, die für die anderen Gebiete des deutschsprachigen Raums symptomatisch sind, wie etwa die oobd. Vorsilbe *dir-* ‚er-', was für den Kolonialboden wegen der Präsenz der sich der verschiedenen deutschen Mundarten bedienenden Siedler aus den diversen Teilen des deutschsprachigen Gebiets emblematisch ist.

Natürlicherweise konnten an einigen Stellen dieses Buches einige Probleme, Phänomene und Erscheinungen lediglich angeschnitten werden, die aber im Laufe der weiteren Explorationen ergänzt, präzisiert, klargestellt, ausgedehnt und vertieft werden sollen bzw. müssen. Dies rührt vor allem davon her, dass der historischen Textsortenlinguistik noch das nicht hinreichende Begriffsinstrumentarium sowie das nicht vollauf ausgearbeitete Forschungsverfahren zur Verfügung stehen. Der andere Grund des teilweise fragmentarischen Charakters der Studie ist wiederum auf ihren begrenzten Volumenrahmen zurückzuführen, der durch die allzu detaillierten und gegenüber der gewählten Sichtweise ergänzenden Ausführungen nicht gesprengt werden sollte, worauf auch in den unten formulierten Desideraten verwiesen wurde.

8. Ausblick

Im Plan des Autors liegt – neben der phonematisch-graphematischen Untersuchung sowie der Beschreibung der ausgewählten sprachlichen Eigentümlichkeiten der sprachlichen Ebene – der wichtigste Beitrag der vorliegenden Publikation in der Bestimmung der als statische, klassifikatorische Einheit zu betrachtenden Textsorte der PROSKRIPTION mit der „[...] finite[n] Menge von Textexemplaren mit spezifischen beschreibbaren Gemeinsamkeiten" (CZACHUR 2007a: 292), was als erster Schritt zur Bestimmung von Textmustern im von CZACHUR (2007a) vorgeschlagenen Sinne unter der Bedingung der Ausdehnung und Vertiefung der Untersuchung angesehen werden kann. Davon rührt wiederum die Tatsache her, dass die Textsorte nicht mehr als physische Realisierung und Repräsentation des Textmusters anerkannt wird, wofür sich die W. HEINEMANN und M. HEINEMANN (2002: 138) einsetzten. Dank solch einer Herangehensweise wird es schließlich möglich, gewahr zu werden, wie sich das aus den mehreren unterschiedlichen Textsorten aus den diversen Stadtkanzleien bestehende Proskriptionstextmuster innerhalb eines konkreten Zeitraums umwandelte, was in der Präsenz der optionalen Textbestandteile in den gegebenen, physisch realisierten Texten besonders sichtbar sein wird.

Die Konsequenz der Konstruktion des so gefassten abstrakten Grundplans können in Zukunft die als Anhaltspunkt dienenden und als Grundlage der durch die Proskriptionsvermerke und Proskriptionsbücher aus den anderen nach dem Magdeburger Recht lokalisierten Städten oder durch die Schweidnitzer Proskriptionen aus der späteren Zeitspanne vertieften und ausgedehnten Analysen der anderen Schriftstücke dieser Sorte sein. Nicht auszuschließen ist ebenfalls das Desiderat der künftigen Forschung der für die Schweidnitzer Stadtkanzlei charakteristischen Textcluster, deren Einzeltexte und Einzeltextsorten die gesamte dortige kanzelarische Buchkultur[268] bildeten.

---

268 In Anlehnung an die Definition der *Buchkultur* von RAABE (2001: 60, 2002: 84) wird unter diesem Begriff die im Laufe der Zeit entwickelte Gesamtheit der Welt der Bücher zusammen mit deren Herstellung, Verbreitung und Funktionieren verstanden, was sich als Ausdruck des kulturellen Lebens einer konkreten Gemeinschaft ansehen lässt.

Verzeichnis von Bildern, Grafiken und Schemata

Literatur

ADAMZIK, K. (2000): *Was ist pragmatisch orientierte Textsortenforschung*, [in:] ADAMZIK, K. (Hg.): *Textsorten. Reflexionen und Analysen*, Tübingen, 91–112.

ADAMZIK, K. (2004): *Textlinguistik. Eine einführende Darstellung*, Tübingen.

AGHAYEV, M. / PIIRAINEN, I. T. (2013): *Das Stadtrecht von Schweidnitz/Świdnica. Edition und sprachlich-historische Untersuchung einer frühneuhochdeutschen Handschrift aus Schlesien*, Berlin.

AGRICOLA, E. (1976): *Vom Text zum Thema*, [in:] Daneš, F. / Viehweger, D. (Hg.): *Probleme der Textgrammatik*, Berlin, 13–27.

AGRICOLA, E. (1977): *Text – Textaktanten – Informationskern*, [in:] Daneš, F. / Viehweger, D. (Hg.): *Probleme der Textgrammatik* I, Berlin, 11–32.

AGRICOLA, E. (1979): *Textstruktur – Textanalyse – Informationskern*, Leipzig.

AKHMEROVA, E. S. (2012): *Текст как объект лингвистического исследования* (= *Tekst kak ob''yektlingvisticheskogo issledovaniya*), „Филологические науки. Вопросы теории и практики (входит в перечень ВАК)" [= „Filologicheskiye nauki. Voprosy teorii i praktiki (vkhodit v perechen' VAK")] 2 (13), 24–27.

ANDERS, H. (1938): *Das Posener Deutsch im Mittelalter. Theil 1. Phonetik*, Wilno.

ANTOS, G. (1997): *Texte als Konstitutionsformen von Wissen. Thesen zu einer evolutionstheoretischen Begründung der Textlinguistik*, [in:] ANTOS, G. / TIETZ, H. (Hg.): *Die Zukunft der Textlinguistik. Traditionen, Transformationen, Trends*, Tübingen, 43–63.

ARNDT, B. (1898): *Der Übergang vom Mittelhochdeutschen zum Neuhochdeutschen in der Sprache der Breslauer Kanzlei*, Breslau.

BACH, A. (1965): Geschichte der deutschen Sprache, Heidelberg.

BACHTIN, M. (1986): *Estetyka twórczości słownej*, Warszawa.

BAL, M. (2012): *Wstęp do teorii narracji*, Kraków.

BARANOWSKI I.T. (1915): *Wsie holenderskie na ziemiach polskich*, „Przegląd historyczny" 19/1, 64–82, (online) https://bazhum.muzhp.pl/media/files/Przeglad_Historyczny/Przeglad_Historyczny-r1915-t19-n1/Przeglad_Historyczny-r1915-t19-n1-s64-82/Przeglad_Historyczny-r1915-t19-n1-s64-82.pdf (04.11.2019).

BÄRENFÄNGER, M. (2011): *Ebenen des Themas Zur Interaktion von Thema, Text und Wissen. Inaugural-Dissertation zur Erlangung des Doktorgrades der Philologie des Fachbereichs 05 – Sprache, Literatur, Kultur der Justus-Liebig-Universität Gießen*, Gießen, (online) http://geb.uni-giessen.de/geb/volltexte/2012/8924/pdf/BaerenfaengerMaja_2011_03_01.pdf (21.05.2021).

BARKI, B. (1978): *Türkçede Gösterme Adıllarının Genel Metin Bağlayıcı Özellikleri*, „Boğaziçi Üniversitesi Beşeri Bilimler Dergisi" 6, 47–54.

BARTOSZEWICZ, A. (2013): *Wstęp*, [in:] BARTOSZEWICZ, A. (Hg.): *Coram iudicio. Studia z dziejów kultury prawnej w miastach późnośredniowiecznej Polski*, Warszawa, 5–10.

BARTOSZEWICZ, I. (2009): *Retoryczna spójność tekstu*, [in:] BILUT-HOMPLEWICZ, Z. / CZACHUR, W. / SMYKAŁA, M. (Hg.): *Lingwistyka tekstu w Polsce i w Niemczech. Pojęcia, problemy, perspektywy*, Wrocław, 116–130.

BAUDOUIN DE COURTENAY, J. (1974): *Dzieła wybrane*, Bd. 1, Warszawa.

BATTENBERG, F. (2008): *Achtbuch*, [in:] CORDES, A. / LÜCK, H. / WERKMÜLLER, D. / SCHMIDT-WIEGAND, R. (Hg.): *Handwörterbuch zur deutschen Rechtsgeschichte*, Bd. 1, Berlin, 65–66.

BĄK, P. (2011): *Grammatisch überflüssig oder lexikalisch komplementär? Vorüberlegungen zur kontrastiven Betrachtung von Tautologie und Pleonasmus im Deutschen und Polnischen*, [in:] WIERZBICKA, M. / WAWRZYNIAK, Z. (Hg.): *Grammatik im Text und im Diskurs*, Frankfurt/Main, 261–275.

BĄKOWSKI, K. (1901): *Sądownictwo karne w Krakowie w wieku XIV*, Kraków.

BEAUGRANDE, R. A. DE / DRESSLER, W. U. (1981): *Eine Einführung in die Textlinguistik*, Tübingen.

BECKER-MROTZEK, M. (1999): *Die Sprache der Verwaltung als Institutionensprache*, [in:] HOFFMANN, L. / KALVERKÄMPER, H. / WIEGAND, H. E. (Hg.): *Fachsprachen*, Bd. 2, Berlin–New York, 1391–1402.

BECKER-MROTZEK, M. / SCHERNER, M. (2000): *Textsorten der Verwaltung*, [in:] BRINKER, K. / ANTOS, G. / HEINEMANN, W. / SAGER, F. S. (Hg.): *Text- und Gesprächslinguistik*, Hbd. 1, Berlin–New York, 628–641.

BEHAGEL, O. (1891): *Geschichte der deutschen Sprache*, Straßburg.

BENDEL, S. (1998): *Werbeanzeigen von 1622–1798. Entstehung und Entwicklung einer Textsorte*, Tübingen.

BENEŠ, E. (1973): *Thema – Rhema – Gliederung und Textlinguistik*, [in:] SITTA, H. / BRINKER, K. (Hg.): *Studien zur Texttheorie und zur deutschen Grammatik. Festgabe für Hans Glinz*, Düsseldorf, 42–62.

BERDYCHOWSKA, Z. (1982): *Język fachowy w nauczaniu języka niemieckiego na studiach germanistycznych*, „Germanica Wratislaviensia" 49, 59–64.

BERDYCHOWSKA, Z. (1987): *Gemeinsames und differentes. Häufigkeit und Exklusivität in den Fachsprachen*, „Skamandros – Germanistisches Jahrbuch DDR-VR Polen", 152–159.

BERDYCHOWSKA, Z. (1989): *Übungsgestaltung im fachübergreifenden Fremdsprachenunterricht auf der Grundlage von fachspezifischen Texten*, „Studien zum polnisch-deutschen Sprachvergleich" 3 „(Zeszyty Naukowe Uniwersytetu Jagiellońskiego. Prace Językoznawcze)" 94, 15–19.

BERDYCHOWSKA, Z. (1990): *Zum Stellenwert der Fachtextanalyse im Fremdsprachenunterricht*, [in:] PFEIFFER, W. (Hg.): *Deutsch als Fachsprache in der Deutschlehrerausbildung und Fortbildung*, Poznań, 65–72.

BERDYCHOWSKA, Z. (1993): *Die funktionale Satzperspektive und Textablauf in deutschen medizinischen Zeitschriftenaufsätzen*, „Zeszyty Naukowe Uniwersytetu Jagiellońskiego 1057. Prace Językoznawcze" 113, 24–41.

BERDYCHOWSKA, Z. (1994): *Sprachliche und kulturelle Aspekte der (internationalen) Produktvermarktung in einem Reformland*, [in:] BUNGARTEN, TH. (Hg.): *Sprache und Kultur in der interkulturellen Marketingkommunikation*, Tostedt, 9–23.

BERDYCHOWSKA, Z. (1997): *Personaldeiktischer Verweis als Übersetzungsproblem*, [in:] DĘBSKI, A. (Hg.): *Plus ratio quam vis. Festschrift für Aleksander Szulc zum 70. Geburtstag*, Kraków, 45–56.

BERDYCHOWSKA, Z. (2003): *Personaldeixis: Typologie, Interpretation und Exponenten im Deutschen und im Polnischen*, Kraków: Towarzystwo Autorów i Wydawców Prac Naukowych „Universitas".

BERDYCHOWSKA, Z. (2004): *Personaldeixis und ihre Kategorien*, [in:] DĘBSKI, A. / LIPIŃSKI, K. (Hg.): *Perspektiven der polnischen Germanistik in Sprach- und Literaturwissenschaft*, Kraków, 435–448.

BERDYCHOWSKA, Z. (2006): *Kontrastive Analysen von Fachtexten*, [in:] GRUCZA, F. / SCHWENK, H.-J. / OLPIŃSKA, M. (Hg.): *Texte – Gegenstände germanistischer Forschung und Lehre. Materialien der Jahrestagung des Verbandes Polnischer Germanisten, 12.–14. Mai 2006, Toruń*, Warszawa, 123–128.

BERDYCHOWSKA, Z. / JANICKA, J. / VOGELGESANG-DONCER, A. (Hg.) (2014): *Texte – Textsorten – Phänomene im Text*, Frankfurt/Main.

BERDYCHOWSKA, Z. / LIEDTKE, F. (Hg.) (2020a): *Prägnante Kürze und mehr. Kurztexte und multimodale Kurzformen im öffentlichen Raum*, Berlin.

BERDYCHOWSKA, Z. / LIEDTKE, F. (Hg.) (2020b): *Aspekte multimodaler Kurzformen. Kurztexte und multimodale Kurzformen im öffentlichen Raum*, Berlin.

BEYERLE, K. (1910): *Die deutschen Stadtbücher*, „Deutsche Geschichtsblätter. Förderung der landesgeschichtlichen Forschung" 11 (6./7.), 145–200.

BEYERLE, K. (1914): *Reviewed Work: Über Stadtbücher als Geschichtsquelle by Paul Rehme jur.*, „Kritische Vierteljahresschrift für Gesetzgebung und Rechtswissenschaft (KritV)" 16 (52), No. 1/2, 70–71.

BIADUŃ-GRABAREK, H. (2011): *Handwörterbuch der deutschen Gegenwartssprache – Spitzenproduct der DDR-Lexikographie*, [in:] ZIELIŃSKI, L. / LUDWIG, K.-D. / LIPCZUK, R. (Hg.): *Kultura, literatura, język – ogranicza komparatystyki: prace ofiarowane Profesorowi Lechowi Kolago w 70. rocznicę urodzin*, Frankfurt/Main, 193–203 (zusammen mit J. GRABAREK).

BIADUŃ-GRABAREK, H. (2012): *Zu Inhalt und Sprache der Rezesse des Generallandtags von Königlich Preussen aus den Jahren 1525–1535*, [in:] GRZYWKA, K. (Hg.):

Deutsche und polnische Lexikographie nach 1945 im Spannungsfeld der Kultur-geschichte, Bd. 2, Warszawa, 1389–1399 (zusammen mit J. GRABAREK und S. FIRYN).

BIADUŃ-GRABAREK, H. (2013): *Zum Schwund der lexikalischen Entlehnungen aus dem Deutschen in den Mundarten der polnischen Großstädte im ehemals deutsch-polnischen Grenzgebiet*, Frankfurt/Main.

BIADUŃ-GRABAREK, H. (2014): *Zur Behandlung der germanischen Monatsnamen in der „Geschichte der deutschen Sprache"*, [in:] BIADUŃ-GRABAREK, H. / FIRYN, S. (Hg.): *Aspekte der philologischen Forschung von Jacob Grimm und der Märchen-übersetzung ins Polnische*, Frankfurt/Main, 103–117.

BIADUŃ-GRABAREK, H. (2015): *Zur Bildung der Grundformen der Verben der ersten Ablautreihe in den Texten der Ordenskanzlei in der ersten Hälfte des Frühneuhoch-deutschen*, [in:] WIERZBICKA, M. / GOLONKA, J. (Hg.): *Grammatische Strukturen im Text und im Diskurs*, Bd. 5, Rzeszów, 22–34.

BIADUŃ-GRABAREK, H. (2016): *Die Text eröffnenden Phrasen im Buch der Danziger Komturei des Deutschen Ordens*, [in:] DARGIEWICZ, A. (Hg.): *Anfang. Sprachwis-senschaftliche Implikationen*, Würzburg, 33–45.

BIADUŃ-GRABAREK, H. (2017a): *Zur Realisierung der mundartlichen frühneuhoch-deutschen Neuerungen im Schöffenbuch der Alten Stadt Thorn (1363–1443)*, [in:] BIADUŃ-GRABAREK, H. / FIRYN, S. (Hg.): *Sprache der deutschsprachigen Kanz-leien in der frühneuhochdeutschen Zeit im südlichen Ostseeraum. Bd. 1. Phono-logische und graphematische Ebene*, Frankfurt/Main, 97–115.

BIADUŃ-GRABAREK, H. (2017b): *Präpositionen mit der Genitivrektion in Liber scabino-rum veteris civitatis Thoruniensis*, [in:] OWSIŃSKI, P. A. / FERET, A. S. / CHROMIK, G. M. (Hg.): *Auf den Spuren der Deutschen in Mittel- und Osteuropa: Sławomira Kaleta-Wojtasik in memoriam*, Frankfurt/Main, 19–34.

BIADUŃ-GRABAREK, H. (2018): *Zum Schwund der lexikalischen Entlehnungen aus dem Deutschen in der Alltagssprache der kleinen Städte des ehemals polnisch-deutschen Grenzgebietes*, Berlin (zusammen mit S. FIRYN).

BIADUŃ-GRABAREK, H. / GRABAREK, J. (2019): *Zur Realisierung der frühneuhoch-deutschen standardsprachlichen vokalischen Neuerungen in dem Altthornischen Schöffenbuch aus dem ersten Jahrhundert des Frühneuhochdeutschen* [in:] WIKTO-ROWICZ, J. / JUST, A. / OWSIŃSKI, P. A. (Hg.): *Facetten der Sprachwissenschaft: Bau-steine zur diachronen und synchronen Linguistik*, Frankfurt/Main, 21–38.

BIEBERSTEDT, A. (2007): *Textstruktur – Textstrukturvariation – Textstrukturmus-ter: Lübecker mittelniederdeutsche Testamente des 14. und 15. Jahrhunderts*, Wien.

BILUT, Z. (1990): *Der literarische Text in funktional-kommunikativer Sicht*, [in:] *Aktuelle Fragen der funktionalen Sprachbetrachtung. Wissenschaftliche Konferenz 3. und 4. Oktober 1989, Protokollband*, Leipzig, 92–94.

BILUT, Z. (1993a): *Zu ausgewählten Fragen der linguistischen Textbeschreibung (dar-gestellt am Beispiel literarischer Texte)*, [in:] DARSKI, J. / VETULANI, Z. (Hg.):

Sprache-Kommunikation-Informatik. Akten des 26. Linguistischen Kolloquiums Poznań 1991, Bd. 2, Tübingen: Tübingen, 735–739.

BILUT, Z. (1993b): *Zur Textkomposition in der deutschsprachigen Kurzprosa bei Brecht, Kafka, Kunert und Polgar*, [in:] *Germanistische Dissertationen in Kurzfassung. Jahrbuch für Internationale Germanistik*, Bd. 12, Frankfurt/Main, 219–225.

BILUT, Z. (1994): *Zu ausgewählten Fragen der linguistischen Textanalyse. Textualitätsmerkmale vs. Einzeltextmerkmale*. In: HALWACHS, D. / SCHÜTZ, I. (Hg.): *Sprache – Sprechen – Handeln. Akten des 28. Linguistischen Kolloquiums Graz 1993*, Tübingen, 9–13.

BILUT-HOMPLEWICZ, Z. (1997): *Ausgewählte Fragen der linguistischen Textanalyse in der Diskussion*, „Colloquia Germanica Stetiniensia" 5, 155–164.

BILUT-HOMPLEWICZ, Z. (1998): *Zur Dialogtypologie in der Erzählung aus textlinguistischer Sicht*, Rzeszów.

BILUT-HOMPLEWICZ, Z. (1999): *Zum Textstatus des Dialogs*, [in:] BILUT-HOMPLEWICZ, Z. (Hg.): *Zur Mehrdimensionalität des Textes. Repräsentationsformen, Kommunikationsbereiche, Handlungsfunktionen*, Rzeszów, 37–46.

BILUT-HOMPLEWICZ, Z. (2004a): *Textsortenspezifik als Desiderat in der deutschpolnischen und polnisch-deutschen kontrastiven Linguistik*, [in:] HARWEG, R. (Hg.): *Sprache und die modernen Medien. Akten des 37. Linguistischen Kolloquiums in Jena 2002*, Frankfurt/Main, 387–395.

BILUT-HOMPLEWICZ, Z. (2004b): *Zur Evolution der Textlinguistik – Tendenzen und Perspektiven*, [in:] BILUT-HOMPLEWICZ, Z. / TĘCZA, Z. (Hg.): *Sprache leben und lieben. Festschrift für Zdzisław Wawrzyniak zum 60. Geburtstag*, Frankfurt/Main, 67–78.

BILUT-HOMPLEWICZ, Z. (2004c): *Linguistik des ausgehenden und des neuen Jahrhunderts – Tendenzen und Entwicklungsperspektiven*, „Studia Germanica Resoviensia" 2, 99–111.

BILUT-HOMPLEWICZ, Z. (2005): *Textlinguistik oder Textwissenschaft? Einige Bemerkungen zur Umorientierung in der Textlinguistik*, [in:] WIERZBICKA, M. / SIERADZKA, M. / HOMA, J. (Hg.): *Moderne deutsche Texte. Beiträge der Internationalen Germanistenkonferenz Rzeszów 2004*, Frankfurt/Main, 59–66.

BILUT-HOMPLEWICZ, Z. (2009): *Lingwistyka tekstu w Polsce i w Niemczech – próba bilansu*, [in:] BILUT-HOMPLEWICZ, Z. / CZACHUR, W. / SMYKAŁA, M. (Hg.): *Lingwistyka tekstu w Polsce i w Niemczech. Pojęcia, problemy, perspektywy*, Wrocław, 325–341.

BILUT-HOMPLEWICZ, Z. (2015): *Kontrastive Textologie – eine kritische Perspektive*, „Studia Germanica Gedanensia" 33, 179–190.

BILUT-HOMPLEWICZ, Z. (2021): *Prinzip Perspektivierung. Germanistische und polonistische Textlinguistik – Entwicklungen, Probleme, Desiderata. Teil II. Polonistische Textlinguistik*, Berlin.

BILUT-HOMPLEWICZ, Z. / CZACHUR, W. / SMYKAŁA, M. (Hg.) (2009): *Lingwistyka tekstu w Polsce i w Niemczech*. Pojęcia, problemy, perspektywy, Wrocław.

BINIAŚ-SZKOPEK, M. (2018): *Księga miejska zbąszyńska (1588–1914) – zapomniane źródło do dziejów Zbąszynia w zbiorach Biblioteki Kórnickiej*, „Pamiętnik Biblioteki Kórnickiej" 35, 93–118, (online) http://journals.pan.pl/dlibra/publicat ion/129880/edition/113379/content (18.01.2021).

BISZCZANIK, M. (2000): *Zur vokalischen Graphematik der Ratsprotokolle der niederschlesischen Stadt Sprottau am Anfang des 16. Jahrhunderts*, „Studia i Materiały Wyższej Szkoły Pedagogicznej w Zielonej Górze. Germanistyka" 15, 15–22.

BISZCZANIK, M. (2001): *Das Textsortenspektrum des Frühneuhochdeutschen. Entwicklung, Funktion und Anwendungsbereiche der Textsorten im 16. Jahrhundert*, [in:] MAŃCZYK, A. / ZIMNIAK, P. (Hg.): *Sprachkontakte und Literaturvermittlung: Prof. Dr. Eugeniusz Klin zum 70. Geburtstag*, Zielona Góra, 9–25.

BISZCZANIK, M. (2002a): *Die graphematische Untersuchung der „schweren" Nebensliben in den Sprottauer Handschriften zum Anfang des 16. Jahrhunderts*, [in:] MAŃCZYK, A. (Hg.): *Sinngebung zwischen Festlegung und Pluralität*, Zielona Góra, 185–192.

BISZCZANIK, M. (2002b): *Die Groß- und Kleinschreibung in den frühneuhochdeutschen Handschriften aus Sprottau*, „Zielonogórskie Seminaria Polonistyczne" 2001–2002, 5–13.

BISZCZANIK, M. (2003): *Frühneuhochdeutsch in den Ratsprotokollen der niederschlesischen Stadt Sprottau zu Beginn des 16. Jahrhunderts*, [in:] MEIER, J. / ZIEGLER, A. (Hg.): *Aufgaben einer künftigen Kanzleisprachenforschung*, Wien, 145–156.

BISZCZANIK, M. (2004a): *Die ältesten Stadtbücher von Sprottau/Szprotawa. Ein Beitrag zur Erforschung des Frühneuhochdeutschen in Niederschlesien*, Dissertation, Universität Breslau.

BISZCZANIK, M. (2004b): *Der Sprachwandel im Bereich der frühneuhochdeutschen Diphthonge*, [in:] KOTIN, M. / KRYCKI, P. / LASKOWSKI, M. / ZUCHEWICZ, T. (Hg.): *Das Deutsche als Forschungsobjekt und als Studienfach: Synchronie – Diachronie – Sprachkontrast – Glottodidaktik: Akten der Internationalen Fachtagung anlässlich des 30jährigen Bestehens der Germanistik in Zielona Góra/Grünberg*, Frankfurt/Main, 65–70.

BISZCZANIK, M. (2007a): *Zu einigen Aspekten der Graphematik der Stadtbücher aus Schweidnitz im Mittelalter und in der Frühen Neuzeit*, „Orbis Linguarum" 31, 43–51.

BISZCZANIK, M. (2006a): *Zur Sprache der Schweidnitzer Rechtsbücher aus dem 14.–15. Jahrhundert*, [in:] ERNST, P. (Hg.): *Kanzleistil: Entwicklung, Form, Funktion: Beiträge der 4. Tagung des Arbeitskreises Historische Kanzleisprachenforschung, Wien 24. und 25. November 2006*, Wien, 57–69.

BISZCZANIK, M. (2006b): *Zur Paläographie der mittelalterlichen und frühneuzeitlichen Handschriften*, [in:] SCHIEWE, J. / LIPCZUK, R. / WESPHAL, W. (Hg.): *Kommunikation für Europa: interkulturelle Kommunikation als Schlüsselqualifikation*, Frankfurt/Main, 117–123.

BISZCZANIK, M. (2007b): *Zur Syntax in mittelalterlichen Rechtstexten aus Schweidnitz*, [in:] SPÁČILOVÁ, L. / MOSHÖVEL, A. (Hg.): *Beiträge zu Sprache und Sprachen 6: Vorträge der 16. Jahrestagung der Gesellschaft für Sprache und Sprachen (Gesus e. V.), Bochum*, München, 141–149.

BISZCZANIK, M. (2007c): *Kanzleien und Kanzleisprachen des Mittelalters und der Frühen Neuzeit als Träger des Sprachausgleiches und der Sprachkontakte*, [in:] BARTOSZEWICZ, I. / TWOREK, A. / SZCZĘK, J. (Hg.): *Fundamenta linguisticae*, Wrocław–Dresden, 55–60.

BISZCZANIK, M. (2008): *Das älteste Schöffenbuch von Schweidnitz*, [in:] SPÁČILOVÁ, L. / MOSHÖVEL, A. (Hg.): *Kanzleisprache – ein mehrdimensionales Phänomen: Tagungsband für Prof. PhDr. Zdeněk Masařík, DrSc., zum 80. Geburtstag, Olomouc*, Wien, 57–68.

BISZCZANIK, M. (2010a): *Spätmittelalterliche und frühneuzeitliche Stadtbücher im diskursanalytischen Kontext*, [in:] LIPCZUK, R. / MISIEK, D. / SCHIEWE, J. / WESTPHAL, W. (Hg.): *Diskurslinguistik – Systemlinguistik. Theorien – Texte – Fallstudien, 2010*, Hamburg, 289–300.

BISZCZANIK, M. (2010b): *Sprachwandelprozesse am Beispiel der mittelalterlichen Handschriften aus Schweidnitz*, [in:] GRUCZA, F. / BADSTÜBNER-KIZIK, C. / EL KORSO, K. / FOSCHI-ALBERT, M. / KLIEWER, A. (Hg.): *Akten des XII. Internationalen Germanistenkongresses Warschau 2010. Vielheit und Einheit der Germanistik weltweit*, Frankfurt/Main, 119–123.

BISZCZANIK, M. (2010c): *Sprachgeschichtsforschung zwischen Historischer Korpuslinguistik und kommunikationsorientierter Historischer Soziopragmatik*, [in:] KÜMMEL, M. J. (Hg.): *Sprachvergleich und Sprachdidaktik: Beiträge zu den 19. GESUS-Linguistiktagen Freiburg im Breisgau, 2.–4. März 2010*, Hamburg, 3–12.

BISZCZANIK, M. (2011a): *Schreibsprachen mittelalterlichen und frühneuzeitlichen Schlesiens zwischen ostmitteldeutschen Usus und lokalem Dialekt*, [in:] BARTOSZEWICZ, I. / SZCZĘK, J. / TWOREK, A. (Hg.): *Germanistische Linguistik im interdisziplinären Gefüge II*, Wrocław–Dresden, 59–66.

BISZCZANIK, M. (2011b): *Inner- und außersprachliche Faktoren von Veränderungen des Verhältnisses zwischen dem Laut- und Schreibsprachsystem im spätmittelalterlichen Schlesisch am Beispiel der Entwicklung der Präposition „auf"*, [in:] KOTIN, M. L. / KOTOROVA, E. G. / DURELL, M. (Hg.): *Geschichte und Typologie der Sprachsysteme = History and Typology of Language Systems*, Heidelberg, 405–412.

Biszczanik, M. (2011c): *Soziopragmatischer Wert diskurstypischer Marker im kanzleilich-amtlichen Gebrauch am Beispiel des untergegangenen Lexems „bittlich"* im 15.–19. Jahrhundert, [in:] Kaczmarek, D. / Makowski, J. / Michoń, M. / Weigt, Z. (Hg.): *Felder der Sprache – Felder der Forschung.* Germanistikbeiträge, Bd. 1, Łodź, 43–52.

Biszczanik, M. (2011d): *Sprachwandelprozesse an der Schwelle zwischen dem Spätmittelalter und der Frühen Neuzeit am Beispiel der Dokumentation von den niederschlesischen Städten,* [in:] Braun, Ch. (Hg.): *Kanzleisprachen auf dem Weg zum Neuhochdeutschen,* Wien, 239–249.

Biszczanik, M. (2011e): *Das Bild der deutschen Nation, Kultur und Sprache in den Augen polnischer Wissenschaftler und Publizisten des 19. Jahrhunderts,* [in:] Grotek, E. / Just, A. (Hg.): *Im deutsch-polnischen Spiegel: Sprachliche Nachbarschaftsbilder,* Frankfurt/Main, 53–65.

Biszczanik, M. (2011f): *Historische Linguistik – ein veraltetes Diskursfeld? Zur Aufdeckung mittelalterlicher Kommunikation in den Handschriften am Beispiel Schlesiens,* [in:] Prędota, S. / Rudolph, A. (Hg.): *Der Worte Echo im Spiegel der Sprache: Festschrift für Maria Katarzyna Lasatowicz,* Berlin, 59–71.

Biszczanik, M. (2012a): *Zu den Grundlagen der textologischen Fehlerbehandlung,* [in:] Biszczanik, M. (Hg.): *Deutsch als Werkzeug, Medium und Objekt. Kompetenz – Gebrauch – Form,* Zielona Góra, 105–116.

Biszczanik, M. (2012b): *Zur Variantenentstehung bei der textkritischen Lesartenanalyse älterer Texte,* [in:] Biszczanik, M. (Hg.): *Deutsch als Werkzeug, Medium und Objekt. Kompetenz – Gebrauch – Form,* Zielona Góra, 93–104.

Biszczanik, M. (2012c): *Ab erroribus ad fontes. Textkritik auf der Suche nach der besten Textredaktion,* [in:] Truszkiewicz, P. (Hg.): *Aktionsfeld Sprache. Methoden – Wege – Medien,* Zielona Góra, 4–18.

Biszczanik, M. (2012d): *Zur Authentizitätsfrage in der Textkritik,* [in:] Truszkiewicz, P. (Hg.): *Aktionsfeld Sprache. Methoden – Wege – Medien,* Zielona Góra, 19–34.

Biszczanik, M. (2012e): *„Bilder in den Köpfen"? das Polenbild im deutschsprachigen Diskurs voriger Jahrhunderte,* [in:] Buczek, R. (Hg.): *Texte und Medien in kontextuellem Verbund,* Zielona Góra, 30–56.

Biszczanik, M. (2012f): *Variablen sprachlicher Wandelprozesse in der Genese und Evolution des Hochdeutschen und seiner Nachbarsprachen,* [in:] Buczek, R. (Hg.): *Texte und Medien in kontextuellem Verbund,* Zielona Góra, 4–29.

Biszczanik, M. (2013a): *Die ältesten Stadtbücher von Sprottau/Szprotawa. Ein Beitrag zur Erforschung des Frühneuhochdeutschen in Niederschlesien,* Zielona Góra.

Biszczanik, M. (2013b): *Mann-Frau-Relationen in Parömiologischen Wendungen der deutschen Sprachvergangenheit,* [in:] Majkiewicz, A. / Zenderowska-Korpus, G. / Duś, M. (Hg.): *Deutsche Sprache in Forschung und Lehre. Wort – Phrasem – (Fach)Text,* Częstochowa, 93–104.

BISZCZANIK, M. (2014): *Zur Deutung der altdeutschen Rechtsterminologie im Nachlass von Jacob Grimm*, [in:] BIADUŃ-GRABAREK, H. / FIRYN, S. (Hg.): *Aspekte der philologischen Forschung von Jacob Grimm und der Märchenübersetzung ins Polnische*, Frankfurt/Main, 77–86.

BISZCZANIK, M. (2015a): *Formenparallelität als Factor des Sprachwandels am Beispiel von verbalen Morphosyntaktika im „Ersten Stadtbuch" aus Schwednitz*, [in:] CZACHUR, W. / CZYŻEWSKA, M. / ZIELIŃSKA, K. (Hg.): *Sprache in der Zeit – Zeit in der Sprache*, Warszawa, 179–199.

BISZCZANIK, M. (2015b): *Parömiolgische Geschlechtsspezifika zwischen Mittelalter und Früher Neuzeit*, [in:] ZENDEROWSKA-KORPUS, G. (Hg.): *Phraseologie und kommunikatives Handeln*, Landau, 61–74.

BISZCZANIK, M. (2016a): *Das Erste Stadtbuch aus Schweidnitz im Lichte der Textallianzen- und Textsortenproblematik*, „Germanica Wratislaviensia" 141, 163–181.

BISZCZANIK, M. (2016b): *Städtische Kommunikation in der Kanzleien des Mittelalters und der Frühen Neuzeit*, [in:] STECIĄG, M. / ADAMCZYK, M. / BISZCZANIK, M. (Hg.): *Kontakty językowe w komunikowaniu*, Zielona Góra, 17–26.

BISZCZANIK, M. (2016c): *Zur Ermittlung und Didaktik der Sprachvergangenheit = Research and teaching with reference to the language past*, [in:] BIELAK, M. I. / TABOREK, J. (Hg.): *A dialogic contribution to determinants of glottodidactic space*, Piła, 13–26.

BISZCZANIK, M. (2017): *Verbalformen in den Schweidnitzer Rechtsbüchern aus dem 14. Jahrhundert*, [in:] ŻEBROWSKA, E. / OLPIŃSKA-SZKIEŁKO, M. / LATKOWSKA, M. (Hg.): *Beiträge zur Germanistik. Germanistische Forschung in Polen Gegenstände und Methoden Formen und Wirkungen*, Warszawa, 17–26.

BISZCZANIK, M. (2018): *Sprachwandel im Bereich der verbalen Morphosyntax. Eine korpusgestützte Untersuchung am Handschriftenmaterial der Schweidnitzer Kanzlei im 13.–16. Jahrhundert*, Zielona Góra.

BISZCZANIK, M. (2021a): *Zur Grammatikalisierung der aktiven werden-Periphrase im spätmittelalterlichen Kanzleischlesisch*, [in:] JUST, A. / OWSIŃSKI, P. A. (Hg.): *Das sprachliche Handeln in den kleinen Kanzleien: Akten der 10. Tagung des Internationalen Arbeitskreises Kanzleisprachenforschung, Warschau, 9. bis 10. September 2019*, Hamburg, 1–15.

BISZCZANIK, M. (2021b): *Eigenes vs. Fremdes im Grünberger historiographischen Diskurs des zweiten konfessionellen Zeitalters*, [in:] SZMORHUN, A. / KOTIN, A. (Hg.): *Fremdes zwischen Teilhabe und Distanz (Teil 1): Fluktuationen von (Nicht-)Zugehörigkeiten in Sprache, Literatur und Kultur*, Göttingen, 43–64.

BISZCZANIK, M. (2021c): *Grünberg in Schlesien. Językowy obraz dziejów miasta w monografii Hugona Schmidta (1922) i jego źródłach. Studium filologiczne. Część I. O języku kronik i dokumentów do roku 1740 [Studia nad językiem niemieckim na Dolnym Śląsku / Studien zur deutschen Sprache in Niederschlesien]*, Bd. 1, Zielona Góra.

BISZCZANIK, M. (2022): *Hassgeleitete Versprachlichung von „Eigenheit" und „Fremdheit" im interkonfessionellen Diskurs des 19. Jahrhunderts in Niederschlesien*, [in:] SZMORHUN, A. / ZIMNIAK, P. (Hg.): *Menschen als Hassobjekte (Teil 2) Interdisziplinäre Verhandlungen eines destruktiven Phänomens*, Göttingen, 241–256.

BLOOMFIELD, L. (1933): *Language*, New York.

BŁACHUT, E. (2018): *Textanalyse oder Textinterpretation? Überlegungen aus textlinguistischer Sicht*, „Studia Germanica Posaniensia" 39, 89–103.

BMZ = *Mittelhochdeutsches Wörterbuch* von Benecke, Müller, Zarncke, digitalisierte Fassung im Wörterbuchnetz des Trier Center for Digital Humanities, Version 01/21, (online) https://www.woerterbuchnetz.de/BMZ (05.07.2022).

BOOCKMANN, H. (1981): *Der Deutsche Orden. Zwölf Kapitel aus seiner Geschichte*, München.

BOBROWSKI, K. (1998): *Kancelaria i dokument średniowieczny jako przedmiot badań*, [in:] DYMMEL, P. / TRELIŃSKA, B. (Hg.): *Kultura piśmienna średniowiecza i czasów nowożytnych: problemy i konteksty badawcze / redakcja naukowa*, Lublin, 143–149.

BÖCKER, H. (1988): *Quellenkunde und historische Hilfswissenschaften in der Hanse- und Stadtgeschichtsforschung. 1. Konferenz der Fachkommission Quellenkunde/ Historische Hilfswissenschaften vom 3. Bis 5. November 1986 in Neubrandenburg*, Weimar.

BOGACKI, J. (2001): *Oberschlesische Zunftdokumente aus dem Spätmittelalter und aus der frühen Neuzeit*, [in:] GREULE, A. (Hg.): *Deutsche Kanzleisprachen im europäischen Kontext*, Wien, 203–214.

BOGACKI, J. (2002): *Regionale Zunftordnungen als sprachliches Zeugnis des Alltags im frühneuzeitlichen Oberschlesien*, [in:] Instytut Filologii Germanskiej Uniwersytetu Opolskiego (Hg.): *Regionalität als Kategorie der Sprach- und Literaturwissenschaft*, Frankfurt/Main, 401–409.

BOGACKI, J. (2003a): *Zur graphematischen Untersuchung schlesischer Zunftdokumente aus dem 15. und 16. Jh.: Textkorpus – Methode – Ergebnisse*, [in:] NÉMETH, A. (Hg.): *Linguistische Beiträge ungarischer Nachwuchsgermanisten. Referate der I. Linguistischen Tagung ungarischer Nachwuchsgermanisten an der Universität Veszprém vom 28.–29. März 2003. Veszprém*, Wien, 11–23.

BOGACKI, J. (2003b): *Phraseologische und formelhafte Wortverbindungen in schlesischen Zunfturkunden aus dem 15. und 16. Jahrhundert*, [in:] MEIER, J. / ZIEGLER, A. (Hg.): *Aufgaben einer künftigen Kanzleisprachenforschung*, Wien, 227–234.

BOGACKI, J. (2004a): *Untersuchungen zur Graphemik des deutschsprachigen Schrifttums des 15. und 16. Jahrhunderts aus Namslau, Brieg, Neiße und Leobschütz*, Dissertation, Universität Oppeln.

BOGACKI, J. (2004b): *Kontinuanten der mittelhochdeutschen Stammsilbenvokale <â> und <a> in der Zunftsatzung der Patschkauer Schuster von 1494*, „Prace Germanistyczne. Germanistische Werkstatt" 2, 37–44.

BOGACKI, J. (2009a): *Die Schlesischen Provinzialblätter (1785–1849) als Gegenstand sprachhistorischer Untersuchung*, [in:] ĎURČO, P. / KOZMOVÁ, R. / DRINKOVÁ, D. (Hg.): *Deutsche Sprache in der Slowakei. Festschrift für Ilpo Tapani Piirainen zum 65. Geburtstag. Internationale Fachtagung Piešťany, den 13.–15. Juni 2007.* Trnava, Bratislava, 249–256.

BOGACKI, J. (2009b): *Graphematische Untersuchungen zum Vokalismus im deutschsprachigen Schrifttum des 15. und 16. Jahrhunderts aus Namslau, Brieg, Neiße und Leobschütz*, Berlin.

BOGACKI, J. (2010): *Die „Schlesischen Provinzialblätter" als Informationsquelle über die Sprachverhältnisse im preußischen Schlesien*, „Studia Germanica Gedanensia" 21, 67–73.

BOGACKI, J. (2011a): *Waldemar Czachur (Hrsg.), tekst i dyskurs – text und diskurs, Bd. 1/2/3, Abteilung für germanistische Sprachwissenschaft des Germanistischen Instituts der Universität Warschau, Warszawa 2008/2009/2010, 161/232/276*, „Kwartalnik Neofilologiczny" 1, 90–93.

BOGACKI, J. (2011b): *Steckbrief – Versuch einer holistischen Darstellung eines Rechtstextes*, [in:] PRĘDOTA, S. / RUDOLPH, A. (Hg.): *Der Worte Echo im Spiegel der Sprache. Festschrift für Maria Katarzyna Lasatowicz*, Berlin, 367–381.

BOGACKI, J. (2013): *Per Korpora ad Diskursum. Zur Korpuswahlbedingtheit in der linguistischen Diskursanalyse*, [in:] LASATOWICZ, M. K. / RUDOLPH, A. (Hg.): *Corpora und Canones. Schlesien und andere Räume in Sprache, Literatur und Wissenschaft*, Berlin, 413–424.

BOGACKI, J. (2014): *Zur Materialisierung der Identität durch die Sprache und Bild am Beispiel der Steckbriefe*, [in:] ANTOS, G. / OPIŁOWSKI, R. / JAROSZ, J. (Hg.): *Sprache und Bild im massenmedialen Text. Formen, Funktionen und Perspektiven im deutschen und polnischen Kommunikationsraum*, Wrocław–Dresden, 57–72.

BOGACKI, J. (2016a): *Slaven und die Taufe Herzogs Mieszko I. von Polen im Spiegelbild der Sprache deutscher Chroniken (1564–1689)*, [in:] KACZMAREK, D. / MICHOŃ, M. / PRASALSKI, D. / WEIGT, Z. (Hg.): *Im Spiegel der germanistischen Linguistik*, Łódź, 9–20.

BOGACKI, J. (2016b): *Texte und Textschicksale in reformatorisch bewegter Zeit. Zum linguistischen Interesse an Texten des Greiffenberger Pastors Wolfgang Silbers des Jüngeren (1569–1639)*, „Slowakische Zeitschrift für Germanistik" 8 (2), 46–60.

BOGACKI, J. (2018a): *Pamięć i język w kontekście dyskursywnego konstruowania śląskiej tożsamości zbiorowej na przełomie XVIII i XIX wieku*, [in:] CZACHUR, W. (Hg.): *Pamięć w ujęciu lingwistycznym. Zagadnienia teoretyczne i metodyczne*, Warszawa, 188–217.

BOGACKI, J. (2018b): *Flurnamen als Gedächtnisformationen. Ein Beitrag zur Erforschung des kollektiven Gedächtnisses aus linguistischer Perspektive*, „Studia Niemcoznawcze" 62, 385–398.

BOGACKI, J. (2020): *Texte der Lade der Greiffenberger Kaufmannssozietät (1748–1945) aus textlinguistischer Perspektive*, „Acta Germanica: German Studies in Africa" 48(1), 161–172.

BOKOVÁ, H. (1993): *Zur Sprache der deutschen Urkunden der südböhmischen Adelsfamilie von Rosenberg (1310–1411)*, „Beiträge zur Erforschung der deutschen Sprache" 1, 171–189.

BRALSKA, M. / CZACHUR, W. (2009): *Historische Textsortenlinguistik. Einige Überlegungen zu ihren Zielen und Methoden*, [in:] CZACHUR, W. / CZYŻEWSKA, M. / FRĄCZEK, A. (Hg.): *Wort und Text. Bestandsaufnahme und Perpektiven*, Warszawa, 223–235.

BRANDT, A. (1968): *Proscriptio. Zur Überlieferung und Praxis der Verfestung (Frriedloslegung) im mittelalterlichen Lübeck*, „Zeitschrift des Vereins für Lübeckische Geschichte und Altertumskunde" 48, 7–16, (online) https://www.mgh-bibliot hek.de/dokumente/a/a146922.pdf (03.02.2021).

BRANDT, G. (2020): *Die „Mitauischen Nachrichten" und ihre Nachfolger 1766–1810: Soziolinguistische Studien zur Geschichte der deutschen Sprache im Baltikum*, Bd. 1, 2, Berlin.

BRÄUER, K. (1912): *Kritische Studien zur Literatur und Quellenkunde der Wirtschaftsgeschichte*, Leipzig.

BRENNEKE, A. (1953): *Archivkunde. Ein Beitrag zur Theorie und Geschichte des europäischen Archivwesens*, bearbeitet v.: LEESCH, W., Leipzig.

BRINKER, K. (1971): *Aufgaben und Methoden der Textlinguistik*, „Wirkendes Wort" 21, 217–237.

BRINKER, K. (1973): *Zum Textbegriff in der heutigen Linguistik*, [in:] SITTA, H. / BRINKER, K. (Hg.): *Studien zur Texttheorie und zur deutschen Grammatik. Festgabe für Hans Glinz*, Düsseldorf, 9–41.

BRINKER, K. (1979): *Zur Gegenstandsbestimmung und Aufgabenstellung der Textlinguistik*, [in:] PETÖFI, J. S. (Hg.): *Text vs. Sentence*, Hamburg, 3–12.

BRINKER, K. / ANTOS, G. / HEINEMANN, W. / SAGER, S. F. (Hg.) (2000): *Text- und Gesprächslinguistik. Ein internationales Handbuch zeitgenössischer Forschung*, Bde. 1–2, Berlin–New York.

BRINKER, K. (2010): *Linguistische Textanalyse. Eine Einführung in Grundbegriffe und Methoden*, Berlin.

BROICH, U. / PFISTER, M. (Hg.) (1985): *Intertextualität. Formen, Funktionen, anglistische Fallstudien*, Tübingen.

BROCKHAUS (2021): *Onlinewörterbuch*, (online) https://brockhaus.de/ecs/ (13.02.2021).

BRUNNER, H. (1912): *Grundzüge der deutschen Rechtsgeschichte*, München.

BRZEZIŃSKI, B. / KALINOWSKI, M. / MORAWSKI, W. / MATUSZEWSKI, W. / OLESIŃSKA, A. / LASIŃSKI-SULECKI, K. / PREJS, E. (2010): *Prawo finansów publicznych*, BRZEZIŃSKI, B. (Hg.): Toruń.

BUBENÍK, V. (2017): *Development of Tense/Aspect in Semitic in the Context of Afro-Asiatic Languages*, Amsterdam–Philadelphia.

BUCHDA, G. (1984): *Magdeburger Recht*, [in:] ERLER, A. / KAUFMANN, E. / SCHMIDT-WIEGAND, R. / STAMMLER, W. (Hg.): *Handwörterbuch zur deutschen Rechtsgeschichte*, Bd. 3, Berlin, 77–84.

BUCHWALD-WARGENAU, I. (2010): *Zur Herausbildung der doppelten Perfektbildungen*, [in:] ZIEGLER, A. / BRAUN, CH. (Hg.): *Historische Textgrammatik und Historische Syntax des Deutschen*, Bd. 1, *Diachronie, Althochdeutsch, Mittelhochdeutsch*, Berlin–New York, 221–235.

BÜHLER, K. (1965): *Sprachtheorie. Die Darstellungsfunktion der Sprache*, Jena.

BUK, A. / HANUS, A. / MAC, A. / MILLER, D. / SMYKAŁA, M. / SZWED, I. (Hg.) (2020): *Tekst, dyskurs, komunikacja. Podejścia teoretyczne, analityczne i kontrastywne / Text, Diskurs, Kommunikation. Theoretische, analytische und kontrastive Ansätze*, Rzeszów.

BURSZTA, W.J. (1992): *Wymiary antropologicznego poznania kultury*, Poznań.

BUSSMANN, H. (1990): *Lexikon der Sprachwissenschaft*, Stuttgart.

CHERUBIM, D. (1980): *Zum Programm einer historischen Sprachpragmatik*, [in:] SITTA, H. (Hg.): *Ansätze zu einer pragmatischen Sprachgeschichte. Zürcher Kolloquium 1978*, Tübingen, 3–21.

CHODYŁA, Z. (2015): *Zarys najstarszych dziejów osad olęderskich w Puszczy Pyzdrskiej 1746–1793*, Pyzdry.

CHORĄŻYCZEWSKI, W. (2011): *Kancelaria księgi wpisów czy kultura księgi wpisów?*, [in:] GÓRAK, A. / LATAWIEC, K. / MAGIER, D. (Hg.): *Dzieje biurokracji*, IV, T. 1, Lublin–Siedlce, 91–99.

CHROMIK, G. (2007): *Zum Sprachkontakt Deutsch-Polnisch im Teschener Schlesien vom Mittelalter bis zum Aufkommen der Nationalbewegungen*, [in:] BARTOSZEWICZ, I. / TWOREK, A. / SZCZĘK, J. (Hg.): *Fundamenta linguisticae*, Wrocław–Dresden, 73–82.

CHROMIK, G. (2008): *Deutsche Familiennamen polnischer Herkunft und polnische Familiennamen deutscher Herkunft auf dem Gebiet der ehemaligen deutschen Sprachinsel Bielitz*, [in:] KĄTNY, A. (Hg.): *Kontakty językowe i kulturowe w Europie / Sprach- und Kulturkontakte in Europa*, Gdańsk, 101–108.

CHROMIK, G. (2009): *Zarys historii polsko-niemieckiego kontaktu językowego i języka niemieckiego na Śląsku Cieszyńskim*, [in:] RUSEK, H. / DROŻDŻ, A. (Hg.): *Tożsamość etniczna i kulturowa Śląska w procesie przemian (Prace i materiały etnograficzne / Travaux et matériaux ethnographiques)*, Bd. 36, Wrocław–Cieszyn, 381–391.

CHROMIK, G. M. (2010a): *Schreibung und Politik. Untersuchungen zur Graphematik der frühneuhochdeutschen Kanzleisprache des Herzogtums Teschen*, Kraków.

CHROMIK, G. (2010b): *Zur Frage der Nebensätze mit besetztem Nachfeld in den Urkunden aus der Teschener Kanzlei*, [in:] BOCK, B. (Hg.): *Aspekte der Sprachwissenschaft. Linguistik-Tage in Jena: 18. Jahrestagung der Gesellschaft für Sprache und Sprachen e.V.*, Hamburg, 49–58.

CHROMIK, G. (2013a): *Das Schöffenbuch von Markowa – ein Denkmal des frühneuhochdeutschen schlesischen Dialekts aus Polen im Vergleich mit Krzemienica und Bielitz*, „Zeitschrift des VPG / Czasopismo SGP" 2, 43–52.

CHROMIK, G. (2013b): *Austriazismen im polnischen Dialekt des Teschener Schlesien*, [in:] KACZMAREK, H. / AWNIKOWSKA-KOPER, J. (Hg.): *Literatur, Kultur und Sprache im universitären Dialog. Zwischenbilanz und Perspektiven*, Częstochowa, 189–196.

CHROMIK, G. (2015a): *Entwicklung der Graphematik im Schöffenbuch von Markenhau/Markowa*, „Zeitschrift des VPG / Czasopismo SGP" 4, 247–260.

CHROMIK, G. (2015b): *Graphematische Analyse der ältesten Eintragungen im Schöffenbuch der galizischen deutschen Sprachinsel Markowa*, [in:] HANUS, A. / BÜTTNER, R. (Hg.): *Galizien als Kultur- und Gedächtnislandschaft im kultur- und sprachwissenschaftlichen Diskurs*, Frankfurt/Main, 441–452.

CHROMIK, G. (2016a): *Die Flur- und Siedlungsnamen der ehemaligen deutschen Sprachinsel Bielitz*, [in:] BOHUŠOVÁ, Z. / ĎURICOVÁ, A. (Hg.): *Germanistik interdisziplinär. Beiträge der 22. Linguistik- und Literaturtage, Banská Bystrica/Slowakei, 2014*, Bd. 3, Hamburg, 587–595.

CHROMIK, G. (2016b): *Sprachliche Analyse der Briefe kleinpolnischer Städte im Archiv von Bardejov/Bartfeld*, [in:] HÜNECKE, R. / AEHNELT, S. (Hg.): *Beiträge zur Kanzleisprachenforschung. Kanzlei und Sprachkultur*, Wien, 107–118.

CHROMIK, G. (2017a): *Zur Entwicklung der frühneuhochdeutschen und neuhochdeutschen Schriftsprache in der deutschen Sprachinsel Bielitz (Bielsko)*, [in:] NEFEDOV, S. / GRIGORIEVA, L. / BOCK, B. (Hg.): *Deutsch als Bindeglied zwischen Inlands- und Auslandsgermanistik. Beiträge zu den 23. GESUS-Linguistik-Tagen in Sankt Petersburg, 22.–24. Juni 2015*, Hamburg, 173–182.

CHROMIK, G. (2017b): *Sprachliche Verhältnisse im heutigen polnischen Teil des Teschener Schlesiens – ein historischer Überblick*, [in:] OWSIŃSKI, P. A. / FERET, A. S. / CHROMIK, G. M. (Hg.): *Auf den Spuren der Deutschen in Mittel- und Osteuropa: Sławomira Kaleta-Wojtasik in memoriam*, Frankfurt/Main, 143–162.

CHROMIK, G. (2018a): *Die Flur- und Straßennamen der Stadt Bielitz*, [in:] JANIKOVÁ, V. / BRYCHOVÁ, A. / VELIČKOVÁ / WAGNER, R. (Hg.): *Sprachen verbinden. Beiträge der 24. Linguistik- und Literaturtage, Brno/Tschechien, 2016*, Hamburg, 151–157.

CHROMIK, G. (2018b): *Die Entwicklung der Familiennamen der Seibersdorfer Auswanderer in Anhalt/Hołdunów*, „Germanica Wratislaviensia" 143, 135–150.

CHROMIK, G. M. (2018c): *Geschichte des deutsch-slawischen Sprachkontaktes in Teschener Schlesien*, Regensburg.

CHROMIK, G. (2018d): *Soziolinguistische Auswertung der sprachlichen Verhältnisse in Kamitz angesichts der Volkszählung von 1890*, [in:] LASATOWICZ, M. K. / BOGACKI, J. (Hg.): *Deutsche Sprache in kulturell mehrfach kodierten Räumen. Medien, Kultur, Politik*, Berlin, 11–19.

CHROMIK, G. (2019a): *Die Familiennamen der deutschen Sprachinsel Bielitz. Probleme der Namenforschung in einer Sprachinsel*, [in:] PHILLIP, H. / WEBER, B. / WELLNER, J. (Hg.): *Deutsch in Mittel-, Ost- und Südosteuropa. DiMOS-Füllhorn. Tagungsband Kronstadt 2017*, Regensburg, 50–57.

CHROMIK, G. (2019b): *Mittelalterliche deutsche Sprachinseln in Oberschlesien, Kleinpolen und Rotreußen*, [in:] PHILLIP, H. / WEBER, B. / WELLNER, J. (Hg.): *Deutsch in Mittel-, Ost- und Südosteuropa. DiMOS-Füllhorn. Tagungsband Kronstadt 2017*, Regensburg, 58–73.

CHROMIK, G. (2019c): *Sprachkontakt in den Industriestandorten des Teschener Schlesien im 19. Jahrhundert. Statistik versus Realität*, [in:] KEGYES, E. / KRISTON, R. / SCHÖNENBERGER, M. (Hg.): *Sprachen, Literaturen und Kulturen im Kontakt. Beiträge der 25. Linguistik- und Literaturtage, Miskolc/Ungarn, 2017*, Hamburg, 515–522.

CHROMIK, G. (2020): *Mittelalterliche deutsche Ortsnamen in Oberschlesien*, „Kwartalnik Neofilologiczny" 3, 355–374.

CHROMIK, G. (2021a): *Die Sprache(n) der Teschener Dorfschreiber in den Beschwerden an die Kaiserliche Urbarialkommission (1766)*, [in:] JUST, A. / OWSIŃSKI, P. A. (Hg.): *Das sprachliche Handeln in den kleinen Kanzleien. Akten der 10. Tagung des Internationalen Arbeitskreises Kanzleisprachenforschung, Warschau, 9. bis 10. September 2019*, Hamburg, 83–94.

CHROMIK, G. (2021b): *Das Kronland Österreichisch-Schlesien und sein sprachliches Potpourri*, [in:] PHILLIP, H. / STRANGL, T. / WEBER, B. / WELLNER, J. (Hg.): *Deutsch in Mittel-, Ost- und Südosteuropa. DiMOS-Füllhorn. Tagungsband Regensburg 2018*, Regensburg, 28–39.

CHROMIK, G. (2021c): *Der Prozess des Sprachwechsels in der frühen Neuzeit und seine Untersuchungsmöglichkeiten (im späteren Westgalizien)*, [in:] PHILLIP, H. / STRANGL, T. / WELLNER, J. (Hg.): *Deutsch in der Ukraine. Geschichte, Gegenwart und zukünftige Potentiale*, Regensburg, 154–169.

CHROMIK, G. (2022a): *Mundartliches in einem bischöflichen Visitationsbuch aus dem 16. Jahrhundert. Zur Sprache der Acta Visitationis generalis Ecclesiarum Episcopus Varmiensis*, [in:] JUST, A. / FERET, A. S. / OWSIŃSKI P. A. (Hg.): *Betrachtungen zur diachronen und synchronen Linguistik*, Berlin, 23–36.

CHROMIK, G. (2022b): *Zur Differenziertheit der deutschen Dialekte im ehemaligen Kronland Österreichisch-Schlesien*, [in:] SZATZKER, S. / Szilágyi-Kósa,

A.s (Hg.): *Deutsch im interlingualen und interkulturellen Vergleich*, Hamburg, 279–292.

Coseriu, E. (2007): *Textlinguistik. Eine Einführung*, Tübingen.

Coulmas, F. (1996): *The Blackwell Encyclopedia of Writing Systems*, Oxford.

Czachur, W. (2007a): *Textmuster im Wandel. Ein Beitrag zur textlinguistischen Erforschung der Vereinssatzungen im 19. Jahrhundert*, Wrocław–Dresden.

Czachur, W. (2007b): *Zur diachronen Textsortenlinguistik*, „Studia Germanica Resoviensia" 5, 244–253.

Czachur, W. (2007c): *Zur Entwicklung der Funktionsbezeichnungen im deutschen Vereinswesen des 19. Jahrhunderts*, „Studia Niemcoznawcze" 34, 488–498.

Czachur, W. (2007d): *Konfrontative Textlinguistik am Beispiel deutscher und polnischer Vereinssatzungen*, „Convivium. Germanistisches Jahrbuch Polen", 185–205.

Czachur, W. (2008a): *Politiker-Weblogs als eine neue Hyper-Textsorte in der öffentlich-politischen Kommunikation*, „tekst i dyskurs – text und diskurs" 1, 107–123.

Czachur, W. (2008b): *Die Analyse der Vereinssatzungen des 19. Jahrhunderts vor dem Hintergrund der pragmatisch und kognitiv orientierten Sprachgeschichte*, [in:] Czachur, W./ Czyżewska, M. (Hg.): *Vom Wort zum Text. Studien zur deutschen Sprache und Kultur. Festschrift für Józef Wiktorowicz zum 65. Geburtstag*, Warszawa, 461–474.

Czachur, W. (2008c): *Zu den Kategorien der Textsorte und des Textmusters in den historischen Textanalysen*, „Studia Niemcoznawcze" 38, 397–406.

Czachur, W. (2008d): *Vereinssatzung als normative Textsorte*, „Studia Linguistica" XXVI, 49–63.

Czachur, W. (2009): *Miejsce lingwistyki tekstu w kanonie przedmiotów uniwersyteckich w kształceniu filologicznym w Polsce i w Niemczech. Lingwistyka tekstu w polskich i niemieckich podręcznikach*, [in:] Bilut-Homplewicz, Z. / Czachur, W. / Smykała, M. (Hg.): *Lingwistyka tekstu w Polsce i w Niemczech. Pojęcia, problemy, perspektywy*, Wrocław, 297–309.

Czachur, W. (2011a): *Diskursive Weltbilder im Kontrast Linguistische Konzeption und Methode der kontrastiven Diskursanalyse deutscher und polnischer Medien*, Wrocław–Dresden.

Czachur, W. (2011b): *Text- und diskursanalytische Zugänge zur Sprachgeschichte am Beispiel der germanistischen historischen Linguistik in Polen*, [in:] Jelitto-Piechulik, G. / Księżyk, F. (Hg.): *Germanistische Werkstatt 4. Deutsche Sprache und Literatur im Wandel. Nachwuchswissenschaftler für Professor Maria Katarzyna Lasatowicz*, Opole, 13–22.

Czachur, W. (2012): *Zu den Grundbegriffen der Textlinguistik in der deutschen und polnischen Forschung*, [in:] Grotek, E. (Hg.): *Deutsche und Polen im Kontakt. Sprache als Indikator gegenseitiger Beziehungen*, Frankfurt/Main, 9–29.

CZACHUR, W. (2016): Zu den Ausdruckformen und Funktionen der deontischen Modalitäten in Vereinssatzungen des 19. *Jahrhunderts. Eine diachrone Analyse*, [in:] GRZESZCZAKOWSKA-PAWLIKOWSKA, B. / STAWIKOWSKA-MARCINKOWSKA, A. (Hg.): *Germanistische Forschung: Bestand, Prognose, Perspektiven*, Łódź, 17–30.

CZACHUR, W. (2020): *Teksty minimalne jako przedmiot badań genologicznych*, „tekst i dyskurs – text und diskurs" 13, 25–42.

CZACHUR, W. / ZIMMER, A. (2018): *Das Testament als eine Textsorte. Eine linguistische Analyse des Testaments des galizischen Adligen Herman de Brunicki aus dem Jahre 1835*, „Studia Germanica Posnaniensia" 39, 35–51.

CZARNECKI, T. (1992): *Zur Chronologie der deutschen Lehnwörter im Altpolnischen. I. Entlehnungen aus dem Althochdeutschen*, „Studia Niemcoznawcze" 6, 153–174.

CZARNECKI, T. (1993a): *Zur Chronologie der deutschen Lehnwörter im Altpolnischen. II. Entlehnungen aus dem Mittelhochdeutschen (1050–1250)*, „Studia Niemcoznawcze" 7, 125–146.

CZARNECKI, T. (1993b): *Zur Chronologie der deutschen Lehnwörter im Altpolnischen. III. Entlehnungen aus dem Spätmittelhochdeutschen (1250–1350) und aus dem Frühneuhochdeutschen (1350–1500)*, „Studia Niemcoznawcze" 8, 207–249.

CZARNECKI, T. (1995): *Die polnischen Lehnwörter aus dem Althochdeutschen und Altsächsischen*, [in:] LERCHNER, G. / SCHRÖDER, M. / FIX, U. (Hg.): *Chronologische, areale und situative Varietäten des Deutschen in der Sprachhistoriographie: Festschrift für Rudolf Große*, Dresden–Wrocław, 255–262.

CZARNECKI, T. (2001): *Tausend Jahre deutsch-polnische Sprachkontakte – Probleme mit der Chronologie der deutschen Lehnwörter im Polnischen*, [in:] GRUCZA, F. (Hg.): *Tausend Jahre polnisch-deutsche Beziehungen: Sprache, Literatur, Kultur, Politik; Materialien des Millennium-Kongresses 5.–8. April 2000, Warszawa*, Warszawa, 290–299.

CZARNECKI, T. (2003): *Gotisches im Wortschatz des Polnischen*, „Studia Germanica Gedanensia" 11, 5–24.

CZARNECKI, T. (2006): *Die deutschen Lehnwörter im Polnischen und die mittelalterlichen Dialekte des schlesischen Deutsch*, [in:] LASATOWICZ, M. K. / RUDOLPH, A. / WOLF, N. R. (Hg.): *Deutsch im Kontakt der Kulturen: Schlesien und andere Vergleichsregionen. Akten der V. Internationalen Konferenz des Germanistischen Instituts der Universität Opole, 19.–22. April 2004*, Berlin, 39–48.

CZARNECKI, T. (2007): *Das spätmittelalterliche Schlesien und der deutsch-tschechisch-polnische Sprachkontakt*, [in:] LASATOWICZ, M. K. (Hg.): *Städtische Räume als kulturelle Identitätsstrukturen: Schlesien und andere Vergleichsregionen*, Berlin, 127–135.

CZARNECKI, T. (2009): *Zur Etymologie des deutsches Wortes König*, [in:] BIAŁEK, E. / RZESZOTNIK, J. / TOMICZEK, E. (Hg.): *Auf der Suche nach Humanitas. Festschrift für Prof. Dr. Irena Światłowska-Prędota*, Dresden–Wrocław, 145–151.

CZARNECKI, T. (2010a): *O podsumowaniu badań nad pochodzeniem terminu szlachta*, [in:] CHRUSZCZEWSKI, P. / PRĘDOTA, S. (Hg.): *Prace Komisji Nauk Filologicznych Oddziału Polskiej Akademii Nauk we Wrocławiu*, Wrocław, 31–41.

CZARNECKI, T. (2010b): *O różnych etymologiach terminu szlachta*, [in:] TIMOSZUK, M. / CHAUSTOWICZ, M. (Hg.): *Mae Afiny tut – nazwaj ich Bandarami. Profesorowi Aleksandrowi Barszczewskiemu na 80-ciolecie*, Wrocław, 292–300.

CZARNECKI, T. (2010c): *Thesen zur neuen Etymologie des polnischen Terminus szlachta*, [in:] ŁOPUSZAŃSKA, G. / WILMA, D. (Hg.): *Studia Germanica Gedaniensia. 22 Sonderband. 6 Studien zur sprachlichen Kommunikation. Festschrift aus Anlass des 70. Geburtstages von Prof. Dr. Habil. Marian Szczodrowski*, Gdańsk, 205–212.

CZARNECKI, T. (2011): *Zum deutsch-polnischen Sprachkontakt: Das Wort szlachta – ein besonderer Entlehnungsfall aus dem Deutschen*, [in:] PRĘDOTA, S. / RUDOLPH, A. (Hg.): *Der Worte Echo im Spiegel der Sprache. Festschrift für Maria Katarzyna Lasatowicz*, Warszawa, 331–339.

CZARNECKI, T. (2012a): *Językoznawstwo i historia w poszukiwaniu etymologii szlachty*, [in:] GRZYWKA-KOLAGO, K. (Hg.): *Kultura, literatura, język: pogranicza komparatystyki: prace ofiarowane Profesorowi Lechowi Kolago w 70. rocznicę urodzin, T. 2 = Kultur, Literatur, Sprache: Gebiete der Komparatistic. Festschrift für Herrn Professor Lech Kolago zum 70. Geburtstag*, Bd. 2, Warszawa, 1376–1388.

CZARNECKI, T. (2012b): *Zur Etymologie des polnischen Wortes „szlachta"*, [in:] OLPIŃSKA-SZKIEŁKO, M. / GRUCZA, S. / BERDYCHOWSKA, Z. / ŻMUDZKI, J. (Hg.): *Der Mensch und seine Sprachen. Festschrift für Franciszek Grucza*, Warszawa, 176–183.

CZARNECKI, T. (2014a): *Szlachta. Studia o pochodzeniu historycznego terminu prawnego. Studien zur Herkunft eines historischen Rechtsterminus*, Warszawa.

CZARNECKI, T. (2014b): *Die deutschen Lehnwörter in den Polnischen Untersuchungen zur Chronologie und Geographie der Entlehnungen*, Warszawa.

CZYŻEWSKA-PARYS, M. (2001): *Języki fachowe a puryzm w języku niemieckim na przełomie XIX i XX wieku*, [in:] KĄTNY, A. (Hg.): *Języki fachowe, problemy dydaktyki i translacji*, Olecko, 7–16.

ČERNÂVSKAÂ, V. (2018): *Лингвистикатекста. Лингвистикадискурса* (= *Lingvistikateksta. Lingvistikadiskursa*), Moskva.

DAHL, Ö. (1979): *Typology of sentence negation*, „Linguistics" 17, 79–106.

DAIN, M.-A. (1949): *Les manuscrits*, Paris.

DANEŠ, F. (1968): *Typy tematických posloupností v textu (na materiále českého textu odborného)*, „Slovo a slovesnost" 29 (2), 125–141, (online) http://sas.ujc.cas.cz/arc hiv.php?lang=en&vol=31 (20.03.2021).

DĄBROWSKA-BURKHARDT, J. (2002): *Die Rechtsprechung in Grünberg auf Grundlage der Grünberger Chronik aus den Jahren 1623–1795*, [in:] MAŃCZYK, A. (Hg.): *Sinngebung zwischen Festlegung und Pluralität*, Zielona Góra, 31–41.

Dąbrowska-Burkhardt, J. (2004): *Katholiken und Protestanten – ihr Zusammenleben im schlesischen und großpolnischen Grenzgebiet niedergeschrieben in Chroniken des 18. Jahrhunderts*, [in:] Bartoszewicz, I. / Hałub, M. / Jurasz, A. (Hg.): *Werte und Wertungen. Sprach-, literatur- und kulturwissenschaftlichen Skizzen und Stellungnahmen. Festschrift für Eugeniusz Tomiczek zum 60. Geburtstag*, Wrocław, 291–299.

Dąbrowska-Burkhardt, J. (2014): *Kochanek czarownicy. Semantyczna analiza XVII-wiecznych protokołów z przesłuchań osób posądzanych o czary w mieście Grünberg*, „Scripta Neophilologica Posnaniensia: rocznik poświęcony językoznawstwu, literaturoznawstwu i kulturoznawstwu" 14, 33–43.

Dąbrowska-Burkhardt, J. (2016a): *Die Textsorte ‚Stammbuch' als Vorgänger von „Facebook". Eine linguistische Analyse der Stammbucheinträge aus dem 18. Jh. am Beispiel eines Grünberger album amicorum*, [in:] Żebrowska, E. / Olpińska-Szkiełko, M. / Latkowska, M. (Hg.): *Zwischen Kontinuität und Modernität: Metawissenschaftliche und wissenschaftliche Erkenntnisse der germanistischen Forschung in Polen*, Warszawa, 85–93.

Dąbrowska-Burkhardt, J. (2016b): *Stereotype Aussagemuster und ihre semantische Analyse anhand frühneuzeitlicher Hexenverhörprotokolle aus Grünberg in Niederschlesien*, [in:] Bąk, P. / Rolek, B. (Hg.): *Vom Wort zum Gebrauch: Wortbedeutung und ihre Eingebundenheit in Diskurse*, Frankfurt/Main, 129–142.

Dąbrowska-Burkhardt, J. (2016c): *Teufelsbuhlschaft in frühneuzeitlichen Hexenverhörprotokollen aus Grünberg in Niederschlesien*, [in:] Steciąg, M. / Adamczyk, M. / Biszczanik, M. (Hg.): *Kontakty językowe w komunikowaniu*, Zielona Góra, 221–233.

Dąbrowska-Burkhardt, J. (2017a): *Multimodalität in historischen Texten. Ein Beitrag zur historischen Textsemiotik am Beispiel eines Grünberger Stammbuchs aus dem 18. Jahrhundert*, [in:] Bilut-Homplewicz, Z. / Hanus, A. / Mac, A. (Hg.): *Medienlinguistik und interdisziplinäre Forschung I: Textsortenfragen im medialen Umfeld*, Frankfurt/Main, 225–241.

Dąbrowska-Burkhardt, J. (2017b): *Von Hexen und Zauberinnen in den frühneuzeitlichen Grünberger Hexenverhörprotokollen (1663–1665)*, „Germanica Wratislaviensia" 142, 155–168.

Dąbrowska-Burkhardt, J. (2019): *Das Stammbuch – ein Urahn des Facebook*, [in:] Neubert, F.-Ch. (Hg.): *Güstrow. Jahrbuch 2020*, 2019, Güstrow, 85–91.

Dąbrowska-Burkhardt, J. (2020a): *Stammbucheinträge – historische Kurztexte im öffentlichen Raum. Analyse eines Grünberger Stammbuchs aus dem 18. Jahrhunderts*, [in:] Berdychowska, Z. / Liedtke, F. (Hg.): *Aspekte multimodaler Kurzformen: Kurztexte und multimodale Kurzformen im öffentlichen Raum*, Berlin, 177–190.

Dąbrowska-Burkhardt, J. (2020b): *Die Bedeutung der Stammbucheinträge als Ausdruck von Freundschaft. Eine kulturlinguistische Analyse am Beispiel eines*

Grünberger Stammbuchs aus dem 18. Jahrhunderts, [in:] BUK, A. / MAC, A. / HANUS, A. / MILLER, D. / SZWED, I. / SMYKAŁA, M. (Hg.): *Tekst, Dyskurs, Komunikacja. Podejścia teoretyczne, analityczne i kontrastywne*, Rzeszów, 261–276.

DĄBROWSKA-BURKHARDT, J. (2021): *Multimodale Freundschaftsbekundung im 18. Jahrhundert. Pragmalinguistisch-kulturanalytische Untersuchung eines Stammbuches aus Grünberg (Niederschlesien)*, [in:] GIESSEN, H. W. / LÜGER, H.-H. (Hg.): Text-, Diskurs- und Kommunikationsforschung: *Festschrift für Hartmut Lenk*, Landau, 61–76.

DĄBROWSKA-BURKHARDT, J. (2022a): *Hassmanifestationen in Grünberger Hexenprozessakten des 17. Jahrhunderts*, [in:] SZMORHUN, A. / ZIMNIAK, P. (Hg.): *Menschen als Hassobjekte (Teil 2) Interdisziplinäre Verhandlungen eines destruktiven Phänomens*, Frankfurt/Main, 223–239.

DĄBROWSKA-BURKHARDT, J. (2022b): *Gewagter Humor in einem Stammbuch aus dem 18. Jahrhundert. Eine pragmalinguistische Studie in der kulturanalytischen Linguistik*, [in:] JAKOSZ, M. / WOWRO, I. (Hg.): *Mit Humor ist nicht immer zu spaßen: An der Grenze von Spaß und Ernst*, Göttingen, 225–246.

DĄBROWSKA-BURKHARDT, J. (2022c): *Emotiv konnotierte multimodale Inskriptionen in zwei Grünberger Stammbüchern aus dem 18.* Jahrhundert, „Moderna Sprak" 116 (2), 122–139.

DĘBSKI, R. (Hg.) (2017): *System Prawa Karnego. Nauka o przestępstwie. Zasady odpowiedzialności*, Bd. 3, Warszawa.

DEVENTER, J. (2003): *Gegenreformation in Schlesien: Die habsburgische Rekatholisierungspolitik in Glogau und Schweidnitz (1526–1707)*, Köln–Weimar–Wien.

DIJK, T. A. VAN (1972): *Some aspects of text grammars. A study in theoretical linguistics and poetics*, The Hague.

DIJK, T. A. VAN (1977): *Text and context. Explorations in the semantics and pragmatics of discourse*, London.

DIJK, T. A. VAN (1985): *Działanie, opis działania a narracja*, „Pamiętnik Literacki: czasopismo kwartalne poświęcone historii i krytyce literatury polskiej" 76 (1), 145–166.

DIJK, T. A. VAN (1980): *Textwissenschaft. Eine interdisziplinäre Einführung*, Tübingen.

DIMITROVA, S. / KARSHAKOVA, R. (1992): *Bulgarian Text Linguistics – Present State and Prospects*, [in:] GODGLÜCK, P. (Hg.): *Text – Fachwort – Übersetzen. Beiträge eines Kolloquiums in Sofia/Bulgarien*, Frankfurt/Main, 9–41.

DIMTER, M. (1981): *Textklassenkonzepte heutiger Alltagssprache. Kommunikationssituation, Textfunktion und Textinhalt als Kategorien alltagssprachlicher Textklassifikation*, Tübingen.

DOUBEK, F. A. (1931a): *Das Schöffenbuch der Dorfgemeinde Markowa*, Leipzig.

DOUBEK, F. A. (1931b): *Das Schöffenbuch der Dorfgemeinde Krzemienica aus den Jahren 1451–1482*, Leipzig.

DOUBEK, F. A. (1932): *Zum ältesten deutschen Schöffenbuch der Gemeinde Krzemienica*, Poznań.

DOUBEK, F. A. (1937): *Die deutsche Mundart von Wilmesau in Westgalizien*, „Jomsburg" 1, 95–97.

DRESSLER, W. (1970): *Modelle und Methoden der Textsyntax*, „Folia Linguistica" 4, 64–71.

DRESSLER, W. (1973): *Einführung in die Textlinguistik*, Tübingen.

DRESSLER, W. (1978): *Wege der Textlinguistik*, [in:] DRESSLER, W. (Hg.): *Textlinguistik*, Darmstadt, 1–15.

DRUŻYCKI, K. (1999): *Größere Textkomplexe. Versuch einer neuen interdisziplinären Interpretation anhand von Radiotexten*, [in:] BILUT-HOMPLEWICZ, Z. (Hg.): *Zur Mehrdimensionalität des Textes. Repräsentationsformen, Kommunikationsbereiche, Handlungsfunktionen* , Rzeszów, 47–56.

DUDA, B. (1989a): *Geneza imion germańskich*, „Języki Obce w Szkole".

DUDA, B. (1989b): *Die deutsche Sprache in den ältesten Stadtbüchern von Kraków*, „Zeszyty Naukowe UJ. Prace Językoznawcze" 94, 71–82.

DUDA, B. / KALETA-WOJTASIK, S. (2001): *Die deutschsprachige Periode der Krakauer Kanzlei (14.–16. Jahrhundert)*, [in:] GRUCZA, F. (Hg.): *Tausend Jahre deutschpolnischer Beziehungen. Sprache-Literatur-Kultur-Politik. Materialien des Millenium-Kongresses 5.–8. April 2000. Stowarzyszenie Germanistów Polskich*, Warszawa, 348–364.

DUDA, B. (2014): *Bemerkungen zum Wandel des deutschen Wortschatzes*, „Czasopismo Stowarzyszenia Germanistów Polskich" 3, 13–21.

DUDA, B. (2015): *Deutsch als Lehnwortgeber*, „Studia Niemcoznawcze" LV, 623–629.

DUDA, B. (2016): *Zu Gründen für das Veralten und Verschwinden von deutschen Wörtern*, „Studia Niemcoznawcze" LVII, 619–627.

DUDA, B. (2017): *Deutsch Himmel, englisch sky. Das Fortbesetzen des Erbwortschatzes in den germanischen Gegenwartssprachen.*, „Studia Niemcoznawcze" LIX, 655–664.

DUDA, B. (2022): *Zeugnisse früherer Sprachzustände in phraseologischen Wortverbindungen*, [in:] JUST, A. / FERET, A. S. / OWSIŃSKI P. A. (Hg.): *Betrachtungen zur diachronen und synchronen Linguistik*, Berlin, 63–70.

DURMUŞOĞLU, G. (1987): *Cohesion in Turkish: A Comparative Analysis of Cohesive Markers in Turkish and English*, [in:] BOESCHOTEN, H. E. / VERHOEVEN, L. TH. (Hg.): *Studies on Modern Turkish Linguistics: Proceedings of the Third Conference on Turkish Linguistics 13.–15. August 1986*, Tilburg, 189–202.

DUŚ, M. (2003a): *Das deutschsprachige juristische Gutachten. Untersuchung einer Fachtextsorte unter linguistisch-fachsprachendidaktischem Aspekt. Kurzcharakteristik eines Untersuchungsprojekts*, [in:] GOLČÁKOVÁ, B. / POTMĚŠILOVÁ, H. / KOY,

CH. / VACKOVÁ, K. (Hg.): *Sbornik příspěvků z konference PROFILINGUA 2003*, Dobra Voda, 181–188.

DUŚ, M. (2003b): *Das deutschsprachige juristische Gutachten. Charakteristik einer Fachtextsorte*, „Germanische Philologie. Zeszyty Naukowe WSHE in Łódź", s. I, z. 1 (36)/2003.

DUŚ, M. (2010): *Fachtextsorten im Germanistikstudium – dargestellt am Beispiel des Juristischen Gutachtens*, [in:] DUŚ, M. / ZENDEROWSKA-KORPUS, G. (Hg.): *Fachsprachenpropädeutik im Germanistikstudium*, Częstochowa, 91–102.

DUŚ, M. (2013): *Fachtext im fachbezogenen Fremdsprachenunterricht am Beispiel des Juristischen Gutachtens*, [in:] WAGNEROVA, M. / SANDER, G. G. (Hg.): *Die Rechtssprache in der internationalen Diskussion. Schriften zu Mittel- und Osteuropa in der europäischen Integration (SMOEI)*, Hamburg, 23–41.

DUSZAK, A. (1998): *Tekst, dyskurs, komunikacja międzykulturowa*, Warszawa.

DUDEN (2007a): *Deutsches Universalwörterbuch*, Mannheim–Leipzig–Wien–Zürich.

DUDEN (2007b): *Das Herkunftswörterbuch. Etymologie der deutschen Sprache*, Bd. 7, Mannheim–Leipzig–Wien–Zürich.

DUDEN (2021): *Onlinewörterbuch*, (online) https://www.duden.de/ (01.01.2021).

DÜRSCHEID, CH. (2016): *Einführung in die Schriftlinguistik*, Göttingen.

DWB = GRIMM, J. / GRIMM W. (1854–1961): *Deutsches Wörterbuch*, 16 Bde. in 32 Teilbänden, Leipzig, (online) http://dwb.uni-trier.de/de/ (2021, 2022).

DWDS = *Digitales Wörterbuch der deutschen Sprache*, (online) https://www.dwds.de/ (13.02.2021).

EBEL, W. (1984): *Lübisches Recht*, [in:] ERLER, A. / KAUFMANN, E. / SCHMIDT-WIEGAND, R. / STAMMLER, W. (Hg.): *Handwörterbuch zur deutschen Rechtsgeschichte*, Bd. 3, Berlin, 77–84.

ECKHARDT, K. A. (Hg.) (1955): *Sachsenspiegel Landrecht*, [in:] *Monumenta Germaniae Historica*, Göttingen–Berlin–Frankfurt.

EGGERS, H. (1969): *Deutsche Sprachgeschichte. III. Das Frühneuhochdeutsche*, Reinbek bei Hamburg.

EHLICH, K. (1984): *Zum Textbegriff*, [in:] ROTHKEGEL, A. / SANDIG, B. (Hg.): *Text – Textsorten – Semantik. Linguistische Modelle und maschinelle Verfahren*, Hamburg, 9–25.

EJO (1999) = *Encyklopedia językoznawstwa ogólnego*, [in:] POLAŃSKI, K. (Hg.): Wrocław–Warszawa–Kraków.

EMERT, K. (1979): *Briefsorten. Untersuchungen zu Theorie und Empirie der Textklassifikation*, Tübingen.

ENKVIST, N.-E. (2000): *Text Linguistics in the Nordic Countries*, [in:] BRINKER, K. / ANTOS, G. / HEINEMANN, W. / SAGER, S. F. (Hg.): *Text- und Gesprächslinguistik / Linguistics of Text and Conversation. Ein internationales Handbuch zeitgenössischer*

Forschung / An International Handbook of Contemporary Research, Hbd. 1, Berlin–New York, 140–145.

ERNST, P. (2021): *Deutsche Sprachgeschichte. Eine Einführung in die diachrone Sprachwissenschaft des Deutschen,* Stuttgart.

EVERETT, D. L. (2019): *Jak powstał język. Historia największego wynalazku ludzkości,* Warszawa.

FERET, A. S. (2014*): Lautsubstitutionen in den lexikalischen Entlehnungen aus dem Deutschen ins Polnische. Eine Studie am Lehngut des 20. Jahrhunderts,* Kraków.

FERET, M. Z. (2019): *Wiedza o języku w pytaniach i odpowiedziach,* Kielce.

FERET, M. Z. (2020): *Zur Auffassung von Filmtiteln,* „Linguodidactica" 24, 55–65.

FIRYN, S. (2011): *Beiträge zur jüngeren und jüngsten Geschichte der deutschen Sprache,* Frankfurt/Main.

FIRYN, S. (2012a): *Zu Inhalt und Sprache der Rezesse des Generallandtags von Königlich Preussen aus den Jahren 1525–1535,* [in:] GRZYWKA, K. (Hg.): *Deutsche und polnische Lexikographie nach 1945 im Spannungsfeld der Kulturgeschichte,* Bd. 2, Warszawa, 1389–1399 (zusammen mit H. BIADUŃ-GRABAREK und J. GRABAREK).

FIRYN, S. (2013): *Junktoren im Text der Protokolle des Generallandtags von Preußen Königlichen Anteils aus den Jahren 1526–1528,* Frankfurt/Main.

FIRYN, S. (2014): *Die Thorner Kanzleisprache im Spätmittelalter als Objekt linguistischer Forschung,* [in:] GROTEK, E. (Hg.): *Wo seit jeher zwei Herzen schlagen: Toruń/Thorn als Gegenstand germanistischer Untersuchungen,* Toruń, 67–89.

FIRYN, S. (2015): *Die zweigliedrige Subjunktion als/alz das(z)/daz in ausgewählten Texten der Ordenskanzlei,* [in:] WIERZBICKA, M. / GOLONKA, J. (Hg.): *Grammatische Strukturen im Text und im Diskurs,* Bd. 5, Rzeszów, 46–56.

FIRYN, S. (2017): *Zur Realisierung der frühneuhochdeutschen standardsprachlichen Diphthongierung und Monophthongierung im Schöffenbuch der Alten Stadt Thorn (1363–1443),* [in:] BIADUŃ-GRABAREK, H. / FIRYN, S. (Hg.): *Sprache der deutschsprachigen Kanzleien in der frühneuhochdeutschen Zeit im südlichen Ostseeraum. Bd. 1. Phonologische und graphematische Ebene,* Frankfurt/Main, 117–131.

FIRYN, S. (2018): *Zum Schwund der lexikalischen Entlehnungen aus dem Deutschen in der Alltagssprache der kleinen Städte des ehemals polnisch-deutschen Grenzgebietes,* Berlin (zusammen mit H. BIADUŃ-GRABAREK).

FIRYN, S. (2021): *Zum Schicksal der Entlehnungen aus dem Deutschen in der Alltagssprache der polnischen Städte des ehemaligen Grenzgebiets der deutschen und der polnischen Sprache am Beispiel von Kościerzyna, Starogard Gdański und Wąbrzeźno,* Berlin.

FIRYN, S. (2022): *Nominalformen des Verbs,* [in:] JUST, A. / FERET, A. S. / OWSIŃSKI, P. A. (Hg.): *Betrachtungen zur diachronen und synchronen Linguistik,* Berlin, 113–136.

FIRYN, S. / OWSIŃSKI, P. A. (2020): *Sprache der deutschsprachigen Kanzleien in der frühneuhochdeutschen Zeit im südlichen Ostseeraum, Teil 2. Morphologische Ebene. Zu den Kategorien des Adjektivs und den Ablautklassen*, Berlin.

FIX, U. (2000): *Das Rätsel. Bestand und Wandel einer Textsorte. Oder: Warum sich die Textlinguistik als Querdisziplin verstehen kann*, [in:] BARZ, I. / FIX, U. / SCHRÖDER, M. / SCHUPPENER, G. (Hg.): *Sprachgeschichte als Textsortengeschichte. Festschrift zum 65. Geburtstag von Gotthard Lerchner*, Frankfurt/Main, 183–210.

FIX, U. (2008): *Text und Textlinguistik*, [in:] JANICH, N. (Hg.): *Textlinguistik. 15 Einführungen*, Tübingen, 15–34.

FIX, U. (2011a): *Was ist kulturspezifisch an Texten? Argumente für eine kulturwissenschaftlich orientierte Textsortenforschung*, „Russische Germanistik. Veröffentlichungen des Russischen Germanistenverbandes" B, 8, 172–183.

FIX, U. (2011b): *Was macht eine kulturspezifische orientierte Textlinguistik aus? Überlegungen und Beispiele*, [in:] KOTIN, M. L. / KOTOROVA, E. G. (Hg.): *Die Sprache in Aktion*, Heidelberg, 145–155.

FLESKES, G. (1996): *Untersuchungen zur Textsortengeschichte im 19. Jahrhundert. Am Beispiel der ersten deutschen Eisenbahnen*, Tübingen.

FOKT, K. (2021): *Goliński, Mateusz. Późnośredniowieczne spisy wywołanych z Jawora i Świdnicy. Kraków: Księgarnia Akademicka, 2020, LXXVII + 258 ss.*, „Krakowskie Studia z Historii Państwa i Prawa" 14 (3), 397–400.

FRANZ, E.G. (1993): *Einführung in die Archivkunde*, Darmstadt.

FRANZOSI, R. (1998): *Narrative analysis – Or why (and how) sociologists should be interested in narrative*, „ Annual Review of Sociology" 24, 517–554.

FRĄCZEK, A. J. (2001): *Język fachowy w dwujęzycznych słownikach ogólnych. Na podstawie dawnych i współczesnych słowników niemiecko-polskich i polsko-niemieckich*, [in:] KĄTNY, A. (Hg.): *Języki fachowe, problemy dydaktyki i translacji*, Olecko, 39–56.

FRENSDORFF, F. (1875): *Einleitung. Die Verfestung nach den Quellen des lübischen Rechts*, [in:] FRANCKE, O. (Hg.): *Das Verfestungsbuch der Stadt Stralsund*, Halle: Verlag der Buchhandlung des Waisenhauses, XIII–XCVI, (online) https://reader.digitale-sammlungen.de/de/fs1/object/display/bsb11315155_00 056.html (03.02.2021).

FRENSDORFF, F. / KRAUT, W. TH. (1886): *Grundriß zu Vorlesungen über das Deutsche Privatrecht mit Einschluß des Lehn- und Handelsrechts nebst beigefügten Quellen*, bearbeitet v.: FRENSDORFF, F., Berlin–Leipzig.

FRIEDBERG, M. (1955): *Kancelaria miasta Krakowa do połowy XVIII w.*, „Archeion" 24, 277–304.

FUHRMANN, M. (1972): *Proscriptio*, [in:] ZIEGLER, K./SONTHEIMER, W. et al. (Hg.): *Der Kleine Pauly, Lexikon der Antike auf der Grundlage von Pauly's Realencyclopädie*

der classischen Altertumswissenschaft, Bd. IV, Stuttgart, (online) https://archive.
org/details/DerKleinePaulyLexikonDerAntike/page/n2989/mode/2up?q=Pros
criptio (28.01.2021).

Gaca, A. (1964): *Zur Frage der Schreibsprache des Deutschen Ordens im Mittelalter,*
„Zeszyty Naukowe UAM. Filologia" 6, 83–122.

Gaca, A. (1965): *Zur Sprache der Prophetenübersetzung von Claus Cranc,* „Biuletyn
Fonograficzny" VII, 47–75.

Gaca, A. (1967): *Untersuchungen zu den daß-Sätzen in dem „Ältesten Polnischen
Gewohnheitsrechtsbuch" (NZ) und in den „Iura Prutenorum" (IP),* „Kwartalnik
Neofilologiczny" 14 (2), 145–159.

Gaca, A. (1973): *Die Syntax der „Księga Elbąska".* Eine strukturelle Studie,
Warszawa–Poznań.

Gaca, A. (1997): *Zur Textkonnexion aus deutsch-polnischer Sicht. Untersuchung von
Frage-Antwort-Sequenzen,* „Studia Germanica Posnaniensia" 23, *Festschrift für
Andrzej Zdzisław Bzdęga zum 70. Geburtstag,* 67–82.

Gal'perin, I. R. (2008): *Текст как объект лингвистического исследования* (= *Tekst
kak ob''yekt lingvisticheskogo issledovaniya*), Moskva.

Gansel, Ch. / Jürgens, F. (2007): *Textlinguistik und Textgrammatik. Eine Einführung,* Göttingen.

Gantzer, P. (1937): *Ältestes Strafbuch der Stadt Schweidnitz,* „Zeitschrift des Vereins für Geschichte Schlesiens" 71, 184–210, (online) https://www.sbc.org.pl/dli
bra/publication/23277/edition/20557/content (08.08.2021).

Gärtner, K. (1977): *Negationspartikel ne in den Handschriften von Wolframs ‚Willehalm'. Die mit ne und niht verneinten Sätze,* [in:] Schröder, W. (Hg.): *Wolfram-Studien,* Bd. 4, Berlin, 81–103.

Geuenich, D. (2000): *Was sind eigentlich ‚Stadtbücher'? Versuch einer Definition,*
[in:] Debus, F. (Hg.): *Stadtbücher als namenkundliche Quelle. Vorträge des Kolloquiums vom 18.–20. September 1998,* Mainz–Stuttgart, 17–29.

Giessmann, Th. (1998): *Zur Quellentypologie der Stadtbücher – am Beispiel der Altstadt Hildesheim,* [in:] Kéry, L. / Lohrmann, D. / Müller, H. (Hg.): *Licet preter
solitum. Ludwig Falkenstein zum 65. Geburtstag,* Aachen, 165–175.

Givón, T. (1979): *From discourse to syntax: grammar as a processing strategy,* „Discourse and syntax" 12, 81–109.

Gläser, R. (1990): *Fachtextsorten im Englischen.* Tübingen.

Gliwiński, T. / Markowicz, J. / Weigt, Z. (1993): *Politische Wende! Sprachliche
Wende? Analyse ausgewählter Texte aus der Zeitung Neues Deutschland,* „Kwartalnik Neofilologiczny" 40, 153–165.

Goerlitz, Th. / Gantzer P. (1939): *Rechtsdenkmäler der Stadt Schweidnitz,* Stuttgart–Berlin.

GOLIŃSKI, M. (2020): *Późnośredniowieczne spisy wywołanych z Jawora i Świdnicy*, Kraków.

GOLIŃSKI, M. / MALINIAK, J. (2007): *Urzędnicy miejscy w Świdnicy do 1740 r.*, Toruń.

GÖPFERICH, S. (1995): *Textsorten in Naturwissenschaften und Technik. Pragmatische Typologie, Kontrastierung, Translation.* Tübingen.

GOTTSCHED, J. CH. (1748): *Grundlegung einer deutschen Sprachkunst*, Leipzig.

GRABAREK, J. (1974): *Die Herkunft der deutschsprachigen Siedler im hochpreußischen Sprachgebiet in der Ordenszeit*, „Filologia Germańska. Acta Universitatis Nicolai Copernici. Nauki humanistyczno-społeczne" 1, 5–16.

GRABAREK, J. (1976a): *Versuch eines Wörterbuchs zur ‚Księga Ławnicza Nowego Miasta Torunia'* „Filologia Germańska. Acta Universitatis Nicolai Copernici. Nauki humanistyczno-społeczne" 2, 71–79.

GRABAREK, J. (1976b): *Zum Entwicklungsstand des deutschen Satzbaus im 14. und 15. Jh. Anhand der ‚Księga Ławnicza Nowego Miasta Torunia' (Das Schöffenbuch der Neuen Stadt Thorn)*, „Filologia Germańska. Acta Universitatis Nicolai Copernici. Nauki humanistyczno-społeczne" 2, 81–92 (zusammen mit W. SCHRENIAWSKI).

GRABAREK, J. (1977): *Zur Anwendung der Valenztheorie bei der Untersuchung älterer Texte*, „Filologia Germańska. Acta Universitatis Nicolai Copernici. Nauki humanistyczno-społeczne" 3, 3–14.

GRABAREK, J. (1984a): *Die Sprache des Schöffenbuches der Alten Stadt Toruń*, Rzeszów.

GRABAREK, J. (1984b): *Das Adjektiv in ‚Liber scabinorum veteris civitatis Thoruniensis'*, „Rocznik naukowo-dydaktyczny Wyższej Szkoły Pedagogicznej w Rzeszowie. Filologia Germańska" 3, 129–153.

GRABAREK, J. (1984c): *Zur Syntax der Sprache des Schöffenbuches der alten Stadt Torun*, [in:] SCHIEB, G. / FLEISCHER, W. / GROSSE, R. / LERCHNER, G. (HG.): *Beiträge zur Erforschung der deutschen Sprache* 4, Leipzig, 236–266.

GRABAREK, J. (1987): *Zur Sprache der Toruner Stadtkanzleien im 14. und 15. Jahrhundert*, [in:] GROSSE, R. (HG.): *Zur jüngeren Geschichte der deutschen Sprache: Beiträge zum internationalen Kolloquium „Sprache in der sozialen und kulturellen Entwicklung. Zum 100. Geburtstag von Theodor Frings" vom 22. bis 24. Juli 1986 in Leipzig*, Leipzig, 14–22.

GRABAREK, J. (1989a): *Zur Herkunft der deutschsprachigen Bürger der Stadt Thorn im 14. und 15. Jahrhundert*, [in:] REITER, N. (HG.): *Sprechen und Hören. Akten des 23. Linguistischen Kolloquiums, Berlin 1988*, Tübingen, 39–50.

GRABAREK, J. (1989b): *Die Deklination des Substantivs in ‚Liber scabinorum veteris civitatis Thoruniensis'*, [in:] GRABAREK, J. (HG.): *Probleme der germanistischen Linguistik und Methodik*, Rzeszów, 257–275.

GRABAREK, J. (1996): *Die Präpositionen im ‚Liber scabinorum veteris civitatis Thoruniensis' (1363–1428). Eine lexikalisch-morphematisch-syntaktische Analyse*, [in:]

GRABAREK, J. / GREULE, A. / PIIRAINEN, I. T. (Hg.): *Kanzleisprachen 1*, Bydgoszcz–Münster–Regensburg, 121–134.

GRABAREK, J. (1997): *Zur Sprache der Thorner Stadtkanzleien und der Einwohner Thorns im Spätmittelalter*, [in:] SROKA, K. (Hg.): *Kognitive Aspekte der Sprache: Akten des 30. Linguistischen Kolloquiums*, Tübingen, 85–91.

GRABAREK, J. (1998): *Die Konjunktionen in den ältesten Texten der Thorner Stadtkanzlei (1363–1428)*, [in:] Strässler, J. (HG.): *Tendenzen europäischer Linguistik. Akten des 31. Linguistischen Kolloquiums, Bern 1996*, Tübingen, 58–62.

GRABAREK, J. (1999a): *Der Konjunktiv im ältesten Thorner Schöffenbuch (1363–1428)*, [in:] SPILLMANN, H. O. / WARNKE, I. (Hg.): *Internationale Tendenzen der Syntaktik, Semantik und Pragmatik. Akten des 32. Linguistischen Kolloquiums in Kassel 1997*, Frankfurt/Main, 147–156.

GRABAREK, J. (1999b): *Übernahme deutscher Berufsbezeichnungen ins Alt- und Mittelpolnische als Beispiel des Transfers der technischen Kultur*, [in:] Sauerland, K. (HG.): *Kulturtransfer Polen–Deutschland: Wechselbeziehungen in Sprache, Kultur und Gesellschaft*, Bonn, 53–74.

GRABAREK, J. (1999c): *Sprachgeschichte als Quelle philologischen Wissens*, „Konfiguracje = Konfigurationen" 5, 145–151.

GRABAREK, J. (2001): *Das Tempussystem im Liber scabinorum veteris civitatis Thorunensis. Untersuchungen zum absoluten und relativen Gebrauch der Tempora im Indikativ Aktiv*, [in:] GREULE, A. (Hg.): *Deutsche Kanzleisprachen im europäischen Kontext*, Wien, 237–254.

GRABAREK, J. (2003a): *Das Numerale im ältesten Thorner Schöffenbuch*, [in:] MEIER, J. / ZIEGLER, A. (Hg.): *Aufgaben eine künftigen Kanzleisprachenforschung*, Wien, 207–226.

GRABAREK, J. (2003b): *Weltsprache, (über)Regionale Verkehrssprachen, nationale Sprachen und Mundarten im vereinten Europa*, „Konfiguracje = Konfigurationen" 7, 7–16 (zusammen mit H. BIADUŃ-GRABAREK).

GRABAREK, J. (2004): *Die Ostkolonisation im westslawischen und baltischen Sprachraum bis 1350*, [in:] BARTOSZEWICZ, I. / HAŁUB, M. / JURASZ, A. (Hg.): *Werte und Wertungen. Sprach-, literatur- und kulturwissenschaftlichen Skizzen und Stellungnahmen. Festschrift für Eugeniusz Tomiczek zum 60. Geburtstag*, Wrocław, 504–512.

GRABAREK, J. (2006a): *Nominalkomposita in den Kanzleitexten des Ordenslandes aus dem ersten Jahrhundert des Frühneuhochdeutschen*, [in:] KÜRSCHNER, W. / RAPP, R. (Hg.): *Linguistik international. Festschrift für Heinrich Weber*, Berlin–Bremen–Miami–Riga–Viernheim–Wien–Zagreb, 251–256.

GRABAREK, J. (2006b): *Deutsche Sprachinseln und Minderheiten, in Afrika Asien und Ozeanien*, „Filologia Germańska. Acta Universitatis Nicolai Copernici. Nauki humanistyczno-społeczne" 16, 5–18.

GRABAREK, J. (2007a): *Rolle des Deutschen als eines überregionalen Kommunikationsmittels im Spätmittelalter – am Beispiel des westslawischen und baltischen Sprachraumes*, [in:] SANDER, G. G. (Hg.): *Deutsch als Sprachenbrücke in Mittel- und Osteuropa*, Hamburg, 57–76.

GRABAREK, J. (2007b): *Die mittelalterlichen Straßennamen im Zentrum von Danzig Ihre Genese und Gliederung*, [in:] ŁOPUSZAŃSKA, G. (Hg.): *Angewandte Sprach- und Kulturwissenschaft*, Gdańsk, 27–37.

GRABAREK, J. (2009): *O tłumaczeniu i przetłumaczalności nazw miejscowości oraz innych nazw geograficznych i historycznych*, „Zeszyty Naukowe Rozprawy Humanistyczne" 10, 73–86.

GRABAREK, J. (2010a): *Das Personalpronomen im ältesten Teil des Schöffenbuches der Alten Stadt Torun / Thorn*, [in:] CATE, A. P. TEN / RAPP, R. / STRÄSSLER, J. (Hg.): *Grammatik, Praxis, Geschichte: Festschrift für Wilfried Kürschner*, Tübingen, 275–281 (zusammen mit H. BIADUŃ-GRABAREK).

GRABAREK, J. (2010b): *Deutsche Sprachinseln im Raum der rumänischen Sprache*, [in:] ŁOPUSZAŃSKA-KRYSZCZUK, G. (Hg.): *Studien zur sprachlichen Kommunikation: Festschrift aus Anlass des 70. Geburtstages von Prof. Dr. habil. Marian Szczodrowski*, Gdańsk, 263–271.

GRABAREK, J. (2012): *Zu Inhalt und Sprache der Rezesse des Generallandtags von Königlich Preußen aus den Jahren 1525–1535*, [in:] GRZYWKA-KOLAGO, K. (Hg.): *Kultura, literatura, język – pogranicza komparatystyki: prace ofiarowane Profesorowi Lechowi Kolago w 70. rocznicę urodzin*, Warszawa, 1389–1399 (zusammen mit H. BIADUŃ-GRABAREK und S. FIRYN).

GRABAREK, J. (2013): *Zur Geschichte der deutschen Sprache im 20. Jahrhundert*, Frankfurt/Main.

GRABAREK, J. (2014): *Die Goten und ihre Sprache in der „Geschichte der deutschen Sprache"*, [in:] BIADUŃ-GRABAREK, H. / FIRYN, S. (Hg.): *Aspekte der philologischen Forschung von Jacob Grimm und der Märchenübersetzung ins Polnische*, Frankfurt/Main, 89–102.

GRABAREK, J. (2017a): *Zur Realisierung der standardsprachlichen vokalischen Neuerungen des Frühneuhochdeutschen im Text der Protokolle des Generallandtags von Preußen Königlichen Anteils (1527–1528)*, [in:] BIADUŃ-GRABAREK, H. / FIRYN, S. (Hg.): *Sprache der deutschsprachigen Kanzleien in der frühneuhochdeutschen Zeit im südlichen Ostseeraum. Bd. 1. Phonologische und graphematische Ebene*, Frankfurt/Main, 78–94.

GRABAREK, J. (2017b): *Nominalformen des Verbs in Liber scabinorum veteris civitatis Thoruniensis*, [in:] OWSIŃSKI, P. A. / FERET, A. S. / CHROMIK, G. M. (Hg.): *Auf den Spuren der Deutschen in Mittel- und Osteuropa: Sławomira Kaleta-Wojtasik in memoriam*, Frankfurt/Main, 35–48.

GRABAREK, J. (2017c): *Der Subjunktor wy / wie daz / das in ausgewählten Texten der Ordenskanzlei*, „Germanistische Kontexte" 2 (1), 54–64.

GRABAREK, J. (2019): *Zur Realisierung der frühneuhochdeutschen standardsprachlichen vokalischen Neuerungen in dem Altthornischen Schöffenbuch aus dem ersten Jahrhundert des Frühneuhochdeutschen*, [in:] WIKTOROWICZ, J. / JUST, A. / OWSIŃSKI, P. A. (Hg.): *Facetten der Sprachwissenschaft. Bausteine zur diachronen und synchronen Linguistik*, Berlin, 21–38 (zusammen mit H. BIADUŃ-GRABAREK).

GREIMAS, A. J. (1966): *Sémantique structurale*, Paris.

GREIMAS, A. J. (1971): *Strukturale Semantik*, Braunschweig.

GRIMM, J. (1822): *Deutsche Grammatik*, Göttingen.

GROCHOWSKI, L. (2017): *Skutki braku zachowania formy szczególnej oświadczenia woli*, Warszawa.

GROICKI, B. (1562): *Porządek sądów y spraw Mieyskich Prawa Maydeburskiego*, Kraków: Lazarus Andreae impressit, [in:] POTONIEC, P. / OPALIŃSKI, K. (Hg.): *Bartłomiej Groicki. Porządek sądów i spraw miejskich. Biblioteka źródeł Słownika polszczyzny XVI wieku. Repozytorium cyfrowe tekstów szesnastowiecznych (w jednolitej transliteracji zgodnej z Zasadami wydawania tekstów staropolskich (projekt), Wrocław 1955). Piśmiennictwo prawne*, bearbeitet v.: OPALIŃSKI, K. / LUTO-KAMIŃSKA, A., (online) http://rcin.org.pl/Content/62787/WA248_8253 9_SPXVI_groicki-porzadek_o.pdf (02.01.2021).

GROLIMUND, CH. (1995): *Die Briefe der Stadt Basel im 15. Jahrhundert. Ein textlinguistischer Beitrag zur historischen Stadtsprache Basels*, Tübingen.

GROSSE, E. U. (1976): *Text und Kommunikation. Eine linguistische Einführung in die Funktionen der Texte*, Stuttgart.

GROSSE, S. (1999): *Sprechen und Schreiben*, [in:] KŁAŃSKA, M. / WIESINGER, P. (Hg.): *Vielfalt der Sprachen. Festschrift für Aleksander Szulc zum 75. Geburtstag*, Wien, 205–222.

GRUCZA, F. (2001): *Zur Geschichte und Zukunft des Deutschen in Polen: Die Sicht eines Kaschuben*, „Studia Niemcoznawcze" 22, 577–592.

GRUCZA, F. (2017): *Zur Geschichte und Zukunft des Deutschen in Polen: Die Sicht eines Kaschuben*, [in:] GRUCZA, S. / OLPIŃSKA-SZKIEŁKO, M. / PŁUŻYCZKA, M. / BANASIAK, I. / ŁĄCZEK, M. (Hg.): *Franciszek Grucza. Dzieła zebrane. Tom 7. O germanistyce i germanistykach. Wydanie jubileuszowe z okazji 80. rocznicy urodzin*, Warszawa, 67–81.

GRUCZA, S. (2003): *Badania z zakresu tekstu specjalistycznego w Polsce*, [in:] KIELAR, B. / GRUCZA, S. (Hg.): *Języki specjalistyczne 3. Lingwistyczna identyfikacja tekstów specjalistycznych*, Warszawa, 35–55.

GRUCZA, S. (2006): *Zu den Forschungsgegenständen und den Forschungszielen der Fachtextlinguistik*, [in:] GRUCZA, F. / SCHWENK, H.-J. / OLPIŃSKA, M. (Hg.): *Texte – Gegenstände germanistischer Forschung und Lehre. Materialien der Jahrestagung des Verbandes Polnischer Germanisten, 12.–14. Mai 2006, Toruń*, Warszawa, 101–122.

GRUCZA, S. (2007a): „Text" und Text. Zu ihrer Stratifikation, [in:] GRZYWKA, K. / GODLEWICZ-ADAMIEC, J. / GRABOWSKIEJA, M. / KOSACKA, M. / MAŁECKI, R. (Hg.): Kultura Literatura Język. Prace ofiarowane Profesorowi Lechowi Kolago w 65. rocznicę urodzin / Kultur Literatur Sprache. Festschrift für Herrn Professor Lech Kolago zum 65. Geburtstag, Warszawa, 904–918.

GRUCZA, S. (2007b): Glottodydaktyka specjalistyczna. Część I. Założenia lingwistyczne dydaktyki języków specjalistycznych, „Przegląd Glottodydaktyczny" 23, 7–20.

GRUCZA, S. (2007c): Zwischen Fachtext und Nicht–Fachtext: Grenzbereiche, [in:] GRUCZA, F. / SCHWENK, H.-J. / OLPIŃSKA, M. (Hg.): Germanistische Perspektiven der Multimedialität, Multilingualität und Multikulturalität. Materialien der Jahrestagung des Verbandes Polnischer Germanisten, Opole 11.–13. Mai 2007, Warszawa, 151–160.

GRUCZA, S. (2008a): Zur Geschichte der Fachtextlinguistik, „Studia Germanica Posaniensia" 31, 11–23.

GRUCZA, S. (2008b): Lingwistyka tekstu a analiza dialogu – w sprawie nieporozumień wokół ich przedmiotowej dyferencjacji, „Przegląd Glottodydaktyczny" 24, 7–18.

GRUCZA, S. (2008c): Lingwistyka języków specjalistycznych, Warszawa.

GRUCZA, S. (2008d): Instrumentalisierung von (Fach)Texten in der Ausbildung von (Fach)Übersetzern und (Fach)Dolmetschern – Grundannahmen, „Linguistische Treffen in Wrocław. Linguistica et res cotidianae" 2, 299–310.

GRUCZA, S. (2009): Lingwistyka tekstu – jej przedmiot i cele cząstkowe badań, [in:] BILUT-HOMPLEWICZ, Z. / CZACHUR, W. / SMYKAŁA, M. (Hg.): Lingwistyka tekstu w Polsce i w Niemczech. Pojęcia, problemy, perspektywy, Wrocław, 95–107.

GRUCZA, S. (2013): Od lingwistyki tekstu do lingwistyki tekstu specjalistycznego, Warszawa.

GRULKOWSKI, M. (2008): Najstarsze księgi gruntowe Głównego Miasta Gdańska w XIV i XV wieku. Uwagi źródłoznawcze, [in:] GOŁDYN, P. (Hg.): Miasta polskie w średniowieczu i czasach nowożytnych, Kraków, 181–200.

GRULKOWSKI, M. (2013): Definicja i klasyfikacja ksiąg miejskich. Księgi w kancelariach miast obszaru Hanzy, [in:] JAWORSKA, A. / JOP, R. (Hg.): Nauki pomocnicze historii. Teoria, metody badań, dydaktyka, Warszawa, 119–148.

GRULKOWSKI, M. (2015): Najstarsze Księgi Miejskie Głównego Miasta Gdańska z XIV i początku XV wieku. Studium kodykologiczne, Warszawa.

GUCHMANN, M. M. / SEMENJUK N. N. (1981): Zur Ausbildung der Norm der deutschen Literatursprache im Bereich des Verbs (1470–1730): Tempus und Modus, Berlin.

GÜLICH, E. (1986): Textsorten in Kommunikationspraxis, [in:] KALLMEYER, W. (Hg.): Kommunikationstypologie: Handlungsmuster, Textsorten, Situationstypen, Düsseldorf, 15–46, (online) https://ids-pub.bsz-bw.de/frontdoor/deliver/index/docId/2170/file/Guelich_Textsorten_in_der_Kommunikationspraxis_1986.pdf (18.07.2021).

GÜLICH, E. / RAIBLE, W. (Hg.) (1975a): *Textsorten. Differenzierungskriterien aus linguistischer Sicht.* Wiesbaden.

GÜLICH, E. / RAIBLE, W. (1975b): *Textsorten als linguistisches Problem. Vorwort und Einleitung zur 1. Auflage,* [in:] GÜLICH, E. / RAIBLE, W. (Hg.): *Textsorten. Differenzierungskriterien aus linguistischer Sicht.* Wiesbaden, 1–5.

GÜLICH, E. / HEGER, K. / RAIBLE, W. (1979): *Linguistische Textanalysen. Überlegungen zur Gliederung von Texten.* Hamburg.

GÜLICH, E. (1997): *Routineformeln und Formulierungsroutinen. Ein Beitrag zur Beschreibung „formelhafter Texte",* [in:] WIMMER, R. / BERENS, F. J. (Hg.): *Wortbildung und Phraseologie,* Tübingen, 131–175.

GUT, A. (2005): *Protonotarius i cancellarius książąt zachodniopomorskich w XIII i XIV wieku. Przyczynek do problemu nazewnictwa urzędników w kancelariach średniowiecznych,* [in:] TRELIŃSKA, B. (Hg.): *Tekst źródła. Krytyka, interpretacja,* Warszawa, 219–226.

HALLIDAY, M. A. K. / HASAN, R. (1976): *Cohesion in English,* London.

HANUS, A. / SZWED, I. (2019): *Zum interkulturellen Wissenstransfer innerhalb der Textlinguistik,* [in:] WIKTOROWICZ, J. / JUST, A. / OWSIŃSKI, P. A. (Hg.): *Facetten der Sprachwissenschaft: Bausteine zur diachronen und synchronen Linguistik,* Berlin, 99–114.

HARTMANN, P. (1964): *Text, Texte, Klassen von Texten,* „Bogawus. Zeitschrift für Literatur, Kunst und Philosophie" 2, 15–25.

HARTMANN, P. (1968a): *Zum Begriff des sprachlichen Zeichens,* „Zeitschrift für Phonetik, Sprachwissenschaft und Kommunikationsforschung" 21 (3/4), 205–222.

HARTMANN, P. (1968b): *Textlinguistik als neue linguistische Teildisziplin,* „Replik" 2, 2–7.

HARTMANN, P. (1971): *Texte als linguistisches Objekt,* [in:] STEMPEL, W.-D. (Hg.): *Beiträge zur Textlinguistik,* München, 9–29.

HARTMANN, P. (1972): Text, Texte, Klassen von Texten, [in:] KOCH, W. A. (Hg.): Strukturelle Textanalyse – Analyse du récit – Discourse Analysis, Hildesheim–New York, 1–22.

HARTMANN, J. (2004): *Allgemeine Entwicklung des Amtsbuchwesens,* [in:] BECK F. / HENNING E. (Hg.): *Die archivalischen Quellen. Mit einer Einführung in die Historischen Hilfswissenschaften,* Köln–Weimar–Wien, 40–53.

HARTMANN, S. (2018): *Deutsche Sprachgeschichte. Grundzüge und Methoden,* Tübingen.

HARWEG, R. (1968): *Pronomina und Textkonstitution,* München.

HARWEG, R. (1974): *Textlinguistik,* [in:] KOCH, W.A. (Hg.): *Perspektiven der Linguistik II.* Stuttgart, 88–116.

HARTWEG, F. / WEGERA, K.-P. (2005): *Frühneuhochdeutsch. Eine Einführung in die deutsche Sprache des Spätmittelalters und der frühen Neuzeit,* Tübingen.

HEIDOLPH, D. (1966): *Kontextbeziehungen zwischen Sätzen in einer generativen Grammatik*, „Kybernetika" 2, 274–281, (online) http://www.kybernetika.cz/cont ent/1966/3/274/paper.pdf (21.05.2021).

HEINEMANN, M. (2002): *Grundzüge der Textlinguistik*, [in:] FLEISCHER, W. / HELBIG, G. / LERCHNER, G. (Hg.): *Kleine Enzyklopädie. Deutsche Sprache*, Frankfurt/ Main, 470–513.

HEINEMANN, M. (2011): *Textlinguistische Typologisierungsansätze*, [in:] HABSCHEID, S. (Hg.): *Textsorten, Handlungsmuster, Oberflächen. Linguistische Typologien der Kommunikation*, Berlin–New York, 257–274.

HEINEMANN, W. (2000a): *Textsorte, Textmuster, Texttyp*, [in:] BRINKER, K. (Hg.): *Text- und Gesprächslinguistik. Ein internationales Handbuch zeitgenössischer Forschung*, Berlin–New York, 507–523.

HEINEMANN, W. (2000b): *Aspekte der Textsortendifferenzierung*, [in:] BRINKER, K. (Hg.): *Text- und Gesprächslinguistik. Ein internationales Handbuch zeitgenössischer Forschung*, Berlin–New York, 523–546.

HEINEMANN, W. / VIEHWEGER, D. (1991): *Textlinguistik. Eine Einführung*, Tübingen.

HEINEMANN, W. / HEINEMANN, M. (2002): *Grundlagen der Textlinguistik: Interaktion – Text – Diskurs*, Tübingen.

HEINEMANN, W. (2008): *Textpragmatische und kommunikative Ansätze*, [in:] JANICH, N. (Hg.): *Textlinguistik. 15 Einführungen*, Tübingen, 113–143.

HELBIG, G. (1975): *Zu Problemen der linguistischen Beschreibung des Dialogs im Deutschen*, „Deutsch als Fremdsprache" 12, 65–80.

HELBIG, G. / Buscha, J. (2001): *Deutsche Grammatik. Ein Handbuch für den Ausländerunterricht*, Berlin–München–Wien–Zürich–New York.

HELBING, A. (1869): *Kurzgefaßte populäre Chronik von Schweidnitz*, Schweidnitz.

HENNINGS, T. (2003): *Einführung in das Mittelhochdeutsche*, Berlin–New York.

HERTEL, V. (2008): *Kompilieren, Klassifizieren, Contrafactieren. Aspekte gelehrter Textproduktion in der frühen Neuzeit*, [in:] BARZ, I. / FIX, U. (Hg.): *Fachtextsorten – gestern und heute. Ingrid Wiese zum 65. Geburtstag*, Frankfurt/Main, 27–45.

HLAVÁČEK, I. (1966): *Středověké soupisy knih a knihoven v českých zemích: příspěvek ke kulturním dějinám českým*, Praha.

HLAVÁČEK, I. (1970): *Das Urkunden- und Kanzleiwesen des böhmischen und römischen Königs Wenzel (IV.) 1376–1419. Ein Beitrag zur spätmittelalterlichen Diplomatik*, Stuttgart.

HLAVÁČEK, I. (2002): *Diplomatika*, [in:] HLAVÁČEK, I. / KAŠPAR, J. / NOVÝ, R. (Hg.): *Vademecum pomocných věd historických*, Jinočany, 179–277.

HOFFMANN, L. (1983): *Fachtextlinguistik*, „Fachsprache" 5.2, 57–68.

HOFFMANN, L. (1989): *Rechtsdiskurse*, Tübingen.

HOFFMANN, L. (1990): *Fachtexte und Fachtextsorten*, Leipzig.

HOLLY, W. (2001a): *Einführung in die Pragmalinguistik. Germanistische Fernstudieneinheit* 3, Berlin–München–Wien–Zürich–New York.

HOLLY, W. (2001b): *Frame,' als Werkzeug historisch-semantischer Textanalyse. Eine Debattenrede des Chemnitzer Paulskirche-Abgeordneten Eisenstuck*, [in:] DIEKMANNSHENKE, H. / MEISSNER, I. (Hg.): *Politische Kommunikation im historischen Wandel*, Tübingen, 125–146.

HOLLY, W. / KÜHN, P. / PÜSCHEL, U. (1984): *Für einen sinnvollen Handlungsbegriff in der linguistischen Pragmatik*, „Zeitschrift für germanistische Linguistik" 12, 275–312.

HÖLSCHER, S. (2011): *Familienanzeigen. Zur Geschichte der Textsorten Geburts-, Verbindung- und Todesanzeige, ihrer Varianten und Strukturen in ausgewählten regionalen und überregionalen Tageszeitungen von 1790 bis 2002*, Berlin.

HOLTHUIS, S. (1993): *Intertextualität. Aspekte der rezeptionsorientierten Konzeption*, Tübingen.

HOMEYER, C.G. (1861): *Die Stadtbücher des Mittelalters, insbesondere das Stadtbuch von Quedlinburg*, „Abhandlungen der Königlichen Akademie der Wissenschaften in Berlin aus dem Jahre 1860", 13–80, (online) https://bibliothek.bbaw.de/digitalisierte-sammlungen/akademieschriften/ansicht-akademieschriften?tx_bbaw_academicpublicationshow%5Baction%5D=show&tx_bbaw_academicpublicationshow%5Bcontroller%5D=AcademicPublication%5CVolume&tx_bbaw_academicpublicationshow%5Bpage%5D=3&tx_bbaw_academicpublicationshow%5Bvolume%5D=135&cHash=d22ceb6d70b7937d0b76b024eff661aa (08.01.2021).

ILUK, J. (1992): *Personenbezeichnungen in juristischen Texten. Überlegungen zu ihrer Übersetzbarkeit und Lehrbarkeit*, „Fremdsprachen und Hochschule" 34, 70–88.

ILUK, J. (1998): *Problemy tłumaczenia nazw medycznych na przykładzie języka polskiego i niemieckiego*, „Glottodidactica" 26, 123–136.

ILUK, J. / KUBACKI, A. D. (2006): *Wybór polskich i niemieckich dokumentów do ćwiczeń translacyjnych / Auswahl polnischer und deutscher Dokumente für Translationsübungen*, Warszawa.

ISENBERG, H. (1974): *Texttheorie und Gegenstand der Grammatik*, Berlin.

ISENBERG, H. (1976): *Einige Grundbegriffe für eine Linguistische Texttheorie*, [in:] DANEŠ, F. / VIEHWEGER, D. (Hg.): *Probleme der Textgrammatik* I, Berlin, 47–146.

ISENBERG, H. (1977): *Text vs. Satz*, [in:] DANEŠ, F. / VIEHWEGER, D. (Hg.): *Probleme der Textgrammatik II*, Berlin, 119–146.

ISENBERG, H. (1978): *Probleme der Texttypologie. Variationen und Determination von Texttypen*, „Wissenschaftliche Zeitschriften der Karl-Marx-Universität Leipzig" 27/5, 565–579.

ISGV = Institut für Sächsische Geschichte und Volkskunde, *Sächsische Gerichtsbücher*, (online) https://www.isgv.de/projekte/saechsische-geschichte/saechsische-gerichtsbuecher (01.01.2021).

Işık, G. (1979): *Betiksel Dilbilimde Yeni Aşamalar ve Üretici Bir Yazınbilim Tasarısı*, „Dilbilim" 4, 166–179.

Janich, N. (2008): *Textlinguistik. 15 Einführungen*, Tübingen.

Janicka, D. (1992): *Prawo karne w trzech rewizjach prawa chełmińskiego z XVI wieku*, Toruń.

Janicka, J. (2020): *Aspekte multimodaler Kurzformen. Kurztexte und multimodale Formen im öffentlichen Raum*, [in:] Berdychowska, Z. / Liedtke, F. (Hg.): *Aspekte multimodaler Kurzformen. Kurztexte und multimodale Kurzformen im öffentlichen Raum*, Berlin, 139–155.

Janus, D. (2020): *Historische Text(sorten)linguistik in germanistischer Forschung in Deutschland und in Polen*, „Studia Germanica Gedanensia" 43, 72–81.

Jarosz, J. (2011): *Zur Textualität der dänischen Grabinschriften*, „Folia Scandinavica" 13, 63–78.

Jarosz, J. (2017): *Grabinschrift – eine Textsorte im Wandel. Eine diachrone Studie am deutschen epigrafischen Material 1780–2015*, Wrocław–Dresden.

Jarosz, J. (2021): *Renata Nadobnik. 2019. Sprachführer für Deutsch und Polnisch. Die Geschichte der Textsorte von ihren Anfängen bis zur Gegenwart in kontrastiver Darstellung*, „Acta Neophilologica" 23(1), 309–314.

Jäger, A. (2008): *History of German Negation*, Amsterdam.

Jespersen, O. (1917): *Negation in English and Other Languages*, København.

Jeziorski, P. A. (2017): *Proskrypcja i banicja w miastach pruskich późnego średniowiecza*, Warszawa.

Jeziorski, P. A. (2019): *Prussian Registers of the Proscribed / Outlaws as a Source for Research on Violence in Everyday Life of a Town in the Late Middle Ages*, „Zapiski Historyczne" 84 (3), 7–9, (online) https://www.zapiskihistoryczne.pl/files/issues/c068e2bf79400eb5a1626f12b012823f_ZH_84-3_01_Jeziorski_N.pdf (05.02.2021).

Jeziorski, P.A. (2020): *Verlagsrezension des Buches von M. Goliński: Późnośredniowieczne spisy wywołanych z Jawora i Świdnicy*, Wydawnictwo Księgarnia Akademicka Publishing, 2020, S. 258, [in:] *Wydawnictwo Księgarnia Akademicka Publishing*, (online) https://books.akademicka.pl/publishing/catalog/book/169 (07.08.2021).

Jorroch, A. (2012): *Die slawischen Einflüsse auf die gegenwärtige deutsche Sprache der Altgläubigen in Masuren*, [in:] *Untersuchungen zur deutschen Sprache und zu ihrer Anwendung in der Kommunikation. Beiträge polnischer Doktoranden anlässlich der 6. Linguistischen Germanistentagung Łódź 19.05.2012*, Łódź, 50–57.

Jorroch, A. (2014a): *Mazurskich staroobrzędowców gwara*, „Dziedzictwo językowe Rzeczypospolitej", (online) http://www.inne-jezyki.amu.edu.pl/Frontend/Language/Details/28 (07.02.2023).

JORROCH, A. (2014b): *Rosyjskie wpływy na język niemiecki staroobrzędowców na Mazurach*, [in:] GŁUSZKOWSKI, M. / GRZYBOWSKI, M. (Hg.): *Staroobrzędowcy za granicą 2. Historia. Religia. Język. Kultura*, Toruń, 63–73.

JORROCH, A. (2014c): *olenna w Wojnowie – tu języki pulsują życiem*, „Zeszyty Łużyckie" 48, 311–328.

JORROCH, A. (2015): *Die deutsche Sprache der dreisprachigen Altgläubigen in Masuren*, Dissertation, Universität Warschau.

JORROCH, A. (2016): *Die Sprachkontaktphänomene im Deutschen der masurischen Altgläubigen*, [in:] WEIGT, Z. (Hg.): *Die deutsche Sprache in vielfältigen Forschungsparadigmen. Beiträge polnischer Doktoranden anlässlich der 9. Linguistischen Tagung–Łódź, 09.05.2015*, Łódź, 59–69.

JUNGANDREAS, W. (1937): *Zur Geschichte der schlesischen Mundart im Mittelalter. Untersuchungen zur Sprache und Siedlung in Ostmitteldeutschland*, Breslau.

JURAFORUM (2021): *Qualifikation im Strafrecht – Definition mit Regelbeispiel*, (online) https://www.juraforum.de/lexikon/qualifikation-strafrecht (02.08.2022).

JUST, A. (2002): *Zur Entwicklungsgeschichte der Handfeuerwaffen und zur Etymologie ihrer Bezeichnungen*, „Studia Niemcoznawcze" 24, 751–777.

JUST, A. (2009a): *Klassifizierung und Wandel der Temporaladverbien im Mittel- und Frühneuhochdeutschen. Versuch einer Analyse anhand der Monographien von Józef Wiktorowicz*, [in:] CZACHUR, W. / CZYŻEWSKA, M. / FRĄCZEK, A. (Hg.): *Wort und Text. Bestandsaufnahme und Perspektiven*, Warszawa, 119–143.

JUST, A. (2009b): *Indirekte Anaphorik in einer Flugschrift aus dem 17. Jahrhundert*, „Acta Philologica" 36, 185–194.

JUST, A. (2009c): *Zur Stellung des Verbum finitum und zu afiniten Konstruktionen in Nebensätzen anhand deutschsprachiger (Presse-)Polonica des 16.–18. Jahrhunderts*, „Studia Niemcoznawcze" 42, 337–348.

JUST, A. (2009d): *Der lexikalische und semantische Wandel im Bereich der militärischen Funktions- und Rangbezeichnungen in der späten frühneuhochdeutschen Zeit*, [in:] ĎURČO, P. / KOZMOVÁ, R. / DRINKOVÁ, D. (Hg.): *Deutsche Sprache in der Slowakei. Festschrift für Ilpo Tapani Piirainen zum 65. Geburtstag. Internationale Fachtagung Piešťany, den 13.–15. Juni 2007*. Trnava, Bratislava, 273–285.

JUST, A. (2010): *Syntaktische Strukturen in den deutschsprachigen (Presse-)Polonica des 16. und 17. Jahrhunderts*, [in:] DESPORTES, Y. / SIMMLER, F. / WICH-REIF, C. (Hg.): *Mikrostrukturen und Makrostrukturen im älteren Deutsch vom 9. bis zum 17. Jahrhundert: Text und Syntax. Akten zum Internationalen Kongress an der Université Paris Sorbonne (Paris IV) 6. bis 7. Juni 2008*, Berlin, 29–57.

JUST, A. (2011a): *Zum Klammerprinzip und zur Stellung des Verbum finitum in Privatbriefen des 16. Jahrhunderts*, [in:] SIMMLER, F. (Hg.): *Syntaktische Variabilität in Synchronie und Diachronie vom 9. bis 18. Jahrhundert. Akten zum Internationalen*

Kongress an der Rheinischen Friedrich-Wilhelms-Universität Bonn. 9. bis 12. Juni 2010, Berlin, 239–256.

JUST, A. (2011b): *Zur frühneuzeitlichen Syntax anhand der Kommunikationsformen Brief und Flugschrift*, [in:] ŽEIMANTIENE, V. (Hg.): *Ich war immer zwischen Ost und West... Grenzüberschreitende Beiträge zur Sprache und Literatur. Gedenkschrift für Ina Meiksinaite zum 90. Geburtstag*, Vilnius, 88–99.

JUST, A. (2011c): *Sprachliche Mittel der Persuasion in deutschsprachigen Pressepolonica des 16. Jahrhunderts*, [in:] CZACHUR, W. / CZYŻEWSKA, M. / TEICHFISCHER, PH. (Hg.): *Kreative Sprachpotenziale mit Stil entdecken. Germanistische Festschrift für Professor Wolfgang Schramm*, Wrocław, 249–264.

JUST, A. (2011d): *Linguistische Aspekte der privatbrieflichen Kommunikation zwischen Männern und Frauen des deutschen Adels in Liegnitz (1546–1600) – ein Beitrag zur regionalen Sprachgeschichtsschreibung Niederschlesiens*, [in:] BRANDT, G. (Hg.): *Historische Soziolinguistik des Deutschen X. Historisch-Soziolinguistische Forschungen als Beiträge zur Optimierung der deutschen Sprachgeschichtsschreibung*, Stuttgart, 139–157.

JUST, A. (2012a): *Eigenhändige Bittschriften adliger Damen an den Bürgermeister und den Rat der Stadt Liegnitz (1546–1678) – textuelle und syntaktische Strukturen der Bitten*, [in:] LEFEVRE, M. (Hg.): *Syntaktischer Wandel in Gegenwart und Geschichte. Akten des Kolloquiums in Montpellier vom 9. bis 11. Juni 2011*, Berlin, 579–595.

JUST, A. (2012b): *Eigenhändige Bittschriften adliger Damen an Bürgermeister und Rat der Stadt Liegnitz (1546–1678) – Ganzsatzstrukturen*, „Studia Niemcoznawcze" 50, 585–599.

JUST, A. (2012c): *Die Entwicklung des deutschen Militärwortschatzes in der späten frühneuhochdeutschen Zeit (1500–1648)*, Frankfurt/Main.

JUST, A. (2012d): *Aus der Korrespondenz schlesischer Piastinnen im 16. Jahrhundert*, [in:] GROTEK, E. (Hg.): *Deutsche und Polen im Kontakt. Sprache als Indikator gegenseitiger Beziehungen*, Frankfurt/Main, 101–112.

JUST, A. (2013a): *Kontrastive Untersuchung zu ausgewählten Phänomenen der frühneuzeitlichen Syntax anhand der Kommunikationsformen Brief und Flugschrift*, [in:] GRUCZA, F. (Hg.): *Vielheit und Einheit der Germanistik weltweit*, Frankfurt/Main, 313–318.

JUST, A. (2013b): *Niemieckie słownictwo medyczne u progu czasów nowożytnych*, [in:] JODŁOWIEC, M. / TERESZKIEWICZ, A. (Hg.): *Słownictwo specjalistyczne i specjalne w komunikacji*, Kraków, 15–25 (zusammen mit K. ZIELIŃSKA).

JUST, A. (2013c): *Textverknüpfende Elemente in Briefen von Frauen aus dem Liegnitzer Fürstenhaus (1548–1678)*, [in:] WIKTOROWICZ, J. / JUST, A. / GAWORSKI, I. (Hg.): *Satz und Text. Zur Relevanz syntaktischer Strukturen zur Textkonstitution*, Frankfurt/Main, 107–117.

JUST, A. (2014a): *Schreiben und Rescripte von Frauen und Princessinnen aus dem Lieg-nitz(er) Fürsten Hause (1546–1678)*. Edition sowie eine historisch-soziopragmatische und historisch-textlinguistische Skizze, Frankfurt/Main.

JUST, A. (2014b): *Alte Hexe ist verbrannt. Czárownicá Spálona: Ein handschriftliches deutsch-polnisches Wörterbuch aus Thorn (1701)*, [in:] BIADUŃ-GRABAREK, H. / FIRYN, S. (Hg.): *Aspekte der philologischen Forschung von Jacob Grimm und der Märchenübersetzung ins Polnische*, Frankfurt/Main, 57–66 (zusammen mit A. Frączek).

JUST, A. (2015a): *Kilka uwag o pisowni polskiej w Przewodniku do języka polskiego Michała Kusia (1646)*, „Linguistica Copernicana" 12, 287–309 (zusammen mit A. FRĄCZEK).

JUST, A. (2015b): *Stilistische Konstanz und Varianz in Frauenbriefen aus dem 16. und 17. Jahrhundert am Beispiel von Salutatio*, [in:] SCHUSTER, B.-M. / DOGARU, D. (Hg.): *Wirksame Rede im Frühneuhochdeutschen: Syntaktische und textstilistische Aspekte*, Hildesheim, 341–366.

JUST, A. (2015c): *Städtische Korrespondenzen des 16. Jahrhunderts in Liegnitz*, [in:] CARIN, A. / ULIVI, S. / WICH-REIF, C. (Hg.): *Regiolekt, Funktiolekt, Idiolekt: Die Stadt und ihre Sprachen. Sprache in kulturellen Kontexten / Language in Cultural Contexts*, Bonn, 243–255.

JUST, A. (2015d): *Adressatenhonorifikation vs. Komplexität am Beispiel frühneuhoch-deutscher Korrespondenzen*, [in:] PASQUES, D. / SIMMLER, F. (Hg.): *Komplexität und Emergenz in der deutschen Syntax (9.–17. Jahrhundert). Akten zum Internatio-nalen Kongress an der Universität Paris-Sorbonne vom 26. bis 28.09.2013*, Berlin, 259–280.

JUST, A. (2016a): *Makrostrukturen in der Kanzleikorrespondenz in Liegnitz (1410–1685)*, [in:] SCHUSTER, B.-M./ HOLFTRETER, S. (Hg.): *Textsortenwandel vom 9. bis zum 19. Jahrhundert. Akten zur internationalen Fachtagung an der Universität Paderborn vom 09.–13.06.2015*, Bd. 32, Berlin, 305–322.

JUST, A. (2016b): *Die polnische Anrede im Spannungsfeld zwischen Höflichkeit und Eitelkeit*, [in:] WARAKOMSKA, A. et al. (Hg.): *Dialog der Kulturen. Studien zur Lite-ratur, Kultur Und Geschichte. Festschrift für Professor Tomasz G. Pszczółkowski zum 65. Geburtstag*, Warszawa, 335–354.

JUST, A. (2016c): *Verbale Höflichkeit in Bittsituationen anhand von Korrespondenzen aus dem 16.–17. Jahrhundert*, [in:] DARGIEWICZ, A. et al. (Hg.): *Anfang. Sprach-wissenschaftliche Implikationen*, Würzburg, 55–68.

JUST, A. (2016d): *Das barocke Briefzeremoniell im Spannungsfeld zwischen Theorie und Praxis anhand von Briefstellern und Kanzleikorrespondenzen aus dem nieder-schlesischen Raum*, [in:] HÜNECKE, R. / AEHNELT, S. (Hg.): *Kanzlei und Sprach-kultur. Beiträge zur Kanzleisprachenforschung*, Wien, 243–262.

JUST, A. (2017a): *Zur Graphemik der Liegnitzer Kanzleisprache in der frühneu-hochdeutschen Zeit*, [in:] BIADUŃ-GRABAREK, H. / FIRYN, S. (Hg.): *Sprache der deutschsprachigen Kanzleien in der frühneuhochdeutschen Zeit im südlichen Ostseeraum, Teil 1: Phonologische und graphematische Ebene*, Frankfurt/Main, 135–146.

JUST, A. (2017b): *Wortbildung in Grammatiken des 17. und 18. Jahrhunderts anhand deutschsprachiger Grammatiken des polnischen Sprache*, [in:] BISKUP. M. / JUST, A. (Hg.): *Tendenzen in der deutschen Wortbildung – diachron und synchron*, Bd. 1, Warszawa, 11–32.

JUST, A. (2017c): *Zur Serialisierung im attributiven Vor- und Nachfeld anhand von Kanzleikorrespondenzen vom 15. bis zum 17. Jahrhundert*, [in:] WICH-REIF, C. (Hg.): *Serialisierungsregeln und ihre Geschichte vom 8. bis zum 19. Jahrhundert. Akten zum Internationalen Kongress vom 11. bis 14. Mai 2016 an der Rheinischen Friedrich-Wilhelms-Universität Bonn*, Berlin, 139–154.

JUST, A. (2017d): *Zum Deutschen als Verkehrs- und Kultursprache im Fürstentum Liegnitz anhand weiblicher Korrespondenzen aus dem 16. und 17. Jahrhundert*, [in:] OWSIŃSKI, P. A. / FERET, A. S. / CHROMIK, G. M. (Hg.): *Auf den Spuren der Deutschen in Mittel- und Osteuropa: Sławomira Kaleta-Wojtasik in memoriam*, Frankfurt/Main, 57–76.

JUST, A. (2018a): *Eigennamen in deutsch-polnischen/polnisch-deutschen Grammatik-, Sprachlehr- und Wörterbüchern aus dem 16. bis 18. Jahrhundert*, [in:] ERNST, P. / KREVS BIRK, U. / PAVIĆ PINTARIĆ, A. / SCHEURINGER, H. / STOJIĆ, A. (Hg.): *Österreichische Mehrnamigkeit zwischen Sprachwissenschaft, Sprachgeschichte und Sprachpolitik. Österreichische Namenforschung*, Wien, 107–122.

JUST, A. (2018b): *Zur Rolle des Deutschen als Verkehrs- und Kultursprache im Fürstentum Liegnitz anhand weiblichen Schrifttums aus dem 16. und 17. Jahrhundert*, [in:] PHILIPP, H. / STRÄBL, A. et al. (Hg.): *Deutsch in Mittel-, Süd- und Osteuropa. DiMOS-Füllhorn Nr. 3. Beiträge zur 3. Jahrestagung des Forschungszentrums Deutsch in Mittel-, Ost- und Südosteuropa (FZ DiMOS) vom 29. September bis 1. Oktober 2016 in Regensburg*, Regensburg, 82–96.

JUST, A. (2018c): *Rękopis w warsztacie historyka języka, filologa i wydawcy – reguła czy wyjątek?*, [in:] PASTUCH, M. / SIUCIAK, M. (Hg.): *Historia języka w XXI wieku. Stan i perspektywy*, Katowice, 136–153 (zusammen mit M. OPALIŃSKA).

JUST, A. (2018d): *Handschriftliche Quellen aus alten privaten Bibliotheken als Fundus der onomastischen Forschung am Beispiel von Bibliotheca Zalusciana*, [in:] PETKOVA, A. / LEVKOWA, R. / SEMOVA, S. (Hg.): *sastoyanie i problemi na balgarskata onomastika / State and problems of bulgarian onomastics 15*, Veliko Tyrnovo, 294–309.

JUST, A. (2019a): *Textgliederungsprinzipien eines handschriftlichen Gebetbuchs aus dem 16. Jahrhundert*, [in:] SIMMLER, F. (Hg.): *Textgliederungsprinzipien. Ihre Kennzeichnungsformen und Funktionen in Texten vom 8. bis 18. Jahrhundert*, Berlin, 221–234.

JUST, A. (2019b): *Zur Geschichte der ehemaligen Bibliotheca Zalusciana (1747–1795) und zu deren deutschsprachigen Handschriften aus dem Mittelalter,* [in:] WIKTOROWICZ, J. / JUST, A. / OWSIŃSKI, P. A. (Hg.): *Facetten der Sprachwissenschaft. Bausteine zur diachronen und synchronen Linguistik,* Berlin, 115–137.

JUST, A. (2019c): *Zum slawischen Einfluss auf die deutsche Sprache in Niederschlesien anhand von Vokabularen und Sprachlehrwerken aus dem 17. Jahrhundert,* [in:] ŞANDOR, M. / IVĂNESCU, A. (Hg.): *Deutsche Regionalsprachen in Mittel- und Südosteuropa,* Berlin, 125–136.

JUST, A. (2021): *Kanzelarische Texte in den sog. sichergestellten Sammlungen aus dem Bestand der Nationalbibliothek in Warschau und der Universitätsbibliothek in Warschau,* [in:] JUST, A. / OWSIŃSKI, P. A. (Hg.): *Das sprachliche Handeln in den kleinen Kanzleien. Akten der 10. Tagung des Internationalen Arbeitskreises Kanzleisprachenforschung, Warschau, 9. bis 10. September 2019,* Hamburg, 129–145.

JUST, A. (2022): *Ein mittelalterliches ‚Regimen sanitatis' aus der Bibliotheca Zalusciana (1747–1795),* [in:] JUST, A. / FERET, A. S. / OWSIŃSKI, P. A. (Hg.): *Betrachtungen zur diachronen und synchronen Linguistik,* Berlin, 177–193.

KACZMARKOWSKI, M. (1987): *Lingwistyka tekstu. Geneza, rozwój, stan obecny,* „Roczniki Humanistyczne" 35 (3), 105–125.

KACZOR, D. (2005): *Przestępczość kryminalna i wymiar sprawiedliwości w Gdańsku w XVI–XVIII wieku,* Gdańsk.

KALETA, S. (1979): *Drei Modelle des Lautwandels,* „Linguistische Studien" 79, 73–85.

KALETA, S. (1985): *Die Rolle des Raumfaktors bei den Reduktions- und Umlauterscheinungen im Nord- und Westgermanischen,* „Beiträge zur Erforschung der deutschen Sprache und Literatur", 22–30.

KALETA, S. (1988): *Zur Orthographie des Umlauts in deutschen und nordischen Schriftdenkmälern,* „Zeszyty Naukowe Uniwersytetu Jagiellońskiego" 87, 7–17.

KALETA, S. (1989): *Umlauterscheinungen im Nord- und Westgermanischen aus kontrastiver Sicht,* „Zeszyty Naukowe Uniwersytetu Jagiellońskiego" 94, 99–110.

KALETA, S. (1995): *Das Phänomen der Schrift als empirisches Problem der historischen Phonologie und Graphemik,* „Zeszyty Naukowe Uniwersytetu Jagiellońskiego" 117, 51–61.

KALETA, S. (1997): *Deutsche Rechtschreibung auf dem Weg vom alphabetischen zum logographischen Worterkennen,* [in:] DĘBSKI, A. (Hg.): *Plus ratio quam vis. Festschrift für Aleksander Szulc zum 70. Geburtstag,* Kraków, 101–111.

KALETA, S. (1999): *Entlehnungen aus dem Polnischen in deutschsprachigen Urkunden der Krakauer Kanzlei des 14.–16. Jahrhunderts,* [in:] KŁAŃSKA, M. / WIESINGER, P. (Hg.): *Vielfalt der Sprachen. Festschrift für Aleksander Szulc zum 75. Geburtstag,* Wien, 52–63.

KALETA, S. (2001): *Mittelalterliches Testament als Textsorte. Versuch einer Untersuchung anhand deutschsprachiger Testamente der Krakauer Bürger aus dem 15. Jh.,* [in:] Schwarz, A. / Abplanalp Luscher, L. (Hg.): *Textallianzen am Schnittpunkt der germanistischen Disziplinen*, Frankfurt/Main, 259–272.

Kaleta-Wojtasik, S. / Duda, B. (2001): *Die deutschsprachige Periode der Krakauer Kanzlei (14.–16. Jahrhundert)*, [in:] Grucza, F. (Hg.): *Tausend Jahre deutsch-polnischer Beziehungen. Sprache-Literatur-Kultur-Politik. Materialien des Millenium-Kongresses 5.–8. April 2000*. Stowarzyszenie Germanistów Polskich, Warszawa, 348–364.

Kaleta, S. (2004): *Graphematische Untersuchungen zum Codex Picturatus von Balthasar Behem (1500–1505)*, Kraków.

Kaleta-Wojtasik, S. (2004): *Der Stadtschreiber Balthasar Behem und sein Werk. Aus der Graphematik von Codex Picturatus (um 1506)*, [in:] Dębski, A. / Lipiński, K. (Hg.): *Perspektiven der Polnischen Germanistik in Sprach- und Literaturwissenschaft. Festschrift für Olga Dobijanka-Witczakowa*, Kraków, 378–395.

Kaleta, S. (2013): *Deutsch und Polnisch im Kontakt anhand Krakauer Urkunden aus dem 14.–16. Jh.*, [in:] Chodurska, H. / Mażulis-Frydel, A. / Radzik, A. (Hg.): *W świecie Słowian. Szkice z dziejów leksykologii i leksykografii*, Kraków, 96–109.

Kaleta, S. (2015): *Zur Sprache der Krakauer Goldschmiede im XIV.–XVI. Jahrhundert*, [in:] Czachur, W. / Czyżewska, M. / Zielińska, K. (Hg.): *Sprache in der Zeit – Zeit in der Sprache*, Warszawa, 141–154.

Kaleta, S. (2016): *Spuren ethnischer Spannungen und bewusster Sprachpolitik in den Urkunden aus Schlesien und Königreich Polen (XIII.–XVI. Jahrhundert)*, [in:] Bohušová, Z. / Ďuricová, A. (Hg.): *Germanistik interdisziplinär. Beiträge der 22. Linguistik- und Literaturtage, Banská Bystrica/Slowakei, 2014*, Bd. 3, Hamburg, 597–605.

Kaleta-Wojtasik, S. (2016): *Formelles und Persönliches in deutschsprachigen Testamenten der Krakauer Bürger aus dem 15.–16. Jahrhundert*, [in:] Hünecke, R. / Aehnelt, S. (Hg.): *Beiträge zur Kanzleisprachenforschung. Kanzlei und Sprachkultur*, Wien, 49–62.

Kaleta-Wojtasik, S. (2017): *Schreibgewohnheiten in der deutschen Kanzleisprache Krakaus im 16. Jahrhundert*, [in:] Biaduń-Grabarek, H. / Firyn, S. (Hg.): *Sprache der deutschsprachigen Kanzleien in der frühneuhochdeutschen Zeit im südlichen Ostseeraum, Teil 1: Phonologische und graphematische Ebene*, Frankfurt/Main, 23–41.

Kaleta-Wojtasik, S. (2018): *Zum Fachwortschatz Krakauer Goldschmiede im 14.–16. Jh.*, [in:] Lasatowicz, M. K. / Bogacki, J. (Hg.): *Deutsche Sprache in kulturell mehrfach kodierten Räumen. Medien, Kultur, Politik*, Berlin, 91–106.

Kallmeyer, W. / Klein, W. / Meyer-Hermann, R. / Netzer, K. / Siebert, H. J. (1974): *Lektürenkolleg zur Textlinguistik*, Bd. 1: *Einführung*, Frankfurt/Main.

Kalverkämper, H. (1981): *Orientierung zur Textlinguistik*, Tübingen.

KALVERKÄMPER, H. (1983): *Textuelle Fachsprachen-Linguistik als Aufgabe*, „Zeitschrift für Literaturwissenschaft und Linguistik" 13–15, 124–166.

KAMIŃSKA, K. (1980): *Sądownictwo miast Torunia do połowy XVII wieku na tle ustroju sądów niektórych miast Niemiec i Polski*, Warszawa–Poznań–Toruń.

KANIOWSKA, K. (1985): *Dychotomia natura – kultura jako szczególny problem etnologii*, „Etnografia polska" 29 (1), 25–32.

KAPUŚCIŃSKA, A. (2013): *Być albo nie być... tekstem. Problemy definicji tekstu w kontekście tekstów medialnych*, „tekst i dyskurs – text und diskurs" 6, 121–130.

KAPUŚCIŃSKA, A. (2015): *Sind Texte wirklich multikodal? Zum Umfang des Text-Begriffs im Kontext massenmedialer Kommunikation*, „tekst i dyskurs – text und diskurs" 8, 63–75.

KĄTNY, A. (Hg.) (2001): *Języki fachowe, problemy dydaktyki i translacji*, Olecko.

KEITEL, CH. (2017): *Digitale Archivalien*, „Südwestdeutsche Archivalienkunde", (online) https://www.leo-bw.de/themenmodul/sudwestdeutsche-archivalienkun de/querschnittsartikel/digitale-archivalien, Stand: 20.11.2017, (31.12.2020).

KĘPA-FIGURA, D. (2021): *(Multimodaler) Text als Gegenstand linguistischer Forschung*, „tekst i dyskurs – text und diskurs" 15, 137–155.

KINTSCH, W. (1974): *The representation of meaning in memory*, New York.

KLECZKOWSKI, A. (1913): *Wpływ języka polskiego na dyalekty prusko-niemieckie*, [in:] ANCZYC, W. L. (Hg.): *Pamiątkowa księga ku uczczeniu 45-letniej pracy literackiej prof. Józefa Tretiaka*, Kraków, 117–132, (online) https://pbc.gda.pl/dlibra/ publication/100293/edition/90441/content (01.02.2023).

KLECZKOWSKI, A. (1915): *Dyalekty niemieckie na ziemiach polskich*, [in:] UŁASZYN, H. et al. (Hg.): *Język polski i jego historya z uwzględnieniem innych języków na ziemiach polskich*, cz. II, Warszawa–Lublin–Łódź, 387–394.

KLECZKOWSKI, A. (1920): *Dialekt Wilamowic w zachodniej Galicji. Fonetyka i fleksja*, Kraków.

KLECZKOWSKI, A. (1921): *Dialekt Wilamowic w zachodniej Galicji. Składnia (szyk wyrazów)*, Poznań.

KLECZKOWSKI, A. (1923): *Neuentdeckte altsächsische Psalmenfragmente aus der Karolingerzeit (Nowoodkryte fragmenty starosaskiego przekładu psalmów z epoki Karolingów)*, T. 1, Kraków.

KLECZKOWSKI, A. (1923–1926): *Neuentdeckte altsächsische Psalmenfragmente aus der Karolingerzeit (Nowoodkryte fragmenty starosaskiego przekładu psalmów z epoki Karolingów)*, T. 2, Kraków.

KLECZKOWSKI, A. (1931): *Wpływ języka polskiego na dyalekty prusko-niemieckie*, „Pamiętnik Zjazdów Pomorzoznawczych" 1, 113–130.

KLECZKOWSKI, A. (1935): *Niemiecko-polskie stosunki językowe i literackie*, „Sprawozdania PAU" XL (4), 102–108.

KLECZKOWSKI, A. (1948): *Słowiańskie wpływy językowe w Szlezwiku i Holsztynie*, „Slavia Occidentali" 19, 361–376.

KLEEBERG, E. (1909): *Stadtschreiber und Stadtbücher in Mühlhausen i. Th. vom 14.–16. Jahrhundert nebst einer Übersicht über die Editionen mittelalterlicher Stadtbücher*, [in:] „Archiv für Urkundenforschung", Bd. 2, 407–490, (online) https://www.mgh-bibliothek.de/dokumente/a/a075512.pdf , (08.01.2021).

KLUGE, F. (2011): *Etymologisches Wörterbuch der deutschen Sprache*, Berlin–Boston.

KLUGE, R. (1988): *Stadtbücher im Archivwesen der DDR*, „Archivmitteilungen. Zeitschrift für Theorie und Praxis des Archivwesens" 38 (3), 90–95.

KLUGE, R. (2000): *Das Stadtbuch als onomastische Quelle*, [in:] DEBUS, F. (Hg.): *Stadtbücher als namenkundliche Quelle. Vorträge des Kolloquiums vom 18.–20. September 1998*, Mainz–Stuttgart, 31–43.

KOEHLER, B. (1978): *Kulmer Handfeste*, [in:] ERLER, A. / KAUFMANN, E. / SCHMIDT-WIEGAND, R. / STAMMLER, W. (Hg.): *Handwörterbuch zur deutschen Rechtsgeschichte*, Bd. 2, Berlin, 1244–1246.

KOŁODZIEJ, R. (2014): *Definitionen in den Rechtstexten mit besonderer Berücksichtigung des Arbeitsrechts*, [in:] BERDYCHOWSKA, Z. / JANICKA, J. / VOGELGESANG-DONCER, A. (Hg.): *Texte – Textsorten – Phänomene im Text*, Frankfurt/Main, 205–218.

KOŁODZIEJ, R. / DUŚ, M. (2016): *Niemieckie i polskie typy tekstów z zakresu prawa pracy*, [in:] MAKOWSKI, J. (Hg.): *Języki specjalistyczne. Edukacja – Perspektywy – Kariera*, Łódź, 67–76.

KOMLEVA, E. V. (2011): *К вопросу о параметрах текстуальности (= K voprosu o parametrakh tekstual'nosti)*, „Вестник ОГУ" (= „Vestnik OGU") 17, 146–151.

KOPALIŃSKI, W. (1989): *Słownik wyrazów obcych i zwrotów obcojęzycznych*, Warszawa.

KOTIN, M. (1995): *Probleme der Beschreibung der deutschen Verbalmorphologie. Zur Herausbildung der grammatischen Kategorie des Genus Verbi*, „Deutsche Sprache: Zeitschrift für Theorie, Praxis, Dokumentation" 1, 61–72.

KOTIN, M. (1998): *Die Herausbildung der grammatischen Kategorie des Genus verbi im Deutschen. Eine historische Studie zu den Vorstufen und zur Entstehung des deutschen Passiv-Paradigmas*, Hamburg.

KOTIN, M. (2000a): *Das Partizip II in hochdeutschen periphrastischen Verbalfügungen im 9.–15. Jh. Zur Ausbildung des analytischen Sprachbaus*, „Zeitschrift für Germanistische Linguistik" 28, 319–345.

KOTIN, M. (2000b): *Zur Diachronie von „werden". Vollverb-Kopula-Auxiliar*, „ZAS Papers in Linguistics" 16, 31–67.

KOTIN, M. (2002): *Die Verbalperiphrasen im Althochdeutschen „Muspilli" – fragment*, „Słupskie Prace Filologiczne" 1, 73–80.

KOTIN, M. (2003): *Die werden-Perspektive und die werden-Periphrasen im Deutschen. Historische Entwicklung und Funktionen in der Gegenwartssprache,* Frankfurt/Main.

KOTIN, M. (2004): *Die Paradigmen des Sprachwandels,* [in:] KIKLEWICZ, A. (Hg.): *Paradygmaty filozofii języka i teorii tekstu: (pogranicza metodologiczne),* Słupsk, 125–134.

KOTIN, M. (2005a): *Die Sprache in statu movendi. Sprachenwicklung zwischen Kontinuität und Wandel. Bd. 1. Einführung – Nomination – Deixis,* Heidelberg.

KOTIN, M. (2005b): *Über einen Sonderfall der Zukunft-Kodierung im Deutschen (im Vergleich zum Polnischen und Russischen),* „Deutsch als Fremdsprache" 3, 160–166.

KOTIN, M. (2007): *Die Sprache in statu movendi. Sprachentwicklung zwischen Kontinuität und Wandel. Bd. 2. Kategorie – Prädikation – Diskurs,* Heidelberg.

KOTIN, M. (2008): *Aspects of a reconstruction of form and function of modal verbs in Germanic and other languages,* [in:] ABRAHAM, W. / LEISS, E. (Hg.): *Modality – Aspect Interfaces. Implications and typological solutions,* Amsterdam-Philadelphia, 371–384.

KOTIN, M. (2009): *Grammatikalisierung und „Lexikalisierung". Gibt es der Sprache irreversible unidirektionale Prozesse?,* „Energeia. Arbeitskreis für deutsche Grammatik" 34, 1–13.

KOTIN, M. (2010a): *Einige Streiflichter auf den Lautwandel in der Germania,* [in:] SMOLIŃSKA, M. / WIDAWSKA, B. (Hg.): *Wschód – Zachód. Dialog kultur. Studien zur Sprache und Literatur,* Słupsk, 37–47.

KOTIN, M. (2010b): *Nazwy własne w lustrze semantyki historycznej,* [in:] KOMOROWSKA, E. / KAMIŃSKA, P. (Hg.): *Ad fontes. Księga jubileuszowa ofiarowana Profesor Oldze T. Mołczanowej,* Szczecin, 185–205.

KOTIN, M. (2011a): *Ik gihôrta đat seggen... Modalität, Evidentialität, Sprachwandel und das Problem der grammatischen Kategorisierung,* [in:] DIEWALD, G. / SMIRNOVA, E. (Hg.): *Modalität und Evidentialität = Modality and Evidentiality,* Trier, 35–48.

KOTIN, M. (2011b): *Zur historischen Entwicklung der Definitheitsmarker in der Germania und Slavia. Die Frühformen der Definitheits-Kodierung,* [in:] KOTIN, M. / KOTOROVA, E. / DURELL, M. (Hg.): *Geschichte und Typologie der Sprachsysteme = History and Typology of Language Systems,* Heidelberg, 147–157.

KOTIN, M. (2012a): *Gotisch. Im (diachronischen und typologischen) Vergleich,* Heidelberg.

KOTIN, M. (2012b): *Unpersönlichkeit und Eventität aus diachroner und typologischer Sicht,* [in:] REDDER, A. / OGAWA, A. / KAMEYAMA, S. (Hg.): „*Unpersönliche Konstruktionen" Prädikationsformen funktional und sprachübergreifend betrachtet,* München, 145–164.

388 Literatur

KOTIN, M. (2012c): *Abriss des gemeingermanischen Konsonantenwandels aus der Sicht des konstitutiven Merkmals der „Spannung der Sprechorgane"*, [in:] OLPIŃSKA-SZKIEŁKO, M. / GRUCZA, S. / BERDYCHOWSKA, Z. / ŻMUDZKI, J. (Hg.): *Der Mensch und seine Sprachen. Festschrift für Professor Franciszek Grucza*, Frankfurt/Main, 396–407.

KOTIN, M. (2013a): *O krótko-, średnio- i długotrwałych zmianach językowych*, [in:] PUPPEL, S. / TOMASZKIEWICZ, T. (Hg.): *Scripta manent – res novae*, Poznań, 171–180.

KOTIN, M. (2013b): *Die wenn-dann-Hypotaxe aus synchroner, diachroner und typologischer Sicht*, „Zeitschrift für Germanistische Linguistik" 41 (3), 413–442.

KOTIN, M. (2013c): *Ontologische und phänomenologische Fragestellungen in der historischen Sprachwissenschaft, exemplarisch dargestellt am Form- und Bedeutungswandel*, [in:] LIPCZUK, R. / NERLICKI, K. (Hg.): *Synchronische und diachronische Aspekte der Sprache. Sprachwandel – Sprachkontakte – Sprachgebrauch*, Hamburg, 43–60.

KOTIN, M. (2013d): *Zu den Einflüssen des Griechischen und Lateinischen auf den Wortschatz der altgermanischen Bibelübersetzungen*, [in:] MAZURKIEWICZ-SOKOŁOWSKA, J. / MISIEK, D. / WESTPHAL, W. (Hg.): *Sprachkontakte und Lexikon. Festschrift zum 65. Geburtstag von Prof. Ryszard Lipczuk*, Hamburg, 215–227.

KOTIN, M. (2013e): *Zur Erklärungsadäquatheit im Sprachwandel. Sprachwandel im Neuhochdeutschen*, „Jahrbuch für Germanistische Sprachgeschichte" 4, 109–127.

KOTIN, M. (2014a): *Die Wandelparadigmen der Sprache und der Paradigmenwandel in der Sprachwissenschaft*, „Jahrbuch für Germanistische Sprachgeschichte" 5, 63–78.

KOTIN, M. (2014b): *Zum Ursprung der Konnektoren mit kausaler, konsekutiver und konditionaler Semantik*, [in:] ŁYP-BIELECKA, A. (Hg.): *Mehr als Worte: Sprachwissenschaftliche Studien*, Katowice, 175–185.

KOTIN, M. (2014c): *Wie entstehen Wortgruppenlexeme? Ein Beitrag zur genealogischen Dimension der Phraseologieforschung*, „Linguistische Treffen in Wrocław" 1, 133–142.

KOTIN, M. (2015a): *Sprachgeschichte und Sprachvergleich. Einige Überlegungen zur kontrastiven Grammatik aus sprachhistorischer Sicht*, [in:] LIPCZUK, R. / LISIECKA-CZOP, M. / NERLICKI, K. (Hg.): *Sprache und Meer / und mehr. Linguistische Studien und Anwendungsfelder*, Hamburg, 225–237.

KOTIN, M. (2015b): *Das Verbum substantivum aus synchroner, diachroner und typologischer Sicht*, [in:] KOTIN, M. / WHITT, R. J. (Hg.): *To be or not to be? The Verbum Substantivum from Synchronic, Diachronic and Typological Perspectives*, Newcastle upon Tyne, 18–66.

KOTIN, M. (2016): *W jakim sensie i w jakim stopniu kontakty językowe „warunkują" zmiany językowe?*, [in:] STECIĄG, M. / ADAMCZYK, M. / BISZCZANIK, M. (Hg.): *Kontakty językowe w komunikowaniu*, Zielona Góra, 13–27.

KOTIN, M. (2017a): *Deutsch in der Welt: Versuch einer historisch basierten Zuordnung*, [in:] DĄBROWSKA-BURKHARDT, J. / EICHINGER, L. M. / ITAKURA, U. (Hg.): *Deutsch: lokal – regional – global*, Tübingen, 147–158.

KOTIN, M. (2017b): *Diskursive Evidentialität im altgermanischen: Fallstudie zum Verhältnis von Diskursivität und Kategorialsemantik*, [in:] TANAKA, S. / LEISS, E. / ABRAHAM, W. / FUJINAWA, Y. (Hg.): *Grammatische Funktionen aus Sicht der japanischen und deutschen Germanistik*, Hamburg, 109–133.

KOTIN, M. (2017c): *Die Nominationsmuster im Deutschen aus sprachhistorischer Sicht*, „Jahrbuch für Germanistische Sprachgeschichte", 90–107.

KOTIN, M. (2017d): *Sprachkontakte in der Schriftsprache: Fallbeispiel Artikel im Gotischen*, [in:] DUDZIAK A. / ORZECHOWSKA, J. (Hg.): *Język i tekst w ujęciu strukturalnym i funkcjonalnym*, Olsztyn, 217–225.

KOTIN, M. (2017e): *System, Norm und Sprachwandel*, „Biuletyn Polskiego Towarzystwa Językoznawczego" 73, 53–64.

KOTIN, M. (2018): *Sprachontologie und Entwicklung natürlicher Sprachen*, „Applied Linguistics Papers" 25 (1), 25–37.

KOTIN, M. (2019a): *Die Ausbildung der Artikelfunktion im Gotischen aus der Sicht der Theorien des kontaktbedingten Sprachwandels*, „Biuletyn Polskiego Towarzystwa Językoznawczego" 75, 59–71.

KOTIN, M. (2019b): *Misslungene Wortgeschichten: ein systembasierter Zugriff*, [in:] KOMENDA-EARLE, B. / NERLICKI, K. / SZTANDARSKA, K. / KASJANOWICZ-SZCZEPAŃSKA, M. (Hg.): *Cogito, ergo sum – Wortschatz, Kognition, Text: Professor Ryszard Lipczuk zum 70. Geburtstag gewidmet*, Hamburg, 53–64.

KOTIN, M. (2019c): *Sprachkontakte aus ontogenetischer und phylogenetischer Perspektive*, [in:] LASATOWICZ, M. K. / KSIĘŻYK, F. (Hg.): *Germanistische Forschungsansätze. Theoretische Grundlagen, empirische Befunde, exemplarische Anwendungen*, Opole, 11–23.

KOTIN, M. (2020a): *Luthers deutsches Sprachschaffen und Sprachwandel in der binnendeutschen Standardvarietät*, [in:] CRELLIN, R. / JÜGEL, T. (Hg.): *Perfects in Indo-European Languages and Beyond*, Göttingen, 411–434.

KOTIN, M. (2020b): *The Gothic perfective constructions in contrast to West Germanic*, [in:] LIPIŃSKI, C. / BRYLLA, W. (Hg.): *Die Reformation 1517: Zwischen Gewinn und Verlust*, Göttingen, 305–317.

KOTIN, M. (2021a): *Übersetzung aus der Sicht des Sprachwandels. Zum Vergleich einiger Syntax-Phänomene im althochdeutschen „Tatian" und in der modernen deutschen Einheitsübersetzung des Evangeliums*, [in:] KNIEJA, J. / KRAJKA, J. (Hg.): *Teksty, komunikacja, translacja w perspektywie antropocentrycznej: Studia dedykowane Panu Profesorowi Jerzemu Żmudzkiemu*, Lublin, 145–158.

KOTIN, M. (2021b): *Der deutsche Dativ genealogisch und diachron. Eine Sprachwandelstudie über den dritten Fall*, „Beiträge zur Geschichte der deutschen Sprache und Literatur" 143 (1), 51–111.

Kotin, M. (2021c): *Tempus, Modus und Modalverben in Notkers Psalmenbuch im Vergleich zu Luthers Psalmenübersetzung und zum neuhochdeutschen Psalter*, „Moderna Sprak" 1, 95–121.

Kotin, M. (2021d): *Konstellationen von genuinen heidnischen und entlehnten christlichen Konzepten und ihre sprachliche Kodierung in althochdeutschen Zaubersprüchen*, [in:] Szmorhun, A. / Kotin, A. (Hg.): *Fluktuationen von (Nicht-)Zugehörigkeiten in Sprache, Literatur und Kultur*, Göttingen, 289–302.

Kotowa, B. (2016): *Natura czy kultura?*, „Chowanna" 2, 17–28.

Koppmann, K. (1872): *Rundschau über die Literatur der hansischen Geschichte*, „Hansische Geschichtsblätter", Jg. 1871, 155–195, (online) https://www.hansisc hergeschichtsverein.de/hansische-geschichtsblaetter?seite=14 (08.01.2021).

Krahl, S. / Kurz, J. (1975): *Kleines Wörterbuch der Stilkunde*, Leipzig.

Krause, W.-D. (2000): *Text, Textsorte, Textvergleich*, [in:] Adamzik, K. (Hg.): *Textsorten: Reflexionen und Analysen*, Bd. 1, Tübingen, 45–77.

Krause, C. / Hegel, Ph. (2018): *Überlegungen zur quantitativen Kodikologie*, [in:] Bernhart, T. / Willand, M. / Richter, S. / Albrecht, A. (Hg.): *Quantitative Ansätze in den Literatur- und Geisteswissenschaften. Systematische und historische Perspektiven*, Berlin–Boston, 335–354.

Kretzschmar, R. (2018): *Amtsbücher*, „Südwestdeutsche Archivalienkunde", (online) https://www.leo-bw.de/themenmodul/sudwestdeutsche-archivalienkun de/archivaliengattungen/amtsbucher, Stand: 18.12.2018, (30.12.2020).

Kriegesmann, U. (1990): *Die Entstehung der neuhochdeutschen Schriftsprache im Widerstreit der Theorien*, Frankfurt/Main.

Kristeva, J. (1967): *Bakhtine, le mot, le dialogue et le roman*, „Critique" 33 (239), 438–465.

Kron, O. (2002): *Probleme der Texttypologie: Integration und Differenzierung handlungstheoretischer Konzepte in einem Neuansatz*, Frankfurt/Main.

Krones, F., von (1891): *Das Gerichtsprotokoll der kön. Freistadt Kaschau in Ober-Ungarn aus den Jahren 1556–1608*, „Mittheilungen des Instituts für österreichische Geschichtsforschung", Bd. 12, H. 4, 1–21 [618–638], (online) https://mek.oszk.hu/13400/13416/13416.pdf (03.02.2021).

Księżyk, F. (2003): *Auf den Spuren deutsch-polnischer Sprachkontakte auf der Ebene des Romans Die Prosna-Preußen von Hans Lipinsky-Gottersdorf*, „Studia Niemcoznawcze" 26, 897–910.

Księżyk, F. (2004): *Interaktion des deutschen und polnischen Sprachsystems in Hans Lipinsky-Gottersdorfs Roman „Die Prosna-Preußen" (1968)*, [in:] Lasatowicz, M. K. (Hg.): *Kulturraumformung. Sprachpolitische, kulturpolitische, ästhetische Dimensionen*, Berlin, 43–55.

Księżyk, F. / Pelka, D. (2005): *Ein Korpus zur Untersuchung des deutsch-polnischen Sprachkontaktes in Oberschlesien*, [in:] Schwitalla, J. / Wegstein,

W. (Hg.): *Korpuslinguistik deutsch: synchron – diachron – kontrastiv. Würzburger Kolloquium 2003*, Tübingen, 251–254.

KSIĄŻYK, F. (2007a): *Kostenthal – eine alte deutsche Sprachinsel im oberschlesischen Raum*, „Germanoslavica. Zeitschrift für germano-slawische Studien" 18 (1–2), 147–155.

KSIĄŻYK, F. (2007b): *Das Deutsche außerhalb des geschlossenen deutschen Sprachgebiets am Beispiel der oberschlesischen Sprachinsel Kostenthal/Gościęcin*, [in:] ŁOPUSZAŃSKA, G. (Hg.): *Angewandte Sprach- und Kulturwissenschaft*, Gdańsk, 67–78.

KSIĄŻYK, F. (2007c): *Neuansätze zur Sprachinselforschung in Oberschlesien am Beispiel von Kostenthal/Gościęcin – Methoden der Datenerhebung*, [in:] FÖLDES, C. / ANTOS, G. (Hg.): *Interkulturalität: Methodenprobleme der Forschung: Beiträge der Internationalen Tagung im Germanistischen Institut der Pannonischen Universität Veszprém 7.–9. Oktober 2004*, München, 119–129.

KSIĄŻYK, F. (2008a): *Das Sprachinseldeutsche von Kostenthal/Gościęcin im oberschlesischen Sprachraum einst und heute*, „Prace Germanistyczne = Germanistische Werkstatt" 3, 73–84.

KSIĄŻYK, F. (2008b): *Die sprachliche Situation in der alten deutschen Sprachinsel Kostenthal/Gościęcin im Unterschied zu anderen Teilen Oberschlesiens*, „Convivium. Germanistisches Jahrbuch Polen", 321–340.

KSIĄŻYK, F. (2008c): *Zur (In-)Adäquatheit des Sprachinsel-Ansatzes in der Auslandsgermanistik*, [in:] FÖLDES, C. (Hg.): *Deutsch in soziolinguistischer Sicht. Sprachverwendung in Interkulturalitätskontexten*, Tübingen, 45–57.

KSIĄŻYK, F. (2008d): *Die deutsche Sprachinsel Kostenthal. Geschichte und Gegenwart*, Berlin.

KSIĄŻYK, F. (2010): *Sprach- und Kulturenkontakt in der deutschen Sprachinsel Kostenthal im Spiegel der Eheschließungen*, „Studia Germanica Gedanensia" 21, 25–36.

KSIĄŻYK, F. (2012): *Einfluss des Deutschen auf die polnische Rechtssprache in der ersten Hälfte des 20. Jahrhunderts*, [in:] LASATOWICZ, M. K. / SCHELLER-BOLTZ, D. (Hg.): *Zweisprachigkeit als Herausforderung und Chance*, Berlin, 193–208.

KSIĄŻYK, F. (2015): *Dialektalny wariant niemczyzny w Gościęcinie na Górnym Śląsku*, [in:] CZABAŃSKA-ROSADA, M. / GOLACHOWSKA, E. / SERAFIN, E. / TABORSKA, K. / ZIELIŃSKA, A. (Hg.): *Pogranicze wschodnie i zachodnie*, Warszawa, 365–377.

KSIĄŻYK, F. (2017): *Die deutsche Sprache in Oberschlesien am Beispiel des Sprachinseldeutschen von Kostenthal/Gościęcin*, „Zeitschrift für Dialektologie und Linguistik" 84 (1), 20–45.

KSIĄŻYK, F. (2018): *Die deutsche Rechtssprache in Schlesien am Beispiel ausgewählter Gesetzestexte der Privatrechtsordnung*, [in:] LASATOWICZ, M. K. / BOGACKI, J. (Hg.): *Deutsche Sprache in kulturell mehrfach kodierten Räumen. Medien, Kultur, Politik*, Berlin, 107–119.

KUBICA, S. (1929): *Die deutsche Sprache des Florianer Psalters*, Poznań.

KUBICA, S. (1966): *Język niemiecki Psałterza Floriańskiego. Wokalizm i konsonantyzm*, Poznań.

KUCHARSKA, E. (1995): *Von den Titularien an ganze Kollegia oder von dem schriftlichen Umgang mit Behörden und Institutionen*. Ein Beitrag zum deutschpolnischen diachronen Sprachvergleich, „Orbis Linguarum" 3, 273–279.

KULAS, P. (2014): *Narracja jako przedmiot badań oraz kategoria teoretyczna w naukach społecznych*, „Kultura i społeczeństwo" 4, 111–130.

KUMANIECKI, K. (1976): *Słownik łacińsko-polski*, Warszawa.

KURYŁOWICZ, J. (1965): *The evolution of grammatical categories*, „Diogenes" 51, 55–71.

KURYŁOWICZ, J. (1987): *Studia językoznawcze*, Warszawa.

KUTRZEBA, S. (1925): *Historja źródeł dawnego prawa polskiego*, Bd. 1, Lwów–Warszawa–Kraków.

KUTRZEBA, S. (1926): Historja źródeł dawnego prawa polskiego, Bd. 2, Lwów–Warszawa–Kraków.

LABOCHA, J. (2008): *Tekst, wypowiedź, dyskurs w procesie komunikacji językowej*, Kraków.

LABOCHA, J. (2009): *Lingwistyka tekstu w Polsce*, [in:] BILUT-HOMPLEWICZ, Z. / CZACHUR, W. / SMYKAŁA, M. (Hg.): *Lingwistyka tekstu w Polsce i w Niemczech. Pojęcia, problemy, perspektywy*, Wrocław, 45–56.

LAMARQUE, P. (2004): *On Not Expecting Too Much from Narrative*, „Mind and Language" 19, 393–408.

LANGE, M. B. (2008): *Sprachnormen im Spannungsfeld schriftsprachlicher Theorie und Praxis. Die Protokolle der Commerzdeputation Hamburg im 17. Jahrhundert*, Berlin.

LARRIVÉE, P. (2011): *Is there a Jespersen cycle?*, [in:] LARRIVÉE, P. / INGHAM, R. (Hg.): *The Evolution of Negation. Beyond the Jespersen Cycle*, Berlin–Boston, 1–22.

LASATOWICZ, M. K. (1979): *Graphematisch-phonetische Analyse des „Urbarz opolski"* vom Jahre 1566, Dissertation, Jagiellonen-Universität in Krakau.

LASATOWICZ, M. K. (1992): *Die deutsche Mundart von Wilamowice zwischen 1920 und 1987*, Opole.

LASATOWICZ, M. K. (2001): *Wilamowice und die deutschen Sprachinseln in Oberschlesien*, [in:] GRUCZA, F. (Hg.): *Tausend Jahre polnisch-deutsche Beziehungen. Sprache – Literatur – Kultur – Politik*, Warszawa, 338–347.

LASATOWICZ, M. K. (2007): *Urbarhandschriften als stadtgeschichtliche und sprachgeschichtliche Quellen: Zum Oppelner Urbarium (1566)*, [in:] LASATOWICZ, M. K. (Hg.): *Städtische Räume als kulturelle Identitätsstrukturen: Schlesien und andere Vergleichsregionen*, Warszawa, 207–216.

LASATOWICZ, M. K. (2010): *Język niemiecki na Górnym Śląsku. Tradycja i teraźniejszość*, [in:] ŁOPUSZAŃSKA, G. / WILMA, D. (Hg.): *Studia Germanica Gedaniensia. 22. Sonderband. 6 Studien zur sprachlichen Kommunikation. Festschrift aus Anlass des 70. Geburtstages von Prof. Dr. Habil. Marian Szczodrowski*, Gdańsk, 255–261.

LASATOWICZ, M. K. (2017): *Das Oppelner Urbarium vom Jahre 1566, eine Urkunde in der ostmitteldeutschen Schreibtradition*, [in:] BIADUŃ-GRABAREK, H. / FIRYN, S. (Hg.): *Sprache der deutschsprachigen Kanzleien in der frühneuhochdeutschen Zeit im südlichen Ostseeraum. Bd. 1. Phonologische und graphematische Ebene*, Frankfurt/Main, 147–155.

LASATOWICZ, M. K. / TWOREK, A. (2018a): *Die deutsche Sprachinsel Schönwald. Zu den phonetischen und morphologisch-syntaktischen Auffälligkeiten eines Sprachkorpus*, [in:] LASATOWICZ, M. K. / BOGACKI, J. (Hg.): *Deutsche Sprache in kulturell mehrfach kodierten Räumen. Medien, Kultur, Politik*, Berlin, 121–136.

LASATOWICZ, M. K. (2018b): *Neuere Fragestellungen in der Sprachinseldialektologie*, „Studia Niemcoznawcze" 62, 399–409.

LASATOWICZ, M. K. / TWOREK, A. (2018c): *Die deutsche Sprachinsel Schönwald. Zu den phonetischen und morphologisch-syntaktischen Auffälligkeiten eines Sprachkorpus*, [in:] LASATOWICZ, M. K. / BOGACKI, J. (Hg.): *Deutsche Sprache in kulturell mehrfach kodierten Räumen. Medien, Kultur, Politik*, Berlin, 121–136.

LASATOWICZ, M. K. (2019a): *Niemieckie wyspy językowe na Śląsku – ich wymiar w kulturze i języku*, [in:] TWOREK, A. (Hg.): *Germanistyka otwarta. Wrocławskie debaty o języku i językoznawstwie*, Wrocław, 295–303.

LASATOWICZ, M. K. / TWOREK, A. (2019b): *Schönwald/Bojków jako przykład dawnej wyspy językowej na Śląsku*, [in:] TWOREK, A. (Hg.): *Germanistyka otwarta. Wrocławskie debaty o języku i językoznawstwie*, Wrocław, 305–317.

LASATOWICZ, M. K. / TWOREK, A. (2022): *Schlesische Sprachinseln. Historisches Phänomen aus der Perspektive der Gegenwart*, „Studia Linguistica" 41, 159–184.

LEHMANN, CH. (1985): *Grammaticalization: synchronic variation and diachronic change*, „Lingua e Stile" 20, (online) http://www.christianlehmann.eu/publ/syn_dia.pdf (12.08.2022).

LENK, H. E. H. (2021): *Beobachtungen zum Textsortenrepertoire der „Berliner Zeitung" in diachroner Perspektive*, „Studia Germanica Gedanensia" 45, 31–47.

LEWANDOWSKA, A. (1999): *Zur Frage des Sprichwortes als literarische Textgattung*, [in:] BILUT-HOMPLEWICZ, Z. (Hg.): *Zur Mehrdimensionalität des Textes. Repräsentationsformen, Kommunikationsbereiche, Handlungsfunktionen*, Rzeszów, 105–116.

LEWANDOWSKA, A. (2008): *Sprichwort-Gebrauch heute: Ein interkulturell-kontrastiver Vergleich von Sprichwörtern anhand polnischer und deutscher Printmedien*, Frankfurt/Main.

LEWANDOWSKI, TH. (1990): *Linguistisches Wörterbuch*, Bd. 3, Heidelberg–Wiesbaden.

LEXER = *Mittelhochdeutsches Handwörterbuch* von Matthias LEXER, digitalisierte Fassung im Wörterbuchnetz des Trier Center for Digital Humanities, Version 01/21, (online) https://www.woerterbuchnetz.de/Lexer (05.07.2022).

LINDGREN, K. B. (1961): *Die Ausbreitung der neuhochdeutschen Diphthongierung bis 1500*, Helsinki.

LINKE, A. (1989): *Sprachgebrauch und Sprachgeschichte*, „Praxis Deutsch" 41, 9–18.

LIPCZUK, R. (2001): *Deutsche Entlehnungen im Polnischen – Geschichte, Sachbereiche, Reaktionen*, [in:] „Linguistik online" 8, 1/01, 1–7, (online) https://bop.unibe.ch/linguistik-online/article/view/976/1633 (05.01.2021).

LEAWNDOWSKI, TH. (1980): *Linguistisches Wörterbuch*, Bd. 3, Heidelberg.

LESZCZYŃSKI, L. (2004): *Zagadnienia teorii stosowania prawa. Doktryna i tezy orzecznictwa*, Kraków.

LÖFFLER, K. / MILDE, W. (1997): *Einführung in die Handschriftenkunde*, Stuttgart.

LUX, F. (1981): *Text, Situation, Textsorte*, Tübingen.

ŁOPUSZAŃSKA-KRYSZCZUK, G. (1989): *Sprachmischung in Schlesien*, „Annales UMCS Sectio FF Philologiae" 7, 193–208.

ŁOPUSZAŃSKA-KRYSZCZUK, G. (1999a): *Zur Spezifik der deutschen Sprache in der DDR*, „Annales UMCS Sectio FF Philologiae" 17, 165–173.

ŁOPUSZAŃSKA-KRYSZCZUK, G. (1999b): *Świadomość językowa i kompetencja komunikacyjna Niemców na Dolnym Śląsku*, Lublin.

ŁOPUSZAŃSKA-KRYSZCZUK, G. (2001a): *Stosunki językowe na Dolnym Śląsku z punktu widzenia socjolingwisty*, „Rocznik Jeleniogórski" 33, 25–52.

ŁOPUSZAŃSKA-KRYSZCZUK, G. (2001b): *Historische und gesellschaftliche Ursachen der Mehrsprachigkeit in Niederschlesien*, „Eastern Review" 5, 525–548.

ŁOPUSZAŃSKA-KRYSZCZUK, G. (2003): *Regional- und Minderheitensprachen in Europa*, „Acta Neophilologica" V, 109–116.

ŁOPUSZAŃSKA-KRYSZCZUK, G. (2004a): *Die deutsche Sprache im polnisch-deutschen Grenzgebiet*, Olsztyn.

ŁOPUSZAŃSKA, G. (2004b): *Die slawischen Reflexe in der schlesischen Mundart*, [in:] NOSOWICZ, J. F. (Hg.): *Edukacja dla przyszłości*, Białystok, 316–324.

ŁOPUSZAŃSKA, G. (2004c): *Zur Sprachsituation im polnisch-deutschen Sprachgebiet in Niederschlesien*, [in:] KĄTNY, A. (Hg.): *Kontakty językowe w Europie Środkowej. Materiały z konferencji naukowej zorganizowanej przez Wydział Filologiczny Wszechnicy Mazurskiej w Olecku w dniach 23–24.06.2003. Kontakty językowe w Europie Środkowej w perspektywie dia- i synchronicznej*, Olecko, 141–156.

ŁOPUSZAŃSKA, G. (2006a): *Zur Entwicklungstendenz der deutschen Standardsprache*, „Studia Niemcoznawcze" 33, 467–471.

ŁOPUSZAŃSKA, G. (2006b): *Das prussische Substrat in den in Ermland und Masuren vorkommenden Personennamen*, „Studia Niemcoznawcze" 32, 575–583.

ŁOPUSZAŃSKA, G. (2006c): *Slawische Elemente in den deutschen schlesischen Dialekten*, „Studia Germanica Gedanensia" 14, 83–92.

ŁOPUSZAŃSKA, G. (2006d): *Zu einigen Merkmalen der Grammatik und des Wortschatzes der Umgangssprache der deutschen Minderheit in Niederschlesien*, [in:] KOTIN, M. / KRYCKI, P. / LASKOWSKI, M. / ZUCHEWICZ, T. (Hg.): Das *Deutsche als Forschungsobjekt und als Studienfach: Synchronie – Diachronie – Sprachkontrast – Glottodidaktik:* Akten der *Internationalen Fachtagung anlässlich des 30jährigen Bestehens der Germanistik in Zielona Góra/Grünberg*, Frankfurt/Main, 211–220.

ŁOPUSZAŃSKA, G. (2007a): *Deutsche Sprache der Autochthonen im Ermland*, [in:] KĄTNY, A. (Hg.): *Słowiańsko-niesłowiańskie kontakty językowe: materiały z międzynarodowej konferencji naukowej, zorganizowanej przez Wydział Filologii Wszechnicy Mazurskiej i Instytut Filologii Germańskiej Uniwersytetu Gdańskiego w dniach 27–28 czerwca 2005 r. Słowiańsko-niesłowiańskie kontakty językowe w perspektywie dia- i synchronicznej*, Olecko, 105–111.

ŁOPUSZAŃSKA, G. (2007b): *Missingsch in der Danziger städtischen Gemeinschaft. Kulturelle und sprachbezogene Identität in einer multikulturellen und multilingualen Stadt*, [in:] LASATOWICZ, M. K. (Hg.): *Städtische Räume als kulturelle Identitätsstrukturen: Schlesien und andere Vergleichsregionen*, Berlin, 173–183.

ŁOPUSZAŃSKA, G. (2007c): *Sprachbewusstsein und Kommunikationskompetenz der Deutschen in Niederschlesien*, [in:] BARTOSZEWICZ, I. / TWOREK, A. / SZCZĘK, J. (Hg.): *Fundamenta linguisticae*, Wrocław–Dresden, 109–115.

ŁOPUSZAŃSKA, G. (2008a): *Zu Wandlungen einer Stadtsprache*, „Studia Germanica Posnaniensia" 31, 25–31.

ŁOPUSZAŃSKA, G. (2008b): *Sprachlichkeit Danzigs*, [in:] KĄTNY, A. (Hg.): *Kontakty językowe i kulturowe w Europie / Sprach- und Kulturkontakte in Europa*, Gdańsk, 221–229.

ŁOPUSZAŃSKA, G. (2008c): *Deutsch-pomoranische Wechselbeziehungen in Sprache und Kultur*, [in:] WENTA, J. / HARTMANN, S. / VOLLMANN-PROFE, G. (Hg.): *Mittelalterliche Kultur und Literatur im Deutschordensstaat in Preussen. Leben und Nachleben*, Toruń, 259–271.

ŁOPUSZAŃSKA, G. (2009): *Zur Danziger Stadtsprache*, „Studia Niemcoznawcze" 41, 331–340.

ŁOPUSZAŃSKA, G. (2010a): *Sprache und Kultur als gemeinsames Erbe im Grenzgebiet Sprache und Kultur als gemeinsames Erbe im Grenzgebiet*, Gdańsk.

ŁOPUSZAŃSKA, G. (2010b): *Das prussische sprachliche Substrat*, [in:] SMOLIŃSKA, M. / WIDAWSKA, B. (Hg.): *Wschód – Zachód. Dialog kultur. Studien zur Sprache und Literatur*, Słupsk, 66–71.

ŁOPUSZAŃSKA, G. (2012): *Danziger Missingsch als eine Stadtsprache*, [in:] LASATO-WICZ, M. K. / SCHELLER-BOLTZ, D. (Hg.): *Zweisprachigkeit als Herausforderung und Chance*, Berlin, 51–58.

ŁOPUSZAŃSKA-KRYSZCZUK, G. (2013a): *Danziger Umgangssprache und ihre Spezifik*, Frankfurt/Main.

ŁOPUSZAŃSKA, G. (2013b): *Die Stadtsprache als Manifestation der regionalen Gruppenzugehörigkeit*, [in:] LASATOWICZ, M. K. / RUDOLPH, A. (Hg.): *Corpora und Kanones. Schlesien und andere Räume in Sprache, Literatur und Wissenschaft*, Berlin, 135–146.

ŁOPUSZAŃSKA, G. (2013c): *Entwicklungstendenzen der Sprache im Grenzgebiet am Beispiel einer Stadtsprache*, [in:] LIPCZUK, R. / NERLICKI, K. (Hg.): *Synchronische und diachronische Aspekte der Sprache: Sprachwandel – Sprachkontakte – Sprachgebrauch*, Hamburg, 105–119.

ŁOPUSZAŃSKA, G. (2015): *Sytuacja językowa w Gdańsku w perspektywie diachronicznej*, [in:] WOJAN, K. / SŁADKIEWICZ, Ż. / HAU, A. / WĄDOŁOWSKA-LESNER, K. (Hg.): *Imiona komunikacji językowej czyli o demakijażowanie sensów. Księga jubileuszowa dedykowana profesor Marcelinie Grabskiej*, Gdańsk, 79–85.

ŁOPUSZAŃSKA, G. (2017a): *Danziger Missingsch als sprachliches Kontinuum*, [in:] WANDL-VOGT, E. / DORN, A. (Hg.): *Dialekt 2.0: Langfassungen: 7. Kongress der Internationalen Gesellschaft für Dialektologie und Geolinguistik (SIDG)*, Wien, 221–230.

ŁOPUSZAŃSKA, G. (2017b): *Zur Danziger Kanzleisprache im Mittelalter*, [in:] BIADUŃ-GRABAREK, H. / FIRYN, S. (Hg.): *Sprache der deutschsprachigen Kanzleien in der frühneuhochdeutschen Zeit im südlichen Ostseeraum. Bd. 1. Phonologische und graphematische Ebene*, Frankfurt/Main, 63–75.

ŁOPUSZAŃSKA, G. (2019): *Soziolinguistische Determinanten der Danziger Stadtsprache*, „Biuletyn PTJ" 75, 87–98.

MAC, A. (2015): *Wie wird das Wetter morgen? Informationsvermittlung in deutschen und polnischen TV-Wetterberichten*, „tekst i dyskurs – text und diskurs" 8, 255–278.

MAC, A. (2018): *Multimodale Berichterstattungsmuster in der fernsehspezifischen Nachrichtentextsorte im deutsch-polnischen Vergleich*, „tekst i dyskurs – text und diskurs" 11, 103–131.

MAC, A. / SMYKAŁA, M. (2020): *Zum »Prinzip Perspektivierung« an der Schnittstelle zwischen Fremdsprachendidaktik und Text- und Medienlinguistik – das Schulbuch als Textsorte am Beispiel der DaF-Lehrwerke*, [in:] BUK, A. / HANUS, A. / MAC, A. / MILLER, D. / SMYKAŁA, M. / SZWED, I. (Hg.): *Tekst, dyskurs, komunikacja. Podejścia teoretyczne, analityczne i kontrastywne / Text, Diskurs, Kommunikation. Theoretische, analytische und kontrastive Ansätze*, Rzeszów, 167–187.

MACIEJEWSKA, W. (Hg.) (1974): *Polski słownik archiwalny*, Warszawa: Państwowe Wydawnictwo Naukowe.

MACIEJEWSKI, M. (2009): *Hipertekst jako przedmiot polskich i niemieckich badań tekstologicznych*, [in:] BILUT-HOMPLEWICZ, Z. / CZACHUR, W. / SMYKAŁA, M. (Hg.): *Lingwistyka tekstu w Polsce i w Niemczech. Pojęcia, problemy, perspektywy*, Wrocław, 310–322.

MAKOWSKA, M. (2015): *Zu multimodalen Verweiselementen auf den Einstiegsseiten polnischer Nachrichtenportale*, „tekst i dyskurs – text und diskurs" 8, 133–148.

MALINOWSKA, E. (2001): *Wypowiedzi administracyjne – struktura i pragmatyka*, Opole.

MARKOWICZ, J. (1999): *Zur kohäsiven Textkonstitution der gegenwärtigen deutschen Kurzgeschichte*, [in:] BILUT-HOMPLEWICZ, Z. (Hg.): *Zur Mehrdimensionalität des Textes. Repräsentationsformen, Kommunikationsbereiche, Handlungsfunktionen*, Rzeszów, 137–145.

MATHESIUS, V. (1979): *O tak zvaném aktuálnim členěni větném*, [in:] HORBATSCH, O. / FREIDHOF, G. (Hg.): *Specimina Philologiae Slavicae. Materialien zum Curriculum der West- und Südslawischen Linguistik, Nr. 1, Vilém Mathesius, Čeština a obecný jazykozpyt, Prag 1947*, Frankfurt/Main, 90–98.

MATUSZEWSKI, J. (2003): *Datowanie w dekretach krakowskich*, „Studia z Dziejów Państwa i Prawa Polskiego" 8, 105–113.

MAZUR, J. (1990): *Styl i tekst w aspekcie pragmatycznym (Z zagadnień teoretyczno-metodologicznych)*, „Socjolingwistyka" 9, 71–87.

MAZUR, J. (2000): *Textlinguistik im slawischen Sprachraum*, [in:] BRINKER, K. / ANTOS, G. / HEINEMANN, W. / SAGER, S. F. (Hg.): *Text- und Gesprächslinguistik / Linguistics of Text and Conversation. Ein internationales Handbuch zeitgenössischer Forschung / An International Handbook of Contemporary Research*, Hbd. 1, Berlin–New York, 153–163.

MEIER, J. (2004): *Städtische Kommunikation in der Frühen Neuzeit. Historische Soziopragmatik und Historische Textlinguistik*, Frankfurt/Main.

MEIER, J. (2007): *Textstrukturen und Textmuster. Zum Modell einer Historischen Textlinguistik*, [in:] WICH-REIF, C. (Hg.): *Strukturen und Funktionen in Gegenwart und Geschichte. Festschrift für Franz Simmler zum 65. Geburtstag*, Berlin, 605–627.

MEIER, J. (Hg.) (2015): *Historisch-philologische Untersuchungen zu deutschsprachigen Handschriften aus der Slowakei: von den Anfängen bis 1650*, Berlin.

MEILLET, A. (1912): *L'évolution des formes grammaticales*, „Scientia. Revue internationale de synthese scientifique" 12 (6), 130–148.

MEISNER, H. O. (1935): *Aktenkunde. Ein Handbuch für Archivbenutzer mit besonderer Berücksichtigung Brandenburg-Preußens*, Berlin.

MEISNER, H. O. (1952): *Urkunden- und Aktenlehre der Neuzeit*, Leipzig.

METTKE, H. (1970): *Mittelhochdeutsche Grammatik. Laut- und Formenlehre*, Leipzig.

METZELIN, M. / JAKSCHE, H. (1983): *Textsemantik. Ein Modell zur Analyse von Texten*, Tübingen.

Miasto Świdnica / Historia Świdnicy, (online) http://um.swidnica.pl/pages/pl/turyst
yka/historia-swidnicy.php (12.08.2021).

MIKOS-SITEK, A. / ZAPADKA, P. (2014): *Prawo finansów publicznych,* Warszawa.

MIODEK, W. (1994): *Die Begrüßungs- und Abschiedsformeln im Deutschen und im
Polnischen,* Heidelberg.

MITKOWSKI, J. (1978), *Nationality Problems and Patterns in Medieval Polish Towns: The
Example of Cracow,* „Zeszyty Naukowe Uniwersytetu Jagiellońskiego. Prace
Historyczne" 33, 31–42.

MODRZYŃSKI P. M. (2016): *Średniowieczna proskrypcja z kręgu prawa chełmińskiego,*
„Meritum – Rocznik Koła Naukowego Doktorantów-Historyków Uniwersytetu Warmińsko-Mazurskiego w Olsztynie" 8, 71–84.

MODZELEWSKI, K. (1997): *Człowiek istnieje w kolektywie. Jednostka w kręgu wspól-
noty krewniaczej, sąsiedzkiej i plemiennej,* [in:] MICHAŁOWSKI, R. (Hg.): *Człowiek
w społeczeństwie średniowiecznym,* Warszawa, 11–26.

MÖLLER, R. (1998): *Regionale Schreibsprachen im überregionalen Schriftverkehr. Emp-
fängerorientierung in den Briefen des Kölner Rates im 15. Jahrhundert,* Köln.

MORCINIEC, N. (1984): *Was sind althochdeutsche Dialekte?,* „Acta Univ. Tamperen-
sis" 183, 207–212.

MORCINIEC, N. (1986): *W sprawie definicji dialektu w dawnych okresach
poświadczonych historycznie,* „Sprawozdania WTN" 39, 53–57.

MORCINIEC, N. (1989): *Zum Wortgut deutscher Herkunft in den polnischen Dialekten
Schlesiens,* „Zeitschrift für Ostforschung" 38, 321–336.

MORCINIEC, N. (1995): *Zur Stellung des deutschen Dialekts von Wilmesau/Wilamo-
wice in Südpolen,* [in:] KEIL, G. / MENZEL, J. J. (Hg.): *Anfänge und Entwicklung
der deutschen Sprache im Mittelalterlichen Schlesien,* Bd. 6, Sigmaringen, 71–81.

MORCINIEC, N. (1998): *Zur Entstehung der deutschen Nationalität im Spiegel der
Sprachgeschichte,* [in:] LASATOWICZ, M. K. / JOACHIMSTHALER, J. (Hg.): *Nationale
Identität aus germanistischer Perspektive,* Opole, 25–35.

MORCINIEC, N. (1999a): *Sprache oder Dialekt,* „Anglica Wratislawiensia" XXXV,
71–76.

MORCINIEC, N. (1999b): *Vom Sterben einer Mundart (Zum Ethnolekt von Wilmesau/
Wilamowice nach 1945),* „Neerlandica Wratislaviensia" XXII, 209–215.

MORCINIEC, N. (2002a): *Wieloetniczność w historii Śląska na przykładzie polsko-
niemieckich stosunków językowych,* [in:] HAŁUB, M. (Hg.): *Silesia Philologica,
I Kongres Germanistyki Wrocławskiej,* Wrocław, 27–35.

MORCINIEC, N. (2002b): *Niederländisch und Deutsch. Zur Klärung einiger Fehldeu-
tungen des Niederländischen in der deutschen Sprachgeschichtsschreibung,* [in:]
WIESINGER, P. (Hg.): *Akten des X. Internationalen Germanistenkongresses, Wien
2000. Niederländische Sprach- und Literaturwissenschaft im europäischen Kontext,*
Wrocław, Bd. 12, 83–91.

MORCINIEC, N. (2008): *Z przeszłości językowej Śląska*, [in:] PUDŁO, K. M. (Hg.): *Księga Dolnośląskiej Ziemi Obornickiej*, Oborniki Śl., 365–374.

MORCINIEC, N. (2015): *Historia języka niemieckiego*, Wrocław.

MORCINIEC, N. (2018): *Althochdeutsche Dialekte – Neuhochdeutsche Dialekte*. Terminologische Probleme bei Beschreibungen älterer Sprachzustände, „tudia Germanica Posnaniensis" XXXVIII, 123–128.

MORGENTHALER, E. (1980): *Kommunikationsorientierte Textgrammatik. Ein Versuch die kommunikative Kompetenz zur Textbildung und -rezeption aus natürlicher Sprachkompetenz zu erschließen*, Düsseldorf.

MOSER, H. (1969): *Deutsche Sprachgeschichte. Mit einer Einführung in die Fragen der Sprachbetrachtung*, Tübingen.

MOSER, V. (1929): *Frühneuhochdeutsche Grammatik – Lautlehre. 1. Hälfte: Orthographie, Betonung, Stammsilbenvokale*, Heidelberg.

MOSKAL'SKAYA O. I. (1969): *История немецкого языка (на немецком языке)* [= *Istoriya nemetskogo yazyka (na nemetskom yazyke]*, Moskva.

MOSKAŁA, P. / OWSIŃSKI, P. A. (2019): *Zum schlesischen Dialekt in Kleinpolen anhand der Sprachanalyse ausgewählter Juramenta aus dem 15. Jahrhundert*, „Germanica Wratislaviensia" 144, 199–212.

MÜLLER, A. (1920): *Die Abfassung der Tabula proscriptorum provinciae Nizensis*, „Zeitschrift des Vereins für Geschichte (und Alterthum) Schlesiens" 54, 96–108.

MÜLLER, U. (1991): *Das Geleit im Deutschordensland Preußen*, Köln–Weimar–Wien.

MÜLLER-MERTENS, E. (2001): *Stadtbücherinventar 1200 bis 1550: Aussagen über regionale Entwicklungsstände*, [in:] MORAW, P. (Hg.): *Akkulturation und Selbstbehauptung. Studien zur Entwicklungsgeschichte der Lande zwischen Elbe/Saale und Oder im späten Mittelalter*, Berlin, 149–164.

NABIAŁEK, K. (2019): *Księgi miejskie Proszowic z XV–XVIII w. Studium kodykologiczne*, „Archeion" 120, 283–322.

NADOBNIK, R. (2019): *Sprachführer für Deutsch und Polnisch. Die Geschichte der Textsorte von ihren Anfängen bis zur Gegenwart in kontrastiver Darstellung*, Hamburg.

NAWROCKI, E. (1992): *Zur Geschichte der Stadt Schweidnitz und Anmerkungen zur polnischen Geschichtsschreibung über Schlesien nach dem 2. Weltkrieg und zum deutsch-polnischen Verhältnis: Vorträge, gehalten in der VHS in Biberach an der Riß, am 06.–08.12.1990*, Biberach an der Riß.

NISHIWAKI, M. (2015): *Zur Mehrfachnegation im Mittelhochdeutschen aus mereologischer Perspektive*, „Neue Beiträge zur Germanistik" 14 (1), 124–142.

OLBRICH, H. O. (2021): *Die Tragödie des Deutschtums in Polen*, (online) https://relaunch.kreis-ahrweiler.de/kvar/VT/hjb1963/hjb1963.22.htm (07.01.2021).

OLSZEWSKA, D. (2009): *Wissenschaftliche Texte als Gegenstand der deutschen Textlinguistik*, „Studia Germanica Gedanensia" 29, 9–22.

OLSZEWSKA, D. / KĄTNY, A. (2013): *Vom Text zum Diskurs, genauer gesagt: Vom Text zum Text im Diskurs*, „tekst i dyskurs – text und diskurs" 2, 7–21.

OOMEN, U. (1974): *Systemtheorie der Texte*, „Folia Linguistica" 5 (1–2), 12–34.

OPIŁOWSKI, R. (2009): *Das strategische Textdesign im Diskurs als Konstruktionsprinzip der Werbekampagnen*, „tekst i dyskurs – text und diskurs" 2, 107–121.

OPIŁOWSKI, R. (2013): *Von der Textlinguistik zur Bildlinguistik*. Sprache-Bild-Texte im neuen Forschungsparadigma, „Zeitschrift des VPG / Czasopismo SGP" 2, 217–225.

OPIŁOWSKI, R. (2015): *Ein kontrastiver Blick auf die Multimodalität in der deutschen und polnischen Pressewerbung. Eine Fallstudie*, „tekst i dyskurs – text und diskurs" 8, 91–101.

OPIŁOWSKI, R. (2019): *Vom Text zur Intertextualität. Eine linguistische und multimodale Betrachtung*, [in:] WIKTOROWICZ, J. / JUST, A. / OWSIŃSKI, P. A. (Hg.): *Facetten der Sprachwissenschaft: Bausteine zur diachronen und synchronen Linguistik*, Berlin, 151–166.

OPIŁOWSKI, R. (2020): *Interkulturelle Kontrastivität als Forschungsdomäne in der Text- und Medienlinguistik*, [in:] BUK, A. / HANUS, A. / MAC, A. / MILLER, D. / SMYKAŁA, M. / SZWED, I. (Hg.): *Tekst, dyskurs, komunikacja. Podejścia teoretyczne, analityczne i kontrastywne / Text, Diskurs, Kommunikation. Theoretische, analytische und kontrastive Ansätze*, Rzeszów, 69–82.

OSTASZEWSKA, D. (1991): *Organizacja tekstu a problem gromadzenia i scalania jego informacji*, Katowice.

OWSIŃSKI, P. A. (2011a): *Vorluthersche und luthersche Bibelübersetzungen. Versuch eines Vergleichs anhand von ausgewählten Textabschnitten*, „Germanica Wratislaviensia" 133, 145–159.

OWSIŃSKI, P. A. (2011b): *Średniowieczne próby przekładu treści biblijnych na język niemiecki. Otfried z Weißenburga, Notker Labeo oraz Mistrz Eckhart*, „Kieleckie Studia Teologiczne" 15, 27–42.

OWSIŃSKI, P. A. (2015a): *Die Spuren des Pruzzischen in ausgewählten deutschen Namen der polnischen Flüsse und Ortschaften von Ermland-Masuren*, „Studia Warmińskie" 50, 271–283.

OWSIŃSKI, P. A. (2015b): *Die Doppelübersetzung als Ausdruck der Sorge des Übersetzers um den Rezipienten des Textes*, „Kieleckie Studia Teologiczne" 14, 185–200.

OWSIŃSKI, P. A. (2016): *Sposoby pisowni biblijnych nazw własnych na podstawie niemieckiego tłumaczenia Dziejów Apostolskich św. Łukasza z Biblii Malborskiej vel Królewieckiej z XIV w.*, [in:] BOJAR, B. (Hg.): *Perfectum. Badania diachroniczne w Polsce III*, Warszawa, 69–82.

OWSIŃSKI, P. A. (2017a): *Graphematische Untersuchungen zur ostdeutschen Apostelgeschichte aus dem 14. Jahrhundert*, Frankfurt/Main.

OWSIŃSKI, P. A. (2017b): *Das Schlesische in Krakau – Versuch einer graphematischen Analyse der Krakauer Hutmacherstatuten*, [in:] BIADUŃ-GRABAREK, H. / FIRYN, S. (Hg.): *Sprache der deutschsprachigen Kanzleien in der frühneuhochdeutschen Zeit im südlichen Ostseeraum, Teil 1: Phonologische und graphematische Ebene*, Frankfurt/Main, 43–60.

OWSIŃSKI, P. A. (2017c): *Versuch einer Sprachanalyse ausgewählter deutscher Willküren (14. Jh.) aus Antiquum registrum privilegiorum et statutorum civitatis Cracoviensis*, [in:] OWSIŃSKI, P. A. / FERET, A. S. / CHROMIK, G. M. (Hg.): *Auf den Spuren der Deutschen in Mittel- und Osteuropa. Sławomira Kaleta-Wojtasik in memoriam*, Frankfurt/Main, 113–129.

OWSIŃSKI, P. A. (2017d): *Kanzleisprache als Weg zur Regelung der deutschen Rechtschreibung*, [in:] MIHUŁKA, K. / SIERADZKA, M. (Hg.): *Interlinguales und -kulturelles Sprachhandeln: interdisziplinäre Perspektiven, Teil 2*, Rzeszów, 41–61.

OWSIŃSKI, P. A. (2017e): *Frühneuhochdeutsche Neuerungen im Spiegel der Schreibung der Krakauer Stadtkanzlei*, „Beiträge zur Allgemeinen und Vergleichenden Sprachwissenschaft. Sprachebenen und ihre Kategorisierungen" 6, 129–139.

OWSIŃSKI, P. A. (2017f): *Die Multidialektalität der Übersetzung als Erleichterung der Textrezeption anhand der deutschen Übertragung der Apostelgeschichte aus dem 14. Jahrhundert*, [in:] OWSIŃSKI, P. A. / FERET, A. S. / CHROMIK, G. M. (Hg.): *Auf den Spuren der Deutschen in Mittel- und Osteuropa. Sławomira Kaleta-Wojtasik in memoriam*, Frankfurt/Main, 101–111.

OWSIŃSKI, P. A. (2018a): *Das Deutsche in der Krakauer Stadtkanzlei im 15. Jahrhundert im Spiegel der Sprachanalyse ausgewählter Willküren*, „Acta Universitatis Lodziensis Folia Germanica" 14, 43–55.

OWSIŃSKI, P. A. (2018b): Zum Nebensilbenvokalismus als Reflex des Entwicklungsstandes der deutschen Sprache im 17. *Jahrhundert*, „Beiträge zur allgemeinen und vergleichenden Sprachwissenschaft / Contributions to General and Comparative Linguistics" 7, 89–103.

OWSIŃSKI, P. A. (2018c): *Aus der graphematischen Analyse der deutschen Übersetzung der Acta Apostolorum aus dem 14. Jahrhundert*, [in:] JANÍKOVÁ, V. / BRYCHOVÁ, A. / VELIČKOVÁ, J. / WAGNER R. (Hg.): *Sprachen verbinden. Beiträge der 24. Linguistik- und Literaturtage, Brno/Tschechien, 2016*, Hamburg, 193–202.

OWSIŃSKI, P. A. (2019a): *Geschichte des deutschen für jedermann. Wissenschaftliche Materialien und Lehrmittel zur Einführung in die Geschichte. Der deutschen Sprache. Jahrhundert*, Kraków.

OWSIŃSKI, P. A. (2019b): *Zum Deutsch im 18. Jahrhundert anhand der graphematischen Untersuchung einer deutschen Dorfwillkür*, [in:] WIKTOROWICZ, J. / JUST, A. / OWSIŃSKI, P. A. (Hg.): *Facetten der Sprachwissenschaft. Bausteine zur diachronen und synchronen Linguistik*, Berlin, 167–201.

OWSIŃSKI, P. A. (2019c): *Das werdende einheitliche Deutsch im Lichte der graphematischen Untersuchung des Konsonantismus in einer Dorfwillkür aus dem*

17. Jahrhundert, „Beiträge zur Allgemeinen und Vergleichenden Sprachwissenschaft. Synchronie und Diachronie: Gegenstand – Methoden – Ziele" 8, 133–145.

OWSIŃSKI, P. A. (2019d): *Dialektologische Untersuchungen zu einem Krakauer Testament aus dem 16. Jahrhundert,* [in:] „Studia Filologiczne Uniwersytetu Jana Kochanowskiego" 32, 343–362.

OWSIŃSKI, P. A. (2019e): *Vokalquantitätsverschiebungen in ausgewählten Dorfwillküren aus dem 17. und 18. Jh. Eine graphematisch-phonematische Studie,* „Studia Linguistica" 38, 67–79.

OWSIŃSKI, P. A. (2019f): *Die schlesische Mundart in Krakau. Versuch der graphematischen Analyse einer mittelalterlichen Willkür des Krakauer Stadtrates,* [in:] KEGYES, E. / KRISTON, R. / SCHÖNENBERGER, M. (Hg.): *Sprachen, Literaturen und Kulturen im Kontakt. Beiträge der 25. Linguistik- und Literaturtage, Miskolc/ Ungarn, 2017,* Hamburg, 75–86.

OWSIŃSKI, P. A. (2019g): *Kompetencje wielojęzyczne nauczycieli oraz kompetencja nauczyciela z zakresu historii języka jako element wspierający proces nauczania / uczenia się języka obcego,* „Języki Obce w Szkole" 4/2019, 25–29.

OWSIŃSKI, P. A. (2020a): *Fremdsprachliche Interferenzen gestern und heute im Kontext der sprachexternen Faktoren. Eine Studie zum englisch-deutschen und deutschpolnischen Sprachkontakt,* „Linguodidactica" 24, 201–225.

OWSIŃSKI, P. A. (2020b): *Schrift als Spiegel des werdenden einheitlichen Deutsch anhand der graphematischen Untersuchung des Vokalismus in einer Dorfwillkür aus dem 17.* Jahrhundert, [in:] DURAND, M.-L / LEFÈVRE, M. / ÖHL, P. (Hg.): *Tradition und Erneuerung: Sprachen, Sprachvermittlung, Sprachwissenschaft. Akten der 26. Fachtagung der Gesellschaft für Sprache und Sprachen GeSuS e.V. in Montpellier, 5.–7. April 2018,* Bd. 9, Hamburg, 137–148.

OWSIŃSKI, P. A. (2020c): *Zur Realisierung der standardsprachlichen vokalischen Neuerungen des Frühneuhochdeutschen im Text der Hermannstädter Protokolle (1552–1559),* „Neuphilologische Mitteilungen" 121 (2), 333–356.

OWSIŃSKI, P. A. (2020d): *Język polski po niemiecku..., czyli interferencja fonemiczno-grafemiczna w tekstach przysiąg ławników, kramarzy i kupców piętnastowiecznego Krakowa,* [in:] COOK, J. / LIBURA A. (Hg.): *Dwujęzyczność w Polsce. Od badań współczesnych rodzin dwujęzycznych do analiz wielojęzyczności historycznej i literackiej,* Wrocław, 79–94.

OWSIŃSKI, P. A. (2020e): *Grammatikalisierung als Glied in der Kette der Sprachwandelprozesse anhand von ausgewählten Beispielen aus der ostdeutschen Apostelgeschichte aus dem 14. Jahrhundert,* „Beiträge zur Allgemeinen und Vergleichenden Sprachwissenschaft. Synchronie und Diachronie: Gegenstand – Methoden – Ziele" 9, 75–95.

OwsIŃSKI, P. A. (2021a): *Zur graphischen Gestalt der deutschen Berufsbezeichnungen in den lateinischen Eintragungen des Thorner Proskriptionsbuches aus den Jahren 1358–1412*, „Linguodidactica" 25, 141–166.

OwsIŃSKI, P. A. (2021b): *Adnotacja w parafialnym Liber Natorum (1864–1869) jako rodzaj tekstu. Studium tekstologiczno-kodykologiczne*, „tekst i dyskurs – text und diskurs" 15, 539–560.

OwsIŃSKI, P. A. (2021c): *Zur Realisierung der standardsprachlichen vokalischen Lautwandelprozesse des Frühneuhochdeutschen im Text der Hermannstädter Protokolle (1560–1565)*, „Neophilologus. An International Journal of Modern and Medieval Language and Literature" 105 (2), 239–259 (online) https://link.springer.com/article/10.1007/s11061-021-09671-z (06.05.2021).

OwsIŃSKI, P. A. (2021d): *Zu Graphem-Phonem-Korrespondenzen anhand der sprachlichen Untersuchung der Dorfwillkür von Klein Lubin aus der Mitte des 17. Jahrhunderts*, [in:] JUST, A. / OwsIŃSKI, P. A. (Hg.): *Das sprachliche Handeln in den kleinen Kanzleien Akten der 10. Tagung des Internationalen Arbeitskreises Kanzleisprachenforschung, Warschau, 9. bis 10. September 2019*, Hamburg, 163–194.

OwsIŃSKI, P. A. (2021e): *Zum Stadium des Jespersen-Zyklus im Text der ostmitteldeutschen Apostelgeschichte aus dem 14. Jahrhundert*, „Germanica Wratislaviensia" 146, 37–49.

OwsIŃSKI, P. A. (2021f): *Zur deutschen graphemisch-phonetischen Interferenz anhand ausgewählter Eidesformeln aus dem 15. und 16. Jahrhundert*, „Acta Germanica. German Studies in Africa" 49, 175–189.

OwsIŃSKI, P. A. (2022a): *Versuch einer textlinguistischen Analyse der deutschen Eintragungen im Hermannstädter Protokollbuch aus dem 16. Jahrhundert*, „Studia Neofilologiczne. Rozprawy Językoznawcze" 18, 131–156.

OwsIŃSKI, P. A. (2022b): *Adnotacja w rosyjskim Liber Copulatorum (1868–1882) jako rodzaj tekstu w świetle analizy tekstologiczno-kodykologicznej*, „Acta Neophilologica" 24 (1), 17–37.

OwsIŃSKI, P. A. (2022c): *Tekstologiczno-kodykologiczne studium przypadku polskojęzycznej metryki zgonu w Liber Mortuorum (1867–1878) jako rodzaju tekstu*, „Białostockie Archiwum Językowe" 22, 249–271.

OwsIŃSKI, P. A. (2022d): *Zur Realisierung der standardsprachlichen vokalischen Neuerungen des Frühneuhochdeutschen im Text der Krakauer Juramenta aus dem 14. und 15. Jahrhundert*, [in:] JUST, A. / FERET, A. S. / OwsIŃSKI, P. A. (Hg.): *Betrachtungen zur diachronen und synchronen Linguistik*, Berlin, 205–223.

OwsIŃSKI, P. A. (2022e): *Ein Versuch der phonematisch-graphematischen Untersuchung des Textes De proscriptis (1381–1412) aus Jauer/Jawor*, „Germanoslavica. Zeitschrift für germano-slawische Studien" 33 (2), 120–137.

Owsiński, P. A. (2022f): *Relacja mowa–pismo, czyli próba analizy językowej wybranych niemieckich adnotacji w najstarszej księdze miejskiej Zgorzelca (1305–1343),* „Z Badań nad Książką i Księgozbiorami Historycznymi" 16 (2), 167–191.

Owsiński, P. A. / Mordań, M. (2021): *Запись в русскоязычной метрической книге XIX века «О родившихся» в аспекте текстологических и кодикологических исследований (= «O rodivshikhsya» v aspekte tekstologicheskikh i kodikologicheskikh issledovaniy),* „Slavia Orientalis" 70 (4), 851–872.

Owsiński, P. A. / Paluch, A. (2020): *Zur (In)Korrektheit der erbrechtlichen Terminologie in der polnischen und deutschen Rechtssprache anhand ausgewählter Beispiele. Eine kritische Studie,* „Osteuropa Recht" 66, 205–216.

Owsiński, P. A. / Paluch, A. (2021): *Versuch einer textlinguistischen Analyse ausgewählter deutschsprachiger Testamente des Königlich Preußischen Adels aus dem 17. Jahrhundert,* „Acta Neophilologica" 23 (2) 49–68.

Owsiński, P. A. / Paluch, A. (2022): *Językowy obraz świata w tłumaczeniu wybranych pojęć z zakresu prawa karnego w języku polskim i niemieckim,* [in:] Kujawska-Lis, E. / Krawczyk-Łaskarzewska, A. / Letka-Spychała, O. (Hg.): *Komunikacja międzykulturowa w świetle współczesnej translatologii. Języki, teksty, interpretacje,* Bd. IX, Olsztyn, 207–218.

Ozil, Ş. (1988): *Some remarks on the language of written linguistic texts,* [in:] Koç, S. (Hg.): *Studies on Turkish Linguistics: Proceedings of the Fourth International Conference on Turkish Linguistics 17.–19. August 1988,* Ankara, 469–476.

Paluch, A. / Owsiński, P. A. (2020): *O (nie)poprawności terminologii prawa spadkowego w polskim i niemieckim języku prawnym na przykładzie wybranych pojęć. Studium krytyczne,* „Głos Prawa. Przegląd Prawniczy Allerhanda" 3, Nr. 1 (5), 37–52.

Paluch, A. (2021): *Granice swobody rozrządzania majątkiem na wypadek śmierci w prawie polskim,* unveröffentlichte Dissertation, Jagiellonen-Universität in Krakau.

Pałuszyńska, E. (2010): *Analiza tekstu jako zdarzenia komunikacyjnego,* „Acta Universitatis Lodziensis. Kształcenie Polonistyczne Cudzoziemców" 17, 157–165.

Papritz, J. (1983): *Archivwissenschaft. Teil I. Einführung, Grundbegriffe, Terminologie,* Bd. 1, Marburg.

Patkaniowski, M. (1934): *Krakowska Rada Miejska w średnich wiekach,* Kraków.

Patze, H. (1970): *Neue Typen des Geschäftsschriftgutes im 14. Jahrhundert,* [in:] Patze, H. (Hg.): Der deutsche Territorialstaat im 14. Jahrhundert, Bd. 1, Sigmarinen, 9–64.

Pätzold, S. (2012): *Zwischen archivischer Praxis und kulturgeschichtlichem Paradigma. Jüngere Ansätze der Amtsbuchforschung,* [in:] Reininghaus, W. / Stumpf, M. (Hg.): *Amtsbücher als Quellen der landesgeschichtlichen Forschung (Westfälische Quellen und Archivpublikationen),* Bd. 27, Münster: Landschaftsverband Westfalen-Lippe, LWL-Archivamt für Westfalen, 9–39.

PAUL, H. (1886): *Principien der Sprachgeschichte*, Halle a. d. S.

PAUL, H. (1959): *Deutsche Grammatik*, Bd. III, Teil IV: Syntax (erste Hälfte), Halle a. d. S.

PAUL, H. (2007): *Mittelhochdeutsche Grammatik*, Tübingen.

PAUL, H. / MITZKA, W. (1963): *Mittelhochdeutsche Grammatik*, Tübingen.

PAVEAU, M. / SARFATI, G. É (2009): *Wielkie teorie językoznawcze. Od językoznawstwa historyczno-porównawczego do pragmatyki*, Kraków.

PAWLIKOWSKA-ASENDRYCH, E. (2014): *Zur Anwendbarkeit der deutschen und deutsch-polnischen Wörterbücher bei der Textanalyse*, [in:] BERDYCHOWSKA, Z. / JANICKA, J. / VOGELGESANG-DONCER, A. (Hg.): *Texte – Textsorten – Phänomene im Text*, Frankfurt/Main, 253–265.

PELKA, D. (2003a): *Phonetische Analyse der Konsonanten in der deutschen Sprache der Gegend von Oberglogau (Głogówek)*, „Orbis Linguarum" 23, 223–234.

PELKA, D. (2003b): *Der deutsch-polnische Sprachkontakt in Oberschlesien – zu den Vorarbeiten eines Dissertationsprojektes*, [in:] NÉMETH, A. (Hg.): *Linguistische Beiträge ungarischer Nachwuchsgermanisten. Referate der I. Linguistischen Tagung ungarischer Nachwuchsgermanisten an der Universität Veszprém vom 28.–29. März 2003*, Veszprém, 151–167.

PELKA, D. (2004a): *Zum Stellenwert der deutschen Sprache in Oberschlesien (aus historischer und aktueller Sicht)*, „Oberschlesisches Jahrbuch" 2002–2003 (18–19), 77–86.

PELKA, D. (2004b): *Zum Vokalismus der Sprache der deutschen Minderheit in Oberschlesien*, „Prace Germanistyczne = Germanistische Werkstatt" 2, 23–36.

PELKA, D. / KSIĘŻYK, F. (2005): *Ein Korpus zur Untersuchung des deutsch-polnischen Sprachkontaktes in Oberschlesien*, [in:] SCHWITALLA, J. / WEGSTEIN, W. (Hg.): *Korpuslinguistik deutsch: synchron – diachron – kontrastiv. Würzburger Kolloquium 2003*, Tübingen, 251–254.

PELKA, D. (2006): *Der deutsch-polnische Sprachkontakt in Oberschlesien am Beispiel der Gegend von Oberglogau*, Berlin.

PELKA, D. (2007): *Methode und Ergebnisse einer kontaktlinguistischen Untersuchung in Oberschlesien*, „Germanoslavica. Zeitschrift für germano-slawische Studien" 18 (1–2), 125–146.

PELKA, D. (2008): *Mehrsprachigkeit und Sprachkontakt in Oberschlesien*, „Prace Germanistyczne = Germanistische Werkstatt" 3, 175–185.

PELKA, D. (2009): *Polsko-niemieckie kontakty językowe na Górnym Śląsku*, „Portret. Rocznik głogówecki" 3, 9–22.

PELKA, D. (2010): *Die deutsche Sprache in Oberschlesien heute*, „Studia Germanica Gedanensia" 21 (5), 37–47.

PELKA, D. (2011a): *Sprachkontakterscheinungen im Roman „Baba und ihre Kinder"
von August Scholtis*, [in:] KACZMAREK, D. / MAKOWSKI, J. / MICHOŃ, M. / WEIGT,
Z. (Hg.): *Felder der Sprache – Felder der Forschung. Germanistikbeiträge*, Bd. 1,
Łodź, 110–125.

PELKA, D. (2011b): *Was ein Titelkopf verraten kann oder: Zur Entwicklung des Titel-
kopfes dreier Minderheitszeitschriften*, „Acta Facultatis Philosophicae Universitatis Ostraviensis. Studia Germanistica" 8, 29–41.

PELKA, D. (2012a): *Deutsch-polnische Sprachinteraktionen in den „Oberschlesischen
Nachrichten"*, [in:] WROBEL, R. M. (Hg.): *Ethnische Minderheiten und Erinnerungs-
kulturen in Mittel- und Osteuropa. Ergebnisse des 7. Sächsischen Mittel- und Ost-
europatages in Zwickau (27.10.2010)*, Frankfurt/Main, 159–176.

PELKA, D. (2012b): *Schrift – Bild – Zeichen: Zum Titelkopf in der deutschen Minder-
heitspresse in Polen nach 1989*, „Roczniki humanistyczne" 60 (5), 113–128.

PELKA, D. (2012c): *Typographie und ihr Einfluss auf den Leseprozess: Mikrotypo-
graphische Fehler in den Oberschlesischen Nachrichten*, „Academic Journal of
Modern Philology" 1, 85–97.

PELKA, D. (2013): *Die Sprache in Oberschlesien als Gegenstand linguistischer Untersuchungen*, „Jahrbuch der Schlesischen Friedrich-Wilhelms-Universität zu Breslau" 2010–2011 (51–52), 9–29.

PELKA, D. (2015a): *Deutsche Einflüsse auf die Grammatik des polnischen Schlesisch*,
[in:] WÖLKE, S. / BARTELS, H. (Hg.): *Einflüsse des Deutschen auf die grammatische
Struktur slawischer Sprachen*, Bautzen, 136–156.

PELKA, D. (2015b): *Die Großen und die Kleinen. Majuskeln und ihre Wirkung auf den
Leser*, „Studia Niemcoznawcze" 56, 433–456.

PELKA, D. (2015c): *Makro- und Mikrotypographie im Titelkopf der „Oberschlesischen Nachrichten" und ihrer Folgezeitungen*, „Germanica Wratislaviensia" 140,
195–210.

PELKA, D. (2018): *Was Buchstaben zum Ausdruck bringen können: Zu Formen und
Funktionen des Schriftbildes*, [in:] FÖLDES, C. (Hg.): *Themenfelder, Erkenntnisinteressen und Perspektiven in der Germanistik in Mitteleuropa*, Tübingen, 107–130.

PELKA, D. (2020): *Zur Semantik und Wortbildung der Personenbezeichnungen im
oberschlesischen Deutsch*, „Germanica Wratislaviensia" 145, 199–212.

PELKA, D. (2021a): *Zu den Ursachen lexikalischer Transferenz vor dem Hintergrund
des deutsch-polnischen Sprachkontaktes in Oberschlesien*, „Acta Germanica: German Studies in Africa" 49, 158–174.

PENZL, H. (1984): *Frühneuhochdeutsch*, Bern.

PÉRENNEC, M.-H. (2000): *Textlinguistik im romanischen Sprachraum*, [in:] BRINKER,
K. / ANTOS, G. / HEINEMANN, W. / SAGER, S. F. (Hg.): *Text- und Gesprächslinguistik / Linguistics of Text and Conversation. Ein internationales Handbuch zeitgenössischer Forschung / An International Handbook of Contemporary Research*,
Hbd. 1, Berlin–New York, 145–153.

PETERSON, J. (2015): *Sprache und Migration*, Heidelberg.

PETÖFI, J. S. (1971a): *Probleme der ko-textuellen Analyse von Texten*, [in:] IHWE, J. (Hg.): *Literaturwissenschaft und Linguistik*, Bd. 1, Frankfurt/Main, 173–212.

PETÖFI, J. S. (1971b): *Transformationsgrammatiken und eine ko-textuelle Texttheorie*, Frankfurt/Main.

PETÖFI, J. S. (1971c): „*Generativity*" *and* „*Textgrammar*", „Folia Linguistica" 5, 277–309.

PETTER, A. (2006): *Schriftorganisation, Kulturtransfer und Überformung – drei Gesichtspunkte zur Entstehung, Funktion und Struktur städtischer Amtsbuchüberlieferung aus dem Mittelalter*, [in:] SARNOWSKY, J. (Hg.): *Verwaltung und Schriftlichkeit in den Hansestädten*, Trier, 17–63.

PFEFFERKORN, O. (2005): „*Übung der Gottseligkeit*". *Die Textsorten Predigt, Andacht und Gebet im deutschen Protestantismus des späten 16. und des 17. Jahrhunderts*, Frankfurt/Main.

PIIRAINEN, I. T. (1968): *Graphematische Untersuchungen zum Frühneuhochdeutschen*, Berlin.

PIIRAINEN, I. T. (1983): *Die Stadt- und Burgrecht von Kremnica/Kremnitz*, Heidelberg.

PIIRAINEN, I. T. (1988): *Frühneuhochdeutsche Sprach- und Rechtsdenkmäler in Wroclaw/Breslau*, „Neuphilologische Mitteilungen" 89, 333–357.

PIIRAINEN, I. T. (1990): *Die Schöffenbücher von Legnica/Liegnitz. Ein Beitrag zum Frühneuhochdeutschen in Śląsk/Schlesien*, „Neuphilologische Mitteilungen" 91, 417–430.

PIIRAINEN, I. T. (1992): *Das Stadtbuch von Legnica/Liegnitz. Ein Beitrag zum Frühneuhochdeutschen in Śląsk/Schlesien*, „Studia Neerlandica et Germanica. Norbert Morciniec zum 60. Geburtstag", 287–293.

PIIRAINEN, I. T. (1993): *Stadtbücher von Fraustadt/Wschowa. Ein Beitrag zum Frühneuhochdeutschen in Polen*, [in:] MATTHEIER, K. J. / WEGERA, K.-P. / SOLMS, H.-J. / MACHA, J. / HOFFMANN, W. (Hg.): *Vielfalt des Deutschen. Festschrift für Werner Besch*, Frankfurt/Main, 253–260.

PIIRAINEN, I. T. (1994): *Vereinheitlichungstendenzen in der deutschen Sprache in Niederschlesien im 14.–17. Jahrhundert*, [in:] ROGGAUSCH, W. (Hg.): *Germanistentreffen Bundesrepublik Deutschland – Polen [1993, Regensburg]; Dokumentation der Tagungsbeiträge, 26.09.–30.09.1993*, Bonn, 233–241.

PIIRAINEN, I. T. (1995): *Der Sachsenspiegel aus Schweidnitz/Świdnica: Ein Beitrag zum Frühneuhochdeutschen in Schlesien*, „Neuphilologische Mitteilungen" 96 (3), 309–314.

PIIRAINEN, I. T. (1997): *Der Sachsenspiegel von Conrad von Oppeln und Rechtshandschriften in Breslau*, [in:] KOSELLEK, G. (Hg.): *Die Anfänge des Schrifttums in Oberschlesien bis zum Frühhumanismus. Im Auftrag der Stiftung Haus Oberschlesien*, Frankfurt/Main, 237–250.

PIIRAINEN, I. T. (1999): *Deutschsprachige Handschriften aus Sprottau/Szprotawa: ein Beitrag zum Frühneuhochdeutschen in Schlesien*, [in:] BENTZINGER, R. / OPPITZ, U.-D. (Hg.): *Fata libellorum. Festschrift für Franzjosef Pensel*, Göppingen, 233–237.

PIIRAINEN, I. T. (2001a): *Deutsche Handschriften des Spätmittelalters und der Frühen Neuzeit in Schlesien*, [in:] ENGEL, W. / HONSZA, N. (Hg.): *Kulturraum Schlesien. Ein europäisches Phänomen; Interdisziplinäre Konferenz Wroclaw/Breslau 18.–20. Oktober 1999*, Wrocław, 189–199.

PIIRAINEN, I. T. (2001b): *Die Stadtbücher von Sagan/Zagan. Ein Beitrag zur deutschen Schriftlichkeit der Frühen Neuzeit in Schlesien*, „Convivium. Germanistisches Jahrbuch", 55–66.

PIIRAINEN, I. T. (2004a): *Frühneuhochdeutsche Handschriften der Stadt Liegnitz/Legnica in Schlesien*, [in:] BARTOSZEWICZ, I. / HAŁUB, M. / JURASZ, A. (Hg.): *Werte und Wertungen. Sprach-, literatur- und kulturwissenschaftliche Skizzen und Stellungnahmen. Festschrift für Eugeniusz Tomiczek zum 60. Geburtstag*, Wrocław, 559–569.

PIIRAINEN, I. T. (2004b): *Die Vielfalt der Sprachen in Handschriften des Spätmittelalters und der Frühen Neuzeit in Schlesien*, [in:] LASATOWICZ, M. K. (Hg.): *Kulturraumformung. Sprachpolitische, kulturpolitische, ästhetische Dimensionen*, Berlin, 9–21.

PIIRAINEN, I. T. (2004/2005): *Dokumentationsschrifttum des Spätmittelalters und der Frühen Neuzeit in schlesischen Archiven*, „Jahrbuch der Schlesischen Friedrich-Wilhelms-Universität zu Breslau" 45/46, 25–38.

PIIRAINEN, I. T. (2005): *Frühneuhochdeutsche Handschriften in Schlesien*, [in:] GARBER, K. (Hg.): *Kulturgeschichte Schlesiens in der Frühen Neuzeit*, Bd. 1, Tübingen, 777–792.

PIIRAINEN, I. T. (2006a): *Der Sachsenspiegel aus der Dombibliothek in Breslau/Wroclaw in der Tradition der Rechtshandschriften in Liegnitz/Legnica und Breslau/Wroclaw*, [in:] BALZER, B. / HAŁUB, M. (Hg.): *Wroclaw–Berlin: Germanistischer Brückenschlag im deutsch-polnischen Dialog. II. Kongress der Breslauer Germanistik*, Wrocław, 65–88.

PIIRAINEN, I. T. (2006b): *Schlesien und die Slowakei. Zwei deutsch-slawische Sprachlandschaften aus historischer Sicht*, [in:] LASATOWICZ, M. K. / RUDOLPH, A. / WOLF, N. R. (Hg.): *Deutsch im Kontakt der Kulturen: Schlesien und andere Vergleichsregionen. Akten der V. Internationalen Konferenz des Germanistischen Instituts der Universität Opole, 19.–22. April 2004*, Berlin, 155–170.

PIIRAINEN, I. T. (2007): *Recht, Kirche und Kommerz: Die städtische Kommunität Breslaus im Mittelalter*, [in:] LASATOWICZ, M. K. (Hg.): *Städtische Räume als kulturelle Identitätsstrukturen: Schlesien und andere Vergleichsregionen*, Berlin, 339–344.

PIIRAINEN, I. T. (2010): *Statuten der Stadt Sorau. Ein Beitrag zum entstehenden Neuhochdeutschen*, [in:] BIAŁEK, E. / BIENIASZ, Ł. (Hg.): *Hereditas culturalis Soraviensis: Beiträge zur Geschichte der Stadt Sorau und zu ihrer Kultur*, Dresden, 17–34.

PIIRAINEN, I. T. (2013): *Drei Codices des 14.–15. Jahrhunderts in Wrocław/Breslau. Untersuchungen zu Beziehungen zwischen sprachhistorischen und rechtsgeschichtlichen Textanalysen*, [in:] WITTSTOCK, A. / SCHUBERT, M. J. (Hg.): *Sprache und Kultur in der Geschichte. Beiträge des Festkolloquiums zum 75. Geburtstag von Rudolf Bentzinger*, Erfurt, 11–24.

PIIRAINEN, I. T. (2015): *Schriftenverzeichnis von Prof. Dr. Dr. h.c. Ilpo Tapani Piirainen*, [in:] MEIER, J. (Hg.): *Historisch-philologische Untersuchungen zu deutschsprachigen Handschriften aus der Slowakei: von den Anfängen bis 1650*, Berlin, 143–179.

PIIRAINEN, I. T. / WASSER, W. (1996): *Der Sachsenspiegel aus Oppeln und Krakau*, Berlin.

PIIRAINEN, I. T. / TEN VENNE, INGMAR (2003): *Der Sachsenspiegel aus der Dombibliothek in Breslau/Wrocław*, Wrocław.

PIIRAINEN, I. T. / AGHAYEV, M. (2013): *Das Stadtrecht von Schweidnitz/Świdnica. Edition und sprachlich-historische Untersuchung einer frühneuhochdeutschen Handschrift aus Schlesien*, Berlin.

PIKE, K. L. (1971): *Language in Relation to a Unified Theory of the Structure of Human Behaviour*, The Hague.

PITZ, E. (1959): *Schrift- und Aktenwesen der städtischen Verwaltung im Spätmittelalter. Köln–Nürnberg–Lübeck. Beitrag zur vergleichenden Städteforschung und zur spätmittelalterlichen Aktenkunde*, Köln.

POCIASK, J. (2015): *Multikodale Gestaltung von Comics*, „tekst i dyskurs – text und diskurs" 8, 149–167.

POLENZ, P., VON (1991): *Deutsche Sprachgeschichte vom Spätmittelalter bis zur Gegenwart*, Bd. 1. *Einführung, Grundbegriffe, Deutsch in der frühbürgerlichen Zeit*, Berlin.

Polnisches Strafgesetzbuch vom 6. Juni 1997, Übersetzung des Strafgesetzbuches (Dz. U. vom 2. August 1997 Nr. 88, Pos. 553). Kodeks karny – tłumaczenie na język niemiecki, übersetzt von: SCHWIERSKOTT-MATHESON, E. (2011), Regensburg.

PRĘDOTA, S. (1972): *Zur graphemischen Interferenz*, „Germanica Wratislaviensia" 16, 99–103.

PTAŚNIK, J. (1934): *Miasta i mieszczaństwo w dawnej Polsce*, Warszawa–Kraków–Lublin–Łódź–Poznań–Wilno–Zakopane.

RAABE, P. (2001): *Die Bedeutung der Buchkultur für Europa*, „Gutenberg-Jahrbuch" 76, 27–35.

RAABE, P. (2002): *Knygos kultūros reikšmė Europai*, „Knygotyra" 39, 84–96.

RADLER, L. (1969): *Das Franziskanerkloster zu Schweidnitz im Besitz der Evangelischen*, „Archiv für schlesische Kirchengeschichte" 27, 53–74.

RADTKE, I. (1967): *Kancelaria miasta Poznania do roku 1570*, Warszawa.

REETZ, J. (1958): *Hamburgs mittelalterliche Stadtbücher*, „Zeitschrift des Vereins für Hamburgische Geschichte" 44, 95–139.

REHBEIN, J. (1977): *Komplexes Handeln. Elemente zur Handlungstheorie der Sprache*, Stuttgart.

REHME, P. (1913): *Über Stadtbücher als Geschichtsquelle*, Halle a. d. S.

REICHMANN, O. / WEGERA, K.-P. (Hg.) (1988): *Frühneuhochdeutsches Lesebuch*, Tübingen.

REINECKE, W. (1903): *Einleitung*, [in:] REINECKE, W. (Hg.): *Lüneburgs ältestes Stadtbuch und Verfestungsregister*, Hannover–Leipzig, I–CI.

REIS, M (1977): *Präsuppositionen und Syntax*, Tübingen.

REUTER, R. (1937): *Verbrechen und Strafen nach altem lübischem Recht. (Von der Stadtgründung bis zum revidierten Stadtrecht von 1586)*, „Hansische Geschichtsblätter" 61, Jg. 1936, 41–121.

RICHTER, G. (1979): *Lagerbücher- oder Urbarlehre. Hilfswissenschaftliche Grundzüge nach württembergischen Quellen*, Stuttgart.

RIECKE, J. (2016): *Geschichte der deutschen Sprache. Eine Einführung*, Stuttgart.

RIESEL, E. (1963): *Stilistik der deutschen Sprache*, Moskau.

ROLEK, B. (2009): *Stan badań nad intertekstualnością w lingwistyce tekstu w Niemczech – próba bilansu*, [in:] BILUT-HOMPLEWICZ, Z. / CZACHUR, W. / SMYKAŁA, M. (Hg.): *Lingwistyka tekstu w Polsce i w Niemczech. Pojęcia, problemy, perspektywy*, Wrocław, 233–245.

ROLF, E. (1993): *Die Funktionen der Gebrauchstextsorten*, Berlin– New York.

RONIKIER, J. (1978): *Na Rynku w Krakowie, czyli o sprawach ważnych i mniej ważnych, które się tu wydarzyły w latach 1257–1939*, Kraków.

ROSENGREN, I. (1980): *Texttheorie*, [in:] ALTHAUS, H. P. / HENNE, H. / WIEGAND, H. E. (Hg.): *Lexikon der Germanistischen Linguistik*, Tübingen, 275–286.

ROSNER, A. (2006): *Czy historyk prawa winien czytać rozważania etnograficzne?*, „Studia z Dziejów Państwa i Prawa Polskiego" 9, Nr. 2, 377–391.

ROZWADOWSKI, K. (2009): *Banicja w średniowieczu*, „Historia.org.pl", (online) https://historia.org.pl/2009/11/15/banicja-w-sredniowieczu/ (13.02.2021).

RÖDEL, M. (2007): *Doppelte Perfektbildungen und die Organisation von Tempus im Deutschen*, Tübingen.

RÖSSLER, P. (2007): *Makrostrukturen in österreichischen Adeligenbriefen vom 16. bis ins 18. Jahrhundert*, [in:] WIESINGER, P. (Hg.): *Textsorten und Textallianzen vom 16. bis zum 18. Jahrhundert. Beiträge zum Internationalen Sprachwissenschaftlichen Symposion in Wien 22. bis 24. September 2005*, Berlin, 65–89.

RÜCKERT, H. (1878): *Entwurf einer systematischen Darstellung der schlesischen Mundart im Mittelalter*, Paderborn.

RZESZUTKO-IWAN, M. (2009): *Pojęcie tekstu w badaniach tekstologicznych*, [in:] BILUT-HOMPLEWICZ, Z. / CZACHUR, W. / SMYKAŁA, M. (Hg.): *Lingwistyka tekstu w Polsce i w Niemczech. Pojęcia, problemy, perspektywy*, Wrocław, 57–68.

SANDIG, B. (2006): *Textstilistik des Deutschen*, 2. Berlin–New York.

SAUSSURE, F., DE (1991): *Kurs językoznawstwa ogólnego*, Warszawa.

SCHANK, G. (1984): *Ansätze zu einer Theorie des Sprachwandels auf der Grundlage von Textsorten*, [in:] BESCH, W. / REICHMANN, O. / SONDEREGGER, S. (Hg.): *Sprachgeschichte. Ein Handbuch zur Geschichte der deutschen Sprache*, Bd. 1, Berlin, 761–768.

SCHATTE, Cz. (2001): *Język reklamy a języki fachowe*, [in:] KĄTNY, A. (Hg.): *Języki fachowe, problemy dydaktyki i translacji*, Olecko, 71–79.

SCHATTE, Cz. (2002): *Sprichwort – Werbwort. Zur Verwendung von Sprichwörtern in deutschen und polnischen Werbetexten*, „Literature and Linguistics / Literatur und Linguistik" 1, 364–376.

SCHATTE, Cz. (2020): *Textsorte „Kochrezept" und Probleme ihrer Übersetzung am Beispiel des Romans von Johannes Mario Simmel Es muß nicht immer Kaviar sein*, [in:] BUK, A. / HANUS, A. / MAC, A. / MILLER, D. / SMYKAŁA, M. / SZWED, I. (Hg.): *Tekst, dyskurs, komunikacja. Podejścia teoretyczne, analityczne i kontrastywne / Text, Diskurs, Kommunikation. Theoretische, analytische und kontrastive Ansätze*, Rzeszów, 199–212.

SCHENKER, W. (1977): *Plädoyer für eine Sprachgeschichte als Textsortengeschichte. Dargestellt am Paradigma von Telefon, Radio, Fernsehen*, „Deutsche Sprache" 2, 141–148.

SCHERER, W. (1878): *Zur Geschichte der deutschen Sprache*, Berlin.

SCHILDT, J. (1976): *Abriss der Geschichte der deutschen Sprache. Zum Verhältnis von Gesellschafts- und Sprachgeschichte*, Berlin.

SCHIRRMANN, W. (1909): *Chronik der Stadt Schweidnitz*, Schweidnitz., (online) https://www.sbc.org.pl/dlibra/publication/20088/edition/17813/content (11.08.2021).

SCHLESINGER, W. (1975): *Zur Problematik der Erforschung der deutschen Ostsiedlung*, [in:] SCHLESINGER, W. (Hg.): *Die deutsche Ostsiedlung des Mittelalters als Problem der europäischen Geschichte. Reichenau-Vorträge 1970–1972*, Sigmaringen, 11–30.

SCHLESINGER, W. (2017): *Z problematyki badań nad niemieckim osadnictwem na Wschodzie*, [in:] STRZELCZYK, J. / KRAWIEC, A. (Hg.): *Powojenna mediewistyka niemiecka*, Poznań, S. 282–305.

SCHLÜTER, S. (2002): *rucktechnisch-typographisch unmarkierte Makrostrukturen und ihre Ermittlungsverfahren – Exemplifiziert anhand von monologischen und dialogischen Textteilen in der Kurzepik*, [in:] SIMMLER, F. (Hg.): *Textsorten deutscher Prosa vom 12./13. Jh. bis 18. Jahrhundert und ihre Merkmale*, Frankfurt/ Main, 159–170.

SCHMID, H. U. (2013): *Einführung in die deutsche Sprachgeschichte*, Stuttgart–Weimar.

SCHMID-GROTZ, F. (2009): *Das Augsburger Achtbuch – Ein Herrschaftsmedium in der spätmittelalterlichen Stadt? Dissertation zur Erlangung des Doktorgrades an der Philologisch-Historischen Fakultät der Universität Augsburg*, Augsburg, (online) https://opus.bibliothek.uni-augsburg.de/opus4/frontdoor/deliver/index/docId/3111/file/Schmid_Grotz_Augsburger_Achtbuch.pdf (05.02.2021).

SCHMIDT, F. J. (1846): *Geschichte der Stadt Schweidnitz*, Bd. 1, Schweidnitz, (online) https://jbc.jelenia-gora.pl/dlibra/show-content/publication/edition/7681?id=7681 (08.08.2021).

SCHMIDT, S. J. (1972): *Text als Forschungsobjekt der Texttheorie*, „Der Deutschunterricht" 24/4, 7–28.

SCHMIDT, S. J. (1973): *Probleme einer Linguistik der sprachlichen Kommunikation*, München.

SCHMIDT, W. (1980): *Geschichte der deutschen Sprache*, Berlin.

SCHNEIDER-FERBER, K. (1993): *Das Achtbuch als Spiegel für städtische Konfliktsituationen? Kriminalität in Augsburg (ca. 1348–1378)*, „Zeitschrift des Historischen Vereins in Schweden" 86, 45–114.

SCHNELL, R. (1998): *Frauendiskurs, Männerdiskurs, Ehediskurs. Textsorten und Geschlechterkonzepte in Mittelalter und Früher Neuzeit*, Frankfurt/Main–New York.

SCHROEDER, H. D. (1970): *Stadtbücher der Hansestädte und der Stralsunder „Liber memorialis"*, „Neue Hansische Studien (Forschungen zur mittelalterlichen Geschichte)" 17, 1–14.

SCHUBERT, H. (1911): *Bilder aus der Geschichte der Stadt Schweidnitz*, Schweidnitz., (online) https://obc.opole.pl/dlibra/show-content/publication/edition/833?id=833 (08.08.2021).

SCHULTHEISS, W. (1971): *Achtbuch*, [in:] ERLER, A. / KAUFMANN, E. / STAMMLER, W. (Hg.): *Handwörterbuch zur deutschen Rechtsgeschichte*, Bd. 1, Berlin, 36–37.

SCHUSTER, B.-M. (2001): *Die Verständlichkeit von frühreformatorischen Flugschriften. Eine Studie zu kommunikationswirksamen Faktoren der Textgestaltung*, Hildesheim–Zürich–New York.

SCHWARZ, S. (2011): *Die Entwicklung der Textsorte ,Feuerordnung' am Beispiel der Stadt Lübeck vom 15. bis zum 18. Jahrhundert*, Berlin.

SCHWARZ-FRIESEL, M. / CONSTEN, M. (2014): *Einführung in die Textlinguistik*, Darmstadt.

ŞENÖZ-AYATA, C. (2005): *Metindilbilim ve Türkçe*, İstanbul.

ŞENÖZ-AYATA, C. (2006): *Die Entwicklung der Textlinguistik (Deutschland und Türkei im Vergleich)*, „Alman Dili ve Edebiyatı Dergisi. Studien zur deutschen Sprache und Literatur" 18, 133–143, (online) https://dergipark.org.tr/tr/download/article-file/10989 (21.03.2021).

ŞENÖZ-AYATA, C. (2008): *Eine kontrastive Analyse über die Darstellungshaltung des Autors in deutschen und türkischen Wissenschaftstexten,* „Alman Dili ve Edebiyatı Dergisi. Studien zur deutschen Sprache und Literatur" 20, 153–168, (online) https://dergipark.org.tr/en/download/article-file/10794 (21.05.2021).

ŞENÖZ-AYATA, C. (2012): *Zur Textsorte Abstract in türkischen und deutschen Germanistikzeitschriften,* [in:] *Akten des XII. internationalen Germanistikkongresses,* cilt.16, Bern, 133–140.

ŞENÖZ-AYATA, C. / ATASOY, İ. (2019): *Ein interkultureller Blick auf Multimodalität in ausgewählten deutschen, angloamerikanischen, italienischen und türkischen Kosmetikwerbeanzeigen,* „Alman Dili ve Edebiyatı Dergisi. Studien zur deutschen Sprache und Literatur" 41(1), 1–23, (online) https://dergipark.org.tr/en/download/article-file/740648 (21.05.2021).

SIEDLANOWSKA, A. (2006): *Die deutschsprachige mediale TV-Predigt-Beschreibung eines Textmusters,* unveröffentlichte Dissertation, Maria-Curie-Skłodowska-Universität in Lublin.

SIEDLANOWSKA, A. (2008): *Die katholische Beichte im Lichte der textlinguistischen Untersuchungen,* „tekst i dyskurs – text und diskurs" 1, 43–50.

SIEMIEŃSKI, J. (1933): *Przewodnik po archiwach polskich. Archiwa dawnej Rzeczypospolitej,* Bd. 1, Warszawa.

ŠILHÁNOVÁ, R. (2011): *Lexikalische und phraseologische Aspekte der Textsorte Geschäftsbrief,* Zlín.

SIMMLER, F. (1992): *Prinzipien der Edition von Texten der Frühen Neuzeit aus sprachwissenschaftlicher Sicht,* [in:] MUNDT, M. / ROLOFF, H.-G. (Hg.): *Probleme der Edition von Texten der Frühen Neuzeit. Beiträge zur Arbeitstagung der Kommission für die Edition von Texten der Frühen Neuzeit,* Tübingen, 36–127.

SIMMLER, F. (2002): *Textsorte „Diatessaron" und seine Traditionen: Kontinuitäten und Neuansätze vom 9. bis 15. Jahrhundert,* [in:] SIMMLER, F. (Hg.): *Textsorten deutscher Prosa vom 12./13. Jh. bis 18. Jahrhundert und ihre Merkmale,* Frankfurt/Main, 289–367.

SIMMLER, F. (2007): *Zur Rolle von externen und internen Merkmalen bei der Textsortentypologie der Diatessaron- und Leben Jesu-Tradition des 16. Jahrhunderts,* [in:] WIESINGER, P. (Hg.): *Textsorten und Textallianzen vom 16. bis zum 18. Jahrhundert. Beiträge zum Internationalen Sprachwissenschaftlichen Symposion in Wien 22. bis 24. September 2005,* Berlin, 209–236.

SJP PWN = *Słownik języka polskiego PWN,* (online) https://sjp.pwn.pl/sjp/ (13.02.2021).

SKOWRONEK, B. (1982): *Fachsprache in der Hochschule am Beispiel der Polonistikstudenten,* [in:] PFEIFFER, W. (Hg.): *Deutsch als Fachsprache,* Poznań, 117–125.

SKOWRONEK, B. (1986): *Zur Beschreibung der Fachsprachen für den gesteuerten Fremdsprachenunterricht,* „Glottodidactica" 18, 49–57.

SKOWRONEK, B. (2001): *O Nauczaniu języków specjalistycznych*, [in:] KĄTNY, A. (Hg.): *Języki fachowe, problemy dydaktyki i translacji*, Olecko, 115–121.

SKUPIEŃSKI, K. (1997): *Notarius a subcancellarius. Uwagi o hierarchii urzędników kancelaryjnych w Polsce dzielnicowej*, [in:] JASIŃSKI, T. / JUREK, T. / PISKORSKI, J. M. (Hg.): *Homines et societas. Czasy Piastów i Jagiellonów*. Studia historyczne ofiarowane Antoniemu Gąsiorowskiemu w sześćdziesiątą piątą rocznicę urodzin, Poznań, 419–427.

SKUPIEŃSKI, K. (2001): *Biurokracja w średniowiecznej kancelarii?*, [in:] DYMMEL, P. / SKUPIEŃSKI, K. / TRELIŃSKA B. (Hg.): *Drogą historii*. Studia ofiarowane profesorowi Józefowi Szymańskiemu w siedemdziesiątą rocznicę urodzin, Lublin, 205–212.

SONDEL, J. (1939): *Słownik łacińsko-polski dla prawników i historyków*, Kraków.

SMEREKA, J. (2020a): *Textlinguistische Untersuchungen zu deutschen Testamenten von Krakauer Bürgern in der Zeit vom Ende des 14. Jahrhunderts bis zur zweiten Hälfte des 16. Jahrhunderts*, Dissertation, Universität Warschau.

SMEREKA, J. (2020b): *Ontische und pragmatische Fragen zur mittelalterlichen Textsorte Testament aus textlinguistischer Perspektive*, „Germanistische Beiträge" 46 (1), 306–332 (online) http://uniblaga.eu/wp-content/uploads/2020/46/Smereka. pdf (08.02.2023).

SMEREKA, J. (2021a): *Zur Syntax der deutschen Geschäftssprache im mittelalterlichen Krakau. Stadtbucheintrag und cedula papirea*, „Germanistische Werkstatt" 11, 211–227.

SMEREKA, J. (2021b): *Textlinguistische Untersuchungen zu mittelalterlichen deutschen Testamenten von Krakauer Bürgern*, Kraków.

SMEREKA, J. (2023): *Zur Notwendigkeit eines textsortendifferenzierten Herangehens an mittelalterliche Stadtbücher. Mundartlich-dialektale Kanzleisprachen in Krakauer Testamenten*, „Amsterdamer Beiträge zur älteren Germanistik" 83 (1), 74–93.

SMYKAŁA, M. (2003): *Zur Vermittlung der Werbebotschaft in Werbetexten der österreichischen Tourismusbranche und ihren polnischen Übersetzungen*, [in:] KOPECKY, T. / PETRIČ, T. (Hg.): *Germanistik im Kontaktraum Europa II. Internationales Symposion Maribor/Ljubljana, 18.–20. April 2002*, Maribor, 364–376.

SMYKAŁA, M. (2005): *Tourismuswerbung in der deutschen und polnischen Presse aus kontrastiver Sicht*, [in:] HAMMER, F. / LÜGER, H.-H. (Hg.): *Entwicklungen und Innovationen in der Regionalpresse*, Landau, 249–269.

SMYKAŁA, M. (2006): *Zur kontrastiven Textologie am Beispiel der österreichischen und polnischen Tourismuswerbung*, unveröffentlichte Dissertation, Universität Rzeszów.

SMYKAŁA, M. (2012): *Im Osten viel Neues? Germanistische kontrastive Textlinguistik in Polen – Versuch einer Bilanz*, „Zeszyty Naukowe Uniwersytetu Szczecińskiego. Colloquia Germanica Stetinensia" 20, 71–89.

SMYKAŁA, M. (2014): *Kontrastive Textsortenanalyse: Formen des Adressatenbezugs in polnischen und österreichischen Reiseprospekten*, [in:] BERDYCHOWSKA, Z. / JANICKA, J. / VOGELGESANG-DONCER, A. (Hg.): Texte – *Textsorten – Phänomene im Text*, Frankfurt/Main, 131–146.

SOSIN, M. (1999): *Intertextualität am Beispiel polnischer und deutscher Graffiti*, [in:] BILUT-HOMPLEWICZ, Z. (Hg.): *Zur Mehrdimensionalität des Textes. Repräsentationsformen, Kommunikationsbereiche, Handlungsfunktionen*, Rzeszów, 197–208.

SPÁČILOVÁ, L. (2000): *Deutsche Testamente von Olmützer Bürgern: Entwicklung einer Textsorte in der Olmützer Stadtkanzlei in den Jahren 1416–1566*, Wien.

SPEER, CH. (2012): *Der Index Librorum Civitatum als Instrument der historischen Grundlagenforschung*, [in:] REININGHAUS, W. / STUMPF, M. (Hg.): *Amtsbücher als Quellen der landesgeschichtlichen Forschung*, Münster, 107–124.

SPEER, CH. (2017): *Einleitung*, [in:] FOKT, K. / SPEER, CH. / MIKUŁA, M. (Hg.): *Liber Vetustissimus Gorlicensis. Das älteste Görlitzer Stadtbuch. Najstarsza księga miejska zgorzelecka. 1305–1416 (1423)*, T. 1., Kraków, 11–34.

SPEYER, A. (2010): *Deutsche Sprachgeschichte*, Göttingen.

SPIESBERGER, A. (2017): *Stadtbücher*, „Südwestdeutsche Archivalienkunde", (online) https://www.leo-bw.de/themenmodul/sudwestdeutsche-archivalienkunde/archivaliengattungen/amtsbucher/stadtbucher, Stand: 24.08.2017, (07.01.2021).

STEDJE, A. (1979): *Deutsch gestern und heute. Einführung in Sprachgeschichte und Sprachkunde*, Lund.

STEGER, H. (1984): *Sprachgeschichte als Geschichte der Textsorte*, [in:] BESCH, W. / BESCH, W. / REICHMANN, O. / SONDEREGGER, S. (Hg.): *Sprachgeschichte. Ein Handbuch zur Geschichte der deutschen Sprache und ihrer Erforschung*, 1. Halbbd. Berlin–New York, 186–205.

STEGER, H. (1998): *Sprachgeschichte als Geschichte der Textsorten, Kommunikationsbereiche und Semantiktypen*, [in:] BESCH, W. / BETTEN, A. / REICHMANN, O. / SONDEREGGER, S. (Hg.): *Sprachgeschichte. Ein Handbuch zur Geschichte der deutschen Sprache und ihrer Erforschung*, Berlin–New York, 284–300.

StGB (= Strafgesetzbuch) vom 15.05.1871 in der Fassung der Bekanntmachung vom 13.11.1998 (BGBl. I S. 332) mit späteren Änderungen, (online) https://dejure.org/gesetze/StGB/12.html (20.01.2021).

STROHNER, H. (1990): *Textverstehen: Kognitive und kommunikative Grundlagen der Sprachverarbeitung*, Opladen.

STROHNER, H. (2006): *Textverstehen aus psycholinguistischer Sicht*, [in:] BLÜHDORN, H. / BREINDL, E. / WASSNER, U. W. (Hg.): *Text – Verstehen. Grammatik und darüber hinaus*, Berlin–New York, 187–204, (online) https://ids-pub.bsz-bw.de/frontdoor/deliver/index/docId/7974/file/Strohner_Textverstehen_aus_psycholinguistischer_Sicht_2006.pdf (22.05.2021).

„Studia Germanica Gedanensia" 29 (2013), Texte und Diskurse: Theorie, Translation und Didaktik, https://czasopisma.bg.ug.edu.pl/index.php/SGG/issue/view/121 (05.11.2023).

SYTY, J. (1985): *Oznaczanie czasu w średniowiecznych źródłach narracyjnych*, „Roczniki Humanistyczne" 33 (2), 5–47.

SZCZEPANIAK, J. (1999): *„Lachen ist gesund". Zur Applizierbarkeit der Textsorte Witz im Fremdsprachenunterricht*, [in:] BILUT-HOMPLEWICZ, Z. (Hg.): *Zur Mehrdimensionalität des Textes. Repräsentationsformen, Kommunikationsbereiche, Handlungsfunktionen*, Rzeszów, 209–224.

SZCZEPANIAK, J. (2002): *Zu sprachlichen Realisierungsmitteln der Komik in ausgewählten aphoristischen Texten aus pragmalinguistischer Sicht*, Frankfurt/Main.

SZCZEPANIAK, J. (2020): *Textile Botschaften. Bedruckte T-Shirts als Formen vestimentärer Kommunikation aus text- und diskurslinguistischer Sicht*, [in:] BUK, A. / HANUS, A. / MAC, A. / MILLER, D. / SMYKAŁA, M. / SZWED, I. (Hg.): *Tekst, dyskurs, komunikacja. Podejścia teoretyczne, analityczne i kontrastywne / Text, Diskurs, Kommunikation. Theoretische, analytische und kontrastive Ansätze*, Rzeszów, 451–464.

SZCZEPANIAK, R. (2011a): *Grammatikalisierung im Deutschen. Eine Einführung*, Tübingen.

SZCZEPANIAK, R. (2011b): *Zum Stand des Jespersen-Zyklus im Nibelungenlied (HS A): Starke und schwache negativ-polare Elemente*, [in:] RIECKE, J. (Hg.): *Historische Semantik*. Berlin–New York, 284–293.

SZELEST, K. (2018): *Niderlandy we krwi*, „Newsweek Polska. Historia" 11, 27819X, XII-I, 46–49.

SZPER, F. (1913): *Nederlandse nederzettingen in West-Pruisen gedurende den poolschen tijd*, Enkhuizen.

SZTOMPKA, P. (2002): *Socjologia. Analiza społeczeństwa*, Kraków.

SZUBERT, R. (2001): *Deutsch polnische kontrastive Untersuchungen im Bereich der juristischen Fachsprache*, Wrocław.

SZULC, A. (1954): *Dolnoniemiecka gwara wsi Goldenbow*, „Sprawozdania Poznańskiego Towarzystwa Przyjaciół Nauki" 19, 62–65.

SZULC, A. (1964): *Umlaut und Brechung. Zur inneren und äußeren Geschichte der nordischen Sprachen*, Poznań.

SZULC, A. (1969): *Abriss der diachronischen deutschen Grammatik. Teil I. Das Lautsystem*, Halle (Saale).

SZULC, A. (1974): *Diachronische Phonologie und Morphologie des Althochdeutschen*, Warszawa.

SZULC, A. (1984a): *Podręczny słownik językoznawstwa stosowanego: dydaktyka języków obcych*, Warszawa.

SZULC, A. (1984b): *Der Einfluß des graphematischen Systems auf die Entwicklung des deutschen Hochlautung*, [in:] BAHNER, H. (Hg.): *Sprache und Kulturentwicklung im Blickfeld der deutschen Spätaufklärung, Abhandlungen der Sächsischen Akademie der Wissenschaften zu Leipzig, Phil.-Hist. Klasse*, Bd. 70 H. d., Berlin, 158–164.

SZULC, A. (1987): *Historische Phonologie des Deutschen*, Tübingen.

SZULC, A. (1991): *Historia języka niemieckiego*, Warszawa.

SZULC, A. (1993): *Powstanie i rozwój niemieckiego języka standardowego*, „Sprawozdania PAU" LVI, 10–15.

SZULC, A. (1995): *Graphogene Phoneme in der deutschen Hochlautung*, [in:] SMOCZYŃSKI, W. (Hg.): *Analecta indoeuropaea cracoviensia Ionannis Sfarewicz memoriae dicata*, Kraków, 409–427.

SZULC, A. (1998): *Gestalten und Gestalter der polnischen Germanistik von den Anfängen bis 1960*, [in:] GRUCZA, F. (Hg.): *Deutsch und Auslandsgermanistik in Mitteleuropa. Geschichte – Stand – Ausblicke. Dokumentation einer internationalen Konferenz 10.–12. Oktober 1996, Warszawa*, Warszawa, 334–352.

SZULC, A. (2002): *Geschichte des standarddeutschen Lautsystems. Ein Studienbuch*, Wien.

SZWED, I. (1999): *Zur Illokutionsstrukturen im Geschäftsbrief*, [in:] BILUT-HOMPLEWICZ, Z. (Hg.): *Zur Mehrdimensionalität des Textes. Repräsentationsformen, Kommunikationsbereiche, Handlungsfunktionen*, Rzeszów, 225–236.

SZWED, I. (2001): *Möglichkeiten der Zuordnung des Geschäftsbriefes im Rahmen der Textsortentheorie*, [in:] BERDYCHOWSKA, Z./ DĘBSKI, A. / HEINEMANN, M. (Hg.): *Im Blickpunkt: Textlinguistik und Pragmatik*, Kraków, 261–271.

SZWED, I. (2003): *Implizite direktive Sprechakte in deutschsprachigen Geschäftsbriefen*, [in:] KOPECKY, T. / PETRIČ, T. (Hg.): *Germanistik im Kontaktraum Europa II. Internationales Symposion Maribor/Ljubljana, 18.–20. April 2002, Maribor*, 137–147.

SZYMAŃSKI, J. (1975): *Pismo łacińskie i jego rola w kulturze*, Wrocław–Warszawa–Kraków–Gdańsk.

SZYMAŃSKI, J. (2012): *Nauki pomocnicze historii*, Warszawa.

TANDECKI, J. (1990): *Średniowieczne księgi wielkich miast pruskich jako źródło historyczne i zabytki kultury mieszczańskiej (organizacja władz, zachowane archiwalia, działalność kancelarii)*, Warszawa–Toruń.

TANDECKI, J. (1994): *Edycje średniowiecznych ksiąg wpisów z terenu Prus Królewskich. Stan obecny i postulaty badawcze*, [in:] TOMCZAK, A. (Hg.): *Kancelarie okresu księgi wpisów w Prusach Królewskich*, Warszawa, 137–147.

TANDECKI, J. (2001): *Kancelarie wielkich miast pruskich jako ośrodki średniowiecznej kultury miejskiej*, [in:] DYMMEL, P. / SKUPIEŃSKI, K. / TRELIŃSKA B. (Hg.): *Drogą historii. Studia ofiarowane profesorowi Józefowi Szymańskiemu w siedemdziesiątą rocznicę urodzin*, Lublin, 213–226.

TARGOWSKI, M. (2013): *Wstęp*, [in:] TARGOWSKI, M. (Hg.): *Wilkierz wsi Kosowo i Chrystkowo z pierwszej połowy XVIII wieku*, Gruczno, 7–16.

THIELE, W. (2000): *Textlinguistik im englischsprachigen Raum*, [in:] BRINKER, K. / ANTOS, G. / HEINEMANN, W. / SAGER, S. F. (Hg.): *Text- und Gesprächslinguistik / Linguistics of Text and Conversation. Ein internationales Handbuch zeitgenössischer Forschung / An International Handbook of Contemporary Research*, Hbd. 1, Berlin–New York, 132–139.

TOKARSKI, J. (Hg.) (1980): *Słownik wyrazów obcych*, Warszawa.

TOMICZEK, E. (1972): *Rewolucja naukowa-techniczna a procesy językowe na przykładzie słownictwa współczesnego języka niemieckiego*, „Germanica Wratislaviensia" 24, 79–95.

TOMICZEK, E. / KUCHARSKA, E. (1995): *Grzeczność a konwencja obyczajowa. Kilka refleksji o współczesnej polskiej i niemieckiej epistolografii*, „Orbis Linguarum" 2, 199–206.

TOMICZEK, E. (1996): *Interferencja w komunikacji interkulturowej*, „Orbis Linguarum" 4, 219–226.

TOMICZEK, E. (1997): *Interkulturelle Kommunikation zwischen Deutschen und Polen*, „Studia Germanica Posnaniensia" 23, *Festschrift für Andrzej Zdzisław Bzdęga zum 70. Geburtstag*, 205–213.

TOPALOVIĆ, E. (2003): *Sprachwandel – Textsorte – Dialogstruktur. Zu Verhörprotokollen aus Hexenprozessen des 17. Jahrhunderts*, Trier.

TOPHINKE, D. (1999): *Handelstexte. Zu Textualität und Typik kaufmännischer Rechnungsbücher im Hanseraum des 14. und 15. Jahrhunderts*, Tübingen.

TÖPPEN, M. (Hg.) (1900): *Die älteste Thorner Stadtchronik*, „Zeitschrift des Westpreußischen Geschichtsvereins", H. XLII, Danzig, (online) https://kpbc.umk.pl/dlibra/doccontent?id=137730 (03.01.2021).

TOPBAŞ P. N. / YILMAZ, O. (2019): *Die Korrelation zwischen Textlinguistik und Lehrbüchern anhand einer textlinguistischen Analyse von „Lagune"*, „Hacettepe Üniversitesi Edebiyat Fakültesi Dergisi" 36 (2), 400–410, (online) https://dergipark.org.tr/en/pub/huefd/issue/39315/578830 (21.05.2021).

TYLOR, E. B. (1896): *Cywilizacja pierwotna. Badania rozwoju mitologii, filozofii, wiary, mowy, sztuki i zwyczajów*, Bd. 1, Warszawa.

URUSZCZAK, W. (2016): *Księga złoczyńców sądu kryminalnego w Krakowie z lat 1589–1604 (Archiwum Narodowe w Krakowie, Akta Miasta Krakowa, RKPS nr 865)*, [in:] URUSZCZAK, W. / MIKUŁA, M. / FOKT, K. / KARABOWICZ, A. (Hg.): *Księga złoczyńców sądu kryminalnego w Krakowie z lat 1589–1604*, Kraków: Wydawnictwo Towarzystwa Naukowego „Societas Vistulana", VII–XXII.

VATER, H. (1992): *Einführung in die Textlinguistik*, München.

VIEHWEGER, D. (1976): *Semantische Merkmale und Textstruktur*, [in:] DANEŠ, F. / VIEHWEGER, D. (Hg.): *Probleme der Textgrammatik I*, Berlin, 195–206.

VIEHWEGER, D. (1977): *Struktur und Funktion nominaler Ketten im Text*, [in:] MOTSCH, W. (Hg.): *Kontexte der Grammatiktheorie*, Berlin, 149–168.

VOJTÍŠEK, V. (1915): *O studiu městských knih českých*, „Věstník České Akademie císaře Františka Josefa pro vědy, slovesnost a umění" 24, 389–417.

VOJTÍŠEK, V. (1953): *O studiu městských knih českých*, [in:] FIALA, Z. (Hg.): *Výbor rozprav a studií Václava Vojtíška*, Praha, 52–85.

VÖLZING, P.L. (1979): *Text und Handlung. Zur handlungstheoretischen Basis einer Textwissenschaft. Mit einem Versuch, einige erarbeitete Kategorien an literarischen Texten zu überprüfen*, Frankfurt/Main.

WALIGÓRA, K. (1996a): *Das graphematische System im Bereich des Haupttonvokalismus in den Krakauer Zunftssatzungen aus dem 16. Jh.*, unveröffentlichte Dissertation, Jagiellonen-Universität in Krakau.

WALIGÓRA, K. (1996b): *Bezeichnungen für Handwerksgesellen in den Krakauer Zunftordnungen (1377–1497) und das sog. Schreiberverhalten*, [in:] BERGER, M. / KROLOP, K. / PAPSONOVA, M. (Hg.): *Germanistisches Jahrbuch Tschechien-Slowakei*, Berlin–Prag, 325–335.

WALIGÓRA, K. (1997a): *Zur Aufhebung des Rückumlauts in den Krakauer Zunftsatzungen aus dem Anfang des 16. Jhs. Ein Beitrag zur Geschichte des Frühneuhochdeutschen*, [in:] DĘBSKI, A. (Hg.): *Plus ratio quam vis*. Festschrift für Aleksander Szulc zum 70. Geburtstag, Kraków, 183–197.

WALIGÓRA, K. (1997b): *Zu den vortonigen Nebensilbenvokalen als Entsprechungen des mhd. e in den Krakauer Zunftsatzungen (1365–1591)*, [in:] GRABAREK, J. / GREULE, A. / PIIRAINEN, I. T. (Hg.): *Deutschsprachige Kanzleien des Spätmittelalters und der frühen Neuzeit*, Bydgoszcz–Münster–Regensburg, 109–120.

WALIGÓRA, K. (1999a): *Zur Frage der nicht analogen Struktur geschriebener und gesprochener Sprache*, [in:] BRZEZINA, M. / KUREK, H. (Hg.): *Collectanea Linguistica. In honorem Casimiri Polański*, Kraków, 279–284.

WALIGÓRA, K. (1999b): *Zur Graphemik einer Zunftsatzung der Krakauer Bäcker in Original und Abschrift*, [in:] KŁAŃSKA, M. / WIESINGER, P. (Hg.): *Vielfalt der Sprachen. Festschrift für Aleksander Szulc zum 75. Geburtstag*, Wien, 145–158.

WALIGÓRA, K. (2001a): *O zasadności kategorii grafemu. Mit Zusammenfassung in Deutsch: Von der Berechtigung der Kategorie „Graphem"*, [in:] BOCHENEK-FRANCZAKOWA, R. / DOBIJANKA-WITCZAKOWA, O. (Hg.): *Prace Komisji Neofilologicznej. Polska Akademia Umiejętności Wydział Filologiczny*, Bd. 2, Kraków, 7–25.

WALIGÓRA, K. (2001b): *Zur Methode graphischer Untersuchungen in einer Abschriftensammlung*, [in:] SCHWARZ, A. / ABPLANALP LUSCHER, L. (Hg.): *Textallianzen am Schnittpunkt der germanistischen Disziplinen*, Frankfurt/Main, 247–258.

WALIGÓRA, K. (2002): *Zunftsatzung als Textsorte*, [in:] SIMMLER, F. (Hg.): *Textsorten deutscher Prosa vom 12./13. Jh. bis 18. Jahrhundert und ihre Merkmale*, Frankfurt/Main, 475–499.

Waligóra, K. (2004a): *Keynem ledigen knechte geben wir vnsere czeche – Zu den syntaktischen Strukturen in den Krakauer Zunftsatzungen des Behem-Codex*, [in:] Simmler, F. (Hg.): *Textsortentypologien und Textallianzen von der Mitte des 15. bis zur Mitte des 16. Jahrhunderts*, Berlin, 177–208.

Waligóra, K. (2004b): *Müssen wir die Metasprache ändern? Zur Erforschung der geschriebenen Sprache*, [in:] Dębski, A. / Lipiński, K. (Hg.): *Perspektiven der Polnischen Germanistik in Sprach- und Literaturwissenschaft. Festschrift für Olga Dobijanka-Witczakowa*, Kraków, 423–433.

Waligóra, K. (2005a): *Frühneuhochdeutsch in Krakau – sprachliche Merkmale der Rechtssprüche des Krakauer Oberhofs*, [in:] Brandt, G. / Balode, I. (Hg.): *Beiträge zur Geschichte der deutschen Sprache im Baltikum IV.*, Stuttgart, 77–88.

Waligóra, K. (2005b): *Die Dekrete des Krakauer Oberhofs als Grundlage für Forschungen zur Rezeption des deutschen Rechts in Altpolen – Überlegungen aus linguistischer Perspektive*, [in:] Kramorenko, G. (Hg.): *Aktuelle Probleme von Germanistik und Romanistik*, Smolensk, 77–86.

Waligóra, K. (2006a): *Wie das Land Preussen von den Astronomis gefunden ist. Legendäre Anfänge Preussens in der Preussischen Chronik 1331 IV (Czartoryski Museum Krakau)*, [in:] Buschinger, D. (Hg.): *Études médiévales*, Amiens, 378–384.

Waligóra, K. (2006b): *Mittelalterliche Menschen in den Krakauer Zunftsatzungen*, [in:] Kramorenko, G. (Hg.): *Aktuelle Probleme von Germanistik und Romanistik*, Smolensk, 82–92.

Waligóra, K. (2007a): *Zum Gebrauch interpungierender Mittel in vier inhaltsgleichen Rechtssprüchen des Krakauer Oberhofs*, [in:] Wich-Reif, C. (Hg.): *Strukturen und Funktionen in Gegenwart und Geschichte. Festschrift für Franz Simmler zum 65. Geburtstag*, Berlin, 341–350.

Waligóra, K. (2007b): *Die soziofunktionale Gruppe als differenzierender Faktor des Umgangs mit frühneuhochdeutscher Schriftsprache – erörtert am Sprachgebrauch des Stadtrates und der Zunftmeister in den Zunftsatzungen des Krakauer Behem-Codex*, [in:] Brandt, G. / Hünecke, R. (Hg.): *Historische Soziolinguistik des Deutschen VIII. Soziale Gruppe, soziofunktionale Gruppe, ethnische Gruppe. Differenzierende und stabilisierende Faktoren des Sprachgebrauchs*, Stuttgart, 77–96.

Waligóra, K. (2007c): *Zur Sprache frühneuzeitlicher deutscher Texte aus Krakau am Beispiel der Zunftsatzungen*, [in:] Schmitz, W. / Joachimsthaler, J. (Hg.): *Zwischeneuropa/Mitteleuropa. Sprache und Literatur in interkultureller Konstellation. Akten des Gründungskongresses des Mitteleuropäischen Germanistenverbandes*, Dresden, 593–601.

Waligóra, K. (2007d): *Die Dekrete des Krakauer Oberhofs (1481–1511) und die Frage der Textsortenbestimmung*, [in:] Meier, J. / Piirainen, I. T. (Hg.): *Studien zu Textsorten und Textallianzen um 1500*, Berlin, 259–273.

WALIGÓRA, K. (2007e): *O języku statutów cechowych miasta Krakowa w Kodeksie Behema*, [in:] KŁAŃSKA, M. / WIDŁAK, S. (Hg.): *Prace Komisji Neofilologicznej VI, Polska Akademia Umiejętności Wydział Filologiczny*, Kraków, 177–199.

WALIGÓRA, K. (2008a): *Bild und Text in den Krakauer Zunftsatzungen des Codex Picturatus Balthasaris Behem*, [in:] VALENTIN, J.-M. (Hg.): *Akten des XI. Internationalen Germanistenkongresses Paris 2005 „Germanistik im Konflikt der Kulturen". Bild, Rede Schrift*, Bd. 7, Frankfurt/Main, 35–39.

WALIGÓRA, K. (2008b): *Formen der Wiederaufnahme in juristischen Textsorten im Krakau des 15. Jahrhunderts*, [in:] DESPORTES, Y. / SIMMLER, F. / WICH-REIF, C. (Hg.): *Die Formen der Wiederaufnahme im älteren Deutsch. Akten zum Internationalen Kongress an der Universität Paris Sorbonne (Paris IV) 8. bis 10. Juni 2006*, Berlin, 363–376.

WALTOŚ, S. (2009): *Proces karny. Zarys systemu*, Warszawa.

WALUŚ, J. (2010): *Księgi metrykalne Pomorza Zachodniego*, „Colloquia Theologica Ottoniana" 1, 141–168.

WAWRZYNIAK, Z. (1975): *Konfrontative Textlinguistik und Fremdsprachenunterricht*, [in:] SZULC, A. (Hg.): *Sprachwissenschaft und Fremdsprachenunterricht*, Poznań, 53–58.

WAWRZYNIAK, Z. (1978): *Einige Bemerkungen zur kommunikativen Textkompetenz in der Fremdsprache*, „Deutsch als Fremdsprache" 5, 284–286.

WAWRZYNIAK, Z. (1980): *Einführung in die Textwissenschaft. Probleme der Textbildung im Deutschen*, Warszawa.

WAWRZYNIAK, Z. (1986): *Rozumienie i zrozumienie tekstu*, [in:] GRUCZA, F. (Hg.): *Problemy translatoryki i dydaktyki translatorycznej. Materiały sympozjum Instytutu Lingwistyki Stosowanej UW (Białowieża, 15–17 grudnia 1983 r.)*, Warszawa, 131–137.

WAWRZYNIAK, Z. (1989): *Zum Vorverständnis einer konfrontativen Textlinguistik*, „Zeszyty Naukowe Uniwersytetu Jagiellońskiego. Prace Językoznawcze" 94, 195–201.

WAWRZYNIAK, Z. (1991): *Praktyczne aspekty translacji literackiej na przykładzie języków niemieckiego i angielskiego*, Warszawa.

WAWRZYNIAK, Z. (2002): *Tytuł a tekst*, [in:] KRAUZ, M. / OŻOGA, K. (Hg.): *Składnia, stylistyka, struktura tekstu*, Rzeszów, 85–88.

WAWRZYNIAK, Z. (2003): *Zum Begriff der Textpraxis*, [in:] CIESZKOWSKI, M. / SZCZEPANIAK, M. (Hg.): *Texte im Wandel. Beiträge zur modernen Textwissenschaft*, Frankfurt/Main, 15–24.

WAWRZYNIAK, Z. (2004): *Textwissenschaft als Transdisziplin*, [in:] DĘBSKI, A. / LIPIŃSKI, K. (Hg.): *Perspektiven der polnischen Germanistik in Sprach- und Literaturwissenschaft*, Kraków, 325–331.

WAWRZYNIAK, Z. (2009): *Jakość tekstu jako kryterium ewaluacji kreatywności translatorskiej,* „tekst i dyskurs – text und diskurs" 2, 39–47.

WEBER, M. (1922): *Wirtschaft und Gesellschaft,* Tübingen.

WEBNER, F. (1907): *Zunftkämpfe in Schweidnitz bis zum Ausgang des Mittelalters,* unveröffentlichte Dissertation, Universität in Breslau.

WEIGT, Z. (2000): *Pragmatyczno-językowe aspekty powszechnej informacji medycznej na przykładzie polskich i niemieckich ulotek do lekarstw,* [in:] MICHALEWSKI, K. (Hg.): *Regulacyjna funkcja tekstów,* Łódź, 425–433.

WEIGT, Z. (2001a): *Język polityki i prawa w dydaktyce tłumaczeniowej,* [in:] KOPCZYŃSKI, A. / ZALIWSKA-OKRUTNA, U. (Hg.): *Język rodzimy a język obcy. Komunikacja, przekład dydaktyka,* Warszawa, 183–190.

WEIGT, Z. (2001b): *Języki fachowe w pragmatyce zajęć tłumaczeniowych,* [in:] KĄTNY, A. (Hg.): *Języki fachowe, problemy dydaktyki i translacji,* Olecko, 129–138.

WEIGT, Z. (2009): *Teksty prawnicze na przykładzie niemieckiego kodeksu cywilnego,* [in:] BILUT-HOMPLEWICZ, Z. / CZACHUR, W. / SMYKAŁA, M. (Hg.): *Lingwistyka tekstu w Polsce i w Niemczech. Pojęcia,* problemy, perspektywy, Wrocław, 176–192.

WEINREICH, H. (1993): *Textgrammatik der deutschen Sprache,* Mannheim–Leipzig–Wien–Zürich.

WELLER, A. (1911): *Die Sprache in den ältesten Urkunden des Deutschen Ordens,* Breslau.

WIEBE, H. (1952): *Das Siedlungswerk niederländischer Mennoniten im Weichseltal zwischen Fordon und Wiessenberg bis zum Ausgang des 18. Jahrhunderts,* Marburg a. d. Lahn.

WIESINGER, P. (1962): *Die Entwicklung von mhd. î – û – iu im Schlesischen,* „Zeitschrift für Mundartforschung" 29, 228–258.

WIKTOROWICZ, J. (1971): *System fonologiczny języka niemieckiego ksiąg miejskich Krakowa w XIV wieku,* Warszawa.

WIKTOROWICZ, J. (1984): Die *graphematische Analyse der deutschen Sprache in den Krakauer Stadtbüchern des 14. Jahrhunderts,* „Zeitschrift für deutsche Philologie" 103, 407–420.

WIKTOROWICZ, J. (1989): *Die Sprache von Wit Stwosz,* „Studia Niemcoznawcze" 4, 35–60.

WIKTOROWICZ, J. (1993): *Die Temporaladverbien im Mittelhochdeutschen. Versuch einer semantischen Analyse,* „Studia Niemcoznawcze" 8, 97–122.

WIKTOROWICZ, J. (1995): *Die deutsche Sprache in den Krakauer Stadtbüchern des 15. und 16. Jahrhunderts,* [in:] LERCHNER, G. / SCHRÖDER, M. / FIX, U. (Hg.): *Chronologische, areale und situative Varietäten des Deutschen in der Sprachhistoriographie. Festschrift für Rudolf Große,* Frankfurt/Main, 227–235.

WIKTOROWICZ, J. (1997): *Die deutsche Sprache in Krakau im 16. Jahrhundert*, [in:] GRABAREK, J. (Hg.): *Deutschsprachige Kanzleien des Spätmittelalters und der frühen Neuzeit*, Bydgoszcz, 99–103.

WIKTOROWICZ, J. (1998): Zu *Bedeutungsentwicklung der Begriffe „Volk" und „Nation"*, „Studia Niemcoznawcze" 16, 311–324.

WIKTOROWICZ, J. (1999a): *Die Temporaladverbien in der mittelhochdeutschen Zeit*, Warszawa.

WIKTOROWICZ, J. (1999b): *Das Nationalbewußtsein und die neuere deutsche Geschichte der Wörter „Deutschland" und „Deutscher"*, [in:] LASATOWICZ, M. K. / JOACHIMSTHALER, J. (Hg.): *Nationale Identität aus germanistischer Perspektive*, Opole, 37–48.

WIKTOROWICZ, J. (2001a): *Zur Syntax der deutschen Kanzleisprache in Krakau*, [in:] GREULE, A. (Hg.): *Deutsche Kanzleisprache im europäischen Kontext. Beiträge zu einem internationalen Symposium an der Universität Regensburg, 5. bis 7. Oktober 1999*, Wien, 215–223.

WIKTOROWICZ, J. (2001b): *Die Historiographie der deutsch-polnischen Sprachbeziehungen vor dem Hintergrund der politischen Geschichte der beiden Länder*, [in:] GRUCZA, F. (Hg.): *Tausend Jahre polnisch-deutsche Beziehungen. Sprache – Literatur – Kultur – Politik*, Warszawa, 265–275.

WIKTOROWICZ, J. (2001c): *Die Temporaladverbien im Frühneuhochdeutschen. Tl. 1, (1350–1500)*, Warszawa.

WIKTOROWICZ, J. (2003): *Zur Textsortenklassifikation in der deutschen Kanzleisprache in Krakau*, [in:] MEIER, J. / ZIEGLER, A. (Hg.): *Aufgaben einer künftigen Kanzleiforschung*, Wien, 69–76.

WIKTOROWICZ, J. (2004): Zur *lexikographischen Erfassung des frühneuhochdeutschen Wortschatzes*, „Studia Niemcoznawcze" 27, 621–628.

WIKTOROWICZ, J. (2006): *Die phonetischen Besonderheiten der deutschen Kanzleisprache in Krakau. Die Korrektur der Angaben in der Geschichte der schlesischen Mundart im Mittelalter von Wolfgang Jungandreas*, [in:] SIMMLER, F. / TOMICZEK, E. (Hg.): *Wrocław–Berlin. Germanistischer Brückenschlag im deutschpolnischen Dialog. II. Kongress der Breslauer Germanistik. Bd. 1. Sprachwissenschaft*, Wrocław–Dresden, 111–118.

WIKTOROWICZ, J. (2008a): *Die Temporaladverbien im Frühneuhochdeutschen (1500–1700)*, Tübingen.

WIKTOROWICZ, J. (2008b): *Der lexikalische und semantische Wandel innerhalb der Temporaladverbien im Mittelhochdeutschen und Frühneuhochdeutschen, Temporaladverbien zur Lokalisierung eines Sachverhalts vor einem kontextuellen Geschehen*, [in:] GREULE, A. / HERRMANN, H. W. / RIDDER, K. / SCHORR, A. (Hg.): *Studien zu Literatur, Sprache und Geschichte in Europa: Wolfgang Haubrichs zum 65. Geburtstag gewidmet*, St. Ingbert, 601–616.

WIKTOROWICZ, J. (2009a): *Niemieckojęzyczne badania nad historycznymi gatunkami tekstu*, [in:] BILUT-HOMPLEWICZ, Z. / CZACHUR, W. / SMYKAŁA, M. (Hg.): *Lingwistyka tekstu w Polsce i w Niemczech. Pojęcia, problemy, perspektywy*, Wrocław, 265–273.

WIKTOROWICZ, J. (2009b): *Die Substantivderivation in der Krakauer Kanzleisprache*, [in:] MOSHÖVEL, A. / SPÁČILOVÁ, L. (Hg.): *Kanzleisprache – ein mehrdimensionales Phänomen*, Wien, 261–270.

WIKTOROWICZ, J. (2009c): *Der Kanzleistil als Eigenschaft sprachlicher Handlungsmuster anhand der kanzleisprachlichen Texte aus Krakau*, [in:] ERNST, P. (Hg.): *Kanzleistil: Entwicklung, Form, Funktion. Beitraege der 4. Tagung des Arbeitskreises Historische Kanzleisprachenforschung, Wien 24. und 25. November 2006*, Wien, 249–256.

WIKTOROWICZ, J. (2010): *Themenentfaltung und Textstruktur in einem Ratgeber aus dem 18. Jahrhundert*, [in:] ZIEGLER, A. / BRAUN, CH. (Hg.): *Historische Textgrammatik und Historische Syntax des Deutschen, Bd. 2, Frühneuhochdeutsch, Neuhochdeutsch*, Berlin–New York, 983–988.

WIKTOROWICZ, J. (2011a): *Die Sprache in den Krakauer Stadtbüchern des 15. und 16. Jahrhunderts*, [in:] WIKTOROWICZ, J. (Hg.): *Krakauer Kanzleisprache. Forschungsperspektiven und Analysenmethoden*, Warszawa, 61–71.

WIKTOROWICZ, J. (2011b): *Die Textsorte 'Testament' in der Krakauer Kanzleisprache*, [in:] WIKTOROWICZ, J. (Hg.): *Krakauer Kanzleisprache. Forschungsperspektiven und Analysenmethoden*, Warszawa, 155–164.

WIKTOROWICZ, J. (2011c): *Die Textsorte 'Schuldbrief' in den Krakauer Stadtbüchern*, [in:] WIKTOROWICZ, J. (Hg.): *Krakauer Kanzleisprache. Forschungsperspektiven und Analysenmethoden*, Warszawa, 165–173.

WIKTOROWICZ, J. (2011d): *Die „Stadtordnung" als Textsorte. Anhand einer Abschriftensammlung aus Krakau*, [in:] WIKTOROWICZ, J. (Hg.): *Krakauer Kanzleisprache. Forschungsperspektiven und Analysenmethoden*, Warszawa, 175–184.

WIKTOROWICZ, J. (2011e): *Zur Textsortenklassifikation in der deutschen Kanzleisprache in Krakau*, [in:] WIKTOROWICZ, J. (Hg.): *Krakauer Kanzleisprache. Forschungsperspektiven und Analysenmethoden*, Warszawa, 127–137.

WIKTOROWICZ, J. (2011f): *Die Textsorten und Textallianzen in der deutschen Kanzleisprache*, [in:] WIKTOROWICZ, J. (Hg.): *Krakauer Kanzleisprache. Forschungsperspektiven und Analysenmethoden*, Warszawa, 139–153.

WIKTOROWICZ, J. (2011g): *Die graphematische Analyse der deutschen Sprache in den Krakauer Stadtbüchern des 14. Jahrhunderts*, [in:] WIKTOROWICZ, J. (Hg.): *Krakauer Kanzleisprache. Forschungsperspektiven und Analysenmethoden*, Warszawa, 17–32.

WIKTOROWICZ, J. (2011h): *Die Krakauer Kanzleisprache im 16. Jahrhundert*, [in:] WIKTOROWICZ, J. (Hg.): *Krakauer Kanzleisprache. Forschungsperspektiven und Analysenmethoden*, Warszawa, 73–80.

WIKTOROWICZ, J. (2011i): *Zur Sprache und Herkunft von Veit Stoß/Wit Stwosz*, [in:] WIKTOROWICZ, J. (Hg.): *Krakauer Kanzleisprache. Forschungsperspektiven und Analysenmethoden*, Warszawa, 33–59.

WIKTOROWICZ, J. (2011j): *Die syntaktischen Besonderheiten in den juristischen Texten des 15. bis zum 18. Jahrhundert*, [in:] WIKTOROWICZ, J. (Hg.): *Krakauer Kanzleisprache. Forschungsperspektiven und Analysenmethoden*, Warszawa, 103–113.

WIKTOROWICZ, J. (2015a): *Die Bedeutung der sprachhistorischen Forschungen in Polen*, „Zeitschrift des VPG / Czasopismo SGP" 4, 159–164.

WIKTOROWICZ, J. (2015b): *Die attributiven Relativsätze im Frühneuhochdeutschen*, [in:] PASQUES, D. (Hg.): *Komplexität und Emergenz in der deutschen Syntax (9.– 17. Jahrhundert): Akten zum Internationalen Kongress an der Universität Paris-Sorbonne vom 26. bis 28.09.2013*, Berlin, 281–294.

WIKTOROWICZ, J. (2015c): *Die Stellung des Genitivattributs in den frühneuhochdeutschen Texten*, [in:] LUTZ, A. (Hg.): *Wirksame Rede im Frühneuhochdeutschen: syntaktische und textstilistische Aspekte*, Hildesheim, 273–284.

WIKTOROWICZ, J. (2016a): *Der lexikalische Einfluss des Deutschen auf die polnische Sprache im 19. und 20. Jahrhundert*, [in:] „Slowakische Zeitschrift für Germanistik" 8(2), 128–132.

WIKTOROWICZ, J. (2016b): *Sprachliche Handlungsmuster in den kanzleisprachlichen Texten*, [in:] HÜNECKE, R. / AEHNELT, S. (Hg.): *Beiträge zur Kanzleisprachenforschung. Kanzlei und Sprachkultur*, Wien, 97–106.

WIKTOROWICZ, J. (2017a): *Mundartliche Merkmale in der Kanzleisprache Krakaus im 15. und 16. Jahrhundert*, [in:] OWSIŃSKI, P. A. / FERET, A. S. / CHROMIK, G. M. (Hg.): *Auf den Spuren der Deutschen in Mittel- und Osteuropa: Sławomira Kaleta-Wojtasik in memoriam*, Frankfurt/Main, 49–56.

WIKTOROWICZ, J. (2017b): *Die graphematisch-phonologische Analyse der deutschen Sprache in der Krakauer Kanzleisprache im 14. Jahrhundert*, [in:] BIADUŃ-GRABAREK, H. / FIRYN, S. (Hg.), *Sprache der deutschsprachigen Kanzleien in der frühneuhochdeutschen Zeit im südlichen Ostseeraum, Teil 1, Phonologische und graphematische Ebene*, Frankfurt/Main, 11–22.

WIKTOROWICZ, J. (2019a): *Zur Entstehung und zu den konstitutiven Merkmalen der Textsorte Gebet*, [in:] WIKTOROWICZ, J. / JUST, A. / OWSIŃSKI, P. A. (Hg.): *Facetten der Sprachwissenschaft: Bausteine zur diachronen und synchronen Linguistik*, Berlin, 215–222.

WIKTOROWICZ, J. (2019b): *Die Textsorten in den Krakauer Stadtbüchern des 15. und 16. Jahrhunderts*, [in:] SIMMLER, F. / WICH-REIF, C. (Hg.): *Textsorten und Textallianzen um 1500. Teil 2, 1: Historiographische und rechtsgeschichtliche Textsorten und Textallianzen um 1500*, Berlin, 185–198.

WIKTOROWICZ, J. (2020): *Zu Textfunktionen in fachsprachlichen Texten aus dem Bereich der Medizin*, [in:] PASQUES, D. / WICH-REIF, C. (Hg.): *Textkohärenz und Gesamtsatzstrukturen in der Geschichte der deutschen und französischen Sprache vom 8. bis zum 18. Jahrhundert: Akten zum Internationalen Kongress an der Universität Paris-Sorbonne vom 15. bis 17. November 2018*, Berlin, 287–295.

Wiktorowicz, J. (2021a): *Die Krakauer Stadtkanzlei zwischen Dialekt und großräumiger Normierung*, [in:] Just, A. / Owsiński, P. A. (Hg.): *Das sprachliche Handeln in den kleinen Kanzleien Akten der 10. Tagung des Internationalen Arbeitskreises Kanzleisprachenforschung, Warschau, 9. bis 10. September 2019*, Hamburg, 195–200.

Wiktorowicz, J. (2021b): *Wandlungen der Textsorten und außersprachliche Wirklichkeit*, „Studia Germanica Gedanensia" 45, 21–28.

Wiktorowicz, J. (2022): *Die Grammatikalisierung innerhalb der Konjunktionen. Die semantische Entwicklung des ahd. Adverbs aber zur Konjunktion und Partikel*, [in:] Just, A. / Feret, A. S. / Owsiński, P. A. (Hg.): *Betrachtungen zur diachronen und synchronen Linguistik*, Berlin, 241–250.

Wiktorowicz, J. / Just, A. / Feret, A. S. / Owsiński, P. A. (2022): *Vorwort*, [in:] Just, A. / Feret, A. S. / Owsiński, P. A. (Hg.): *Betrachtungen zur diachronen und synchronen Linguistik*, Berlin, 9–11.

Wilke, A. (2006): *Redewiedergabe in frühneuzeitlichen Hexenprozessakten: ein Beitrag zur Geschichte der Modusverwendung im Deutschen*, Warszawa.

Willis, D. / Lucas, Ch. / Breitbarth, A. (2013): *Comparing diachronies of negation*, [in:] Willis, D. / Lucas, Ch. / Breitbarth, A. (Hg.): *The History of Negation in the Languages of Europe and the Mediterranean*, Bd. 1, New York, 1–50.

Wojciechowska, B. (2013): *Ekskomunikowani w świetle średniowiecznego prawa kanonicznego – pozycja społeczna, religijna i prawna*, „Studia Historica Gedanensia" 4, 25–38.

Wółkiewicz, E. (2016): *Das Kanzleiwesen der Stadt Neisse bis zum Jahr 1400*, „Krakowskie Studia z Historii Państwa i Prawa" 9 (3), 279–293, (online) https://www.ejournals.eu/Krakowskie-Studia-z-Historii-Panstwa-i-Prawa/2016/Tom-9-Zeszyt-3-2016/art/8031/ (12.02.2021).

Wółkiewicz, E. (2020): *Nyski wykaz proskrypcji z ostatniej ćwierci XIII wieku. Nowa edycja z komentarzem*, „Roczniki Historyczne Instytutu Historii im. Tadeusza Manteuffla PAN" 86, 43–74, (online) https://apcz.umk.pl/czasopisma/index.php/RH/issue/view/1973/showToc (12.02.2021).

Wróbel, W. / Zoll, A. (2010): *Polskie prawo karne. Część ogólna*, Kraków.

Wyrozumska, B. (1995): *Kancelaria miasta Krakowa w średniowieczu*, Kraków.

Wyrozumska, B. (Hg.) (2001): *Księga proskrypcji i skarg Miasta Krakowa 1360–1422 / Liber proscriptionum et querelarum Civitatis Cracoviensis 1360–1422*, Kraków, VII–XI.

Wyrozumska, B. (Hg.) (2013): *Księga proskrybowanych Nowego Miasta Torunia (1358–1412) / Das Proskriptionsbuch der Neuen Stadt Thorn (1358–1412)*, Toruń, IX–XV, XVII–XXIV.

ZAREMSKA, H. (1991): *Proskrypcja i kara wygnania w Krakowie w XIV–XV w.*, [in:] WYROBISZ, A. / TYMOWSKI, M. / FAŁKOWSKI, W. / MORAWSKI, Z. (Hg.): *Czas – przestrzeń – praca w dawnych miastach. Studia ofiarowane Henrykowi Samsonowiczowi w sześćdziesiątą rocznicę urodzin*, Warszawa, 349–360.

ZAREMSKA, H. (1992): *Żywi wobec zmarłych. Uwagi w sprawie kary za zabójstwo w Krakowie w XIV wieku*, [in:] KUCZYŃSKI, S. K. (Hg.): *Społeczeństwo Polski średniowiecznej. Zbiór studiów*, Bd. 5, Warszawa, 215–223.

ZAREMSKA, H. (1993a): *Poznański wykaz proskrybowanych (1418–1438)*, [in:] WIESIOŁOWSKI, J. (Hg.): „Kronika Miasta Poznania", Nr. 1–2: *Przestępczość w Poznaniu*, Poznań, 23–28.

ZAREMSKA, H. (1993b): *Banici w średniowiecznej Europie*, Warszawa.

ZAREMSKA, H. (1995): *Krakowska księga wójtowska z roku 1442. Bójki i obelgi*, [in:] BUKOWSKI, W. / OŻÓG, K. / SIKORA, F. / SZCZUR, S. (Hg.): *Cracovia, Polonia, Europa. Studia z dziejów średniowiecza ofiarowane Jerzemu Wyrozumskiemu w sześćdziesiątą piątą rocznicę urodzin i czterdziestolecie pracy naukowej*, Kraków, 93–100.

ZHAO, J. (2011): *Kulturspezifik, Inter- und Transkulturalität von Textsorten*, [in:] HABSCHEID, S. (Hg.): *Textsorten, Handlungsmuster, Oberflächen: Linguistische Typologien der Kommunikation*, Berlin–New York, 123–143.

ZHIRMUNSKIY, V. M (1962): *Deutsche Mundartkunde: Vergleichende Laut- und Formenlehre der deutschen Mundarten*, Berlin.

ZIEGLER, A. (2003a): *Historische Textlinguistik und Kanzleisprachenforschung* [in:] MEIER, J. / ZIEGLER, A. (Hg.): *Aufgaben einer künftigen Kanzleiforschung*, Wien, 23–36.

ZIEGLER, A. (2003b): *Städtische Kommunikationspraxis im Spätmittelalter. Historische Soziopragmatik und historische Textlinguistik*, Berlin.

ZIEGLER, A. (2008): *Sprachgeschichte als Textgeschichte. Überlegungen zu einer diachronen Textgrammatik des Deutschen*, [in:] CZACHUR, W. / CZYŻEWSKA, M. (Hg.): *Vom Wort zum Text. Studien zur deutschen Sprache und Kultur. Festschrift für Professor Józef Wiktorowicz zum 65. Geburtstag*, Wien, 391–401.

ZIELIŃSKA, K. (2013): *Koniec świata według mediów – analiza dyskursu prasowego w oparciu o wybrane periodyki polsko- i niemieckojęzyczne*, „tekst i dyskurs – text und diskurs" 6, 295–317.

ZIMMER, A. (2013): *Die phonetischen und graphematischen Veränderungen im Frühneuhochdeutschen im 15. und 16. Jahrhundert* anhand der Akten der Stadt Elbing, unveröffentlichte Dissertation, Universität Warschau.

ZIMMER, A. (2020): *Zur Kanzleisprachenforschung: das Elbinger Frühneuhochdeutsch anhand der Akten der Stadt Elbing. Die wichtigsten Merkmale und Untersuchungsperspektiven*, [in:] BISKUP, M. / JUST, A. (Hg.): *Vielfalt der Linguistik: Bausteine zur diachronen und synchronen Linguistik*, Berlin, 279–302.

ZIRNGIBL, M. (2003): *Die fachliche Textsorte Bedienungsanleitung. Sprachliche Untersuchung zu ihrer historischen Entwicklung*, Frankfurt/Main.

ŻEBROWSKA, E. (2000): *Morphologie der ehemaligen mitteldeutschen Kolonialmundart von Sętal und Umkreis*, Dissertation, Warmia und Mazury-Universität in Olsztyn.

ŻEBROWSKA, E. (2005): *Die Äußerungsgliedfolge im Hochpreußischen*, Olsztyn.

ŻEBROWSKA, E. (2012): *Tekst w komunikacji zapośredniczonej komputerowo*, [in:] GRUCZA, S. (Hg.): *Lingwistyka Stosowana / Applied Linguistics / Angewandte Linguistik*, Bd. 5, Warszawa, 147–154.

ŻEBROWSKA, E. (2013): *Text – Bild – Hypertext*, Frankfurt/Main.

ŻMUDZKI, J. (1989): *Das Ziel als Kategorie der kommunikativ-pragmatischen Textanalyse*, [in:] ABRAMOWICZ, M. / BARTMIŃSKI, J. (Hg.): *Tekst ustny – texte oral. Struktura i pragmatyka – problemy systematyki – ustność* w literaturze. *Materiały z międzynarodowej konferencji w Uniwersytecie Marii Curie-Skłodowskiej w Lublinie, 15–17 września 1986*, Wrocław, 119–140.

ŻMUDZKI, J. (1992): *Dynamika tekstu a jego struktura*, [in:] DOBRZYŃSKA, T. (Hg.): *Typy tekstów. Zbiór studiów*, Warszawa, 145–155.

ŻMUDZKI, J. (1997): *Über einige Aspekte der Textualität in der Rezeptionsperspektive des Konsekutivdolmetschen*, [in:] ANTOS, G. / TIETZ, H. (Hg.): *Die Zukunft der Textlinguistik. Traditionen, Transformationen, Trends*, Tübingen, 179–192.

ŻMUDZKI, J. (2019): *Zur Ontologie des Textes*, [in:] WIKTOROWICZ, J. / JUST, A. / OWSIŃSKI, P. A. (Hg.): *Facetten der Sprachwissenschaft: Bausteine zur diachronen und synchronen Linguistik*, Berlin, 227–241.

Schriften zur diachronen und synchronen Linguistik

Begründet von Józef Grabarek (†)
Herausgegeben von Hanna Biaduń-Grabarek, Sylwia Firyn und Anna Just

Band 1 Sylwia Firyn: Beiträge zur jüngeren und jüngsten Geschichte der deutschen Sprache. 2011.

Band 2 Edyta Grotek / Anna Just (Hrsg.): Im deutsch-polnischen Spiegel. Sprachliche Nachbarschaftsbilder. 2011.

Band 3 Anna Just: Die Entwicklung des deutschen Militärwortschatzes in der späten frühneuhochdeutschen Zeit (1500-1648). 2012.

Band 4 Hanna Biaduń-Grabarek: Fragen der Phraseologie, Lexikologie und Syntax. 2012.

Band 5 Edyta Grotek (Hrsg.): Deutsche und Polen im Kontakt. Sprache als Indikator gegenseitiger Beziehungen. 2012.

Band 6 Sylwia Firyn: Junktoren im Text der Protokolle des Generallandtags von Preußen Königlichen Anteils aus den Jahren 1526-1528. 2012.

Band 7 Hanna Biaduń-Grabarek: Zum Schwund der lexikalischen Entlehnungen aus dem Deutschen in den Mundarten der polnischen Großstädte im ehemals deutsch-polnischen Grenzgebiet. 2013.

Band 8 Józef Wiktorowicz / Anna Just / Ireneusz Gaworski (Hrsg.): Satz und Text. Zur Relevanz syntaktischer Strukturen zur Textkonstitution. Akten zum Internationalen Kongress an der Universität Warschau 21. bis 23. September 2011. 2013.

Band 9 Józef Grabarek: Zur Geschichte der deutschen Sprache im 20. Jahrhundert. 2013.

Band 10 Anna Dargiewicz: Fremde Elemente in Wortbildungen des Deutschen. Zu Hybridbildungen in der deutschen Gegenwartssprache am Beispiel einer raumgebundenen Untersuchung in der Universitäts- und Hansestadt Greifswald. 2013.

Band 11 Grażyna Łopuszańska-Kryszczuk: Danziger Umgangssprache und ihre Spezifik. 2013.

Band 12 Magdalena Grabowska / Grzegorz Grzegorczyk / Hadrian Lankiewicz: Language and Concepts in Action. Multidisciplinary Perspectives on Linguistic Research. 2013.

Band 13 Hanna Biaduń-Grabarek / Sylwia Firyn (Hrsg.): Aspekte der philologischen Forschung von Jacob Grimm und der Märchenübersetzung ins Polnische. 2014.

Band 14 Anna Just: Schreiben und *Rescripte* von Frauen und *Princessinnen* aus dem Liegnitz(er) *Fürsten Hause* (1546–1678). Edition sowie eine historisch-soziopragmatische und historisch-textlinguistische Skizze. 2014.

Band 15 Anna Dargiewicz: Hybridbildungen und ihre Rezeption unter den deutschen Muttersprachlern. 2015.

Band 16 Hanna Biaduń-Grabarek / Sylwia Firyn (Hrsg.): Neue Forschungen zur deutschen Sprache nach der Wende. 2016.

Band 17 Piotr A. Owsiński: Graphematische Untersuchungen zur ostdeutschen *Apostelgeschichte* aus dem 14. Jahrhundert. 2017.

Band 18 Jolanta Hinc / Adam Jarosz / Joanna Mampe (Hrsg.): Translatorik, Translationsdidaktik und Fremdsprachendidaktik. Herausforderungen und Perspektiven. 2017.

Band 19 Hanna Biaduń-Grabarek / Sylwia Firyn (Hrsg.): Zum Schwund der lexikalischen Entlehnungen aus dem Deutschen in der Alltagssprache der kleinen Städte des ehemals polnisch-deutschen Grenzgebietes. 2018.